U0632330

唐宋史料筆記叢刊

容齋隨筆

上册

〔宋〕洪邁撰

孔凡禮點校

中華書局

圖書在版編目(CIP)數據

容齋隨筆/(宋)洪邁撰;孔凡禮點校.—北京:中華書局,2005.11(2025.4 重印)
(唐宋史料筆記叢刊)
ISBN 978-7-101-04021-0

Ⅰ.容… Ⅱ.①洪…②孔… Ⅲ.筆記-中國-南宋-選集 Ⅳ.Z429.442

中國版本圖書館 CIP 數據核字(2003)第 061559 號

責任編輯:張繼海
責任印製:管　斌

唐宋史料筆記叢刊

容 齋 隨 筆

(全二册)

〔宋〕洪　邁 撰
孔凡禮 點校

*

中 華 書 局 出 版 發 行
(北京市豐臺區太平橋西里 38 號　100073)
http://www.zhbc.com.cn
E-mail:zhbc@zhbc.com.cn
三河市鑫金馬印裝有限公司印刷

*

850×1168 毫米 1/32・36¾印張・4 插頁・566 千字
2005 年 11 月第 1 版　2025 年 4 月第 13 次印刷
印數:25301-25900 册　定價:130.00 元

ISBN 978-7-101-04021-0

前言

容齋隨筆，宋洪邁撰。

邁字景盧，號容齋，鄱陽（今屬江西）人。宋徽宗宣和五年（一一二三）生。宋史洪邁傳稱邁「幼讀書日數千言」，「博極載籍，雖稗官虞初，釋老傍行，靡不涉獵」。紹興十五年（一一四五）登進士第。三十一年，累遷左司員外郎。

三十二年春，金主完顏雍（金世宗）遣使來告登位，朝議遣使報聘。其時，邁已進起居舍人。邁慨然請行。於是假翰林學士，充賀登位使，欲令金稱兄弟敵國而歸河南地。

四月戊子（二十二日），洪邁辭行。國書用敵國禮。入金燕京，金以爲不如式，抑令使人於給金人的表章中稱「陪臣」。邁初執不可，金乃鎖使館，自旦及暮，水漿不通，如是者凡三日。不得已在表章中稱「陪臣」，乃得見。七月回朝，以使金辱命論罷。

平情而論，洪邁在惡劣的環境中，同金人進行了艱苦的鬭爭，大節是無虧的。范成大石湖居士詩集卷八洪景盧内翰使還入境以詩迓之有「玉帛干戈洶並馳，孤臣叱馭觸危機」、「天地有情蘇武歸」之句，肯定了洪邁，以能歸來爲慶幸。

然而，這對於洪邁來説，始終是抹不掉的陰影，因爲他終究没有很好地完成朝廷的委託。他始終不願在自己的書中提到這件事。

孝宗隆興元年（一一六三），起知泉州。乾道二年（一一六五），知吉州。入對，除起居舍人。三年，遷起居郎，拜中書舍人兼侍讀、直學士院，仍參史事。六年，知贛州。淳熙七年（一一七九）容齋隨筆初筆十六卷成，時知建寧府。十一年，知婺州。十二年，以提舉佑神觀兼侍講，同修國史。十三年九月，拜翰林學士，上四朝史，北宋一祖八宗百七十八年爲一書。

光宗紹熙元年（一一九〇），進焕章閣學士，知紹興府，二年，提舉玉隆萬壽宫。三年，容齋隨筆續筆十六卷成；上章告老，進龍圖閣學士。寧宗慶元二年（一一九六），容齋隨筆三筆十六卷成。三年，容齋隨筆四筆十六卷成。嘉泰二年（一二〇二），以端明殿學士致仕，卒，年八十。容齋隨筆五筆成十卷。贈光禄大夫，謚文敏。

洪邁著述傳世者，除容齋隨筆外，其流傳較廣、影響較大者，尚有夷堅志。此書原爲四百二十卷，中華書局一九八一年新校輯本爲二百七卷，其殘佚者略過半。

據宋史藝文志，洪邁著述尚有太祖太宗本紀三十五卷、四朝史紀二十卷、列傳一百三十五卷。以上三書，當包括在上面提到的四朝史中。

這裏，需要就四朝史略作一點説明。

四朝史，即四朝國史，亦即北宋一代之史。修此書，前後歷三十年。三筆卷十三四朝史志云：

> 四朝國史本紀，皆邁爲編修官日作。至於淳熙乙巳（一一八五）、丙午（一一八六），又成列傳百三十五卷。

四筆卷一畢仲游二書：

> 元祐初，司馬温公當國，盡改王荆公所行政事，士大夫言利害者以千百數，聞朝廷更化，莫不歡然相賀，唯畢仲游一書，究盡本末。其略云（略）。……先是東坡公在館閣，頗因言語文章，規切時政，仲游憂其及禍，貽書戒之曰（略）。……二公得書聳然，竟如其慮。予頃修史時，因得其集，讀二書，思欲爲之表見，故官雖不顯，亦爲之立傳云。

今查宋史，卷二百八十一有畢仲游傳，二書具在。説明元人修宋史時，於北宋的那一部分的傳，依據了（至少是參考了）洪邁的文字。這樣説來，四朝史的原書雖然失傳了，但洪邁在這方面的貢獻，我們仍可以通過宋史感受到。

洪邁之書影響較大者，尚有萬首唐人絶句一百卷，紹熙間成書。有明嘉靖刊本、一九五五年古典文學出版社影印本。洪氏此書有誤收者，次第有不當處，然彙一代之絶句爲一書，功亦不可没。

宋史藝文志著録洪邁野處猥稿一百四卷。其書已久佚。今傳野處猥稿，乃他人之作。

洪邁長兄适，字景伯，官至台輔。有盤洲文集八十卷傳世。次兄遵，字景嚴，歷官方面。有小隱集七十卷，已早佚，永樂大典徵引之頗多。

本書以「隨筆」名書，所謂隨，就是不拘一個方面，這就決定了本書内容的廣泛性。本書主要是講歷史。

二

首先是評史，對歷史事實作評論。

作者致力探討國家政權的興衰這個歷史的大主題。

他强調人才是興國之本、强國之基。初筆卷二秦用他國人謂秦用魏人公孫鞅、趙人樓緩、魏人張儀魏冉范睢、燕人蔡澤、韓人吕不韋、楚人李斯，「卒之所以兼天下者，諸人之力也」。用人不僅限於本國、本地，同時要積極使用外來人才。

作者以爲，用人之道首在於信任，其次曰專。如初筆卷八東晉將相條。其三曰不執一端。靈活、機動，因才而用，因需而用。如五筆卷一唐宰相不歷守令條，四筆卷十二祖宗用人條。

作者探討興國之道的同時，深入研究亡國的原因。續筆卷五秦隋之惡是其中代表作。

作者認爲，秦、隋兩代有其相似處，一是統一了紛爭的局面，國勢强盛；二是享國短促，只傳了兩代。對於後者，其共同點爲：第一，秦、隋皆「不聞其過」。在秦代，根本聽不到不同的聲音；在隋代，偶爾可以聽到不同的聲音，即臣下的勸諫，但隋煬帝説「有諫我者，當時不殺，後必殺之」，其結果還是一樣。第二，秦、隋皆「養生泰奢」。秦修阿房宫，隋修乾陽殿，一材之費，已數十萬工。秦還「奉終泰厚」，秦始皇修陵墓，下錮三泉，多殺宫人，生埋工匠以萬數。第三，秦、隋皆「賦斂無度，竭民財力」。秦箕斂頭會，重以苛法，赭衣滿路，羣盗滿山，孤寡老弱不能相養，死者相望。隋則殫人力以事夸侈，甲兵亟動，徭役不息。

對於上述現象，作者在初筆卷五晉之亡與秦隋異一則中歸納爲「得罪於民」。得罪於民，民羣起而攻之，這就是秦、隋滅亡的根本原因。

作者評史的另一個重要方面，是評價歷史人物。如續筆卷三漢文帝受言、三筆卷五光武苻堅及卷七赦恩爲害、赦放債負，五筆卷七張藴古大寶箴等。作者對歷史人物進行客觀、具體的分析，做到了實事求是。

本書講歷史的第二個重要内容是歷史事實的紀録和考訂。

先説史實紀録。

三筆卷三北狄俘虜之苦敍述金人慘無人道地虐待漢人俘虜，卷五北虜誅宗王敍述金最高統治集團内部兩次血腥殘殺。關於金統治區的情况，由於金人採取嚴密的封鎖政策，南宋人知道很少。這裏的記載價值甚高(此二則清代坊本容齋隨筆删去，見本書附録張元濟跋)。

五筆卷六李彦仙守陜記述了李彦仙建炎數年間孤軍抗金作戰最後壯烈殉國的事迹，可備國史。初筆卷十楊彪陳羣揭露蔡京等爲政，欲殄滅元祐善類；三筆卷十三政和宫室揭露政和間蔡京大興土木；續筆卷十五紫閣山村詩揭露宣和間朱勔等挾花石綱豪奪漁取；三筆卷十二再書博古圖揭露蔡京當政和、宣和間禁士大夫不得讀史；卷十四政和文忌揭露蔡京施行文化專制；續筆卷四宣和官冗揭露官僚機構臃腫，人心涣散，士無鬭志，等等。

作者生活在宋、金對峙、愛國士大夫和廣大人民謀求恢復的時代，以上記述，有强烈的現實意義。

再説史實考察。

本書致力於古代和當代經濟狀况的考察。如三筆卷四省錢百陌考察古今錢幣體制，卷十四官會折閲考察官會子——紙幣在宋高宗、孝宗、寧宗各朝的施行情况，五筆卷七風災霜旱考察荒政。律曆、天文方面的考察，有續筆卷七建除十二辰，初筆卷四鬼宿渡河等。有族姓方面的考察，如三筆卷三元魏改功臣姓氏歷敍漢族與少數民族的演化與融合。有典章制度方面的考察，如初筆卷四進士試題考察的是科舉制度；初筆卷四府軍名額、卷十致仕之失、四筆卷七小官受俸考察的是職官制度；續筆卷三謚法考察的是禮制等。

有史書的考訂，如初筆卷六杜悰謂新唐書、資治通鑑誤採野史。

有對於古代文物的考察，如三筆卷十三再書博古圖系統考察宣和博古圖的謬妄；續筆卷十一古錞于、卷十二銅雀臺硯對錞于和銅雀臺硯做了深入的考察。

本書還致力於古今地理的考察，包括一些地方名稱的由來、沿革、分野、交通、風土習俗、物産。特别致力於鄉邦——饒州的地理考察，包括文獻資料的搜集、名勝、人物、官吏、學校有關情況的記録。

本書有一部分内容不屬於史的範疇，姑以「其他」二字括之。

作者對經學有很深的造詣。四筆卷二諸家經學興廢講了經學史。續筆卷十六周禮非周公書謂周禮實出劉歆之手。三筆卷一晁景迂經説指出晁説之（景迂）之非，而晁氏對經學有精深研究。

文字、語言，古人謂之小學，屬於經學範疇。作者關於文字、語言方面的論述，包括詞義考源、詞義辨正、古籍釋詞、助詞、古方言、俗語、避諱字、文字演變、音韻、語言與文化交流等，有許多精闢的見解，超越了前人和當代人。

如初筆卷五字省文謂「礼」爲「禮」之説文本字，「与」爲「與」之説文本字，章奏及程文書册皆可用。對今天研究簡體字，尚有意義。

又如五筆卷八禮部韻略非是謂官修的「禮部韻略所分字，有絶不近人情者，如『東』之與『冬』，『清』之與『青』，至於隔韻不通用」。按，今天流行的一些韻書，「東」與「冬」、「清」與「青」猶隔韻。作者的見解，尚有現實意義。

作者廣泛論及古代子書，其中有老子、莊子、管子、晏子、荀子、尹文子、墨子、楊子、孔叢子、鬼谷子、吕氏春秋、隨巢子、胡非子、文子、文中子等。作者着重論述列子，如四筆卷一列子與佛經相參引引列子天瑞篇林類「死之與生，一往一反，故死於是者，安知不生於彼」之語，其意即佛家所云輪迴。作者在當時雖然没有考察出列子晚出這一事實，但這裏所闡述的見解，對於研究列子却是十分重要的。

醫藥之書屬子部。作者考察了醫藥問題，如四筆卷三治藥捷法講的是製劑，雷公炮炙論講的是藥方，卷四礜石之毒講的是藥性，卷八茸附治疽漏講的是醫理。

作者對一些動植物進行了考察，其中大部分屬子部農家類範疇，如續筆卷十苦蕒菜，四筆卷二北人重甘蔗，卷五禽畜菜茄色不同，卷六臨海蟹圖，卷八莆田荔枝等。

本書中有二百多條詩話、文話、詞話，其中大部分前人已以容齋詩話之名輯出行世，屬於文學史史料範疇。其中不少不見他書，如三筆卷十一何公橋詩所敍蘇軾軼事。

作者引用的書，粗略統計，有九十五種不見於今。

作者對涉及的很多問題都有獨到的見解。宋史洪邁傳説他極鬼神事物之變，并非虚語。

作者與同時代的士大夫比較，思想具有較多的唯物因素。如初筆卷一郭璞葬地謂世有謂郭璞爲先知，而郭不能免於非命，則所謂先知者安在？同卷詩讖不然謂世以富貴中不如意語、少壯時衰病語爲識，而白居易十八歲時已有「多疾」、「不堪老」語，白終年七十五，則所謂識者安在？卷六邾文公楚昭王稱邾文公以民爲重遷於繹，竟未幾而卒，楚昭王以大臣爲重願受天降之禍，竟失國，則所謂天道者安在等。

作者終究生活在十二世紀，其思想自難免有局限性，反映在三筆卷一共工氏、續筆卷二巫蠱之禍等條的議論中。

整個説來，前人稱本書考據精確，議論高簡，其淹通賅博實爲南宋説部（筆記）之首是切合實際的。北宋説部，自以沈括夢溪筆談爲首，其科學技術内涵，本書實不及，然就史事評論而論，沈實不及洪，二者固未易分軒輊。要之，本書乃宋人筆記之代表作。

三

容齋隨筆的版本主要有：

一、宋孝宗淳熙間婺州刻本。所刻爲容齋隨筆初集，即初筆，今稱初筆本。續筆的自序提到，已佚。

二、初筆及續筆合刊本，或續筆單刊本。王楙野客叢書卷十七、卷二十四、卷二十六、卷二十七、卷二十八皆引續筆。據野客叢書王楙自序，此書成於宋寧宗嘉泰二年（一二〇二），距以下所云之嘉定五年本早十年。以此知淳熙本與嘉定本之間，至少當有一本，即此本。此本已佚。然而見於以下所云的會通館本的丘𣋹跋和紹定本的周文炳跋。

三、冠以寧宗嘉定五年壬申(一二一二)何異序的洪伋贛州所刻五集合刊本。今存首二筆。簡稱贛州本。今藏北京國家圖書館。

四、嘉定十六年(一二二三)洪伋建寧刻本。已佚。

五、理宗紹定二年(一二二九)臨川周文炳據建寧本所校刻之本。已佚。

六、臨安府鞔鼓橋南河西岸陳宅書籍鋪所印的臨安本。見耿文光萬卷精華樓藏書記卷九十二,詳本書附録。已佚。

七、宋刻本,殘存四筆卷一至卷五(其中有缺葉)。參以下第八元大德重刊本條及第二十四叢刊本條。其刊刻年代在贛州本、紹定本後。

八、元成宗大德九年乙巳(一三〇五)重刊本。本書叢刊本四筆,有影印殘宋本卷一至卷五五卷,其中缺葉,即以此本補。此本全書已佚。

九、明成祖永樂五年(一四〇七)抄本。存三筆一至四卷,四筆十一至十六卷。藏北京國家圖書館。

一〇、明孝宗弘治八年(一四九五)會通館銅版活字本。出自紹定本。簡稱會本。今藏北京國家圖書館。

一一、弘治十一年李瀚刻本。簡稱李本。今藏北京國家圖書館。

一二、明弘治刻本。每葉行數、字數均與贛州本相同。乃覆刻贛州本。今藏北京國家圖書館。簡稱弘治本。

一三、明刊本。半葉九行，行十八字。傅增湘藏園羣書題記卷七定爲嘉靖本。會本三筆卷十三碌碌七字一則篇末無「莊子漁父篇」云云十八字，而此本有之，説明此本不出自紹定本；贛州本初筆卷一郭璞葬地一則篇末無「厠上銜刀之見淺矣」一句，而此本亦無之，説明此本當出自贛州本。此本今藏北京國家圖書館，簡稱嘉靖本。

一四、明抄本。此本初筆卷一郭璞葬地之末有「厠上銜刀之見淺矣」一句，三筆卷十三碌碌七字一則之末無「莊子漁父篇」云云十八字，説明與會本一源，同出紹定本。然有會本所不及者。其一，會本五筆之末，有丘𢣤、洪伋二跋，周一跋；周失其名。此本五筆之末，亦有此跋，款式完全一致；而周之名兩見於跋中，不過爲小寫。自此得知周乃名文炳。大約因爲會本在用銅活字印刷時，没有小號的字，就把它删去了。知道文炳之名，有助於了解容齋隨筆全書的流傳。其二，會本删去了自初筆至五筆的作者自注注文；上面已經説了，銅活字中没有小號的字模，而此本的全部自注注文都保留了。此本的價值很高。此本有「温儀可象」、「斐齋圖書」、「温儀」、「温儀之章」各印。傅增湘嘗見之，著録於藏園羣書經眼録，謂皆明人印章。惟傅氏似未就此本特色，進行深入考察。此本抄出多手，爲黄岡劉氏藏書。此本今藏北京國家圖書館。

一五、明蘭雪堂仿宋活字本。王國維曾據此本以校三筆、四筆、五筆，簡稱王校。王氏校本今藏北京國家圖書館。參本書附録的王國維跋九則、蘭雪堂本今未見。

一六、明崇禎三年（一六三〇）馬元調刊本。九行十八字。傅增湘疑其爲翻刻嘉靖本。簡稱馬本。馬本會合數本，校勘翻刻，參伍是正，改定千餘字。傅增湘盛贊其文字。

一七、清聖祖康熙三十九年（一七〇〇）洪璟重修馬本。

一八、四庫全書本。簡稱庫本。

一九、清抄本。依馬本録出。

此本之朱筆批點，乃陳訏（宋齋）手筆，其藍筆，乃吴騫（兔牀）臨何焯（義門）評校。參本書附録傅增湘跋第九則。今此本藏北京國家圖書館。然原本不可得而見，能見者惟膠捲。在顯微閲讀器中，其顔色無由辨别。陳、何二氏批點，多爲義理，然間亦有文字校訂。姑稱之爲「清抄本何焯等校」。

二〇、清高宗乾隆五十九年（一七九四）掃葉山房覆刻馬本。

二一、清穆宗同治十一年（一八七二）校刊、清德宗光緒元年（一八七五）印行，光緒九年依會通館本重校、新豐洪氏十三公祠刻本。簡稱祠本。

馬本刊刻者馬元調氏未見會通館本，祠本謂依會通館本重校。然考其實，五筆卷四毛詩語助條，會通館本「充耳以素乎而」句下，尚有「尚之以瓊華乎而」一句，祠本並未補入；其他尚有會通館本文字遠勝祠本而祠本未改正者。疑祠本重校時，板已刻就，過多改刻，其勢已有所不能。理或如是。這是祠本的不足之處，但是全面説來，祠本較之馬本，影響廣，讀者多，更具代表性。因爲它在馬本的基礎上，繼續校勘，質量又有所提高。

二二、光緒二十年（一八九四）皖南洪氏見山草堂刊本。

二三、民國四年（一九一五）羅元黼校正重印光緒二十年皖南洪氏見山草堂衣江官廨刊本。

二四、民國二十五年上海商務印書館四部叢刊續編本。其初筆、續筆爲影印宋嘉定贛州刻本，其四筆卷一至卷五爲影印另一宋本；餘乃影印會通館本，統稱叢刊本。

叢刊本的嘉定本，繆荃孫氏稱之爲「至善」之本。見繆氏跋語。張元濟跋語亦謂「明嘉靖本誤處甚多」，嘉定本「可是正」。二跋均見本書附録。

叢刊本中的會本，有一些不足之處，但是上面已説它源出宋紹定本，不少地方，其文字高出現存李本、馬本、庫本、祠本等很多，各本皆不能替代。這一點，人們到現在爲止，還没有充分注意到。

姑以會本與祠本比較，舉三例於後。

一、三筆卷七五代濫刑謂「五代之際，時君以殺爲嬉，視人命如草芥；唐明宗頗有仁心，獨能斟酌悛改」。

「悛」有悔改之意。叢刊本以下敍石敬瑭殺以竹竿爲戰鬭之戲之幼童二人，明宗知其事，乃下詔自咎，以爲失刑，減常膳十日，以謝幽冤，罰石敬瑭一月俸。

祠本「悛」作「援」，非是。

二、四筆卷六乾寧覆試進士謂：「唐昭宗乾寧二年試進士。……是時，國祚如贅斿，悍鎮强藩，請隧問鼎之不暇。」

按，「贅斿」猶「贅旒」，比喻虛居其位而無實權。

祠本「贅斿」作「贅疣」。贅疣乃肉瘤，比喻多餘無用之物。以此喻唐昭宗，大謬。蓋唐昭宗雖身居逆境，猶欲有所作爲，他衝破重重困難，做了一些有意義的事。以此，洪邁予以很高評價。改「斿」爲「疣」，違背了洪邁的原意。

三、五筆卷三五方老人祝聖壽云：「聖節所用祝頌樂語，外方州縣各當筵致語一篇，又有王母隊者，若教坊，唯祝聖而已。」以下引歐陽修五方老人祝壽文，有「太山老叟，東海真仙」、「遇安期而遺棗，笑方朔之偷桃」等語。

按，教坊乃掌管樂人的官署，宋史卷一百四十二樂志有教坊專節。教坊云：每春秋聖節三大宴，有小兒隊舞，致辭以述德美，女弟子隊舞，亦致辭如小兒隊等。蘇軾文集卷四十五集英殿春宴教坊詞細目有教坊致語、口號、勾合曲、勾小兒隊、小兒致語、勾雜劇、放小兒隊、勾女童隊、隊名、問女童隊、女童致語、勾雜劇、放女童隊等。

據以上所述，聖節舉行時，有小兒與女弟子隊舞；宋史所云「致辭」，即歐陽修與蘇軾文集之「致語」。宋史云隊舞之制，小兒隊凡七十二人，女弟子隊凡一百五十三人。女弟子隊中有「菩薩獻香花隊」、「綵雲仙隊」。洪适盤洲文集卷六十七有王母隊祝聖致語口號二首。王母隊或亦在女弟子隊中，隊舞時，扮演西王母。

祠本「王母隊」作「王母像」，誤。查馬本亦作「像」，則誤已久。

總的説來，這次點校整理容齋隨筆，決定以叢刊本爲底本的原因就在這裏。我們以明抄本、馬本、祠本爲校本。并校以王校、清抄本何焯等校。參校以李本。

在校勘過程中，根據需要，核對了一些引用書，其中有周易正義、尚書正義、詩經、春秋三傳、前四史、若干唐、宋人集，共四十餘種。

關於校勘記的撰寫。底本脱文（包括墨釘、空白）的補入，底本誤文的改正和意義較長文字的選定，重要的異文，皆寫入校勘記。

作者博極羣書，亦難免偶失。對於這種情況，亦爲出校。然不更動文字。

避諱字（如「桓」之諱「威」、「殷」之諱「商」、「慎」之諱「謹」、「貞」之諱「正」、「顓頊」之諱「顓帝」）、明顯的誤刊字（如「苻堅」之「苻」刊成「符」、「己」刊成「已」、「巳」），逕改，不寫入校勘記。

意思相近的異文、校本中的錯誤，不寫入校勘記。

底本中三筆、四筆、五筆影印明會通館銅活字版那一部分的自注注文，依據明抄本全部録入，不一一出校（會本特點，此前已作説明）。

校勘記每卷自爲起訖，順序編號，置於每卷之末。

近些年，容齋隨筆出現了多種整理本，如吉林文史出版社本、北京中國世界語出版社本、新疆人民出版社本、上海古籍出版社本、北京燕山出版社本等等。這些版本，給我的工作以很大的啟迪，我衷心表示感謝。

不當之處，尚望讀者指正。

孔凡禮

一九九九年十二月十日初稿，二〇〇二年十二月修訂。時暫居北京大興黄村海子角北街。二〇〇三年五月再修訂。

目録

容齋隨筆

卷一　二十九則……一

卷二 二十四則……………………………………一七

卷五二十五則……五九

容齋續筆

卷十一 十五則

容齋三筆

卷二十六則……四三九

卷三十九則……四五二

卷十 十七則……五三九

卷十三十三則……五七六

卷十四十七則……五八九

容齋四筆

卷三十六則

卷四十五則

容齋五筆

卷六十二則……八九二

卷七十四則……九〇五

卷十 十二則……九四三

附録 關於容齋隨筆及其作者洪邁的研究資料……九五五

容齋隨筆卷一 二十九則

予老去習懶，讀書不多，意之所之，隨即紀録，因其後先，無復詮次，故目之曰隨筆。淳熙庚子，鄱陽洪邁景盧。

1 歐率更帖

臨川石刻雜法帖一卷，載歐陽率更一帖云：「年二十餘，至鄱陽，地沃土平，飲食豐賤，衆士往往湊聚。每日賞華，恣口所須。其二張才華議論，一時俊傑；殷、薛二侯，故不可言；戴君國士，出言便是月旦；蕭中郎頗縱放誕，亦有雅致；彭君摛藻，特有自然，至如閣山神詩，先輩亦不能加。此數子遂無一在，殊使痛心。」兹蓋吾鄉故實也。

2 羅處士誌

襄陽有隋處士羅君墓誌曰：「君諱靖，字禮，襄陽廣昌人。高祖長卿，齊饒州刺史。曾祖弘智，梁殿中將軍。祖養，父靖，學優不仕，有名當代。」碑字畫勁楷，類褚河南。然父子皆名靖，爲不可曉。拓拔魏安同父名屈，同之長子亦名屈，祖孫同名。胡人無足言者，但羅君不應爾也。

3 唐平蠻碑

成都有唐平南蠻碑，開元十九年，劍南節度副大使張敬忠所立。時南蠻大酋長染、浪州刺史楊盛顛爲邊患，明皇遣内常侍高守信爲南道招慰處置使以討之，拔其九城。此事新、舊唐書及野史皆不載。肅宗以魚朝恩爲觀軍容處置使，憲宗用吐突承璀爲招討使，議者譏其以中人主兵柄，不知明皇用守信蓋有以啓之也。裴光庭、蕭嵩時爲相，無足責者。楊氏苗裔，至今猶連「晟」字云。

4 半擇迦

大般若經云：梵言「扇搋半擇迦」，唐言黄門。其類有五：一曰半擇迦，總名也，有男根用而不生子；二曰伊利沙半擇迦，此云妬，謂他行欲即發，不見即無，亦具男根而不生子；三曰扇搋半擇迦，謂本來男根不滿，亦不能生子；四曰博叉半擇迦〔一〕，謂半月能男，半月不能男；五曰留拏半擇迦，此云割，謂被割刑者。此五種黄門，名爲人中惡趣受身處。

摅，音丑皆反。

5 六十四種惡口

大集經載六十四種惡口之業，曰麄語、軟語、非時語、妄語、漏語、大語、高語、輕語、破語、不了語、散語、低語、仰語、錯語、惡語、畏語、吃語、諍語、謅語、誑語、惱語、怯語、邪語、罪語、啞語、入語、燒語、地語、獄語、虛語、慢語、不愛語、說罪咎語、失語、別離語、利害語、兩舌語、無義語、無護語、喜語、狂語、殺語、害語、繫語、閑語、縛語、打語、歌語、非法語、自讚歎語、說他過語、說三寶語。

6 八月端午

唐玄宗以八月五日生，以其日爲千秋節。張說上大衍曆序云：「謹以開元十六年八月端午赤光照室之夜獻之。」唐類表有宋璟請以八月五日爲千秋節表云：「月惟仲秋，日在端午。」然則凡月之五日皆可稱端午也。

7 贊公少公

唐人呼縣令爲明府，丞爲贊府，尉爲少府。李太白集有餞陽曲王贊公賈少公石艾尹少公序，蓋陽曲丞、尉，石艾尉也。贊公、少公之語益奇。

8 郭璞葬地

世說：「郭景純過江，居于暨陽。墓去水不盈百步，時人以爲近水。景純曰：『將當爲陸。』今沙漲，去墓數十里皆爲桑田。」此說蓋以郭爲先知也。世傳錦囊葬經爲郭所著，行山卜宅兆者印爲元龜〔二〕。然郭能知水之爲陸，獨不能卜吉以免其非命乎！厠上銜刀之見淺矣〔三〕。

9 黄魯直詩

徐陵鴛鴦賦云：「山雞映水那相得，孤鸞照鏡不成雙。天下真成長會合，無勝比翼兩鴛鴦。」黄魯直題畫睡鴨曰：「山雞照影空自愛，孤鸞舞鏡不作雙。天下真成長會合，兩鳧相倚睡秋江。」全用徐語點化之，末句尤精工。又有黔南十絶，盡取白樂天語，其七篇全用之，其三篇頗有改易處。樂天寄行簡詩，凡八韻，後四韻云：「相去六千里，地絶天邈然。十書九不達。何以開憂顔。渴人多夢飲，飢人多夢飡。春來夢何處，合眼到東川。」魯直翦爲兩首，其一云：「相望六千里，天地隔江山。十書九不到，何用一開顔。」其二云：「病人多夢醫，囚人多夢赦。如何春來夢，合眼在鄉社。」樂天歲晚詩七韻，首句云：「霜降水返壑，風落木歸山。冉冉歲將晏，物皆復本源。」魯直改後兩句七字，作「冉冉歲華晚，昆蟲皆閉關。」

10 禹治水

禹貢叙治水，以冀、兖、青、徐、揚、荆、豫、梁、雍爲次。攷地理言之，豫居九州中，與兖、徐接境。何爲自徐之揚，顧以豫爲後乎！蓋禹順五行而治之耳。冀爲帝都，既在所先，而地居北方，實於五行爲水，水生木，木東方也，故次之以兖、青、徐；木生火，火南方也，故次之以揚、荆；火生土，土中央也，故次之以豫；土生金，金西方也，故終於梁、雍。所謂「彝倫攸叙」者此也。與鯀之汩陳五行，相去遠矣。此説予得之魏幾道。

11　敕勒歌

魯直題陽關圖詩云：「想得陽關更西路，北風低草見牛羊。」又集中有書韋深道諸帖云：「斛律明月，胡兒也，不以文章顯，老胡以重兵困敕勒川，召明月作歌以排悶，倉卒之間，語奇壯如此，蓋率意道事實耳。」予按古樂府有敕勒歌，以爲齊高歡攻周玉壁而敗，恚憤疾發，使斛律金唱敕勒，歡自和之。其歌本鮮卑語，詞曰：「敕勒川，陰山下，天似穹廬，籠罩四野。天蒼蒼，野茫茫，風吹草低見牛羊。」魯直所題及詩中所用，蓋此也，但誤以斛律金爲明月。明月名光，金之子也。歡敗於玉壁，亦非困於敕勒川。

12　淺妄書

俗間所傳淺妄之書，如所謂雲仙散録、老杜事實、開元天寶遺事之屬，皆絶可笑。然士大夫或信之，至以老杜事實爲東坡所作者，今蜀本刻杜集，遂以入注。孔傳續六帖，采摭唐事殊有工，而悉載雲仙録中事，自穢其書。開天遺事託云王仁裕所著，仁裕五代時人，雖文章乏氣骨，恐不至此。姑析其數端以爲笑。其一云：「姚元崇開元初作翰林學士，有步輦之召。」按，元崇自武后時已爲宰相，及開元初三入輔矣。其二云：「郭元振少時美風姿，宰相張嘉貞欲納爲壻，遂牽紅絲線，得第三女，果隨夫貴達。」按，元振爲睿宗宰相，明皇初年即貶死，後十年，嘉貞方作相。其三云：「楊國忠盛時，朝之文武，爭附之以求富貴，惟張九齡未嘗及門。」按九齡去相位十年，國忠方得官耳。其四云：「張九齡覽蘇頲文卷，謂爲文陣之雄師。」按，頲爲相時，九齡元未達也。此皆顯顯可言者，固鄙淺不足攻，然頗能疑誤後生也。惟張彖指楊國忠爲冰山事，資治通鑑亦取之，不知別有何據。近歲，興化軍學刊遺事，南劍州學刊散録，皆可毀。

13　五臣注文選

東坡詆五臣注文選，以爲荒陋。予觀選中謝玄暉和王融詩云：「阽危賴宗衮，微管寄明牧。」正謂謝安、謝玄。安石於玄暉爲遠祖，以其爲相，故曰宗衮。而李周翰注云：「宗衮謂王導，導與融同宗，言晉國臨危，賴王導而破苻堅。牧謂謝玄，亦同破堅者。」夫以宗衮爲王導，固可笑，然猶以和王融之故，微爲有説。至以導爲與謝玄同破苻堅，乃是全不知有史策，而狂妄注書，所謂小兒强解事也。唯李善注得之。

14 文煩簡有當

歐陽公進新唐書表曰：「其事則增於前，其文則省於舊。」夫文貴於達而已，繁與省各有當也。史記衛青傳：「校尉李朔、校尉趙不虞、校尉公孫戎奴，各三從大將軍獲王，以千三百户封朔爲涉軹侯，以千三百户封不虞爲隨成侯，以千三百户封戎奴爲從平侯。」前漢書但云：「校尉李朔、趙不虞、公孫戎奴各三從大將軍，封朔爲涉軹侯、不虞爲隨成侯、戎奴爲從平侯。」比於史記五十八字中省二十三字，然不若史記爲樸贍可喜。

15 地險

古今言地險者，以謂函秦宅關、河之勝，齊負海、岱，趙、魏據大河，晉表裏河山，蜀有劍門、瞿唐之阻，楚國方城以爲城，漢水以爲池，吴長江萬里，兼五湖之固，皆足以立國。唯宋、衛之郊，四通五達，無一險可恃。然東漢之末，袁紹跨有青、冀、幽、并四州，韓遂、馬騰輩分據關中，劉璋擅蜀，劉表居荆州，吕布盜徐，袁術包南陽、壽春，孫策取江東，天下形勝盡矣。曹操晚得兖州，倔强其間，終之夷羣雄，覆漢祚。議者尚以爲操挾天子以自重，故能成功。而唐僖、昭之時，方鎮擅地，王氏有趙百年，羅洪信在魏，劉仁恭在燕，李克用在河東，王重榮在蒲，朱宣、朱瑾在兖、鄆，時溥在徐，王敬武在淄、青，楊行密在淮南，王建在蜀，天子都長安，鳳翔、邠、華三鎮鼎立爲梗，李茂貞、韓建皆嘗劫遷乘輿。而朱温區區以汴、宋、亳、潁截然中居，及其得志，乃與操等。以在德不在險爲言，則操、温之德又可見矣。

16 史記世次

史記所紀帝王世次，最爲不可考信。且以稷、契論之。二人皆帝嚳子，同仕於唐虞。契之後爲商，自契至成湯凡十三世，歷五百餘年。稷之後爲周，自稷至武王凡十五世，歷千一百餘年。王季蓋與湯爲兄弟，而世之相去六百年，既已可疑，則周之先十五世，須每世皆在位七八十年，又皆暮年所生嗣君，乃合此數，則其所享壽皆當過百歲乃可。其爲漫誕不稽，無足疑者。國語所載太子晉之言曰：「自后稷之始基靖民，十五王而文始平之。」皆不然也。

17 解釋經旨

解釋經旨，貴於簡明，惟孟子獨然。其稱公劉之詩「乃積乃倉，乃裹餱糧。于橐于囊，思戢用光，弓矢斯張，干戈戚揚，爰方啓行」，而釋之之詞但云：「故居者有積倉，行者有裹囊也，然後可以爰方啓行。」其稱烝民之詩「天生烝民，有物有則，民之秉夷，好是懿德」，而引孔子之語以釋之，但曰：「故有物必有則，民之秉夷也，故好是懿德。」用兩「故」字，一「必」字，一「也」字，而四句之義昭然。彼訓「曰若稽古」三萬言，真可覆醬瓿也。

18　坤動也剛

坤卦文言曰：「坤至柔而動也剛。」王弼云：「動之方正〔四〕，不爲邪也。」程伊川云：「坤道至柔，而其動則剛，動剛故應乾不違。」張横渠云：「柔亦有剛，靜亦有動，但舉一體，則有屈伸動靜終始。」又云：「積大勢成而然。」東坡云：「夫物非剛者能剛，惟柔者能剛爾。畜而不發，及其極也，發之必決。」張葆光但以訓六二之直。陳了翁云：「至柔至靜，坤之至也。剛者道之動，方者靜之得〔五〕，柔剛靜動，坤元之道之德也。」郭雍云：「坤雖以柔靜爲主，苟無方剛之德，不足以含洪光大。」諸家之説，率不外此。予頃見臨安退居庵僧曇瑩云：「動者謂爻之變也，坤不動則已，動則陽剛見焉。在初爲復，在二爲師，在三爲謙，自是以往皆剛也。」其説最爲分明有理。

19 樂天侍兒

世言白樂天侍兒唯小蠻、樊素二人。予讀集中小庭亦有月一篇云：「菱角執笙簧，谷兒抹琵琶，紅綃信手舞，紫綃隨意歌。」自注曰：「菱、谷、紫、紅皆小臧獲名。」若然，則紅、紫二綃亦女奴也。

20 白公詠史

東坡志林云：「白樂天嘗爲王涯所讒，貶江州司馬。甘露之禍，樂天有詩云：『當君白首同歸日，是我青山獨往時。』不知者以樂天爲幸之，樂天豈幸人之禍者哉！蓋悲之也。」予讀白集有詠史一篇，注云：「九年十一月作。」其詞曰：「秦磨利刃斬李斯，齊燒沸鼎烹酈其。可憐黄、綺入商、洛，閑卧白雲歌紫芝。彼爲葅醢機上盡，此作鸞凰天外飛。去者逍遥來者死，乃知禍福非天爲。」正爲甘露事而作，其悲之之意可見矣。

21 十年爲一秩

白公詩云：「已開第七秩，飽食仍安眠。」又云：「年開第七秩，屈指幾多人。」是時年六十二,元日詩也。又一篇云:「行開第八秩,可謂盡天年。」注曰:「時俗謂七十以上爲開第八秩。」蓋以十年爲一秩云。司馬温公作慶文潞公八十會致語云「歲曆行開九帙新」,亦用此也。

22 裴晉公禊事

唐開成二年三月三日,河南尹李待價將禊於洛濱,前一日啓留守裴令公。公明日召太子少傅白居易、太子賓客蕭籍、李仍叔、劉禹錫、中書舍人鄭居中等十五人合宴于舟中,自晨及暮,前水嬉而後妓樂,左筆硯而右壺觴,望之若仙,觀者如堵。裴公首賦一章,四坐繼和,樂天爲十二韻以獻,見於集中。今人賦上巳,鮮有用其事者。予案裴公傳,是年起節度河東,三年以病丐還東都。文宗上巳宴羣臣曲江,度不赴,帝賜以詩,使者及門而度薨。與前事相去正一年。然樂天又有一篇,題云:「奉和裴令公三月上巳日游太原龍泉,憶去歲禊洛之作。」是開成三年詩,則度以四年三月始薨。新史以爲三年,誤也。宰相表却載其三年十二月爲中書令,四年三月薨,而帝紀全失書,獨舊史紀、傳爲是。

23 司字作入聲

白樂天詩好以「司」字作入聲讀，如云：「四十著緋軍司馬，男兒官職未蹉跎」，「一爲州司馬，三見歲重陽」是也。又以「相」字作入聲，如云「爲問長安月，誰教不相離」是也。「相」字之下自注云：「思必切。」以「十」字作平聲讀，如云：「在郡六百日，入山十二回」，「緑浪東西南北路，紅欄三百九十橋」是也。以「琵」字作入聲讀，如云「四絃不似琵琶聲，亂寫真珠細撼鈴」，「忽聞水上琵琶聲」是也。武元衡亦有句云：「唯有白鬚張司馬，不言名利尚相從。」

24 樂天新居詩

白樂天自杭州刺史分司東都，有題新居呈王尹兼簡府中三掾詩云：「弊宅須重葺，貧家乏羨財。橋憑州守造〔六〕，樹倩府寮栽。朱板新猶濕，紅英暖漸開。仍期更携酒，倚檻看花來。」乃知唐世風俗尚爲可喜。今人居閑，而郡守爲之造橋，府寮爲之栽樹，必遭譏議，又肯形之篇詠哉！

25 黄紙除書

樂天好用「黄紙除書」字。如：「紅旗破賊非吾事，黄紙除書無我名。」「正聽山鳥向陽眠，黄紙除書落枕前。」「黄紙除書到，青宫詔命催。」

26 白用杜句

杜子美詩云：「夜足霑沙雨，春多逆水風。」白樂天詩：「巫山暮足霑花雨，隴水春多逆浪風。」全用之。

27 唐人重服章

唐人重服章，故杜子美有「銀章付老翁」、「朱紱負平生」、「扶病垂朱紱」之句。白樂天詩言銀緋處最多，七言如「大抵著緋宜老大」、「一片緋衫何足道」、「闇淡緋衫稱我身」、「酒典緋花舊賜袍」、「假著緋袍君莫笑」、「腰間紅綬繫未穩」、「朱紱仙郎白雪歌」、「腰佩銀龜朱兩輪」、「便留朱紱還鈴閣」、「映我緋衫渾不見」、「白頭俱未著緋衫」、「緋袍著了好歸田」、「銀魚金帶繞腰光」、「銀章暫假爲專城」、「新授銅符未著緋」、「徒使花袍紅似火」、「似挂緋衫衣架上」。五言如「未换銀青綬，唯添雪白鬚」、「笑我青袍故，饒君茜綬新」、「老逼教垂白，官科遺著緋」、「那知垂白日，始是著緋年」、「晚遇何足言，白髮映朱紱」。至於形容衣魚之句，如「魚綴白金隨步躍，鵠銜紅綬繞身飛」。

28 詩讖不然

今人富貴中作不如意語，少壯時作衰病語，詩家往往以爲讖。白公十八歲，病中作絶句云：「久爲勞生事，不學攝生道。少年已多病，此身豈堪老。」然白公壽七十五。

29 青龍寺詩

樂天和錢員外青龍寺上方望舊山詩云：「舊峯松雪舊溪雲，悵望今朝遥屬君。共道使臣非俗吏，南山莫動北山文。」頃於乾道四年講筵開日，蒙上書此章於扇以賜，改「使臣」爲「侍臣」云。

校勘記

〔一〕博叉　祠本原校：「博」一作「搏」。

〔二〕行山卜宅兆者印爲元龜　野客叢書卷二十五郭璞先知條引文「印」作「即」。

〔三〕厠上銜刀之見淺矣　此句原脱，據明抄本、會本補。王校：「贛州本無此句，會通館活字本亦從贛州本出，有此句，不可解。」按，會本出自宋紹定本，王氏誤。

〔四〕動之方正　祠本「正」作「直」。按，周易正義王弼注作「直」，疑作「直」是。

〔五〕方者静之得　馬本、祠本「得」作「德」。按，易「坤至柔而動也剛」句下爲「至静而德方」，疑作「德」是。

〔六〕橋憑州守造　「州」原作「川」，據李本改。按，白居易集作「州」。

容齋隨筆卷二 二十四則

1 唐重牡丹

歐陽公牡丹釋名云："牡丹初不載文字，唐人如沈、宋、元、白之流，皆善詠花，當時有一花之異者，彼必形於篇什，而寂無傳焉，唯劉夢得有詠魚朝恩宅牡丹詩，但云一叢千朵而已，亦不云其美且異也。"予按，白公集有白牡丹一篇十四韻，又秦中吟十篇，内買花一章，凡百言，云："共道牡丹時，相隨買花去。一叢深色花，十户中人賦。"而諷諭樂府有牡丹芳一篇，三百四十七字，絶道花之妖艷，至有"遂使王公與卿士，游花冠蓋日相望"、"花開花落二十日，一城之人皆若狂"之語。又寄微之百韻詩云："唐昌玉蘂會，崇敬牡丹期。"注："崇敬寺牡丹花，多與微之有期。"又惜牡丹詩云："明朝風起應吹盡，夜惜衰紅把火看。"醉歸盩厔詩云："數日非關王事繫，牡丹花盡始歸來。"元微之有入永壽寺看牡丹詩八韻，和樂天秋題牡丹叢三韻，酬胡三詠牡丹一絶，又有五言二絶句。許渾亦有詩云："近來無奈牡丹何，數十千錢買一窠。"徐凝云："三條九陌花時節，萬馬千車看牡丹。"又云："何人不愛牡丹花，占斷城中好物華。」然則元、白未嘗無詩，唐人未嘗不重此花也。

2　長歌之哀

嬉笑之怒，甚於裂眥，長歌之哀，過於慟哭。此語誠然。元微之在江陵，病中聞白樂天左降江州，作絶句云：「殘燈無焰影幢幢，此夕聞君謫九江。垂死病中驚起坐，暗風吹雨入寒窗。」樂天以爲：「此句他人尚不可聞，況僕心哉。」微之集作「垂死病中仍悵望」，此三字既不佳，又不題爲病中作，失其意矣。東坡守彭城，子由來訪之，留百餘日而去，作二小詩曰：「逍遥堂後千尋木，長送中宵風雨聲。悮喜對床尋舊約，不知漂泊在彭城。」「秋來東閣涼如水，客去山公醉似泥。困卧北窗呼不醒，風吹松竹雨淒淒。」東坡以爲讀之殆不可爲懷，乃和其詩以自解。至今觀之，尚能使人悽然也。

3　韋蘇州

韋蘇州集中有逢楊開府詩云：「少事武皇帝，無賴恃恩私。身作里中横，家藏亡命兒。朝持樗蒱局，暮竊東鄰姬。司隸不敢捕，立在白玉墀。驪山風雪夜，長楊羽獵時。一字都不識，飲酒肆頑癡。武皇升仙去，憔悴被人欺。讀書事已晚，把筆學題詩。兩府始收跡，南宫謬見推。非才果不容，出守撫惸嫠。忽逢楊開府，論舊涕俱垂。」味此詩，蓋應物自叙其少年事也，其不羈乃如此。李肇國史補云：「應物爲性高潔，鮮食寡欲，所居焚香掃地而坐，其爲詩馳驟建安已還，各得風韻。」蓋記其折節後來也。唐史失其事，不爲立傳。高適亦少落魄，年五十始爲詩，即工。皆天分超卓，不可以常理論云。應物爲三衛，正天寶間，所爲如是，而吏不敢捕，又以見時政矣。

4 古行宫詩

白樂天長恨歌、上陽人歌，元微之連昌宫詞，道開、天間宫禁事，最爲深切矣。然微之有行宫一絶句云：「寥落古行宫，宫花寂寞紅。白頭宫女在，閑坐説玄宗。」語少意足，有無窮之味。

5 隔是

樂天詩云：「江州去日聽箏夜，白髮新生不願聞。如今格是頭成雪，彈到天明亦任君。」元微之詩云：「隔是身如夢，頻來不爲名。憐君近南住，時得到山行。」「格」與「隔」二字義同，「格是」猶言已是也。

6 張良無後

張良、陳平皆漢祖謀臣，良之爲人，非平可比也。平嘗曰：「我多陰謀，道家之所禁。吾世即廢矣，以吾多陰禍也。」平傳國至曾孫，而以罪絶，如其言。然良之爵但能至子，去其死財十年而絶，後世不復紹封，其禍更促於平，何哉？予蓋嘗考之，沛公攻嶢關，秦將欲連和，良曰：「不如因其懈怠擊之。」公引兵大破秦軍。項羽與漢王約中分天下，既解而東歸矣。良有養虎自遺患之語，勸王回軍追羽而滅之。此其事固不止於殺降也，其無後宜哉。

7 周亞夫

周亞夫距吴、楚，堅壁不出。軍中夜驚，内相攻擊擾亂，至於帳下。亞夫堅卧不起，頃之，復定。吴奔壁東南陬，亞夫使備西北。已而果奔西北，不得入。漢史書之，以爲亞夫能持重。按，亞夫軍細柳時，天子先驅至，不得入。文帝稱其不可得而犯。今乃有軍中夜驚相攻之事，安在其能持重乎！

8 漢輕族人

爰盎陷鼂錯，但云：「方今計，獨有斬錯耳。」而景帝使丞相以下劾奏，遂至父母妻子同產無少長皆弃市。主父偃陷齊王於死，武帝欲勿誅，公孫丞相爭之，遂族偃。郭解客殺人，吏奏解無罪，公孫大夫議，遂族解。且偃、解兩人本不死，因議者之言，殺之足矣，何遽至族乎！漢之輕於用刑如此。

9 漏泄禁中語

京房與漢元帝論幽、厲事，至於十問十答。西漢所載君臣之語，未有如是之詳盡委曲者。蓋漢法，漏泄省中語爲大罪。如夏侯勝出，道上語，宣帝責之，故退不敢言，人亦莫能知者。房初見帝時，出爲御史大夫鄭君言之，又爲張博道其語，博密記之，後竟以此下獄弃市。今史所載，豈非獄辭乎！王章與成帝論王鳳之罪，亦以王音側聽聞之耳。

10 田叔

貫高謀弑漢祖，事發覺，漢詔趙王，有敢隨王罪三族，唯田叔、孟舒等自髡鉗隨王，趙王既出，上以叔等爲郡守。文帝初立，召叔問曰：「公知天下長者乎？」曰：「故雲中守孟舒，長者也。」是時，舒坐虜大入雲中免。上曰：「虜入雲中，孟舒不能堅守，士卒死者數百人，長者固殺人乎？」叔叩頭曰：「夫貫高等謀反，天子下明詔，趙有敢隨張王者，罪三族。然孟舒自髡鉗，隨張王，以身死之，豈自知爲雲中守哉！是乃所以爲長者。」上曰：「賢哉孟舒。」復召以爲雲中守。按，田叔、孟舒同隨張王，今叔指言舒事，幾於自薦矣。叔不自以爲嫌，但欲直孟舒之事，文帝不以爲過，一言開悟，爲之復用舒，君臣之誠意相與如此。

11 孟舒魏尚

雲中守孟舒，坐虜大入雲中免。田叔對文帝曰：「匈奴來爲邊寇，孟舒知士卒罷敝，不忍出言，士爭臨城死敵，如子爲父，以故死者數百人。孟舒豈驅之哉！」上曰：「賢哉孟舒。」復召以爲雲中守。又，馮唐對文帝曰：「魏尚爲雲中守，虜嘗一入，尚率車騎擊之。士卒終日力戰。上功莫府，坐首虜差六級，下吏削爵。臣以爲陛下罰太重。」上赦魏尚，復以爲雲中守。案，孟舒、魏尚，皆以文帝時爲雲中守，皆坐匈奴入寇獲罪，皆得士死力，皆用他人言復故官，事切相類，疑其只一事云。

12 秦用他國人

七國虎爭天下，莫不招致四方游士。然六國所用相，皆其宗族及國人，如齊之田忌、田嬰、田文，韓之公仲、公叔，趙之奉陽、平原君，魏王至以太子爲相。獨秦不然，其始與之謀國以開霸業者，魏人公孫鞅也。其它若樓緩趙人，張儀、魏冉、范雎皆魏人，蔡澤燕人，呂不韋韓人，李斯楚人，皆委國而聽之不疑，卒之所以兼天下者，諸人之力也。燕昭王任郭隗、劇辛、樂毅，幾滅强齊，辛、毅皆趙人也。楚悼王任吴起爲相，諸侯患楚之强，蓋衛人也。

13 曹參趙括

漢高祖疾甚，吕后問曰：「蕭相國既死，誰令代之。」上曰：「曹參可。」蕭何事惠帝，病，上問曰：「君即百歲後，誰可代君？」對曰：「知臣莫若主。」帝曰：「曹參何如？」曰：「帝得之矣。」曹參相齊，聞何薨，告舍人趣治行，吾且入相。居無何，使者果召參。趙括自少時學兵法，其父奢不能難，然不謂善，謂其母曰：「趙若必將之，破趙軍者必括也。」後廉頗與秦相持，秦應侯行千金爲反間於趙，曰：「秦之所畏，獨趙括耳。」趙王以括代頗將。藺相如諫，王不聽。括母上書言括不可使，王又不聽。秦王聞括已爲趙將，乃陰使白起代王齕，遂勝趙。曹參之宜爲相，高祖以爲可，惠帝以爲可，蕭何以爲可，參自以爲可，故漢用之而興。趙括之不宜爲將，其父以爲不可，母以爲不可，大臣以爲不可，秦王知之，相應侯知之，將白起知之，獨趙王以爲可，故用之而敗。嗚呼，將相安危所係，可不監哉！且秦以白起易王齕，而趙乃以括代廉頗，不待於戰，而勝負之形見矣。

14 信近於義

「信近於義，言可復也。恭近於禮，遠恥辱也。因不失其親，亦可宗也。」程明道曰：「因恭信而不失其所以親，近於禮義，故亦可宗。」伊川曰：「因不失於相近，亦可尚也。」又曰：「因其近禮義而不失其親，亦可宗也。況於盡禮義者乎！」范純父曰：「君子所因者本，而立愛必自親始，親親必及人，故曰因不失其親。」呂與叔分爲三事。謝顯道曰：「君、師、友三者，雖非天屬，亦可以親，捨此三者之外，吾恐不免於諂賤。惟親不失其所親，然後爲可宗也。」楊中立曰：「信不失義，恭不悖禮，又因不失其親焉，是亦可宗也。」尹彦明曰：「因其近，雖未足以盡禮義之本，亦不失其所宗尚也。」予切以謂義與禮之極，多至於不親，能至於不失其親，斯爲可宗也〔一〕。然未敢以爲是。

15 剛毅近仁

剛毅者，必不能令色；木訥者，必不爲巧言。此近仁、鮮仁之辨也。

16 忠恕違道

曾子曰：「夫子之道，忠恕而已矣。」中庸曰：「忠恕違道不遠。」學者疑爲不同。伊川云：「中庸恐人不喻，乃指而示之近。」又云：「忠恕固可以貫道，子思恐人難曉，故降一等言之。」又云：「中庸以曾子之言雖是如此，又恐人尚疑忠恕未可便爲道，故曰違道不遠。」游定夫云：「道一而已，豈參彼此所能豫哉！此忠恕所以違道，爲其未能一以貫之也。雖然，欲求入道者，莫近於此。此所以違道不遠也。」楊中立云：「忠恕固未足以盡道，然而違道不遠矣。」侯師聖云：「子思之忠恕，施諸己而不願，亦勿施於人。此已是違道。若聖人，則不待施諸己而不願然後勿施諸人也。」諸公之說，大氐不同。予切以爲道不可名言，既麗於忠恕之名，則爲有迹。故曰違道。然非忠恕二字，亦無可以明道者。故曰不遠。非謂其未足以盡道也。違者違去之謂，非違畔之謂。老子曰：「上善若水，水善利萬物而不爭，處衆人之所惡，故幾於道。」蘇子由解云：「道無所不在，無所不利，而水亦然。然而既已麗於形，則於道有間矣。故曰幾於道。然而可名之善，未有若此者。故曰上善。」其說與此略同。

17 求爲可知

「不患無位，患所以立，不患莫己知，求爲可知也。」爲之說者皆以爲當求爲可知之行。唯謝顯道云：「此論猶有求位求可知之道，在至論則不然，難用而莫我知，斯我貴矣，夫復何求。」予以爲君子不以無位爲患，而以無所立爲患；不以莫己知爲患，而以求爲可知爲患。第四句蓋承上文言之。夫求之有道，若汲汲然求爲可知，則亦無所不至矣。

18 里仁

「里仁爲美。擇不處仁，焉得智？」孟子論函矢、巫匠之術，而引此以質之，説者多以里爲居，居以親仁爲美。予嘗記一説云：「函矢、巫匠，皆里中之仁也。然於仁之中，有不仁存焉。則仁亦在夫擇之而已矣。」嘗與鄭景望言之，景望不以爲然。予以爲此特謂閭巷之間所推以爲仁者，固在所擇，正合孟子之意。不然，仁之爲道大矣，尚安所擇而處哉。

19 漢采衆議

漢元帝時，珠厓反，連年不定。上與有司議大發軍，待詔賈捐之建議，以爲不當擊。上以問丞相、御史，御史大夫陳萬年以爲當擊，丞相于定國以爲捐之議是，上從之，遂罷珠厓郡。匈奴呼韓邪單于既事漢，上書願保塞上谷以西，請罷邊備塞吏卒，以休天子人民。天子令下有司議，議者皆以爲便，郎中侯應習邊事，以爲不可許。上問狀，應對十策，有詔勿議罷邊塞事。成帝時，匈奴使者欲降，下公卿議，議者言宜如故事受其降。光禄大夫谷永以爲不如勿受，天子從之。使者果詐也。哀帝時，單于求朝，帝欲止之，以問公卿，亦以爲虛費府帑，可且勿許。單于使辭去。黄門郎楊雄上書諫，天子寤焉，召還匈奴使者，更報單于書而許之。安帝時，大將軍鄧騭欲弃涼州，并力北邊，會公卿集議，皆以爲然，郎中虞詡陳三不可，乃更集四府，皆從詡議。北匈奴復强，西域諸國既絶於漢，公卿多以爲宜閉玉門關絶西域，鄧太后召軍司馬班勇問之，勇以爲不可，於是從勇議。順帝時，交阯蠻叛，帝召公卿百官及四府掾屬，問以方略，皆議遣大將發兵赴之，議郎李固駮之，乞選刺史太守以往，四府悉從固議，嶺外復平。靈帝時，涼州兵亂不解，司徒崔烈以爲宜棄，詔會公卿百官議之，議郎傅燮以爲不可，帝從之。此八事者，所係利害甚大，一時公卿百官既同定議矣，賈捐之以下八人，皆以郎大夫之微，獨陳異説。漢元、成、哀、安、順、靈，皆非明主，悉能違衆而聽之，大臣無賢愚亦不復執前説，蓋猶有公道存焉。每事皆能如是，天下其有不治乎！

20　漢母后

漢母后預政，不必臨朝及少主，雖長君亦然。文帝繫周勃，薄太后曰：「絳侯綰皇帝璽，將兵於北軍，不以此時反，今居一小縣，顧欲反邪？」帝謝曰：「吏方驗而出之。」遂赦勃。吴、楚反，誅，景帝欲續之，竇太后曰：「吴王，老人也，宜爲宗室順善，今乃首亂天下，奈何續其後？」不許吴，許立楚後。郅都害臨江王，竇太后怒，會匈奴中都以漢法。帝曰：「都忠臣。」欲釋之。后曰：「臨江王獨非忠臣乎？」於是斬都。武帝用王臧、趙綰，太皇竇太后不悦儒術，綰請毋奏事東宫，后大怒，求得二人姦利事以責上，上下綰、臧吏，殺之。竇嬰、田蚡廷辯，王太后大怒不食，曰：「我在也，而人皆藉吾弟，且帝寧能爲石人邪！」帝不直蚡，特爲太后故殺嬰。韓嫣得幸於上，江都王爲太后泣，請得入宿衛比嫣，后繇此銜嫣，嫣以姦聞，后使使賜嫣死。上爲謝，終不能得。成帝幸張放，太后以爲言，帝常涕泣而遣之。

21 田千秋郅惲

漢武帝殺戾太子，田千秋訟太子冤曰：「子弄父兵當何罪？」帝大感悟，曰：「父子之間，人所難言也。公獨明其不然，公當遂爲吾輔佐。」遂拜爲丞相。光武廢郭后，郅惲言曰：「夫婦之好，父不能得之於子，況臣能得之於君乎！是臣所不敢言。雖然，願陛下念其可否之計，無令天下有議社稷而已。」帝曰：「惲善恕己量主。」遂以郭氏爲中山王太后，卒以壽終。此二人者，可謂善處人骨肉之間，諫不費詞，婉而能入者矣。

22 戾太子

戾太子死，武帝追悔，爲之族江充家，黄門蘇文助充譖太子，至於焚殺之。李壽加兵刃於太子，亦以它事族。田千秋以一言至爲丞相。又作思子宫，爲歸來望思之臺。然其孤孫囚係於郡邸，獨不能釋之，至於掖庭令養視而不問也，豈非漢法至嚴，既坐太子以反逆之罪，雖心知其冤，而有所不赦者乎？

23　灌夫任安

竇嬰爲丞相，田蚡爲太尉，同日免。蚡後爲丞相，而嬰不用，無勢，諸公稍自引而怠驁，唯灌夫獨否。衛青爲大將軍，霍去病財爲校尉，已而皆爲大司馬。青日衰，去病日益貴。青故人門下多去事去病，唯任安不肯去。灌夫、任安，可謂賢而知義矣。然皆以它事卒不免於族誅，事不可料如此。

24　單于朝漢

漢宣帝黄龍元年正月，匈奴單于來朝，二月歸國，十二月帝崩。元帝竟寧元年正月，又來朝，五月帝崩。故哀帝時，單于願朝，時帝被疾，或言匈奴從上游來厭人，自黄龍、竟寧時，中國輒有大故。上由是難之。既不許矣，俄以楊雄之言，復許之。然元壽二年正月，單于朝，六月帝崩。事之偶然符合有如此者。

校勘記

〔一〕斯爲可宗也　祠本原校：館本「爲可宗」作「可爲宗」。

容齋隨筆卷三 二十一則

1 進士試題

唐穆宗長慶元年，禮部侍郎錢徽知舉，放進士鄭朗等三十三人，後以段文昌言其不公，詔中書舍人王起、知制誥白居易重試，駁放盧公亮等十人，貶徽江州刺史。白公集有奏狀論此事，大略云：「伏料自欲重試進士以來論奏者甚衆。蓋以禮部試進士，例許用書策，兼得通宵，得通宵則思慮必周，用書册則文字不錯。昨重試之日，書策不容一字，木燭只許兩條，迫促驚忙，幸皆成就，若比禮部所試事校不同。」及駁放公亮等勑文，以爲孤竹管賦出於周禮正經，閲其程試之文，多是不知本末。乃知唐試進士許挾書及見燭如此。國朝淳化三年，太宗試進士，出卮言日出賦題，孫何等不知所出，相率扣殿檻乞上指示之，上爲陳大義。景德二年，御試天道猶張弓賦。後禮部貢院言，近年進士，惟鈔略古今文賦，懷挾入試，昨者御試以正經命題，多懵所出，則知題目不示以出處也。大中祥符元年，試禮部進士，内出清明象天賦等題，仍録題解，摹印以示之。至景祐元年，始詔御藥院，御試日進士題目，具經史所出，摹印給之，更不許上請。

2 儒人論佛書

韓文公送文暢序言儒人不當舉浮屠之説以告僧。其語云：「文暢，浮屠也。如欲聞浮屠之説，當自就其師而問之，何故謁吾徒而來請也？」元微之作永福寺石壁記云：「佛書之妙奧，僧當爲予言，予不當爲僧言。」二公之語，可謂至當。

3 和歸去來

今人好和歸去來詞，予最敬晁以道所言。其答李持國書云：「足下愛淵明所賦歸去來辭，遂同東坡先生和之，僕所未喻也。建中靖國間，東坡和歸去來初至京師，其門下賓客從而和者數人，皆自謂得意也，陶淵明紛然一日滿人目前矣。參寥忽以所和篇示予，率同賦，予謝之曰：『童子無居位，先生無並行，與吾師共推東坡一人於淵明間可也。』參寥即索其文袖之，出吳音，曰：『罪過公〔一〕，悔不先與公話。』今輒以厚於參寥者爲子言。」昔大宋相公謂陶公歸去來是南北文章之絶唱，五經之鼓吹，近時繪畫歸去來者，皆作大聖變，和其辭者，如即事遺興小詩，皆不得正中者也。

4 四海一也

海一而已，地之勢西北高而東南下，所謂東、北、南三海，其實一也。北至於青、滄，則云北海，南至於交、廣，則云南海，東漸吴、越，則云東海，無由有所謂西海者。詩、書、禮經所載四海，蓋引類而言之。漢西域傳所云蒲昌海疑亦渟居一澤爾。班超遣甘英往條支，臨大海，蓋即南海之西云。

5 李太白

世俗多言李太白在當塗采石因醉泛舟於江，見月影俯而取之，遂溺死，故其地有捉月臺。予按李陽冰作太白草堂集序云：「陽冰試絃歌於當塗，公疾亟，草藁萬卷，手集未修，枕上授簡，俾爲序。」又李華作太白墓誌，亦云：「賦臨終歌而卒。」乃知俗傳良不足信，蓋與謂杜子美因食白酒牛炙而死者同也。

6 太白雪讒

李太白以布衣入翰林，既而不得官。唐史言高力士以脱鞾爲恥，摘其詩以激楊貴妃，爲妃所沮止。今集中有雪讒詩一章，大率載婦人淫亂敗國，其略云：「彼婦人之猖狂，不如鵲之彊彊。彼婦人之婬昏，不如鶉之奔奔。坦蕩君子，無悦簧言。」又云：「妲己滅紂，褒女惑周。漢祖呂氏，食其在傍。秦皇太后，毒亦淫荒。螮蝀作昏，遂掩太陽。萬乘尚爾，匹夫何傷。詞殫意窮，心切理直。如或妄談，昊天是殛。」予味此詩，豈非貴妃與禄山淫亂，而白曾發其姦乎？不然，則「飛燕在昭陽」之句，何足深怨也！

7　冉有問衛君

冉有曰：「夫子爲衛君乎？」子貢曰：「吾將問之。」入，曰：「伯夷、叔齊，何人也？」曰：「古之賢人也。」曰：「怨乎？」曰：「求仁而得仁，又何怨！」出，曰：「夫子不爲也。」説者皆評較蒯聵、輒之是非，多至數百言。惟王逢原以十字蔽之，曰：「賢兄弟讓，知惡父子爭矣。」最爲簡妙。蓋夷、齊以兄弟讓國，而夫子賢之，則不與衛君以父子爭國可知矣。晁以道亦有是語，而結意不同。尹彦明之説，與逢原同。唯楊中立云：「世之説者，以謂『善兄弟之讓，則惡父子之爭可知』，失其旨矣。」其意爲不可曉。

8 商頌

宋自微子至戴公，禮樂廢壞。正考甫得商頌十二篇於周之太師，後又亡其七，至孔子時，所存才五篇爾。宋，商王之後也，於先代之詩如是，則其它可知。夫子所謂「殷禮吾能言之，宋不足徵也」，蓋有歎於此。杞以夏后之裔，至於用夷禮，尚何有於文獻哉！郯國小於杞、宋，少昊氏遠於夏、商，而鳳鳥名官，郯子枚數不忘，曰：「吾祖也，我知之。」其亦賢矣。

9 俗語有所本

俗語謂錢一貫有畸曰千一、千二，米一石有畸曰石一、石二，長一丈有畸曰丈一、丈二之類。按，考工記：「殳長尋有四尺。」注云：「八尺曰尋，殳長丈二。」史記張儀傳「尺一之檄」，漢淮南王安書云「丈一之組」，匈奴傳「尺一牘」，後漢「尺一詔書」，唐「城南去天尺五」之類，然則亦有所本云。

10 鄱陽學

鄱陽學在城外東湖之北，相傳以爲范文正公作郡守時所創。予攷國史，范公以景祐三年乙亥歲四月知饒州；四年十二月，詔自今須藩鎮乃得立學，他州勿聽；是月，范公移潤州。余襄公集有饒州新建州學記，實起於慶曆五年乙酉歲，其郡守曰都官員外郎張君，其略云：「先是郡先聖祠宮棟宇隳剥，前守亦嘗相土，而未遑締治，於是即其基於東湖之北偏而經營之。」浮梁人金君卿郎中作郡學莊田記，云：「慶曆四年春，詔郡國立學，時守都官副郎張侯譚始營之，明年學成。」與余公記合。范公在饒時，延君卿置館舍，使公有意建學，記中豈無一言及之！蓋是時公既爲執政，去郡十年矣。所謂前守相土者，不知爲何人。

11 國忌休務

刑統載唐大和七年勑：「准令，國忌日唯禁飲酒舉樂，至於科罰人吏，都無明文。但緣其日不合釐務，官曹即不得決斷刑獄，其小小笞責，在禮律固無所妨，起今以後，縱有此類，臺府更不要舉奏。」舊唐書載此事，因御史臺奏均王傅王堪男國忌日於私第科決作人，故降此詔。蓋唐世國忌休務，正與私忌義等，故雖刑獄亦不決斷，謂之不合釐務者，此也。今在京百司〔三〕，唯雙忌作假，以其拜跪多，又晝漏已數刻，若單忌，獨三省歸休耳，百司坐曹決獄，與常日亡異，視古誼爲不同。元微之詩云：「縛遣推囚名御史，狼藉囚徒滿田地，明日不推緣國忌。」又可證也。

12 漢昭順二帝

漢昭帝年十四，能察霍光之忠，知燕王上書之詐，誅桑羊、上官桀，後世稱其明。然和帝時，竇憲兄弟專權，太后臨朝，共圖殺害。帝陰知其謀，而與内外臣僚莫由親接，獨知中常侍鄭衆不事豪黨，遂與定議誅憲。時亦年十四，其剛決不下昭帝，但范史發明不出，故後世無稱焉。順帝時，梁商爲大將軍輔政，商以小黄門曹節用事於中，遣子冀與交友，而宦官忌其寵，反欲害之。中常侍張逵、蘧政、楊定等，與左右連謀，共譖商及中常侍曹騰、孟賁，云欲議廢立，請收商等按罪。帝曰：「大將軍父子我所親，騰、賁我所愛，必無是，但汝曹共妒之耳。」逵等知言不用，遂出矯詔收縛騰、賁。帝震怒，收逵等殺之。此事尤與昭帝相類。霍光忠於國，而爲子禹覆其宗，梁商忠於國，而爲子冀覆其宗，又相似。但順帝復以政付冀，其明非昭帝比，故不爲人所稱。

13　三女后之賢

王莽女爲漢平帝后，自劉氏之廢，常稱疾不朝會。莽敬憚傷哀，欲嫁之，后不肯，及莽敗，后曰：「何面目以見漢家。」自投火中而死。楊堅女爲周宣帝后，知其父有異圖，意頗不平，形於言色，及禪位，憤惋逾甚。堅内甚愧之，欲奪其志，后誓不許，乃止。李昪女爲吳太子璉妃，昪既篡吳，封爲永興公主，妃聞人呼公主，則流涕而辭。三女之事略同，可畏而仰，彼爲其父者，安所置愧乎！

14　賢父兄子弟

宋謝晦爲右衛將軍，權遇已重，自彭城還都迎家，賓客輻湊。兄瞻驚駭，曰：「汝名位未多，而人歸趣乃爾，此豈門户之福邪！」乃以籬隔門庭，曰：「吾不忍見此。」又言於宋公裕，特乞降黜，以保衰門。及晦立佐命功，瞻意憂懼，遇病，不療而卒。晦果覆其宗。顔竣於孝武有功，貴重，其父延之常語之，曰：「吾平生不喜見要人，今不幸見汝。」嘗早詣竣，見賓客盈門，竣尚未起，延之怒，曰：「汝出糞土之中，升雲霞之上，遽驕傲如此，其能久乎！」竣竟爲孝武所誅。延之、瞻可謂賢父兄矣。隋高熲拜爲僕射，其母戒之，曰：「汝富貴已極，但有一斫頭爾！」頻由是常恐禍變，及罷免爲民，歡然無恨色，後亦不免爲煬帝所誅。唐潘孟陽爲侍郎，年未四十，母曰：「以爾之材，而位丞郎，使吾憂之。」嚴武卒，母哭，曰：「而今而後，吾知免爲官婢。」三者可謂賢母矣。褚淵助蕭道成篡宋爲齊，淵從弟炤謂淵子賁曰：「不知汝家司空將一家物與一家，亦復何謂！」及淵爲司徒，炤歎曰：「門户不幸，乃復有今日之拜。」淵卒，世子賁恥其父失節，服除遂不仕，以爵與其弟，屏居終身。齊王晏助明帝奪國，從弟思遠曰：「兄將來何以自立？若及此引決，猶可保全門户。」及拜驃騎將軍，集會子弟，謂思遠兄思微曰：「隆昌之末，阿戎勸吾自裁，若從其語，豈有今日！」思遠曰：「如阿戎所見，今猶未晚也。」晏歎曰：「世乃有勸人死者。」晏果爲明帝所誅。炤、賁、思遠，可謂賢子弟矣。

15 蔡君謨帖

蔡君謨一帖云：「襄昔之爲諫臣，與今之爲詞臣，一也。爲諫臣有言責，世人自見疎。今無是焉，世人見親。襄之於人，未始異之，而人之觀故有以異也。」觀此帖，乃知昔時居臺諫者，爲人所疎如此。今則反是。方爲此官時，其門揮汗成雨，一徙它局，可張爵羅，風俗媮薄甚矣。又有送荔枝與昭文相公一帖云：「襄再拜。宿來伏惟台候起居萬福。閩中荔枝，唯陳家紫號爲第一，輒獻左右，以伸野芹之誠，幸賜收納，謹奉手狀上聞，不宣。襄上昭文相公閤下。」是時，侍從與宰相往還，其禮蓋如是，今之不情苛禮，吁可厭哉！

16　親王與從官往還

神宗有御筆一紙，乃爲潁王時封還李受門狀者。狀云：「右諫議大夫、天章閣待制兼侍講李受起居皇子大王。」而其外封，題曰「台銜回納」。下云：「皇子忠武軍節度使、檢校太尉、同中書門下平章事、上柱國潁王名，謹封。」「名」乃親書。其後受之子覆以黄，繳進，故藏于顯謨閣。先公得之於燕，始知國朝故事，親王與從官往還公禮如此。

17　三傳記事

秦穆公襲鄭，晉納邾捷菑，三傳所書略相似。

左氏書秦事曰：「杞子自鄭告于秦曰〔三〕：『潛師以來，國可得也。』穆公訪諸蹇叔。蹇叔曰：『勞師以襲遠，非所聞也，且行千里，其誰不知！』公辭焉，召孟明出師。蹇叔哭之，曰：『孟子，吾見師之出，而不見其入也。』公曰：『爾何知，中壽，爾墓之木拱矣。』蹇叔之子與師，哭而送之，曰：『晉人禦師必於殽，殽有二陵焉，必死是間，余收爾骨焉。』秦師遂東。」

公羊曰：「秦伯將襲鄭，百里子與蹇叔子諫曰：『千里而襲人，未有不亡者也。』秦伯怒曰：『若爾之年者，宰上之木拱矣，爾曷知！』師出，百里子與蹇叔子送其子而戒之，曰：『爾即死，必於殽嶔巖，吾將尸爾焉。』子揖師而行，百里子與蹇叔子從其子而哭之。秦伯怒，曰：『爾曷爲哭吾師？』對曰：『臣非敢哭君師，哭臣之子也。』」穀梁曰：「秦伯將襲鄭，百里子與蹇叔子諫曰：『千里而襲人，未有不亡者也。』秦伯曰：『子之冢木已拱矣，何知？』師行，百里子與蹇叔子送其子而戒之，曰：『女死必於殽之巖唫之下，我將尸女於是。』師行，百里子與蹇叔子隨其子而哭之，秦伯怒，曰：『何爲哭吾師也？』二子曰：『非敢哭師也，哭吾子也。我老矣，彼不死，則我死矣。』」

其書邾事。左氏曰：「邾文公元妃齊姜生定公，二妃晉姬生捷菑。文公卒，邾人立定公。捷菑奔晉，晉趙盾以諸侯之師八百乘納之。邾人辭曰：『齊出貜且長。』宣子曰：『辭順而弗從，不祥。』乃還。」公羊曰：「晉郤缺帥師，革車八百乘，以納接菑于邾婁，力沛然若有餘而納之。邾婁人辭曰：『接菑，晉出也。貜且，齊出也。子以其指，則接菑也四，貜且也六，子以大國壓之，則未知齊、晉孰有之也。貴則皆貴矣，雖然，貜且也長。』郤缺曰：『非吾力不能納也，義實不爾克也。』引師而去之。」穀梁曰：「長轂五百乘，緜地千里，過宋、鄭、滕、薛，夐入千乘之國，欲變人之主，至城下，然後知，何知之晚也！捷菑，晉出也。貜且，齊出也。籰且，正也。捷菑，不正也。」

予謂秦之事，穀梁紆餘有味，邾之事，左氏語簡而切，欲爲文記事者，當以是觀之。

18　張嘉貞

唐張嘉貞爲并州長史、天兵軍使，明皇欲相之，而忘其名，詔中書侍郎韋抗曰：「朕嘗記其風操，今爲北方大將，張姓而複名，卿爲我思之。」抗曰：「非張齊丘乎？今爲朔方節度使。」帝即使作詔以爲相，夜閱大臣表疏，得嘉貞所獻，遂相之。議者謂明皇欲大用人，而鹵莽若是，非得嘉貞表疏，則誤相齊丘矣。予攷其事，大爲不然。按開元八年，嘉貞爲相，而齊丘以天寶八載始爲朔方節度，相去三十年，安得如上所云者！又，是時明皇臨御未久，方厲精爲治，不應置相而不審其名位。蓋鄭處誨所著明皇雜録妄載其事，史家誤采之也，資治通鑑弃不取云。

19　張九齡作牛公碑

張九齡爲相，明皇欲以涼州都督牛仙客爲尚書，執不可，曰：「仙客，河湟一使典耳，擢自胥史，目不知書，陛下必用仙客，臣實恥之。」帝不悦，因是遂罷相。觀九齡集中，有贈涇州刺史牛公碑，蓋仙客之父，譽之甚至，云：「福善莫大於有後，仙客爲國之良，用商君耕戰之國，修充國羌胡之具，出言可復，所計而然，邊捍長城，主恩前席。」正稱其在涼州時，與所諫止尚書事，亦才一年，然則與仙客非有夙嫌，特爲公家忠計耳。

20 唐人告命

唐人重告命，故顔魯公自書告身，今猶有存者。韋述集賢注記記一事尤著，漫載于此：「開元二十三年七月，制加皇子榮王已下官爵，令辛相及朝官工書者，就集賢院寫告身以進，於是宰相張九齡、裴耀卿、李林甫，朝士蕭太師嵩、李尚書暠、崔少保琳、陳黄門希烈、嚴中書挺之、張兵部均、韋太常陟、褚諫議庭誨等十三人，各寫一通，裝縹進内，上大悦，賜三相絹各三百匹，餘官各二百匹。」以唐書考之，是時十三王並授開府儀同三司，詔詣東宫、尚書省，上日百官集送，有司供張設樂，悉拜王府官屬，而不書此事。

21 典章輕廢

典章故事，有一時廢革遂不可復者。牧守銅魚之制，新除刺史給左魚，到州取州庫右魚合契。周顯德六年，詔以特降制書，何假符契！遂廢之。唐兩省官上事宰臣，送上，四相共坐一榻，各據一隅，謂之押角。晉天福五年，勑廢之。

校勘記

〔一〕罪過公　清抄本何焯等校：「公」疑衍。

〔二〕百司　馬本、祠本「司」作「官」。

〔三〕杞子自鄭告于秦　「于」原脱，據李本、馬本、祠本補。按：左傳有「于」字。

容齋隨筆卷四 二十三則

1 張浮休書

張芸叟與石司理書云：「頃游京師，求謁先達之門，每聽歐陽文忠公、司馬温公、王荆公之論，於行義文史爲多，唯歐陽公多談吏事。既久之，不免有請：『大凡學者之見先生，莫不以道德文章爲欲聞者，今先生多教人以吏事，所未諭也。』公曰：『不然，吾子皆時才，異日臨事當自知之。大抵文學止於潤身，政事可以及物。吾昔貶官夷陵，方壯年，未厭學，欲求史、漢一觀，公私無有也。無以遣日，因取架閣陳年公案，反覆觀之，見其枉直乖錯，不可勝數，以無爲有，以枉爲直，違法徇情，滅親害義，無所不有。且夷陵荒遠、褊小，尚如此，天下固可知也。當時仰天誓心，曰：「自爾遇事，不敢忽也。」』是時蘇明允父子亦在焉，嘗聞此語。」又有答孫子發書，多論資治通鑑，其略云：「温公嘗曰：『吾作此書，唯王勝之嘗閱之終篇，自餘君子求乞欲觀，讀未終紙，已欠伸思睡矣。書十九年方成，中間受了人多少語言陵藉。』」云云。此兩事，士大夫罕言之，浮休集百卷，無此二篇，今豫章所刊者，附之集後。

2　温公客位牓

司馬温公作相日，親書牓稿揭于客位，曰：「訪及諸君，若覩朝政闕遺，庶民疾苦，欲進忠言者，請以奏牘聞於朝廷，光得與同僚商議，擇可行者進呈，取旨行之。若但以私書寵諭，終無所益。若光身有過失，欲賜規正，即以通封書簡分付吏人，令傳入，光得内自省訟，佩服改行。至於整會官職差遣、理雪罪名，凡干身計，並請一面進狀，光得與朝省衆官公議施行。若在私第垂訪，不請語及。某再拜咨白。」乾道九年，公之曾孫伋出鎮廣州，道過贛，獲觀之。

3　李頎詩

歐陽公好稱誦唐嚴維詩「柳塘春水慢，花塢夕陽遲」及楊衡「竹徑通幽處，禪房花木深」之句，以爲不可及。予絶喜李頎詩云：「遠客坐長夜，雨聲孤寺秋。請量東海水，看取淺深愁。」且作客涉遠，適當窮秋，暮投孤村古寺中，夜不能寐，起坐淒惻，而聞簷外雨聲，其爲一時襟抱，不言可知，而此兩句十字中，盡其意態，海水喻愁，非過語也。

4 詩中用茱萸字

劉夢得云：「詩中用茱萸字者凡三人。杜甫云：『醉把茱萸子細看。』王維云：『插遍茱萸少一人。』朱放云：『學他年少插茱萸。』三君所用，杜公爲優。」予觀唐人七言，用此者又十餘家，漫録于後。王昌齡：「茱萸插鬢花宜壽。」戴叔倫：「插鬢茱萸來未盡。」盧綸：「茱萸一朵映華簪。」權德輿：「酒泛茱萸晚易醺。」白居易：「舞鬟擺落茱萸房，茱萸色淺未經霜。」楊衡：「强插茱萸隨衆人。」張諤：「茱萸凡作幾年新。」耿湋：「髮希那敢插茱萸。」劉商：「郵筒不解獻茱萸。」崔櫓：「茱萸冷吹溪口香。」周賀：「茱萸城裏一尊前。」比之杜句，真不侔矣。

5 鬼宿渡河

宋蒼梧王當七夕夜，令楊玉夫伺織女渡河，曰：「見，當報我；不見，當殺汝。」錢希白洞微志載：「蘇德哥爲徐肇祀其先人，曰：『當夜半可已。』蓋俟鬼宿渡河之後。」翟公巽作祭儀十卷，云：「或祭於昏，或祭於旦，皆非是，當以鬼宿渡河爲候，而鬼宿渡河，常在中夜，必使人仰占以俟之。」葉少藴云：「公巽博學多聞，援證皆有據，不肯碌碌同衆，所見必過人。」予案天上經星終古不動，鬼宿隨天西行，春昏見於南，夏晨見於東，秋夜半見於東，冬昏見於東，安有所謂渡河及常在中夜之理。織女昏晨與鬼宿正相反，其理則同。蒼梧王荒悖小兒，不足笑，錢、翟、葉三公皆名儒碩學，亦不深攷如此。杜詩云：「牛女漫愁思，秋期猶渡河。牛女年年渡，何曾風浪生。」梁劉孝儀詩云：「欲待黄昏至，含嬌淺渡河。」唐人七夕詩皆有此説，此自是牽俗遺詞之過。故杜老又有詩云：「牽牛出河西，織女處其東。萬古永相望，七夕誰見同。神光竟難候，此事終蒙朧。」蓋自洞曉其實，非它人比也。

6　府名軍額

雍州，軍額曰永興，府曰京兆，而守臣以「知永興軍府事兼京兆府路安撫使」結銜。鎮州軍額曰成德，府曰真定，而守臣以「知成德軍府事兼真定府路安撫使」結銜；政和中，始正以府額爲稱。荆州，軍額曰荆南，府曰江陵，而守臣則曰「知荆南」，通判曰「通判荆南」，自餘掾幕縣官則曰「江陵府」，淳熙四年，始盡以「江陵」爲稱。孟州，軍額曰河陽三城，無府額，而守臣曰「知河陽軍州事」。陝州無府額，而守臣曰「知陝州軍府事」，法令行移，亦曰「陝府」。

7 馬融皇甫規

漢順帝時，西羌叛，遣征西將軍馬賢將十萬人討之。武都太守馬融上疏曰：「賢處處留滯，必有潰叛之變。臣願請賢所不用關東兵五千，裁假部隊之號，盡力率厲，三旬之中，必克破之。」不從。賢果與羌戰敗，父子皆没，羌遂寇三輔，燒園陵。詔武都太守趙沖督河西四郡兵追擊。安定上計掾皇甫規上疏曰：「臣比年以來，數陳便宜。羌戎未動，策其將反，馬賢始出，知其必敗。願假臣屯列坐食之兵五千，出其不意，與沖共相首尾。土地山谷，臣所曉習，可不煩方寸之印、尺帛之賜，可以滌患。」帝不能用。趙沖擊羌不利，羌寇充斥，涼部震恐，沖戰死，累年然後定。案，馬融、皇甫規之言，曉然易見，而所請兵皆不過五千，然訖不肯從，乃知宣帝納用趙充國之册爲不易得，所謂明主可爲忠言也。

8 孟蜀避唐諱

蜀本石九經皆孟昶時所刻。其書「淵世民」三字皆缺畫，蓋爲唐高祖、太宗諱也。昶父知祥，嘗爲莊宗、明宗臣，然於「存勗嗣源」字乃不諱。前蜀王氏已稱帝，而其所立龍興寺碑，言及唐諸帝，亦皆平闕〔一〕，乃知唐之澤遠矣。

9 翰苑親近

白樂天渭村退居寄錢翰林詩，叙翰苑之親近云：「曉從朝興慶，春陪宴柏梁。分庭皆命婦，對院即儲皇。貴主冠浮動，親王轡鬧裝。金鈿相照耀，朱紫間熒煌。毬簇桃花騎，歌巡竹葉觴。窪銀中貴帶，昂黛内人粧。賜禊東城下，頒酺曲水傍。樽罍分聖酒，妓樂借仙倡。」蓋唐世宮禁與外廷不至相隔絶，故杜子美詩：「户外昭容紫袖垂，雙瞻御座引朝儀。」又云：「舍人退食收封事，宮女開函近御筵。」而學士獨稱内相，至於與命婦分庭，見貴主冠服、内人黛粧，假仙倡以佐酒，它司無此也[二]。

10 寧馨阿堵

「寧馨」、「阿堵」，晉、宋間人語助耳。後人但見王衍指錢云：「舉阿堵物却。」又山濤見衍，曰：「何物老媪，生寧馨兒？」今遂以阿堵爲錢，寧馨兒爲佳兒，殊不然也。前輩詩「語言少味無阿堵，冰雪相看有此君」，又「家無阿堵物，門有寧馨兒」，其意亦如此。宋廢帝之母王太后疾篤，帝不往視，后怒謂侍者：「取刀來，剖我腹，那得生寧馨兒！」觀此，豈得爲佳！顧長康畫人物，不點目精，曰：「傳神寫照，正在阿堵中。」猶言此處也。劉真長譏殷淵源曰：「田舍兒，强學人作爾馨語。」又謂桓溫曰：「使君，如馨地寧可鬬戰求勝！」王導與何充語，曰：「正自爾馨。」王恬撥王胡之手，曰：「冷如鬼手馨，彊來捉人臂。」至今吳中人語言尚多用「寧馨」字爲問，猶言「若何」也。劉夢得詩：「爲問中華學道者，幾人雄猛得寧馨。」蓋得其義。以「寧」字作平聲讀。

11 鳳毛

宋孝武嗟賞謝鳳之子超宗，曰：「殊有鳳毛。」今人以子爲鳳毛，多謂出此。按世說，王劭風姿似其父導，桓温曰：「大奴固自有鳳毛。」其事在前，與此不同。

12 牛米

燕慕容皝以牛假貧民，使佃苑中，税其什之八；自有牛者，税其七。參軍封裕諫，以爲魏、晉之世，假官田牛者不過税其什六，自有牛者中分之，不取其七八也。予觀今吾鄉之俗，募人耕田，十取其五，而用主牛者，取其六，謂之牛米，蓋晉法也。

13 石鼓歌過實〔三〕

文士爲文，有矜夸過實，雖韓文公不能免。如石鼓歌極道宣王之事，偉矣。至云：「孔子西行不到秦，掎摭星宿遺羲、娥。陋儒編詩不收拾，二雅褊迫無委蛇。」是謂三百篇皆如星宿，獨此詩如日月也。「二雅褊迫」之語，尤非所宜言。今世所傳石鼓之詞尚在，豈能出吉日、車攻之右，安知非經聖人所删乎！

14 送孟東野序

韓文公送孟東野序云：「物不得其平則鳴。」然其文云：「在唐、虞時，咎陶、禹其善鳴者，而假之以鳴。夔假於韶以鳴，伊尹鳴殷，周公鳴周。」又云：「天將和其聲，而使鳴國家之盛。」然則非所謂不得其平也。

15 噴嚏

今人噴嚏不止者，必噀唾祝云「有人説我」，婦人尤甚。予按終風詩：「寤言不寐，願言則嚏。」鄭氏箋云：「我其憂悼而不能寐，女思我心如是，我則嚏也。今俗人嚏，云『人道我』，此古之遺語也。」乃知此風自古以來有之。

16 野史不可信

野史雜説，多有得之傳聞及好事者緣飾，故類多失實，雖前輩不能免，而士大夫頗信之。姑摭真宗朝三事于左。

魏泰東軒録云：「真宗次澶淵，語寇萊公曰：『虜騎未退，何人可守天雄軍？』公言參知政事王欽若。退即召王於行府，諭以上意，授勑俾行。王未及有言，公遽酌大白飲之，命曰『上馬盃』，且曰：『參政勉之，回日即爲同列也。』王馳騎入魏，越十一日〔四〕，虜退，召爲同中書門下平章事。或云王公數進疑詞於上前，故萊公因事出之。」予案澶淵之役，乃景德元年九月，是時萊公爲次相，欽若爲參政。閏九月，欽若判天雄。二年四月，罷政。三年，萊公罷相，欽若復知樞密院，至天禧始拜相，距景德凡十四年。

其二事者，沈括筆談云：「向文簡拜右僕射，真宗謂學士李昌武曰：『朕自即位以來，未嘗除僕射，敏中應甚喜。』昌武退朝，往候之，門闌悄然。明日再對，上笑曰：『向敏中大耐官職。』」存中自注云：「向公拜僕射年月，未曾考於國史，因見中書記，是天禧元年八月，而是年二月，王欽若亦加僕射。」予案，真宗朝自敏中之前，拜僕射者六人：吕端、李沆、王旦皆自宰相轉，陳堯叟以罷樞密使拜，張齊賢以故相拜，王欽若自樞密使轉。及敏中轉右僕射，與欽若加左僕射同日降制，是時李昌武死四年矣。昌武者，宗諤也。

其三事者，存中筆談又云：「時丁晉公從真宗巡幸，禮成，詔賜輔臣玉帶。時輔臣八人，行在祗候庫止有七帶，尚衣有帶，謂之比玉，價直數百萬，上欲以足其數。公心欲之，而位在七人之下，度必不及己，乃諭有司：『某自有小私帶可服，候還京別賜可也。』既各受賜，而晉公一帶僅如指闊，上顧近侍速易之，遂得尚衣御帶。」予按景德元年，真宗巡幸西京，大中祥符元年，巡幸泰山，四年，幸河中，丁謂皆爲行在三司使，未登政府。七年，幸亳州，謂始以參知政事從。時輔臣六人，王旦、向敏中爲宰相，王欽若、陳堯叟爲樞密使，皆在謂上；謂之下尚有樞密副使馬知節，即不與此說合。且既爲玉帶，而又名比玉，尤可笑。魏泰無足論，沈存中不應爾也。

17 謗書

司馬遷作史記，於封禪書中，述武帝神仙、鬼竈、方士之事甚備，故王允謂之謗書。國朝景德、祥符間，治安之極，王文穆、陳文忠、陳文僖、丁晉公諸人造作天書符瑞，以爲固寵容悅之計。及真宗上仙，王沂公懼貽後世譏議，故請藏天書於梓宮以滅迹。而實録之成，乃文穆監脩，其載崇奉宮廟、祥雲芝鶴，唯恐不詳，遂爲信史之累，蓋與太史公謗書意異而實同也。

18 王文正公

祥符以後，凡天書禮文、宮觀典册、祭祀巡幸、祥瑞頌聲之事，王文正公旦實爲參政、宰相，無一不預。官自侍郎至太保，公心知得罪於清議，而固戀患失，不能決去。及其臨終，乃欲削髮僧服以斂，何所補哉！魏野贈詩，所謂「西祀東封今已了，好來相伴赤松游」，可謂君子愛人以德，其箴戒之意深矣。歐陽公神道碑，悉隱而不書，蓋不可書也。雖持身公清，無一可議，然特張禹、孔光、胡廣之流云。

19 晉文公

晉公子重耳自狄適它國凡七，衛成公、曹共公、鄭文公皆不禮焉，齊桓公妻以女，宋襄公贈以馬，楚成王享之，秦穆公納之，卒以得國。衛、曹、鄭皆同姓，齊、宋、秦、楚皆異姓，非所謂「豈無他人，不如同姓」也。晉文公卒未葬，秦師伐鄭滅滑，無預晉事。晉先軫以爲秦不哀吾喪，而伐吾同姓，背秦大惠，使襄公墨衰絰而伐之。雖幸勝於殽，終啓焚舟之戰，兩國交兵，不復修睦者數百年。先軫是年死於狄，至孫轂而誅滅，天也。

20 南夷服諸葛

蜀劉禪時，南中諸郡叛，諸葛亮征之，孟獲爲夷、漢所服，七戰七擒，曰：「公，天威也，南人不復反矣。」蜀志所載，止於一時之事。國朝淳化中，李順亂蜀，招安使雷有終遣嘉州士人辛怡顯使於南詔，至姚州，其節度使趙公美以書來迎云：「當境有瀘水，昔諸葛武侯戒曰：『非貢獻征討，不得輒渡此水；若必欲過，須致祭，然後登舟。』今遣本部軍將賫金龍二條、金錢三十文〔五〕，并設酒脯，請先祭享而渡。」乃知南夷心服，雖千年如初。嗚呼，可謂賢矣！事見怡顯所作雲南録。

21 二疏贊

作議論文字，須考引事實無差忒，乃可傳信後世。東坡先生作二疏圖贊云：「孝宣中興，以法馭人。殺蓋、韓、楊，蓋三良臣。先生憐之，振袂脱屣。使知區區，不足驕士。」其立意超卓如此。然以其時考之，元康三年二疏去位，後二年蓋寬饒誅，又三年韓延壽誅，又三年楊惲誅。方二疏去時，三人皆亡恙。蓋先生文如傾河，不復効常人尋閲質究也。

22 李宓伐南詔

唐天寶中，南詔叛，劍南節度使鮮于仲通討之，喪士卒六萬人。楊國忠掩其敗狀，仍敘其戰功。時募兵擊南詔，人莫肯應募，國忠遣御史分道捕人，連枷送詣軍所，行者愁怨，所在哭聲振野。至十三載，劍南留後李宓將兵七萬往擊南詔，南詔誘之深入，閉壁不戰，宓糧盡，士卒瘴疫及飢死什七八，乃引還。蠻追擊之，宓被擒，全軍皆没。國忠隱其敗，更以捷聞，益發兵討之。此通鑑所紀。舊唐書云：「李宓率兵擊蠻於西洱河，糧盡軍旋，馬足陷橋，爲閤羅鳳所擒。」新唐書亦云：「宓敗死於西洱河。」予案高適集中有李宓南征蠻詩一篇，序云：「天寶十一載，有詔伐西南夷，丞相楊公兼節制之寄，乃奏前雲南太守李宓涉海自交趾擊之，往復數萬里，十二載四月，至于長安。君子是以知廟堂使能，而李公效節。予忝斯人之舊，因賦是詩。」其略曰：「肅穆廟堂上，深沉節制雄。遂令感激士，得建非常功。鼓行天海外，轉戰蠻夷中。長驅大浪破，急擊群山空。餉道忽已遠，縣軍垂欲窮。野食掘田鼠，晡餐兼僰僮。收兵列亭候，拓地彌西東。瀘水夜可涉，交州今始通。歸來長安道，召見甘泉宫。」其所稱述如此。雖詩人之言，未必皆實，然當時之人所賦，其事不應虚言，則宓蓋歸至長安，未嘗敗死，其年又非十三載也。味詩中掘鼠餐僮之語，則知糧盡危急，師非勝歸明甚。

23　浮梁陶器

彭器資尚書文集有送許屯田詩，曰：「浮梁巧燒甆，顔色比瓊玖。因官射利疾，衆喜君獨不。父老爭歎息，此事古未有。」注云：「浮梁父老言，自來作知縣不買甆器者一人，君是也。作饒州不買者一人，今程少卿嗣宗是也。」惜乎不載許君之名。

校勘記

〔一〕平闕　馬本、祠本「平」作「半」。按，疑作「半」是。

〔二〕它司無此也　馬本、祠本「此」作「比」。

〔三〕石鼓歌過實　「石鼓歌」原作「爲文矜夸」；目録作「石鼓歌」，今從。按：此則乃就石鼓歌立言。

〔四〕十一日　祠本作「七日」。按：東軒筆録卷一作「七日」。

〔五〕三十文　李本、馬本、祠本作「二千文」。

容齋隨筆卷五 二十五則

1 漢唐八相

蕭、曹、丙、魏，房、杜、姚、宋，爲漢、唐名相，不待誦説。然前六君子皆終于位，而姚、宋相明皇，皆不過三年。姚以二子及親吏受賂，其罷猶有説；宋但以嚴禁惡錢及疾負罪而妄訴不已者，明皇用優人戲言而罷之；二公終身不復用。宋公罷相時，年才五十八，後十七年乃薨。繼之者如張嘉貞、張説、源乾曜、王晙、宇文融、裴光庭、蕭嵩、牛仙客，其才可睹矣。唯杜暹、李元紘爲賢，亦清介齪齪自守者。釋騏驥而不乘，焉皇皇而更索，可不惜哉！蕭何且死，所推賢唯曹參；魏、丙同心輔政；房喬每議事，必曰非如晦莫能籌之；姚崇避位，薦宋公自代。唯賢知賢，宜後人之莫及也。

2 六卦有坎

易乾、坤二卦之下，繼之以屯、蒙、需、訟、師、比，六者皆有坎，聖人防患備險之意深矣。

3 晉之亡與秦隋異

自堯、舜及今，天下裂而復合者四：周之末爲七戰國，秦合之；漢之末分爲三國，晉合之；晉之亂分爲十餘國，爭戰三百年，隋合之；唐之後又分爲八九國，本朝合之。然秦始皇一傳而爲胡亥，晉武帝一傳而爲惠帝，隋文帝一傳而爲煬帝，皆破亡其社稷。獨本朝九傳百七十年，乃不幸有靖康之禍，蓋三代以下治安所無也。秦、晉、隋皆相似，然秦、隋一亡即掃地，晉之東雖曰「牛繼馬後」，終爲守司馬氏之祀，亦百有餘年。蓋秦、隋毒流四海，天實誅之，晉之八王擅兵，孽后盜政，皆本於惠帝昏蒙，非得罪於民，故其亡也，與秦、隋獨異。

4 上官桀

漢上官桀爲未央廐令，武帝嘗體不安，及愈，見馬，馬多瘦，上大怒：「令以我不復見馬邪！」欲下吏。桀頓首，曰：「臣聞聖體不安，日夜憂懼，意誠不在馬。」言未卒，泣數行下。上以爲忠，由是親近，至於受遺詔輔少主。義縱爲右内史，上幸鼎湖，病久，已而卒起，幸甘泉，道不治，上怒，曰：「縱以我爲不行此道乎！」銜之，遂坐以它事弃市。二人者，其始獲罪一也，桀以一言之故超用，而縱及誅，可謂幸不幸矣。

5 金日磾

金日磾没入宫，輸黄門養馬。武帝游宴見馬，後宫滿側，日磾等數十人牽馬過殿下，莫不竊視。至日磾，獨不敢。日磾容貌甚嚴，馬又肥好，上奇焉，即日拜爲馬監，後受遺輔政〔一〕。日磾與上官桀皆因馬而受知，武帝之取人，可謂明而不遺矣。

6 漢宣帝忌昌邑王

漢廢昌邑王賀而立宣帝，賀居故國，帝心内忌之，賜山陽太守張敞璽書，戒以謹備盜賊。敞條奏賀居處，著其廢亡之効。上知賀不足忌，始封爲列侯。光武廢太子彊爲東海王而立顯宗，顯宗即位，待彊彌厚。宣、顯皆雜霸道，治尚剛嚴，獨此事，顯優於宣多矣。

7 平津侯

公孫平津本傳稱其意忌内深，殺主父偃，徙董仲舒，皆其力。然其可稱者兩事：武帝置蒼海、朔方之郡，平津數諫，以爲罷弊中國以奉無用之地，願罷之。上使朱買臣等難之，乃謝曰：「山東鄙人，不知其便若是，願罷西南夷，專奉朔方。」上乃許之。卜式上書，願輸家財助邊，蓋迎合主意。上以語平津，對曰：「此非人情，不軌之臣不可以爲化而亂法，願勿許。」乃罷式。當武帝好大喜功而能如是，槩之後世，足以爲賢相矣，惜不以式事載本傳中。

8 韓信周瑜

世言韓信伐趙，趙廣武君請以奇兵塞井陘口，絶其糧道，成安君不聽。信使間人窺知其不用廣武君策，還報，則大喜，乃敢引兵遂下，遂勝趙。使廣武計行，信且成禽，信蓋自言之矣。周瑜拒曹公於赤壁，部將黄蓋獻火攻之策，會東南風急，悉燒操舡，軍遂敗。使天無大風，黄蓋不進計，則瑜未必勝。是二説者，皆不善觀人者也。夫以韓信敵陳餘，猶以猛虎當羊豕爾。信與漢王語，請北舉燕、趙，正使井陘不得進，必有它奇策矣。其與廣武君言曰：「向使成安君聽子計，僕亦禽矣。」蓋謙以求言之詞也。方孫權問計於周瑜，瑜已言操冒行四患，將軍禽之宜在今日。劉備見瑜，恨其兵少。瑜曰：「此自足用，豫州但觀瑜破之。」正使無火攻之説，其必有以制勝矣。不然，何以爲信、瑜！

9 漢武賞功明白

衛青爲大將軍，霍去病始爲校尉，以功封侯，青失兩將軍，亡翕侯，功不多，不益封。其後各以五萬騎深入，去病益封五千八百户，裨校封侯益邑者六人，而青不得益封，吏卒無封者。武帝賞功，必視法如何，不以貴賤爲高下，其明白如此。後世處此，必曰青久爲上將，俱出塞致命，正不厚賞，亦當有以尉其心，不然，它日無以使人，蓋失之矣。

10 周召房杜

召公爲保，周公爲師，相成王爲左右。觀此二相，則刑措四十年，頌聲作于下，不言可知。唐貞觀三年二月，房玄齡爲左僕射，杜如晦爲右僕射，魏徵參預朝政。觀此三相，則三百年基業之盛，槩可見矣。

11 三代書同文

三代之時，天下書同文，故春秋左氏所載人名字，不以何國，大抵皆同。鄭公子歸生，魯公孫歸父，蔡公孫歸生，楚仲歸，齊析歸父，皆字子家。楚成嘉，鄭公子嘉，皆字子孔。鄭公孫段、印段，宋褚師段，皆字子石。鄭公子喜，宋樂喜，皆字子罕。楚公子黑肱，鄭公孫黑，孔子弟子狄黑，皆字子晳。魯公子翬，鄭公孫揮，皆字子羽。邾子克，楚鬭克，周王子克，宋司馬之臣克，皆字曰儀。晉籍偃，荀偃，鄭公子偃，吴言偃，皆字曰游。晉羊舌赤，魯公西赤，皆字曰華。楚公子側，魯孟之側，皆字曰反。魯冉耕，宋司馬耕，皆字曰牛。顏無繇、仲由，皆字曰路。

12　周世中國地

成周之世，中國之地最狹，以今地里考之，吴、越、楚、蜀、閩皆爲蠻，淮南爲羣舒，秦爲戎。河北真定、中山之境，乃鮮虞、肥、鼓國。河東之境，有赤狄、甲氏、留吁、鐸辰、潞國。洛陽爲王城，而有楊拒、泉皐、蠻氏、陸渾、伊雒之戎。京東有萊、牟、介、莒，皆夷也。杞都雍丘，今汴之屬邑，亦用夷禮。邾近於魯，亦曰夷。其中國者，獨晉、衛、齊、魯、宋、鄭、陳、許而已。通不過數十州，蓋於天下特五分之一耳。

13　李後主梁武帝

東坡書李後主去國之詞云：「最是蒼皇辭廟日，教坊猶奏别離歌，揮淚對宫娥。」以爲後主失國，當慟哭於廟門之外，謝其民而後行，乃對宫娥聽樂，形於詞句。予觀梁武帝啓侯景之禍，塗炭江左，以致覆亡，乃曰：「自我得之，自我失之，亦復何恨。」其不知罪己，亦甚矣。竇嬰救灌夫，其夫人諫止之。嬰曰：「侯自我得之，自我捐之，無所恨。」梁武用此言而非也。

14 詩什

詩二雅及頌前三卷題曰：「某詩之什。」陸德明釋云：「歌詩之作，非止一人，篇數既多，故以十篇編爲一卷，名之爲什。」今人以詩爲篇什，或稱譽它人所作爲佳什，非也。

15 易舉正

唐蘇州司户郭京有周易舉正三卷，云：「曾得王輔嗣、韓康伯手寫注定傳授真本〔二〕，比校今世流行本及國學、鄉貢舉人等本，或將經入注，用注作經，小象中間以下句，反居其上，爻辭注内移，後義却處於前，兼有脱遺、兩字顛倒、謬誤者，並依定本舉正其訛，凡一百三節。」今略取其明白者二十處載於此：

坤初六：「履霜堅冰至。」象曰：「履霜，陰始凝也。馴致其道，至堅冰也。」今本於象文「霜」字下誤增「堅冰」二字。

屯六三象曰：「即鹿無虞何？以從禽也。」今本脱「何」字。

師六五：「田有禽，利執之，无咎。」元本「之」字行書向下引脚，稍類「言」字，轉寫相仍，故誤作「言」，觀注義亦全不作言字釋也。

比九五象曰：「失前禽，舍逆取順也。」今本誤倒其句。

賁：「亨，不利有攸往。」今本「不」字誤作「小」字。「剛柔交錯，天文也，文明以止，人文也。」注云：「剛柔交錯而成文焉，天之文也。」今本脱「剛柔交錯」一句。

坎卦「習坎」上脱「坎」字。

姤：「九四，包失魚。」注：「二有其魚，故失之也。」今本誤作「无魚」。

蹇：「九三，往蹇來正。」今本作「來反」。

困初六象曰：「入于幽谷，不明也。」今本「谷」字下多「幽」字。

鼎彖：「聖人亨以享上帝，以養聖賢。」注云：「聖人用之，上以享上帝，而下以養聖賢。」今本正文多「而大亨」三字，故注文亦誤增「大亨」二字。

震彖曰：「不喪匕鬯，出可以守宗廟社稷，以爲祭主也。」今本脱「不喪匕鬯」一句。

漸象曰：「君子以居賢德，善風俗。」注云：「賢德以止巽則居，風俗以止巽乃善。」今本正文脱「風」字。

豐九四象：「遇其夷主，吉，志行也。」今文脱「志」字。

中孚象：「豚魚吉，信及也。」今本「及」字下多「豚魚」二字。

小過彖：「柔得中，是以可小事也。」今本脱「可」字，而「事」字下誤增「吉」字。六五象曰：「密雲不雨，已止也。」注：「陽已止下故也。」今本正文作「已上」，故注亦誤作「陽已上故止也」。既濟彖曰：「既濟，亨小，小者亨也。」今本脱一「小」字。繫辭：「二多譽，四多懼。」注云：「懼，近也。」今本誤以「近也」字爲正文，而注中又脱「懼」字。雜卦：「蒙稚而著。」今本「稚」誤作「雜」字。予頃於福州道藏中見此書而傳之，及在後省，見晁公武所進易解，多引用之，世罕有其書也。

16 其惟聖人乎

乾卦：「其惟聖人乎。」魏王肅本作「愚人」，後結句始作「聖人」，見陸德明釋文。

17 易説卦

易説卦荀爽九家集解，乾爲木果之下，更有四，曰：爲龍，爲車，爲衣，爲言。坤後有八，曰：爲牝，爲迷，爲方，爲囊，爲裳，爲黄，爲帛，爲漿。震後有三，曰：爲王，爲鵠，爲鼓。巽後有二，曰：爲楊，爲鸛。坎後有八，曰：爲宫，爲律，爲可，爲棟，爲叢棘，爲狐，爲蒺藜，爲桎梏。離後有一，曰：爲牝牛。艮後有三，曰：爲鼻，爲虎，爲狐。兑後有二，曰：爲常，爲輔頰。注云：「常，西方神也。」陸德明以其與王弼本不同，故載於釋文。案，震爲龍，與乾同，故虞翻、干寶本作駹。

18　元二之災

後漢鄧騭傳：「拜爲大將軍時，遭元二之災，人士飢荒，死者相望，盜賊羣起，四夷侵畔。」章懷注云：「元二，即元元也。古書字當再讀者，即於上字之下爲小二字，言此字當兩度言之。後人不曉，遂讀爲元二，或同之陽九，或附之百六，良由不悟，致斯乖舛。今岐州石鼓銘，凡重言者皆爲二字，明驗也。」漢碑有楊孟文石門頌云：「中遭元二，西夷虐殘。」孔耽碑云：「遭元二轗軻，人民相食。」趙明誠金石跋云：「若讀爲元元，不成文理，疑當時自有此語，漢注未必然也。」案，王充論衡恢國篇云：「今上嗣位，元、二之間，嘉德布流。三年，零陵生芝草。四年，甘露降五縣。五年，芝復生。六年，黄龍見。」蓋章帝時事。考之本紀，所書建初三年以後諸瑞皆同，則知所謂元二者，謂建初元年、二年也。既稱嘉德布流以致祥瑞，其爲非災眚之語，益可決疑。安帝永初元年、二年，先零滇羌寇叛，郡國地震，大水。鄧騭以二年十一月拜大將軍，則知所謂元二者，謂永初元年、二年也。凡漢碑重文不皆用小二字，豈有范史一部唯獨一處如此？予兄丞相作隸釋，論之甚詳。予脩國史日，撰欽宗紀贊，用「靖康元、二之禍」，實本于此。

19 聖人汙

孟子曰：「宰我、子貢、有若智足以知聖人。汙，不至阿其所好。」趙岐注云：「三人之智，足以識聖人。汙，下也。言三人雖小汙不平，亦不至於其所好，阿私所愛而空譽之。」詳其文意，「足以識聖人」是一句。「汙下也」自是一節。蓋以「下」字訓汙也，其義明甚。而老蘇先生乃作一句讀，故作三子知聖人汙論，謂：「三子之智，不足以及聖人高深幽絶之境，徒得其下焉耳。」此説竊謂不然。夫謂「夫子賢於堯、舜，自生民以來未有」，可謂大矣，猶以爲汙下何哉？程伊川云：「有若等自能知夫子之道，假使汙下，必不爲阿好而言。」其説正與趙氏合。大抵漢人釋經子，或省去語助，如鄭氏箋毛詩「奄觀銍艾」云：「奄，久。觀，多也。」蓋以久訓奄，以多訓觀。近者黄啓宗有補禮部韻略，於「淹」字下添「奄」字，注云：「久觀也。」亦是誤以箋中五字爲一句。

20　廿卅卌字

今人書二十字爲廿，三十字爲卅，四十爲卌，皆説文本字也。廿音入，二十并也。卅音先合反，三十之省便，古文也。卌音先立反，數名，今直以爲四十字。案，秦始皇凡刻石頌德之辭，皆四字一句。泰山辭曰：「皇帝臨位，二十有六年。」琅邪臺頌曰：「維二十六年，皇帝作始。」之罘頌曰：「維二十九年，時在中春。」東觀頌曰：「維二十九年，皇帝春游。」會稽頌曰：「德惠脩長，三十有七年。」此史記所載，每稱年者，輒五字一句。嘗得泰山辭石本，乃書爲「廿有六年」，想其餘皆如是，而太史公誤易之，或後人傳寫之訛耳，其實四字句也。

21　字省文

今人作字省文，以禮爲礼，以處爲処，以與爲与，凡章奏及程文書册之類不敢用，然其實皆説文本字也。許叔重釋「礼」字云：「古文。」「処」字云：「止也，得几而止。或從處。」「与」字云：「賜予也。『与』、『與』同。」然則當以省文者爲正。

22 負劍辟咡

曲禮記童子事曰:「負劍辟咡詔之。」鄭氏注云:「負,謂置之於背。劍,謂挾之於旁。辟咡詔之,謂傾頭與語。口旁曰咡。」歐陽公作其父瀧岡阡表云:「回顧乳者劍汝而立于旁。」正用此義。今廬陵石刻由存,衢州所刊六一集,已得其真,或者不曉,遂易劍爲抱,可歎也!

23 國初人至誠

真宗時,并州謀帥,上謂輔臣曰:「如張齊賢、温仲舒皆可任,但以其嘗歷樞近,或有固辭,宜召至中書詢問,願往則授之。」及召二人至,齊賢辭以恐爲人所讒。仲舒曰:「非敢有辭,但在尚書班已十年,若得改官端揆,賜都部署添給,敢不承命!」輔臣以聞。上曰:「是皆不欲往也,勿彊之。」王元之自翰林學士以本官刑部郎中知黄州,遣其子嘉祐獻書于中書門下,以爲:「朝廷設官,進退必以禮,一失錯置,咎在廊廟。某一任翰林學士,三任制誥舍人,以國朝舊事言之,或得給事中,或得侍郎,或爲諫議大夫。某獨異於斯,斥去不轉一級,與錢穀俗吏,混然無別,執政不言,人將安仰!」予謂仲舒嘗爲二府,至於自求遷轉及增請給;元之一代剛正名臣,至於公移牋書,引例乞轉。唯其至誠不矯僞故也。後之人外爲大言,避寵辭禄,而陰有營求,失其本真者多矣,風俗使然也。

24 史館玉牒所

國朝熙寧以前,祕書省無著作局,故置史館,設脩撰、直館之職。元豐官制行,有祕書官,則其職歸於監、少及著作郎、佐矣。而紹興中復置史館脩撰、檢討,是與本省爲二也。宗正寺脩玉牒官亦然。官制既行,其職歸於卿、丞矣。而紹興中復差侍從爲脩牒,又以它官兼檢討,是與本寺爲二也。然則今有户部,可别置三司,有吏、刑部,可别置審官、審刑院矣。又玉牒舊制,每十年一進,謂甲子歲進書,則甲戌、甲申歲復然。今乃從建隆以來再行補脩,每及十年則一進,以故不過三二年輒一行賞,書局僭賞,此最甚焉。

25 稗沙門

寶積經説僧之無行者曰:「譬如麥田,中生稗麥,其形似麥,不可分别。爾時田夫,作如是念,謂此稗麥,盡是好麥,後見穟生,爾乃知非。如是沙門,在於衆中,似是持戒,有德行者。施主見時,謂盡是沙門,而彼癡人,實非沙門,是名稗沙門。」此喻甚佳,而文士鮮曾引用，聊志於此。

校勘記

〔一〕受遺輔政　祠本「遺」後有「詔」字。

〔二〕唐蘇州司户郭京有周易舉正三卷云曾得王輔嗣韓康伯手寫注定傳授真本　清抄本校：「輔嗣，正始名士，而韓康伯乃殷深源外生，相去百年，而〔郭〕京以王、韓爲師弟親授受，其妄不攻可破，不知以野處之精博，何乃信之！」按，野處乃洪邁之號。

容齋隨筆卷六 十九則

1 建武中元

成都有漢蜀郡太守何君造尊楗閣碑，其末云：「建武中元二年六月。」按范史本紀，建武止三十一年，次年改爲中元，直書爲中元元年。觀此所刻，乃是雖别爲中元，猶冠以建武如文、景帝中元、後元之類也。又祭祀志載封禪後赦天下詔，明言云：「以建武三十二年爲建武中元元年。」東夷倭國傳云：「建武中元二年，來奉貢。」援據甚明。而宋莒公作紀年通譜乃云：「紀、志所載不同，必傳寫脱誤。」學者失於精審，以意删去，殆亦不深考耳。韓莊敏家一銅斗，銘云：「新始建國天鳳上戊六年。」又，紹興中郭金州得一鉦，銘云：「新始建國地皇上戊二年。」按，王莽始建國之後，改天鳳，又改地皇，兹二器各冠以始元者，自莽之制如此，亦猶其改易郡名不常，每下詔猶繫其故名之類耳，不可用中元爲比也。

2 帶職人轉官

紹興中，王浚明以右奉直大夫直祕閣，乞磨勘，吏部擬朝議大夫，時相以爲既帶職，則朝議、奉直爲一等，遂超轉中奉。其後曾慥踵之。紹興末，向伯奮亦用此，繼而續觷復然。後省有言，不應驀三級，自是但得朝議。予按故事，官制未行時，前行郎中遷少卿，有出身，得太常，無出身，司農。繼轉光禄，即今奉直、朝議也。自少卿遷大卿、監，有出身，得光禄卿，無出身，歷司農卿、少府監、衛尉卿，然後至光禄。若帶職，則自少農以上徑得光卿，不涉餘級，至有超五資者。然則浚明等不爲過，蓋昔日職名不輕與人，故恩典亦異。又，自承務郎至奉議詞人，但三轉，而帶職者乃與餘人同作六階不小異，乃有司之失也。

3 上下四方

上下四方不可窮竟，正雜莊、列、釋氏之寓言〔一〕，曼衍不能說也。列子：「商湯問於夏革曰：『上下八方有極盡乎？』革曰：『不知也。』湯固問。革曰：『無則無極，有則有盡，朕何以知之？然無極之外，復無無極，無盡之中，復無無盡，無極復無無極，無盡復無無盡，朕是以知其無極無盡也，而不知其有極有盡也，焉知天地之表，不有大天地者乎！』」大集經：「『風住何處？』曰：『風住虛空。』又問：『虛空爲何所住？』答言：『虛空住於至處。』又問：『至處復何所住？』答言：『至處何所住者，不可宣説。何以故？遠離一切諸處所故，一切處所所不攝故，非數非稱不可量故，是故至處無有住處。』」二家之説，如是而已。

4 魏相蕭望之

趙廣漢之死由魏相，韓延壽之死由蕭望之。魏、蕭賢公卿也，忍以其私陷二材臣於死地乎？楊惲坐語言怨望，而廷尉當以爲大逆不道。以其時考之，乃于定國也。史稱定國爲廷尉，民自以不冤，豈其然乎！宣帝治尚嚴，而三人者又從而輔翼之，爲可恨也。

5 姓氏不可考

姓氏所出，後世茫不可考，不過證以史傳，然要爲難曉。自姚、虞、唐、杜、姜、田、范、劉之外，餘蓋紛然雜出。且以左傳言之：申氏出於四岳，周有申伯，然鄭又有申侯，楚有申舟，又有申公巫臣，魯有申繻、申棖，晉有申書，齊有申鮮虞。賈氏姬姓之國，以國氏，然晉有賈華，又狐射姑亦曰賈季，齊有賈舉。黄氏嬴姓之國，然金天氏之後，又有沈、姒、蓐、黄之黄，晉有黄淵。孔氏出於殷，孔子其後也。然衛有孔達，宋有孔父，鄭有孔叔，陳有孔寧，齊有孔虺，而鄭子孔之孫又爲孔張。高氏出於齊，然子尾之後又爲高彊，鄭有高克，宋有高哀。國氏亦出於齊，然邢有國子，鄭子國之孫又爲國參。晉有慶鄭，齊有慶克，陳有慶虎。衛有石碏，齊有石之紛如，鄭有石奠，周有石尚，宋有石彄。晉有陽處父，楚有陽丐，魯有陽虎。孫氏出於衛，而楚有叔敖，齊有孫書，吳有孫武。郭氏出於虢，而晉有郭偃，齊有郭最，又有所謂郭公者。千載之下，遥遥世祚，將安所質究乎！

6 畏無難

聖人不畏多難而畏無難。故曰：「惟有道之主能持勝。」使秦不并六國，二世未亡；隋不一天下服四夷，煬帝不亡；苻堅不平涼取蜀，滅燕翦代，則無肥水之役；唐莊宗不滅梁下蜀，則無嗣源之禍；李景不取閩并楚，則無淮南之失。

7 緑竹青青

毛公解衛詩淇奥分緑竹爲二物，曰：「緑，王芻也。竹，萹竹也。」韓詩：竹字作薄，音徒沃反，亦以爲萹筑。郭璞云：「王芻，今呼白脚莎，即菉蓐豆也。萹竹似小藜，赤莖節，好生道旁，可食。」又云：「有草似竹，高五六尺，淇水側人謂之菉竹。」案此諸説，皆北人不見竹之語耳。漢書：「下淇園之竹以爲楗。」寇恂爲河内太守，伐淇園竹爲矢百餘萬。衛詩又有「籊籊竹竿，以釣于淇」之句，所謂緑竹，豈不明甚。若白脚莎、菉豆，安得云「猗猗」、「青青」哉！

8　孔子欲討齊

陳成子弑齊簡公。孔子告於魯哀公，請討之。公曰：「告夫三子者。」之三子告，不可。左傳曰：「孔子請伐齊，公曰：『魯爲齊弱久矣，子之伐之，將若之何？』對曰：『陳常弑其君，民之不與者半，以魯之衆，加齊之半，可伐也。』」説者以爲孔子豈校力之强弱，但明其義而已。能順人心而行天討，何患不克！使魯君從之，孔子其使於周，請命乎天子，正名其罪。至其所以勝齊者，孔子之餘事也。予以爲魯之不能伐齊，三子之不欲伐齊，周之不能討齊，通國知之矣。孔子爲此舉，豈真欲以魯之半力敵之哉？蓋是時三子無君，與陳氏等，孔子上欲悟哀公，下欲讋三子。使哀公悟其意，必察三臣之擅國，思有以制之，起孔子而付以政，其正君君、臣臣之分，不難也。使三子者讋，必將曰：魯小於齊，齊臣弑君而欲致討，吾三臣或如是，彼齊、晉大國肯置而不問乎！惜其君臣皆不識聖人之深旨。自是二年，孔子亡，又十一年，哀公竟偪於三子而孫於越，比之簡公，僅全其身爾。

9 韓退之

舊唐史韓退之傳，初言：「愈常以爲魏、晉已遠，爲文者多拘偶對，而經誥之指歸，不復振起。故所爲文抒意立言，自成一家新語，後學之士取爲師法。當時作者甚衆，無以過之，故世稱韓文。」而又云：「時有恃才肆意，亦盭孔、孟之旨。若南人妄以柳宗元爲羅池神，而愈撰碑以實之。李賀父名晉，不應進士，而愈爲賀作諱辯，令舉進士。又爲毛穎傳，譏戲不近人情。此文章之甚紕繆者。撰順宗實録，繁簡不當，叙事拙於取捨，頗爲當代所非。」裴晉公有寄李翺書云：「昌黎韓愈，僕識之舊矣，其人信美材也。近或聞諸儕類云，恃其絶足，往往奔放，不以文立制，而以文爲戲，可矣乎？今之不及之者，當大爲防焉爾。」舊史謂愈爲紕繆，固不足責，晉公亦有是言，何哉？考公作此書時，名位猶未達，其末云：「昨弟來，欲度及時干進，度昔歲取名，不敢自高。今孤煢若此，遊宦謂何！是不能復從故人之所勉耳，但寘力田園，苟過朝夕而已。」然則公出征淮西，請愈爲行軍司馬，又令作碑，蓋在此累年之後，相知已深，非復前比也。

10　誕節受賀

唐穆宗即位之初年，詔曰：「七月六日，是朕載誕之辰，其日，百寮命婦宜於光順門進名參賀，朕於門内與百寮相見。」明日，又勑受賀儀宜停。先是左丞韋綬奏行之，宰臣以古無降誕受賀之禮，奏罷之，然次年復行賀禮。誕節之制，起於明皇，令天下宴集休假三日，肅宗亦然，代、德、順三宗，皆不置節名，及文宗以後，始置宴如初。則受賀一事，蓋自長慶年，至今用之也。

11　左氏書事

左傳書晉惠公背秦穆公事，曰：「晉侯之入也，秦穆姬屬賈君焉，且曰：『盡納羣公子。』晉侯烝於賈君，又不納羣公子，是以穆姬怨之。晉侯許賂中大夫，既而皆背之。賂秦伯以河外列城五，東盡虢略，南及華山，内及解梁城，既而不與。晉饑，秦輸之粟，秦饑，晉閉之糴。故秦伯伐晉。」觀此一節，正如獄吏治囚，蔽罪議法，而臯陶聽之，何所伏竄，不待韓原之戰，其曲直勝負之形見矣。晉厲公絶秦，數其五罪，書詞鏗訇，極文章鼓吹之妙，然其實皆誣秦。故傳又書云：「秦桓公既與晉厲公爲令狐之盟，而又召狄與楚，欲道以伐晉。」杜元凱注云：「據此三事，以正秦罪。」左氏於文反復低昂，無所不究其至，觀秦、晉爭戰二事，可窺一斑矣。

12 狐突言詞有味

晉侯使太子申生伐東山皐落氏，以十二月出師，衣之偏衣，佩之金玦。左氏載狐突所歎八十餘言，而詞義五轉，其一曰：「時，事之徵也。衣，身之章也。佩，衷之旗也。」其二曰：「敬其事，則命以始。服其身，則衣之純。用其衷，則佩之度。」其三曰：「今命以時卒，閟其事也。衣之尨服，遠其躬也。佩以金玦，弃其衷也。」其四曰：「服以遠之，時以閟之。」其五曰：「尨涼，冬殺，金寒，玦離。」其宛轉有味，皆可咀嚼。國語亦多此體，有至六七轉，然大抵緩而不切。

13 宣髮

考工記：「車人之事，半矩謂之宣。」注：「頭髮顥落曰宣。易：『巽爲宣髮。』宣字本或作寡。」周易：「巽爲寡髮。」釋文云：「本又作宣，黑白雜爲宣髮。」宣髮二字甚奇。

14 邾文公楚昭王

邾文公卜遷于繹。史曰：「利於民而不利於君。」邾子曰：「命在養民，死之短長，時也。民苟利矣，遷也吉莫如之。」遂遷于繹，未幾而卒。君子曰：「知命。」楚昭王之季年，有雲如衆赤鳥，夾日以飛三日。周太史曰：「其當王身乎？若禜之，可移於令尹、司馬。」王曰：「除腹心之疾，而寘諸股肱，何益！不穀不有大過，天其夭諸？有罪受罰，又焉移之。」遂弗禜。孔子曰：「楚昭王知大道矣，其不失國也宜哉。」案，宋景公出人君之言三，熒惑爲之退舍，邾文、楚昭之言，亦是物也，而終不蒙福，天道遠而不可知如此。

15 杜悰

唐懿宗咸通二年二月，以杜悰爲相。一日，兩樞密使詣中書，宣徽使楊公慶繼至，獨揖悰受宣，三相起避。公慶出書授悰，發之，乃宣宗大漸時，宦官請鄆王監國奏也，且曰：「當時宰相無名者，當以反法處之。」悰反復讀，復封以授公慶，曰：「主上欲罪宰相，當於延英面示聖旨。」公慶去，悰謂兩樞密曰：「内外之臣，事猶一體，今主上新踐阼，固當以仁愛爲先，豈得遽贊成殺宰相事！若習以性成，則中尉、樞密豈得不自憂乎！」兩樞密相顧默然，徐曰：「當具以公言白至尊，非公重德，無人及此。」三相復來見悰，微請宣意，悰無言。三相惶怖，乞存家族。悰曰：「勿爲它慮。」既而寂然。及延英開，上色甚悅。此資治通鑑所載也。新唐史云：宣宗世，夔王處大明宮，而鄆王居十六宅。帝大漸，遺詔立夔王，而中尉王宗貫迎鄆王立之，是爲懿宗。久之，遣樞密使楊慶詣中書獨揖悰。它宰相畢諴、杜審權、蔣伸不敢進，乃授悰中人請帝監國奏，因諭悰劾大臣名不在者。悰語之如前所云，慶色沮去，帝怒亦釋。予以史考之，懿宗即位之日，宰相四人，曰令狐綯、曰蕭鄴、曰夏侯孜、曰蔣伸，至是時唯有伸在，三人者罷去矣。諴及審權乃懿宗自用者，無由有斯事。蓋野史之妄，而二書誤采之。温公以唐事屬之范祖禹，其審取可謂詳盡，尚如此。信乎，脩史之難哉！

16 唐書世系表

新唐宰相世系表皆承用逐家譜諜，故多有謬誤，内沈氏者最可笑。其略云：「沈氏出自姬姓。周文王子聃叔季，字子揖，食采於沈，今汝南平輿沈亭是也。魯成公八年，爲晉所滅。沈子生逞，字脩之，奔楚，遂爲沈氏。生嘉，字惟良，嘉生尹戌〔三〕，戌生諸梁，諸梁子尹射，字脩文。其後入漢，有爲齊王太傅敷德侯者，有爲驃騎將軍者，有爲鼓城侯者。」宋書沈約自叙云：「金天氏之後，沈國在汝南平輿，定公四年，爲蔡所滅。秦末有逞者，徵丞相不就。」其後頗與唐表同。案，聃季所封，自是一國，與沈了不相涉。春秋成公八年，晉侵沈，獲沈子揖。昭二十三年，吳敗頓、胡、沈、蔡之師于雞父，沈子逞滅。定四年，蔡滅沈，殺沈子嘉。今表云聃季字子揖，成八年爲晉所滅，是文王之子壽五百餘歲矣。逞爲吳所殺，而表云奔楚，宋書云秦召爲丞相。沈尹戌爲楚將〔三〕，戰死於柏舉，正與嘉之死同時，而以爲嘉之子。尹射書於左傳三十四年，始書諸梁〔四〕，乃以爲其子。又，春秋時人立字皆從子及伯仲，豈有脩之、惟良、脩文之比。漢列侯表豈有所謂敷德、彭城侯？百官表豈有所謂驃騎將軍沈達者？沈約稱一時文宗，妄譜其上世名氏官爵，固可蚩誚，又不分別兩沈國。其金天氏之裔沈、姒、蓐、黄之沈，封於汾川，晉滅之，春秋之沈，封於汝南，蔡滅之，顧合而爲一，豈不讀左氏乎！歐陽公略不筆削，爲可恨也。

17　魯昭公

春秋之世，列國之君失守社稷，其國皆即日改立君，無虚位以俟者。惟魯昭公爲季孫意如所逐而孫于齊，又適晉，凡八年乃没。意如在國攝事主祭，歲具從者之衣屨而歸之于乾侯，公薨之明年，喪還故國，然後其弟公子宋始即位，它國無此比也。豈非魯秉周禮，雖不幸逐君，猶存厥位，而不敢絶之乎！其後哀公孫于越，左傳終於是年，不知悼公以何時立也。

18 州縣失故名

今之州縣，以累代移徙改割之故，往往或失其故名，或州異而縣不同者。如建昌軍在江西，而建昌縣乃隸南康；南康軍在江東，而南康縣乃隸南安；南安軍在江西，而南安縣乃隸泉州；韶州爲始興郡，而始興縣外屬；贛州爲南康郡，而南康縣外屬；鬱林爲州，而鬱林縣隸貴州；桂陽爲軍，而桂陽縣隸郴州。此類不可悉數。

19 嚴州當爲莊

嚴州本名睦州，宣和中以方寇之故改焉。雖以威嚴爲義，然實取嚴陵灘之意也。殊不考子陵乃莊氏，東漢避顯宗諱以「莊」爲「嚴」，故史家追書以爲嚴光，後世當從實可也。

校勘記

〔一〕正雜莊列釋氏之寓言 「雜」原作「雖」，據李本、馬本、祠本改。

〔二〕沈……嘉生尹戌　祠本「戌」作「戍」。按，新唐書卷七十四上（標點本第三一四六頁）作「戍」；下句「戌生諸梁」句同。今仍其舊，參下條校勘記。

〔三〕沈尹戌爲楚將　祠本「戌」作「戍」。左傳定公四年作「戌」。則祠本此條及上條作「戍」，未爲全是。今姑仍其舊。

〔四〕沈……尹射書於左傳三十四年始書諸梁　此句有脱文，「左傳三十四年」不可通。清抄本何焯等校「三十」作「昭四年至哀」。左傳昭公四年云楚子、蔡侯等會于申，其中有沈子。知此沈子乃尹射，哀公十七年書沈尹朱，乃沈諸梁。據此，清抄本之説可通。然作者原文是否如此，未敢遽定，今姑仍其舊。

容齋隨筆卷七 十八則

1 孟子書百里奚

柳子厚復杜温夫書云：「生用助字，不當律令，所謂乎、歟、耶、哉、夫、也者，疑辭也。矣、耳、焉、也者，決辭也。今生則一之，宜考前聞人所使用，與吾言類且異，精思之則益也。」予讀孟子百里奚一章曰：「曾不知以食牛干秦繆公之爲汙也，可謂智乎？不可諫而不諫，可謂不智乎？知虞公之將亡而先去之，不可謂不智也。時舉於秦，知繆公之可與有行也而相之，可謂不智乎？」味其所用助字，開闔變化，使人之意飛動，此難以爲温夫輩言也。

2 韓柳爲文之旨

韓退之自言：作爲文章，上規姚、姒、盤、誥、春秋、易、詩、左氏、莊、騷、太史、子雲、相如，閎其中而肆其外。柳子厚自言：每爲文章，本之書、詩、禮、春秋、易，參之穀梁氏以厲其氣，參之孟、荀以暢其支，參之莊、老以肆其端，參之國語以博其趣，參之離騷以致其幽，參之太史公以著其潔。此韓、柳爲文之旨要，學者宜思之。

3　李習之論文

李習之答朱載言書論文最爲明白周盡，云：「六經創意造言，皆不相師。故其讀春秋也，如未嘗有詩也；其讀詩也，如未嘗有易也；其讀易也，如未嘗有書也；其讀屈原、莊周也，如未嘗有六經也。如山有岱、華、嵩、衡焉，其同者高也，其草木之榮，不必均也。如瀆有濟、淮、河、江焉，其同者出源到海也，其曲直淺深，不必均也。天下之語文章，有六説焉。其尚異者曰：『文章詞句，奇險而已。』其好理者曰：『文章叙意，苟通而已。』溺於時者曰：『宜『文章必當對。』病於時者曰：『文章不當對。』愛難者曰：『宜深，不當易。』愛易者曰：『宜通，不當難。』此皆情有所偏滯，未識文章之所主也。義不深不至於理，而詞句怪麗者有之矣，劇秦美新、王褒僮約是也。其理往往有是者，而詞章不能工者有之矣，王氏中説、俗傳太公家教是也。古之人能極於工而已，不知其辭之對與否、易與難也。『憂心悄悄，愠于群小』，非對也。『遘閔既多，受侮不少』，非不對也。『朕堲讒説殄行，震驚朕師』，『菀彼桑柔，其下侯旬，捋采其劉』，非易也。『光被四表，格于上下』，『十畝之間兮，桑者閑閑兮』，非難也。六經之後，百家之言興，老聃、列、莊至于劉向、楊雄，皆自成一家之文，學者之所師歸也。故義雖深，理雖當，詞不工者不成文，宜不能傳也。」其論於文者如此，後學宜志之。

4 魏鄭公諫語

魏鄭公諫止唐太宗封禪，中間數語，引喻剴切，曰：「今有人十年長患，療治且愈，此人應皮骨僅存，便欲使負米一石，日行百里，必不可得。隋氏之亂，非止十年，陛下爲之良醫，疾苦雖已乂安，未甚充實。告成天地，臣切有疑。」太宗不能奪。此語見於公諫録及舊唐書，而新史不載，資治通鑑記其諫事，亦删此一節，可惜也。

5 虞世南

虞世南卒後，太宗夜夢見之，有若平生。翌日，下制曰：「世南奄隨物化，倏移歲序。昨因夜夢，忽覩其人，追懷遺美，良增悲歎！宜資冥助，申朕思舊之情。可於其家爲設五百僧齋，并爲造天尊像一軀。」夫太宗之夢世南，蓋君臣相與之誠所致，宜恤其子孫，厚其恩典可也。齋僧造像，豈所應作！形之制書，著在國史，惜哉，太宗而有此也。

6　七發

枚乘作七發，創意造端，麗旨腴詞，上薄騷些，蓋文章領袖，故爲可喜。其後繼之者，如傅毅七激、張衡七辯、崔駰七依、馬融七廣、曹植七啓、王粲七釋、張協七命之類，規倣太切，了無新意。傅玄又集之以爲七林，使人讀未終篇，往往弃諸几格。柳子厚晉問，乃用其體，而超然別立新機杼，激越清壯，漢晉之間諸文士之弊於是一洗矣。東方朔答客難，自是文中傑出，楊雄擬之爲解嘲，尚有馳騁自得之妙。至於崔駰達旨、班固賓戲、張衡應間，皆屋下架屋，章摹句寫，其病與七林同，及韓退之進學解出，於是一洗矣。毛穎傳初成，世人多笑其怪，雖裴晉公亦不以爲可，惟柳子獨愛之。韓子以文爲戲，本一篇耳，妄人既附以革華傳，至於近時，羅文、江瑶、葉嘉、陸吉諸傳，紛紜雜沓，皆託以爲東坡，大可笑也。

7　將軍官稱

前漢書百官表：「將軍皆周末官，秦因之。」予案國語：「鄭文公以詹伯爲將軍。」又：「吴夫差十旌一將軍。」左傳：「豈將軍食之而有不足。」檀弓：「衛將軍。」文子：「魯使慎子爲將軍。」然則其名久矣。彭寵爲奴所縛，呼其妻，曰：「趣爲諸將軍辦裝。」東漢書注云：

「呼奴爲將軍，欲其赦己也。」今吳人語猶謂小蒼頭爲將軍，蓋本諸此。

8 北道主人

秦、晉圍鄭，鄭人謂秦盍舍鄭以爲東道主。蓋鄭在秦之東，故云。今世稱主人爲東道者，此也。東漢載北道主人，乃有三事：「常山太守鄧晨會光武於鉅鹿，請從擊邯鄲，光武曰：『偉卿以一身從我，不如以一郡爲我北道主人。』」又：「光武至薊，將欲南歸，耿弇以爲不可，官屬腹心皆不肯，光武指弇曰：『是我北道主人也。』」「彭寵將反，光武問朱浮，浮曰：『大王倚寵爲北道主人，今既不然，所以失望。』」後人罕引用之。

9 洛中盱江八賢

司馬温公序賻禮，書閭閻之善者五人。吕南公作不欺述，書三人。皆以卑微不見於史氏。予頃脩國史，將以綴于孝行傳而不果成，聊紀之於此。

温公所書皆陝州夏縣人，曰醫劉太，居親喪，不飲酒食肉，終三年，以爲今世士大夫所難能。其弟永一，尤孝友廉謹。夏縣有水災，民溺死者以百數，永一執竿立門首，他人物流入門者，輒擿出之。有僧寓錢數萬於其室而死，永一詣縣自陳，請以錢歸其弟子。鄉人負債不償者，毁其券。曰周文粲，其兄耆酒，仰弟爲生，兄或時酗毆粲，鄰人不平而唁之，粲怒，曰：「兄未嘗毆我，汝何離間吾兄弟也！」曰蘇慶文者，事繼母以孝聞，常語其婦曰：「汝事吾母小不謹，必逐汝。」繼母少寡而無子，由是安其室終身。曰臺亨者，善畫，朝廷修景靈宮，調天下畫工詣京師，事畢，詔選試其優者，留翰林授官禄，亨名第一。以父老固辭，歸養於田里。

南公所書皆建昌南城人。曰陳策，嘗買騾，得不可被鞍者，不忍移之它人，命養於野廬，俟其自斃。其子與猾駔計，因經過官人喪馬，即磨破騾背，以衒賣之。既售矣，策聞，自追及，告以不堪。官人疑策愛也，祕之。策請試以鞍，亢亢終日不得被，始謝還焉。有人從策買銀器若羅綺者，策不與羅綺。其人曰：「向見君帑有之，今何靳？」策曰：「然。有質錢而没者，歲月已久，絲力糜脆不任用，聞公欲以嫁女，安可以此物病公哉！」取所當與銀器投熾炭中，曰：「吾恐受質人或得銀之非真者，故爲公驗之。」曰危整者，買鮑魚，其駔舞秤權陰厚整。魚人去，身留整傍，請曰：「公買止五斤，已爲公密倍入之，願畀我酒。」整大驚，追魚人數里返之，醻以直。又飲駔醇酒，曰：「汝所欲酒而已，何欺寒人爲！」曰曾叔卿者，買陶器欲轉易於北方，而不果行。有人從之併售者，叔卿與之，已納價，猶問曰：「今以是何之？」其人對：「欲效公前謀耳。」叔卿曰：「不可，吾緣北方新有災荒，是故不以行，今豈宜不告以誤君乎！」遂不復售。而叔卿家苦貧，妻子飢寒不恤也。

嗚呼，此八人者賢乎哉。

10 王導小名

顔魯公書遠祖西平靖侯顔含碑，晉李闡之文也。云：「含爲光禄大夫，馮懷欲爲王導降禮，君不從，曰：『王公雖重，故是吾家阿寵。』君是王親丈人，故呼王小字。」晉書亦載此事而不書小字。世説：「王丞相拜司空，桓廷尉歎曰：『人言阿寵超，阿龍故自超。』」呼三公小字，晉人浮虚之習如此。

11 漢書用字

太史公陳涉世家：「今亡亦死，舉大計亦死，等死，死國可乎？」又曰：「戍死者固什六七，且壯士不死即已，死即舉大名耳！」疊用七死字，漢書因之。漢溝洫志載賈讓治河策云：「河從河内北至黎陽爲石隄，激使東抵東郡平剛；又爲石隄，使西北抵黎陽、觀下；又爲石隄，使東北抵東郡津北；又爲石隄，使西北抵魏郡昭陽；又爲石隄，激使東北，百餘里間，河再西三東。」凡五用「石隄」字而不爲冗複，非後人筆墨畦徑所能到也。

12 姜嫄簡狄

毛公注生民詩姜嫄生后稷「履帝武敏歆」之句，曰：「從於高辛帝而見於天也。」玄鳥詩「天命玄鳥，降而生商」之句，曰：「春分玄鳥降，簡狄配高辛帝，帝與之祈于郊禖而生契，故本其爲天所命，以玄鳥至而生焉。」其說本自明白。至鄭氏箋始云：「帝，上帝也。敏，拇也。祀郊禖時，有大人之迹，姜嫄履之，足不能滿，履其拇指之處，心體歆歆然如有人道感己者，遂有身，後則生子。」又謂：「鳦遺卵，簡狄吞之而生契。」其說本於史記，謂：「姜嫄出野，見巨人跡，忻然踐之，因生稷。」「簡狄行浴，見燕墮卵，取吞之，因生契。」此二端之怪妄，先賢辭而闢之多矣。歐陽公謂稷、契非高辛之子，毛公於史記不取履迹之怪，而取其訛繆之世次。案漢書，毛公趙人，爲河間獻王博士，然則在司馬子長之前數十年，謂爲取史記世次，亦不然。蓋世次之說，皆出於世本，故荒唐特甚，其書今亡。夫適野而見巨迹，人將走避之不暇，豈復故故踐履，以求不可知之禨祥；飛鳥墮卵，知爲何物，而遽取吞之。以古揆今，人情一也。今之愚人未必爾，而謂古聖人之后妃爲之，不待辨而明矣。

13 羌慶同音

王觀國彦賓、吴棫材老有學林及叶韻補注、毛詩音二書，皆云：「詩、易、太玄凡用慶字，皆與陽字韻叶，蓋羌字也。」引蕭該漢書音義：「慶，音羌。」又曰：「漢書亦有作羌者。班固幽通賦『慶未得其云已』，文選作羌，而它未有明證。」予案楊雄傳所載反離騷：「慶夭顇而喪榮。」注云：「慶，辭也，讀與羌同。」最爲切據。

14 佐命元臣

盛王創業，必有同德之英輔，成垂世久長之計，不如是，不足以爲一代宗臣。伊尹、周公之事，見於詩書，可考也。漢蕭何佐高祖，其始入關，即收秦丞相御史律令圖書，以周知天下阸塞、户口多少强弱處，民所疾苦。高祖失職爲漢王，欲攻項羽，周勃、灌嬰、樊噲皆勸之，何獨曰：「今衆弗如，百戰百敗，願王王漢中，收用巴蜀，然後還定三秦。」王用其言。此劉氏興亡至計也。進韓信爲大將，使當一面，定魏、趙、燕、齊，高祖得顓心與楚角，無北顧憂。且死，引曹參代己，而畫一之法成。約三章以蠲秦暴，拊百姓以申漢德。四百年基業，此焉肇之。唐房玄齡佐太宗，初在秦府，己獨收人物致幕下，與諸將密相申結，引杜如晦與參籌帷。及爲宰相，粲然興起治功，以州縣成天下之治，以租庸調天下之財，以八百府、十六衛本天下之兵，以諫諍付王、魏，以兵事付靖、勣，御夷狄有道，用賢材有術。三百年基業，此焉肇之。其後制節度使而州縣之治壞，更二稅法而租庸之理壞，變府兵爲彍騎、諸衛爲神策而軍政壞，雖有名臣良輔，不能救也。趙韓王佐藝祖，監方鎮之勢，削支郡以損其彊，置轉運、通判使掌錢穀以奪其富，參命京官知州事以分其黨，禄諸大功臣於環衛而不付以兵，收天下驍鋭於殿巖而不使外重。建法立制，審官用人，一切施爲，至于今是賴。此三君子之後，代天理物，碩大光明者，世有其人，所謂一時之相爾。蕭之孫有罪及無子，凡六絶國，漢輒紹封之。國朝褒録韓王苗裔，未嘗或忘。唯房公之亡未十年，以其子故，奪襲爵、停配享，訖唐之世不復續，唐家亦少恩哉！

15 名世英宰

曹參爲相國，日夜飲醇酒不事事，而畫一之歌興。王導輔佐三世，無日用之益，而歲計有餘，末年略不復省事，自歎曰：「人言我憒憒，後人當思我憒憒。」謝安石不存小察，經遠無競。唐之房、杜，傳無可載之功。趙韓王得士大夫所投利害文字，皆寘二大甕，滿則焚之。李文靖以中外所陳一切報罷，云：「以此報國。」此六七君子，蓋非揚己取名，瞭然使户曉者，真名世英宰也，豈曰不事事哉！

16　檀弓誤字

檀弓載吳侵陳事曰：「陳太宰嚭使於師，夫差謂行人儀曰：『是夫也多言，盍嘗問焉，師必有名，人之稱斯師也者，則謂之何！』太宰嚭曰：『其不謂之殺厲之師與！』」案，嚭乃吳夫差之宰，陳遣使者正用行人，則儀乃陳臣也。記禮者簡策差互，故更錯其名，當云「陳行人儀使於師，夫差使太宰嚭問之」，乃善。忠宣公作春秋詩引斯事，亦嘗辯正云。

17　薛能詩

薛能者，晚唐詩人，格調不能高，而妄自尊大。其海棠詩序云：「蜀海棠有聞，而詩無聞，杜子美於斯，興象不出，没而有懷。天之厚余，謹不敢讓，風雅盡在蜀矣，吾其庶幾。」然其語不過曰「青苔浮落處，暮柳間開時。帶醉遊人插，連陰彼叟移。晨前清露濕，晏後惡風吹。香少傳何許，妍多畫半遺」而已。又有荔枝詩序曰：「杜工部老居兩蜀〔一〕，不賦是詩，豈有意而不及歟！白尚書曾有是作，興旨卑泥，與無詩同。予遂爲之題，不愧不負，將來作者以其荔枝首唱，愚其庶幾。」然其語不過曰「顆如松子色如櫻，未識蹉跎欲半生。歲杪監州曾見樹，時新入座久聞名」而已。又有折楊柳十首，敘曰：「此曲盛傳，爲詞者甚衆，文人才子各衒其能，莫不條似舞腰，葉如眉翠，出口皆然，頗爲陳熟。能專於詩律，不愛隨人，搜難抉新，誓脱常態，雖欲勿伐，知音者其舍諸？」然其詞不過曰：「華清高樹出離宮，南陌柔條帶暖風。誰見輕陰是良夜，瀑泉聲畔月明中。」「洛橋晴影覆江船，羌笛秋聲濕塞烟。閑想習池公宴罷，水蒲風絮夕陽天」而已。别有柳枝詞五首，最後一章曰：「劉、白蘇臺摠近時，當初章句是誰推。纖腰舞盡春楊柳，未有儂家一首詩。」自注云：「劉、白二尚書，繼爲蘇州刺史，皆賦楊柳枝詞，世多傳唱，雖有才語，但文字太僻，宫商不高耳。」能之大言如此，但稍推杜陵，視劉、白以下蔑如也。今讀其詩，正堪一笑。劉之詞云：「城外春風吹酒旗，行人揮袂日西時。長安陌上無窮樹，唯有垂楊管别離。」白之詞云：「紅板江橋清酒旗，館娃宫暖日斜時。可憐雨歇東風定，萬樹千條各自垂。」其風流氣槩，豈能所可髣髴哉！

18　漢晉太常

漢自武帝以後，丞相無爵者乃封侯，其次雖御史大夫，亦不以爵封爲間。唯太常一卿，必以見侯居之，而職典宗廟園陵，動輒得咎，由元狩以降，以罪廢斥者二十人。意武帝陰欲損侯國，故使居是官以困之爾。表中所載：酇侯蕭壽成，坐犧牲瘦；蓼侯孔臧，坐衣冠道橋壞；郿侯周仲居，坐不收赤側錢；繩侯周平，坐不繕園屋；睢陵侯張昌，坐乏祠；陽平侯杜相，坐擅役鄭舞人；廣阿侯任越人，坐廟酒酸；江鄒侯靳石，坐離宮道橋苦惡；戚侯李信成，坐縱丞相侵神道；俞侯欒賁，坐雍犧牲不如令；山陽侯張當居，坐擇博士弟子不以實；成安侯韓延年，坐留外國文書；新畤侯趙弟，坐鞫獄不實；牧丘侯石德，坐廟牲瘦；當塗侯魏不害，坐孝文廟風發瓦；轑陽侯江德，坐廟郎夜飲失火；蒲侯蘇昌，坐泄官書；弋陽侯任宮，坐人盜茂陵園物；建平侯杜緩，坐盜賊多。自酇侯至牧丘十四侯皆奪國，武帝時也。自當塗至建平五侯但免官，昭、宣時也。下及晉世，此風猶存。惠帝元康四年，大風，廟闕屋瓦有數枚傾落，免太常荀寓。五年，大風，蘭臺主者求索阿棟之間，得瓦小邪十五處，遂禁止太常，復興刑獄。陵上荆一枝圍七寸二分者被斫，司徒、太常犇走道路，太常禁止不解，蓋循習漢事云。

校勘記

〔一〕杜工部老居兩蜀　祠本「兩」作「西」。

容齋隨筆卷八 十五則

1 諸葛公

諸葛孔明千載人，其用兵行師，皆本於仁義節制，自三代以降，未之有也。蓋其操心制行，一出於誠，生於亂世，躬耕壠畝，使無徐庶之一言，玄德之三顧，則苟全性命，不求聞達必矣。其始見玄德，論曹操不可與爭鋒，孫氏可與爲援而不可圖，唯荆、益可以取，言如蓍龜，終身不易。二十餘年之間，君信之，士大夫仰之，夷夏服之，敵人畏之。上有以取信於主，故玄德臨終，至云「嗣子不才，君可自取」；後主雖庸懦無立，亦舉國聽之而不疑。下有以見信於人，故廢廖立而立垂泣，廢李嚴而嚴致死。後主左右姦辟側佞，充塞于中，而無一人有心害疾者。魏盡據中州，乘操、丕積威之後，猛士如林，不敢西向發一矢以臨蜀，而公六出征之，使魏畏蜀如虎。司馬懿案行其營壘處所，歎爲天下奇才。鍾會伐蜀，使人至漢川祭其廟，禁軍士不得近墓樵采，是豈智力策慮所能致哉！魏延每隨公出，輒欲請兵萬人，與公異道會于潼關，公制而不許，又欲請兵五千，循秦嶺而東，直取長安，以爲一舉而咸陽以西可定。史臣謂公以爲危計不用，是不然。公真所謂義兵不用詐謀奇計，方以數十萬之衆，據正道而臨有罪，建旗鳴鼓，直指魏都，固將飛書告之，擇日合戰，豈復翳行竊步，事一旦之譎以規咸陽哉！司馬懿年長於公四歲，懿存而公死，纔五十四耳，天不祚漢，非人力也。「霸氣西南歇，雄圖歷數屯。」杜詩盡之矣。

2 沐浴佩玉

石駘仲卒，「有庶子六人，卜所以爲後者，曰：『沐浴佩玉則兆。』五人者皆沐浴佩玉。石祁子曰：『孰有執親之喪而沐浴佩玉者乎？』不沐浴佩玉。」此檀弓之文也。今之爲文者不然，必曰：「沐浴佩玉則兆，五人者如之，祁子獨不可，曰：『孰有執親之喪若此者乎？』」似亦足以盡其事，然古意衰矣。

3 談叢失實

後山陳無己著談叢六卷，高簡有筆力，然所載國朝事，失於不考究，多爽其實，漫析數端於此。

其一云：「吕許公惡韓、富、范三公，欲廢之而不能，及西軍罷，盡用三公及宋莒公、夏英公于二府，皆其仇也。呂既老，大事猶問，遂請出大臣行三邊，既建議，乃數出道者院宿。范公奉使陝西，宿此院，相見。」云云。案，呂公罷相，詔有同議大事之旨，公辭，乃慶曆三年三月，至九月致仕矣。四年七月，富、范始奉使，又三公入二府時，莒公自在外，英公拜樞密使而中輟，後二年莒方復入，安有五人同時之事！

其二云：「杜正獻、丁文簡爲河東宣撫，任布之子上書歷詆執政，至云至於臣父亦出遭逢，謂其非德選也。杜戲丁曰：『賢郎亦要牢籠。』丁深銜之。其後二公同在政府，蘇子美進奏事作，杜避嫌不預，丁論以深文，子美坐廢爲民，杜亦罷去。一言之謔，貽禍如此。」案，杜公以執政使河東時，丁以學士爲副，慶曆四年十一月進奏獄起，杜在相位，五年正月罷，至五月，丁公方從翰林參知政事，安有深文論子美之説！且杜公重厚，當無以人父子爲謔之理，丁公長者也，肯追仇一言陷賢士大夫哉！

其三云：「張乖崖自成都召爲參知政事，既至而腦疽作，求補外，乃知杭州而疾愈。上使中人往伺之，言且將召也，丁晉公以白金賂使者，還言如故，乃不召。」案，張兩知成都，其初還朝爲户部使、中丞，始知杭州。是時，丁方在侍從。其後自蜀知昇州，丁爲三司使。豈有如前所書之事！

其四云：「乖崖在陳，聞晉公逐萊公，知禍必及己，乃延三大户與之博，出彩骰子勝其一坐，乃買田宅爲歸計以自污，晉公聞之，亦不害也。」案，張公以祥符六年知陳州，八年卒，後五年當天禧四年，寇公方罷相，旋坐貶，豈有所謂乖崖自污之事！

兹四者所係不細，乃誕漫如此。蓋前輩不家藏國史，好事者肆意飾説爲美聽，疑若可信，故誤入紀述。後山之書，必傳於後世，懼詒千載之惑，予是以辨之！

4 石砮

東坡作石砮記云：「禹貢荆州貢礪、砥、砮、丹及箘簵、楛，梁州貢砮、磬。至春秋時，隼集于陳廷，楛矢貫之，石砮長尺有咫，問於孔子，孔子不近取之荆、梁，而遠取之肅愼，則荆、梁之不貢此久矣。顔師古曰：『楛木堪爲笴，今豳以北皆用之。』以此考之，用楛爲矢，至唐猶然，而用石爲砮，則自春秋以來莫識矣。」案，晉書挹婁傳：有石砮、楛矢，國有山出石，其利入鐵。周武王時，獻其矢、砮。魏景元末亦來貢。晉元帝中興，又貢石砮，後通貢於石虎，虎以夸李壽者也。唐書黑水靺鞨傳：其矢，石鏃長二寸，蓋楛砮遺法。然則東坡所謂春秋以來莫識，恐不考耳。予家有一砮，正長二寸，豈黑水物乎？

5 陶淵明

陶淵明高簡閑靖，爲晉、宋第一輩人。語其飢則簞瓢屢空，缾無儲粟。其寒則短褐穿結，絺綌冬陳。其居則環堵蕭然，風日不蔽。窮困之狀，可謂至矣。讀其與子儼等疏云：「恨室無萊婦，抱兹苦心。汝等雖曰同生〔一〕，當思四海皆兄弟之義。管仲、鮑叔分財無猜，他人尚爾，況同父之人哉！」然則猶有庶子也。責子詩云：「雍、端年十三。」此兩人必異母爾。淵明在彭澤，悉令公田種秫，曰：「吾常得醉於酒足矣。」妻子固請種秔，乃使二頃五十畝種秫，五十畝種秔。其自叙亦云：「公田之利，足以爲酒，故便求之。」猶望一稔而逝，然仲秋至冬，在官八十餘日，即自免去職。所謂秫、秔，蓋未嘗得顆粒到口也，悲夫！

6 東晉將相

西晉南渡，國勢至弱，元帝爲中興主，已有雄武不足之譏，餘皆童幼相承，無足稱算。然其享國百年，五胡雲擾，竟不能窺江、漢。苻堅以百萬之衆，至於送死肥水。後以强臣擅政，鼎命乃移，其於江左之勢，固自若也。是果何術哉？嘗攷之矣。以國事付一相，而不貳其任；以外寄付方伯，而不輕其權；文武二柄，既得其道，餘皆可槩見矣。百年之間，會稽王昱、道子、元顯以宗室，王敦、二桓以逆取，姑置勿言，卞壼、陸玩、郗鑒、陸曄、王彪之、坦之不任事，其眞託國者，王導、庾亮、何充、庾冰、蔡謨、殷浩、謝安、劉裕八人而已。方伯之任，莫重於荆、徐，荆州爲國西門，刺史常都督七八州事，力雄强，分天下半，自渡江訖于太元，八十餘年，荷閫寄者，王敦、陶侃、庾氏之亮、翼、桓氏之温、豁、沖、石民八人而已，非終於其軍不輒易，將士服習於下，敵人畏敬於外，非忽去忽來，兵不適將，將不適兵之比也。頃嘗爲主上論此，蒙欣然領納，特時有不同，不能行爾。

7 賞魚袋

衡山有唐開元二十年所建南岳眞君碑，衡州司馬趙頤貞撰，荆府兵曹蕭誠書，末云「別駕賞魚袋上柱國光大晊」。「賞魚袋」之名不可曉，它處未之見也。

8 浯溪留題

永州浯溪，唐人留題頗多。其一云：「太僕卿分司東都韋瓘，大中二年過此。余大和中，以中書舍人謫宦康州，逮今十六年。去冬，罷楚州刺史。今年二月，有桂林之命。纔經數月，又蒙除替，行次靈川，聞改此官，分司優閑，誠爲忝幸。」案，新唐書：「瓘仕累中書舍人，與李德裕善，李宗閔惡之，德裕罷相，貶爲明州長史，終桂管觀察使。」以題名證之，乃自中書謫康州，又不終於桂，史之誤如此。瓘所稱十六年前，正當大和七年。是時，德裕方在相位，八年十一月始罷。然則瓘之去國，果不知坐何事也。

9 皇甫湜詩

皇甫湜、李翺雖爲韓門弟子，而皆不能詩，浯溪石間有湜一詩，爲元結而作。其詞云：「次山有文章，可惋只在碎。然長於指叙，約潔多餘態。心語適相應，出句多分外。於諸作者間，拔戟成一隊。中行雖富劇，粹美君可蓋。子昂感遇佳，未若君雅裁。退之全而神，上與千年對。李杜才海翻，高下非可槩。文於一氣間，爲物莫與大。先王路不荒，豈不仰吾輩。石屏立衙衙，溪口揚素瀨。我思何人知，徙倚如有待。」味此詩，乃論唐人文章耳，風格殊無可采也。

10 人物以義爲名

人物以義爲名者，其別最多。仗正道曰義，義師、義戰是也。衆所尊戴者曰義，義帝是也。與衆共之曰義，義倉、義社、義田、義學、義役、義井之類是也。至行過人曰義，義士、義俠、義姑、義夫、義婦之類是也。自外入而非正者曰義，義父、義兒、義兄弟、義服之類是也。衣裳器物亦然。在首曰義髻，在衣曰義襴、義領，合中小合曰義子之類是也。合衆物爲之，則有義漿、義墨、義酒。禽畜之賢，則有義犬、義烏、義鷹、義鶻。

11 人君壽考

三代以前，人君壽考有過百年者。自漢、晉、唐，三國、南北下及五季，凡百三十六君，唯漢武帝、吴大帝、唐高祖至七十一，玄宗七十八，梁武帝八十三，自餘至五六十者亦鮮。即此五君而論之。梁武召侯景之禍，幽辱告終，旋以亡國。玄宗身致大亂，播遷失意，飲恨而没。享祚久長，翻以爲害，固已不足言。漢武末年，巫蠱事起，自皇太子、公主、皇孫皆不得其死，悲傷愁沮，羣臣上壽，拒不舉觴，以天下付之八歲兒。吴大帝廢太子和，殺愛子魯王霸。唐高祖以秦王之故，兩子十孫同日併命，不得已而禪位，其方寸爲如何！然則五君者，雖有崇高之位，享耆耋之壽，竟何益哉！若光堯太上皇帝之福，真可於天人中求之。

12 韓文公佚事

韓文公自御史貶陽山，新、舊二唐史皆以爲坐論宫市事。案公赴江陵塗中詩，自叙此事甚詳，云：「是年京師旱，田畝少所收。有司恤經費，未免煩誅求。傳聞閭里間，赤子棄渠溝。我時出衢路，餓者何其稠。適會除御史，誠當得言秋。拜疏移閤門，爲忠寧自謀。上陳人疾苦，無令絶其喉。下言畿甸内，根本理宜優。積雪驗豐熟，幸寬待蠶麰。天子惻然感，司空歎綢繆。謂言即施設，乃反遷炎洲。」皇甫湜作公神道碑云：「關中旱饑，人死相枕藉，吏刻取恩，先生列言天下根本，民急如是，請寬民徭而免田租，專政者惡之，遂貶。」然則不因論宫市明甚。碑又書三事云：「公爲河南令，魏、鄆、幽、鎮各爲留邸，貯潛卒以橐罪亡。公將擿其禁，斷民署吏，俟旦發，留守尹大恐，遽止之。是後鄆邸果謀反，將屠東都，以應淮、蔡。及從討元濟，請於裴度，須精兵千人，間道以入，必擒賊。未及行，李愬自文城夜入，得元濟，三軍之士爲公恨。復謂度曰：『今藉聲勢，王承宗可以辭取，不煩兵矣。』得柏耆，口授其詞，使者執筆書之，持以入鎮州，承宗遂割德、棣二州以獻。」李翺作公行狀，所載略同。而唐書並逸其事，且以鎮州之功專歸柏耆，豈非未嘗見湜文集乎！資治通鑑亦僅言耆以策干愈，愈爲白度，爲書遣之耳。

13　論韓公文

劉夢得、李習之、皇甫持正、李漢皆稱誦韓公之文，各極其摯。劉之語云：「高山無窮，太華削成。人文無窮，夫子挺生。鸞鳳一鳴，蜩螗革音。手持文柄，高視寰海。權衡低昂，瞻我所在。三十餘年，聲名塞天。」習之云：「建武以還，文卑質喪。氣萎體敗，剽剥不讓。撥去其華，得其本根。包劉越嬴，並武同殷。六經之風，絶而復新。學者有歸，大變于文。」又云：「公每以爲自楊雄之後，作者不出，其所爲文，未嘗効前人之言而固與之並，後進之士有志於古文者，莫不視以爲法。」皇甫云：「先生之作，無圓無方，主是歸工。抉經之心，執聖之權。尚友作者，跂邪觝異。以扶孔子，存皇之極。茹古涵今，無有端涯。鯨鏗春麗，驚耀天下。栗密窈眇，章妥句適。精能之至，鬼入神出。姬氏以來，一人而已。」又云：「屬文意語天出，業孔子、孟軻而侈其文，焯焯烈烈，爲唐之章。」又云：「如長江秋注，千里一道，然施於灌激，或爽於用。」此論似爲不知公者。漢之語云：「詭然而蛟龍翔，蔚然而虎鳳躍，鏘然而韶鈞鳴，日光玉潔，周情孔思，千態萬貌，卒澤於道德仁義，炳如也。」是四人者，所以推高韓公，可謂盡矣。及東坡之碑一出，而後衆説盡廢。其略云：「匹夫而爲百世師，一言而爲天下法，是皆有以參天地之化，關盛衰之運。自東漢以來，道喪文弊，歷唐貞觀、開元而不能救，獨公談笑而麾之，天下靡然從公，復歸於正。文起八代之衰，道濟天下之溺，豈非參天地而獨存者乎！」騎龍白雲之詩，蹈厲發越，直到雅頌，所謂若捕龍蛇、搏虎豹者，大哉言乎！

14 治生從宦

韓詩曰：「居閑食不足，從仕力難任。兩事皆害性，一生常苦心。」然治生從宦，自是兩塗，未嘗有兼得者。張釋之以貲爲郎，十年不得調，曰：「久宦減兄仲之産，不遂。」欲免歸。司馬相如亦以貲爲郎，因病免，家貧無以自業，至從故人於臨邛，及歸成都，家徒四壁立而已。

15 真宗末年

真宗末年屬疾，每視朝不多語言，命令間或不能周審，前輩雜傳記多以爲權臣矯制而非也。錢文僖在翰林，有天禧四年筆録，紀逐日瑣細家事及一時奏對并他所聞之語，今略載於此。寇萊公罷相之夕，錢公當制，上問：「與何官得？」錢奏云：「王欽若近出，除太子太保。」上曰：「近上是甚？」云：「太子太傅。」上曰：「與太子太傅。」又云：「更與一優禮。」錢奏但請封國公而已。時樞密有五員，而中書只參政李迪一人，後月餘，召學士楊大年，宣云：「馮拯與吏書，李迪吏侍。」更無他言。楊奏：「若只轉官，合中書命詞，唯樞密使、平章事，却學士院降制。」上云：「與樞密使、平章事。」楊亦憂慮，而不復審，退而草制，以迪爲吏部侍郎、集賢相，拯爲樞密相。又四日，召知制誥晏殊，殊退乃召錢。上問：「馮拯如何商量？」錢奏：「外論甚美，只爲密院却有三員正使，三員副使，中書依舊一員，以此外人疑訝。」上云：「如何安排？」錢奏：「若却令拯入中書，即是彰昨來錯誤，但於曹利用、丁謂中選一人過中書，即並不妨事。」上云：「誰得？」錢奏：「丁謂是文官，合入中書。」上云：「入中書。」遂奏授同平章事。又奏兼玉清宫使，又奏兼昭文國史。又乞加曹利用平章事。上云：「與平章事。」

案，此際大除拜，本真宗啓其端，至於移改曲折，則其柄乃係詞臣，可以舞文容姦，不之覺也。寇公免相四十日，周懷政之事方作，温公記聞，蘇子由龍川志，范蜀公東齋記事，皆誤以爲因懷政而罷，非也。予嘗以錢録示李燾，燾采取之，又誤以召晏公爲寇罷之夕，亦非也。

校勘記

〔一〕汝等雖曰同生　馬本、祠本「曰」作「不」。按：庫本陶潛集作「不」，疑作「不」是。

容齋隨筆卷九 二十八則

1 霍光賞功

漢武帝外事四夷，出爵勸賞，凡將士有軍功，無問貴賤，未有不封侯者。及昭帝時，大鴻臚田廣明平益州夷，斬首捕虜三萬，但賜爵關内侯。蓋霍光爲政，務與民休息，故不欲求邊功，益州之師，不得已耳，與唐宋璟抑郝靈佺斬默啜之意同。然數年之後，以范明友擊烏桓，傅介子刺樓蘭，皆即侯之，則爲非是，蓋明友，光女婿也。

2 尺棰取半

莊子載惠子之語曰：「一尺之棰，日取其半，萬世不竭。」雖爲寓言，然此理固具。蓋但取其半，正碎爲微塵，餘半猶存，雖至於無窮可也。特所謂卵有毛、雞三足、犬可以爲羊、馬有卵、火不熱、龜長於蛇、飛鳥之景未嘗動，如是之類，非詞説所能了也。

3 漢文失材

漢文帝見李廣，曰：「惜廣不逢時，令當高祖世，萬户侯豈足道哉！」賈山上書言治亂之道，借秦爲諭，其言忠正明白，不下賈誼，曾不得一官，史臣猶贊美文帝，以爲山言多激切，終不加罰，所以廣諫争之路。觀此二事，失材多矣。吴、楚反時，李廣以都尉戰昌邑下顯名，以梁王授廣將軍印，故賞不行。武帝時，五爲將軍擊匈奴，無尺寸功，至不得其死。三朝不遇，命也夫！

4 陳軫之説疎

戰國權謀之士，游説從横，皆趨一時之利，殊不顧義理曲直所在。張儀欺楚懷王，使之絶齊而獻商於之地。陳軫諫曰：「張儀必負王，商於不可得而齊、秦合，是北絶齊交，西生秦患。」其言可謂善矣。然至云：「不若陰合而陽絶於齊，使人隨張儀，苟與吾地，絶齊未晚。」是軫不深計齊之可絶與否，但以得地爲意耳。及秦負約，楚王欲攻之。軫又勸曰：「不如因賂之以一名都，與之并兵而攻齊，是我亡地於秦，取償於齊也。」此策尤乖謬不義。且秦加亡道於我，乃欲賂以地，齊本與國，楚無故而絶之，宜割地致幣，卑詞謝罪，復求其援，而反欲攻之，軫之説於是疎矣。乃知魯仲連、虞卿爲豪傑之士，非軫輩所能企及也。

5　顔率兒童之見

秦興師臨周而求九鼎，周君患之。顔率請借救於齊。乃詣齊王許以鼎，齊爲發兵救周，而秦兵罷。齊將求鼎，周君又患之。顔率復詣齊，曰：「願獻九鼎，不識何塗之從而致之齊。」齊王將寄徑於梁、於楚，率皆以爲不可，齊乃止。戰國策首載此事，蓋以爲奇謀。予謂此特兒童之見爾。争戰雖急，要當有信。今一紿齊可也，獨不計後日諸侯來伐，誰復肯救我乎！疑必無是事，好事者飾之爾。故史記、通鑑皆不取。

6　皇甫湜正閏論

晉、魏以來，正、閏之説紛紛，前人論之多矣。蓋以宋繼晉，則至陳而無所終，由隋而推之，爲周爲魏，則上無所起。故司馬公於通鑑取南朝承晉訖于陳亡，然後係之隋開皇九年，姑藉其年以紀事，無所抑揚也。唯皇甫湜之論不然，曰：「晉之南遷，與平王避戎之事同，而元魏種實匈奴，自爲中國之位號。謂之滅邪？晉實未改。謂之禪耶？已無所傳。而往之著書者有帝元，今之爲録者皆閏晉，失之遠矣。晉爲宋，宋爲齊，齊爲梁，江陵之滅，則爲周矣。陳氏自樹而奪，無容於言。故自唐推而上，唐受之隋，隋得之周，周取之梁，推梁而上以至于堯、舜，爲得天下統。則陳僭於南，元閏於北，其不昭昭乎！」此説亦有理。然予復考之，滅梁江陵者，魏文帝也，時歲在甲戌。又三年丁丑，周乃代魏。不得云江陵之滅，則爲周也。

7 簡師之賢

皇甫持正集有送簡師序，云：「韓侍郎貶潮州，浮圖之士，懽快以抃，師獨憤起訪余求序，行資適潮，不顧蛇山鱷水萬里之嶮毒，若將朝得進拜而夕死者。師雖佛其名，而儒其行，雖夷狄其衣服，而人其知。不猶愈於冠儒冠，服朝服，惑溺於經怪之説以斁彝倫邪！」予讀其文，想見簡師之賢，而惜其名無傳於後世，故表而出之。

8 老人推恩

唐世赦宥，推恩於老人絶優。開元二十三年，耕籍田。侍老百歲以上，版授上州刺史；九十以上，中州刺史；八十以上，上州司馬。二十七年，赦。百歲以上，下州刺史，婦人郡君；九十以上，上州司馬，婦人縣君；八十以上，縣令，婦人鄉君。天寶七載，京城七十以上本縣令，六十以上縣丞，天下侍老除官與開元等。國朝之制，百歲者始得初品官封，比唐不侔矣。淳熙三年，以太上皇帝慶壽之故，推恩稍優，遂有增年詭籍以冒榮命者，使如唐日，將如何哉！

9　唐三傑

漢高祖以蕭何、張良、韓信爲人傑，此三人者，真足以當之也。唐明皇同日拜宋璟、張說、源乾曜三故相官，帝賦三傑詩，自寫以賜，其意蓋以比蕭、張等也。說與乾曜，豈璟比哉，明皇可謂不知臣矣。

10　忠義出天資

忠義守節之士，出於天資，非關居位貴賤、受恩深淺也。王莽移漢祚，劉歆以宗室之儁，導之爲逆，孔光以宰相輔成其事，而龔勝以故大夫守誼以死。郭欽、蔣詡以刺史、郡守，栗融、禽慶、曹竟、蘇章以儒生，皆去官不仕。陳咸之家，至不用王氏臘。蕭道成篡宋，褚淵、王儉奕世達宦，身爲帝甥、主壻，所以縱臾滅劉，唯恐不速；而死節者乃王蘊、卜伯興、黄回、任候伯之輩耳。安禄山、朱泚之變，陳希烈、張均、張垍、喬琳、李忠臣皆以宰相世臣，爲之丞弼；而甄濟、權皐、劉海賓、段秀實或以幕府小吏，或以廢斥列卿，捐身立節，名震海內。人之賢不肖，相去何止天冠地屨乎！

11 劉歆不孝

事親孝，故忠可移於君，是以求忠臣必於孝子之門。劉歆事父雖不載不孝之迹，然其議論每與向異同。故向拳拳於國家，欲抑王氏以崇劉氏，而歆乃力贊王莽，唱其凶逆，至爲之國師公，又改名秀以應圖讖，竟亦不免爲莽所誅，子棻、女愔皆以戮死。使天道每如是，不善者其知懼乎！

12 漢法惡誕謾

李廣以私忿殺霸陵尉，上書自陳謝罪。武帝報之曰：「報忿除害，朕之所圖於將軍也。若乃免冠徒跣，稽顙請罪，豈朕之指哉！」張敞殺絮舜，上書曰：「臣待罪京兆，絮舜本臣素所厚吏，以臣有章劾當免，受記考事，謂臣『五日京兆』，背恩忘義。臣竊以舜無狀，枉法以誅之。臣賊殺不辜，鞠獄故不直，死無所恨。」宣帝引拜爲刺史。漢世法令，最惡誕謾罔上。廣、敞雖妄殺人，一語陳情，則赦之不問，所以開臣下不敢爲欺之路也。武帝待張湯非不厚，及問魯謁居事，謂其懷詐面欺，殺之不貸，真得御臣之法。

13　漢官名

漢官名有不書於百官表而因事乃見者。如行冤獄使者，因張敞殺絮舜而見；美俗使者，因何並代嚴詡而見；河隄使者，因王延世塞決河而見；直指使者，因暴勝之而見。豈非因事置官，事已即罷乎！

14　五胡亂華

劉聰乘晉之衰，盜竊中土，身死而嗣滅，男女無少長皆戕於靳準。劉曜承其後，不能十年，身爲人禽。石勒嘗盛矣，子奪於虎。虎盡有秦、魏、燕、齊、韓、趙之地，死不一年而後嗣屠戮，無一遺種。慕容儁乘石氏之亂，跨據河山，亦僅終其身，至子而滅。苻堅之興，又非劉、石比，然不能自免，社稷爲墟。慕容垂乘苻氏之亂，盡復燕祚，死未期年，基業傾覆。此七人者，皆夷狄亂華之巨擘也，而不能久如此。今之北虜，爲國八十年，傳數酋矣，未亡何邪？

15 石宣爲彗

石虎將殺其子宣，佛圖澄諫曰：「陛下若加慈恕，福祚猶長，若必誅之，宣當爲彗星下埽鄴宮。」虎不從。明年，虎死。二年，國亡。晉史書之，以爲澄言之驗。予謂此乃石氏窮凶極虐，爲天所弃，豈一逆子便能上干玄象，起彗孛乎！宣殺其弟韜，又欲行冒頓之事，寧有不問之理！澄言既妄，史氏誤信而載之，資治通鑑亦失於不删也。

16 三公改它官

國初以來，宰相帶三公官居位，及罷去，多有改它官者。范質自司徒、侍中改太子太傅，王溥自司空改太子太保，吕蒙正自司空改太子太師是也。天禧以前唯趙普、王旦乃依舊公師，仍復遷秩。天聖而後，恩典始隆，張士遜致仕，至以兵部尚書得太傅云。

17 帶職致仕

熙寧以前，待制學士致仕者，率遷官而解其職。若有疾就閑者，亦換爲集賢院學士。蓋不以近職處散地也。帶職致仕，方自熙寧中王素始。後改集賢學士爲修撰，政和中又改爲右文云。

18 朋友之義

朋友之義甚重。天下之達道五，君臣、父子、兄弟、夫婦而至朋友之交。故天子至于庶人，未有不須友以成者。天下俗薄，而朋友道絶，見於詩。不信乎朋友，弗獲乎上，見於中庸、孟子。朋友信之，孔子之志也；車馬衣裘與朋友共，子路之志也；與朋友交而信，曾子之志也。周禮六行，五曰任，謂信於友也。漢、唐以來，猶有范張、陳雷、元白、劉柳之徒，始終相與，不以死生貴賤易其心。本朝百年間，此風尚存。嗚呼，今亡矣。

19 高科得人

國朝自太平興國以來，以科舉羅天下士，士之策名前列者，或不十年而至公輔。呂文穆公蒙正、張文定公齊賢之徒是也。及嘉祐以前，亦指日在清顯。東坡送章子平序，以謂仁宗一朝十有三牓，數其上之三人，凡三十有九，其不至於公卿者，五人而已。蓋爲士者知其身必達，故自愛重而不肯爲非，天下公望亦以鼎貴期之，故相與愛惜成就，以待其用。至嘉祐四年之制，前三名始不爲通判，第一人才得評事、簽判，代還升通判，又任滿，始除館職。王安石爲政，又殺其法，恩數既削，得人亦衰矣。觀天聖初牓，宋鄭公郊、葉清臣、鄭文肅公戩、高文莊公若訥、曾魯公公亮五人連名，二宰相，二執政，一三司使。第二牓，王文忠公堯臣、韓魏公琦、趙康靖公槩連名。第三牓〔一〕，王宣徽拱辰、劉相沆、孫文懿公抃連名。楊寘牓，寘不幸即死，王岐公珪、韓康公絳、王荊公安石連名。劉煇牓，煇不顯，胡右丞宗愈、安門下燾、劉忠肅公摯、章申公惇連名〔二〕。其盛如此。治平以後，第一人作侍從，蓋可數矣。

20 辛慶忌

漢成帝將立趙飛燕爲皇后，怒劉輔直諫，因之掖廷獄，左將軍辛慶忌等上書救輔，遂得減死。朱雲請斬張禹，上怒，將殺之，慶忌免冠解印綬，叩頭殿下，曰：「此臣素著狂直，臣敢以死爭。」叩頭流血。上意解，然後得已。慶忌此兩事，可與汲黯、王章同科。班史不書於本傳，但言其爲國虎臣，匈奴、西域敬其威信而已。方爭朱雲時，公卿在前，曾無一人助之以請，爲可羞也。

21　楚懷王

秦、漢之際，楚懷王以牧羊小兒，爲項氏所立，首尾才三年。以事攷之，東坡所謂天下之賢主也。項梁之死，王并吕臣、項羽軍自將之，羽不敢争。見宋義論兵事，即以爲上將軍，而羽乃爲次將。擇諸將入關，羽怨秦，奮勢願與沛公西，王以羽慓悍禍賊，不許，獨遣沛公，羽不敢違。及秦既亡，羽使人還報王，王曰：「如約。」令沛公王關中。此數者，皆能自制命，非碌碌孱王受令於强臣者，故終不能全於項氏。然遣將救趙滅秦，至於有天下，皆出其手。太史公作史記，當爲之立本紀，繼於秦後，迨其亡，則次以漢高祖可也。而乃立項羽本紀，義帝之事特附見焉，是直以羽爲代秦也，其失多矣。高祖嘗下詔，以秦皇帝、楚隱王亡後，爲置守冢，并及魏、齊、趙三王，而義帝乃高祖故君，獨缺不問，豈簡策脱佚乎！

22　范增非人傑

世謂范增爲人傑，予以爲不然。夷考平生，蓋出戰國從横之餘，見利而不知義者也。始勸項氏立懷王，及羽奪王之地，遷王於郴，已而弒之，增不能引君臣大誼，争之以死。懷王與諸將約，先入關中者王之，沛公既先定關中，則當如約，增乃勸羽殺之，又徙之蜀漢。

羽之伐趙，殺上將宋義，增爲末將，坐而視之。坑秦降卒，殺秦降王，燒秦宫室，增皆親見之，未嘗聞一言也。至於滎陽之役，身遭反間，然後發怒而去。嗚呼，疏矣哉。東坡公論此事偉甚，猶未盡也。

23 翰苑故事

翰苑故事，今廢弃無餘。唯學士入朝，猶有朱衣院吏雙引至朝堂而止，及景靈宫行香，則引至立班處。公文至三省不用申狀，但尺紙直書其事，右語云：「諮報尚書省，伏候裁旨，月日押。」謂之諮報。此兩事僅存。

24 唐揚州之盛

唐世鹽鐵轉運使在揚州，盡斡利權，判官多至數十人，商賈如織。故諺稱「揚一益二」，謂天下之盛，揚爲一而蜀次之也。杜牧之有「春風十里珠簾」之句。張祜詩云：「十里長街市井連，月明橋上看神仙。人生只合揚州死，禪智山光好墓田。」王建詩云：「夜市千燈照碧雲，高樓紅袖客紛紛。如今不似時平日，猶自笙歌徹曉聞。」徐凝詩云：「天下三分明月夜，二分無賴是揚州。」其盛可知矣。自畢師鐸、孫儒之亂，蕩爲丘墟。楊行密復葺之，稍成壯藩，又燬於顯德。本朝承平百七十年，尚不能及唐之什一，今日真可酸鼻也。

25 張祜詩

唐開元、天寶之盛，見於傳記、歌詩多矣，而張祜所詠尤多，皆他詩人所未嘗及者。如正月十五夜燈云：「千門開鎖萬燈明，正月中旬動帝京。三百内人連袖舞，一時天上着詞聲。」上巳樂云：「猩猩血染繫頭標，天上齊聲舉畫橈。却是内人争意切，六宫紅袖一時招。」春鶯囀云：「興慶池南柳未開，太真先把一枝梅。内人已唱春鶯囀，花下傞傞軟舞來。」又有大酺樂、邠王小管、李謨笛、寧哥來、邠娘羯鼓、退宫人、耍娘歌、悖拏兒舞、阿鴅湯、雨霖鈴、香囊子等詩，皆可補開天遺事，弦之樂府也。

26 古人無忌諱

古人無忌諱。如季武子成寢，杜氏之葬在西階之下，請合葬焉，許之，入宫而不敢哭，武子命之哭。曾子與客立於門側，其徒有父死將出哭於巷者，曾子曰：「反哭於爾次。」北面而弔焉。伯高死於衛，赴於孔子。孔子曰：「夫由賜也見我，吾哭諸賜氏。」遂哭於子貢寢門之外，命子貢爲之主，曰：「爲爾哭也，來者拜之。」夫以國卿之寢階，許外人入哭而葬，己所居室而令門弟子哭其親，朋友之喪而受哭於寢門之外，今人必不然者也。聖賢所行，固爲盡禮，季孫宿亦能如是。以古方今，相去何直千萬也。

27 宰我不詐

宰我以三年之喪爲久，夫子以食稻衣錦問之，曰：「於女安乎？」曰：「安。」後人以是譏宰我，謂孔門高第乃如是。殊不知其由衷之言，不爲詐隱，所以爲孔門高第也。魯悼公之喪，孟敬子曰：「食粥，天下之達禮也，吾三臣者之不能居公室也，四方莫不聞矣，勉而爲瘠，毋乃使人疑夫不以情居瘠者乎哉！我則食食。」樂正子春之母死，五日而不食，曰：「吾悔之，自吾母而不得吾情，吾惡乎用吾情？」謂勉强過禮也。夫不情之惡，賢者所深戒，雖孟敬子之不臣，寧廢禮食食，不肯不情而爲瘠。蓋先王之澤未遠，故不肖者亦能及之。

28 李益盧綸詩

李益、盧綸皆唐大曆十才子之傑者。綸於益爲内兄，嘗秋夜同宿，益贈綸詩，曰：「世故中年别，餘生此會同。却將悲與病，獨對朗陵翁。」綸和曰：「戚戚一西東，十年今始同。可憐風雨夜，相問兩衰翁。」二詩雖絶句，讀之使人悽然，皆奇作也。

校勘記

〔一〕第三牓　「三」原誤作「二」，據李本、馬本、祠本改。按：以上已言「第二牓」。

〔二〕劉煇牓……章申公惇　劉煇爲宋仁宗嘉祐四年（一○五九）牓進士及第第一人。據宋朱弁曲洧舊聞卷五，惇登嘉祐二年進士第；惇與晁端彥（美叔）同牓、同齡、同館職（秘監），有「寄語三同晁秘監」之句。餘參蘇軾年譜卷三。與作者此處所敍不同，疑作者有誤。

容齋隨筆卷十 二十則

1 楊彪陳羣

魏文帝受禪，欲以楊彪爲太尉，彪辭曰：「彪備漢三公，耄年被病，豈可贊惟新之朝。」乃授光禄大夫。相國華歆以形色忤旨，徙爲司徒而不進爵。帝久不懌，以問尚書令陳羣，曰：「我應天受禪，相國及公獨不怡，何也？」羣對曰：「臣與相國，曾臣漢朝，心雖悦喜，猶義形於色。」夫曹氏篡漢，忠臣義士之所宜痛心疾首，縱力不能討，忍復仕其朝爲公卿乎。歆、羣爲一世之賢，所立不過如是。彪遜詞以免禍，亦不敢一言及曹氏之所以得。蓋自黨錮禍起，天下賢士大夫如李膺、范滂之徒，屠戮殆盡，故所存者如是而已。士風不競，悲夫！章惇、蔡京爲政，欲殄滅元祐善類，正士禁錮者三十年，以致靖康之禍，其不爲歆、羣者幾希矣。

2 袁盎温嶠

趙談常害袁盎，盎兄子種曰：「君與鬭，廷辱之，使其毁不用。」文帝出，談參乘，盎前，曰：「天子所與共六尺輿者，皆天下豪英，陛下奈何與刀鋸餘人載！」上笑，下談，談泣下車。温嶠將去王敦，而懼錢鳳爲之姦謀，因敦餞别，嶠起行酒，至鳳，擊鳳幘墜，作色曰：「錢鳳何人，温太真行酒而敢不飲。」及發後，鳳入説敦曰：「嶠於朝廷甚密，未必可信。」敦曰：「太真昨醉，小加聲色，豈得以此便相讒貳。」由是鳳謀不行。二者之智如此。

3 日飲亡何

漢書爰盎傳：「南方卑濕，君能日飲亡何。」顔師古注云：「無何，言更無餘事。」而史記盎傳作「日飲毋苛」，蓋言南方不宜多飲耳。今人多用「亡何」字。

4 爰盎小人

爰盎真小人，每事皆借公言而報私怨，初非盡忠一意爲君上者也。嘗爲呂禄舍人，故怨周勃。文帝禮下勃，何豫盎事，乃有「非社稷臣」之語，謂勃不能争呂氏之事，適會成功耳，致文帝有輕勃心。既免使就國，遂有廷尉之難。嘗謁丞相申屠嘉，嘉弗爲禮，則之丞相舍折困之。爲趙談所害，故沮止其參乘。素不好鼂錯，故因吴反事請誅之。蓋盎本安陵羣盜，宜其忮心忍戾如此，死於刺客，非不幸也。

5 唐書判

唐銓選擇人之法有四：一曰身，謂體貌豐偉；二曰言，言辭辯正；三曰書，楷法遒美；四曰判，文理優長。凡試判登科謂之入等，甚拙者謂之藍縷，選未滿而試文三篇謂之宏辭，試判三條謂之拔萃。中者即授官。既以書爲藝，故唐人無不工楷法，以判爲貴，故無不習熟。而判語必駢儷，今所傳龍筋鳳髓判及白樂天集甲乙判是也。自朝廷至縣邑，莫不皆然，非讀書善文不可也。宰臣每啓擬一事，亦必偶數十語，今鄭畋勑語、堂判猶存。世俗喜道瑣細遺事，參以滑稽，目爲花判，其實乃如此，非若今人握筆據案，只署一字亦可。國初尚有唐餘波，久而革去之。但體貌豐偉，用以取人，未爲至論。

6 古彝器

三代彝器其存至今者，人皆寶爲奇玩。然自春秋以來，固重之矣。經傳所記，取郜大鼎于宋，魯以吴壽夢之鼎賄荀偃，晉賜子産莒之二方鼎，齊賂晉以紀甗、玉磬，徐賂齊以甲父之鼎，鄭賂晉以襄鐘，衛欲以文之舒鼎、定之鞶鑑納魯侯，樂毅爲燕破齊，祭器設於寧臺，大吕陳於元英，故鼎反乎磨室是已。

7 玉蘂杜鵑

物以希見爲珍，不必異種也。長安唐昌觀玉蘂，乃今瑒花，又名米囊，黄魯直易爲山礬者。潤州鶴林寺杜鵑，乃今映山紅，又名紅躑躅者。二花在江東彌山亘野，殆與榛莽相似。而唐昌所産，至於神女下游，折花而去，以踐玉峯之期，鶴林之花，至以爲外國僧鉢盂中所移，上玄命三女下司之已踰百年，終歸閬苑。是不特土俗罕見，雖神仙亦不識也。王建宫詞云：「太儀前日暖房來，囑向昭陽乞蘂栽。勑賜一窠紅躑躅，謝恩未了奏花開。」其重如此，蓋宫禁中亦鮮云。

8 禮寺失職

唐開元中，封孔子爲文宣王，顔子爲兖公，閔子至子夏爲侯，羣弟子爲伯。本朝祥符中，進封公爲國公，侯爲郡公，伯爲侯。紹興二十五年，太上皇帝御製贊七十五首，而有司但具唐爵，故宸翰所標，皆用開元國邑，其失於考据如此，今當請而正之可也。紹興末，胡馬飲江，既而自斃，詔加封馬當、采石、金山三水府。太常寺按籍，係四字王，當加至六字。及降告命至其處，廟令以舊告來，則已八字矣。逐郡爲繳回新命，而別易二美名以寵之。禮寺之失職類此。方完顏亮據淮上，予從樞密行府於建康，嘗致禱大江，能令虜不得渡者，當奏册爲帝。洎事定，朝廷許如約。朱丞相漢章曰：「四瀆當一體，獨帝江神，禮乎？」予曰：「懲勸之道，人神一也。彼洪河、長淮，受國家祭祀血食，不爲不久，當胡騎之來，如行枕席，唯大江滔滔天險，坐遏巨敵之衝，使其百萬束手倒戈而退，此其靈德陰功，於河淮何如？自五岳進册之後，今蔣廟陳果仁祠亦稱之，江神之帝，於是爲不忝矣。」朱公終以爲不可，亦僅改兩字。吁，可惜哉！

9 徐凝詩

徐凝以瀑布「界破青山」之句，東坡指爲惡詩，故不爲詩人所稱説。予家有凝集，觀其餘篇，亦自有佳處，今漫紀數絶于此。漢宮曲云：「水色簾前流玉霜，趙家飛燕侍昭陽。掌中舞罷簫聲絶，三十六宮秋夜長。」憶揚州云：「蕭娘臉下難勝淚，桃葉眉頭易得愁。天下三分明月夜，二分無賴是揚州。」相思林云：「遠客遠游新過嶺，每逢芳樹問芳名。長林遍是相思樹，争遣愁人獨自行。」翫花云：「一樹梨花春向暮，雪枝殘處怨風來。明朝漸校無多去，看到黄昏不欲回。」將歸江外辭韓侍郎云：「一生所遇唯元、白，天下無人重布衣。欲别朱門淚先盡，白頭游子白身歸。」皆有情致，宜其見知於微之、樂天也。但俗子妄作樂天詩，繆爲賞激，以起東坡之誚耳。

10 梅花横參

今人梅花詩詞，多用「參横」字，蓋出柳子厚龍城録所載趙師雄事，然此實妄書，或以爲劉無言所作也。其語云：「東方已白，月落參横。」且以冬半視之，黄昏時，參已見，至丁夜則西没矣，安得將旦而横乎！秦少游詩：「月落參横畫角哀，暗香消盡令人老。」承此誤也。唯東坡云：「紛紛初疑月挂樹，耿耿獨與參横昏。」乃爲精當。老杜有「城擁朝來客，天横醉後參」之句，以全篇攷之，蓋初秋所作也。

11 致仕之失

大夫七十而致事，謂之得謝，美名也。漢韋賢、薛廣德、疏廣、疏受，或縣安車以示子孫，賣黄金以侈君賜，爲榮多矣。至於龔勝、鄭弘輩，亦詔策褒表，郡縣存問，合於三代敬老之義。本朝尤重之，大臣告老，必寵以東宫師傅、侍從。耆艾若晁迥、孫奭、李柬之亦然。宣和以前，蓋未有既死而方乞致仕者，南渡之後，故實散亡，於是朝奉、武翼郎以上，不以内外高卑，率爲此舉。其最甚而無理者，雖宰相輔臣，考終於位，其家發哀即服，降旨聲鍾給賻，既已閲日，方且爲之告廷出命，綸書之中，不免有親醫藥、介壽康之語。如秦太師、万俟丞相、陳魯公、沈必先、王時亨、鄭仲益是已。其在外者，非易簀屬纊，不復有請，間千百人中有一二焉，則知與不知，駭惜其死，子弟游官遠地，往往飲泣不寧，謁急奔命，故及無事日，不敢爲之。紹興二十九年，予爲吏部郎，因輪對，奏言：「乞令吏部立法，自今日以往，當得致仕恩澤之人，物故者，即以告所在州，州上省部，然後夷考其平生，非有贓私過惡於式有累者，輒官其後人。若真能陳義引年，或辭榮知止者，乞厚其節禮，以厲風俗，賢於率天下爲僞也。」太上覽奏欣納，曰：「朕記得此事之廢，方四十年，當如卿語。」既下三省，諸公多以爲是，而首相湯岐公獨難之，其議遂寢，今不復可正云。

12 南班宗室

南班宗室，自來只以本官奉朝請。自隆興以後，始帶宫觀使及提舉。今嗣濮王、永陽、恩平、安定王以下皆然，非制也。

13 省郎稱謂

除省郎者，初降旨揮，但云「除某部郎官」。蓋以知州資序者當爲郎中，不及者爲員外郎。及吏部擬告身細銜，則始直書之。其兼權者，初云「權某部郎官」，洎入銜及文書，皆曰「權員外郎」，已是它部郎中，則曰「權郎中」。至紹興末，馮方以館職攝吏部，欲爲異，則繫銜曰「兼權尚書吏部郎官」。予嘗扣其說。馮曰：「所被省劄只言『權郎官』，故不敢耳。」予曰：「省劄中豈有『尚書』二字乎！」馮無以對，然訖不肯改。自後相承効之，至今告命及符牒所書，亦云「權郎官」，固已甚野，至於尚左、侍右之名，遂入除目，皆小吏不諳熟故事，馴以致然，書之記注，爲不美耳。

14 水衡都尉二事

龔遂爲渤海太守，宣帝召之，議曹王生願從，遂不忍逆。及引入宫，王生從後呼曰：「天子即問君何以治渤海，宜曰：『皆聖主之德，非小臣之力也。』」遂受其言。上果問以治狀，遂對如王生言。天子悦其有讓，笑曰：「君安得長者之言而稱之？」遂曰：「乃臣議曹教戒臣也。」上拜遂水衡都尉，以王生爲丞。予謂遂之治郡，功効著明，宣帝不以爲賞，而顧悦其佞詞乎！宜其起王成膠東之僞也。褚先生於史記中又載武帝時，召北海太守，有文學卒史王先生自請與太守俱。太守入宮，王先生曰：「天子即問君何以治北海令無盜賊，君對曰何哉？」守曰：「選擇賢材，各任之以其能，賞異等，罰不肖。」王先生曰：「是自譽自伐功，不可也。願君對言：『非臣之力，盡陛下神靈威武所變化也。』」太守如其言。武帝大笑，曰：「安得長者之言而稱之，安所受之？」對曰：「受之文學卒史。」於是以太守爲水衡都尉，王先生爲丞。二事不應相類如此，疑即龔遂，而褚誤書也。

15 程嬰杵臼

春秋於魯成公八年書晉殺趙同、趙括，於十年書晉景公卒，相去二年。而史記乃有屠岸賈欲滅趙氏，程嬰、公孫杵臼共匿趙孤，十五年景公復立趙武之説。以年世考之，則自同、括死後，景公又卒，厲公立，八年而弒，悼公立，又五年矣，其乖妄如是。嬰、杵臼之事，乃戰國俠士刺客所爲，春秋時風俗無此也。元豐中，吳處厚以皇嗣未立，上書乞立二人廟，訪求其墓，優加封爵。敕令河東路訪尋遺跡，得其冢於絳州太平縣。詔封嬰爲成信侯，杵臼爲忠智侯，廟食於絳。後又以爲韓厥存趙，追封爲公。三人皆以春秋祠於祚德廟。且自晉景公至元豐，千六百五十年矣。古先聖帝明王之墓尚不可考，區區二士，豈復有兆域所在乎！絳郡以朝命所訪，姑指它丘壠爲之詞以塞責耳。此事之必不然者也。處厚之書進御，即除將作丞，狃於出位陳言以得寵禄，遂有許蔡新州十詩之事，所獲幾何，詒笑無極，哀哉！

16 戰國自取亡

秦以關中之地，日夜東獵六國，百有餘年，悉禽滅之。雖云得地利，善爲兵，故四世有勝〔一〕，以予考之，實六國自有以致之也。韓、燕弱小，置不足論。彼四國者，魏以惠王而衰，齊以閔王而衰，楚以懷王而衰，趙以孝成王而衰，皆本於好兵貪地之故。魏承文侯、武侯之後，表裏山河，大於三晉，諸侯莫能與之争。而惠王數伐韓、趙，志吞邯鄲，挫敗於齊，軍覆子死，卒之爲秦所困，國日以蹙，失河西七百里，去安邑而都大梁，數世不振，訖於殄國。閔王承威、宣之後，山東之建國莫强焉。而狃於伐宋之利，南侵楚，西侵三晉，欲并二周爲天子，遂爲燕所屠。雖賴田單之力，得復亡城，子孫沮氣，孑孑自保，終墮秦計，束手爲虜。懷王貪商於六百里，受詐張儀，失其名都，喪其甲士，不能取償，身遭囚辱以死。趙以上黨之地，代韓受兵，利令智昏，輕用民死，同日坑於長平者過四十萬，幾於社稷爲墟，幸不即亡，終以不免。此四國之君，苟爲保境睦鄰，畏天自守，秦雖强大，豈能加我哉！

17 臨敵易將

臨敵易將，固兵家之所忌，然事當審其是非，當易而不易，亦非也。秦以白起易王齕而勝趙，以王翦易李信而滅楚，魏公子無忌易晉鄙而勝秦，將豈不可易乎？燕以騎劫易樂毅而敗，趙以趙括易廉頗而敗，以趙葱易李牧而滅，魏使人代信陵君將亦滅，將豈可易乎？

18 司空表聖詩

東坡稱司空表聖詩文高雅，有承平之遺風，蓋嘗自列其詩之有得於文字之表者二十四韻，恨當時不識其妙。又云：「表聖論其詩，以爲得味外味，如『緑樹連村暗，黄花入麥稀』，此句最善。又『棋聲花院閉，幡影石壇高』，吾嘗獨入白鶴觀，松陰滿地，不見一人，惟聞棋聲，然後知此句之工，但恨其寒儉有僧態。」予讀表聖一鳴集，有與李生論詩一書，乃正坡公所言者。其餘五言句云：「人家寒食月，花影午時天。」「雨微吟足思，花落夢無憀。」「坡暖冬生筍，松凉夏健人。」「川明虹照雨，樹密鳥衝人。」「夜短猿悲減，風和鵲喜靈。」「馬色經寒慘，鵰聲帶晚飢。」「客來當意愜，花發遇歌成。」七言句云：「孤嶼池痕春漲滿，小欄花韻午晴初。」「五更惆悵迴孤枕，由自殘燈照落花。」皆可稱也。

19 漢丞相

漢丞相或終于位，或免就國，或免爲庶人，或致仕，或以罪死，其復召用者，但爲光禄大夫，或特進，優游散秩，未嘗有除它官者也。御史大夫則間爲九卿、將軍。至東漢則大不然。始於光武時，王梁罷大司空而爲中郎將，其後三公去位，輒復爲大夫、列卿。如崔烈歷司徒、太尉之後，乃爲城門校尉，其體貌大臣之禮亦衰矣。

20 册禮不講

唐封拜后妃王公及贈官，皆行册禮。文宗大和四年，以裴度守司徒平章重事，度上表辭册命，其言云：「臣此官已三度受册，有靦面目。」從之。然則唐世以爲常儀，辭者蓋鮮。唯國朝以此禮爲重，自皇后、太子之外，雖王公之貴，率一章乞免即止，典禮益以不講，良爲可惜！

校勘記

〔一〕四世有勝　李本、馬本、祠本作「百戰百勝」。

容齋隨筆卷十一　十六則

1　將帥貪功

以功名爲心，貪軍旅之寄，此自將帥習氣，雖古來賢卿大夫，未有能知止自斂者也。廉頗既老，飯斗米，肉十斤，被甲上馬，以示可用，致困郭開之口，終不得召。漢武帝大擊匈奴，李廣數自請行，上以爲老，不許，良久乃許之，卒有東道失軍之罪。宣帝時，先零羌反，趙充國年七十餘，上老之，使丙吉問誰可將，曰：「亡踰於老臣者矣。」即馳至金城，圖上方略，雖全師制勝，而禍及其子卬。光武時，五溪蠻夷畔，馬援請行，帝愍其老，未許。援自請曰：「臣尚能被甲上馬。」帝令試之，援據鞍顧盼，以示可用。帝笑曰：「矍鑠哉！是翁也。」遂用爲將，果有壺頭之厄。李靖爲相，以足疾就第，會吐谷渾寇邊，即往見房喬，曰：「吾雖老，尚堪一行。」既平其國，而有高甑生誣罔之事，幾於不免。太宗將伐遼，召入謂曰：「高麗未服，公亦有意乎？」對曰：「今疾雖衰，陛下誠不弃，病且瘳矣。」帝愍其老，不許。郭子儀年八十餘，猶爲關內副元帥、朔方河中節度，不求退身，竟爲德宗册罷。此諸公皆人傑也，猶不免此，況其下者乎！

2 漢二帝治盜

漢武帝末年，盜賊滋起，大羣至數千人，小羣以百數。上使使者衣繡衣，持節虎符，發兵以興擊，斬首大部或至萬餘級。於是作「沈命法」，曰：「羣盜起不發覺，覺而弗捕滿品者，二千石以下至小吏主者皆死。」其後小吏畏誅，雖有盜，弗敢發，恐不能得。坐課累府，府亦使不言。故盜賊寖多，上下相爲匿，以避文法焉。光武時，羣盜處處並起，遣使者下郡國，聽羣盜自相糾擿，五人共斬一人者除其罪。吏雖逗留回避故縱者，皆勿問，聽以禽討爲效。其牧守令長坐界内有盜賊而不收捕者，及以畏愞捐城委守者，皆不以爲負，但取獲賊多少爲殿最，唯蔽匿者乃罪之。於是更相追捕，賊並解散。此二事均爲治盜，而武帝之嚴，不若光武之寬，其効可睹也。

3 漢唐封禪

漢光武建武三十年，車駕東巡，羣臣上言，即位三十年，宜封禪泰山。詔曰：「即位三十年，百姓怨氣滿腹，吾誰欺？欺天乎，何事汙七十二代之編録！若郡縣遠遣吏上壽，盛稱虛美，必髡令屯田。」從此羣臣不敢復言。後二年，上齋，夜讀河圖會昌符，曰「赤劉之九，會命岱宗」。感此文，乃詔梁松等案索河雒讖文言九世封禪事者，遂奏三十六事，於是求武帝元封故事，以三月行封禪禮。唐太宗貞觀五年，羣臣以四夷咸服，表請封禪，詔不許。六年，復請。上曰：「卿輩皆以封禪爲帝王盛事，朕意不然。若天下乂安，家給人足，雖不封禪，庸何傷乎！昔秦始皇封禪，而漢文帝不封禪，後世豈以文帝之賢不及始皇邪？且事天掃地而祭，何必登泰山之顛，封數尺之土，然後可以展其誠敬乎！」已而欲從其請，魏鄭公獨以爲不可，發六難以争之，至以謂崇虛名而受實害。會河南北大水，遂寢。十年，復使房喬裁定其禮，將以十六年二月有事于泰山，會星孛太微而罷。予謂二帝皆不世出盛德之主，灼知封禪之非，形諸詔告，可謂著明。然不能幾時，自爲翻覆，光武惑於讖記，太宗好大喜名，以今觀之，蓋所以累善政耳。

4 漢封禪記

應劭漢官儀載馬第伯封禪儀記，正紀建武東封事，每稱天子爲國家，其叙山勢陗嶮、登陟勞困之狀極工，予喜誦之。其略云：「是朝上山，騎行，往往道峻峭，下騎步，牽馬，乍步乍騎且相半。至中觀，留馬，仰望天闕，如從谷底仰觀抗峯。其爲高也，如視浮雲，其峻也，石壁窅窱，如無道徑。遥望其人，端如行朽兀，或爲白石，或雪，久之，白者移過樹，乃知是人也。殊不可上，四布僵卧石上，亦賴賫酒脯，處處有泉水，復勉强相將行，到天關，自以已至也，問道中人，言尚十餘里。其道旁山脅，仰視巖石松樹，鬱鬱蒼蒼，若在雲中。俛視谿谷，碌碌不可見丈尺。直上七里，賴其羊腸逶迤，名曰環道，往往有絙索，可得而登也。兩從者扶挾，前人相牽，後人見前人履底，前人見後人頂，如畫。初上此道，行十餘步一休，稍疲，咽脣燋，五六步一休，牒牒據頓地，不避暗濕，前有燥地，目視而兩脚不隨。」又云：「封畢，詔百官以次下，國家隨後，道迫小，步從匍匐邪上，起近炬火，止亦駱驛，步從觸擊大石，石聲正讙，但讙石無相應和者。腸不能已，口不能默。明日，太醫令問起居，國家云：『昨上下山，欲行迫前人，欲休則後人所蹈，道峻危險。國家不勞。』」又云：「東山名曰日觀，鷄一鳴時，見日始欲出，長三丈所。秦觀者望見長安，吴觀者望見會稽，周觀者望見齊。」凡記文之工悉如此，而未嘗見稱於昔賢，秦、吴、周三觀，亦無曾用之者。今應劭書脱略，唯劉昭補注東漢志僅有之，亦非全篇也。

5 楊虞卿

劉禹錫有寄毗陵楊給事詩，云：「曾主魚書輕刺史，今朝自請左魚來。青雲直上無多地，却要斜飛取勢回。」以其時考之，蓋楊虞卿也。案，唐文宗大和七年，以李德裕爲相，與之論朋黨事。時給事中楊虞卿、蕭澣，中書舍人張元夫依附權要，上干執政，下撓有司，上聞而惡之，於是出虞卿爲常州刺史，澣爲鄭州刺史，元夫爲汝州刺史，皆李宗閔客也。它日，上復言及朋黨，宗閔曰：「臣素知之，故虞卿輩臣皆不與美官。」德裕曰：「給事中、中書舍人非美官而何！」宗閔失色。然則虞卿之刺毗陵，乃爲朝廷所逐耳，禹錫猶以爲自請，詩人之言，渠可信哉！

6 屯蒙二卦

屯、蒙二卦，皆二陽而四陰。屯以六二乘初九之剛，蒙以六三乘九二之剛。而屯之爻曰「女子貞不字，十年乃字」，蒙之爻曰「勿用取女，見金夫，不有躬」，其正邪不同如此者。蓋屯二居中得正，不爲初剛所誘，而上從九五，所以爲貞。蒙三不中不正，見九二之陽，悦而下從之，而舍上九之正應，所以勿用。士之守身居世，而擇所從所處，尚監兹哉！

7 漢誹謗法

漢宣帝詔羣臣議武帝廟樂。夏侯勝曰：「武帝竭民財力，奢泰亡度，天下虚耗，百姓流離，赤地數千里，亡德澤於民，不宜爲立廟樂。」於是丞相、御史劾奏勝非議詔書，毀先帝，不道。遂下獄，繫再更冬，會赦，乃得免。章帝時，孔僖、崔駰遊太學，相與論武帝始爲天子，崇信聖道，及後恣己，忘其前善。爲鄰房生告其誹謗先帝，刺譏當世，下吏受訊，僖以書自訟，乃勿問。元帝時，賈捐之論珠厓事，曰：「武帝籍兵厲馬，攘服夷狄，天下斷獄萬數，寇賊並起，軍旅數發，父戰死於前，子鬬傷於後，女子乘亭障，孤兒號於道，老母寡婦，飲泣巷哭，是皆廓地泰大，征伐不休之故也。」考三人所指武帝之失，捐之言最切。而三帝或罪或否，豈非夏侯非議詔書，僖、駰誹謗，皆漢法所禁，如捐之直指其事，則在所不問乎！

8 誼向觸諱

賈誼上疏文帝，曰：「生爲明帝，没爲明神。使顧成之廟，稱爲太宗，上配太祖，與漢亡極。雖有愚幼不肖之嗣，猶得蒙業而安。植遺腹，朝委裘，而天下不亂。」又云：「萬年之後，傳之老母弱子。」此既於生時談死事，至云「傳之老母」，則是言其當終於太后之前，又目其嗣爲「愚幼不肖」，可謂指斥。而帝不以爲過，誼不以爲疑。劉向上書成帝諫王氏事，曰：「王氏與劉氏，且不並立，陛下爲人子孫，守持宗廟，而令國祚移於外親，降爲皂隸，縱不爲身，奈宗廟何！」又云：「天命所授者博，非獨一姓。」此乃於國存時説亡語，而帝不以爲過，向不以爲疑，至乞援近宗室，幾於自售，亦不以爲嫌也。兩人皆出於忠精至誠，故盡言觸忌諱而不自覺。文帝隆寬待下，聖德固爾，而成帝亦能容之，後世難及也。

9 小貞大貞

人君居尊位，倒持太阿，政令有所不行，德澤有所不下，身爲寄坐，受人指麾，危亡之形，且立至矣。故易有「屯其膏，小貞，吉；大貞，凶」之戒，謂當以漸而正之。説者多引魯昭公、高貴鄉公爲比。予謂此自係一時國家之隆替、君身之禍福，蓋有剛決而得志、隱忍而危亡者，不可一槩論也。漢宣帝之誅霍禹，和帝之誅竇憲，威宗之誅梁冀、魏孝莊之誅爾朱榮，剛決而得志者也。魯昭公之討季氏，齊簡公之謀田常，高貴鄉公之討司馬昭，晉元帝之征王敦，唐文宗之謀宦者，潞王之徙石敬瑭，漢隱帝之殺郭威，剛決而失者也。若齊鬱林王知鸞之異志，欲取之而不能，漢獻帝知曹操之不臣，欲圖之而不果，唐昭宗知朱温之必篡，欲殺之而不克，皆翻以及亡，雖欲小正之，豈可得也！

10 唐詩戲語

士人於棋酒間，好稱引戲語，以助譚笑，大抵皆唐人詩，後生多不知所從出，漫識所記憶者於此。「公道世間惟白髮，貴人頭上不曾饒」，杜牧送隱者詩也。「因過竹院逢僧話，又得浮生半日閑」，李涉詩也。「只恐爲僧僧不了，爲僧得了盡輸僧」，「啼得血流無用處，不如緘口過殘春」，杜荀鶴詩也。「數聲風笛離亭晚，君向瀟湘我向秦」，鄭谷詩也。「今朝有酒今朝醉，明日愁來明日愁」，「勸君不用分明語，語得分明出轉難」，「自家飛絮猶無定，爭解垂絲絆路人」，「明年更有新條在，撓亂春風卒未休」，「采得百花成蜜後，不知辛苦爲誰甜」，羅隱詩也。高駢在西川，築城禦蠻，朝廷疑之，徙鎮荊南，作風箏詩以見意，曰：「昨夜箏聲響碧空，宮商信任往來風。依稀似曲才堪聽，又被吹將別調中。」今人亦好引此句也。

11 何進高叡

東漢末，何進將誅宦官，白皇太后悉罷中常侍、小黄門，使還里舍。張讓子婦，太后之妹也。讓向子婦叩頭，曰：「老臣得罪，當與新婦俱歸私門，唯受恩累世，今當遠離宮殿，願復一入直，得暫奉望太后顏色，死不恨矣。」子婦爲言之，乃詔諸常侍皆復入直。不數日，進乃爲讓所殺，董卓隨以兵至，讓等雖死，漢室亦亡。北齊和士開在武成帝世，姦蠹敗國。及後主嗣立，宰相高叡與婁定遠白胡太后，出士開爲兖州刺史。后欲留士開過百日，叡守之以死，苦言之。士開載美女珠簾賂定遠，曰：「蒙王力，用爲方伯，今當遠出，願得一辭覲二宮。」定遠許之，士開由是得見太后及帝，進説曰：「臣出之後，必有大變，今已得入，復何所慮。」於是出定遠爲青州而殺叡。後二年，士開雖死，齊室亦亡。嗚呼，姦佞之難去久矣！何進、高叡不惜隕身破家，爲漢、齊社稷計，而張讓、士開以談笑一言，變如反掌，忠良受禍，宗廟爲墟。乃知背脅癧疽，決之不可不速；虎狼在穽，養之則自貽害。可不戒哉！

12 南鄉掾史

金石刻有晉南鄉太守司馬整碑，其陰刻掾史以下姓名，合三百五十一。議曹祭酒十一人，掾二十九人，諸曹掾、史、書佐、循行、幹百三十一人，從掾位者九十六人，從史位者三十一人，部曲督將三十六人，其冗如此。以晉史考之，南鄉本南陽西界，魏武平荆州，始分爲郡，至晉泰始中，所管八縣，才二萬户耳，而掾史若是之多，掾史既然，吏士又可知矣。民力安得不困哉！整乃宗室安平王孚之孫也。

13 漢景帝忍殺

漢景帝恭儉愛民，上繼文帝，故亦稱爲賢君。考其天資，則刻戾忍殺之人耳。自在東宮時，因博戲殺吴太子，以起老濞之怨，即位之後，不思罪己，一旦於三郡中而削其二，以速兵端。正信用晁錯，付以國事，及爰盎之說行，但請斬錯而已，帝令有司劾錯以大逆，遂父母妻子同産皆弃市。七國之役，下詔以深入多殺爲功，比三百石以上皆殺，無有所置，敢有議詔及不如詔者，皆要斬。周亞夫以功爲丞相，坐争封匈奴降將事病免，心惡之，賜食不置箸，叱之使起，昧於敬禮大臣之義，卒以非罪置之死，悲哉！光武遣馮異征赤眉，敕之曰：「征伐非必略地屠城，要在平定安集之耳。諸將非不健鬭，然好虜掠。卿本能御吏士，念自修敕，無爲郡縣所苦。」光武此言，視景帝詔書，爲不侔矣。

14 燕昭漢光武之明

樂毅爲燕破齊，或讒之昭王曰：「齊不下者兩城耳，非其力不能拔，欲久仗兵威以服齊人，南面而王耳。」昭王斬言者，遣使立毅爲齊王。毅惶恐不受，以死自誓。馮異定關中，自以久在外，不自安。人有章言異威權至重，百姓歸心，號爲「咸陽王」，光武以章示異。異上書謝，詔報曰：「將軍之於國家，恩猶父子，何嫌何疑，而有懼意？」及異破隗囂，諸將欲分其功，璽書誚大司馬以下，稱異功若丘山。今人咸知毅、異之爲名將，然非二君之明，必困讒口矣。田單復齊國，信陵君敗秦兵，陳湯誅郅支，盧植破黄巾，鄧艾平蜀，王濬平吴，謝安却苻堅，慕容垂挫桓温，史萬歲破突厥，李靖滅吐谷渾，郭子儀、李光弼中興唐室，李晟復京師，皆有大功於社稷，率爲譖人所惎，或至殺身。區區庸主不足責，唐太宗亦未能免。營營青蠅，亦可畏哉！

15　周南召南

毛詩序曰：「關雎、麟趾之化，王者之風，故繫之周公；南，言化自北而南也。鵲巢、騶虞之德，諸侯之風也，先王之所以教，故繫之召公。周南、召南，正始之道。」據文義，「周公」、「召公」二「公」字，皆合爲「南」字，則與上下文相應，蓋簡策誤耳。「王者之風」，恐不當繫之周公，而「先王之所以教」，又與召公自不相涉也。

16　易中爻

易繫辭云：「雜物撰德，辨是與非，則非其中爻不備。」中爻者，謂二三四及三四五也。如坤坎爲師，而六五之爻曰「長子帥師」，以正應九二而言，蓋指二至四爲震也。坤艮爲謙，而初六之爻曰「用涉大川」，蓋自是而上，則六二、九三、六四爲坎也。歸妹之六五曰「帝乙歸妹」，以下配九二而言，蓋指震也。而泰之六五亦曰「帝乙歸妹」，固亦下配九二，而九三、六四、六五，蓋震體云。它皆類此。

容齋隨筆卷十二 十八則

1 利涉大川

易卦辭稱「利涉大川」者七,「不利涉」者一。爻辭稱「利涉」者二,「用涉」者一,「不可涉」者一。需、訟、未濟,指坎體而言。益、中孚,指巽體而言,渙指坎、巽而言。蓋坎爲水,有大川之象。而巽爲木,木可爲舟楫以濟川。故益之象曰「木道乃行」,中孚之象曰「乘木舟虚」,渙之象曰「乘木有功」。又舟楫之利,實取諸渙,正合二體以取象也。謙、蠱則中爻有坎,同人、大畜則中爻有巽。頤之反,對大過,方有巽體,五去之遠,所以言「不可涉」,上則變而之對卦,故「利涉」云。

2 光武弃馮衍

漢室中興,固皆光武之功,然更始既即天子位,光武受其爵秩,北面爲臣矣,及平王郎,定河北,詔令罷兵,辭不受召,於是始貳焉。更始方困於赤眉,而光武殺其將謝躬、苗曾,取洛陽，下河東，翻爲腹心之疾。後世以成敗論人，故不復議。予謂光武知更始不材，必敗大業，逆取順守，尚爲有辭。彼鮑永、馮衍，始堅守并州，不肯降下，聞更始已亡，乃罷兵來歸，曰：「誠慙以其衆幸富貴。」其忠義之節，凛然可稱。光武不能顯而用之，聞其言而不悦。永後以它立功見用，而衍終身擯斥，羣臣亦無爲之言者。吁，可歎哉！

3 恭顯議蕭望之

弘恭、石顯議置蕭望之於牢獄，漢元帝知其不肯就吏，而訖可其奏，望之果自殺，帝召顯等責問以議不詳，皆免冠謝，乃已。王氏五侯奢僭，成帝内銜之，一旦赫怒，詔尚書奏誅薄昭故事，然特欲恐之，實無意誅也。竇憲恃宫掖聲勢，奪公主園，章帝切責，有孤雛腐鼠之比，然竟不繩其罪。三君之失政，前史固深譏之矣。司馬公謂元帝始疑望之不肯就獄，恭、顯以爲必無憂，其欺既明，終不能治，可謂易欺而難寤也。予謂師傅大臣進退罪否，人主當決之於心，何爲謀及宦者！且望之先時已嘗下廷尉矣，使其甘於再辱，忍恥對吏，將遂以恭、顯之議爲是耶？望之死與不死，不必論也。成帝委政外家，先漢顛覆，章帝仁柔無斷，後漢遂衰，皆無足責。

4　鼂錯張湯

鼂錯爲内史，言事輒聽，幸傾九卿，及爲御史大夫，權任出丞相右。張湯爲御史，每朝奏事，國家用日旰，丞相取充位，天下事皆決湯。蕭望之爲御史，意輕丞相，遇之無禮。三人者，賢否雖不同，然均爲非誼，各以它事至死，抑有以致之邪。

5　逸詩書

逸書、逸詩雖篇名或存，既亡其辭，則其義不復可考。而孔安國注尚書，杜預注左傳，必欲强爲之説。書「汩作」注云「言其治民之功」，「咎單作明居」注云「咎單，主土地之官，作明居，民法」。左傳「國子賦轡之柔矣」注云「義取寬政以安諸侯，若柔轡之御剛馬」。如此之類。予頃教授福州日，林之奇少穎爲書學諭，講「帝釐下土」數語，曰：「知之爲知之，堯典、舜典之所以可言也；不知爲不知，九共、稾飫，略之可也。」其説最純明可喜。林君有書解行於世，而不載此語，故爲表出之。

6 刑罰四卦

易六十四卦，而以刑罰之事著於大象者凡四焉。噬嗑曰「先王以明罰勑法」，豐曰「君子以折獄致刑」，賁曰「君子以明庶政，無敢折獄」，旅曰「君子以明慎用刑而不留獄」。噬嗑、旅上卦爲離，豐、賁下卦爲離。離，明也。聖人知刑獄爲人司命，故設卦觀象，必以文明爲主，而後世付之文法俗吏，何邪？

7 巽為魚

易中所言魚〔一〕，皆指巽也。姤卦巽下乾上，故九二有魚，九四無魚。井内卦爲巽，故二有射鮒之象。中孚外卦爲巽，故曰「豚魚吉」。剥卦五陰而一陽。方一陰自下生，變乾爲姤，其下三爻，乃巽體也。二陰生而爲遯，則六二、九三、九四乃巽體。三陰生而爲否，則六三、九四、九五乃巽體。四陰生而爲觀，則上三爻乃巽體。至五陰爲剥，則巽始亡，故六五之爻辭曰「貫魚」，蓋指下四爻皆從巽來，如魚騈頭而貫也。或曰：「説卦不言『巽爲魚』，今何以知之？」曰：「以類而知之，説卦所不該者多矣。如『長子』、『長女』、『中女』、『少女』見於震、巽、離、兑中，而坎、艮之下，不言『爲中男』、『爲少男』之類，它可推也。」

8　三省長官

中書、尚書令在西漢時爲少府官屬，與大官、湯官、上林諸令品秩略等〔二〕，侍中但爲加官，在東漢亦屬少府，而秩稍增，尚書令爲千石，然銅印墨綬，雖居幾要，而去公卿甚遠，至或出爲縣令。魏、晉以來，浸以華重，唐初遂爲三省長官，居真宰相之任，猶列三品。大曆中乃升正二品。入國朝，其位益尊，叙班至在太師之上，然只以爲親王及使相兼官，無單拜者。見任宰相帶侍中者才五人：范魯公質、趙韓王普、丁晉公謂、馮魏公拯、韓魏王琦。尚書令又最貴，除宗王外，不以假人。趙韓王、韓魏王始贈真令，韓公官止司徒，及贈尚書令〔三〕，乃詔自今更不加贈，蓋不欲以三師之官，贅其稱也。政和初，蔡京改侍中、中書令爲左輔、右弼，而不置尚書令，以爲太宗皇帝曾任此官。殊不知乃唐之太宗爲之，故郭子儀不敢拜，非本朝也。

9　王珪李靖

杜子美送重表姪王評事詩云：「我之曾老姑，爾之高祖母。爾祖未顯時，歸爲尚書婦。隋朝大業末，房、杜俱交友。長者來在門，荒年自餬口。家貧無供給，客位但箕帚。俄頃羞頗珍，寂寥人散後。」云云。「上云天下亂，宜與英俊厚。向竊窺數公，經綸亦俱有。次問最少年，虬髯十八九。子等成大名，皆因此人手。下云風雲合，龍虎一吟吼。願展丈夫雄，得辭兒女醜。秦王時在坐，真氣驚户牖。及乎貞觀初，尚書踐台斗。夫人常肩輿，上殿稱萬壽。至尊均嫂叔，盛事垂不朽」。觀此詩，疑指王珪。珪相唐太宗，贈禮部尚書。然細考其事，大不與史合。蔡絛詩話引唐書列女傳云：「珪母盧氏，識房、杜必貴。」質之此詩，則珪母乃杜氏也。桐江詩話云：「不特不姓盧，乃珪之妻，非母也。」予案唐列女傳，元無此事，珪傳末只云：「始隱居時，與房玄齡、杜如晦善，二人過其家，母李窺之，知其必貴。」蔡説妄云有傳，又誤以李爲盧，皆不足辨。但唐高祖在位日，太子建成與秦王不睦，以權相傾。珪爲太子中允，説建成曰：「秦王功蓋天下，中外歸心，殿下但以長年，位居東宫，無大功以鎮服海内，今劉黑闥散亡之餘，宜自擊之，以取功名。」建成乃請行。其後楊文幹之事起，高祖責以兄弟不睦，歸罪珪等而流之。太宗即位，乃召還任用。久之，宴近臣於丹霄殿，長孫無忌曰：「王珪、魏徵，昔爲仇讎，不謂今日得同此宴。」上曰：「珪、徵盡心所事，我故用之。」然則珪與太宗非素交，明矣。唐書載李氏事，亦采之小説，恐未必然，而杜公稱其祖姑事，不應不實。且太宗時宰相，别無姓王者，真不可曉也。

又有杜光庭虬鬚客傳云：「隋煬帝幸江都，命楊素留守西京，李靖以布衣往謁，竊其一妓，道遇異人，與俱至太原，因劉文静以見州將之子，言其真英主，傾家資與靖，使助創業之舉，即太宗也。按，史載唐公擊突厥，靖察有非常志，自囚上急變。後高祖定京師，將斬之而止，必無先識太宗之事。且煬帝在江都時，楊素死已十餘年矣。此一傳，大抵皆妄云。

10　虎夔藩

黄魯直宿舒州太湖觀音院詩云〔四〕：「汲烹寒泉窟，伐燭古松根。相戒莫浪出，月黑虎夔藩。」「夔」字甚新，其意蓋言抵觸之義，而莫究所出。惟杜工部課伐木詩序云：「課隸人入谷斬陰木，晨征暮返，我有藩籬，是缺是補，旅次于小安。山有虎，知禁。若恃爪牙之利，必昏黑摚突。夔人屋壁，列樹白桃，鏝焉墻，實以竹，示式遏。爲與虎近，混淪乎無良賓客。」其詩句有云：「藉汝跨小籬，乳獸待人肉。虎穴連里閭，久客懼所觸。」乃知魯直用此序中語。然杜公在夔府所作詩，所謂「夔人」者，述其土俗耳，本無抵觸之義，魯直蓋誤用之。

又，寺齋睡起絶句云：「人言九事八爲律，儻有江船吾欲東。」按，主父偃傳：「上書言九事，其八事爲律令，一事諫伐匈奴。」謂八事爲律令而言，則「爲」字當作去聲讀，今魯直似以爲平聲，恐亦誤也。

11 曹操用人

曹操爲漢鬼蜮，君子所不道，然知人善任使，實後世之所難及。荀彧、荀攸、郭嘉皆腹心謀臣，共濟大事，無待贊説。其餘智效一官，權分一郡，無小無大，卓然皆稱其職。恐關中諸將爲害，則屬司隸校尉鍾繇以西事，而馬騰、韓遂遣子入侍。當天下亂離，諸軍乏食，則以棗祗、任峻建立屯田，而軍國饒裕，遂芟群雄。欲復鹽官之利，則使衛覬鎮撫關中，而諸將服。河東未定，以杜畿爲太守，而衛固、范先束手禽戮。并州初平，以梁習爲刺史，而邊境肅清。揚州陷於孫權，獨有九江一郡，付之劉馥，而恩化大行。馮翊困於鄜盜，付之鄭渾，而民安寇滅。代郡三單于，恃力驕恣，裴潛單車之郡，而單于讋服。方得漢中，命杜襲督留事，而百姓自樂，出徙於洛、鄴者，至八萬口。方得馬超之兵，聞當發徙，驚駭欲變，命趙儼爲護軍，而相率還降，致於東方者亦二萬口。凡此十者，其爲利豈不大哉！張遼走孫權於合肥，郭淮拒蜀軍於陽平，徐晃却關羽於樊，皆以少制衆，分方面憂。操無敵於建安之時，非幸也。

12 漢士擇所從

漢自中平黄巾之亂，天下震擾，士大夫莫不擇所從，以爲全身遠害之計，然非豪傑不能也。荀彧少時，以潁川四戰之地，勸父老亟避之，鄉人多懷土不能去，彧獨率宗族往冀州，袁紹待以上賓之禮，彧度紹終不能定大業，去而從曹操，其鄉人留者，多爲賊所殺。袁紹遣使迎汝南士大夫，和洽獨往荆州，劉表以上客待之。洽曰：「所以不從本初，避争地也。昏世之主，不可黷近，久而不去，讒慝將興。」遂南之武陵，其留者多爲表所害。曹操牧兖州，陳留太守張邈與之親友。郡士高柔獨以爲邈必乘間爲變，率鄉人欲避之，衆皆以曹、張相親，不然其言。柔舉宗適河北，邈果叛操。郭嘉初見袁紹，謂其謀臣辛評等曰：「智者審於量主，袁公多端寡要，好謀無決，難與共濟大難，吾將更舉以求主，子盍去乎？」評等曰：「袁氏今最强，去將何之？」嘉不復言，遂去依曹操。操召見，與論天下事。出曰：「真吾主也。」杜襲、趙儼、繁欽避亂荆州，欽數見奇於表，襲曰：「所以俱來者，欲全身以待時耳。子若見能不已，非吾徒也。」及天子都許，儼曰：「曹鎮東必能濟華夏，吾知歸矣。」遂詣操。河間邢顒在無終，聞操定冀州，謂田疇曰：「聞曹公法令嚴，民厭亂矣，亂極則平，請以身先。」遂裝還鄉里。疇曰：「顒，天民之先覺者也。」孫策定丹陽，吕範請暫領都督，策曰：「子衡已有大衆，豈宜復屈小職！」範曰：「今捨本土而託將軍者，欲濟世務也。譬猶同舟涉海，一事不牢，即俱受其敗，此亦範計，非但將軍也。」策從之。周瑜聞策聲問，便推結分好，及策卒權立，瑜謂權可與共成大業，遂委心服事焉。諸葛亮在襄陽，劉表不能起，一見劉備，事之不疑。此諸人識見如是，安得困於亂世哉！

13 劉公榮

王戎詣阮籍，時兖州刺史劉昶字公榮在坐。阮謂王曰：「偶有二斗美酒，當與君共飲。彼公榮者無預焉。」二人交觴酬酢，公榮遂不得一杯，而言語談戲，三人無異。或有問之者，阮曰：「勝公榮者，不得不與飲酒，不如公榮者，不可不與飲酒，唯公榮可不與飲酒。」此事見戎傳，而世說爲詳。又一事云：公榮與人飲酒，雜穢非類，人或譏之。答曰：「勝公榮者，不可不與飲，不如公榮者，亦不可不與飲，是公榮輩者，又不可不與飲，故終日共飲而醉。」二者稍不同。公榮待客如是，費酒多矣，顧不蒙一杯於人乎！東坡詩云：「未許低頭拜東野，徒言共飲勝公榮。」蓋用前事也。

14 元豐官制

元豐官制初成，欲以司馬公爲御史大夫，又將俟建儲時，以公及呂申公爲保傅。元祐初，起文潞公於既老，議處以侍中、中書令，爲言者所攻，乃改平章軍國重事。自後習以爲制，不復除此等官，以謂前無故事。其實不然也。紹興二十五年十月，中批右正言張扶除太常卿〔五〕，執政言自來太常不置卿，遂改宗正，復言之，乃以爲國子祭酒。近歲，除莫濟祕書監，濟辭避累日，然後就職。已而李燾、陳騤、鄭丙皆爲之，均曰：「職事官，何不可除之有！」

15 耳餘袁劉

張耳陳餘少時爲刎頸交，其後争權，相與致死地而不厭，蓋勢利之極，其究必然。韓馥舉冀州以迎袁紹，而終以懼死。劉璋開門延劉備，坐失益州。翟讓提兵授李密，而舉族不免。爾朱兆以六鎮之衆付高歡，而卒斃於歡手。紹、密、歡忘其所自，不足深責，孰謂玄德之長者而忍爲此邪！

16 周漢存國

周之初，諸侯千八百國，至王赧之亡，所存者才八國耳，七戰國與衛也。然趙、韓、魏分晉而立，齊田氏代姜而興，其有土各不及二百年，俱非舊邦。秦始皇乃呂氏子，楚幽王乃黄氏子，所謂嬴、芈之先，當不歆非類。然則惟燕、衛二姬姓存，而衛至胡亥世乃絶，若以爲召公、康叔之德，則周公豈不及乎！漢列侯八百餘人，及光武而存者，平陽、建平、富平三侯耳。建平以先降梁王永奪國。平陽爲曹參之後，富平爲張安世之後。參猶有創業之功，若安世則湯子也，史稱其推賢揚善，固宜有後，然輕重其心，殺人亦多矣，獨無餘殃乎！漢侯之在王莽朝，皆不奪國，光武乃但許宗室復故，餘皆除之，雖酇侯亦不紹封，不知曹、張兩侯，何以能獨全也？

17 曹操殺楊脩

曹操殺楊脩之後，見其父彪，問曰：「公何瘦之甚？」對曰：「愧無日磾先見之明，猶懷老牛舐犢之愛。」操爲之改容。古文苑載操與彪書，數脩之罪，以爲恃豪父之勢，每不與吾同懷，將延足下尊門大累，便令刑之。且贈彪錦裘二領，八節角桃杖一枝，青牸牛二頭，八百里驊騮馬一匹，四望通幰七香車一乘，驅使二人。又遺其妻裘、韡、有心青衣二人，錢絹甚厚。卞夫人亦與袁夫人書云：「賢郎有蓋世文才，闔門欽敬，明公性急，輒行軍法。」以衣服、文絹、房子官錦、香車送之。彪及袁夫人皆答書引愆致謝。是時，漢室將亡，政在曹氏，袁公四世宰相〔六〕，爲漢宗臣，固操之所忌，彪之不死其手，幸矣。嗚呼危哉。

18 古人重國體

古人爲邦，以國體爲急，初無小大强弱之異也。其所以自待，及以之待人，亦莫不然。故執言脩辭，非賢大夫不能盡。楚申舟不假道于宋而聘齊，宋華元止之，曰：「過我而不假道，鄙我也。鄙我，亡也。殺其使者，必伐我。伐我，亦亡也。亡，一也。」乃殺之。及楚子圍宋既急，猶曰：「城下之盟，有以國斃，不能從也。」鄭三卿爲盜所殺，餘盜在宋，鄭人納賂以請之。師慧曰：「以千乘之相，易淫樂之矇，宋無人焉故也。」子罕聞之，固請而歸其賂。晉韓宣子有環在鄭商，謁諸鄭伯，子產弗與，曰：「大國之求，無禮以斥之，何饜之有！吾且爲鄙邑，則失位矣。若大國令而共無藝，鄭鄙邑也，亦弗爲也。」晉合諸侯于平丘，子產爭貢賦之次，子大叔咎之。子產曰：「國不競亦陵，何國之爲！」鄭駟偃娶于晉，偃卒，鄭人舍其子而立其弟，晉人來問，子產對客曰：「若寡君之二三臣，其即世者，晉大夫而專制其位，是晉之縣鄙也，何國之爲！」楚因鄭印堇父，獻于秦，鄭以貨請之。子産曰：「不獲。受楚之功，而取貨于鄭，不可謂國，秦不其然。若曰鄭國微君之惠，楚師其猶在敝邑之城下。」弗從，秦人不予。更幣，從子産而後獲之。讀此數事，知春秋列國各數百年，其必有道矣。

校勘記

〔一〕易中所言魚　馬本、祠本「中」作「卦」。

〔二〕與大官湯官上林諸令品秩略等　李本、馬本、祠本「大」作「太」。

〔三〕韓魏王琦……贈尚書令　「書」原脱，據李本、馬本、祠本補。按，宋神宗爲琦所撰兩朝顧命定策元勳之碑有「書」字。

〔四〕黄魯直宿舒州太湖觀音院詩　詩在黄庭堅（魯直）山谷外集詩注卷十一。該卷有己未過太湖僧寺得宗汝爲書寄山芋白酒長韻寄答、庚申宿觀音院二詩。作者此所云之詩乃後者。此所云己未、庚申，乃元豐五年（一〇八二）四月。據宋黄罃山谷先生年譜，元豐三年秋冬間至舒州，然未嘗至舒州所屬太湖縣。庭堅詩題中所云「太湖」，實爲「太和」之誤。時庭堅爲吉州太和縣令。二詩所叙皆太和事，與太湖無涉。據以上所云，「舒州太湖」，實應作「吉州太和」。今姑仍其舊。

（點校者乃太湖人，嘗有專文考之）

〔五〕紹興二十五年十月中批右正言張扶除太常卿　「十月」二字原爲空格，據會本、李本補。按，建炎以來繫年要録卷一百六十九紹興二十五年十月辛丑紀事有此記載。

〔六〕袁公四世宰相　祠本「袁」作「楊」。按，據後漢書卷五十四，此四世宰相，乃謂楊震、楊秉、楊賜、楊彪。疑作「楊」是。

容齋隨筆卷十三 十八則

1 諫説之難

韓非作説難，而死於説難，蓋諫説之難，自古以然。至於知其所欲説，迎而拒之，然卒至於言聽而計行者，又爲難而可喜者也。秦穆公執晉侯，晉陰飴甥往會盟，其爲晉游説，無可疑者。秦伯曰：「晉國和乎？」對曰：「不和。小人曰必報讎，君子曰必報德。」秦伯曰：「國謂君何？」曰：「小人謂之不免，君子以爲必歸。以德爲怨，秦不其然。」秦遂歸晉侯。秦伐趙，趙求救於齊，齊欲長安君爲質。太后不肯，曰：「復言者，老婦必唾其面。」左師觸龍願見，后盛氣而胥之入〔一〕，知其必用此事來也。左師徐坐，問后體所苦，繼乞以少子補黑衣之缺。后曰：「丈夫亦愛憐少子乎？」曰：「甚於婦人。」然後及其女燕后，乃極論趙王三世之子孫無功而爲侯者，禍及其身。后既寤，則言：「長安君何以自託於趙？」於是后曰：「恣君之所使。」長安遂出質。范睢見疎於秦，蔡澤入秦，使人宣言感怒睢，曰：「燕客蔡澤，天下辯士也。彼一見秦王，必奪君位。」睢曰：「百家之説，吾既知之，衆口之辯，吾皆摧之，是惡能奪我位乎？」使人召澤，謂之曰：「子宣言欲代我相，有之乎？」對曰：「然。」即引商君、吴起、大夫種之事。睢知澤欲困己以説，謬曰：「殺身成名，何爲不可？」澤以身名俱全之説誘之，極之以閎夭、周公之忠聖。今秦王不倍功臣，不若秦孝公、楚、越王，睢之功不若三子，勸其歸相印以讓賢。睢竦然失其宿怒，忘其故辯，敬受命，延入爲上客。卒之代爲秦相者澤也。秦始皇遷其母，下令曰：「敢以太后事諫者殺之。」死者二十七人矣。茅焦請諫，王召鑊將烹之。焦數以桀、紂狂悖之行，言未絶口，王母子如初。吕甥之言出於義，左師之計伸於愛，蔡澤之説激於理，若茅焦者，具所謂劘虎牙者矣。范睢親困穰侯而奪其位，何遽不如澤哉！彼此一時也。

2　韓馥劉璋

韓馥以冀州迎袁紹，其僚耿武、閔純、李歷、趙浮、程渙等諫止之，馥不聽。紹既至，數人皆見殺。劉璋迎劉備，主簿黄權、王累，名將楊懷、高沛止之，璋逐權，不納其言，二將後爲備所殺。王浚受石勒之詐，督護孫緯及將佐皆欲拒勒，浚怒欲斬之，果爲勒所殺。武、純、懷、沛諸人，謂之忠於所事可矣，若云擇君，則未也。嗚呼，生於亂世，至死不變，可不謂賢矣乎！

3 蕭房知人

漢祖至南鄭，韓信亡去，蕭何自追之。上罵曰：「諸將亡者以十數，公無所追，追信，詐也。」何曰：「諸將易得，至如信，國士亡雙，必欲争天下，非信無可與計事者。」乃拜信大將，遂成漢業。唐太宗爲秦王時，府屬多外遷，王患之。房喬曰：「去者雖多不足吝，杜如晦，王佐才也，王必欲經營四方，捨如晦無共功者。」乃表留幕府，遂爲名相。二人之去留，係興替治亂如此，蕭、房之知人，所以爲莫及也。樊噲從高祖起豐、沛，勸霸上之還，解鴻門之厄，功亦不細矣，而韓信羞與爲伍。唐儉贊太宗建大策，發蒲津之謀，定突厥之計，非庸臣也，而李靖以爲不足惜。蓋以信、靖而視噲、儉，猶熊羆之與狸狌耳。帝王之功，非一士之略，必待將如韓信、相如杜公而後用之，不亦難乎！惟能賓蕭、房於帷幄中，拔茅彙進，則珠玉無脛而至矣。

4 俞似詩

英州之北三十里，有金山寺，予嘗至其處，見法堂後壁題兩絶句。僧云：「廣州鈐轄俞似之妻趙夫人所書。」詩句洒落不凡，而字畫徑四寸，遒健類薛稷，極可喜。數年後又過之，僧空無人，壁亦隳圮，猶能追憶其語，爲紀於此。其一云：「莫遣鞲鷹飽一呼，將軍誰志滅匈奴。年來萬事灰人意，只有看山眼不枯。」其二云：「轉食膠膠擾擾間，林泉高步未容攀。興來尚有平生屐，管領東南到處山。」蓋似所作也。

5 吳激小詞

先公在燕山，赴北人張總侍御家集。出侍兒佐酒，中有一人，意狀摧抑可憐，扣其故，乃宣和殿小宮姬也。坐客翰林直學士吳激賦長短句紀之，聞者揮涕。其詞曰：「南朝千古傷心地，還唱後庭花。舊時王、謝，堂前燕子，飛向誰家？恍然相遇，仙姿勝雪，宮髻堆鴉。江州司馬，青衫濕淚，同是天涯。」激字彥高，米元章壻也。

6 君子爲國

傳曰：「不有君子，其能國乎？」古之爲國，言辭抑揚，率以有人無人占輕重。晉以詐取士會於秦，繞朝曰：「子無謂秦無人，吾謀適不用也。」楚子反曰：「以區區之宋，猶有不欺人之臣，可以楚而無乎？」宋受鄭賂，鄭師慧曰：「宋必無人。」魯盟臧紇之罪，紇曰：「國有人焉。」賈誼論匈奴之嫚侮，曰：「倒懸如此，莫之能解，猶謂國有人乎？」後之人不能及此，然知敵之不可犯，猶曰彼有人焉，未可圖也。一士重於九鼎，豈不信然！

7 兑爲羊

兑爲羊，易之稱羊者凡三卦。夬之九四曰「牽羊悔亡」，歸妹之上六曰「士刲羊，無血」，皆兑也。大壯内外卦爲震與乾，而三爻皆稱羊者，自復之一陽推而上之，至二爲臨，則兑體已見，故九三曰「羝羊觸藩，羸其角」，言三陽爲泰而消兑也。自是而陽上進，至於乾而後已。六五「喪羊于易」，謂九三、九四、六五爲兑也，上六復「觸藩不能退」，蓋陽方夬決，豈容上兑儼然乎！九四中爻亦本兑，而云「不羸」者，賴震陽之壯耳。

8 晏子楊雄

齊莊公之難，晏子不死不亡，而曰：「君爲社稷死則死之，爲社稷亡則亡之，若爲己死而爲己亡，非其私暱，誰敢任之！」及崔杼、慶封盟國人曰：「所不與崔、慶者。」晏子歎曰：「嬰所不唯忠於君利社稷者是與，有如上帝！」晏子此意正與豫子所言「衆人遇我」之義同，特不以身殉莊公耳。至於毅然據正以社稷爲辭，非豫子可比也。楊雄仕漢，親蹈王莽之變，退託其身於列大夫中，不與高位者同其死，抱道没齒，與晏子同科。世儒或以劇秦美新貶之，是不然，此雄不得已而作也。夫誦述新莽之德，止能美於暴秦，其深意固可知矣。序所言配五帝、冠三王，開闢以來未之聞，真以戲莽爾〔三〕。使雄善爲諛佞，撰符命，稱功德，以邀爵位，當與國師公同列，豈固窮如是哉！

9　一以貫之

「一以貫之」之語，聖賢心學也，夫子以告曾子、子貢，而學者猶以爲不同。尹彦明曰：「子貢之於學，不及曾子也如此。孔子於曾子，不待其問而告之，曾子復深喻之曰『唯』。至於子貢，則不足以知之矣，故先發『多學而識之』之問，果不能知之以爲然也，又復疑其不然而請焉，方告之曰『予一以貫之』。雖聞其言，猶不能如曾子之『唯』也。」范淳父亦曰：「先攻子貢之失，而後語以至要。」予竊以爲二子皆孔門高第也，其聞言而「唯」，與夫聞而不復問，皆已默識於言意之表矣。世儒所以卑子貢者，爲其先然「多學而識之」之旨也，是殆不然。方聞聖言如是，遽應曰「否」，非弟子所以敬師之道也，故對曰「然」，而即繼以「非與」之問，豈爲不能知乎？或者至以爲孔子擇而告參、賜，蓋非餘人所得聞，是又不然。顔氏之子，冉氏之孫，豈不足以語此乎？曾子於一「唯」之後，適門人有問，故發其「忠恕」之言。使子貢是時亦有從而問者，其必有以詔之矣。

10 裴潛陸俟

曹操以裴潛爲代郡太守，服烏丸三單于之亂。後召潛還，美其治代之功。潛曰：「潛於百姓雖寬，於諸胡爲峻。今繼者必以潛爲治過嚴，而事加寬惠，彼素驕恣，過寬必弛，既弛又將攝之以法，此怨叛所由生也。以勢料之，代必復叛。」於是操深悔還潛之速。後數十日，單于反問果至。元魏以陸俟爲懷荒鎮將，高車諸莫弗訟俟嚴急無恩，復請前鎮將郎孤。魏使孤代俟，俟既至，言曰：「不過期年，郎孤必敗，高車必叛。」世祖切責之。明年，諸莫弗果殺孤而叛。帝召俟問曰：「何以知其然？」俟曰：「高車不知上下之禮，故臣制之以法，使知分限，而諸莫弗訟臣無恩，稱孤之美。孤獲還鎮，悦其稱譽，專用寬恕待之，無禮之人，易生驕慢，孤必將復以法裁之，衆心怨懟，必生禍亂矣。」帝然之。裴潛、陸俟，可謂知爲治之道矣。鄭子産戒子大叔曰：「惟有德者，能以寬服人，其次莫如猛。」大叔不忍猛而寬，是以致萑苻之盜，故孔子有寬猛相濟之説。烏丸、高車不知禮法，裴、陸先之以威，使其久而服化，必漸施之以寬政矣。後之人讀紙上語，專以鷹擊毛摯爲治，而不思救弊之術，無問華夷，吾見其敗也。

11　拔亡爲存

燕樂毅伐齊，下七十餘城，所存者唯莒、即墨兩城耳，賴田單之力，齊復爲齊，尺寸之土無所失。曹操牧兗州，州叛迎吕布，郡縣八十城皆應之，唯鄄城、范、東阿不動，賴荀彧、程昱之力，卒全三城以待操，州境復安。古之人拔亡爲存，轉禍爲福，如此多矣。靖康、建炎間，國家不競，秦、魏、齊、韓之地，名都大邑數百，翦而爲戎，越五十年矣，以今準古，豈曰無人乎哉！

12　孫吴四英將

孫吴奄有江左，亢衡中州，固本於策、權之雄略，然一時英傑，如周瑜、魯肅、吕蒙、陸遜四人者，真所謂社稷心膂、與國爲存亡之臣也。自古將帥，未嘗不矜能自賢，疾勝己者。此諸賢則不然。孫權初掌事，肅欲北還，瑜止之，而薦之於權，曰："「肅才宜佐時，當廣求其比，以成功業。」後瑜臨終與權牋曰："「魯肅忠烈，臨事不苟，若以代瑜，死不朽矣。」肅遂代瑜典兵。吕蒙爲尋陽令，肅見之，曰："「卿今者才略，非復吴下阿蒙。」遂拜蒙母，結友而别。蒙遂亦代肅。蒙在陸口，稱疾還，權問："「誰可代者？」蒙曰："「陸遜意思深長，才堪負重，觀其規慮，終可大任，無復是過也。」遜遂代蒙，四人相繼，居西邊三四十年，爲威名將，曹操、劉備、關羽皆爲所挫，雖更相汲引，而孫權委心聽之，吴之所以爲吴，非偶然也。

13 東坡羅浮詩

東坡游羅浮山，作詩示叔黨，其末云：「負書從我盍歸去，群仙正草新宮銘。汝應奴隸蔡少霞，我亦季孟山玄卿。」坡自注曰：「唐有夢書新宮銘者，云紫陽真人山玄卿撰，其略曰：『良常西麓，原澤東泄。新宮宏宏，崇軒巘巘。』又有蔡少霞者，夢人遣書碑銘曰：『公昔乘魚車，今履瑞雲，躅空仰塗，綺輅輪囷。』其末題云：五雲書閣吏蔡少霞書。」予按唐小説薛用弱集異記，載蔡少霞夢人召去，令書碑，題云：蒼龍溪新宮銘，紫陽真人山玄卿撰。其詞三十八句，不聞有五雲閣吏之説。魚車瑞雲之語，乃逸史所載陳幼霞事，云蒼龍溪主歐陽某撰。蓋坡公誤以幼霞爲少霞耳。玄卿之文，嚴整高妙，非神仙中人嵇叔夜、李太白之流不能作，今紀于此。云：「良常西麓，源澤東泄。新宮宏宏，崇軒巘巘。雕珉盤礎，鏤檀竦桀。碧瓦鱗差，瑶階肪截。閣凝瑞霧，樓横祥霓。騶虞巡徼，昌明捧闑。珠樹規連，玉泉矩洩。靈飆遐集，聖日俯晰。太上游儲，無極便闕。百神守護，諸真班列。仙翁鵠立，道師冰潔。飲玉成漿，饌瓊爲屑。桂旗不動，蘭幄牙設。妙樂競奏，流鈴間發。天籟虚徐，風簫泠澈。鳳歌諧律，鶴舞會節。三變玄雲，九成絳雪。易遷徒語，童初詎説。如毀乾坤，自有日月。清寧二百三十一年四月十二日建。」予頃作廣州三清殿碑，做其體爲銘詩曰：「天池北阯，越領東鹿。銀宮瀕瀕，瑶殿矗矗。陛納九齒，閶披四目。楯角儲清，簷牙袤縟。雕牖䏰閜，鏤楹熠煜。元尊端拱，泰上秉籙。繡黼周張，神光晬穆。寶帳流黄，温屏結緑。翠鳳千旗，紫霓溜褥。星伯振鷺，仙翁立鵠。昌明侍几，眉連捧纛。月節下墮，曦輪旁燭。涷雨清塵，矞雲散縠。鈞籟虚徐，流鈴禄續。童初渟瀅，勾漏蓄縮。嶽君有衡，海帝維儵。中邊何護，時節朝宿。颶母淪威，瘧妃謝毒。丹厓罷徼，赤子纍福。億齡聖壽，萬世宋籙。」凡四十句，讀者或許之，然終不近也。

14　魏明帝容諫

魏明帝時，少府楊阜上疏，欲省宮人諸不見幸者。乃召御府吏，問後宮人數。吏守舊令，對曰：「禁密，不得宣露。」阜怒，杖吏一百，數之曰：「國家不與九卿爲密，反與小吏爲密乎！」帝愈嚴憚之。房玄齡、高士廉問少府少監竇德素北門近有何營造，德素以聞。太宗大怒，謂玄齡等曰：「君但知南牙耳，北門小小營造，何預君事耶！」玄齡等拜謝。夫太宗之與明帝，不待比擬，觀所以責玄齡之語，與夫嚴憚楊阜之事，不迨遠矣。賢君一話一言，爲後世法。惜哉！魏史以謂羣臣直諫之言，帝雖不能盡用，然皆優容之，雖非誼主，亦可謂有君人之量矣。

15 漢世謀於衆

兩漢之世，事無小大，必謀之於衆人，予前論之矣，然亦有持以藉口掩衆議者。霍光薨後，宣帝出其親屬補吏。張敞言：「朝臣宜有明言霍氏顓制，請罷三侯就第。明詔以恩不聽，羣臣以義固争而後許之。今明詔自親其文，非策之得者也。」哀帝欲封董賢等，王嘉言：「宜延問公卿、大夫、博士、議郎，明正其義，然後乃加爵土。不然，恐大失衆心。暴平其事，必有言當封者，在陛下所從。天下雖不説，咎有所分，不獨在陛下。前成帝初封淳于長，其事亦議。谷永以長當封，衆人歸咎於永，先帝不獨蒙其譏。」哀帝乃止。是知委曲遷就，使恩出君上，過歸於下，漢代多如此也。

16 國朝會要

國朝會要，自元豐三百卷之後，至崇寧、政和間，復置局修纂。宣和初，王黼秉政，罷修書五十八所。時會要已進一百十卷，餘四百卷亦成，但局中欲節次覬賞，故未及上。既有是命，局官以謂若朝廷許立限了畢，不過三兩月可以投進。而黼務悉矯蔡京所爲，故一切罷之，官吏既散，文書皆爲弃物矣。建炎三年，外舅張淵道爲太常博士，時禮寺典籍散佚亡幾，而京師未陷，公爲宰相言：「宜遣官往訪故府，取見存圖籍，悉輦而來，以備掌故。此若緩而甚急者也。」宰相不能用，其後逆豫竊據，鞠爲煨燼。吁，可惜哉！

17　孫臏減竈

孫臏勝龐涓之事，兵家以爲奇謀，予獨有疑焉，云：「齊軍入魏地爲十萬竈，明日爲五萬竈，又明日爲二萬竈。」方師行逐利，每夕而興此役，不知以幾何人給之，又必人人各一竈乎！龐涓行三日而大喜，曰：「齊士卒亡者過半。」則是所過之處，必使人枚數之矣。是豈救急赴敵之師乎！又云：「度其暮當至馬陵，乃斫大樹，白而書之，曰『龐涓死于此樹之下』。遂伏萬弩，期日暮見火舉而俱發。涓果夜至斫木下，見白書，鑽火燭之，讀未畢，萬弩俱發。」夫軍行遲速，既非他人所料，安能必其以暮至不差晷刻乎！古人坐於車中，既云暮矣，安知樹間之有白書，且必舉火讀之乎！齊弩尚能俱發，而涓讀八字未畢，皆深不可信。殆好事者爲之而不精考耳。

18 蟲鳥之智

竹雞之性，遇其儔必鬭。捕之者掃落葉爲城，置媒其中，而隱身于後操罔焉。激媒使之鳴，聞者隨聲必至，閉目飛入城，直前欲鬭，而罔已起，無得脱者，蓋目既閉則不復見人。鷓鴣性好潔，獵人於茂林間淨掃地，稍散穀于上，禽往來行遊，且步且啄，則以黐竿取之。麂行草莽中，畏人見其跡，但循一逕，無問遠近也。村民結繩爲繯，置其所行處，麂足一絓，則倒懸於枝上，乃生獲之。江南多土蜂，人不能識其穴，往往以長紙帶粘於肉，蜂見之必銜入穴，乃躡尋得之，熏取其子。蟲鳥之智，自謂周身矣，如人之不仁何！

校勘記

〔一〕后盛氣而胥之入　祠本「胥」作「揖」。按：國學基本叢書本戰國策卷二十一作「揖」。

〔二〕真以戲莽爾　祠本「真」作「直」。疑作「直」是。

容齋隨筆卷十四 十七則

1 張文潛論詩

前輩議論，有出於率然不致思而於理近礙者。張文潛云：「詩三百篇，雖云婦人、女子、小夫、賤隸所爲，要之非深於文章者不能作。如『七月在野』至『入我牀下』，於七月已下，皆不道破，直至十月方言蟋蟀，非深於文章者能爲之邪！」予謂三百篇固有所謂女、婦、小、賤所爲，若周公、召康公、穆公、衛武公、芮伯、凡伯、尹吉甫、仍叔、家父、蘇公、宋襄公、秦康公、史克、公子素，其姓氏明見於大序，可一概論之乎？且「七月在野，八月在宇，九月在户」，本自言農民出入之時耳，鄭康成始并入下句，皆指爲蟋蟀，正已不然，今直稱此五句爲深於文章者，豈其餘不能過此乎！以是論詩，隘矣。

2 漢祖三詐

漢高祖用韓信爲大將，而三以詐臨之。信既定趙，高祖自成皋度河，晨自稱漢使馳入信壁，信未起，即其卧，奪其印符，麾召諸將易置之。項羽死，則又襲奪其軍。卒之僞游雲夢而縛信。夫以豁達大度開基之主，所行乃如是，信之終於謀逆，蓋有以啓之矣。

3 有心避禍

有心於避禍，不若無心於任運，然有不可一槩論者。董卓盗執國柄，築塢於郿，積穀爲三十年儲，自云：「事不成，守此足以畢老。」殊不知一敗則掃地，豈容老於塢耶！公孫瓚據幽州，築京於易地，以鐵爲門，樓櫓千重，積穀三百萬斛，以爲足以待天下之變，殊不知梯衝舞於樓上，城豈可保邪！曹爽爲司馬懿所奏，桓範勸使舉兵，爽不從，曰：「我不失作富家翁。」不知誅滅在旦暮耳，富可復得邪！張華相晉，當賈后之難不能退，少子以中台星坼，勸其遜位，華不從，曰：「天道玄遠，不如静以待之。」竟爲趙王倫所害。方事勢不容髮，而欲以静待，又可蚩也。他人無足言，華博物有識，亦闇於幾事如此哉！

4 蹇解之險

蹇卦艮下坎上，見險而止，故諸爻皆有蹇難之辭。獨六二重言蹇蹇，説者以爲六二與九五爲正應，如臣之事君，當以身任國家之責，雖蹇之又蹇，亦匪躬以濟之，此解釋文義之旨也。若尋繹爻畫，則有説焉，蓋外卦一坎，諸爻所同，而自六二推之，上承九三、六四，又爲坎體，是一卦之中已有二坎也，故重言之。解卦坎下震上，動而免乎險矣。六三將出險，乃有負乘致寇之咎，豈非上承九四、六五又爲坎乎！坎爲輿爲盜，既獲出險而復蹈焉，宜其可醜而致戎也，是皆中爻之義云。

5　士之處世

士之處世，視富貴利禄，當如優伶之爲參軍，方其據几正坐，噫嗚訶箠，羣優拱而聽命，戲罷則亦已矣。見紛華盛麗，當如老人之撫節物，以上元、清明言之，方少年壯盛，晝夜出游，若恐不暇，燈收花暮，輒悵然移日不能忘，老人則不然，未嘗置欣戚於胸中也。覩金珠珍玩，當如小兒之弄戲劇，方雜然前陳，疑若可悦，即委之以去，了無戀想。遭横逆機穽，當如醉人之受罵辱，耳無所聞，目無所見，酒醒之後，所以爲我者自若也，何所加損哉！

6　張全義治洛

唐洛陽經黄巢之亂，城無居人，縣邑荒圮，僅能築三小城，又遭李罕之争奪，但遺餘堵而已。張全義招懷理葺，復爲壯藩，五代史於全義傳書之甚略，資治通鑑雖稍詳，亦不能盡。輒采張文定公所著搢紳舊聞記，芟取其要而載于此。

「厥今荆、襄、淮、沔，創痍之餘〔一〕，綿地數千里，長民之官，用守邊保障之勞，超階擢職，不知幾何人，其真能髣髴全義所爲者，吾未見其人也。豈局於文法譏議，有所制而不得騁乎？全義始至洛，於麾下百人中，選可使者十八人，命之曰屯將，人給一旗一牓，於舊十八縣中，令招農户自耕種，流民漸歸。又選可使者十八人，命之曰屯副，民之來者綏撫之，除殺人者死，餘但加杖，無重刑，無租税，歸者漸衆。又選諳書計者十八人，命之曰屯判官，不一二年，每屯户至數千。於農隙時，選丁夫，教以弓矢槍劍，爲坐作進退之法。行之一二年，得丁夫二萬餘人，有盜賊即時擒捕。關市之賦，迨於無籍，刑寬事簡，遠近趨之如市，五年之内，號爲富庶，於是奏每縣除令簿主之。喜民力耕織者，知某家蠶麥善，必至其家，悉召老幼，親慰勞之，賜以酒食茶綵，遺之布衫裙袴，喜動顔色。見稼田中無草者，必下馬觀之，召田主賜衣服；若禾下有草，耕地不熟，則集衆決責之。或訴以闕牛，則召責其鄰伍，曰：『此少人牛〔二〕！何不衆助！』自是民以耕桑爲務，家家有蓄積，水旱無飢人。在洛四十餘年，至今廟食。」

嗚呼，今之君子，其亦肯以全義之心施諸人乎！

7 博古圖

政和、宣和間，朝廷置書局以數十計，其荒陋而可笑者莫若博古圖。予比得漢匜，因取一册讀之，發書捧腹之餘，聊識數事于此。父癸匜之銘曰「爵方父癸」。則爲之說曰：「周之君臣，其有癸號者，惟齊之四世有癸公，癸公之子曰哀公，然則作是器也，其在哀公之時歟！故銘曰『父癸』者此也。」夫以十干爲號，及稱父甲、父丁、父癸之類，夏、商皆然，編圖者固知之矣，獨於此器表爲周物，且以爲癸公之子稱其父，其可笑一也。周義母匜之銘曰「仲姞義母作」。則爲之說曰：「晉文公杜祁讓偪姞而己次之，趙孟云『母義子貴』，正謂杜祁，則所謂仲姞者自名也，義母者襄公謂杜祁也。」夫周世姞姓女多矣，安知此爲偪姞，杜祁但讓之在上，豈可便爲母哉！既言仲姞自名，又以爲襄公爲杜祁所作，然則爲誰之物哉？其可笑二也。漢注水匜之銘曰「始建國元年正月癸酉朔日制」。則爲之說曰：「漢初始元年十二月，改爲建國，此言元年正月者，當是明年也。」案漢書，王莽以初始元年十二月癸酉朔日，竊即真位，遂以其日爲始建國元年正月，安有明年却稱元年之理，其可笑三也。楚姬盤之銘曰「齊侯作楚姬寶盤」。則爲之說曰：「楚與齊從親，在齊湣王之時，所謂齊侯，則湣王也。周末諸侯自王，而稱侯以銘器，尚知止乎禮義也。」夫齊、楚之爲國各數百年，豈必當湣王時從親乎！且湣王在齊諸王中最爲驕暴，嘗稱東帝，豈有肯自稱侯之理！其可笑四也。漢梁山錩之銘曰「梁山銅造」。則爲之説曰：「梁山銅者，紀其所貢之地，梁孝王依山鼓鑄，爲國之富，則銅有自來矣。」夫即山鑄錢，乃吴王濞耳，梁山自是山名，屬馮翊夏陽縣，於梁國何預焉！其可笑五也。觀此數説，他可知矣。

8 士大夫論利害

士大夫論利害，固當先陳其所以利之實，然於利之中而有小害存焉，亦當科别其故，使人主擇而處之，乃合毋隱勿欺之誼〔三〕。趙充國征先零，欲罷騎兵而屯田，宣帝恐虜聞兵罷，且攻擾田者。充國曰：「虜小寇盜，時殺人民，其原未可卒禁。誠令兵出而虜絶不爲寇，則出兵可也。即今同是，而釋坐勝之道，非所以視蠻夷也。」班勇乞復置西域校尉。議者難曰：「班將能保北虜不爲邊害乎？」勇曰：「今置州牧以禁盜賊，若州牧能保盜賊不起者，臣亦願以要斬保匈奴之不爲邊害也。今通西域，則虜勢必弱，爲患微矣。若勢歸北虜，則中國之費不止十億，置之誠便。」此二人論事，可謂極盡利害之要，足以爲法也。

9　舒元輿文

舒元輿，唐中葉文士也，今其遺文所存者才二十四篇。既以甘露之禍死，文宗因觀牡丹摘其賦中桀句，曰：「向者如迓，背者如訣。拆者如語，含者如咽。俯者如怨，仰者如悦。」爲之泣下。予最愛其玉筯篆志論李斯、李陽冰之書，其詞曰：「斯去千年，冰生唐時。冰復去矣，後來者誰。後千年有人，誰能待之。後千年無人，篆止於斯。嗚呼主人，爲吾寶之。」此銘有不可名言之妙，而世或鮮知之。

10　絶唱不可和

韋應物在滁州，以酒寄全椒山中道士，作詩曰：「今朝郡齋冷，忽念山中客。澗底束荆薪，歸來煮白石。欲持一樽酒，遠慰風雨夕。落葉滿空山，何處尋行迹。」其爲高妙超詣，固不容夸説，而結尾兩句，非復語言思索可到。東坡在惠州，依其韻作詩寄羅浮鄧道士曰：「一杯羅浮春，遠餉采薇客。遥知獨酌罷，醉卧松下石。幽人不可見，清嘯聞月夕。聊戲庵中人，空飛本無迹。」劉夢得「山圍故國周遭在，潮打空城寂寞回」之句，白樂天以爲後之詩人無復措詞。坡公倣之曰：「山圍故國城空在，潮打西陵意未平。」坡公天才，出語驚世，如追和陶詩，真與之齊驅，獨此二者，比之韋、劉爲不侔。豈非絶唱寡和，理自應爾邪！

11 贈典輕重

國朝未改官制以前，從官丞、郎、直學士以降，身没大抵無贈典，唯尚書、學士有之，然亦甚薄。余襄公、王素自工書得刑書，蔡君謨自端明、禮侍得吏侍耳。元豐以後，待制以上皆有四官之恩，後遂以爲常典，而致仕又遷一秩。梁揚祖終寶文學士、宣奉大夫，既以致仕轉光禄，遂贈特進、龍圖學士，蓋以爲銀青、金紫、特進只三官，故增其職，是從左丞得僕射也。節度使舊制贈侍中或太尉，官制行，多贈開府。秦檜創立檢校少保之例，以贈王德、葉夢得、張澄，近歲王彦遂用之，實無所益也。元祐中，王巖叟終於朝奉郎、端明殿學士，以嘗簽書樞密院，故超贈正議大夫。楊愿終於朝奉郎、資政殿學士，但贈朝請大夫，以執政而贈郎秩，輕重爲不侔，皆掌固之失也〔四〕。

12 揚之水

左傳所載列國人語言書訊，其辭旨如出一手。説者遂以爲皆左氏所作，予疑其不必然。乃若潤色整齊，則有之矣，試以詩證之。揚之水三篇，一周詩，一鄭詩，一晉詩，其二篇皆曰「不流束薪」、「不流束楚」。邶之谷風曰「習習谷風，以陰以雨」，雅之谷風曰「習習谷風，維風及雨」。「在南山之陽」，「在南山之下」，「在南山之側」；「在浚之郊」，「在浚之都」，「在浚之城」；「在河之滸」，「在河之漘」，「在河之涘」；「山有樞，隰有榆」，「山有苞櫟，隰有六駮」，「山有蕨薇，隰有杞桋」；「言秣其馬」，「言采其蝱」，「言觀其旂」，「言韔其弓」。皆雜出於諸詩，而興致一也。蓋先王之澤未遠，天下書同文，師無異道，人無異習，出口成言，皆止乎禮義，是以不謀而同爾。

13　李陵詩

文選編李陵、蘇武詩凡七篇，人多疑「俯觀江、漢流」之語，以爲蘇武在長安所作，何爲乃及江、漢。東坡云：「皆後人所擬也。」予觀李詩云：「獨有盈觴酒，與子結綢繆。」「盈」字正惠帝諱，漢法觸諱者有罪，不應陵敢用之，益知坡公之言爲可信也。

14　大曲伊涼

今樂府所傳大曲，皆出於唐，而以州名者五，伊、涼、熙、石、渭也。涼州今轉爲梁州，唐人已多誤用，其實從西涼府來也。凡此諸曲，唯伊、涼最著，唐詩詞稱之極多〔五〕。聊紀十數聯，以資談助。如「老去將何散旅愁，新教小玉唱伊州」，「求守管絃聲款逐，側商調裏唱伊州」，鈿蟬金鴈皆零落〔六〕，一曲伊州淚萬行」，「公子邀歡月滿樓，雙成揭調唱伊州」、「賺殺唱歌樓上女，伊州誤作石州聲」，「胡部笙歌西部頭，梨園弟子和涼州」，「唱得涼州意外聲，舊人空數米嘉榮」，「霓裳奏罷唱梁州，紅袖斜翻翠黛愁」，「行人夜上西城宿，聽唱涼州雙管逐」，「丞相新裁別離曲，聲聲飛出舊梁州」，「只愁拍盡涼州杖，畫出風雷是撥聲」，「一曲涼州今不清，邊風蕭颯動江城」，「滿眼由來是舊人，那堪更奏梁州曲」，「昨夜蕃軍報國讎，沙州都護破梁州」，「邊將皆承主恩澤，無人解道取涼州」。皆王建、張祜、劉禹錫、王昌齡、高駢、温庭筠、張籍諸人詩也。

15 元次山元子

元次山有文編十卷，李商隱作序，今九江所刻是也。又有元子十卷，李紓作序，予家有之，凡一百五篇，其十四篇已見於文編，餘者大抵澶漫矯亢。而第八卷中所載⿱宀昏方國二十國事，最爲譎誕。其略云：「方國之僊，盡身皆方，其俗惡圓。設有問者，曰『汝心圓』，則兩手破胸露心，曰『此心圓耶』，圓國則反之。言國之僊，三口三舌。相乳國之僊，口以下直爲一竅。無手國足便於手，無足國膚行如風。」其說頗近山海經，固已不韙，至云：「惡國之僭，男長大則殺父，女長大則殺母。忍國之僭，父母見子，如臣見君。無鼻之國，兄弟相逢則相害。觸國之僭，子孫長大則殺之。」如此之類，皆悖理害教，於事無補。次山中興頌與日月爭光，若此書，不作可也，惜哉！

16 次山謝表

元次山爲道州刺史，作春陵行，其序云：「州舊四萬餘户，經賊以來，不滿四千，太半不勝賦税。到官未五十日，承諸使征求符牒二百餘封，皆曰『失期限者罪至貶削』。於戲，若悉應其命，則州縣破亂，刺史欲焉逃罪！若不應命，又即獲罪戾，吾將靜以安人，待罪而已。」其辭甚苦，大略云：「州小經亂亡，遺人實困疲。朝飡是草根，暮食乃木皮。出言氣欲絶，意速行步遲。追呼尚不忍，況乃鞭扑之。郵亭傳急符，來往跡相追。更無寬大恩，但有迫催期。欲令鬻兒女，言發恐亂隨。奈何重驅逐，不使存活爲。安人天子命，符節我所持。逋緩違詔令，蒙責固所宜。」又賊退示官吏一篇，言：「賊攻永破邵，不犯此州，蓋蒙其傷憐而已，諸使何爲忍苦征斂！」其詩云：「城小賊不屠，人貧傷可憐。是以陷鄰境，此州獨見全。使臣將王命，豈不如賊焉。今彼征斂者，迫之如火煎。」二詩憂民慘切如此。故杜老以爲：「今盜賊未息，知民疾苦，得結輩十數公，落落參錯天下爲邦伯，天下少安，立可待矣。」遂有「兩章對秋月，一字偕華星」之句。今次山集中，載其謝上表兩通。其一云：「今日刺史，若無武略以制暴亂，若無文才以救疲弊，若不清廉以身率下，若不變通以救時須，則亂將作矣。臣料今日州縣堪征税者無幾，已破敗者實多，百姓戀墳墓者蓋少，思流亡者乃衆。則刺史宜精選謹擇以委任之，固不可拘限官次，得之貨賄出之權門者也。」其二云：「今四方兵革未寧，賦斂未息，百姓流亡轉甚，官吏侵刻日多，實不合使凶庸貪猥之徒，凡弱下愚之類，以貨賂權勢，而爲州縣長官。」觀次山表語，但因謝上，而能極論民窮吏惡，勸天子以精擇長吏，有謝表以來，未之見也。世人以杜老褒激之故，或稍誦其詩，以中興頌故誦其文，不聞有稱其表者，予是以備録之，以風後之君子。次山臨道州，歲在癸卯，唐代宗初元廣德也。

17 光武仁君

漢光武雖以征伐定天下，而其心未嘗不以仁恩招懷爲本。隗囂受官爵而復叛，賜詔告之曰：「若束手自詣，保無他也。」公孫述據蜀，大軍征之垂滅矣，猶下詔喻之曰：「勿以來歙、岑彭受害自疑，今以時自詣，則家族全，詔書手記不可數得，朕不食言。」遣馮異西征，戒以平定安集爲急。怒吴漢殺降，責以失斬將弔民之義。可謂仁君矣。蕭銑舉荆楚降唐，而高祖怒其逐鹿之對，誅之於市，其隘如此。新史猶以高祖爲聖，豈理也哉。

校勘記

〔一〕厥今荆襄淮沔創痍之餘　馬本、祠本「厥」作「曰」。疑作「曰」是。

〔二〕此少人牛　馬本、祠本無「人」字，「牛」後有「如」字。按，疑以上二本是，「如」屬下句。

〔三〕乃合毋隱勿欺之誼　馬本、祠本「誼」作「義」。

〔四〕皆掌固之失也　馬本、祠本「固」作「故」。按，疑作「故」是。

〔五〕唐詩詞稱之極多　「唐」原作「啓」，誤刊，據會本、李本、馬本、祠本改。按，此以下引七唐人詩。

〔六〕鈿蟬金鴈皆零落　「鈿」原作「細」，據會本、李本改。

容齋隨筆卷十五十九則

1 張文潛哦蘇杜詩

「溪迴松風長，蒼鼠竄古瓦。不知何王殿，遺締絶壁下。陰房鬼火青，壞道哀湍瀉。萬籟真笙竽，秋色正蕭灑。美人爲黄土，況乃粉黛假。當時侍金輿，故物獨石馬。憂來藉草坐，浩歌淚盈把。冉冉征途間，誰是長年者？」此老杜玉華宫詩也。張文潛暮年在宛丘，何大圭方弱冠，往謁之，凡三日，見其吟哦此詩不絶口。大圭請其故。曰：「此章乃風、雅鼓吹，未易爲子言。」大圭曰：「先生所賦，何必減此？」曰：「平生極力模寫，僅有一篇稍似之，然未可同日語。」遂誦其離黄州詩，偶同此韻。曰：「扁舟發孤城，揮手謝送者。山回地勢卷，天豁江面瀉。中流望赤壁，石脚插水下。昏昏煙霧嶺，歷歷漁樵舍。居夷實三載，鄰里通假借。別之豈無情，老淚爲一洒。篙工起鳴鼓，輕櫓健於馬。聊爲過江宿，寂寂樊山夜。」此其音響節奏，固似之矣，讀之可默諭也。又好誦東坡梨花絶句，所謂「梨花淡白柳深青，柳絮飛時花滿城，惆悵東欄一株雪，人生看得幾清明」者，每吟一過，必擊節賞歎不能已，文潛蓋有省於此云。

2 任安田仁

任安、田仁，皆漢武帝時能臣也，而漢史載其事甚略。褚先生曰：「兩人俱爲衛將軍舍人，家監使養惡齧馬。仁曰：『不知人哉家監也！』安曰：『將軍尚不知人，何乃家監也！』後有詔募擇衛將軍舍人以爲郎。會賢大夫趙禹來，悉召舍人百餘人，以次問之，得田仁、任安，曰：『獨此兩人可耳，餘無可用者。』將軍上籍以聞。詔召此二人，帝遂用之。仁刺舉三河，時河南、河内太守皆杜周子弟，河東太守石丞相子孫，仁已刺三河，皆下吏誅死。」觀此事，可見武帝求才不遺微賤，得人之盛，誠非後世所及。然班史言：「霍去病既貴，衛青故人門下多去事之，唯任安不肯去。」又言：「衛將軍進言仁爲郎中。」與褚生所書爲不同。杜周傳云：「兩子夾河爲郡守，治皆酷暴。」亦不書其所終，皆闕文也。

3 杜延年杜欽

前漢書稱杜延年本大將軍霍光吏，光持刑罰嚴，延年輔之以寬，論議持平，合和朝廷；杜欽在王鳳幕府，救解馮野王、王尊之罪過，當世善政，多出於欽。予謂光以侯史吴之事，一朝殺九卿三人，延年不能諫。王章言王鳳之過，天子感寤，欲退鳳，欽令鳳上疏謝罪。上不忍廢鳳，鳳欲遂退，欽説之而止。章死，衆庶寃之，欽復説鳳，以爲「天下不知章實有罪，而以爲坐言事，宜因章事舉直言極諫，使天下咸知主上聖明不以言罪下，若此，則流言消釋矣」。鳳白行其策。夫新莽盜國，權輿於鳳，鳳且退而復止，皆欽之謀，若欽者，蓋漢之賊也，而謂當世善政出其手，豈不繆哉！

4 范曄作史

范曄在獄中，與諸甥姪書曰：「吾既造後漢，詳觀古今著述及評論，殆少可意者。班氏最有高名，既任情無例，不可甲乙，唯志可推耳。博贍可不及之，整理未必愧也。吾雜傳論，皆有精意深旨。至於循吏以下及六夷諸序論，筆勢縱放，實天下之奇作。其中合者，往往不減過秦篇。嘗共比方班氏所作，非但不愧之而已。贊自是吾文之傑思，殆無一字空設，奇變不窮，同合異體，乃自不知所以稱之。此書行，故應有賞音者。自古體大而思精，未有此也。」曄之高自夸詡如此。至以謂過班固，固豈可過哉。曄所著序論，了無可取，列傳如鄧禹、竇融、馬援、班超、郭泰諸篇者，蓋亦有數也。人苦不自知，可發千載一笑。

5 唐詩人有名不顯者

温公詩話云："唐之中葉，文章特盛，其姓名湮没不傳於世者甚衆，如河中府鸛雀樓有王之奂、暢諸二詩，二人皆當時所不數，而後人擅詩名者豈能及之哉！"予觀少陵集中所載韋迢、郭受詩，少陵詶答，至有"新詩錦不如"，"自得隨珠覺夜明"之語，則二人詩名可知矣，然非編之杜集，幾於無傳焉。又有嚴惲惜花一絶云："春光冉冉歸何處，更向花前把一盃。盡日問花花不語，爲誰零落爲誰開。"前人多不知誰作，乃見於皮、陸唱和集中。大率唐人多工詩，雖小説戲劇，鬼物假託，莫不宛轉有思致，不必顓門名家而後可稱也。

6 蘇子由詩

蘇子由南窗詩云："京城三日雪，雪盡泥方深。閉門謝還往，不聞車馬音。西齋書帙亂，南窗朝日昇。展轉守牀榻，欲起復不能。開户失瓊玉，滿階松竹陰。故人遠方來，疑我何苦心。疏拙自當爾，有酒聊共斟。"此其少年時所作也。東坡好書之，以爲人間當有數百本。蓋閑淡簡遠，得味外之味云。

7 呼君爲爾汝

東坡云："凡人相與號呼者，貴之則曰公，賢之則曰君，自其下則爾汝之。雖王公之貴，天下貌畏而心不服，則進而君公，退而爾汝者多矣。"予謂此論，特後世之俗如是爾，古之人心口一致，事從其真，雖君臣父子之間，出口而言，不復顧忌，觀詩、書所載可知矣。箕子陳洪範，對武王而汝之。金縢策祝，周公所以告大王、王季、文王三世祖考也，而呼之曰爾三王，自稱曰予。至云："爾之許我，我其以璧與珪，歸俟爾命，爾不許我，我乃屏璧與珪。"殆近乎相質責而邀索也。天保報上之詩，曰"天保定爾，俾爾戩穀"，閟宮頌君之詩，曰"俾爾富而昌"，"俾爾昌而熾"，及節南山、正月、板、蕩、卷阿、既醉、瞻卬諸詩，皆呼王爲爾。大明曰"上帝臨女"，指武王也。民勞曰"王欲玉女"，指厲王也。至或稱爲小子，雖幽、厲之君，亦受之而不怒。嗚呼，三代之風俗，可復見乎！晉武公請命乎天子，其大夫賦無衣，所謂"不如子之衣"，亦指周王也。

8 世事不可料

秦始皇并六國，一天下，東游會稽，度浙江，擱然謂子孫帝王萬世之固，不知項籍已縱觀其旁，劉季起喟然之歎於咸陽矣。曹操芟夷羣雄，遂定海內，身爲漢相，日夜窺伺龜鼎，不知司馬懿已入幕府矣。梁武帝殺東昏侯，覆齊祚，而侯景以是年生於漠北。唐太宗殺建成、元吉，遂登天位，而武后已生於并州。宣宗之世，無故而復河、隴，戎狄既衰，藩鎮順命，而朱温生矣。是豈智力謀慮所可爲哉！

9 蔡君謨帖語

韓獻肅公守成都時，蔡君謨與之書曰：「襄啓。歲行甫新，魯鈍之資，日益衰老。雖勉就職務，其於精力不堪勞苦。念君之生，相距旬日，如聞年來補治有方，當愈彊健，果如何哉！襄於京居，尚留少時，佇君還軫，伸眉一笑，傾懷之極。今因樊都官西行，奉書問動靖，不一一。襄上子華端明閤下。」此帖語簡而情厚，初無寒温之問，寢食之祝，講德之佞也。今風俗日以媮薄，士大夫之獧浮者，於尺牘之間，益出新巧，習貫自然，雖有先達篤實之賢，亦不敢自拔以速嘲罵。每詒書多至十數紙，必繫銜，相與之際，悉忘其真，言語不情，誠意掃地。相呼不以字，而云某丈，僭紊官稱，無復差等，觀此其少愧乎！憶二紀之前，予在館中見曾監吉甫與人書，獨不作劄子，且以字呼同舍，同舍因相約云：「曾公前輩可尊，是宜曰丈，餘人自今各以字行，其過誤者罰一直。」行之幾月，從官郎省，欣然皆欲一變，而有欲敗此議者，載酒飲同舍，乞仍舊。於是從約皆解，遂不可復革，可爲一歎。

10 孔氏野史

世傳孔毅甫野史一卷，凡四十事，予得其書於清江劉靖之所，載趙清獻爲青城宰，挈散樂妓以歸，爲邑尉追還，大慟且怒，又因與妻忿争，由此惑志。文潞公守太原，辟司馬温公爲通判，夫人生日，温公獻小詞，爲都漕唐子方峻責。歐陽永叔、謝希深、田元均、尹師魯在河南，携官妓游龍門，半月不返，留守錢思公作簡招之，亦不答。范文正與京東人石曼卿、劉潛之類相結以取名，服中上萬言書，甚非言不文之義。蘇子瞻被命作儲祥宫記，大貂陳衍幹當宫事，得旨置酒與蘇高會，蘇陰使人發，御史董敦逸即有章疏，遂墮計中。又云子瞻四六表章不成文字。其它如潞公、范忠宣、吕汲公、吴沖卿、傅獻簡諸公，皆不免譏議。予謂決非毅甫所作，蓋魏泰碧雲騢之流耳。温公自用龐潁公辟，不與潞公、子方同時，其謬妄不待攻也。靖之乃原甫曾孫，佳士也，而跋是書云：「孔氏兄弟，曾大父行也。思其人欲聞其言久矣，故録而藏之。」汪聖錫亦書其後，但記上官彦衡一事，豈弗深考云！

11　有若

史記有若傳云：「孔子没，弟子以若狀似孔子，立以爲師。他日，進問曰：『昔夫子當行，使弟子持雨具，已而果雨。弟子問：何以知之？夫子曰：詩不云乎？月離于畢，俾滂沱矣。昨暮月不宿畢乎！他日，月宿畢，竟不雨。商瞿年長無子，孔子曰瞿年四十後當有五丈夫子。已而果然。敢問何以知此？』有若無以應。弟子起，曰：『有子避之，此非子之座也。』」予謂此兩事殆近於星曆卜祝之學，何足以爲聖人，而謂孔子言之乎？有若不能知，何所加損，而弟子遽以是斥退之乎！孟子稱「子夏、子張、子游以若似聖人，欲以所事孔子事之，曾子不可」，但言「江漢秋陽不可尚」而已，未嘗深詆也。論語記諸善言，以有子之言爲第二章。在曾子之前，使有避坐之事，弟子肯如是哉！檀弓載有子聞曾子「喪欲速貧，死欲速朽」兩語，以爲「非君子之言」，又以爲「夫子有爲言之」。子游曰：「甚哉！有子之言似夫子也。」則其爲門弟子所敬久矣，太史公之書，於是爲失矣。且門人所傳者道也，豈應以狀貌之似而師之邪！世所圖七十二賢畫象，其畫有若遂與孔子略等，此又可笑也。

12 張天覺爲人

張天覺爲人賢否，士大夫或不詳知。方大觀、政和間，時名甚著，多以忠直許之。蓋其作相適承蔡京之後，京弄國爲姦，天下共疾，小變其政，便足以致譽，飢者易爲食，故蒙賢者之名。靖康初政，遂與司馬公、范文正同被褒典。予以其實攷之，彼直姦人之雄爾。其外孫何麒作家傳，云：「爲熙寧御史，則逐於熙寧；爲元祐廷臣，則逐於元祐；爲紹聖諫官，則逐於紹聖；爲崇寧大臣，則逐於崇寧；爲大觀宰相，則逐於政和。」其跡是矣，而實不然。爲御史時，以斷獄失當，爲密院所治，遂摭博州事以報之，三樞密皆乞去，故坐貶。爲諫官時，首攻内侍陳衍以摇宣仁，至比之於吕、武；乞追奪司馬公、吕申公贈謚，仆碑毁樓；論文潞公背負國恩，吕汲公動摇先烈；辯吕惠卿、蔡確無罪。後以交通潁昌富民蓋漸故，又貶。元符末，除中書舍人，謝表歷詆元祐諸賢，云：「當元祐之八九年，擢黨人之二十輩。」及在相位，乃以與郭天信交結而去耳。平生言行如此，而得美譽，則以蔡京不相能之故。然皆章子厚門下客，其始非不同也。京拜相之詞，天覺所作，是以得執政云。

13 爲文論事

爲文論事，當反復致志，救首救尾，則事詞章著，覽者可以立決。陳湯斬郅支而功未録，劉向上疏論之。首言：「周方叔、吉甫誅獫狁。」次言：「齊桓公有滅項之罪，君子以功覆過。李廣利靡億萬之費，捐五萬之師，廑獲宛王之首，孝武不録其過，封爲列侯。」末言：「常惠隨欲擊之烏孫，鄭吉迎自來之日逐，皆裂土受爵。」然後極言：「今康居國彊於大宛，郅支之號重於宛王，殺使者罪甚於留馬，而不煩漢士，不費斗糧，比於貳師，功德百之。」又曰：「言威武勤勞則大於方叔、吉甫，列功覆過則優於齊桓、貳師，近事之功則高於安遠、長羅，而大功未著，小惡數布，臣竊痛之。」於是天子乃下詔議封。蓋其一疏抑揚援證明白如此，故以丞相匡衡、中書石顯，出力沮害，竟不能奪。不然，衡、顯之議，豈區區一故九卿所能亢哉！

14 連昌宫詞

元微之、白樂天，在唐元和長慶間齊名。其賦詠天寶時事，連昌宫詞、長恨歌皆膾炙人口，使讀之者情性蕩摇，如身生其時，親見其事，殆未易以優劣論也。然長恨歌不過述明皇追憶貴妃始末，無它激揚，不若連昌詞有監戒規諷之意。如云：「姚崇、宋璟作相公，勸諫上皇言語切。長官清平太守好，揀選皆言由相公。開元之末姚、宋死，朝廷漸漸由妃子。祿山宫裏養作兒，虢國門前鬧如市。弄權宰相不記名，依俙憶得楊與李。廟謨顛倒四海摇，五十年來作瘡痏。」其末章及官軍討淮西，乞「廟謨休用兵」之語〔一〕，蓋元和十一二年間所作，殊得風人之旨，非長恨比云。

15　二士共談

維摩詰經言：文殊從佛所將詣維摩丈室問疾，菩薩隨之者以萬億計，曰：「二士共談，必説妙法。」予觀杜少陵寄李太白詩云：「何時一尊酒，重與細論文。」使二公真踐此言，時得洒埽撰杖屨於其側，所謂不二法門，不傳之妙，啓聰擊蒙，出膚寸之澤以潤千里者，可勝道哉。

16　張子韶祭文

先公自嶺外徙宜春，没於保昌，道出南安，時猶未聞檜相之死。張子韶先生來致祭，其文但云：「維某年月日具官某，謹以清酌之奠，昭告于某官之靈。嗚呼哀哉，伏惟尚饗。」其情旨哀愴，乃過於詞，前人未有此格也。

17 京師老吏

京師盛時，諸司老吏，類多識事體，習典故。翰苑有孔目吏，每學士制草出，必據案細讀，疑誤輒告。劉嗣明嘗作皇子剃胎髮文，用「克長克君」之語，吏持以請。嗣明曰：「此言堪爲長堪爲君，真善頌也。」吏拱手曰：「内中讀文書不如是，最以語忌爲嫌，既剋長又剋君，殆不可用也。」嗣明悚然亟易之。靖康歲，都城受圍，禦敵器甲刓弊。或言太常寺有舊祭服數十，閒無所用，可以藉甲。少卿劉珏即具稟欲獻于朝，以付書史。史作字楷而敏，平常無錯誤，珏將上馬，立俟之，既至，而結銜脱兩字。趣使更寫，至于三，其誤如初。珏怒責之，逡巡謝曰：「非敢誤也，某小人竊妄有管見。在禮『祭服敝則焚之』，今國家迫急，誠不宜以常日論，然容臺之職，唯當秉禮。少卿固體國，不若俟朝廷來索則納之，賢於先自背禮而有獻也。」珏愧歎而止。後每爲人言，嘉賞其意。今之胥徒，雖公府右職，省寺掌故，但能鼓扇猥浮，顧賕謝爲業，簿書期會之間，乃漫不之曉，求如彼二人，豈可得哉！

18 曹操唐莊宗

曹操在兗州，引兵東擊陶謙於徐，而陳宮潛迎呂布爲兗牧，郡縣皆叛，賴程昱、荀彧之力，全東阿、鄄、范三城以待操。操還，執昱手曰：「微子之力，吾無所歸矣。」表爲東平相。唐莊宗與梁人相持於河上，梁將王檀乘虛襲晉陽。城中無備，幾陷者數四，賴安金全帥子弟擊却之於内，石君立引昭義兵破之於外，晉陽獲全。而莊宗以策非己出，金全等賞皆不行。操終有天下，莊宗雖能滅梁，旋踵覆亡，考其行事，槩可睹矣。

19 雲中守魏尚

史記、漢書所記馮唐救魏尚事，其始云：「魏尚爲雲中守，與匈奴戰，上功莫府，一言不相應，文吏以法繩之，其賞不行。臣以爲陛下賞太輕，罰太重。」而又申言之云：「且雲中守魏尚，坐上功首虜差六級，陛下下之吏，削其爵，罰作之。」重言雲中守及姓名，而文勢益遒健有力，今人無此筆也。

校勘記

〔一〕乞廟謨休用兵之語　「謨」原作「謀」，據會本、祠本改。按，元稹（微之）集作「謨」。

容齋隨筆卷十六 十九則

1 文章小伎

「文章一小伎，於道未爲尊」。雖杜子美有激而云，然要爲失言，不可以訓。文章豈小事哉。易賁之彖言：「剛柔交錯，天文也；文明以止，人文也。觀乎天文以察時變，觀乎人文以化成天下。」孔子稱帝堯焕乎有文章。子貢曰：「夫子之文章，可得而聞。」詩美衛武公，亦云有文章。堯、舜、禹、湯、文、武、成、康之聖賢，桀、紂、幽、厲之昏亂，非詩、書以文章載之何以傳？伏羲畫八卦，文王重之，非孔子以文章翼之，何以傳？孔子至言要道，託孝經、論語之文而傳。曾子、子思、孟子傳聖人心學，使無中庸及七篇之書，後人何所窺門户？老、莊絶滅禮學，忘言去爲，而五千言與内、外篇極其文藻。釋氏之爲禪者，謂語言爲累，不知大乘諸經可廢乎？然則詆爲小伎，其理謬矣。彼後世爲詞章者，逐其末而忘其本，翫其華而落其實，流宕自遠，非文章過也。杜老所云「文章千古事」，「已似愛文章」，「文章日自負」，「文章實致身」，「文章開宎奥」，「文章憎命達」，「名豈文章著」，「枚乘文章老」，「文章敢自誣」，「海内文章伯」，「文章曹植波瀾闊」，「庾信文章老更成」，「豈有文章驚海内」，「每語見許文章伯」，「文章有神交有道」，如此之類，多指詩而言。所見狹矣。

2　三長月

釋氏以正、五、九月爲三長月，故奉佛者皆茹素。其説云：「天帝釋以大寶鏡，輪照四天下，寅、午、戌月，正臨南贍部洲，故當食素以徼福。」官司謂之『斷月』，故受驛券有所謂羊肉者，則不支。俗謂之『惡月』，士大夫赴官者，輒避之。或人以謂唐日藩鎮涖事，必大享軍，屠殺羊豕至多，故不欲以其月上事，今之它官，不當爾也。」然此説亦無所經見。予讀晉書禮志，穆帝納后，欲用九月，九月是「忌月」。北齊書云高洋謀篡魏，其臣宋景業言：「宜以仲夏受禪。」或曰：「五月不可入官，犯之，終於其位。」景業曰：「王爲天子，無復下期，豈得不終於其位乎。」乃知此忌相承，由來已久，竟不能曉其義及出何經典也。

3　兄弟直西垣

秦少游集中有與鮮于子駿書，云：「今中書舍人皆以伯仲繼直西垣，前世以來，未有其事，誠國家之美，非特衣冠之盛也。除書始下，中外欣然，舉酒相屬。」予以其時考之，蓋元祐二年，謂蘇子由、曾子開、劉貢甫也。子由之兄子瞻，子開之兄子固、子宣，貢甫之兄原甫，皆經是職，故少游有此語云。紹興二十九年，予仲兄始入西省，至隆興二年，伯兄繼之，乾道三年，予又繼之，相距首尾九歲。予作謝表云：「父子相承，四上鑾坡之直；弟兄在望，三陪鳳閣之游。」比之前賢，實爲遭際，固爲門户榮事，然亦以此自愧也。

4 續樹萱録

頃在祕閣抄書，得續樹萱録一卷，其中載隱君子元撰夜見吴王夫差與唐諸詩人吟詠事。李翰林詩曰：「芙蓉露濃紅壓枝，幽禽感秋花畔啼。玉人一去未回馬，梁間燕子三見歸。」張司業曰：「緑頭鴨兒咂萍藻，采蓮女郎笑花老。」杜舍人曰：「鼓鼙夜戰北窗風，霜葉沿階貼亂紅。」三人皆全篇。杜工部曰：「紫領寬袍漉酒巾，江頭蕭散作閑人。」白少傅曰：「不因霜葉辭林去，的當山翁未覺秋。」李賀曰：「魚鱗甃空排嫩碧，露桂梢寒挂團璧。」三人皆未終篇。細味其體格語句，往往逼真。後閲秦少游集，有秋興九首，皆擬唐人，前所載咸在焉。關子東爲秦集序云「擬古數篇，曲盡唐人之體」，正謂是也。何子楚云：「續萱録乃王性之所作，而託名它人。」今其書才有三事，其一曰賈博喻，一曰全若虚，一曰元撰。詳命名之義，蓋取諸子虚、亡是公云。

5 館職名存

國朝館閣之選，皆天下英俊，然必試而後命。一經此職，遂爲名流。其高者，曰集賢殿脩撰、史館修撰、直龍圖閣、直昭文館、史館、集賢院、祕閣。次曰集賢、祕閣校理。官卑者，曰館閣校勘、史館檢討，均謂之館職。記注官缺，必於此取之，非經脩注，未有直除知制誥者。官至員外郎則任子，中外皆稱爲學士。及元豐官制行，凡帶職者，皆遷一官而罷之，而置祕書省官，大抵與職事官等，反爲留滯。政和以後，增脩撰、直閣貼職爲九等，於是材能治辦之吏，貴游乳臭之子，車載斗量，其名益輕。南渡以來，初除校書正字，往往召試，雖曰館職不輕畀，然其遷叙，反不若寺監之徑捷。至推排爲郎，即失其故步，混然無別矣。

6 南宮适

南宮适問羿、奡不得其死，禹、稷有天下，言力可賤而德可貴。其義已盡，無所可答，故夫子俟其出而歎其爲君子，奬其尚德，至於再言之，聖人之意斯可見矣。然明道先生云：「以禹、稷比孔子，故不答。」范淳父以爲禹、稷有天下，故夫子不敢答，弗敢當也。楊龜山云：「禹、稷之有天下，不止於躬稼而已，孔子未盡然其言，故不答。然而不止之者，不責備於其言，以沮其尚德之志也，與所謂『雍之言然』則異矣。」予竊謂南宮之問，初無以禹、稷比孔子之意，不知二先生何爲有是言？若龜山之語，淺之已甚。獨謝顯道云：「南宮适知以躬行爲事，是以謂之君子。知言之要，非尚德者不能，在當時發問間，必有目擊而道存，首肯之意，非直不答也。」其説最爲切當。

7 吴王殿

漢高祖五年，以長沙、豫章、象郡、桂林、南海立番君吴芮爲長沙王。十二年，以三郡封吴王濞，而豫章亦在其中。又，趙佗先有南海，後擊并桂林、象郡，則芮所有，但長沙一郡耳。按，芮本爲秦番陽令，故曰番君。項羽已封爲衡山王，都邾。邾，今之黄州也。復侵奪其地。故高祖徙之長沙而都臨湘，一年薨。則其去番也久矣。今吾邦猶指郡正聽爲吴王殿，以謂芮爲王時所居。牛僧孺玄怪録載，唐元和中，饒州刺史齊推女，因止州宅誕育，爲神人擊死，後有仙官治其事，云：「是西漢鄱陽王吴芮。今刺史宅，是芮昔時所居。」皆非也。

8 王衛尉

漢高祖怒蕭何，謂王衛尉曰：「李斯相秦皇帝，有善歸主，有惡自予。今相國請吾苑以自媚於民，故繫治之。」衛尉曰：「秦以不聞其過亡天下，李斯之分過，又何足法哉。」唐太宗疑三品以上輕魏王，責之曰：「我見隋家諸王，一品以下皆不免其躓頓，我自不許兒子縱横耳。」魏鄭公曰：「隋高祖不知禮義，寵縱諸子，使行非禮，尋皆罪黜，不可以爲法，亦何足道。」觀高祖、太宗一時失言，二臣能因其所言隨即規正，語意既直，於激切中有婉順體，可謂得諫争之大義。雖微二帝，其孰不降心以聽乎。

9 前代爲監

人臣引古規戒，當近取前代，則事勢相接，言之者有證，聽之者足以監。詩曰：「殷監不遠，在夏后之世。」周書曰：「今惟殷墜厥命，我其可不大監。」又曰：「我不可不監于有殷。」又曰：「有殷受天命，惟有歷年，惟不敬厥德，乃早墜厥命。」周公作無逸，稱殷三宗。漢祖命羣臣言吾所以有天下，項氏所以失天下，命陸賈著秦所以失天下。張釋之爲文帝言秦、漢之間事，秦所以失，漢所以興。賈山借秦爲諭。賈誼請人主引殷、周、秦事而觀之。

魏鄭公上書於太宗，云：「方隋之未亂，自謂必無亂；方隋之未亡，自謂必無亡。臣願當今動靜以隋爲監。」馬周云：「煬帝笑齊、魏之失國，今之視煬帝，亦猶煬帝之視齊、魏也。」張玄素諫太宗治洛陽宫，曰：「乾陽畢功，隋人解體，恐陛下之過，甚於煬帝。若此役不息，同歸于亂耳。」考詩、書所載及漢、唐諸名臣之論，有國者之龜鏡也，議論之臣宜以爲法。

10 治盜法不同

唐崔安潛爲西川節度使，到官不詰盜，曰：「盜非所由通容，則不能爲。」乃出庫錢置三市，置牓其上，曰：「告捕一盜，賞錢五百緡。侶者告捕，釋其罪，賞同平人。」未幾，有捕盜而至者。盜不服，曰：「汝與我同爲盜十七年，贓皆平分，汝安能捕我？」安潛曰：「汝受知吾有牓，何不捕彼以來？則彼應死，汝受賞矣。汝既爲所先，死復何辭！」立命給捕者錢，使盜視之，然後殺盜於市。於是諸盜與其侶互相疑，無地容足，夜不及旦，散逃出境，境内遂無一人之盜。予每讀此事，以爲策之上者。及得李公擇治齊州事，則又不然。齊素多盜，公擇痛治之，殊不止。它日得黠盜，察其可用，刺爲兵，使直事鈐下。間問以盜發輒得而不衰止之故。曰：「此繇富家爲之囊。使盜自相推爲甲乙，官吏巡捕及門，擒一人以首，則免矣。」公擇曰：「吾得之矣。」乃令凡得藏盜之家，皆發屋破柱，盜賊遂清。予乃知治世間事，不可泥紙上陳迹。如安潛之法，可謂善矣。而齊盜反恃此以爲沈命之計，則變而通之，可不存乎其人哉。

11　和詩當和意

古人訓和詩，必答其來意，非若今人爲次韻所局也。觀文選所編何劭、張華、盧諶、劉琨、二陸、三謝諸人贈答，可知已。唐人尤多，不可具載。姑取杜集數篇，略紀于此。高適寄杜公：「媿爾東西南北人。」杜則云：「東西南北更堪論。」高又有詩云：「草玄今已畢，此外更何言。」杜則云：「草玄吾豈敢，賦或似相如。」嚴武寄杜云：「興發會能馳駿馬，終須重到使君灘。」杜則云：「枉沐旌麾出城府，草茅無逕欲教鋤。」杜公寄嚴詩云：「何路出巴山，重巖細菊班，遥知簇鞍馬，回首白雲間。」嚴答云：「卧向巴山落月時」，「籬外黄花菊對誰，跂馬望君非一度〔一〕。」杜送韋迢云：「洞庭無過鴈，書疏莫相忘。」迢云：「相憶無南鴈，何時有報章。」杜又云：「雖無南去鴈，看取北來魚。」郭受寄杜云：「春興不知凡幾首。」杜答云：「藥裹關心詩總廢。」皆知鐘磬在簴，扣之則應，往來反復，於是乎有餘味矣。

12 稷有天下

稷躬稼而有天下，泰伯三以天下讓，文王一怒而安天下之民，皆以子孫之事追言之。是時，稷始封於邰，古公方邑于梁山之下，文王才有岐周之地，未得云天下也。禹未嘗躬稼，因稷而稱之。

13 一世人材

一世人材，自可給一世之用。苟有以致之，無問其取士之門如何也。今之議者，多以科舉經義、詩賦爲言，以爲詩賦浮華無根柢，不能致實學，故其説常右經而左賦。是不然。成周之時，下及列國，皆官人以世。周之劉、單、召、甘，晉之韓、趙、荀、魏，齊之高、國、陳、鮑，衞之孫、甯、孔、石，宋之華、向、皇、樂，鄭之罕、駟、國、游，魯之季、孟、臧、展，楚之鬬、蔿、申、屈，皆世不乏賢，與國終畢。漢以經術及察舉，魏、晉以州鄉中正，東晉、宋、齊以門地，唐及本朝以進士，而參之以任子，皆足以盡一時之才。則所謂科目，特借以爲梯階耳，經義、詩賦，不問可也。

14 王逢原

王逢原以學術，邢敦夫以文采，有盛名於嘉祐、元豐間。然所爲詩文，多怨抑沉憤，哀傷涕泣，若辛苦憔悴不得其平者，故皆不克壽。逢原年二十八，敦夫才二十。天畀其才而嗇其壽，吁，可惜哉！

15 吏文可笑

吏文行移，只用定本，故有絶可笑者。如文官批書印紙，雖宫、觀、嶽、廟，亦必云不曾請假，或已登科級，見官臺省清要，必云不曾應舉若試刑法。予在西掖時，漢州申顯惠侯神，頃係宣撫司便宜加封昭應公，乞换給制書。禮、寺看詳，謂不依元降指揮於一年限内自陳，欲符下漢州，告示本神知委。予白丞相别令勘當，乃得改命。淳熙六年，予以大禮恩澤改奏一歲兒，吏部下饒州，必欲保官狀内聲説被奏人曾與不曾犯決笞，有無翦刺，及曾與不曾先經補官因罪犯停廢，别行改奏；又令供與予係是何服屬。父之於子，而問何服屬，一歲嬰兒，而問曾與不曾入仕坐罪，豈不大可笑哉。

16 靖康時事

鄧艾伐蜀，劉禪既降，又敕姜維使降於鍾會，將士咸怒，拔刀斫石。魏圍燕於中山，既久，城中將士皆思出戰。至數千人相率請於燕主，慕容隆言之尤力，爲慕容麟沮之而罷。契丹伐晉連年，晉拒之，每戰必勝。其後，杜重威陰謀欲降，命將士出陳於外，士皆踴躍，以爲出戰，既令解甲，士皆慟哭，聲振原野。予頃修靖康實録，竊痛一時之禍，以堂堂大邦，中外之兵數十萬，曾不能北向發一矢，獲一胡，端坐都城，束手就斃！虎旅雲屯，不聞有如蜀、燕、晉之憤哭者。近讀朱新仲詩集，有記昔行一篇，正叙此時事。其中云：「老种憤死不得戰，汝霖疽發何由痊。」乃知忠義之士，世未嘗無之，特時運使然耳。

17 并韶

梁武帝時，有交趾人并韶者，富於詞藻，詣選求官，而吏部尚書蔡撙以并姓無前賢，除廣陽門郎。韶恥之，遂還鄉里謀作亂。夫用門地族望爲選舉低昂，乃晉、宋以來弊法，蔡撙賢者也，不能免俗，何哉？

18　讖緯之學

圖讖星緯之學，豈不或中，然要爲誤人，聖賢所不道也。眭孟覩「公孫病已」之文，勸漢昭帝求索賢人，禪以帝位，而不知宣帝實應之，孟以此誅。孔熙先知宋文帝禍起骨肉，江州當出天子，故謀立江州刺史彭城王，而不知孝武實應之，熙先以此誅。當塗高之讖，漢光武以詰公孫述，袁術、王浚皆自以姓名或父字應之，以取滅亡，而其兆爲曹操之魏。兩角犢子之讖，周子諒以劾牛仙客，李德裕以議牛僧孺，而其兆爲朱温。隋煬帝謂李氏當有天下，遂誅李金才之族，而唐高祖乃代隋。唐太宗知女武將竊國命，遂濫五娘子之誅，而阿武婆幾易姓。武后謂代武者劉，劉無强姓，殆流人也，遂遣六道使悉殺之，而劉幽求佐臨淄王平内難，韋、武二族皆殄滅。晉張華、郭璞，魏崔伯深，皆精於天文卜筮，言事如神，而不能免於身誅家族，況其下者乎。

19　真假皆妄

江山登臨之美，泉石賞翫之勝，世間佳境也，觀者必曰如畫。故有「江山如畫」、「天開圖畫即江山」、「身在畫圖中」之語。至於丹青之妙，好事君子嗟歎之不足者，則又以逼真目之。如老杜「人間又見真乘黄」，「時危安得真致此」，「悄然坐我天姥下」，「斯須九重真龍出」，「憑軒忽若無丹青」，「高堂見生鶻」，「直訝杉松冷，兼疑菱荇香」之句是也。以真爲假，以假爲真，均之爲妄境耳。人生萬事如是，何特此耶！

校勘記

〔一〕跋馬望君非一度　祠本「跋」作「踆」。

容齋續筆卷一 十八則

是書先已成十六卷，淳熙十四年八月，在禁林日入侍至尊壽皇聖帝清閒之燕，聖語忽云：「近見甚齋隨筆？」邁竦而對曰：「是臣所著容齋隨筆，無足采者。」上曰：「煞有好議論。」邁起謝，退而詢之，乃婺女所刻，賈人販鬻于書坊中，貴人買以入，遂塵乙覽。書生遭遇，可謂至榮。因復裒臆說綴于後，懼與前書相亂，故別以一二數而目曰續，亦十六卷云。紹熙三年三月十日，邁序。

1 顏魯公

顏魯公忠義大節，照映今古，豈唯唐朝人士罕見比倫，自漢以來，殆可屈指也。考其立朝出處，在明皇時，爲楊國忠所惡，由殿中侍御史出東都、平原。肅宗時，以論太廟築壇事，爲宰相所惡，由御史大夫出馮翊。爲李輔國所惡，由刑部侍郎貶蓬州。代宗時，以言祭器不飭，元載以爲誹謗，由刑部尚書貶峽州。德宗時，不容於楊炎，由吏部尚書换東宮散秩。盧杞之擅國也，欲去公，數遣人問方鎮所便，公往見之，責其不見容，由是銜恨切骨。是時年七十有五，竟墮杞之詭計而死，議者痛之。嗚呼，公既知杞之惡己，盍因其方鎮之問，欣然從之。不然，則高舉遠引，挂冠東去，杞之所甚欲也。而乃眷眷京都，終不自爲去就，以蹈危機。春秋責備賢者，斯爲可恨。司空圖隱於王官谷，柳璨以詔書召之，圖陽爲衰野，墮笏失儀，得放還山。璨之姦惡過於杞，圖非公比也，卒全身於大亂之世，然則公之委命賊手，豈不大可惜也哉！雖然，公囚困於淮西，屢折李希烈，卒之損身徇國，以激四海義烈之氣，貞元反正，實爲有助焉。豈天欲全畀公以萬世之名，故使一時墮於横逆以成始成終者乎！

2　戒石銘

「爾俸爾禄，民膏民脂。下民易虐，上天難欺。」太宗皇帝書此以賜郡國，立於聽事之南，謂之戒石銘。案，成都人景焕，有野人閑話一書，乾德三年所作，其首篇頌令箴，載蜀王孟昶爲文頒諸邑云：「朕念赤子，旰食宵衣。言之令長，撫養惠綏。政存三異，道在七絲。驅雞爲理，留犢爲規。寬猛得所，風俗可移。無令侵削，無使瘡痍。下民易虐，上天難欺。賦輿是切，軍國是資。朕之賞罰，固不踰時。爾俸爾禄，民膏民脂。爲民父母，莫不仁慈。勉爾爲戒，體朕深思。」凡二十四句。昶區區愛民之心，在五季諸僭僞之君爲可稱也。但語言皆不工，唯經表出者，詞簡理盡，遂成王言，蓋詩家所謂奪胎换骨法也。

3 雙生子

今時人家雙生男女，或以後生者爲長，謂受胎在前；或以先生者爲長，謂先後當有序。然固有經一日或亥、子時生，則弟乃先兄一日矣。辰時爲弟，巳時爲兄，則弟乃先兄一時矣。按，春秋公羊傳隱公元年：「立適以長不以賢，立子以貴不以長。」何休注云：「子謂左右媵及姪娣之子，質家親親先立娣，文家尊尊先立姪，其雙生也，質家據見立先生，文家據本意立後生。」乃知長幼之次，自商、周以來不同如此。

4 李建州

建安城東二十里，有梨山廟，相傳爲唐刺史李公祠。予守郡日，因作祝文，曰：「亟回哀眷。」書吏持白「回」字犯相公名，請改之，蓋以爲李回也。後讀文藝李頻傳，懿宗時，頻爲建州刺史，以禮法治下。時朝政亂，盜興，相椎敚，而建賴頻以安。卒官下，州爲立廟梨山，歲祠之，乃證其爲頻。繼往禱而祝之，云俟獲感應，則當刻石紀實。已而得雨，遂爲作碑。偶閱唐末人石文德所著唐朝新纂一書，正紀頻事，云除建州牧，卒於郡。曹松有詩悼之，曰：「出旌臨建水，謝世在公堂。苦集休藏篋，清資罷轉郎。瘴中無子奠，嶺外一妻孀。恐是浮吟骨，東歸就故鄉。」其身後事落拓如此。傳又云：「頻喪歸壽昌，父老相與扶柩葬之。天下亂，盜發其冢，縣人隨加封掩。」則無後可見云。稽神録載一事，亦以爲回，徐鉉失於不審也。

5　侍從官

自觀文殿大學士至待制，爲侍從官，令文所載也。紹興三十一年，完顏亮死于廣陵，車駕將幸建康，從官列銜上奏，乞同班入對。時湯岐公以大觀文爲行宮留守，寄聲欲聯名，衆以名位不同爲辭。岐公曰：「思退亦侍從也。」然竟不克從。紹熙二年，吏部鄭尚書僑上章乞薦士，詔令在内近臣臺諫、在外侍從，各舉六人堪充朝士者。吏部遍牒，但及内任從官與在外待制以上，而前宰相執政皆不預。安有從官得薦人，而舊弼乃不然，有司之失也。

6　存亡大計

國家大策，係於安危存亡，方變故交切，幸而有智者陳至當之謀，其聽而行之，當如捧漏甕以沃焦釜。而愚荒之主，暗於事幾，且惑於諛佞孱懦者之言，不旋踵而受其禍敗，自古非一也。曹操自將征劉備，田豐勸袁紹襲其後，紹辭以子疾不行。操征烏桓〔一〕，劉備説劉表襲許，表不能用，後皆爲操所滅。唐兵征王世充於洛陽，竇建德自河北來救，太宗屯虎牢以扼之，建德不得進，其臣凌敬請悉兵濟河，攻取懷州、河陽，踰太行，入上黨，徇汾、晉，趣蒲津，蹈無人之境，取勝可以萬全，關中駭震，則鄭圍自解。諸將曰：「凌敬書生，何爲知戰事，其言豈可用！」建德乃謝敬。其妻曹氏，又勸令乘唐國之虚，連營漸進，以取山北，西抄關中，唐必還師自救，鄭圍何憂不解。建德亦不從，引衆合戰，身爲人擒，國隨以滅。唐莊宗既取河北，屯兵朝城，梁之君臣，謀數道大舉，令董璋引陝、虢、澤、潞之兵趣太原，霍彦威以汝、洛之兵寇鎮定，王彦章以禁軍攻鄆州，段凝以大軍當莊宗。莊宗聞之，深以爲憂。而段凝不能臨機決策，梁主又無斷，遂以致亡。石敬瑭以河東叛，耶律德光赴救，敗唐兵而圍之，廢帝問策於群臣。時德光兄贊華，因爭國之故，亡歸在唐，吏部侍郎龍敏請立爲契丹主，令天雄、盧龍二鎮分兵送之，自幽州趣西樓，朝廷露檄言之，虜必有内顧之慮，然後選募精鋭以擊之，此解圍一策也。帝深以爲然。而執政恐其無成，議竟不決，唐遂以亡。皇家靖康之難，胡騎犯闕，孤軍深入，後無重援，亦有出奇計乞用師擣燕者。天未悔禍，噬齊弗及，可勝歎哉！

7　唐人詩不傳

韓文公送李礎序云：「李生温然爲君子，有詩八百篇，傳詠於時。」又盧尉墓誌云：「君能爲詩，自少至老，詩可録傳者，在紙凡千餘篇。無書不讀，然止用以資爲詩。任登封尉，盡寫所爲詩，投留守鄭餘慶，鄭以書薦於宰相。」觀此，則李、盧二子之詩多而可傳。又裴迪與王維同賦輞川諸絶，載於維集，此外更無存者。杜子美有寄裴十詩云「知君苦思緣詩瘦」，乃迪也，其能詩可知。今考之唐史藝文志，凡别集數百家，無其書，其姓名亦不見於他人文集，諸類詩文中亦無一篇。白樂天作元宗簡集序，云：「著格詩一百八十五，律詩五百九。」至悼其死，曰：「遺文三十軸，軸軸金玉聲。」謂其古常而不鄙，新奇而不怪。今世知其名者寡矣，而況於詩乎！乃知前賢遺稾湮没非一，真可惜也。

8　泰誓四語

孔安國古文尚書，自漢以來，不列於學官，故左氏傳所引者，杜預輒注爲逸書。劉向説苑臣術篇一章云：「泰誓曰：『附下而罔上者死，附上而罔下者刑。與聞國政而無益於民者退，在上位而不能進賢者逐。』此所以勸善而黜惡也。」漢武帝元朔元年，詔責中外不興廉舉孝。有司奏議曰：「夫附下罔上者死，附上罔下者刑。與聞國政而無益於民者斥，在上位而不能進賢者退。此所以勸善黜惡也。」其語與説苑所載正同。而諸家注釋，至于顏師古，皆不能援以爲證。今之泰誓，初未嘗有此語也。漢宣帝時，河内女子得泰誓一篇獻之，然年月不與序相應，又不與左傳、國語、孟子衆書所引泰誓同，馬、鄭、王肅諸儒皆疑之，今不復可考。

9 重陽上巳改日

唐文宗開成元年，歸融爲京兆尹，時兩公主出降，府司供帳事繁，又俯近上巳曲江賜宴，奏請改日。上曰：「去年重陽取九月十九日，未失重陽之意，今改取十三日可也。」且上巳、重陽皆有定日，而至展一旬，乃知鄭谷所賦十日菊詩云：「自緣今日人心別，未必秋香一夜衰。」亦爲未盡也。唯東坡公有「菊花開時即重陽」之語，故記其在海南蓺菊九畹，以十一月望，與客泛酒作重九云。

10 田宅契券取直

隋書志：「晉自過江，凡貨賣奴婢馬牛田宅，有文券，率錢一萬，輸估四百入官，賣者三百，買者一百。無文券者，隨物所堪，亦百分收四，名爲散估。歷宋、齊、梁、陳如此，以爲常。以人競商販，不爲田業，故使均輸，欲爲懲勸。雖以此爲辭，其實利在侵削也。」今之牙契投稅，正出於此。田宅所係者大，奉行唯謹，至於奴婢馬牛，雖著於令甲，民不復問。然官所取過多，并郡邑導行之費，蓋百分用其十五六，又皆買者獨輸，故爲數多者率隱減價直，賒立歲月，坐是招激訐訴。頃嘗因奏對，上章乞蠲其半，使民不作僞以息爭，則自言者必多，亦以與爲取之義。既下有司，而户部引條制沮其説。

11　公子奚斯

閟宮詩曰：「新廟奕奕，奚斯所作。」其辭只謂奚斯作廟，義理甚明。鄭氏之説，亦云作姜嫄廟也。而楊子法言，乃曰正考甫嘗睎尹吉甫，公子奚斯睎正考甫。宋咸注文，以謂奚斯慕考甫而作魯頌，蓋子雲失之於前，而宋又成其過耳。故吴祕又巧爲之説，曰：「正考甫商頌蓋美禘祀之事，而奚斯能作閟公之廟，亦睎詩之教也，而魯頌美之。」於義迂矣。司馬温公亦以謂奚斯作閟宮之詩。兼正考甫只是得商頌於周大師耳，初非自作也。班固、王延壽亦云奚斯頌魯，後漢曹褒曰：「奚斯頌魯，考甫詠商。」注引薛君韓詩傳云：「是詩公子奚斯所作。」皆相承之誤。

12 唐藩鎮幕府

唐世士人初登科或未仕者，多以從諸藩府辟置爲重。觀韓文公送石洪、温造二處士赴河陽幕序，可見禮節。然其職甚勞苦，故亦或不屑爲之。杜子美從劍南節度嚴武辟爲參謀，作詩二十韻呈嚴公，云：「胡爲來幕下，只合在舟中。束縛酬知己，蹉跎效小忠。周防期稍稍，太簡遂怱怱。曉入朱扉啓，昏歸畫角終。不成尋別業，未敢息微躬。會希全物色，時放倚梧桐。」而其題曰遣悶，意可知矣。韓文公從徐州張建封辟爲推官，有書上張公云：「受牒之明日，使院小吏持故事節目十餘事來，其中不可者，自九月至二月，皆晨入夜歸，非有疾病事故，輒不許出，若此者非愈之所能也。若寬假之，使不失其性，寅而入，盡辰而退，申而入，終酉而退，率以爲常，亦不廢事。苟如此，則死於執事之門無悔也。」杜、韓之旨，大略相似云。

13 文中子門人

王氏中説所載門人，多貞觀時知名卿相，而無一人能振師之道者，故議者往往致疑。其最所稱高第曰程、仇、董、薛，考其行事，程元、仇璋、董常無所見，獨薛收在唐史有列傳，蹤跡甚爲明白。收以父道衡不得死於隋，不肯仕，聞唐高祖興，將應義舉，郡通守堯君素覺之，不得去。及君素東連王世充，遂挺身歸國，正在丁丑、戊寅歲中。丁丑爲大業十三年，又爲義寧元年。戊寅爲武德元年。是年三月，煬帝遇害於江都，蓋大業十四年也。而杜淹所作文中子世家云：「十三年江都難作，子有疾，召薛收謂曰：吾夢顔回稱孔子歸休之命。乃寢疾而終。」殊與收事不合，歲年亦不同。是爲大可疑者也。又稱李靖受詩及問聖人之道，靖既云「丈夫當以功名取富貴，何至作章句儒」，恐必無此也。今中説之後，載文中次子福畤所録云：「杜淹爲御史大夫，與長孫太尉有隙。」予按淹以貞觀二年卒，後二十一年高宗即位，長孫無忌始拜太尉，其不合於史如此。故或者疑爲阮逸所作，如所謂薛收元經傳，亦非也。

14　晉燕用兵

萬事不可執一法，而兵爲甚。晉文公圍曹，攻門者多死，曹人尸諸城上。晉侯患之，聽輿人之謀，曰：「稱舍於墓。」言若將發冢者。師遷焉，曹人兇懼，因其兇而攻之，遂入曹。燕將騎劫攻齊即墨，田單縱反間，言吾懼燕人掘吾城外冢墓。燕軍乃盡掘冢墓，燒死人，齊人望見皆涕泣，其欲出戰，怒自十倍，已而果敗燕軍。觀晉、燕之所以用計則同，而其成敗頓異者何邪？晉但舍於墓，陽爲若將發冢，故曹人懼，而燕真爲之，以激怒齊人故爾。

15 李衛公帖

李衛公在朱崖，表弟某侍郎遣人餉以衣物，公有書答謝之，曰：「天地窮人，物情所弃。雖有骨肉，亦無音書。平生舊知，無復弔問。閣老至仁念舊，再降專人，兼賜衣服器物茶藥至多，開緘發紙，涕咽難勝。大海之中，無人拯恤，資儲蕩盡，家事一空，百口嗷然，往往絶食，塊獨窮悴，終日苦飢，唯恨垂没之年，須作餒而之鬼。十月末，伏枕七旬，藥物陳裛，又無醫人，委命信天，幸而自活。」書後云：「閏十一月二十日，從表兄崖州司户參軍同正李德裕狀侍郎十九弟。」案，德裕以大中二年十月自潮州司馬貶崖州，所謂閏十一月，正在三年，蓋到崖才十餘月爾，而窮困苟生已如是。唐書本傳云：「貶之明年卒。」則是此書既發之後，旋踵下世也。當是時，宰相皆其怨仇，故雖骨肉之親，平生之舊，皆不敢復通音問。而某侍郎至於再遣專使，其爲高義絶俗可知，惜乎姓名不可得而考耳。此帖藏禁中，後出付祕閣，今勒石于道山堂西。紹興中，趙忠簡公亦謫朱崖，士大夫畏秦氏如虎，無一人敢輒寄聲，張淵道爲廣西帥，屢遣兵校持書及藥石、酒麪爲餽。公嘗答書云：「鼎之爲己爲人，一至於此。」其述酸寒苦厄之狀，略與衛公同。既而亦終於彼。手札今尚存于張氏。姚崇曾孫勗爲李公厚善，及李譖逐，擿索支黨，無敢通勞問。既居海上，家無資，病無湯劑，勗數饋餉候問，不傳時爲厚薄，其某侍郎之徒與！

16　王孫賦

王延壽王孫賦，載於古文苑。其辭有云：「顏狀類乎老翁，軀體似乎小兒。」謂猴也。乃知杜詩「顏狀老翁爲」，蓋出諸此。

17　漢郡國諸官

西漢鹽鐵、膳羞、陂湖、工服之屬，郡縣各有司局幹之，其名甚多，然居之者罕。嘗見於史傳，今略以地理所載言之〔二〕，凡鐵官三十八，鹽官二十九，工官九，皆不暇紀其處。自餘若京兆有船司空，爲主船官；太原有挏馬官，主牧馬；元名家馬官。遼東有牧師官；交趾有羞官；南郡有發弩官；嚴道有木官；丹陽有銅官；桂陽有金官；南海有洭浦官；南郡江夏有雲夢官；九江有陂官、湖官；朐忌、魚復有橘官〔三〕；鄱陽黃金采，主采金，亦有官。在內則奉常之均官、食官，司農之斡官，少府之大官主膳食，湯官主餅餌，導官主擇米，如是者蓋以百數。

18 漢獄名

漢以廷尉主刑獄，而中都它獄亦不一。宗正屬官有左右都司空。鴻臚有別火令丞，郡邸獄。少府有若盧獄令，考工共工獄。執金吾有寺互、都船獄。又有上林詔獄，水司空掖受祕獄，暴室、請室、居室、徒官之名。張湯傳蘇林曰：「漢儀注獄二十六所。」東漢志云：「孝武帝所置，世祖皆省之。」東漢洎唐，雖鞫囚非一處，然不至如是其多。國朝但有大理及臺獄，元豐、紹聖間，蔡確、章子厚起同文館獄之類，非故事也。

校勘記

〔一〕烏桓　「桓」原作「戎」。清抄本何焯等校：「戎」字避欽宗諱。欽宗名桓。今據改。

〔二〕地理　馬本、祠本「理」後有「志」字。

〔三〕朐忌　王校「忌」作「𦜳」。按漢書卷二十八上作「忍」。疑作「忌」誤。

容齋續筆卷二十八則

1 權若訥馮澥

唐中宗既流殺五王，再復武氏陵廟，右補闕權若訥上疏，以爲：「天地日月等字，皆則天能事，賊臣敬暉等輕紊前規，削之無益於淳化，存之有光於孝理。又神龍制書，一事以上竝依貞觀故事，豈可近捨母儀，遠尊祖德。」疏奏，手制褒美。欽宗在位，黴王安石、蔡京之誤國，政事悉以仁宗爲法。左諫議大夫馮澥上言：「仁宗皇帝，陛下之高祖也。神宗皇帝，陛下之祖也。子孫之心，寧有厚薄。王安石、司馬光皆天下之大賢，其優劣等差，自有公論，願無作好惡，允執厥中，則是非自明矣。」詔牓朝堂。侍御史李光駁之，不聽，復爲右正言崔鷗所擊。宰相不復問，而遷澥吏部侍郎。按，若訥與澥兩人議論操持絶相似，蓋澥在崇寧中，首上書乞廢元祐皇后，自選人除寺監丞，其始終大節，不論可見。建炎初元，乃超居政地，公議憤之。

2 歲旦飲酒

今人元日飲屠酥酒，自小者起，相傳已久，然固有來處。後漢李膺、杜密以黨人同繫獄，值元日，於獄中飲酒，曰：「正旦從小起。」時鏡新書晉董勛云：「正旦飲酒，先飲小者，何也？」勛曰：「俗以小者得歲，故先酒賀之，老者失時，故後飲酒。」初學記載四民月令云：「正旦進酒次第，當從小起，以年小者起先。」唐劉夢得、白樂天元日舉酒賦詩，劉云：「與君同甲子，壽酒讓先杯。」白云：「與君同甲子，歲酒合誰先？」白又有歲假内命酒一篇云：「歲酒先拈辭不得，被君推作少年人。」顧況云：「不覺老將春共至，更悲攜手幾人全。還丹寂寞羞明鏡，手把屠蘇讓少年。」裴夷直云：「自知年幾偏應少，先把屠蘇不讓春。儻更數年逢此日，還應惆悵羨他人。」成文幹云：「戴星先捧祝堯觴，鏡裏堪驚兩鬢霜。好是燈前偷失笑，屠廳應不得先嘗。」方干云：「纔酌屠蘇定年齒，坐中皆笑鬢毛斑。」然則尚矣。東坡亦云：「但把窮愁博長健，不辭最後飲屠酥。」其義亦然。

3 存殁絕句

杜子美有存殁絕句二首云：「席謙不見近彈棋，畢曜仍傳舊小詩。玉局他年無限笑，白楊今日幾人悲。」「鄭公粉繪隨長夜，曹霸丹青已白頭。天下何曾有山水，人間不解重驊騮。」每篇一存一歿，蓋席謙、曹霸存，畢、鄭歿也。黄魯直荆江亭即事十首，其一云：「閉門覓句陳無己，對客揮毫秦少游。正字不知温飽未，西風吹淚古藤州。」乃用此體，時少游歿而無己存也。近歲新安胡仔著漁隱叢話，謂魯直以今時人形入詩句，蓋取法於少陵，遂引此句，實失於詳究云。

4 湯武之事

湯、武之事，古人言之多矣。惟漢轅固、黄生爭辯最詳。黄生曰：「湯、武非受命，迺殺也。」固曰：「不然。桀、紂荒亂，天下之心皆歸湯、武，湯、武因天下之心而誅桀、紂，不得已而立，非受命爲何！」黄生曰：「冠雖敝必加於首，履雖新必貫於足。今桀、紂雖失道，君上也，湯、武雖聖，臣下也，反因過而誅之，非殺而何？」景帝曰：「食肉毋食馬肝，未爲不知味，言學者毋言湯、武受命，不爲愚。」遂罷。顔師古注云：「言湯、武爲殺，是背經義，故以馬肝爲喻也。」東坡志林云：「武王非聖人也，昔者孔子蓋罪湯、武，伯夷、叔齊不食周粟，而孔子予之，其罪武王也甚矣。至孟軻始亂之，使當時有良史，南巢之事，必以叛書，牧野之事，必以弒書。湯、武仁人也，必將爲法受惡。」可謂至論。然予切考孔子之序書，明言伊尹相湯伐桀，成湯放桀于南巢，武王伐商，武王勝商殺受，各蔽以一語，而大指皦如，所謂六藝折衷，無待於良史復書也。

5 張釋之傳誤

漢書紀、傳、志、表，矛盾不同非一，然唯張釋之爲甚。本傳云：「釋之爲騎郎，事文帝十年不得調，亡所知名，欲免歸。中郎將袁盎惜其去，請徙補謁者，後拜爲廷尉，逮事景帝，歲餘，爲淮南相。」而百官公卿表所載，文帝即位三年，釋之爲廷尉，至十年，書廷尉昌、廷尉嘉又二人，凡歷十三年，景帝乃立，而張歐爲廷尉。則是釋之未嘗十年不調，及未嘗以廷尉事景帝也。

6 張于二廷尉

張釋之爲廷尉，天下無冤民。于定國爲廷尉，人自以不冤，此漢史所稱也。兩人在職皆十餘年。周勃就國，人上書告勃欲反，下廷尉逮捕，吏稍侵辱之，勃以千金與獄吏，吏使以公主爲證，太后亦以爲無反事，乃得赦出。釋之正爲廷尉，不能救，但申理犯蹕、盜環一二細事耳。楊惲爲人告驕奢不悔過，下廷尉按驗，始得所予孫會宗書，定國當惲大逆無道，惲坐要斬。惲之罪何至於是！其徇主之過如此。傳所謂「決疑平法務在哀矜」者，果何爲哉！

7　漢唐置郵

趙充國在金城，上書言先零、罕羌事，六月戊申奏，七月甲寅璽書報從其計。案，金城至長安一千四百五十里，往反倍之，中間更下公卿議臣，而自上書至得報，首尾才七日。唐開元十年八月己卯夜，權楚璧等作亂，時明皇幸洛陽，相去八百餘里。壬午遣河南尹王怡如京師按問、宣慰，首尾才三日。置郵傳命，既如此其速，而廷臣共議，蓋亦未嘗淹久，後世所不及也。

8　龍且張步

韓信擊趙，李左車勸陳餘勿與戰，餘曰：「今如此避弗擊，諸侯謂吾怯，而輕來伐我。」遂與信戰，身死國亡。是時，信方爲漢將，始攻下魏、代，威聲猶未暴白，陳餘易之，尚不足訝。及滅趙服燕，則關東六國，既定其四矣。信伐齊，楚使龍且來救。或言漢兵不可當，龍且曰：「吾平生知韓信爲人，易與耳，不足畏也，何爲而止！」一戰而没，項隨以亡。耿弇討張步，斬其大將軍費邑，走邑之弟敢，進攻西安、臨淄，拔其城，又走其弟藍，勢如破竹。先是，弇已破尤來、大槍、延岑、彭寵、富平、獲索矣。時步所盜齊地，太半爲弇所得。然步猶曰：「以尤來、大彤十餘萬衆，吾皆即其營而破之。今弇兵少於彼，又皆疲勞，何足摧乎！」竟出兵大戰，兄弟成禽。兵法云：「知彼知己，百戰不殆。」龍且、張步豈復識此哉！梁臨川王宏伐魏，魏元英禦之，宏停軍不前。魏人勸英進據洛水。英曰：「蕭臨川雖騃，其下有良將韋、裴之屬，未可輕也。宜且觀形勢，勿與交鋒。」宏卒敗退。英之識見，非前人可比也。然遂進軍圍鍾離，魏邢巒以爲不可，魏主召使還，英表稱必克，爲曹景宗、韋叡所挫，失亡二十餘萬人。智於前而昧於後，爲可恨耳。

9 義理之説無窮

經典義理之説最爲無窮，以故解釋傳疏，自漢至今，不可槩舉，至有一字而數説者。姑以周易革卦言之。「已日乃孚，革而信之。」自王輔嗣以降，大抵謂即日不孚，已日乃孚。「已」字讀如「矣」音，蓋其義亦止如是耳。唯朱子發讀爲戊己之「己」。予昔與易僧曇瑩論及此，問之曰：「或讀作己音紀日如何？」瑩曰：「豈唯此也，雖作巳音似日亦有義。」乃言曰：「天元十干，自甲至己，然後爲庚，庚者革也，故己日乃孚，猶云從此而革也。十二辰自子至巳六陽，數極則變而之陰，於是爲午，故巳日乃孚，猶云從此而變也。」用是知好奇者欲穿鑿附會，固各有説云。

10　開元五王

唐明皇兄弟五王，兄申王撝以開元十二年，寧王憲、邠王守禮以二十九年，弟岐王範以十四年，薛王業以二十二年薨，至天寶時已無存者。楊太真以三載方入宫，而元積連昌宫詞云：「百官隊仗避岐、薛，楊氏諸姨車鬬風。」李商隱詩云：「夜半宴歸宫漏永，薛王沉醉壽王醒。」皆失之也。

11　巫蠱之禍

漢世巫蠱之禍，雖起於江充，然事會之來，蓋有不可曉者。武帝居建章宫，親見一男子帶劍入中龍華門，疑其異人，命收之，男子捐劍走，逐之弗獲。上怒，斬門候，閉長安城門，大索十一日，巫蠱始起。又嘗晝寢，夢木人數千持杖欲擊己〔一〕，乃驚寤，因是體不平，遂苦忽忽善忘。此兩事可謂異矣。木將腐，蠹實生之。物將壞，蟲實生之。是時帝春秋已高，忍而好殺，李陵所謂法令無常，大臣無罪夷滅者數十家。由心術既荒，隨念招妄，男子、木人之兆，皆迷不復開，則謫見於天，鬼瞰其室。禍之所被，以妻則衛皇后，以子則戾園，以兄子則屈氂，以女則諸邑、陽石公主，以婦則史良娣，以孫則史皇孫。骨肉之酷如此，豈復顧他人哉！且兩公主實衛后所生，太子未敗數月前，皆已下獄誅死，則其母與兄豈有全理！固不待於江充之譖也。

12 唐詩無諱避

唐人歌詩，其於先世及當時事，直辭詠寄，略無避隱。至宫禁嬖昵，非外間所應知者，皆反復極言，而上之人亦不以爲罪。如白樂天長恨歌諷諫諸章，元微之連昌宫詞，始末皆爲明皇而發。杜子美尤多，如兵車行、前後出塞、新安吏、潼關吏、石壕吏、新婚别、垂老别、無家别、哀王孫、悲陳陶、哀江頭、麗人行、悲青阪、公孫舞劍器行，終篇皆是。其它波及者，五言如：「憶昨狼狽初，事與古先别。」「不聞夏、殷衰，中自誅褒、妲。」「是時妃嬪戮，連爲糞土叢。」「中宵焚九廟，雲漢爲之紅。」「先帝正好武，寰海未凋枯。」「拓境功未已，元和辭大鑪。」「内人紅袖泣，王子白衣行。」「毀廟天飛雨，焚宫火徹明。」「南内開元曲，常時弟子傳。」「法歌聲變轉，滿座涕潺湲。」「御氣雲樓敞，含風綵仗高。」「仙人張内樂，王母獻宫桃。」「須爲下殿走，不可好樓居。」「固無牽白馬，幾至著青衣。」「奪馬悲公主，登車泣貴嬪。」「兵氣凌行在，妖星下直盧。」「落日留王母，微風倚少兒。」「能畫毛延壽，投壺郭舍人。」「鬬雞初賜錦，舞馬更登牀。」「驪山絶望幸，花萼罷登臨。」「殿瓦鴛鴦坼，宫簾翡翠虚」。七言如：「關中小兒壞紀綱，張后不樂上爲忙」。「天子不在咸陽宫，得不哀痛塵再蒙。」「曾貌先帝照夜白，龍池十日飛霹靂。」「要路何日罷長戟，戰自青羌連白蠻」。「豈謂盡煩回紇馬，翻然遠救朔方兵」。如此之類，不能悉書。此下如張祜賦連昌宫、元日仗、千秋樂、大酺樂、十五夜燈、熱戲樂、上巳東、邠王小管、李謨笛、退宫人、玉環琵琶、春鶯囀、寧哥來、容兒鉢頭、邠娘羯鼓、耍娘歌、悖拏兒舞、華清宫、長門怨、集靈臺、阿鵖湯、馬嵬歸、香囊子、散花樓、雨霖鈴等三十篇，大抵詠開元、天寶間事。李義山華清宫、馬嵬、驪山、龍池諸詩亦然。今之詩人不敢爾也。

13　李晟傷國體

將帥握重兵居閫外，當國家多事時，其奉上承命，尤當以恭順爲主。唐李晟在德宗朝，破朱泚，復長安，功名震耀，蓋社稷宗臣也。然嘗將神策軍戍蜀，及還，以營妓自隨，節度使張延賞追而返之，由是有隙。晟既立大功，上召延賞入相，晟表陳其過惡，上重違其意，乃止。後歲餘，上命韓滉諭旨於晟使釋怨，滉因使晟表薦，延賞遂爲相。然則輔相之拜罷，皆大將得制之，其傷國體甚矣。德宗猜忌刻薄，渠能釋然！晟之失兵柄，正緣此耳。國學武成王廟，本列晟於十哲，乾道中有旨，退於從祀，壽皇聖意豈非出此乎！

14 元和六學士

白樂天分司東都，有詩上李留守相公，其序言：「公見過池上，汎舟舉酒，話及翰林舊事，因成四韻。」後兩聯云：「白首故情在，青雲往事空。同時六學士，五相一漁翁。」此詩蓋與李絳者，其詞正紀元和二年至六年事。予以其時考之，所謂五相者，裴垍、王涯、杜元穎、崔羣及絳也。紹興二十八年三月，予入館，明年八月，除吏部郎官，一時同舍祕書丞虞雍公并甫、著作郎陳魏公應求、祕書郎史魏公直翁、校書郎王魯公季海，皆至宰相，汪莊敏公明遠至樞密使，恩數與宰臣等，甚類元和事云。

15 二傳誤後世

自左氏載石碏事，有「大義滅親」之語，後世援以爲說，殺子孫，害兄弟。如漢章帝廢太子慶，魏孝文殺太子恂，唐高宗廢太子賢者，不可勝數。公羊書魯隱公、桓公事，有「子以母貴，母以子貴」之語，後世援以爲說，廢長立少，以妾爲后妃。如漢哀帝尊傅昭儀爲皇太太后，光武廢太子彊而立東海王陽，唐高宗廢太子忠而立孝敬者，亦不可勝數。

16 卜子夏

魏文侯以卜子夏爲師。案史記所書，子夏少孔子四十四歲，孔子卒時，子夏年二十八矣。是時，周敬王四十一年，後一年元王立，歷貞定王、考王，至威烈王二十三年，魏始爲侯，去孔子卒時七十五年。文侯爲大夫二十二年而爲侯，又十六年而卒。姑以始侯之歲計之，則子夏已百三歲矣，方爲諸侯師，豈其然乎？

17 父子忠邪

漢王氏擅國，王章、梅福嘗言之，唯劉向勤勤懇懇，上封事極諫，至云：「事勢不兩大，王氏與劉氏亦且不並立。陛下爲人子孫，守持宗廟，而令國祚移於外親，降爲皁隸，爲後嗣憂，昭昭甚明。」其言痛切如此。而子歆乃用王莽舉爲侍中，爲莽典文章，倡導在位，褒揚功德，安漢、宰衡之名，皆所共謀，馴致攝篡，卒之身亦不免。魏陳矯事曹氏，三世爲之盡忠，明帝憂社稷，問曰：「司馬懿忠正，可謂社稷之臣乎？」矯曰：「朝廷之望，社稷未知也。」懿竟竊國柄。至孫炎篡魏爲晉，而矯之子騫乃用佐命勳，位極公輔。晉郗愔忠於王室，而子超黨於桓氏，爲温建廢立之謀。超死，愔哀悼成疾，後見超書一箱，悉與温往反密計，遂大怒，曰：「小子死恨晚。」更不復哭。晉史以爲有大義之風。向、矯、愔之忠如是，三子不勝誅矣。

18 蘇張説六國

蘇秦張儀同學於鬼谷，而其從横之辯，如冰炭水火之不同，蓋所以設心者異耳。蘇欲六國合從以擯秦，故言其彊。謂燕地方二千餘里，帶甲數十萬，車六百乘，騎六千匹；謂趙地亦方二千餘里，帶甲數十萬，車千乘，騎萬匹；謂韓地方九百里，帶甲數十萬，天下之强弓勁弩，皆從韓出，韓卒之勇，一人當百；謂魏地方千里，卒七十萬；齊地方二千餘里，臨菑之卒固已二十一萬；楚地方五千里，帶甲百萬，車千乘，騎萬匹。至於張儀，則欲六國爲横以事秦，故言其弱。謂梁地方不過千里，卒不過三十萬；韓地險惡，卒不過二十萬；臨菑、即墨非齊之有；斷趙右肩；黔、巫非楚有；易水、長城非燕有。然而六王皆聳聽敬從，舉國而付之，未嘗有一語相折難者。彼皆長君，持國之日久，逮其臨事，乃顧如桔槔，隨人俯仰，得不危亡，幸矣哉。且一國之勢，猶一家也。今夫主一家之政者，較量生理，名田若干頃，歲收穀粟若干；藝園若干畝，歲收桑麻若干；邸舍若干區，爲錢若干；下至牛羊犬雞，莫不有數，自非童騃孱愚之人，未有不能件析而枚數者，何待於疏遠游客爲吾借箸而籌哉！苟一以爲多，一以爲寡，將遂挈挈然舉而信之乎！鼂錯説景帝曰：「高帝大封同姓，齊七十餘城，楚四十餘城，吴五十餘城，分天下半。」以漢之廣，三國渠能分其半？此錯欲削諸侯，故盛言其大爾。膠西王將與吴反，羣臣諫曰：「諸侯地不能當漢十二，爲叛逆，非計也。」是時反者即吴、楚、諸齊，此膠西臣欲止王之謀，故盛言其小爾。二者視蘇、張之言，疑若相似，而用心則否，聽之者惟能知彼知己，則善矣。

校勘記

〔一〕夢木人數千　祠本「千」作「十」。

容齋續筆卷三 十八則

1 一定之計

人臣之遇明主，於始見之際，圖事揆策，必有一定之計，據以爲決，然後終身不易其言，則史策書之，足爲不朽。東坡序范文正公之文，蓋論之矣。伊尹起於有莘，應湯三聘，將使君爲堯、舜之君，民爲堯、舜之民，卒之相湯伐夏，俾厥后惟堯、舜，格于皇天。傅說在巖野，爰立作相，三篇之書，皎若星日，雖史籍久遠，不詳紀其行事，而高宗克鬼方，伐荆楚，嘉靖商邦，禮陟配天，載于易之既濟，書之無逸，詩之殷武，商代之君莫盛焉。罔俾阿衡，專美有商，於是爲允蹈矣。管仲以其君霸，商君基秦爲强，雖聖門羞稱，後世所賤，然考其爲政，蓋未嘗一戾於始謀。韓信勸漢祖任天下武勇，以城邑封功臣，以義兵從思東歸之士，傳檄而定三秦；下魏之後，請北舉燕、趙，東擊齊，南絶楚糧道，西會滎陽，至於滅楚，無一言不酬。鄧禹見光武於河北，知更始無成，説帝延攬英雄，務悦民心，立高祖之業，救萬民之命，帝與定計議，終濟大業。耿弇與光武同討王郎，願歸幽州，益發精兵，定彭寵，取張豐，還收富平、獲索，東攻張步，以平齊地，帝常以爲落落難合，而事竟成。諸葛亮論曹操挾天子令諸侯，難與爭鋒，孫權據有江東，可與爲援而不可圖。荊州用武之國，益州沃野千里，勸劉備跨有荊、益，外觀時變，則霸業可成，漢室可興。及南方已定，則表獎率三軍，北定中原。已而盡行其說，至於用師未戰而身先死，則天也。房喬杖策謁太宗爲記室，即收人物致幕府，與諸將密相申結，輔成大勳，至於爲相，號令典章，盡出其手，雖數百年猶蒙其功。王朴事周世宗，當五季草創之際，上平邊策，以爲：「唐失吴、蜀，晉失幽、并，當知所以平之之術。當今吴易圖，可撓之地二千里，攻虛擊弱，則所向無前，江北諸州，乃國家之有也。既得江北，江之南亦不難平。得吴則桂、廣皆爲内臣，岷、蜀可飛書而召之，不至則四面並進，席卷而蜀平矣。吴、蜀平，幽可望風而至。唯并必死之寇，候其便則一削以平之。」世宗用其策，功未集而殂。至於國朝，掃平諸方，先後次第，皆不出朴所料。獨幽州之舉，既至城下，而諸將不能成功。若乃王安石顓國，言聽計從，以身任天下之重，而師慕商鞅爲人，苟可以取民者無不盡，遂詒後世之害，則在所不論也。

2　秋興賦

宋玉九辯詞云：「憭慄兮若在遠行，登山臨水兮送將歸。」潘安仁秋興賦引其語，繼之曰：「送歸懷慕徒之戀，遠行有羈旅之憤。臨川感流以歎逝，登山懷遠而悼近。彼四慼之疚心，遭一塗而難忍。」蓋暢演厥旨，而下語之工拙較然不侔也。

3 太史慈

三國當漢、魏之際，英雄虎爭，一時豪傑志義之士，礌礌落落，皆非後人所能冀，然太史慈者尤爲可稱。慈少仕東萊本郡，爲奏曹吏，郡與州有隙，州章劾之，慈以計敗其章，而郡得直。孔融在北海爲賊所圍，慈爲求救於平原，突圍直出，竟得兵解融之難。後劉繇爲揚州刺史，慈往見之，會孫策至，或勸繇以慈爲大將軍。繇曰：「我若用子義，許子將不當笑我邪？」但使慈偵視輕重，獨與一騎，卒遇策，便前鬭，正與策對，得其兜鍪。及繇奔豫章，慈爲策所執，捉其手曰：「寧識神亭時邪？」又稱其烈義，爲天下智士，釋縛用之，命撫安繇之子，經理其家。孫權代策，使爲建昌都尉，遂委以南方之事，督治海昏。至卒時，纔年四十一，葬于新吳，今洪府奉新縣也，邑人立廟敬事。乾道中封靈惠侯，予在西掖當制，其詞云：「神早赴孔融，雅謂青州之烈士；晚從孫策，遂爲吴國之信臣。立廟至今，作民司命。擥一同之言狀，擇二美以建侯。庶幾江表之間，尚憶神亭之事。」蓋爲是也。

4　謚法

「先王謚以尊名，節以壹惠。」語出表記，然不云起於何時。今世傳周公謚法，故自文王、武王以來始有謚。周之政尚文，斯可驗矣。如堯、舜、禹、湯皆名，皇甫謐之徒附會爲説，至於桀、紂，亦表以四字，皆非也。周王謚以一字，至威烈、貞定益以兩，而衛武公曰叡聖武公，見於楚語。孔文子曰貞惠文子，見於檀弓。各三字，意當時尚多有之。唐諸帝謚，經三次加册，由高祖至明皇皆七字，其後多少不齊。代宗以四字，肅、順、憲以九字，餘以五字，唯宣宗獨十八字，曰元聖至明成武獻文睿智章仁神聰懿道大孝。國朝祖宗謚十六字，唯神宗二十字，曰體元顯道法古立憲帝德王功英文烈武欽仁聖孝，蓋蔡京所定也。

5　漢文帝受言

漢文帝即位十三年，齊太倉令淳于意有罪當刑，其女緹縈，年十四，隨至長安，上書願没入爲官婢，以贖父刑罪。帝憐悲其意，即下令除肉刑。丞相張蒼、御史大夫馮敬議，請定律，當斬右止者反弃市，笞者杖背五百至三百，亦多死。徒有輕刑之名，實多殺人。其三族之罪，又不乘時建明，以負天子德意，蒼、敬可謂具臣矣。史稱文帝止輦受言。今以一女子上書，躬自省覽，即除數千載所行之刑，曾不留難，然則天下事豈復有稽滯不決者哉！所謂集上書囊以爲殿帷，蓋凡囊封之書，必至前也。

6 丹青引

杜子美丹青引贈曹將軍霸云：「先帝天馬玉花驄，畫工如山貌不同。是日牽來赤墀下，迥立閶闔生長風。詔謂將軍拂絹素，意匠慘澹經營中。斯須九重真龍出，一洗萬古凡馬空。玉花却在御榻上，榻上廷前屹相向。至尊含笑催賜金，圉人太僕皆惆悵。」讀者或不曉其旨，以爲畫馬奪真，圉人、太僕所爲不樂。是不然。圉人、太僕蓋牧養官曹及馭者，而黄金之賜，乃畫史得之，是以惆悵，杜公之意深矣。又觀曹將軍畫馬圖云：「曾貌先帝照夜白，龍池十日飛霹靂。内府殷紅碼碯盤，婕妤傳詔才人索。」亦此意也。

7 詩國風秦中事

周、召二南、豳風皆周文、武、成王時詩，其所陳者，秦中事也。所謂沼沚洲澗之水，蘋蘩藻荇之菜，疑非所有。既化行江、漢，故并江之永、漢之廣，率皆得言之歟？摽有梅之詩，不注釋梅；而秦風終南詩：「終南何有？有條有梅。」毛氏云：「梅，枏也。」箋云：「名山高大，宜有茂木。」今之梅與枏異，亦非茂木，蓋毛、鄭北人，不識梅耳。若上林賦所引江蘺、蘼蕪、揭車、蘘荷、蓀、若、蘋、芧之類，自是侈辭過實，與所謂八川東注太湖者等也。

8 詩文當句對

唐人詩文，或於一句中自成對偶，謂之當句對。蓋起於楚辭「蕙烝蘭藉」、「桂酒椒漿」、「桂櫂蘭枻」、「斲冰積雪」。自齊、梁以來，江文通、庾子山諸人亦如此。如王勃宴滕王閣序一篇皆然。謂若襟三江，帶五湖，控蠻荆，引甌越，龍光牛斗，徐孺陳蕃，騰蛟起鳳，紫電青霜，鶴汀鳧渚，桂殿蘭宫，鐘鳴鼎食之家，青雀黄龍之軸，落霞孤鶩，秋水長天，天高地迥，興盡悲來，宇宙盈虚，丘墟已矣之辭是也。于公異破朱泚露布亦然。如堯舜禹湯之德，統元立極之君，卧鼓偃旗，養威蓄鋭，夾川陸而左旋右抽，抵丘陵而浸淫布濩，聲塞宇宙，氣雄鉦鼓，貙兕作威，風雲動色，乘其跆藉，取彼鯨鯢，自卯及酉，來拒復攻，山傾河泄，霆鬬雷馳，自北徂南，輿尸折首，左武右文，銷鋒鑄鏑之辭是也。杜詩小院回廊春寂寂，浴鳧飛鷺晚悠悠；清江錦石傷心麗，嫩蘂濃花滿目斑；書籤藥裹封蛛網，野店山橋送馬蹄；戎馬不如歸馬逸，千家今有百家存；犬羊曾爛漫，宫闕尚蕭條；蛟龍引子過，荷芰逐花低；干戈況復塵隨眼，鬢髮還應雪滿頭；百萬傳深入，寰區望匪他。象床玉手，萬草千花，落絮遊絲，隨風照日，青袍白馬，金谷銅駝，竹寒沙碧，菱刺藤梢，長年三老，捩柂開頭，門巷荆棘底，君臣豺虎邊，養拙干戈，全生麋鹿，捨舟策馬，拖玉腰金，高江急峽，翠木蒼藤，古廟杉松，歲時伏臘，三分割據，萬古雲霄，伯仲之間，指揮若定，桃蹊李徑，梔子紅椒，庾信羅含，春來秋去，楓林橘樹，複道重樓之類，不可勝舉。李義山一詩，其題曰當句有對云：「密邇平陽接上蘭，秦樓鴛瓦漢宮盤。池光不定花光亂，日氣初涵露氣乾。但覺游蜂饒舞蝶，豈知孤鳳憶離鸞。三星自轉三山遠，紫府程遥碧落寬。」其他詩句中，如青女素娥，對月中霜裏；黄葉風雨，對青樓管絃；骨肉書題，對蕙蘭蹊徑；花鬚柳眼，對紫蝶黄蜂；重吟細把，對已落猶開；急鼓疏鐘，對休燈滅燭；江魚朔雁，對秦樹嵩雲；萬户千門，對風朝露夜。如是者甚多。

9 東坡明正

東坡明正一篇送于伋失官東歸云：「子之失官，有爲子悲如子之自悲者乎？有如子之父兄妻子之爲子悲者乎？子之所以悲者，惑於得也。父兄妻子之所以悲者，惑於愛也。」案，戰國策齊鄒忌謂妻曰：「我孰與城北徐公美？」其妻曰：「君美甚，徐公何能及公也。」復問其妾與客，皆言徐公不若君之美。暮寢而思之，曰：「吾妻之美我者，私我也。妾之美我者，畏我也。客之美我者，欲有求於我也。」東坡之斡旋，蓋取諸此。然四菩薩閣記云：「此畫乃先君之所嗜，既免喪，以施浮圖惟簡，曰：『此唐明皇帝之所不能守者，而況於余乎！余惟自度不能長守此也，是以與子。』」而其末云：「軾之以是與子者，凡以爲先君捨也。」與初辭意蓋不同，晚學所不曉也。

10　臺諫不相見

嘉祐六年，司馬公以修起居注同知諫院，上章乞立宗室爲繼嗣。對畢，詣中書，略爲宰相韓公言其旨。韓公攝饗明堂，殿中侍御史陳洙監祭，公問洙：「聞殿院與司馬舍人甚熟。」洙答以「頃年曾同爲直講」。又問：「近日曾聞其上殿言何事？」洙答以「彼此臺、諫官不相往來，不知言何事」。此一項，温公私記之甚詳。然則國朝故實，臺、諫官元不相見。故趙清獻公爲御史論陳恭公，而范蜀公以諫官與之爭。元豐中，又不許兩省官相往來。鮮于子駿乞罷此禁。元祐中，諫官劉器之、梁況之等論蔡新州，而御史中丞以下，皆以無章疏罷黜。靖康時，諫議大夫馮澥論時政失當，爲侍御史李光所駁。今兩者合爲一府，居同門，出同幕，與故事異，而執政祭祠行事，與監察御史不相見云。

11 執政四入頭

國朝除用執政，多從三司使、翰林學士、知開封府、御史中丞進拜，俗呼爲「四入頭」。固有盡歷四職而不用，如張文定公、謂仁、英朝至神宗初始用。王宣徽之類者。趙清獻公自成都召還知諫院，大臣言故事近臣自成都還將大用，必更省府，謂三司使、開封府。不爲諫官。以是知一朝典章，其嚴如此。至若以權侍郎方受告即爲參樞，如施鉅、鄭仲熊者，蓋秦檜所用云。

12 無望之禍

自古無望之禍玉石俱焚者，釋氏謂之刼數，然固自有幸不幸者。漢武帝以望氣者言長安獄中有天子氣，於是遣使者分條中都官詔獄繫者，亡輕重一切皆殺之，獨郡邸獄繫者，賴丙吉得生。隋煬帝令嵩山道士潘誕合鍊金丹不成，云無石膽石髓，若得童男女膽髓各三斛六斗，可以代之，帝怒斬誕。其後方士言李氏當爲天子，勸帝盡誅海内李姓。以煬帝之無道，嗜殺人不啻草莽，而二說偶不行。唐太宗以李淳風言女武當王，已在宮中，欲取疑似者盡殺之，賴淳風諫而止。以太宗之賢尚如此，豈不云幸不幸哉。

13 燕説

黄魯直和張文潛八詩，其二云：「談經用燕説，束棄諸儒傳。濫觴雖有罪，末派瀰九縣。」大意指王氏新經學也。燕説出於韓非子，曰先王有郢書而後世多燕説。又引其事曰：「郢人有遺燕相國書者，夜書，火不明，謂持燭者曰：『舉燭。』已而誤書『舉燭』二字，非書本意也。燕相受書，曰：『舉燭者尚明也，尚明者舉賢而用之。』遂以白王，王大説，國以治，治則治矣，非書意也。」魯直以新學多穿鑿，故有此句。

14 折檻行

杜詩折檻行云：「千載少似朱雲人，至今折檻空嶙峋。婁公不語宋公語，尚憶先皇容直臣。」此篇專爲諫爭而設，謂婁師德、宋璟也。人多疑婁公既無一語，何得爲直臣？錢仲云：「朝有闕政，或婁公不語，則宋公語。」但師德乃是武后朝人，璟爲相時，其亡久矣。杜有祭房相國文，言「羣公間出，魏、杜、婁、宋」，亦併二公稱之。詩言先皇，意爲明皇帝也。婁氏別無顯人有聲開元間，爲不可曉。

15 朱雲陳元達

朱雲見漢成帝，請斬馬劍斷張禹首。上大怒曰：「罪死不赦。」御史將雲下，雲攀殿檻，檻折，御史遂將雲去。辛慶忌叩頭以死爭，上意解，然後得已。及後當治檻，上曰：「勿易，因而輯之，輯與集同，謂補合之。以旌直臣。」劉聰爲劉后起鷂儀殿，陳元達諫，聰怒，命將出斬之，時在逍遥園李中堂，元達先鎖腰而入，即以鎖繞堂下樹，左右曳之不能動。劉氏聞之，私勑左右停刑，手疏切諫，聰乃解，引元達而謝之，易園爲納賢園，堂爲媿賢堂。兩人之事甚相類，雲之免於死，而慶忌即時爭救之，故〔一〕差易爲力。若元達之命在須臾間，聰之急暴且盛怒，何暇延留數刻而容劉氏得以草疏乎！脱使就剜其首，或令武士擊殺亦可，何恃於鎖腰哉，是爲可疑也。成帝不易檻以旌雲直，而不能命以一官，乃不若聰之待元達也。至今宫殿正中一間横檻，獨不施欄楯，謂之折檻，蓋自漢以來，相傳如此矣。

16 杜老不忘君

前輩謂杜少陵當流離顛沛之際，一飯未嘗忘君，今略紀其數語云：「萬方頻送喜，無乃聖躬勞。」「至今勞聖主，何以報皇天。」「獨使至尊憂社稷，諸君何以答升平。」「天子亦應厭奔走，群公固合思升平。」如此之類非一。

17 栽松詩

白樂天栽松詩云：「小松未盈尺，心愛手自移。蒼然澗底色，雲濕烟霏霏。栽植我年晚，長成君性遲。如何過四十，種此數寸枝。得見成陰否，人生七十稀。」予治圃於鄉里，乾道己丑歲，正年四十七矣。自伯兄山居手移稺松數十本，其高僅四五寸，植之雲壑石上，擁土以爲固，不能保其必活也。過二十年，蔚然成林，皆有干霄之勢，偶閱白公集，感而書之。

18 烏鵲鳴

北人以烏聲爲喜，鵲聲爲非。南人聞鵲噪則喜，聞烏聲則唾而逐之，至於弦弩挾彈，擊使遠去。北齊書：奚永洛與張子信對坐，有鵲正鳴於庭樹間。子信曰：「鵲言不善，當有口舌事，今夜有喚，必不得往。」子信去後，高儼使召之，且云勑喚，永洛詐稱墮馬，遂免於難。白樂天在江州答元郎中、楊員外喜烏見寄曰：「南宮鴛鴦地，何忽烏來止？故人錦帳郎，聞烏笑相視。疑烏報消息，望我歸鄉里。我歸應待烏頭白，慙愧元郎誤歡喜。」然則鵲言固不善，而烏亦能報喜也。又有和元微之大觜烏一篇云：「老巫生姦計，與烏意潛通。

云此非凡鳥，遥見起敬恭。千歲乃一出，喜賀主人翁。此烏所止家，家産日夜豐。上以致壽考，下可宜田農。」案微之所賦云：「巫言此烏至，財産日豐宜。主人一心惑，誘引不知疲。轉見烏來集，自言家轉孳。專聽烏喜怒，信受若長離。」今之烏則然也。世有傳陰陽局鴉經，謂東方朔所著，大略言凡占烏之鳴，先數其聲，然後定其方位，假如甲日一聲，即是甲聲，第二聲爲乙聲，以十干數之，乃辨其急緩，以定吉凶，蓋不專於一説也。

校勘記

〔一〕而慶忌即時爭救之故　祠本「而」作「由」。

容齋續筆卷四 十七則

1 淮南守備

周世宗舉中原百郡之兵，南征李景。當是時，周室方彊，李氏政亂，以之討伐，云若易然。而自二年之冬，訖五年之春，首尾四年，至於乘輿三駕，僅得江北。先是河中李守貞叛漢，遣其客朱元來唐求救，遂仕於唐。樞密使查文徽妻之以女。是時，請兵復諸州，即取舒、和。後以恃功偃蹇，唐將奪其兵，元怒而降周。景械其妻欲戮之，文徽方執政，表乞其命，景批云：「只斬朱元妻，不殺查家女。」竟斬于市。郭廷謂不能守濠州，以家在江南，恐爲唐所種族，遣使詣金陵禀命，然後出降。則知周師所以久者，景法度猶存，尚能制將帥死命故也。紹興之季，虜騎犯淮，踰月之間，十四郡悉陷。予親見沿淮諸郡守，盡掃府庫儲積，分寓京口，云預被旨許令移治。是乃平時無虞，則受極邊之賞，一有緩急，委而去之，寇退則反，了無分毫絓於吏議，豈復肯以固守爲心也哉！

2 周世宗

周世宗英毅雄傑，以衰亂之世，區區五六年間，威武之聲，震懾夷夏，可謂一時賢主，而享年不及四十，身没半歲，國隨以亡。固天方授宋，使之驅除。然考其行事，失於好殺，用法太嚴，羣臣職事小有不舉，往往寘之極刑，雖素有才幹聲名，無所開宥，此其所短也。薛居正舊史紀載翰林醫官馬道元進狀，訴壽州界被賊殺其子，獲正賊見在宿州，本州不爲勘斷。帝大怒，遣竇儀乘馹往按之。及獄成，坐族死者二十四人。儀奉辭之日，帝旨甚峻，故儀之用刑，傷於深刻，知州趙礪坐除名。此事本只馬氏子一人遭殺，何至於族誅二十四家，其它可以類推矣。太祖實録竇儀傳有此事，史臣但歸咎於儀云。

3 竇貞固

竇貞固，漢隱帝相也。周世罷政，以司徒就第。後范質用此官在中書，乃歸洛陽。常與編户課役，貞固不能堪，訴於留守向拱，拱不聽。熙寧初，富韓公爲相，神宗嘗對大臣稱知河南府李中師治狀。公以中師厚結中人，因對曰：「陛下何從知之？」中師銜其沮己，及再尹河南，富公已老，乃籍其户，令出免役錢，與富民等。乃知君子失勢之時，小人得易而侮之，如向拱、李中師輩，固不乏也。

4　鄭權

唐穆宗時，以工部尚書鄭權爲嶺南節度使，卿大夫相率爲詩送之。韓文公作序，言：「權功德可稱道。家屬百人，無數畝之宅，僦屋以居，可謂貴而能貧，爲仁者不富之效也。」舊唐史權傳云：「權在京師，以家人數多，奉入不足，求爲鎮，有中人之助，南海多珍貨，權頗積聚以遺之，大爲朝士所嗤。」又薛廷老傳云：「鄭權因鄭注得廣州節度，權至鎮，盡以公家珍寶赴京師，以酬恩地。廷老以右拾遺上疏請按權罪，中人由是切齒。」然則其爲人，乃貪邪之士爾，韓公以爲仁者何邪？

5　黨錮牽連之賢

漢黨錮之禍，知名賢士死者以百數，海内塗炭，其名迹章章者，並載于史。而一時牽連獲罪，甘心以受刑誅，皆節義之士，而位行不顯，僅能附見者甚多。李膺死，門生故吏並被禁錮。侍御史景毅之子，爲膺門徒，未有録牒，不及於譴。毅慨然曰：「本謂膺賢，遣子師之，豈可以漏籍苟安。」遂自表免歸。高城人巴肅被收，自載詣縣，縣令欲解印綬與俱去，肅不可。范滂在征羌，詔下急捕。督郵吴導至縣，抱詔書，閉傳舍，伏床而泣。滂自詣獄，縣令郭揖大驚，出解印綬，引與俱亡。滂曰：「滂死則禍塞，何敢以罪累君。」張儉亡命，困迫遁走，所至破家相容。其所經歷，伏重誅者以十數。復流轉東萊，止李篤家。外黄令毛欽操兵到門，篤謂曰：「張儉亡非其罪，縱儉可得，寧忍執之乎？」欽撫篤曰：「蘧伯玉恥獨爲君子，足下如何自專仁義？」歎息而去。儉得免。後數年，上禄長和海上言：「黨人錮及五族，非經常之法。」由是自從祖以下，皆得解釋。此數君子之賢如是，東漢尚名節，斯其驗歟！

6　漢代文書式

漢代文書，臣下奏朝廷，朝廷下郡國，有漢官典儀、漢舊儀等所載，然不若金石刻所著見者爲明白。史晨祠孔廟碑，前云：「建寧二年三月癸卯朔七日己酉，魯相臣晨長史臣謙頓首死罪上尚書，臣晨頓首頓首，死罪死罪。」末云：「臣晨誠惶誠恐，頓首頓首，死罪死罪上尚書。」副言太傅、太尉、司徒、司空、大司農府。樊毅復華下民租碑前後與此同。無極山碑：「光和四年某月辛卯朔廿二日壬子，太常臣耽、丞敏頓首上尚書。」末云：「臣耽愚戇，頓首頓首上尚書。制曰：可。大尚讀爲大常。承書從事，某月十七日丁丑，尚書令忠奏雒陽宮。光和四年八月辛酉朔十七日丁丑，尚書令忠下。」又云：「光和四年八月辛酉朔十七日丁丑，太常耽、丞敏下。」常山相孔廟碑，前云：「司徒臣雄、司空臣戒稽首言。」末云：「臣雄、臣戒愚戇，誠惶誠恐，頓首頓首，死罪死罪，臣稽首以聞。制曰：可。元嘉三年三月廿七日壬寅，奏雒陽宮。元嘉三年三月丙子朔廿七日壬寅，司徒雄、司空戒下魯相。」又云：「永興元年六月甲辰朔十八日辛酉，魯相平、行長史事卞、守長擅叩頭死罪，敢言之司徒、司空府。」末云：「平惶恐叩頭，死罪死罪，上司空府。」此碑有三公奏天子，朝廷下郡國，郡國上公府三式，始末詳備。文惠公隸釋有之。無極山祠事，以丁丑日奏雒陽宮，是日下太常孔廟事，以壬寅日奏雒陽宮，亦以是日下魯相，又以見漢世文書之不滯留也。

7　資治通鑑

司馬公修資治通鑑，辟范夢得爲官屬，嘗以手帖論纘述之要，大抵欲如左傳叙事之體。又云：「凡年號皆以後來者爲定。如武德元年，則從正月便爲唐高祖，更不稱隋義寧二年。梁開平元年正月，便不稱唐天祐四年。」故此書用以爲法。然究其所窮，頗有窒而不通之處。公意正以春秋定公爲例，於未即位，即書正月爲其元年。然昭公以去年十二月薨，則次年之事，不得復係於昭。故定雖未立，自當追書。兼經文至簡，不過一二十字，一覽可以了解。若通鑑則不侔，隋煬帝大業十三年，便以爲恭皇帝上，直至下卷之末恭帝立，始改義寧，後一卷則爲唐高祖。蓋凡涉歷三卷，而煬帝固存，方書其在江都時事。明皇後卷之首，標爲肅宗至德元載，至一卷之半，方書太子即位。代宗下卷云：「上方勵精求治，不次用人。」乃是德宗也。莊宗同光四年，便係於天成，以爲明宗，而卷内書命李嗣源討鄴，至次卷首，莊宗方殂。潞王清泰三年，便標爲晉高祖，而卷内書石敬瑭反，至卷末始爲晉天福。凡此之類，殊費分說。此外，如晉、宋諸胡僭國，所封建王公及除拜卿相，纖悉必書，有至二百字者。又如西秦丞相南川宣公出連乞都卒，魏都坐大官章安侯封懿、天部大人白馬文正公崔宏、宜都文成王穆觀、鎮遠將軍平舒侯燕鳳、平昌宣王和其奴卒，皆無關於社稷治亂，而周勃藂乃不書。乃書漢章帝行幸長安，進幸槐里、岐山，又幸長平，御池陽宮，東至高陵，十二月丁亥還宮；又乙未幸東阿，北登太行山，至天井關，夏四月乙卯還宮。又書魏主七月戊子如魚池，登青岡原，甲午還宮；八月己亥如彌澤，甲寅登牛頭山，甲子還宮。如此行役，無歲無之，皆可省也。

8　弱小不量力

楚莊王伐蕭，蕭人囚熊相宜僚及公子丙。王曰：「勿殺，吾退。」蕭人殺之，王怒，遂滅蕭。楚伐莒，莒人囚楚公子平。楚人曰：「勿殺，吾歸而俘。」莒人殺之。楚師圍莒，莒潰，遂入鄆。齊侯伐魯，圍龍，頃公之嬖人盧蒲就魁門焉，龍人囚之。齊侯曰：「勿殺，吾與而盟，無入而封。」弗聽，殺而膊諸城上。齊遂取龍。夫以齊、楚之大，而莒一小國，蕭一附庸，龍一邊邑，方受攻之際，幸能囚執其人，强敵許以勿殺而退師，乃不度德量力，致怨於彼，至於亡滅，可謂失計。傳稱子産善相小國，使當此時，必有以處之矣。

9　田橫呂布

田橫既敗，竄居海島中。高帝遣使召之，曰：「橫來，大者王，小者乃侯耳。」橫遂與二客詣雒陽。將至，謂客曰：「橫始與漢王俱南面稱孤，今漢王爲天子，而橫迺爲亡虜，北面事之，其媿固已甚矣。」即自剄。橫不顧王侯之爵，視死如歸，故漢祖流涕稱其賢，班固以爲雄材。韓退之道出其墓下，爲文以弔曰：「自古死者非一，夫子至今有耿光。」其英烈凜然，至今猶有生氣也。呂布爲曹操所縛，將死之際，乃語操曰：「明公之所患，不過於布，今已服矣，令布將騎，明公將步，天下不足定也。」操竟殺之。布之材，未必在橫下，而欲忍恥事讎。故東坡詩曰：「猶勝白門窮呂布，欲將鞍馬事曹瞞。」蓋笑之也。劉守光以燕敗爲晉王所擒，既知不免，猶呼曰：「王將復唐室以成霸業，何不赦臣使自效。」此又庸奴下才，無足責者。

10 中山宜陽

戰國事雜出於諸書，故有不可考信者。魏文侯使樂羊伐中山，克之，以封其子。故任座云：「君得中山，不以封君之弟，而以封君之子。」翟璜云：「中山已拔，無使守之，臣進李克。」而趙世家書武靈王以中山負齊之强，侵暴其地，鋭欲報之，至於變胡服，習騎射，累年乃與齊、燕共滅之，遷其王於膚施。此去魏文侯時已百年，中山不應既亡而復存，且膚施屬上郡，本魏地，爲秦所取，非趙可得而置它人，誠不可曉。惟樂毅傳云：「魏取中山，後中山復國，趙復滅之。」史記六國表：「威烈王十二年，中山武公初立。」徐廣曰：「周定王之孫，西周桓公之子。」此尤不然。宜陽於韓爲大縣，顯王三十四年，秦伐韓，拔之。故屈宜臼云：前年，秦拔宜陽。正是昭侯時。歷宣惠王、襄王，而秦甘茂又拔宜陽，相去幾三十年，得非韓嘗失此邑，既而復取之乎！

11 相六畜

莊子載徐無鬼見魏武侯，告之以相狗、馬。荀子論堅白同異云：「曾不如好相雞狗之可以爲名也。」史記褚先生於日者傳後云：「黄直，丈夫也，陳君夫，婦人也，以相馬立名天下。留長孺以相彘立名。滎陽褚氏以相牛立名。皆有高世絶人之風。」今時相馬者間有之，相牛者殆絶，所謂雞、狗、彘者，不復聞之矣。劉向七略相六畜三十八卷，謂骨法之度數，今無一存。

12 卜筮不同

洪範七稽疑，擇建立卜筮人，有「龜從，筮逆」之説。禮記：「卜筮不相襲。」謂卜不吉，則又筮，筮不吉，則又卜，以爲瀆龜筴。左傳晉獻公欲以驪姬爲夫人，卜之不吉，筮之吉。公曰：「從筮。」卜人曰：「筮短龜長，不如從長。」魯穆姜徙居東宫，筮之，遇艮之八。史曰：「是謂艮之隨。」杜預注云：「周禮太卜掌三易，雜用連山、歸藏，二易皆以七、八爲占，故言遇艮之八。史疑古易遇八爲不利，故更以周易占，變爻得隨卦也。」漢武帝時，聚會占家問之，某日可取婦乎？五行家曰「可」，堪輿家曰「不可」，建除家曰「不吉」，叢辰家曰「大凶」，曆家曰「小凶」，天人家曰「小吉」，太一家曰「大吉」，辯訟不決，以狀聞。制曰：「避諸死忌，以五行爲主。」則曆卜諸家，自古蓋不同矣。唐吕才作廣濟陰陽百忌曆，世多用之。近又有三曆會同集，蒐羅詳盡。姑以擇日一事論之，一年三百六十日，若泥而不通，殆無一日可用也。

13 日者

墨子書貴義篇云：「子墨子北之齊，遇日者。日者曰：『帝以今日殺黑龍於北方，而先生之色黑，不可以北。』子墨子不聽，遂北，至淄水，不遂而反。日者曰：『我謂先生不可以北。』子墨子曰：『南之人不得北，北之人不得南，其色有黑者，有白者，何故皆不遂也？且帝以甲乙殺青龍於東方，以丙丁殺赤龍於南方，以庚辛殺白龍於西方，以壬癸殺黑龍於北方，若子之言，不可用也。』」史記作日者列傳，蓋本於此。徐廣曰：「古人占候卜筮，通謂之日者。」如以五行所直之日而殺其方龍，不知其旨安在，亦可謂怪矣。

14 柳子厚黨叔文

柳子厚、劉夢得皆坐王叔文黨廢黜。劉頗飾非解謗，而柳獨不然。其答許孟容書云：「早歲與負罪者親善，始奇其能，謂可以共立仁義，裨教化。暴起領事，人所不信，射利求進者，百不一得，一旦快意，更恣怨讟，詆訶萬狀，盡爲敵讎。」及爲叔文母劉夫人墓銘，極其稱誦，謂：「叔文堅明直亮，有文武之用。待詔禁中，道合儲后。獻可替否，有康弼調護之勤。

訏謨定命，有扶翼經緯之績。將明出納，有彌綸通變之勞。內贊謨畫，不廢其位。利安之道，將施于人。而夫人終于堂，知道之士，爲蒼生惜焉。」其語如此。夢得自作傳，云：「順宗即位，時有寒儁王叔文以善弈棋得通籍博望，因間隙得言及時事，上大奇之。叔文自言猛之後，有遠祖風，唯呂温、李景儉、柳宗元以爲信。然三子皆與予厚善，日夕過，言其能。叔文實工言治道，能以口辯移人。既得用，其所施爲，人不以爲當。上素被疾，詔下內禪，宮掖事祕，功歸貴臣，於是叔文貶死。」韓退之於兩人爲執友，至修順宗實録，直書其事，云：「叔文密結有當時名欲僥倖而速進者劉禹錫、柳宗元等十數人，定爲死交，蹤跡詭祕。既得志，劉、柳主謀議唱和，采聽外事，及敗，其黨皆斥逐。」此論切當，雖朋友之義，不能以少蔽也。

15　漢武心術

史記龜策傳：「今上即位，博開藝能之路，悉延百端之學，通一技之士，咸得自效，數年之間，太卜大集。會上欲擊匈奴，西攘大宛，南收百越，卜筮至預見表象，先圖其利。及猛將推鋒執節，獲勝於彼，而蓍龜時日亦有力於此。上尤加意，賞賜至或數千萬。如丘子明之屬，富溢貴寵，傾於朝廷。至以卜筮射蠱道，巫蠱時或頗中。素有眦睚不快，因公行誅，恣意所傷，以破族滅門者，不可勝數。百僚蕩恐，皆曰龜策能言。後事覺姦窮，亦誅三族。」漢書音義以爲史遷没後，十篇闕，有録無書。元、成之間，褚先生補闕，言辭鄙陋，日者、龜策列傳在焉。故後人頗薄其書。然此卷首言「今上即位」，則是史遷指武帝，其載巫蠱之冤如是。今之論議者，略不及之。資治通鑑亦棄不取，使丘子明之惡不復著見。此由武帝博采異端，馴致斯禍。儻心術趨於正，當不如是之酷也。

16 禁天高之稱

周宣帝自稱天元皇帝，不聽人有天、高、上、大之稱。官名有犯，皆改之。改姓高者爲姜，九族稱高祖者爲長祖。政和中，禁中外不許以龍、天、君、玉、帝、上、聖、皇等爲名字。於是毛友龍但名友，葉天將但名將，樂天作但名作，句龍如淵但名句如淵，衛上達賜名仲達，葛君仲改爲師仲，方天任爲大任，方天若爲元若，余聖求爲應求，周綱字君舉改曰元舉，程振字伯玉改曰伯起，程瑀亦字伯玉改曰伯禹，張讀字聖行改曰彦行。蓋蔡京當國，遏絶史學，故無有知周事者。宣和七年七月，手詔以昨臣僚建請，士庶名字有犯天、玉、君、聖及主字者悉禁，既非上帝名諱，又無經據，諂佞不根，貽譏後世，罷之。

17　宣和冗官

宣和元年，蔡京將去相位，臣僚方疏官僚冗濫之敝，大略云：「自去歲七月至今年三月，遷官論賞者五千餘人。如辰州招弓弩手，而樞密院支差房推恩者八十四人，兗州陞爲府，而三省兵房推恩者三百三十六人。至有入仕才二年而轉十官者。今吏部兩選朝奉大夫至朝請大夫六百五十五員，横行右武大夫至通侍二百二十九員，修武郎至武功大夫六千九百九十一員，小使臣二萬三千七百餘員，選人一萬六千五百餘員。吏員猥冗，差注不行。」詔三省樞密院令遵守成法。然此詔以四月庚子下，而明日辛丑以賞西陲誅討之功，太師蔡京、宰相余深、王黼、知樞密院鄧洵武，各與一子官，執政皆遷秩。天子命令如是即日廢格之，京之罪惡至矣。

容齋續筆卷五 十三則

1 秦隋之惡

自三代訖于五季，爲天下君而得罪於民，爲萬世所麾斥者，莫若秦與隋。豈二氏之惡浮於桀、紂哉？蓋秦之後即爲漢，隋之後即爲唐，皆享國久長。一時論議之臣，指引前世，必首及之，信而有徵，是以其事暴白於方來，彌遠彌彰而不可蓋也。嘗試裒舉之。張耳曰：「秦爲亂政虐刑，殘滅天下，北爲長城之役，南有五嶺之戍，外内騷動，頭會箕斂，重以苛法，使父子不相聊。」張良曰：「秦爲無道，故沛公得入關，爲天下除殘去賊。」陸賈曰：「秦任刑法不變，卒滅嬴氏。」王衛尉曰：「秦以不聞其過亡天下。」張釋之曰：「秦任刀筆之吏，爭以亟疾苛察相高，以故不聞其過，陵夷至于二世，天下土崩。」賈山借秦爲喻，曰：「爲宫室之麗，使其後世曾不得聚廬而託處；爲馳道之麗，後世不得邪徑而託足；爲葬薶之麗，後世不得蓬顆而託葬。以千八百國之民自養，力罷不能勝其役，財盡不能勝其求，人與之爲怨，家與之爲讎，天下已壞而弗自知，身死纔數月耳，而宗廟滅絶。」賈誼曰：

「商君遺禮誼，棄仁恩，并心於進取，行之二歲，秦俗日敗，滅四維而不張，君臣乖亂，六親殃戮，萬民離叛，社稷爲虚。」又曰：「使趙高傅胡亥，而教之獄。今日即位，明日射人，其視殺人若刈草菅然。置天下於法令刑罰，德澤亡一有，而怨毒盈於世，下憎惡之如仇讎。」鼂錯曰：「秦發卒戍邊，有萬死之害，而亡銖兩之報。天下明知禍烈及己也，陳勝首倡，天下從之如流水。」又曰：「任不肖而信讒賊，民力罷盡，矜奮自賢，法令煩憯，刑罰暴酷，親疏皆危，外内咸怨，絶祀亡世。」董仲舒曰：「秦重禁文學，不得挾書，弃捐禮誼而惡聞之。其心欲盡滅先聖之道，而顓爲自恣苟簡之治。自古以來，未嘗有以亂濟亂，大敗天下之民如秦者也。」又曰：「師申、商之法，行韓非之説，憎帝王之道，以貪狼爲俗，賦斂亡度，竭民財力，羣盗並起，死者相望，而姦不息。」淮南王安曰：「秦使尉屠睢攻越，鑿渠通道，曠日引久，發適戍以備之，往者莫反，亡逃相從，羣爲盗賊。於是山東之難始興。」吾丘壽王曰：「秦廢王道，立私議，去仁恩而任刑戮，至於赭衣塞路，羣盗滿山。」主父偃曰：「秦任戰勝之威，功齊三代，務勝不休，暴兵露師，百姓靡敝，孤寡老弱，不能相養，死者相望，天下始叛。」徐樂曰：「秦之末世，民困而主不恤，下怨而上不知，俗已亂而政不脩，陳涉之所以爲資也。此之謂土崩。」嚴安曰：「秦一海内之政，壞諸侯之城，爲知巧權利者進，篤厚忠正者退。法嚴令苛，意廣心逸。兵禍北結於胡，南挂於越，宿兵於無用之地，進而不得退，天下大畔，滅世絶祀。」司馬相如曰：「二世持身不謹，亡國失勢，信讒不寤，宗廟滅絶。」伍被曰：「秦爲無道，百姓欲爲亂者十室而五。使徐福入海，欲爲亂者十室而六。使尉佗攻百越，欲爲亂者十室而七。作阿房之宫，欲爲亂者十室而八。」路温舒曰：「秦有十失，其一尚存，治獄之吏是也。」賈捐之曰：「興兵遠攻，貪外虚内，天下潰畔，禍卒在於二世之末。」劉向曰：「始皇葬於驪山，下錮三泉，多殺宫人，生薶工匠，計以萬數，天下苦其役而反之。」梅福曰：「秦爲無道，削仲尼之迹，絶周公之軌，禮壞樂崩，王道不通，張誹謗之罔，以爲漢敺除。」谷永曰：「秦所以二世十六年而亡者，養生泰奢，奉終泰厚也。」劉歆曰：「燔經書，殺儒士，設挾書之法，行是古之罪，道術由是遂滅。」凡漢人之論秦惡者如此。

唐高祖曰：「隋氏以主驕臣諂亡天下。」孫伏伽曰：「隋以惡聞其過亡天下。」薛收傳：「秦王平洛陽，觀隋宫室，歎曰：『煬帝無道，殫人力以事夸侈。』收曰：『後主奢虐是矜，死一夫之手，爲後世笑。』」張元素曰：「自古未有如隋亂者，得非君自專，法日亂乎？造乾陽殿，伐木於豫章，一材之費已數十萬工。乾陽畢功，隋人解體。」魏徵曰：「煬帝信虞世基，賊徧天下而不得聞。」又曰：「隋唯貴不獻食〔一〕，或供奉不精，爲此無限，而至於亡。方其未亂，自謂必無亂，未亡，自謂必不亡。所以甲兵亟動，徭役不息。」又曰：「恃其富强，不虞後患，役萬物以自奉養，子女玉帛是求，宫室臺榭是飾。外示威重，内行險忌，上下相蒙，人不堪命，以致隕匹夫之手。」又曰：「文帝驕其諸子，使至夷滅。」馬周曰：「貯積者固有國之常，要當人有餘力而後收之，豈人勞而强斂之以資寇邪！隋貯洛口倉，而李密因之；積布帛東都，而王世充據之；西京府庫，亦爲國家之用。」陳子昂曰：「煬帝恃四海之富，鑿渠決河，疲生人之力，中國之難起，身死人手，宗廟爲墟。」楊相如曰：「煬帝自恃其彊，不憂時政。言同堯、舜，迹如桀、紂，舉天下之大，一擲弃之。」吴兢曰：「煬帝驕矜自負，以爲堯、舜莫己若，而諱亡憎諫，乃曰：『有諫我者，當時不殺，後必殺之。』自是謇諤之士去而不顧，外雖有變，朝臣鉗口，帝不知也。」柳宗元曰：「隋氏環四海以爲鼎，跨九垠以爲鑪，爨以毒燎，煽以虐焰，沸湧灼爛，號呼騰蹈。」李珏曰：「隋文帝勞於小務，以疑待下，故二世而亡。」凡唐人之論隋惡者如此。

2 漢唐二武

東坡云：「古之君子，必憂治世而危明主，明主有絶人之資，而治世無可畏之防。」美哉斯言。漢之武帝，唐之武后，不可謂不明，而巫蠱之禍，羅織之獄，天下塗炭，后妃公卿，交臂就戮，後世聞二武之名則憎惡之。蔡確作詩，用郝甑山上元間事，宣仁謂以吾比武后；蘇轍用武帝奢侈窮兵虚耗海内爲諫疏，哲宗謂至引漢武上方先朝。皆以之得罪。人君之立政，可不監兹。

3　玉川子

韓退之寄盧仝詩云：「玉川先生洛城裏，破屋數間而已矣。一奴長須不裹頭，一婢赤脚老無齒。昨晚長須來下狀，隔墻惡少惡難似。每騎屋山下窺瞰，渾舍驚怕走折趾。立召賊曹呼五百，盡取鼠輩尸諸市。」夫姦盗固不義，然必有謂而發，非貪慕貨財，則挑暴子女。如玉川之貧，至於鄰僧乞米，隔墻居者，豈不知之。若爲色而動，窺見室家之好，是以一赤脚老婢隕命也，惡少可謂枉著一死。予讀韓詩至此，不覺失笑。仝集中有所思一篇，其略云：「當時我醉美人家，美人顔色嬌如花。今日美人弃我去，青樓珠箔天之涯。夢中醉卧巫山雲，覺來淚滴湘江水。湘江兩岸花木深，美人不見愁人心。相思一夜梅花發，忽到窗前疑是君。」則其風味殊不淺，韓詩當亦含譏諷乎？

4　銀青階

唐自肅、代以後，賞人以官爵，久而浸濫，下至州郡胥吏軍班校伍，一命便帶銀青光禄大夫階，殆與無官者等。明宗長興二年，詔不得薦銀青階爲州縣官，賤之至矣。晉天福中，中書舍人李詳上疏，以爲十年以來，諸道職掌，皆許推恩，藩方薦論，動踰數百，乃至藏典書吏，優伶奴僕，初命則至銀青階，被服皆紫袍象笏，名器僭濫，貴賤不分。請自今節度州聽奏大將十人，它州止聽奏都押牙、都虞候、孔目官。從之。馮拯之父俊，當周太祖時，補安遠鎮將，以銀青光禄檢校太子賓客兼御史大夫。至本朝端拱中，拯登朝，遇郊恩始贈大理評事。予八世從祖師暢，暢子漢卿，卿子膺圖，在南唐時皆得銀青階，至檢校尚書、祭酒。然樂平縣帖之全稱姓名，其差徭正與里長等。元豐中，李清臣論官制，奏言：「國朝踵襲近代因循之弊，牙校有銀青光禄大夫階，卒長開國而有食邑。」蓋爲此也。今除授蕃官，猶用此制。紹興二十八年，廣西經略司申安化三州蠻蒙全計等三百十八人進奉，乞補官勳，皆三班借差。三班差使，悉帶銀青祭酒，而等第加勳，文安公在西垣爲之命詞。

5　買馬牧馬

國家買馬，南邊於邕管，西邊於岷黎，皆置使提督，歲所綱發者蓋踰萬匹。使臣、將校得遷秩轉資，沿道數十州，驛程券食、廄圉薪芻之費，其數不貲，而江、淮之間，本非騎兵所能展奮，又三衙遇暑月，放牧於蘇、秀以就水草，亦爲逐處之患。因讀五代舊史云：「唐明宗問樞密使范延光內外馬數。對曰：『三萬五千匹。』帝歎曰：『太祖在太原，騎軍不過七千。先皇自始至終，馬纔及萬。今有鐵馬如是，而不能使九州混一，是吾養士練將之不至也。』延光奏曰：『國家養馬太多，計一騎士之費可贍步軍五人，三萬五千騎，抵十五萬步軍，既無所施，虚耗國力。』帝曰：『誠如卿言。肥騎士而瘠吾民，民何負哉！』」明宗出於蕃戎，猶能以愛民爲念。李克用父子以馬上立國制勝，然所蓄只如此。今蓋數倍之矣。尺寸之功不建，可不惜哉。且明宗都洛陽，正臨中州，尚以爲騎士無所施。然則今雖純用步卒，亦未爲失計也。

6 杜詩用字

律詩用自字、相字、共字、獨字、誰字之類，皆是實字，及彼我所稱，當以爲對，故杜老未嘗不然。今略紀其句于此：「徑石相縈帶，川雲自去留。」「山花相映發，水鳥自孤飛。」「衰顔聊自哂，小吏最相輕。」「高城秋自落，雜樹晚相迷。」「百鳥各相命，孤雲無自心。」「勝地初相引，徐行得自娱。」「雲裹相呼疾，沙邊自宿稀。」「暗飛螢自照，水宿鳥相呼。」「猿挂時相學，鷗行炯自如。」「自吟詩送老，相勸酒開顔。」「俱飛蛺蝶元相逐，並蒂芙蓉本自雙。」「自去自來堂上燕，相親相近水中鷗。」「此時對雪遥相憶，送客逢春可自由。」「梅花欲開不自覺，棣萼一别永相望。」「桃花氣暖眼自醉，春渚日落夢相牽。」此以自字對相字也。「自須開竹徑，誰道避雲蘿。」「自笑燈前舞，誰憐醉後歌。」「死去憑誰報，歸來始自憐。」「哀歌時自短，醉舞爲誰醒。」「離別人誰在，經過老自休。」「永夜角聲悲自語，中天月色好誰看。」此以自字對誰字也。「野人時獨往，雲木曉相參。」「正月鶯相見，非時鳥共聞。」「江上形容吾獨老，天涯風俗病相親。」「縱飲久判人共弃，懶朝真與世相違。」「此日此時人共得，一談一笑俗相看。」此以共字獨字對相字也。

7　唐虞象刑

虞書：「象刑惟明。」象者，法也。漢文帝詔始云：「有虞氏之時，畫衣冠、異章服以爲戮，而民弗犯。」武帝詔亦云：「唐、虞畫象，而民不犯。」白虎通云：「畫象者，其衣服象五刑也。犯墨者蒙巾，犯劓者赭著其衣，犯髕者以墨蒙其髕，犯宫者屝。屝，草屨也。大辟者，布衣無領。」其説雖未必然，楊雄法言：「唐、虞象刑惟明。」説者引前詔以證，然則唐、虞之所以齊民，禮義榮辱而已，不專於刑也。秦之末年，赭衣半道，而姦不息。國朝之制，減死一等及胥吏兵卒配徒者，涅其面而刺之，本以示辱，且使人望而識之耳。久而益多，每郡牢城營，其額常溢，殆至十餘萬，兇盜處之恬然。蓋習熟而無所恥也。羅隱讒書云：「九人冠而一人髽，則髽者慕而冠者勝，九人髽而一人冠，則冠者慕而髽者勝。」正謂是歟？老子曰：「民常不畏死，奈何以死懼之。若使民常畏死，則爲惡者吾得執而殺之，孰敢？」可謂至言。荀卿謂象刑爲治古不然，亦正論也。

8 崔常牛李

士大夫一時論議，自各有是非，不當一一校其平生賢否也。常袞爲宰相，唐德宗初立，議羣臣喪服，袞以爲遺詔云「天下吏人三日釋服」，古者卿大夫從君而服，皇帝二十七日而除，在朝羣臣亦當如之。崔祐甫以爲遺詔無朝臣、庶人之别〔三〕，凡百執事，孰非吏人，皆應三日釋服。相與力爭，袞不能堪，奏貶祐甫。已而袞坐欺罔貶，祐甫代之。議者以祐甫之賢，遠出袞右，故不復評其事。然揆之以理，則袞之言爲然。李德裕爲西川節度使，吐蕃維州副使悉怛謀請降。德裕遣兵據其城，具奏其狀，欲因是擣西戎腹心。百官議皆請如德裕策。宰相牛僧孺曰：「吐蕃之境，四面各萬里，失一維州未能損其勢。比來修好，約罷戍兵，彼若來責失信，上平涼坂，萬騎綴回中，怒氣直辭，不三日至咸陽橋。此時西南數千里外得百維州，何所用之。」文宗以爲然，詔以城歸吐蕃。由是德裕怨僧孺益深。議者亦以德裕賢於僧孺，咸謂牛、李私憾不釋，僧孺嫉德裕之功，故沮其事。然以今觀之，則僧孺爲得，司馬温公斷之以義利，兩人曲直始分。

9 盜賊怨官吏

陳勝初起兵，諸郡縣苦秦吏暴，爭殺其長吏以應勝。晉安帝時，孫恩亂東土，所至醢諸縣令以食其妻子，不肯食者輒支解之。隋大業末，羣盜蜂起，得隋官及士族子弟皆殺之。黄巢陷京師，其徒各出大掠，殺人滿街，巢不能禁，尤憎官吏，得者皆殺之。宣和中，方臘爲亂，陷數州，凡得官吏，必斷臠支體，探其肺腸，或熬以膏油，叢鏑亂射，備盡楚毒，以償怨心。杭卒陳通爲逆，每獲一命官，亦即梟斬。豈非貪殘者爲吏，倚勢虐民，比屋抱恨，思一有所出久矣，故乘時肆志，人自爲怒乎？

10 作詩先賦韻

南朝人作詩多先賦韻，如梁武帝華光殿宴飲連句，沈約賦韻，曹景宗不得韻，啓求之，乃得競病兩字之類是也。予家有陳後主文集十卷，載王師獻捷，賀樂文思，預席羣僚，各賦一字，仍成韻，上得「盛病柄令横映夐併鏡慶」十字，宴宣猷堂，得「迮格白赫易夕擲斥坼啞」十字，幸舍人省，得「日謐一瑟畢訖橘質帙實」十字。如此者凡數十篇，今人無此格也。

11 后妃命數

左傳所載鄭文公之子十餘人，其母皆貴冑，而子多不得其死，惟賤妾燕姞生穆公，獨繼父有國，子孫蕃衍盛大，與鄭存亡。薄姬入漢王宮，歲餘不得幸，其所善管夫人、趙子兒先幸漢王，爲言其故，王即召幸之，歲中生文帝，自有子後希見。及吕后幽諸幸姬不得出宮，而薄氏以希見故，得從子之代，爲代太后。終之承漢大業者，文帝也。景帝召程姬，程姬有所避不願進，而飾侍者唐兒使夜往，上醉不知而幸之，遂有身，生長沙王發。以母微無寵，故王卑濕貧國。漢之宗室十有餘萬人，而中興炎祚，成四百年之基者，發之五世孫光武也。元帝爲太子，所愛司馬良娣死，怒諸娣妾，莫得進見。宣帝令皇后擇後宮家人子五人，虞侍太子。后令旁長御問所欲，太子殊無意於五人者，不得已於皇后，彊應曰：「此中一人可。」乃王政君也。壹幸有身，生成帝，自有子後，希復進見。然歷漢四世，爲天下母六十餘載。觀此四后妃者，可謂承恩有限，而光華啓佑，與同輩遼絶，政君遂爲先漢之禍。天之所命，其亦各有數乎！徽宗皇帝有子三十人，唯高宗皇帝再復大業。顯仁皇后在宮掖時，亦不肯與同列爭進，甚類薄太后云。

12　公爲尊稱

柳子厚房公銘陰曰："天子之三公稱公，王者之後稱公，諸侯之入爲王卿士亦曰公，尊其道而師之稱曰公。古之人通謂年之長老曰公。而大臣罕能以姓配公者，唐之最著者曰房公。"東坡墨君亭記云："凡人相與稱呼者，貴之則曰公。"范曄漢史："惟三公乃以姓配之，未嘗或紊。"如鄧禹稱鄧公，吳漢稱吳公，伏公湛、宋公宏、牟公融、袁公安、李公固、陳公寵、橋公玄、劉公寵、崔公烈、胡公廣、王公龔、楊公彪、荀公爽、皇甫公嵩、曹公操是也。三國亦有諸葛公、司馬公、顧公、張公之目。其在本朝，唯韓公、富公、范公、歐陽公、司馬公、蘇公爲最著也。

13　臺城少城

晉宋間，謂朝廷禁省爲臺，故稱禁城爲臺城，官軍爲臺軍，使者爲臺使，卿士爲臺官，法令爲臺格，需科則曰臺有求須，調發則曰臺所遣兵。劉夢得賦金陵五詠，故有臺城一篇。今人於它處指言建康爲臺城，則非也。晉益州刺史治太城，蜀郡太守治少城，皆在成都，猶云大城、小城耳。杜子美在蜀日，賦詩故有"東望少城"之句，今人於它處指成都爲少城，則非也。

校勘記

〔一〕隋唯貴不獻食　馬本、祠本「貴」作「責」。按，疑作「責」是。

〔二〕崔祐甫　「崔」原脱。按，此則之題爲「崔常牛李」，常乃常衮，牛乃牛僧孺，李乃李德裕，知祐甫爲崔。崔祐甫唐書有傳。今補「崔」字。

容齋續筆卷六 十五則

1 嚴武不殺杜甫

新唐書嚴武傳云：「房琯以故宰相爲巡内刺史，武慢倨不爲禮，最厚杜甫，然欲殺甫數矣，李白爲蜀道難者，爲房與杜危之也。」甫傳云：「武以世舊待甫，甫見之，或時不巾。嘗醉登武牀，瞪視曰：『嚴挺之乃有此兒。』武銜之，一日欲殺甫，冠鉤于簾三，左右白其母，奔救得止。」舊史但云：「甫性褊躁，嘗憑醉登武牀，斥其父名，武不以爲忤。」初無所謂欲殺之說，蓋唐小説所載，而新書以爲然。予案李白蜀道難本以譏章仇兼瓊，前人嘗論之矣。甫集中詩凡爲武作者，幾三十篇。送其還朝者，曰「江村獨歸處，寂寞養殘生」。喜其再鎮蜀，曰「得歸茅屋赴成都，直爲文翁再剖符」。此猶是武在時語。至哭其歸櫬及八哀詩「記室得何遜，韜鈐延子荆」，蓋以自況；「空餘老賓客，身上媿簪纓」，又以自傷。若果有欲殺之怨，必不應眷眷如此。好事者但以武詩有「莫倚善題鸚鵡賦」之句，故用證前説引黄祖殺禰衡爲喻，殆是癡人面前不得説夢也，武肯以黄祖自比乎！

2 王嘉薦孔光

漢王嘉爲丞相，以忠諫忤哀帝。事下將軍朝者〔一〕，光禄大夫孔光等劾嘉迷國罔上，不道，請與廷尉雜治。上可其奏。光請謁者召嘉詣廷尉，嘉對吏自言：「不能進賢退不肖。」吏問主名。嘉曰：「賢故丞相孔光，不能進。」嘉死後，上覽其對，思嘉言，復以光爲丞相。案嘉之就獄，由光逢君之惡，而嘉且死，尚稱其賢，嘉用忠直隕命，名章一時，然亦可謂不知人矣。光之邪佞，鬼所唾也，奴事董賢，協媚王莽，爲漢蟊蠈，尚得爲賢也哉！

3 朱温三事

義理所在，雖盜賊凶悖之人，亦有不能違者。劉仁恭爲盧龍節度使，其子守文守滄州，朱全忠引兵攻之，城中食盡，使人説以早降。守文應之曰：「僕於幽州，父子也。梁王方以大義服天下，若子叛父而來，將安用之？」全忠愧其辭直，爲之緩攻。其後還師，悉焚諸營資糧，在舟中者鑿而沉之。守文遺全忠書曰：「城中數萬口，不食數月矣，與其焚之爲煙，沉之爲泥，願乞其所餘以救之。」全忠爲之留數囷，滄人賴以濟。及篡唐之後，蘇循及其子楷自謂有功於梁，當不次擢用。全忠薄其爲人，以其爲唐鴟梟，賣國求利，勒循致仕，斥楷歸田里。宋州節度使進瑞麥，省之不懌，曰：「宋州今年水災，百姓不足，何用此爲！」遣中使詰責之，縣令除名。此三事，在他人爲不足道，於全忠則爲可書矣，所謂憎而知其善也。

4 文字潤筆

作文受謝，自晉、宋以來有之，至唐始盛。李邕傳：「邕尤長碑頌，中朝衣冠及天下寺觀，多齎持金帛，往求其文。前後所製，凡數百首，受納饋遺，亦至巨萬。時議以爲自古鬻文獲財，未有如邕者。」故杜詩云：「干謁滿其門，碑版照四裔。豐屋珊瑚鉤，騏驎織成罽。紫騮隨劍几，義取無虛歲。」又有送斛斯六官詩云：「故人南郡去，去索作碑錢。本賣文爲活，翻令室倒縣。」蓋笑之也。韓愈撰平淮西碑，憲宗以石本賜韓宏，宏寄絹五百匹；作王用碑，用男寄鞍馬并白玉帶。劉叉持愈金數斤去，曰：「此諛墓中人得耳，不若與劉君爲壽。」愈不能止。劉禹錫祭愈文云：「公鼎侯碑，志隧表阡。一字之價，輦金如山。」皇甫湜爲裴度作福先寺碑，度贈以車馬繒綵甚厚。湜大怒，曰：「碑三千字，字三縑，何遇我薄邪！」度笑，酬以絹九千匹。穆宗詔蕭俛撰成德王士真碑，俛辭曰：「王承宗事無可書。又撰進之後，例得貺遺，若黽勉受之，則非平生之志。」帝從其請。文宗時，長安中爭爲碑誌，若市賈然。大官卒，其門如市，至有喧競爭致，不由喪家。裴均之子，持萬縑詣韋貫之求銘。貫之曰：「吾寧餓死，豈忍爲此哉！」白居易修香山寺記曰：「予與元微之定交於生死之間，微之將薨，以墓誌文見託，既而元氏之老，狀其臧獲、輿馬、綾帛洎銀鞍、玉帶之物〔二〕，價當六七十萬，爲謝文之贄。予念平生分，贄不當納，往反再三，訖不得已，回施茲寺〔三〕。凡此利益功德，應歸微之。」柳玭善書，自御史大夫貶瀘州刺史，東川節度使顧彥暉請書德政碑，玭曰：「若以潤筆爲贈，即不敢從命。」本朝此風猶存，唯蘇坡公於天下未嘗銘墓，獨銘五人，皆盛德故，謂富韓公、司馬温公、趙清獻公、范蜀公、張文定公也。此外趙康靖公、滕元發二銘，乃代文定所爲者。在翰林日，詔撰同知樞密院趙瞻神道碑，亦辭不作。曾子開與彭器資爲執友，彭之亡，曾公作銘，彭之子以金帶縑帛爲謝。却之至再，曰：「此文本以盡朋友之義，若以貨見投，非足下所以事父執之道也。」彭子皇懼而止。此帖今藏其家。

5 漢舉賢良

漢武帝建元元年，詔舉賢良方正直言極諫之士。丞相綰奏：「所舉賢良，或治申、商、韓非、蘇秦、張儀之言，亂國政，請皆罷。」奏可。是時對者百餘人，帝獨善莊助對，擢爲中大夫。後六年，當元光元年，復詔舉賢良，於是董仲舒等出焉。資治通鑑書仲舒所對爲建元。

案，策問中云「朕親耕籍田，勸孝弟，崇有德，使者冠蓋相望，問勤勞，恤孤獨，盡思極神」，對策曰「陰陽錯繆，氛氣充塞，羣生寡遂，黎民未濟」，必非即位之始年也。

6 戊爲武

十干「戊」字只與「茂」同音，俗輩呼爲「務」，非也。吴中術者又稱爲「武」。偶閲舊五代史，梁開平元年，司天監上言日辰，内「戊」字請改爲「武」，乃知亦有所自也。今北人語多曰「武」。朱温父名誠，以「戊」類「成」字，故司天諂之耳。

7 怨耦曰仇

左傳：師服曰：「嘉耦曰妃，怨耦曰仇，古之命也。」注云：「自古有此言。」案，許叔重説文於「逑」字上引虞書曰：「方逑孱功。」又曰：「怨匹曰逑。」然則出於虞書，今亡矣。以「鳩孱」爲「逑孱」，以「耦」爲「匹」，以「仇」爲「逑」，其不同如此。而「孱」字下所引，乃曰：「旁救孱功。」自有二説。「旻」字下引虞書曰：「仁閔覆下，則稱旻天。」「婺」字下引虞書「雉婺」，今皆無此。

8 說文與經傳不同

許叔重在東漢，與馬融、鄭康成輩不甚相先後，而所著説文，引用經傳，多與今文不同。聊摭逐書十數條，以示學者，其字異而音同者不載。所引周易「百穀草木麗乎土」爲「艸木麗乎地」，「服牛乘馬」爲「犕音備。牛乘馬」，「夕惕若厲」爲「若夤」，「其文蔚也」爲「斐也」，「乘馬班如」爲「驙如」，「天地絪縕」爲「天地壹壺」，「繻有衣袽」爲「需有衣絮」。書晉卦爲「簮」，巽爲「顨」，艮爲「𥃩」。所引書「帝乃殂落」爲「勛乃殂」，「竄三苗」爲「𥨍塞也，音倅。三苗」，「勿以憸人」爲「譣人譣，問也。」，「在後之侗」爲「在夏后之詷」，「尚不忌于凶德」爲「上不碁」，「峙乃糗糧」爲「餱糧」，「教胄子」爲「教育子」，「百工營求」爲「夐求」，「至于屬婦」爲「嫋婦嫋，音鄒，妊身也。」，「有疾弗豫」爲「有疾不悆」，「我之弗辟」爲「不𨐨」，「截截諞言」爲「戔戔巧言」。又「圛圛升雲，半有半無」，「獂有爪而不敢以撅」及「以相陵懱」，「維緢有稽」之句，皆云周書，今所無也。所引詩「既伯既禱」爲「既禡既禂」，「新臺有泚」爲「有玼」，「焉得諼草」爲「安得藼艸」，「牆有茨」爲「有薺」，「棘人欒欒」爲「臠臠」，「江之永矣」爲「羕矣」，「得此戚施」爲「䵷黿」，「伐木許許」爲「所所」，「儦儦俟俟」爲「伾伾俟俟」，「嘽嘽駱馬」爲「痑痑」，「赤舄几几」爲「己己」，又爲「掔掔音慳。」，「民之方殿屎」爲「方唸吚」，「混夷駾矣」爲「大夷呬矣」〔四〕，「陶復陶穴」爲「陶𥨐地室也。」，「其會如林」爲「其旝」，「國步斯頻」爲「斯矉」，「滌滌山川」爲「蔋蔋」。論語「荷蕢」爲「荷臾」，「褻裘」爲「紲衣」，又有「跢予之足」一句。孟子「源源而來」爲「謜謜音願，徐也。」，「接淅」爲「澆淅澆，其兩切，乾漬米也。」。左傳「尨涼」爲「牻涼」，「芟夷」爲「登音潑。夷」，「圭竇」爲「圭窬」，「澤之萑蒲」爲「澤之目籞禁苑也。」，「衷甸兩牡」爲「中佃一轅」，「楄柎藉幹」爲「楄部薦榦」。公羊「闖然」爲「覢然覢，失冉切，暫見也。」國語「觥飯不及壺飧」爲「侊飯不及一食」。如此者甚多。

9 周亞夫

漢景帝即位三年，七國同日反，吴王至稱東帝，天下震動。周亞夫一出即平之，功亦不細矣，而訖死於非罪。景帝雖未爲仁君，然亦非好殺卿大夫者，何獨至亞夫而忍爲之？切嘗原其説，亞夫之爲人，班、馬雖不明言，然必悻直行行者。方其將屯細柳，秖以備胡，且近在長安數十里間，非若出臨邊塞，與敵對壘，有呼吸不可測知之事。今天子勞軍至不得入，及遣使持節詔之，始開壁門。又使不得驅馳，以軍禮見，自言介胄之士不拜。天子改容稱謝，然後去。是乃王旅萬騎，乘輿黄屋，顧制命於將帥，豈人臣之禮哉。則其傲睨帝尊，習與性成，故賜食不設箸，有不平之意。鞅鞅非少主臣，必已見於辭氣之間。以是隕命，其可惜也。秦王猛伐燕圍鄴，苻堅自長安赴之。至安陽，猛潛謁堅，堅曰：「昔周亞夫不迎漢文帝，今將軍臨敵而棄軍，何也？」猛曰：「亞夫前却人主以求名，臣竊少之。」猛之識慮，視亞夫有間矣。

10 煬王煬帝

金酋完顔亮隕於廣陵，葛王裦已自立，於是追廢爲王，而謚曰煬。邁奉使之日，實首聞之。接伴副使祕書少監王補言及此，云北人戲誚之，曰：「奉勑江南幹當公事回。」及歸，覲德壽宫奏其事，高宗天顔甚悦，曰：「亮去歲南牧，已而死歸。人皆以爲類苻堅，唯吾獨云似隋煬帝，其死處既同，今得謚又如此，豈非天乎。」此段聖語，當不見於史録，故竊志之。

11 鄭莊公

左傳載諸國事，於第一卷首書鄭莊公，自後紀其所行尤詳，仍每事必有君子一説，唯詛射穎考叔以爲失政刑，此外率稱其善。杜氏注文，又從而獎與之。案，莊公爲周卿士，以平王貳於虢，而取王子爲質，以桓王畀虢公政，而取温之麥，取成周之禾。以王奪不使知政，忿而不朝，拒天子之師，射王中肩。謂天子不能復巡守，以泰山之祊易許田。不勝其母，以害其弟，至有城潁及泉之誓。是其事君、事親可謂亂臣賊子者矣，而曾無一語以貶之。書姜氏爲母子如初，杜注云：「公雖失之於初，而孝心不忘，故考叔感而通之。」書鄭伯以齊人朝王曰「禮也」，杜云：「莊公不以虢公得政而背王，故禮之。」書息侯伐鄭曰「不度德」，杜云：「鄭莊賢。」書取郜與防歸于魯曰：「可謂正矣。以王命討不庭，不貪其土，以勞王爵。」書使許叔居許東偏曰：「於是乎有禮，度德而處，量力而行，相時而動，可謂知禮。」書周、鄭交惡曰：「信不由中，質無益也。」是乃以天子諸侯混爲一區，無復有上下等威之辨。射王之夜，使祭足勞王，杜云：「鄭志在苟免，王討之非也。」此段尤爲悖理。唯公羊子於克段于鄢之下，書曰「大鄭伯之惡」，爲得之。

12　百六陽九

史傳稱百六陽九爲厄會，以曆志考之，其名有八。初入元百六曰陽九，次曰陰九。又有陰七、陽七、陰五、陽五、陰三、陽三，皆謂之災歲。大率經歲四千五百六十，而災歲五十七。以數計之，每及八十歲，則值其一。今人但知陽九之厄。云經歲者，常歲也。

13 左傳易筮

左傳所載周易占筮，大抵只一爻之變，未嘗有兩爻以上者。畢萬筮仕，遇屯之比，初九變也。成季將生，遇大有之乾，六五變也。晉嫁伯姬，遇歸妹之睽，上六變也。晉文公迎天子，遇大有，乃九三變而之睽。叔孫莊叔生子豹，遇明夷，乃初九變而之謙。崔杼娶妻，遇困，乃六三變而之大過。南蒯作亂，遇坤，乃六五變而之比。趙鞅救鄭，遇泰，乃六五變而之需。占者即演而爲説。然崔杼「入于其宫，不見其妻」，叔孫「君子于行，三日不食」，殆若專爲二子所作也。唯陳厲公生敬仲，遇觀之否。周史曰：「坤，土也；巽，風也；乾，天也。風爲天，於土上山也，有山之材，而照之以天光，於是乎居土上。」杜氏注云：「自二至四有艮象，艮爲山。」予謂此正是用中爻取義，前書論之詳矣。又有相與論事，不假蓍占而引卦以言者，如鄭公子曼滿欲爲卿，王子伯廖曰：「周易有之，在豐之離。」晉先穀違命進師，知莊子曰：「周易有之，在師之臨。」楚王汰侈，子大叔曰：「在復之頤。」但以爻辭合其所行之事耳。至於「爲嬴敗姬」，「伐齊則可」等語，自是一時探賾索隱，非後人所可到也。衛襄公生子，孔成子占之，亦遇屯之比，與畢萬同，雖史朝與辛廖之言則異，然皆以「利建侯」爲主。

14 鍾繇自劾

漢建安中，曹操以鍾繇爲司隸校尉，督關中諸軍。詔召河東太守王邑，而拜杜畿爲太守。郡掾詣繇求留邑，繇不聽，邑詣許自歸。繇自以威禁失督司之法，乃上書自劾，曰：「謹案侍中守司隸校尉東武亭侯鍾繇，幸得蒙恩，以斗筲之才，仍見拔擢，顯從近密，銜命督使。明知詔書深疾長吏政教寬弱，檢下無刑，久病淹滯，衆職荒頓。既舉文書，操彈失理。輕慢憲度，不與國同心，爲臣不忠，大爲不敬。臣請法車召詣廷尉治繇罪，大鴻臚削爵土。臣輒以文書付功曹從事，伏須罪誅。」詔不許。予觀近時士大夫自劾者，不過云乞將臣重行竄黜闔門待罪而已，如繇此章，蓋與爲它人所糾亡異也，豈非身爲司隸，職在刺舉，故如是乎。

15 大義感人

理義感人心，其究至於浹肌膚而淪骨髓，不過語言造次之間，初非有怪奇卓詭之事也。楚昭王遭吳闔廬之禍，國滅出亡，父老送之，王曰：「父老返矣，何患無君。」父老曰：「有君如是其賢也。」相與從之，或犇走赴秦，號哭請救，竟以復國。漢高祖入關，召諸縣豪桀，曰：「父老苦秦苛法久矣，吾當王關中，與父老約法三章耳。凡吾所以來，爲父兄除害，非有所侵暴，毋恐。」乃使人與秦吏行至縣鄉邑，告諭之，秦民大喜。已而項羽所過殘滅，民大失望。劉氏四百年基業定於是矣。唐明皇避禄山亂，至扶風，士卒頗懷去就，流言不遜，召入諭之，曰：「朕託任失人，致逆胡亂常，須遠避其鋒。卿等倉卒從朕，不得別父母妻子，朕甚愧之。今聽各還家，朕獨與子弟入蜀，今日與卿等訣。歸見父母及長安父老，爲朕致意。」衆皆哭，曰：「死生從陛下。」自是流言遂息。賊圍張巡於雍丘，大將勸巡降，巡設天子畫像，帥將士朝之，人人皆泣。巡引六將於前，責以大義而斬之，士心益勸。河北四凶稱王，李抱真使賈林説王武俊，託爲天子之語，曰：「朕前事誠誤，朋友失意，尚可謝，況朕爲四海之主乎。」武俊即首唱從化。及奉天詔下，武俊遣使謂田悦曰：「天子方在隱憂，以德綏我，何得不悔過而歸之。」王庭湊盜據成德，韓愈宣慰，庭湊拔刃弦弓以逆。及館，羅甲士於廷。愈爲言安、史以來逆順禍福之理，庭湊恐衆心動，麾之使出，訖爲藩臣。黄巢僞赦至鳳翔，節度使鄭畋不出，樂奏，將佐皆哭。巢使者怪之，幕客曰：「以相公風痺不能來，故悲耳。」民間聞者無不泣。畋曰：「吾固知人心尚未厭唐，賊授首無日矣。」旋起兵率倡諸鎮，以復長安。田悦以魏叛，喪師遁還，亦能以語言動衆心，誓同生死。乃知陸贄勸德宗痛自咎悔，以言謝天下，制書所下，雖武人悍卒，無不感動流涕，識者知賊不足平。凡此數端，皆異代而同符也。國家靖康、建炎之難極矣，不聞有此，何邪？

校勘記

〔一〕事下將軍朝者　漢書卷八十六王嘉傳「軍」後有「中」字。

〔二〕輿馬　「輿」原作「與」，誤刊，據李本、馬本、祠本改。

〔三〕回施兹寺　祠本「回」作「因」。

〔四〕混夷駾矣爲大夷呬矣　李本、祠本「大」作「犬」。按：詳考尚書正義卷十六西伯戡黎所引孔安國傳及孔穎達疏，毛詩正義卷十六緜所引鄭玄箋、孔穎達疏，「混夷」即「犬夷」，爲夷狄國。疑作「犬」是。

容齋續筆卷七 十七則

1 田租輕重

李悝爲魏文侯作盡地力之教，云："一夫治田百畮，歲收粟百五十石，除十一之税十五石，餘百三十五石。"蓋十一之外，更無他數也。今時大不然，每當輸一石，而義倉省耗别爲一斗二升，官倉明言十加六，復於其間用米之精麤爲説，分若干甲，有至七八甲者，則數外之取亦如之。庾人執槩從而輕重其手，度二石二三斗乃可給。至於水脚、頭子、市例之類，其名不一，合爲七八百錢，以中價計之，并僦船負擔，又須五斗，殆是一而取三。以予所見，唯會稽爲輕，視前所云不能一半也。董仲舒爲武帝言："民一歲力役，三十倍於古，而田租口賦，二十倍於古。"謂一歲之中，失其資産三十及二十倍也。又云："或耕豪民之田，見税什五。"言下户貧民自無田，而耕墾豪富家田，十分之中以五輸本田主，今吾鄉俗正如此，目爲主客分云。

2　女子夜績

漢食貨志云：「冬，民既入，婦人相從夜績，女工一月得四十五日。」謂一月之中，又得夜半，爲四十五日也。必相從者，所以省費燎火，同巧拙而合習俗也。戰國策甘茂亡秦出關，遇蘇代，曰：「江上之貧女，與富人女會績而無燭，處女相與語，欲去之。女曰：妾以無燭故，常先至掃室布席，何愛餘明之照四壁者，幸以賜妾。」以是知三代之時，民風和厚勤樸如此。非獨女子也，男子亦然。豳風：「晝爾于茅，宵爾索綯。」言晝日往取茅歸，夜作綯索，以待時用也。夜者日之餘，其爲益多矣。

3　淮南王

漢淮南厲王死，民作歌以諷文帝曰：「一尺布，尚可縫。一斗粟，尚可舂。兄弟二人不相容。」此史、漢所書也。高誘作鴻烈解敘，及許叔重注文，其辭乃云：「一尺繒，好童童。一升粟，飽蓬蓬。兄弟二人不能相容。」殊爲不同。後人但引尺布斗粟之喻耳。厲王子安復爲王，招致賓客方術之士，作爲內書二十一篇，外書甚衆，又有中篇八卷，言神仙黄白之術。漢書藝文志淮南內二十一篇，淮南外三十三篇，列於雜家，今所存者二十一卷，蓋內篇也。壽春有八公山，正安所延致客之處，傳記不見姓名，而高誘叙以爲蘇飛、李尚、左吴、田由、雷被、毛被、伍被、晉昌等八人，然唯左吴、雷被、伍被見於史。雷被者，蓋爲安所斥而亡之長安上書者，疑不得爲賓客之賢也。

4 薛國久長

左傳載魯哀公大夫云：「禹合諸侯于塗山，執玉帛者萬國，今其存者無數十焉。」漢公孫卿語武帝云：「黄帝萬諸侯，而神靈之封君七千。」案，王制所紀九州，凡千七百七十有三國，多寡殊不侔。以環移之，一君會朝所將吏卒，姑以百人計之，則萬國之衆，當爲百萬，塗山之下，將安所歸宿乎。其爲夐言，無可疑者。所謂存者數十，考諸經傳，可見者唯薛耳。薛之祖是仲，爲夏禹掌車服大夫〔一〕，自此受封，歷商及周末，始爲宋偃王所滅，其享國千九百餘年，傳六十四代，三代諸侯莫之與比。薛壤地褊小，以詩則不列於國風，以世家則不列於史記，而春秋二百四十二年之間，視同儕郳、杞、滕、鄫，獨未嘗受大國侵伐，則其爲邦，亦自有持守之道矣。

5 建除十二辰

建除十二辰，史、漢曆書皆不載，日者列傳但有「建除家以爲不吉」一句。惟淮南鴻烈解天文訓篇云：「寅爲建，卯爲除，辰爲滿，巳爲平，主生；午爲定，未爲執，主陷；申爲破，主衡；酉爲危，主杓；戌爲成，主少德；亥爲收，主大德；子爲開，主太歲；丑爲閉，主太陰。」今會元官曆，每月遇建、平、破、收日，皆不用，以建爲月陽，破爲月對，平、收隨陰陽月遞互爲魁罡也。酉陽雜俎夢篇云：「周禮以日月星辰各占六夢，謂日有甲乙，月有建破。」今注無此語。正義曰：「案堪輿，黃帝問天老事云『四月陽建於巳，破於亥，陰建於未，破於癸，是爲陽破陰，陰破陽。』」今不知何書所載，但又以十干爲破，未之前聞也。

6 俗語算數

三三如九，三四十二，二八十六，四四十六，三九二十七，四九三十六，六六三十六，五八四十，五九四十五，六九五十四，七九六十三，八九七十二，九九八十一，皆俗語算數，然淮南子中有之。三七二十一，蘇秦説齊王之辭也。漢書律曆志劉歆典領鐘律，奏其辭，亦云八八六十四。杜預注左傳，天子用八，云八八六十四人，又六六三十六人，四四十六人。

如淳、孟康、晉灼注漢志，亦有二八十六，三四十二，六八四十八，八八六十四等語。

7 伾文用事

唐順宗即位，抱疾不能言，王伾、王叔文以東宮舊人用事，政自己出。即日禁宮市之擾民，五坊小兒之暴閭巷，罷鹽鐵使之月進，出教坊女伎六百還其家。以德宗十年不下赦令，左降官雖有名德才望，不復叙用，即追陸贄、鄭餘慶、韓皐、陽城還京師，起姜公輔爲刺史。人情大悦，百姓相聚讙呼。又謀奪宦者兵，既以范希朝及其客韓泰總統京西諸城鎮行營兵馬，中人尚未悟。會諸將以狀來辭，始大怒，令其使歸告其將，「無以兵屬人」。當是時，此計若成，兵柄歸外朝，則定策國老等事，必不至後日之患矣。所交黨與如陸質、吕温、李景儉、韓曄、劉禹錫、柳宗元，皆一時豪儁、知名之士。惟其居心不正，好謀務速，欲盡据大權，如鄭珣瑜、高郢、武元衡稍異己者，皆亟斥徙，以故不旋踵而身陷罪戮。後世蓋有居伾、文之地，而但務嘯引沾沾小人以爲鷹犬者，殆又不足以望其百一云。白樂天諷諫元和四年作，其中賣炭翁一篇，蓋爲宫市，然則未嘗能絶也。

8 五十絃瑟

李商隱詩云：「錦瑟無端五十絃。」説者以爲錦瑟者，令狐丞相侍兒小名，此篇皆寓言，而不知五十絃所起。劉昭釋名「箜篌」云師延所作靡靡之樂〔二〕，蓋空國之侯所作也。段安節樂府録云：「箜篌乃鄭、衛之音，以其亡國之聲，故號空國之侯，亦曰坎侯。」吴兢解題云：「漢武依琴造坎侯，言坎坎應節也。後訛爲箜篌。」予案史記封禪書云：「漢公孫卿爲武帝言：『太帝使素女鼓五十弦瑟，悲，帝禁不止，故破其瑟爲二十五弦。』於是武帝益召歌兒，作二十五弦及空侯。」應劭曰：「帝令樂人侯調始造此器。」前漢郊祀志備書此事，言「空侯瑟自此起」。顔師古不引劭所注，然則二樂本始，曉然可攷，雖劉、吴博洽，亦不深究，且「空」元非國名，其説尤穿鑿也。初學記、太平御覽編載樂事，亦遺而不書。莊子言「魯遽調瑟，二十五弦皆動」，蓋此云。續漢書云「靈帝胡服作箜篌」，亦非也。

9 遷固用疑字

東坡作趙德麟字説云：「漢武帝獲白麟，司馬遷、班固書曰『獲一角獸，蓋麟云』，蓋之爲言，疑之也。」予觀史、漢所紀事，凡致疑者，或曰若，或曰云，或曰焉，或曰蓋，其語舒緩含深意。姑以封禪書、郊祀志考之，漫記于此。「雍州好畤，自古諸神祠皆聚云。蓋黃帝時嘗用事，雖晚周亦郊焉」。「三神山，蓋嘗有至者，諸僊人及不死之藥皆在焉」。「未能至，望見之焉」。「新垣平望氣言：有神氣，成五采，若人冠絻焉」。「權火舉而祠，若光煇然屬天焉」。「出長安門，若見五人於道北。」「蓋夜致王夫人之貌云，天子自帷中望見焉」。「登中岳太室，從官在山下聞若有言萬歲者云」。「祭封禪祠，其夜若有光」。封巒大詔：「天若遺朕士而大通焉。」河東迎鼎，「有黃雲蓋焉」。「見神人東萊山，若云欲見天子」。方士言：「蓬萊諸神若將可得。」「天子爲塞河，興通天臺，若見有光云」。「獲若石，云于陳倉」。此外如所謂「及羣臣有言老父，則大以爲僊人也」。「可爲觀，如緱城，神人宜可致」。「天旱，意乾封乎」。「然其效可睹矣」。詞旨亦相似。

10 僭亂的對

王莽竊位稱新室，公孫述稱成家，袁術稱仲家，董卓郿塢，公孫瓚易京，皆自然的對也。

11 月不勝火

莊子外物篇：「利害相摩，生火甚多，衆人焚和，月固不勝火，於是乎有焚和而道盡〔三〕。」注云：「大而闇則多累，小而明則知分。」東坡所引，乃曰：「郭象以爲大而闇不若小而明。陋哉斯言也。爲更之曰：月固不勝燭，言明於大者必晦於小，月能燭天地，而不能燭毫釐，此其所以不勝火也。然卒之火勝月耶？月勝火耶？」予記朱元成萍洲可談所載：「王荆公在修撰經義局，因見舉燭，言：『佛書有日月燈光明佛，燈光豈足以配日月乎？』呂惠卿曰：『日煜乎晝，月煜乎夜，燈煜乎日月所不及，其用無差别也。』公大以爲然，蓋發言中理，出人意表云。」予妄意莊子之旨，謂人心如月，湛然虚静，而爲利害所薄，生火熾然，以焚其和，則月不能勝之矣，非論其明闇也。

12　靈臺有持

莊子庚桑楚篇云：「靈臺者，有持而不知其所持而不可持者也。」郭象云：「有持者，謂不動於物耳，其實非持。若知其所持而持之，持則失也。」陳碧虚云：「真宰存焉，隨其成心而師之。」予謂是皆置論於言意之表，玄之又玄，復采莊子之語以爲説，而於本旨殆不然也。嘗記洪慶善云：「此一章謂持心有道，苟爲不知其所以持之，則不復可持矣。」蓋前二人解釋者，爲兩「而」字所惑，故從而爲之辭。

13 董仲舒災異對

漢武帝建元六年，遼東高廟、長陵高園殿災，董仲舒居家，推説其意，草稿未上，主父偃竊其書奏之。上召視諸儒，仲舒弟子呂步舒不知其師書，以爲大愚。於是下仲舒吏，當死，詔赦之。仲舒遂不敢復言災異。此本傳所書。而五行志載其對曰：「漢當亡秦大敝之後，承其下流。又多兄弟親戚骨肉之連，驕揚奢侈，恣睢者衆，故天災若語陛下，『非以太平至公不能治也，視親戚貴屬在諸侯遠正最甚者，忍而誅之，如吾燔遼東高廟迺可；視近臣在國中處旁仄及貴而不正者，忍而誅之，如吾燔高園殿迺可』云爾。在外而不正者，雖貴如高廟，猶災燔之，況諸侯乎。在内不正者，雖貴如高園殿，猶燔災之，況大臣乎。此天意也。」其後淮南、衡山王謀反，上思仲舒前言，使呂步舒持斧鉞治淮南獄，以春秋誼顓斷於外，不請。既還奏事，上皆是之。凡與王謀反列侯二千石豪桀，皆以罪輕重受誅，二獄死者數萬人。嗚呼，以武帝之嗜殺，時臨御方數歲，可與爲善，廟殿之災，豈無它説？而仲舒首勸其殺骨肉大臣，與平生學術大爲乖剌，馴致數萬人之禍，皆此書啓之也。然則下吏幾死，蓋天所以激步舒云，使其就戮，非不幸也。

14 李正己獻錢

唐德宗初即位，淄青節度使李正己畏上威名，表獻錢三十萬緡。上欲受之，恐見欺，却之則無辭。宰相崔祐甫請遣使慰勞淄青將士，因以正己所獻錢賜之，使將士人人戴上恩，諸道知朝廷不重貨財。上悦從之。正己大慙服。天下以爲太平之治，庶幾可望。紹興三十年，鎮江都統制劉寶乞詣闕奏事，朝廷以其方命刻下，罷就散職。其始謀蓋云此行不以何事，必可有，載以自隨，巨舟連檣，白金至五艦，它所齎挾皆稱是。寶規取恩寵，掃一府所力買。既至，趦趄國門，不許入覲，或以謂欲上諸内府。予時爲樞密檢詳，爲丞相言：「援祐甫所陳，乞以寶所齎等第賜其本軍，明降詔書，遣一朝士以寶平生過惡告諭卒伍，使知明天子惠綏惻怛之意。或寶靳固奄有，仍爲己物，則宜因人之言，發命詰問在行之物，本安所出，今安所用？悉取而籍之。就其舟楫，北還充賜，尤可以破其谿壑無厭之謀。」湯岐公當國，不能用也。

15 宣室

漢宣室有殿有閣，皆在未央宫殿北。三輔黄圖以爲前殿正室。武帝爲竇太主置酒，引内董偃，東方朔曰：「宣室者，先帝之正處也，非法度之政不得入焉。」文帝受釐于此，宣帝常齋居以決事。如淳曰：「布政教之室也。」然則起於高祖時，蕭何所創，爲退朝聽政之所。而史記龜策傳云：「武王圍紂象郎，自殺宣室。」徐廣曰：「天子之居，名曰宣室。」淮南子云：「武王甲卒三千，破紂牧野，殺之宣室。」注曰：「商宫名，一曰獄也。」蓋商時已有此名，漢偶與之同，黄圖乃以爲「漢取舊名」，非也。

16 昔昔鹽

薛道衡以「空梁落燕泥」之句，爲隋煬帝所嫉。考其詩名昔昔鹽，凡十韻：「垂柳覆金堤，蘼蕪葉復齊。水溢芙蓉沼，花飛桃李蹊。采桑秦氏女，織錦竇家妻。關山别蕩子，風月守空閨。常歛千金笑，長垂雙玉啼。盤龍隨鏡隱，彩鳳逐帷低。飛魂同夜鵲，倦寢憶晨雞。暗牖懸蛛網，空梁落燕泥。前年過代北，今歲往遼西。一去無消息，那能惜馬蹄。」唐趙嘏廣之爲二十章，其燕泥一章云：「春至今朝燕，花時伴獨啼。飛斜珠箔隔，語近畫梁低。帷卷閑窺户，牀空暗落泥。誰能長對此，雙去復雙栖。」樂苑以爲羽調曲。玄怪録載：「籧篨三娘工唱阿鵲鹽」，又有突厥鹽、黄帝鹽、白鴿鹽、神雀鹽、疎勒鹽、滿座鹽、歸國鹽。唐詩「媚賴吴娘唱是鹽」，「更奏新聲刮骨鹽」。然則歌詩謂之「鹽」者，如吟、行、曲、引之類云。

今南嶽廟獻神樂曲，有黄帝鹽，而俗傳以爲「皇帝炎」，長沙志從而書之，蓋不考也。韋縠編唐才調詩，以趙詩爲劉長卿，而題爲别宕子怨，誤矣。

17 將帥當專

周易師卦：「六三，師或輿尸，凶。」「六五[四]，長子帥師，弟子輿尸，貞凶。」爻意謂用兵當付一帥，苟其儔雜然臨之，則凶矣。輿尸者，衆主也。安慶緒既敗，遁歸相州，肅宗命郭汾陽、李臨淮九節度致討。以二人皆元勳，難相統屬，故不置元帥，但以宦者魚朝恩爲觀軍容宣慰處置使，步騎六十萬，爲史思明所挫，一戰而潰。憲宗討淮西，命宣武等十六道進軍，雖以韓弘爲都統，而身未嘗至。既無統帥，至四年不克，及裴度一出，才數月即成功。穆宗討王庭湊、朱克融，時裴度鎮河東，亦爲都招討使，羣帥如李光顔、烏重嗣，皆當時名將。而翰林學士元稹，意圖宰相，忌度先進，與知樞密魏簡相結，度每奏畫軍事，輒從中沮壞之，故屯守踰年，竟無成績。貞元之誅吴少誠，元和之征盧從史，皆此類也。石晉開運中，爲契丹所攻，中國兵力寡弱，桑維翰爲宰相，一制指揮節度使十五人。雖杜重威、李守貞、張彦澤輩，駑材反虜，然重威爲主將，陽城之戰，三人者尚能以身徇國，大敗彊胡，耶律德光乘槖駝奔竄[五]，僅而獲免。由是觀之，大將之權，其可不專邪！

校勘記

〔一〕薛之祖是仲爲夏禹掌車服大夫　馬本、祠本「是」作「奚」。按，春秋左傳正義卷五十三定公元年有「薛之皇祖奚仲，居薛，以爲夏車正」之語，疑作「奚」是。

〔二〕劉昭釋名　祠本「昭」作「熙」。按，直齋書録解題卷三著録釋名八卷，謂爲漢劉熙撰。清畢沅有釋名疏證。疑作「熙」是。

〔三〕於是乎有焚和而道盡　祠本「焚和」作「僓然」。按，莊子外物篇作「僓然」。

〔四〕六五　「六」原作「九」，誤刊，今正。

〔五〕橐駝　「駝」原作「它」，今從李本、馬本、庫本。

容齋續筆卷八 十五則

1 蓍龜卜筮

古人重卜筮，其究至於通神，龜爲卜，蓍爲筮，故曰「假爾泰龜有常，假爾泰筮有常」，「定天下之吉凶，成天下之亹亹」，「所以使民信時日，敬鬼神，畏法令」。舜之命禹，武王之伐紂，召公相宅，周公營成周，未嘗不昆命元龜，襲祥考卜。然筮短龜長，則龜卜猶在易筮之上。漢藝文志、劉向所輯七略，自龜書、夏龜之屬，凡十五家，至四百一卷，後世無傳焉。今之揲蓍者，率多流入於影象，所謂龜策，惟市井細人始習此藝。其得不過數錢，士大夫未嘗過而問也。伎術標牓，所在如織，五星、六壬、衍禽、三命、軌析、太一、洞微、紫微、太素、遁甲，人人自以爲君平，家家自以爲季主，每況愈下。由是藉手于達官要人，舟車交錯於道路，毁譽紛紜，而術益隱矣。周禮：「太卜掌三兆之灋，一曰玉兆，二曰瓦兆，三曰原兆。」杜子春云：「玉兆，顓帝之兆；瓦兆，帝堯之兆；原兆，有周之兆。」「經兆之體皆百有二十，其頌皆千有二百。」又：「掌三易之灋，曰連山，曰歸藏，曰周易。其經卦皆八，其別皆六十有四。」今獨周易之書存，它不復可見。世謂文王重易六爻爲六十四卦，然則夏、商之易已如是矣。左氏傳所載懿氏占曰：「鳳皇于飛〔一〕，和鳴鏘鏘。有嬀之後，將育于姜。」成季之卜曰：「其名曰友，在公之右。同復于父，敬如君所。」晉獻公驪姬之繇曰：「專之渝，攘公之羭。」嫁伯姬之繇曰：「車説其輹，火焚其旗。寇張之弧，姪其從姑。」秦伯伐晉曰：「千乘三去，三去之餘，獲其雄狐。」文公納王，遇黄帝戰于阪泉之兆。鄢陵之戰，晉侯筮曰：「南國蹙，射其元王，中厥目。」宋伐鄭，趙鞅卜救之，遇水適火，史龜曰：「是謂沈陽，可以興兵，利以伐姜，不利子商。」史墨曰：「盈，水名。子，水位。名位敵，不可干也。」杜氏謂「鞅姓盈，宋姓子」，蓋言「嬴」與「盈」同也。史趙曰：「是謂如川之滿，不可游也。」衛莊公卜夢，曰：「如魚竀尾，衡流而方羊裔焉。闔門塞竇，乃自後踰。」此十占皆不可得其説，故杜元凱云：「凡筮者用周易，則其象可推。非此而往，則臨時占者或取於象，或取於氣，或取於時日、王相以成其占。若盡附會以爻象，則架虛而不經。」可爲通論，然亦安知非連山、歸藏所載乎！

2 地名異音

郡邑之名，有與本字大不同者，顔師古以爲土俗各有别稱者是也。姑以漢書地理志言之：馮翊之櫟陽爲「藥陽」，蓮勺爲「輦酌」，太原之慮虒爲「廬夷」，上黨之沾爲「添」，河内之隆慮爲「林廬」，蕩陰爲「湯陰」，潁川之不羹爲「不郎」，南陽之酈爲「擲」，堵陽爲「者陽」，鄼爲「讚」，沛之鄼爲「嵯」，鄲爲「多」，清河之鄃爲「輸」，汝南之平輿爲「平預」，濟陰之宛句爲「寃劬」，江夏之沙羨爲「沙夷」，九江之橐皐爲「拓姑」，廬江之雩婁爲「吁閭」，山陽之方與爲「房豫」，琅邪之不其爲「不基」，東海之承爲「證」，長沙之承陽爲「烝陽」；臨淮之取慮爲「秋廬」，會稽之諸暨爲「諸既」，太末爲「闥末」，豫章之餘汗爲「餘干」，梓潼之汁方爲「十方」〔二〕，蜀郡之徙爲「斯」，益州之昧爲「昧」，金城之允吾爲「鉛牙」，允街爲「鉛街」，武威之樸劋爲「蒲環」，張掖之番禾爲「盤和」，安定之烏氏爲「烏支」，上郡之龜兹爲「丘慈」，西河之鵠澤爲「梏澤」，代郡之狋氏爲「權精」，遼西之且慮爲「趄廬」，令支爲「鈴祇」，遼東之番汗爲「盤寒」，樂浪之黏蟬爲「黏提」，南海之番禺爲「潘隅」，蒼梧之荔浦爲「肄浦」，交趾之羸𨻻爲「蓮簍」，九真之都龐爲「都聾」，日南之西捲爲「西權」，淮陽之陽夏爲「陽賈」，魯國之蕃爲「皮」，皆不可求之於義訓，字書亦不盡載也。

3　韓嬰詩

前漢書儒林傳叙詩云：漢興，申公作魯詩，后蒼作齊詩，韓嬰作韓詩。又云：申公爲詩訓故，而齊轅固、燕韓生皆爲之傳，或取春秋，采雜説，咸非其本義。與不得已，魯最爲近之。嬰爲文帝博士，景帝時至常山太傅，推詩人之意，作外傳數萬言，其語頗與齊、魯間殊，然歸一也。武帝時，與董仲舒論於上前，精悍分明，仲舒不能難。其後韓氏有王吉、食子公、長孫順之學。藝文志，韓家詩經二十八卷，韓故三十六卷，内傳四卷，外傳六卷，韓説四十一卷。今惟存外傳十卷。慶曆中，將作監主簿李用章序之，命工刊刻于杭，其末又題云：「蒙文相公改正三千餘字。」予家有其書，讀首卷第二章，曰：「孔子南遊適楚，至於阿谷，有處子佩瑱而浣者。孔子曰：『彼婦人其可與言矣乎？』抽觴以授子貢，曰：『善爲之辭。』子貢曰：『吾將南之楚，逢天暑，願乞一飲以表我心。』婦人對曰：『阿谷之水流而趨海，欲飲則飲，何問婦人乎？』受子貢觴，迎流而挹之，置之沙上，曰：『禮固不親授。』孔子抽琴去其軫，子貢往請調其音。婦人曰：『吾五音不知，安能調琴？』孔子抽絺綌五兩以授子貢，子貢曰：『吾不敢以當子身，敢置之水浦。』婦人曰：『子年甚少，何敢受子？子不早去，今切有狂夫守之者矣。』詩曰：『南有喬木，不可休息。漢有游女，不可求思。』此之謂也。」觀此章，乃謂孔子見處女而教子貢以微詞三挑之，以是説詩，可乎？其謬戾甚矣，它亦無足言。

4　五行衰絶字

木絶於申，故柛字之訓爲木自斃。水土絶於巳，故汜字之訓，説文以爲窮瀆，圮字之訓爲岸圮及覆。火衰於戌，故烕爲滅。金衰於丑，故鈕爲鍵閉。製字之義昭矣。

5　漢表所記事

漢書功臣表所記列侯功狀，有紀傳所軼者。韓信擊魏，以木罌缶度軍，表云：祝阿侯高邑以將軍屬淮陰，擊魏，罌度軍。史記作「缻」。蓋此計由邑所建也。信謀發兵襲呂后，其舍人得罪信，信因欲殺之。舍人弟上書變告信欲反。晉灼注曰：「楚漢春秋云：謝公也。」表有滇陽侯樂説，史記作欒説，以淮陰舍人告反，侯，蓋非謝公也。須昌侯趙衍從漢王起漢中，雍軍塞渭上，上計欲還，衍言從它道，道通。中牟侯單右車，始高祖微時，有急，給高祖馬，故得侯。邔侯黄極忠以羣盗長爲臨江將，已而爲漢擊臨江王。祁侯繒賀從擊項籍，漢王敗走，賀擊楚迫騎，以故不得進，漢王顧謂賀祁王。史記作「侯」。顔師古曰：「謂之祁王，蓋嘉其功，故寵褒之，許以爲王也。」它復有與傳小異者。史記張良傳：項梁立韓王成，以良爲韓申徒。徐廣云：「申徒即司徒，語音訛轉也。」而漢表，良以韓申都下韓。師古云：「韓申都即韓王信也。楚漢春秋作『信都』，古『信』、『申』同字。」案，良與韓王信了不相干，顔注誤矣。自「司徒」訛爲「申徒」，自「申徒」爲「申都」，自「申都」爲「信都」，展轉相傳，古書豈復可以字義求也！韓信歸漢，爲治粟都尉，表以爲票客。師古曰：「與紀傳參錯不同，或者以其票疾而賓客禮之，故云票客也。」史記作「典客」，索隱以爲「粟客」。此外又有官名非史所載者。如孔聚以執盾從；周竈以長鈹都尉；郭蒙以户衛；宣虎以重將，重將者，主將領輜重也；酏跖以門尉；棘丘侯襄以執盾隊史；郭亭以塞路，塞路者，主遮塞要路以備敵寇也；丁禮以中涓騎；爰類以慎將，謂以謹慎爲將也；許盎以駢鄰説衛，駢鄰者，二馬曰駢，謂並兩騎爲軍翼也，説讀曰税，税衛者，軍行初舍止之時主爲衛也；許瘛以趙右林將，林將者，將士林，猶言羽林之將也；清侯以弩將；留肹以客吏；馮解散以代大與，大與，主爵禄之官也，史記作「太尉」；靳彊以郎中騎千人之類。聊紀於此，以示讀史者云。

6 蕭何給韓信

黥布爲其臣賁赫告反，高祖以語蕭相國，相國曰：「布不宜有此，恐仇怨妄誣之，請繫赫，使人微驗淮南。」布遂反。韓信爲人告反，吕后欲召，恐其不就，乃與蕭相國謀，詐令人稱陳豨已破，紿信曰：「雖病，强入賀。」信入，即被誅。信之爲大將軍，實蕭何所薦，今其死也，又出其謀，故俚語有「成也蕭何，敗也蕭何」之語。何尚能救黥布，而翻忍於信如此？豈非以高祖出征，吕后居内，而急變從中起，已爲留守，故不得不亟誅之，非如布之事尚在疑似之域也。

7 彭越無罪

韓信、英布、彭越皆以謀反誅夷。信乘高祖自將征陳豨之時，欲詐赦諸官徒，發兵襲吕后、太子。布見漢使驗問，即發兵東取荆，西擊楚，對高祖言欲爲帝，其爲反逆已明。唯越但以稱病不親詣邯鄲之故，上既赦以爲庶人，而吕后令人告越復謀反，遂及禍。三人之事，越獨爲冤。且扈輒勸越反，越不聽，有司以越不誅輒爲反形已具。然則貫高欲殺高祖，張敖不從，其事等耳，乃以爲不知狀，而敖得釋，何也？欒説告信，賁赫告布，皆得封列侯。而梁大僕告越不論賞，豈非漢朝亦知其故耶？欒布爲越大夫，使於齊而越死，還，奏事越頭下，上召駡布，欲烹之，布謂越反形未見，而帝以苛細誅之，上乃釋布，拜爲都尉。然則高祖於用刑，爲有負於越矣，傷哉！

8 蜘蛛結罔

佛經云：「蠢動含靈，皆有佛性。」莊子云：「惟蟲能蟲，惟蟲能天。」蓋雖昆蟲之微，天機所運，其善巧方便，有非人智慮技解所可及者。蠶之作繭，蜘蛛之結罔，蜂之累房，燕之營巢，蟻之築垤，螟蛉之祝子之類是已。雖然，亦各有幸不幸存乎其間。蛛之結罔也，布絲引經，捷急上下，其始爲甚難。至於緯而織之，轉盼可就，疎密分寸，未嘗不齊。門檻及花梢竹間，則不終日，必爲人與風所敗。唯閑屋垝垣，人迹罕至，乃可久久而享其安。故燕巢幕上，季子以爲至危。李斯見吏舍厠中鼠食不絜，近人犬，數驚恐之，倉中之鼠食積粟，居大廡之下，不見人犬之憂，歎曰：「人之賢不肖，譬如鼠矣，在所自處耳。」豈不信哉！

9 孫權稱至尊

陳壽三國志，固多出於一時雜史，然獨吴書稱孫權爲至尊，方在漢建安爲將軍時已如此，至於諸葛亮、周瑜，見之於文字間，亦皆然。周瑜病困，與權書曰：「曹公在北，劉備寄寓，此至尊垂慮之日也。」魯肅破曹公還，權迎之，肅曰：「願至尊威德加乎四海。」吕蒙遣鄧玄之説郝普曰：「關羽在南郡，至尊身自臨之。」又曰：「至尊遺兵，相繼於道。」蒙謀取關羽，密陳計策，曰：「羽所以未便東向者，以至尊聖明，蒙等尚存也。」陸遜謂蒙曰：「下見至尊，宜好爲計。」甘寧欲圖荆州，曰：「劉表慮既不遠，兒子又劣，至尊當早規之。」權爲張遼掩襲，賀齊曰：「至尊人主，常當持重。」權欲以諸葛恪典掌軍糧，諸葛亮書與陸遜，曰：「家兄年老，而恪性疏，糧穀軍之要最，足下特爲啓至尊轉之。」遜以白權。凡此之類，皆非所宜稱，若以爲陳壽作史虚辭，則魏、蜀不然也。

10 匡山讀書

杜子美贈李太白詩：「匡山讀書處，頭白好歸來。」説者以爲即廬山也。吳曾能改齋漫録内辨誤一卷，正辨是事，引杜田杜詩補遺云：「范傳正李白新墓碑云：『白本宗室子，厥先避仇客蜀，居蜀之彰明，太白生焉。』彰明，綿州之屬邑，有大、小匡山，白讀書于大匡山，有讀書堂，尚存。其宅在清廉鄉，後廢爲僧坊〔三〕，稱隴西院，蓋以太白得名。院有太白像。」吳君以是證杜句，知匡山在蜀，非廬山也。予案當塗所刊太白集，其首載新墓碑，宣、歙、池等州觀察使范傳正撰，凡千五百餘字，但云：「自國朝已來，編於屬籍，神龍初，自碎葉還廣漢，因僑爲郡人。」初無補遺所紀七十餘言，豈非好事者僞爲此書，如開元遺事之類，以附會杜老之詩邪？歐陽忞輿地廣記云：「彰明有李白碑，白生於此縣。」蓋亦傳説之誤，當以范碑爲正。

11 列國城門名

郡縣及城門名，用一字者爲雅馴近古。今獨姑蘇曰吳郡吳縣，有盤門、閶門、葑門、婁門、齊門，它皆不然。春秋時，列國門名見於左氏傳者，鄭最多，曰渠門、純門、時門、將門、閨門、皇門、鄟門、墓門，又有師之梁、桔柣之門。周曰圉門。魯曰雩門、雉門、稷門、萊門、鹿門，又有子駒之門。公羊傳有爭門、吏門。宋曰彪門、桐門、盧門、曹門、澤門、揚門、桑林之門。邾曰魚門、范門。衛曰閱門，蓋獲之門。齊曰雍門，亦有揚門、鹿門、稷門。吳曰胥門。宋垤澤之門，見孟子。

12 緇塵素衣

陳簡齋墨梅絶句一篇，云：「粲粲江南萬玉妃，别來幾度見春歸。相逢京洛渾依舊，只恨緇塵染素衣。」語意皆妙絶。晉陸機爲顧榮贈婦詩云：「京洛多風塵，素衣化爲緇。」齊謝玄暉酬王晉安詩云：「誰能久京洛，緇塵染素衣。」正用此也。

13 去國立後

齊高氏食邑于盧，高弱以盧叛齊，閭丘嬰圍之，弱曰：「苟使高氏有後，請致邑。」齊人立高酀，弱致盧而出奔晉。魯臧氏食邑于防，臧紇得罪，使來告曰：「苟守先祀，敢不辟邑。」乃立臧爲，紇致防而奔齊。案，弱、紇二人，據地要君，故孔子曰：「臧武仲以防求後于魯，雖曰不要君，吾不信也。」然齊、魯之君，竟如其請，不以要君之故而背之，蓋當是時先王之澤未熄，非若戰國務爲詐力權謀之比，所謂殺人之中又有禮焉者也。降及末世，遂有帶甲約降，既解甲即圍而殺之者，不仁孰甚焉！

14 詩詞改字

王荆公絶句云：「京口、瓜洲一水間，鍾山秪隔數重山。春風又緑江南岸，明月何時照我還。」吴中士人家藏其草，初云「又到江南岸」，圈去「到」字，注曰不好，改爲「過」，復圈去而改爲「入」，旋改爲「滿」，凡如是十許字，始定爲「緑」。黄魯直詩：「歸燕略無三月事，高蟬正用一枝鳴。」「用」字初曰「抱」，又改曰「占」，曰「在」，曰「帶」，曰「要」，至「用」字始定。予聞於錢伸仲大夫如此。今豫章所刻本乃作「殘蟬猶占一枝鳴」。向巨原云：「元不伐家有魯直所書東坡念奴嬌，與今人歌不同者數處，如『浪淘盡』爲『浪聲沉』，『周郎赤壁』爲『孫吳赤壁』，『亂石穿空』爲『崩雲』，『驚濤拍岸』爲『掠岸』，『多情應笑我早生華髮』爲『多情應是笑我生華髮』，『人生如夢』爲『如寄』。」不知此本今何在也。

15 姑舅爲婚

姑舅兄弟爲婚，在禮法不禁，而世俗不曉。案，刑統户婚律云：「父母之姑舅、兩姨，姊妹及姨若堂姨、母之姑、堂姑，己之堂姨及再從姨、堂外甥女、女壻姊妹，並不得爲婚姻。」議曰：「父母姑舅、兩姨姊妹，於身無服，乃是父母緦麻，據身是尊，故不合娶。及姨又是父母大功尊，若堂姨雖於父母無服，亦是尊屬，母之姑、堂姑，並是母之小功以上尊；己之堂姨及再從姨、堂外甥女亦謂堂姊妹所生者、女壻姊妹，於身雖並無服，據理不可爲婚。並爲尊卑混亂，人倫失序之故。」然則中表兄弟姊妹正是一等，其於婚娶，了無所妨。予記政和八年知漢陽軍王大夫申明此項，勑局看詳，以爲如表叔取表姪女，從甥女嫁從舅之類，甚爲明白。徽州法司編類續降有全文，今州縣官書判，至有將姑舅兄弟成婚而斷離之者，皆失於不能細讀律令也。惟西魏文帝時，禁中外及從母兄弟姊妹爲婚，周武帝又詔不得娶母同姓以爲妻妾，宣帝詔母族絶服外者聽婚，皆偏閏之制，漫附於此。

校勘記

〔一〕鳳皇于飛　「皇」原作「望」，誤刊。會本、李本、馬本、祠本作「皇」。詩經大雅生民之什卷阿有「鳳皇于飛」句。今據改。

〔二〕梓潼之汁方爲十方　馬本、祠本「梓潼」作「廣漢」。按，漢書地理志卷二十八上廣漢郡所屬十三縣，其二爲汁方，而梓潼爲首縣。疑作「廣漢」是。

〔三〕其宅在清廉鄉後廢爲僧坊　祠本「坊」作「房」。按：吴曾能改齋漫録卷五辨誤匡山非盧山作「房」。今姑仍其舊。

容齋續筆卷九 十四則

1 三家七穆

春秋列國卿大夫世家之盛，無越魯三家、鄭七穆者。魯之公族如臧氏、展氏、施氏、子叔氏、叔仲氏、東門氏、郈氏之類固多，唯孟孫、叔孫、季孫實出於桓公，其傳序累代，皆秉國政，與魯相爲久長。若揆之以理，則桓公弒兄奪國，得罪於天，顧使有後如此。鄭靈公亡，無嗣，國人立穆公之子子良，子良辭以公子堅長，乃立堅，是爲襄公。襄公將去穆氏，子良爭之，願與偕亡。乃舍之，皆爲大夫。其後位卿大夫而傳世者，罕、駟、豐、印、游、國、良，故曰七穆。然則諸家不逐而獲存，子良之力也。至其孫良霄乃先覆族，而六家爲卿如故，此又不可解也。

2 貢薛韋匡

漢元帝紀贊云：「貢、薛、韋、匡，迭爲宰相。」謂貢禹、薛廣德、韋玄成、匡衡也。四人皆握娖自好，當優柔不斷之朝，無所規救。衡專附石顯，最爲邪臣；廣德但有諫御樓船一事；禹傳稱在位數言得失，書數十上；玄成傳稱爲相七年，守正持重，不及父賢，而文采過之。皆不著其有過。案，劉向傳：「弘恭、石顯白逮更生下獄，下太傅韋玄成、諫大夫貢禹與廷尉雜考。劾更生前爲九卿，坐與蕭望之、周堪謀排許、史，毁離親戚，欲退去之，而獨專權。爲臣不忠，幸不伏誅，復蒙恩召用，不悔前過，而教令人言變事，誣罔不道。更生坐免爲庶人。」若以漢法論之，更生死有餘罪，幸元帝不殺之耳。京房傳房欲行考功法，石顯及韋丞相皆不欲行。然則韋、貢之所以進用，皆陰附恭、顯而得之。班史隱而不論，唯於石顯傳云：「貢禹明經著節，顯使人致意，深自結納。因薦禹天子，歷位九卿，至御史大夫。」正在望之死後也。

3 兒寬張安世

漢史有當書之事本傳不載者。武帝時，兒寬有重罪繫，按道侯韓説諫曰：「前吾丘壽王死，陛下至今恨之；今殺寬，後將復大恨矣！」上感其言，遂貰寬，復用之。宣帝時，張安世嘗不快上，所爲不可上意。上欲誅之，趙充國以爲安世本持槖簪筆事孝武帝數十年，見謂忠謹，宜全度之。安世用是得免。二事不書於寬及安世傳，而於劉向、充國傳中見之。豈非以二人之賢，爲諱之邪？韓說能以一言救賢臣於垂死，而不於說傳書之，以揚其善，爲可惜也。

4 深溝高壘

韓信伐趙，趙陳餘聚兵井陘口禦之。李左車說餘曰：「信乘勝而去國遠鬬，其鋒不可當。願假奇兵，從間道絶其輜重，而深溝高壘勿與戰。彼前不得鬬，退不得還，不至十日，信之頭可致麾下。」餘不聽，一戰成禽。七國反，周亞夫將兵往擊，會兵滎陽，鄧都尉曰：「吴、楚兵鋭甚，難與爭鋒。願以梁委之，而東北壁昌邑，深溝高壘，使輕兵塞其饟道，以全制其極。」亞夫從之，吴果敗亡。李、鄧之策一也，而用與不用則異耳。秦軍武安西，以攻閼與，趙奢救之，去邯鄲三十里，堅壁，二十八日不行，復益增壘。既乃卷甲而趨之，大破秦軍。奢之將略，所謂玩敵於股掌之上，雖未合戰，而勝形已著矣。前所云鄧都尉者，亞夫故父絳侯客也。鼂錯傳云：「錯已死，謁者僕射鄧公爲校尉，擊吴、楚爲將。還，上書言軍事，拜爲城陽中尉。」鄧公者，豈非鄧都尉乎？亞夫傳以爲此策乃自請而後行，顔師古疑其不同，然以事料之，必非出於己也。

5　生之徒十有三

老子出生入死章云：「出生入死，生之徒十有三，死之徒十有三，人之生，動之死地十有三，夫何故？以其生生之厚。」王弼注曰：「十有三，猶云十分有三分取其生道，全生之極，十分有三耳；取死之道，全死之極，十分亦有三耳。而民生生之厚，更之無生之地焉。」其説甚淺，且不解釋後一節。唯蘇子由以謂「生死之道，以十言之，三者各居其三矣，豈非生死之道九，而不生不死之道一而已乎？老子言其九不言其一，使人自得之，以寄無思無爲之妙」，其論可謂盡矣。

6　臧氏二龜

臧文仲居蔡，孔子以爲不智。蔡者，國君之守龜，出蔡地，因以爲名焉。左傳所稱作「虛器」，正謂此也。至其孫武仲得罪于魯，出奔邾，使告其兄賈於鑄，且致大蔡焉，曰：「紇之罪不及不祀，子以大蔡納請，其可？」蓋請爲先人立後也。賈再拜受龜，使弟爲爲己請，遂自爲也。乃立臧爲。爲之子曰昭伯，嘗如晉，從弟會竊其寶龜僂句龜所出地名。以上爲信與僭，僭吉。僭，不信也。會如晉。昭伯問内子與母弟，皆不對。會之意，欲使昭伯疑其若有它故者。歸而察之，皆無之，執而戮之，逸奔郈。及昭伯從昭公孫于齊，季平子立會爲臧氏後，會曰：「僂句不余欺也。」臧氏二事，皆以龜故，皆以弟而奪兄位，亦異矣。

7 有扈氏

夏書甘誓，啓與有扈大戰于甘，以其「威侮五行，怠棄三正，天用勦絶其命」爲辭，孔安國傳云：「有扈與夏同姓，恃親而不恭。」其罪如此耳。而淮南子齊俗訓曰：「有扈氏爲義而亡，知義而不知宜也。」高誘注云：「有扈，夏啓之庶兄也，以堯、舜舉賢，禹獨與子，故伐啓。啓亡之。」此事不見於它書，不知誘何以知之。傳記散軼，其必有以爲据矣。莊子以爲「禹攻有扈，國爲虚厲」，非也。

8 太公丹書

太公丹書，今罕見於世，黄魯直於禮書得其諸銘而書之，然不著其本始。予讀大戴禮武王踐阼篇，載之甚備，故悉紀録以遺好古君子云：「武王踐阼三日，召士大夫而問焉，曰：『惡有藏之約，行之行，萬世可以爲子孫恒者乎？』皆曰：『未得聞也。』然後召師尚父而問焉，曰：『黄帝、顓頊之道可得見與？』師尚父曰：『在丹書。王欲聞之，則齋矣。』王齋三日，尚父端冕奉書，道書之言曰：『「敬勝怠者吉，怠勝敬者滅；義勝欲者從，欲勝義者凶。凡事不强則枉，弗敬則不正，枉者滅廢，敬者萬世。」藏之約，行之行，可以爲子孫恒者，此言之謂也。』又曰：『以仁得之，以仁守之，其量百世；以不仁得之，以仁守之，其量十世；以不仁得之，以不仁守之，必及其世。』王聞書之言，惕若恐懼。退而爲戒書，於席之四端爲銘。前左端曰：『安樂必敬。』前右端曰：『無行可悔。』後左端曰：『一反一側，亦不可以忘。』後右端曰：『所監不遠，視爾所代。』机之銘曰：『皇皇惟敬口，口生敬，口生听，口戕口。』鑑之銘曰：『見爾前，慮爾後。』盥盤之銘曰：『與其溺於人也，寧溺於淵。溺於淵，猶可游也；溺於人，不可救也。』楹之銘曰：『毋曰胡殘，其禍將然；毋曰胡害，其禍將大；毋曰胡傷，其禍將長。』杖之銘曰：『惡乎危？於忿疐。惡乎失道？於嗜欲。惡乎相忘？於富貴。』帶之銘曰：『火滅脩容，慎戒必共，共則壽。』屨之銘曰：『慎之勞，勞則富。』觴豆之銘曰：『食自杖，食自杖，戒之憍，憍則逃。』户之銘曰：『夫名難得而易失。無勤弗志，而曰我知之乎？無勤弗及，而曰我杖之乎？擾阻以泥之，若風將至，必先搖搖，雖有聖人，不能爲謀也。』牖之銘曰：『隨天之時，以地之財，敬祀皇天，敬以先時。』劍之銘曰：『帶之以爲服，動必行德，行德則興，倍德則崩。』弓之銘曰：『屈申之義，發之行之，無忘自過。』矛之銘曰：『造矛造矛，少間弗忍，終身之羞。予一人所聞，以戒後世子孫。』」凡十六銘。賈誼政事書所陳教太子一節千餘言，皆此書保傅篇之文，然及胡亥、趙高之事，則爲漢儒所作可知矣。漢昭帝紀「通保傅傳」文穎注曰：「賈誼作，在禮大戴記。」其此書乎？荀卿議兵篇：「敬勝怠則吉，怠勝敬則滅，計勝欲則從，欲勝計則凶。」蓋出諸此。左傳晉斐豹「著於丹書」，謂以丹書其罪也。其名偶與之同耳。漢祖有丹書鐵契以待功臣，蓋又不同也。

9　漢景帝

漢景帝爲人，甚有可議。鼂錯爲内史，門東出，不便，更穿一門南出，南出者，太上皇廟堧垣也。丞相申屠嘉聞錯穿宗廟垣，爲奏請誅錯。錯恐，夜入宫上謁，自歸上。至朝，嘉請誅錯。上曰：「錯所穿非真廟垣，乃外堧垣，且又我使爲之，錯無罪。」臨江王榮以皇太子廢爲王，坐侵太宗廟壖地爲宫，詣中尉府對簿責訊，王遂自殺。兩者均爲侵宗廟，榮以廢黜失寵，至於殺之，錯方貴幸，故略不問罪，其不公不慈如此。及用爰盎一言，錯即夷族，其寡恩忍殺復如此。

10　蕭何先見

韓信從項梁，居戲下，無所知名。又屬羽，數以策干羽，羽弗用，乃亡歸漢。陳平事項羽，羽使擊降河内，已而漢攻下之。羽怒，將誅定河内者。平懼誅，乃降漢。信與平固能擇所從，然不若蕭何之先見。何爲泗水卒史事，第一。秦御史欲入言召何，何固請，得毋行。則當秦之未亡，已知其不能久矣，不待獻策弗用，及懼罪且誅，然後去之也。

11　史漢書法

史記、前漢所書高祖諸將戰功，各爲一體。周勃傳：攻開封，先至城下爲多；攻好畤，最；擊咸陽，最；攻曲遇，最；破臧荼，所將卒當馳道爲多；擊胡騎平城下，所將卒當馳道爲多。夏侯嬰傳：破李由軍，以兵車趣攻戰疾；從擊章邯，以兵車趣攻戰疾；擊秦軍雒陽東，以兵車趣攻戰疾。灌嬰傳：破秦軍於杠里，疾鬬；攻曲遇，戰疾力；戰於藍田，疾力；擊項佗軍，疾戰。又書，擊項冠於魯下，所將卒斬司馬、騎將各一人；擊破王武軍，所將卒斬樓煩將五人；擊武別將，所將卒斬都尉一人；擊齊軍於歷下，所將卒虜將軍、將吏四十六人；擊田横，所將卒斬騎將一人；從韓信，卒斬龍且，所將之卒。身生得周蘭，破薛郡，身虜騎將；擊項籍陳下，所將卒斬樓煩將二人；追至東城，所將卒共斬籍；擊胡騎晉陽下，所將卒斬白題將一人；攻陳豨，卒斬特將五人；破黥布，身生得左司馬一人，所將卒斬小將十人。傅寬傳：屬淮陰，擊破歷下軍；屬相國參，殘博；屬太尉勃，擊陳豨。酈商傳：

與鍾離昧戰，受梁相國印；定上谷，受趙相國印。五人之傳，書法不同如此，灌嬰事尤爲複重，然讀之了不覺細瑣，史筆超拔高古，范曄以下豈能窺其籬奥哉！又史記灌嬰傳書：受詔別擊楚軍後，受詔將郎中騎兵；受詔將車騎別追項籍；受詔別降樓煩以北六縣；受詔并將燕、趙車騎；受詔別攻陳豨。凡六書「受詔」字，漢減其三云。

12 薄昭田蚡

周勃爲人告欲反，下廷尉，逮捕，吏稍侵辱之。初，勃以誅諸吕功，益封賜金，盡以予太后弟薄昭。及繫急，昭爲言太后，后以語文帝，迺得釋。王恢坐爲將軍不出擊匈奴單于輜重，下廷尉，當斬。恢行千金於丞相田蚡，蚡不敢言上，而言於太后。后以蚡言告上，上竟誅恢。蚡者，王太后同母弟也。漢世母后豫聞政事，故昭、蚡憑之以招權納賄，其史所不書者，當非一事也。

神宗熙寧七年，天下大旱，帝對朝嗟歎，欲盡罷法度之不善者。王安石怫然争之，帝曰：「比兩宫泣下，憂京師亂起，以爲更失人心。」安石曰：「兩宫有言，乃向經、曹佾所爲耳。」是時，安石力行新法以爲民害，向經、曹佾能獻忠於母后，可謂賢戚里矣，而安石非沮之，使遇薄昭、田蚡，當如何哉！高遵裕坐西征失律抵罪，宣仁聖烈后臨朝，宰相蔡確乞復其官，后曰：「遵裕靈武之役，塗炭百萬，得免刑誅幸矣，吾何敢顧私恩而違天下公議！」其聖如此，雖有昭、蚡百輩，何所容其姦乎？

13 文字結尾

老子道經孔德之容一章，其末云：「吾何以知衆甫之然哉？以此。」蓋用二字結之。左傳：「叔孫武叔使郈馬正侯犯殺郈宰公若藐，弗能。其圉人曰：『吾以劍過朝，公若必曰：「誰之劍也？」吾稱子以告，必觀之，吾僞固而授之末，則可殺也。』使如之。」孟子載：「齊人一妻一妾而處室者，其良人出，必厭酒肉而後反。問所與飲食者，則盡富貴也。妻瞷其所之，乃之東郭墦間之祭者，乞其餘。歸告其妾，曰：『良人者，所仰望而終身也，今若此！』」此二事，反復數十百語，而但以「使如之」及「今若此」各三字結之。史記封禪書載武帝用方士言神祠長陵神君，李少君、謬忌、少翁、游水發根、欒大、公孫卿、史寬舒、丁公、王朔、公玉帶、越人勇之之屬，所言祠竈，化丹沙，求蓬萊安期生，立太一壇，作甘泉宮臺室、柏梁、仙人掌、壽宮神君，鬭棊小方，泰帝神鼎，雲陽美光，緱氏城僊人跡，太室呼萬歲，老父牽狗，白雲起封中，德星出，越祠雞卜，通天臺，明堂，昆侖，建章宮，五城十二樓，凡數十事，三千言，而其末云「然其效可睹矣」。則武帝所興爲者，皆墮誕罔中，不待一二論説也。文字結尾之簡妙至此。

14 國初古文

歐陽公書韓文後，云：「予少家漢東，有大姓李氏者，其子堯輔頗好學。予游其家，見有敝筐貯故書在壁間，發而視之，得唐昌黎先生文集六卷，脱落顛倒無次序，因乞以歸讀之。是時，天下未有道韓文者，予亦方舉進士，以禮部詩賦爲事。後官于洛陽，而尹師魯之徒皆在，遂相與作爲古文，因出所藏昌黎集而補綴之。其後天下學者亦漸趨於古，韓文遂行于世。」又作蘇子美集序，云：「子美之齒少於予，而予學古文，反在其後。天聖之間，學者務以言語聲偶擿裂以相誇尚，子美獨與其兄才翁及穆參軍伯長作爲古歌詩雜文，時人頗共非笑之，而子美不顧也。其後學者稍趨於古。獨子美爲於舉世不爲之時，可謂特立之士也。」柳子厚集有穆脩所作後叙，云：「予少嗜觀韓、柳二家之文，柳不全見於世，韓則雖目其全，至所缺墜，亡字失句，獨於集家爲甚。凡用力二紀，文始幾定，時天聖九年也。」予讀張景集中柳開行狀云：「公少誦經籍，天水趙生，老儒也，持韓愈文僅百篇授公，曰：『質而不麗，意若難曉，子詳之，何如？』公一覽不能捨，歎曰：『唐有斯文哉！』因爲文章，直以韓爲宗尚。時韓之道獨行於公，遂名肩愈，字紹先。韓之道大行於今，自公始也。」又云：「公生於晉末，長於宋初，扶百世之大教，續韓、孟而助周、孔。兵部侍郎王祜得公書，曰：『子之文出於今世，真古之文章也。』兵部尚書楊昭儉曰：『子之文章，世無如者已二百年矣。』」開以開寶六年登進士第，景作行狀時，咸平三年。開序韓文云：「予讀先生之文，自年十七至于今，凡七年。」然則在國初，開已得昌黎集而作古文，去穆伯長時數十年矣。蘇、歐陽更出其後，而歐陽略不及之，乃以爲天下未有道韓文者，何也？范文正公作尹師魯集序，亦云：「五代文體薄弱，皇朝柳仲塗起而麾之，洎楊大年專事藻飾，謂古道不適於用，廢而弗學者久之。師魯與穆伯長力爲古文，歐陽永叔從而振之，由是天下之文一變而古。」其論最爲至當。

容齋續筆卷十 十七則

1 經傳煩簡

左傳：蔡聲子謂楚子木曰：「善爲國者，賞不僭而刑不濫。賞僭則懼及淫人，刑濫則懼及善人。若不幸而過，寧僭無濫，與其失善，寧其利淫。」其語本於大禹謨「罪疑惟輕，功疑惟重，與其殺不辜，寧失不經」也。晉叔向詒鄭子産書曰：「先王議事以制，誨之以忠，聳之以行，教之以務，使之以和，臨之以敬，涖之以彊，斷之以剛，猶求聖哲之上，明察之官，忠信之長，慈惠之師。」其語本於吕刑「惟良折獄，哲人惟刑」也。旨意則同，而經傳煩簡爲不侔矣。

2 曹參不薦士

曹參代蕭何爲漢相國，日夜飲酒不事事，自云：「高皇帝與何定天下，法令既明，遵而勿失，不亦可乎！」是則然矣，然以其時考之，承暴秦之後，高帝創業尚淺，日不暇給，豈無一事可關心者哉？其初相齊，聞膠西蓋公善治黄、老言，使人厚幣請之。蓋公爲言治道貴清淨而民自定。參於是避正堂以舍之，其治要用黄、老術。故相齊九年，齊國安集。然入相漢時，未嘗引蓋公爲助也。齊處士東郭先生、梁石君隱居深山，蒯徹爲參客，或謂徹曰："先生之於曹相國，拾遺舉過，顯賢進能，二人者，世俗所不及，何不進之於相國乎！"徹以告參，參皆以爲上賓。徹善齊人安其生，嘗干項羽，羽不能用其策。羽欲封此兩人，兩人卒不受。凡此數賢，參皆不之用，若非史策失其傳，則參不薦士之過多矣。

3 漢初諸將官

漢初諸將所領官，多爲丞相。如韓信初拜大將軍，後爲左丞相擊魏，又拜相國擊齊。周勃以將軍遷太尉，後以相國代樊噲擊燕。樊噲以將軍攻韓王信，遷爲左丞相，以相國擊燕。酈商爲將軍，以右丞相擊陳豨，以丞相擊黥布。尹恢以右丞相備守淮陽，陳涓以丞相定齊地。然百官公卿表皆不載，蓋蕭何已居相位，諸人者，未嘗在朝廷，特使假其名以爲重耳。後世使相之官，本諸此也。

4 漢官名

漢官名既古雅，故書於史者，皆可誦味。如「朝臣齗齗不可光禄勳」，「誰可以爲御史大夫者」，「御史大夫言可聽」，「郎中令善媿人」，「丞相議不可用」，「太尉不足與計」，「大將軍尊貴誠重」〔一〕，「大將軍有揖客」，「京兆尹可立得」，「大夫乘私車來邪」，「大官丞日晏不來」，「謝田大夫曉大司農」，「大司馬欲用是忿恨」，「後將軍數畫軍册」，「光禄大夫、太中大夫耆艾二人以老病罷」，「駙馬都尉安所受此語」之類。又如所書路中大夫、韓御史大夫、叔孫太傅、鄭尚書、鮑司隸、趙將軍、張廷尉，亦煒然有法。後漢書「執金吾擊郾」，「大司馬當擊宛」，「大司馬習用步騎」等語，尚有前史餘味。

5 漢唐輔相

前漢宰相四十五人，自蕭、曹、魏、丙之外，如陳平、王陵、周勃、灌嬰、張蒼、申屠嘉以高帝故臣，陶青、劉舍、許昌、薛澤、莊青翟、趙周以功臣侯子孫，竇嬰、田蚡、公孫賀、劉屈氂以宗戚，衛綰、李蔡以士伍，唯王陵、申屠嘉及周亞夫、王商、王嘉有剛直之節，薛宣、翟方進有材具，餘皆容身保位，無所建明。至於御史大夫，名爲亞相，尤録録不足數。劉向所謂御史大夫未有如兒寬者，蓋以餘人可稱者少也。若唐宰相三百餘人，自房、杜、姚、宋之外，如魏徵、王珪、褚遂良、狄仁傑、魏元忠、韓休、張九齡、楊綰、崔祐甫、陸贄、杜黄裳、裴垍、李絳、李藩、裴度、崔羣、韋處厚、李德裕、鄭畋，皆爲一時名宰，考其行事，非漢諸人可比也。

6 漢武留意郡守

漢武帝天資高明，政自己出，故輔相之任，不甚擇人，若但使之奉行文書而已。其於除用郡守，尤所留意。莊助爲會稽太守，數年不聞問，賜書曰：「君厭承明之廬，懷故土，出爲郡吏。間者，闊焉久不聞問。」吾丘壽王爲東郡都尉，上以壽王爲都尉，不復置太守，詔賜璽書曰：「子在朕前之時，知略輻凑，及至連十餘城之守，任四千石之重，職事並廢，盜賊從横，甚不稱在前時，何也？」汲黯拜淮陽太守，不受印綬，上曰：「君薄淮陽邪？吾今召君矣，顧淮陽吏民不相得，吾徒得君重，卧而治之。」觀此三者，則知郡國之事無細大，未嘗不深知之，爲長吏者，常若親臨其上，又安有不盡力者乎！惜其爲征伐、奢侈所移，使民間不見德澤，爲可恨耳。

7 苦藚菜

吴歸命侯天紀三年八月，有鬼目菜生工人黄耇家，有買菜生工人吴平家，高四尺，厚三分，如枇杷形，上廣尺八寸，下莖廣五寸，兩邊生葉緑色。東觀案圖，名鬼目作芝草，買菜作平慮草，以耇爲侍芝郎，平爲平慮郎，皆銀印青綬。唐五行志，中宗景龍二年，岐州郿縣民王上賓家，有苦藚菜，高三尺餘，上廣尺餘，厚二分。説者以爲草妖。予案買菜即苦藚，今俗呼爲苦蕒者是也。天紀、景龍之事甚相類，歸命次年亡國，中宗後二年遇害，雖事非此致，亦可謂妖矣。平慮草不知何狀。楊雄甘泉賦「并閭」注，如淳曰：「并閭，其葉隨時政，政平則平，政不平則傾也。」顔師古曰：「如氏所説，自是平慮耳。」然則亦異草也。鬼目見爾雅，郭璞云：「今江東有鬼目草，莖似葛，葉員而毛，如耳璫也，赤色叢生。」廣志曰：「鬼目似梅，南人以飲酒。」南方草木狀曰：「鬼目樹，大者如木子，小者如鴨子，七月、八月熟，色黄，味酸，以蜜煮之，滋味柔嘉，交趾諸郡有之。」交州記曰：「高大如木瓜而小，傾邪不正。」本草曰：「鬼目，一名東方宿，一名連蟲陸，名羊蹄。」

8 唐諸生束脩

唐六典：「國子生初入，置束帛一篚，酒一壺，脩一案，爲束脩之禮。太學、四門、律學、書學、算學皆如國子之法。其習經有暇者，命習隸書，并國語、説文、字林、三蒼、爾雅，每旬前一日，則試其所習業。」乃知唐世士人多工書〔三〕，蓋在六館時，以爲常習。其説文、字林、蒼、雅諸書，亦欲責以結字合於古義，不特銓選之時，方取楷法遒美者也。束脩之禮，乃於此見之。開元禮載皇子束脩，束帛一篚五匹，酒一壺二斗，脩一案三脡。皇子服學生之服，至學門外，陳三物於西南，少進曰：「某方受業於先生，敢請見。」執篚者以篚授皇子，皇子跪，奠篚，再拜，博士答再拜，皇子還避，遂進跪取篚，博士受幣，皇子拜訖，乃出。其儀如此，州縣學生亦然。

9 范德孺帖

范德孺有一帖云：「純粹忝冒固多，尤是家兄北歸，遂解倒懸之念，慶快安幸，此外何求。四月末雇舟離均，借人至鄧，本待家兄之來。今家兄雖得歸潁昌，而尚未聞來耗。已累遣人稟問所行路及相見之期，人尚未還，未知果能如約否？蓋恐太原接人非久到此，法留半月，則須北去也。」予以其時考之，元符三年四月，德孺除知太原。是月二十一日，忠宣公自鄧州分司復故秩，許歸潁昌府，則此帖當在五月間，忠宣猶未離永州也。德孺自均州守擢帥河東，至於雇舟借人以行，又云接人法留半月，過此則須北去，雖欲待其兄，亦不可得。今世爲長吏，雖居蕞爾小壘，而欲送還兵士，唯意所須。若接人之來，視其私計辦否爲遲速耳，未嘗顧法令以自儆策，使申固要束，稍整攝之，置士大夫於無過之地，亦所以善風俗也。

10 民不畏死

老子曰：「民常不畏死，奈何以死懼之。若使人常畏死，則爲奇者吾得執而殺之，孰敢？」讀者至此，多以爲老氏好殺。夫老氏豈好殺者哉！旨意蓋以戒時君、世主視民爲至愚、至賤，輕盡其命，若刈草菅，使之知民情狀，人人能與我爲敵國，懍乎常有朽索馭六馬之懼。故繼之曰：「常有司殺者殺。夫代司殺者殺，是代大匠斵。夫代大匠斵，希有不傷其手矣。」下篇又曰：「人之輕死。以其生生之厚，是以輕死。」且人情莫不欲壽，雖衰貧至骨，瀕於餓隸，其與受僇而死有間矣，烏有不畏者哉。自古以來，時運俶擾，至於空天下而爲盜賊，及夷考其故，亂之始生，民未嘗有不靖之心也。秦、漢、隋、唐之末，土崩魚爛，比屋可誅。然凶暴如王仙芝、黄巢，不過僥覬一官而已，使君相御之得其道，豈復有滔天之患哉。龔遂之清渤海、馮異之定關中、高仁厚之平蜀盜、王先成之説王宗侃，民情可見。世之君子，能深味老氏之訓，思過半矣。

11 天下有奇士

天下未嘗無魁奇智略之士，當亂離之際，雖一旅之聚，數城之地，必有策策知名者出其間，史傳所書，尚可考也。鄭燭之武、弦高從容立計，以存其國。後世至不可勝紀，在唐尤多，姑摭其小小者數人載于此。

武德初，北海賊帥綦公順攻郡城，爲郡兵所敗，後得劉蘭成以爲謀主，才用數十百人，出奇再奮，北海即降。海州臧君相帥衆五萬來争，蘭成以敢死士二十人夜襲之，掃空其衆。徐圓朗據海岱，或説之曰：「有劉世徹者，才略不世出，名高東夏，若迎而奉之，天下指揮可定。」圓朗使迎之。世徹至，已有衆數千，圓朗使徇譙、杞，東人素聞其名，所向皆下。

裘甫亂浙東，朝廷遣王式往討，其黨劉晊勸甫引兵取越，憑城郭，據府庫，循浙江築壘以拒之，得間則長驅進取浙西，過大江，掠揚州，還修石頭城而守之，宣、歙、江西必有響應者，别以萬人循海而南，襲取福建，則國家貢賦之地，盡入于我矣。甫不能用。

高駢之將畢師鐸攻駢，乞師於宣州秦彥，彥兵至，遂下揚州。師鐸遣使趣彥過江，將奉以爲主。或說之曰：「僕射順衆心爲一方去害，宜復奉高公而佐之，總其兵權，誰敢不服。且秦司空爲節度使，廬州、壽州其肯爲之下乎。切恐功名成敗，未可知也。不若亟止秦司空勿使過江，彼若粗識安危，必未敢輕進，就使他日責我以負約，猶不失爲高氏忠臣也。」師鐸不以爲然，明日，以告鄭漢章，漢章曰：「此智士也。」求之，弗獲。

王建鎮成都，攻楊晟於彭州，久不下，民皆竄匿山谷，諸寨日出抄掠之。王先成往說其將王宗侃曰：「民入山谷，以俟招安，今乃從而掠之，與盜賊無異。旦出淘虜，薄暮乃返，曾無守備之意，萬一城中有智者爲之畫策，使乘虛奔突，先伏精兵於門內，望淘虜者稍遠，出弓弩手礮各百人，攻寨之一面，又於三面各出耀兵，諸寨咸自備禦，無暇相救，如此能無敗乎！」宗侃矍然。先成爲條列七事爲狀，以白王建，建即施行之。榜至三日，山中之民，競出如歸市，浸還故業。

觀此五者，則其他姓名不傳與草木俱腐者，蓋不可勝計矣。

12 易卦四德

易元、亨、利、貞，謂之四德，唯乾、坤爲能盡之。若屯、隨二卦，但大亨貞。臨、无妄、革三卦，皆大亨以正而已。有亨、利、貞者十一：蒙、同人、離、咸、兑、恒、遯、萃、涣、小過、既濟也。元、亨、利者一，蠱也。利、貞者八：大畜、大壯、明夷、家人、中孚、蹇、損、漸也。亨、貞者三：需、困、旅也。元、亨者三：大有、升、鼎也。亨、利者五：賁、復、大過、巽、噬嗑也。亨者九：小畜、履、泰、謙、節、坎、震、豐、未濟也。利者五：訟、豫、解、益、夬也。貞者四：師、比、否、頤也。唯八卦皆無之：觀、剥、晉、睽、姤、歸妹、井、艮也。若以卦象索之，如剥、睽、姤猶可强爲之辭，它則不復容擬議矣。

13　孫堅起兵

董卓盜國柄，天下共興義兵討之，惟孫堅以長沙太守先至，爲卓所憚，獨爲有功。故裴松之謂其最有忠烈之稱。然長沙爲荆州屬部，受督於刺史王叡，叡先與堅共擊零、桂賊，以堅武官，言頗輕之。及叡舉兵欲討卓，堅乃承案行使者，詐檄殺之，以償曩忿。南陽太守張咨，鄰郡二千石也，以軍資不具之故，又收斬之。是以區區一郡將，乘一時兵威，輒害方伯、鄰守，豈得爲勤王乎！劉表在荆州，乃心王室，袁術志於逆亂，堅乃奉其命而攻之，自速其死，皆可議也。

14 孫權封兄策

孫權即帝位，追尊兄策爲長沙王，封其子爲吴侯。案，孫氏奄有江、漢，皆策之功，權特承之耳，而報之之禮不相宜稱。故陳壽評云：「割據江東，策之基兆也，而權尊崇未至，子止侯爵，於義儉矣。」而孫盛乃云：「權遠思盈虚之數，正本定名，防微於未兆，可謂爲之于未有，治之于未亂。」其説迂謬如此。漢室中興，出於伯升，光武感其功業之不終，建武二年，首封其二子爲王，而帝子之封，乃在一年之後。司馬昭繼兄師秉魏政，以次子攸爲師後，常云：「天下者，景王之天下。」欲以大業歸攸。以孫權視之，不可同日論也。

15 踰年改元

自漢武帝建元紀年之後，嗣君紹統，必踰年乃改元。雖安帝繼殤帝，亦終延平而爲永初。桓帝繼質帝，亦終本初而爲建和。唐宣宗以叔繼姪，亦終會昌六年而改大中。獨本朝太祖以開寶九年十月二十日上仙，太宗嗣位，是年十二月二十二日，改爲太平興國元年，去新歲纔八日耳。意當時星辰曆象考卜兆祥，必有其説，而國史傳記皆失傳。竊計嶺、蜀之遠，制書到時，已是二年之春。是時，宰相薛居正、沈倫、盧多遜失於不考引故實，致行之弗審，使人君即位而無元年，尤爲不可也。若唐順宗以貞元二十一年正月嗣位，至八月辛丑，改元永貞。蓋已稱太上皇，嫌於獨無紀年，故亟更之耳。劉禪、孫亮、石弘、苻生、李璟未踰年而改，此不足責。晉惠帝改武帝太熙爲永熙，而以爲欲長奉先皇之制，亦非也。唐中宗仍武后神龍，梁末帝追承太祖乾化，孟昶仍父知祥明德，漢劉知遠追用晉天福，隱帝仍父乾祐，周世宗仍太祖顯德，皆非禮之正，無足議者。唐哀帝仍昭宗天祐，蓋畏朱温而不敢云。

16 賊臣遷都

自漢以來，賊臣竊國命，將欲移鼎，必先遷都以自便。董卓以山東兵起，謀徙都長安，驅民數百萬口，更相蹈藉，悉燒宮廟、官府、居家，二百里内無復雞犬。高歡自洛陽遷魏於鄴，四十萬户狼狽就道。朱全忠自長安遷唐於洛，驅徙士民，毁宫室百司，及民間廬舍，長安自是丘墟。卓不旋踵而死，曹操迎天子都許，卒覆劉氏。魏、唐之祚，竟爲高、朱所傾，凶盜設心積慮，由來一揆也。

17 輿地道里誤

古今輿地圖志所記某州至某州若干里，多有差誤。偶閲元祐九域志〔三〕，姑以吾鄉饒州證之。饒西至洪州三百八十里，而志云「西至州界一百七十里，自界首至洪五百六十八里。」於洪州書至饒，又衍二十里，是爲七百六十里也。饒至信州三百七十里，而志云「東南至本州界二百九十里，自界首至信州三百五十里」，是爲六百四十里也。饒至池州四百八十里，而志云「北至州界一百九十里，自界首至池州三百八十里」，是爲五百七十里也。唐賈耽皇華四達記所紀中都至外國，尤爲詳備，其書虔州西南一百十里至潭口驛，又百里至南康縣。然今虔至潭口纔四十里，又五十里即至南康，比之所載，不及半也。以所經行處驗之，知其它不然者多矣。

校勘記

〔一〕大將軍尊貢誠重　馬本、祠本「貢」作「貴」。按，疑作「貴」是。

〔二〕唐世士人多工書　祠本「工」作「攻」。

〔三〕元祐九域志　祠本「祐」作「豐」。按，元豐九域志今傳。元祐、元豐相接，或以書成於元豐，而刊於元祐，故以元祐稱之。今姑仍其舊。

容齋續筆卷十一 十五則

1 古錞于

周禮：「鼓人掌教六鼓四金之音聲，以節聲樂。」四金者，錞、鐲、鐃、鐸也。「以金錞和鼓。」鄭氏注云：「錞，錞于也，圜如碓頭，大上小下，樂作鳴之，與鼓相和。」賈公彦疏云：「錞于之名，出於漢之太予樂官。」南齊始興王鑑爲益州刺史，廣漢什邡民段祚以錞于獻鑑，古禮器也，高三尺六寸六分，圍二尺四寸，圓如筩，銅色黑如漆，甚薄，上有銅馬，以繩縣馬，令去地尺餘，灌之以水，又以器盛水於下，以芒莖當心跪注錞于，以手振芒，則其聲如雷，清響良久乃絶，古所以節樂也。周斛斯徵精三禮，爲太常卿。自魏孝武西遷，雅樂廢缺，樂有錞于者，近代絶無此器，或有自蜀得之，皆莫之識。徵曰：「此錞于也。」衆弗之信，遂依干寶周禮注以芒筒捋之，其聲極振，乃取以合樂焉。宣和博古圖説云：「其製中虚，椎首而殺其下。」王黼亦引段祚所獻爲證云。今樂府金錞，就擊於地，灌水之制，不復考矣。是時，有虎龍錞一，山紋錞一，圜花錞一，縶馬錞一，龜魚錞一，魚錞二，鳳錞一，虎錞七。其最大者重五十一斤，小者七斤。淳熙十四年，澧州慈利縣周赧王墓傍五里山摧，蓋古冢也，其中藏器物甚多。予甥余玠宰是邑，得一錞，高一尺三寸，上徑長九寸五分，闊八寸，下口長徑五寸八分，闊五寸，虎鈕高一寸二分，闊寸一分，并尾長五寸五分，重十三斤。紹熙三年，予仲子簽書峽州判官，於長陽縣又得其一，甚大，高二尺，上徑長一尺六分，闊一尺四寸二分，下口長徑九寸五分，闊八寸，虎鈕高二寸五分，足闊三寸四分，并尾長一尺，重三十五斤。皆虎錞也。予家蓄古彝器百種，此遂爲之冠。小錞無損缺，扣之，其聲清越以長。大者破處五寸許，聲不能渾全，然亦可考擊也。後復得一枚，與大者無小異，自峽來，寘諸篛籠中，取者不謹，斷其鈕，匠以藥銲而栅之，遂兩兩相對。若三禮圖、景祐大樂圖所畫，形製皆非。東坡志林記始興王鑑一節，云：「記者能道其尺寸之詳如此，而拙於遺詞，使古器形制不可復得其髣髴，甚可恨也。」正爲此云。

2 孫玉汝

韓莊敏公縝，字玉汝，蓋取君子以玉比德，縝密以栗，及王欲玉汝之義，前人未嘗用，最爲古雅。案，唐登科記會昌四年及第進士有孫玉汝。李景讓爲御史大夫，劾罷侍御史孫玉汝。會稽大慶寺碑咸通十一年所立，云衢州刺史孫玉汝記。榮王宗綽書目，有南北史選練十八卷，云孫玉汝撰，蓋其人也。

3 唐人避諱

唐人避家諱甚嚴，固有出於禮律之外者。李賀應進士舉，忌之者斥其父名晉肅，以晉與進字同音，賀遂不敢試。韓文公作諱辯，論之至切，不能解衆惑也。舊唐史至謂韓公此文爲文章之紕繆者，則一時橫議可知矣。杜子美有送李二十九弟晉肅入蜀詩，蓋其人云。裴德融諱「臯」，高鍇以禮部侍郎典貢舉，德融入試，鍇曰：「伊諱臯，向某下就試，與及第，困一生事。」後除屯田員外郎，與同除郎官一人同參右丞盧簡求。到宅，盧先屈前一人入，前人啓云：「某與新除屯田裴員外同衹候。」盧使驅使官傳語曰：「員外是何人下及第？偶有事，不得奉見。」裴蒼遽出門去。觀此事，尤爲乖刺。鍇、簡求皆當世名流，而所見如此。語林載崔殷夢知舉，吏部尚書歸仁晦託弟仁澤，殷夢唯唯而已。無何，仁晦復詣託之，至於三四。殷夢斂色端笏，曰：「某見進表讓此官矣。」仁晦始悟己姓，殷夢諱也。按，宰相世系表，其父名龜從，此又與高相類，且父名晉肅，子不得舉進士，父名臯，子不得於主司姓高下登科，父名龜從，子不列姓歸人於科籍，揆之禮律，果安在哉？後唐天成初，盧文紀爲工部尚書，新除郎中于鄴公參〔一〕，文紀以父名嗣業，與同音，竟不見。鄴憂畏太過，一夕雉經于室。文紀坐謫石州司馬，此又可怪也。

4 高鍇取士

高鍇爲禮部侍郎，知貢舉，閱三歲，頗得才實。始，歲取四十人，才益少，詔減十人，猶不能滿。此新唐書所載也。按登科記，開成元年，中書門下奏：「進士元額二十五人，請加至四十人。」奉勑依奏。是年及二年、三年，鍇在禮部，每舉所放，各四十人。至四年，始令每年放三十人爲定，則唐書所云誤矣。摭言載鍇第一牓裴思謙以仇士良關節取狀頭，鍇庭譴之。思謙回顧厲聲曰：「明年打脊取狀頭〔三〕。」第二年，鍇知舉，誡門下不得受書題。思謙自携士良一緘入貢院，既而易紫衣，趨至堦下，白曰：「軍容有狀薦裴思謙秀才。」鍇接之，書中與求巍峩。鍇曰：「狀元已有人，此外可副軍容意旨。」思謙曰：「卑吏奉軍容處分：『裴秀才非狀元請侍郎不放。』」鍇俛首良久，曰：「然則略要見裴學士。」思謙曰：「卑吏便是也。」鍇不得已，遂從之。思謙及第後，宿平康里，賦詩云：「銀釭斜背解明璫，小語低聲賀玉郎。從此不知蘭麝貴，夜來新惹桂枝香。」然則思謙亦疎俊不羈之士耳。鍇徇凶璫之意，以爲舉首，史謂頗得才實，恐未盡然。先是大和三年，鍇爲考功員外郎，取士有不當，監察御史姚中立奏停考功別頭試，六年，侍郎賈餗又奏復之，事見選舉志。

5 兵部名存

唐因隋制，尚書置六曹。吏部、兵部分掌銓選，文屬吏部，武屬兵部。自三品以上官册授，五品以上制授，六品以下敕授，皆委尚書省奏擬。兩部分列三銓。曰尚書銓，尚書主之。曰東銓，曰西銓，侍郎二人主之。吏居左，兵居右，是爲前行。故兵部班級在户、刑、禮之上。睿宗初政，以宋璟爲吏部尚書，李乂、盧從愿爲侍郎；姚元之爲兵部尚書，陸象先、盧懷慎爲侍郎。六人皆名臣，二選稱治。其後用人不能悉得賢，然兵部爲甚。其變而爲三班流外銓，不知自何時。元豐官制行，一切更改，凡選事，無論文武，悉以付吏部。蘇東坡當元祐中拜兵書，謝表云：「恭惟先帝復六卿之名，本欲後人識三代之舊，古今殊制，閑劇異宜。武選隸於天官，兵政總於樞輔。故司馬之職，獨省文書。」蓋紀其實也。今本曹所掌，惟諸州厢軍名籍，及每大禮，則書寫蕃官加恩告。雖有所轄司局，如金吾街仗司、騏驥車輅象院、法物庫、儀鸞司，不過每季郎官一往耳。名存實亡，一至於是。

6 武官名不正

文官郎、大夫，武官將軍、校尉，自秦、漢以來有之。至於階秩品著，則由晉、魏至唐始定。唐文散階二十九，自開府、特進之下，爲大夫者十一，爲郎者十六。武散階四十五，爲將軍者十二，爲校尉者十六。此外懷化、歸德大將軍，訖于司戈、執戟，皆以待蕃戎之君長臣僕。本朝因之。元豐正官制，廢文散階，而易舊省部寺監名，稱爲郎、大夫，曰寄禄官。政和中，改選人七階亦爲郎，欲以將軍、校尉易横行以下諸使至三班借職，而西班用事者嫌其塗轍太殊，亦請改爲郎、大夫，於是以卒伍厮圉玷汙此名，又以節度使至刺史專爲武臣正任。且郎、大夫，漢以處名流，觀察使在唐爲方伯，刺史在漢爲監司，在唐爲郡守，豈介冑恩倖所得處哉？此其名尤不正者也。

7 名將晚謬

自古威名之將，立蓋世之勳，而晚謬不克終者，多失於恃功矜能而輕敵也。關羽手殺袁紹二將顔良、文醜於萬衆之中〔三〕。及攻曹仁於樊，于禁等七軍皆没，羽威震華夏，曹操議徙許都以避其鋭，其功名盛矣。而不悟吕蒙、陸遜之詐，竟墮孫權計中，父子成禽，以敗大事。西魏王思政鎮守玉壁，高歡連營四十里攻圍之，飢凍而退。及思政徙荆州，舉韋孝寬代己，歡舉山東之衆來攻，凡五十日，復以敗歸，皆思政功也。其後欲以長社爲行臺治所，致書於崔猷。猷曰："襄城控帶京洛，當今要地，如其動静，易相應接。潁川鄰寇境，又無山川之固，莫若頓兵襄城，而遣良將守潁川，則表裏膠固，人心易安，縱有不虞，豈足爲患。」宇文泰令依猷策，思政固請，且約，賊水攻期年，陸攻三年之内，朝廷不煩赴救。已而陷於高澄，身爲俘虜。慕容紹宗挫敗侯景，一時將帥皆莫及，而攻圍潁川，不知進退，赴水而死。吴明徹當陳國衰削之餘，北伐高齊，將略人才，公卿以爲舉首，師之所至，前無堅城，數月之間，盡復江北之地。然其後攻周彭城，爲王軌所困，欲遏歸路。蕭摩訶請擊之，明徹不聽，曰：「搴旗陷陳，將軍事也。長筭遠略，老夫事也。」一旬之間，水路遂斷。摩訶又請潛軍突圍，復不許，遂爲周人所執，將士三萬皆没焉。此四人之過，如出一轍。

8 唐帝稱太上皇

唐諸帝稱太上皇者，高祖、睿宗、明皇、順宗凡四君。順宗以病廢之故，不能臨政，高祖以秦王殺建成、元吉，明皇幸蜀，爲太子所奪，唯睿宗上畏天戒，發於誠心，爲史册所表。然以事考之，睿宗以先天元年八月傳位於皇太子，猶五日一受朝，三品以上除授及大刑政，皆自決之。故皇帝之子嗣直、嗣謙、嗣昇封王，皆以上皇誥而出命。又遣皇帝巡邊。二年七月甲子，太平公主誅，明日乙丑，即歸政。然則猶有不獲已也。若夫與堯、舜合其德，則我高宗皇帝、至尊壽皇聖帝爲然。

9 楊倞注荀子

唐楊倞注荀子，乃元和十三年。然臣道篇所引：「書曰：從命而不拂，微諫而不倦，爲上則明，爲下則遜。」注以爲伊訓篇，今元無此語。致士篇所引曰：「義刑義殺，勿庸以即，汝惟曰未有順事。」注以爲康誥，而不言其有不同者。

10 昭宗相朱朴

唐昭宗出幸華州，方强藩悍鎮，遠近爲梗，思得特起奇士任之，以成中興之業。水部郎中何迎，表薦國子博士朱朴才如謝安，朴所善方士許巖士得幸，出入禁中，亦言朴有經濟才。上連日召對，朴有口辯，上悦之，曰：「朕雖非太宗，得卿如魏徵矣。」上憤天下之亂，朴自言得爲宰相，月餘可致太平。遂拜爲相，制出，中外大驚。唐制詔有制詞，學士韓儀所撰，曰：「夢傅巖而得真相，則商道中興；獵渭濱而載獻臣，則周朝致理。朕自逢多難，渴竚英賢，暗禱鬼神，明祈日月。果得哲輔，契予勤求。朱朴學業優深，識用精敏。久徊翔而不振，彌貞吉以自多。朕知其才，遂召與語。理亂立分於言下，聞所未聞；兵農皆在於術中，得所未得。不覺前席，爲之改容；須委化權，用昌衰運。自我拔奇，寧拘品秩。百度羣倫，俟爾康濟。」其美如此。儀者偓之兄，所謂「暗禱鬼神，明祈日月」之語，必當時所授旨意也。朴爲相纔半年而罷。後貶郴州司户參軍，制云：「不爲自審之謀，苟竊相援之力。實因姦幸，潛致顯榮。亦謂術可弭兵，學能活國。冒半歲容身之賛，無一朝輔政之功。唯辱中台，頗興羣論。」嗚呼，昭宗當王室艱危之際，無知人之明，拔朴於庶僚中，位諸公衮，以今觀之，適足詒後人譏笑。新史贊謂「捽豚臑而拒貙牙，趣亡而已」，悲夫！

11 楊國忠諸使

楊國忠爲度支郎，領十五餘使。至宰相，凡領四十餘使。第署一字不能盡，胥吏因是恣爲姦欺。新、舊唐史皆不詳載其職。案，其拜相制前銜云：「御史大夫判度支、權知太府卿事兼蜀郡長史、劍南節度支度、營田等副大使，本道兼山南西道采訪處置使、兩京太府、司農、出納、監倉、祠祭、木炭、宫市、長春九成宫等使〔四〕，關内道及京畿采訪處置使，拜右相兼吏部尚書、集賢殿崇玄館學士〔五〕、脩國史、太清太微宫使。」自餘所領，又有管當租庸、鑄錢等使。以是觀之，槩可見矣。宫市之事，咸謂起於德宗貞元，不知天寶中已有此名，且用宰臣充使也。韓文公作順宗實録，但云：「舊事，宫中有要市外物，令官吏主之，與人爲市，隨給其直，貞元末以宦者爲使。」亦不及天寶時已有之也。

12 祖宗朝宰輔

祖宗朝，宰輔名爲禮絶百僚，雖樞密副使，亦在太師一品之上。然至其罷免歸班，則與庶位等。李崇矩自樞密使罷爲鎮國軍節度使，旋改左衛大將軍，遂爲廣南西道都巡檢使。未幾，遣使賫詔，徙海南四州都巡檢使。皆非降黜。在南累年，入判金吾街仗司而卒，猶贈太尉。趙安仁嘗參知政事，而判登聞鼓院。張鎔嘗知樞密院，而監諸司庫務。曾孝寬以簽書樞密，服闋，而判司農寺。張宏、李惟清皆自見任樞密副使徙御史中丞。其他以前執政而爲三司使、中丞者數人。官制既行，猶多除六曹尚書。自崇寧以來，乃始不然。

13 百官避宰相

劉器之以待制爲樞密都承旨，道遇執政出尚書省，相從歸府第，劉去席帽涼衫，斂馬遣人傳語，相揖而過。左相呂汲公歸，呼門下省法吏，問從官道逢宰相如何。吏檢條，但有尚書省官避令僕，兩省官各避其官長，而無兩制避宰相之法。汲公乃止，而心甚不樂。劉以此語人，以爲有所據。然以事體揆之，侍從不避宰相，恐爲不然，亦無所謂只避官長法，劉公蓋飾説耳。案，天聖編敕，諸文武官與宰相相遇於路皆退避，見樞密使副、參知政事，避路同宰相，其文甚明，不應元祐時不行用也。

14　百官見宰相

天聖編敕載文武百官見宰相儀。文明殿學士至龍圖閣直學士，列班於都堂階上，堂吏贊云：「請，不拜，班首前致詞，訖，退，歸位，列拜。宰相答拜。」兩省官相次同學士之儀。上將軍、大將軍、將軍、御史臺官，及南班文武百寮，序班於中書門外，應節度使至刺史，並綴本班，中丞揖訖，入。宰相降階，南向立於位，乃稱班，文東武西，並北上，臺官南行，北向東上。贊云：「百寮拜，宰相答拜，訖，退。」內客省使至閤門使見宰相、樞密使，並階上列行拜，不答拜；見參知政事、樞密副使、宣徽使，客禮展拜；皇城使以下諸司使、橫行副使見宰相、樞密使，並階上連姓稱職展拜〔六〕，不答拜；見參政、副樞，並列行拜。若諸司副使、閤門祗候見參樞，亦不答拜。國朝上下等威，其嚴如此。已而浸廢。文潞公、富韓公至和中自外鎮拜相，詔百官班迎於門，言者乃謂隆之以虛禮。元豐定官制，王禹玉、蔡持正爲僕射，上日始用此禮。其後復不行。乾道初，魏仲昌以樞密吏寅緣得副承旨，每謁公府，與侍從同席升車而去。葉子昂爲相，獨抑之，使與卿監旅進，送之于右序，不索馬。及王抃以國信所典儀吏爲都承旨，且正任觀察使，遂禮均從官矣。

15 東坡自引所爲文

東坡爲文潞公作德威堂銘，云：「元祐之初，起公以平章軍國重事，期年，乃求去。詔曰：『昔西伯善養老，而太公自至。魯穆公無人子思之側，則長者去之。公自爲謀則善矣，獨不爲朝廷惜乎！』又曰：『唐太宗以干戈之事，尚能起李靖於既老，而穆宗、文宗以燕安之際，不能用裴度於未病。治亂之效，於斯可見。』公讀詔聳然，不敢言去。」案，此二詔，蓋元祐二年三月潞公乞致仕不允批答，皆坡所行也。又繳還乞罷青苗狀云：「近日謫降呂惠卿告詞云：首建青苗，次行助役。」亦坡所作。張文定公墓誌載嘗論次其文凡三百二十字，結之云：「世以軾爲知言。」又述諫用兵云：「老臣且死，見先帝地下，有以藉口矣。」亦其所作也。并引責呂惠卿詞亦然。乾道中，邁直翰苑，答陳敏步帥詔云：「亞夫持重，小棘門、霸上之將軍；不識將屯，冠長樂、未央之衛尉。」後爲敏作神道碑，亦引之，正以公爲法也。

校勘記

〔一〕于鄴　「于」原作「干」，據會本、李本改。

〔二〕明年打脊取狀頭　「狀」原作「牀」，據會本、李本改。

〔三〕關羽手殺袁紹二將顏良文醜於萬衆之中　按，據三國志卷一、卷六，文醜乃曹操所殺。作者偶誤，今姑仍其舊。

〔四〕木炭　祠本「木」作「米」。

〔五〕崇玄館　李本、馬本、祠本「玄」作「文」。

〔六〕並階上連姓稱職展拜　祠本「上」作「下」。

容齋續筆卷十二 十二則

1 婦人英烈

婦人女子，婉孌閨房，以柔順靜專爲德，其遇哀而悲，臨事而惑，蹈死而懼，蓋所當然爾。至於能以義斷恩，以智決策，斡旋大事，視死如歸，則幾於烈丈夫矣。

齊滑王失國，王孫賈從王，失王之處。其母曰：「汝朝出而晚來，則吾倚門而望；汝暮出而不還，則吾倚閭而望。汝今事王，不知王處，汝尚何歸！」賈乃入市，呼市人攻殺淖齒，而齊亡臣相與求王子立之，卒以復國。

馬超叛漢，殺刺史、太守。涼州參軍楊阜出見姜叙於歷城，與議討賊。叙母曰：「韋使君遇難，亦汝之負，但當速發，勿復顧我。」叙乃與趙昂合謀。超取昂子月爲質，昂謂妻異曰：「當柰月何？」異曰：「雪君父之大恥，喪元不足爲重，況一子哉！」超襲歷城，得叙母，母罵之曰：「汝背父殺君，天地豈久容汝，敢以面目視人乎？」超殺之，月亦死。

晉卞壺拒蘇峻，戰死，二子隨父後，亦赴敵而亡。其母拊尸哭曰：「父爲忠臣，子爲孝子，夫何恨乎！」

秦苻堅將伐晉，所幸張夫人引禹、稷、湯、武事以諫曰：「朝野之人，皆言晉不可伐，陛下獨決意行之？」堅不聽，曰：「軍旅之事，非婦人所當預也。」

劉裕起兵討逆，同謀孟昶謂妻周氏曰：「我決當作賊，幸早離絶。」周氏曰：「君父母在堂，欲建非常之謀，豈婦人所能諫。事之不成，當於奚官中奉養大家，義無歸志也。」昶起，周氏追昶坐，曰：「觀君舉措，非謀及婦人者，不過欲得財物耳。」指懷中兒示之，曰：「此而可賣，亦當不惜。」遂傾貲以給之。

何無忌夜草檄文，其母，劉牢之姊也，登橙密窺之，泣曰：「汝能如此，吾復何恨。」問所與同謀者，曰：「劉裕。」母尤喜，因爲言舉事必有成之理以勸之。

竇建德救王世充，唐拒之於虎牢。建德妻曹氏，勸使乘唐國之虛，西抄關中，唐必還師自救。建德曰：「此非女子所知。」

李克用困於上源驛，左右先脱歸者，以汴人爲變告其妻劉氏，劉神色不動，立斬之，陰召大將約束，謀保軍以還。克用歸，欲勒兵攻汴。劉氏曰：「公當訴之朝廷，若擅舉兵相攻，天下孰能辨其曲直？」克用乃止。

黄巢死，時溥獻其姬妾。僖宗宣問曰：「汝曹皆勳貴子女，何爲從賊？」其居首者對曰：「狂賊凶逆，國家以百萬之衆，失守宗祧。今陛下以不能拒賊責一女子，置公卿將帥於何地乎？」上不復問，戮之於市。餘人皆悲怖昏醉，獨不飲不泣，至於就刑，神色肅然。

唐莊宗臨斬劉守光，守光悲泣哀祈不已，其二妻李氏、祝氏譙之曰：「事已如此，生復何益！妾請先死。」即伸頸就戮。

劉仁贍守壽春，幼子崇諫夜泛舟渡淮北，仁贍命斬之。監軍使求救於夫人，夫人曰：「妾於崇諫，非不愛也，然軍法不可私，若貸之，則劉氏爲不忠之門矣。」趣命斬之，然後成喪。

王師圍金陵，李後主以劉澄爲潤州節度使，澄開門降越。後主誅其家，澄女許嫁未適，欲活之。女曰：「叛逆之餘，義不求生。」遂就死。

此十餘人者，義風英氣，尚凜凜有生意也。雖載於史策，聊表出之。至於唐高祖起兵太原，女平陽公主在長安，其夫柴紹曰：「尊公將以兵清京師，我欲往，恐不能偕，柰何？」主曰：「公往矣，我自爲計。」即奔鄠，發家貲招南山亡命，諭降羣盜，申法誓衆，勒兵七萬，威振關中，與秦王會渭北，分定京師。此其偉烈，又非它人比也。

2 无用之用

莊子云：「人皆知有用之用，而莫知无用之用。」又云：「知无用，而始可與言用矣，夫地非不廣且大也，人之所用容足耳，然則厠足而墊之致黄泉，所謂无用之爲用也亦明矣。」此義本起於老子「三十輻共一轂，當其无有車之用」一章。學記：「鼓無當於五聲，五聲弗得不備，水無當於五色，五色弗得不章，其理一也。」今夫飛者以翼爲用，縶其足則不能飛，走者以足爲用，縛其手則不能走。舉場較藝，所務者才也，而拙鈍者亦爲之用。戰陳角勝，所先者勇也，而老怯者亦爲之用。則有用、无用，若之何而可分别哉。故爲國者其勿以无用待天下之士，則善矣。

3 龍筋鳳髓判

唐史稱張鷟早惠絶倫，以文章瑞朝廷，屬文下筆輒成，八應制舉皆甲科。今其書傳於世者，朝野僉載、龍筋鳳髓判也。僉載紀事，皆瑣尾擿裂，且多媟語。百判純是當時文格，全類俳體，但知堆垛故事，而於蔽罪議法處不能深切，殆是無一篇可讀，一聯可味。如白樂天甲乙判則讀之愈多，使人不厭，聊載數端於此：「甲去妻，後妻犯罪，請用子蔭贖罪，甲不許。判云：『不安爾室，盡孝猶慰母心；薄送我畿，贖罪寧辭子蔭。縱下山之有怨，曷陟屺之無情。』」「辛夫遇盜而死，求殺盜者，而爲之妻。或責其失節，不伏。判云：『夫讎不報，未足爲非；婦道有虧，誠宜自恥。詩著靡它之誓，百代可知；禮垂不嫁之文，一言以蔽。』」「丙居喪，年老毁瘠，或非其過禮，曰：『哀情所鍾。』判云：『況血氣之既衰，老夫耄矣；縱哀情之罔極，吾子忍之。』」「丙妻有喪，丙於妻側奏樂，妻責之，不伏。判云：『儼衰麻之在躬，是吾憂也；調絲竹以盈耳，於汝安乎？』」「甲夜行，所由執之，辭云：『有公事欲早趨朝。』所由以犯禁不聽。判云：『非巫馬爲政，焉用出以戴星；同宣子俟朝，胡不退而假寐。』」「乙貴達，有故人至，坐之堂下，進以僕妾之食，曰：『故辱而激之。』判云：『安實敗名，重耳竟慙於舅犯；感而成事，張儀終謝於蘇秦。』」「丙娶妻，無子，父母將出之，辭曰：『歸無所從。』判云：『雖配無生育，誠合比於斷絃；而歸靡適從，庶可同於束緼。』」「乙爲三品，見本州刺史不拜，或非之，稱：『品同。』判云：『或商、周不敵，敢不盡禮事君；今晉、鄭同儕，安得降階卑我。』」若此之類，不背人情，合於法意，援經引史，比喻甚明，非青錢學士所能及也。元微之有百餘判，亦不能工。余襄公集中，亦有判兩卷，粲然可觀。張鷟，字文成，史云：「調露中，登進士第，考功員外郎騫味道見所對，稱天下無雙。」案，登科記乃上元二年，去調露尚六歲。是年進士四十五人，鷟名在二十九，既以爲無雙，而不列高第。神龍元年，中才膺管樂科，於九人中爲第五。景雲二年，中賢良方正科，於二十人中爲第三。所謂制舉八中甲科者，亦不然也。

4 唐制舉科目

唐世制舉，科目猥多，徒異其名爾，其實與諸科等也。張九齡以道侔伊、呂策高第，以登科記及會要考之，蓋先天元年九月，明皇初即位，宣勞使所舉諸科九人，經邦治國、材可經國、才堪刺史、賢良方正與此科各一人，藻思清華、興化變俗科各二人。其道侔伊、呂策問殊平平，但云：「興化致理，必俟得人；求賢審官，莫先任舉。欲遠循漢、魏之規，復存州郡之選，慮牧守之明，不能必鑒。」次及「越騎佽飛，皆出畿甸，欲均井田於要服，遵丘賦於革車」，并安人重穀，編户農桑之事，殊不及爲天下國家之要道。則其所以待伊、呂者亦狹矣。九齡於神龍二年中材堪經邦科，本傳不書，計亦此類耳。

5 淵有九名

莊子載壺子見季咸事，云：「鯢旋之審爲淵，止水之審爲淵，流水之審爲淵，淵有九名，此處三焉。」其詳見於列子黄帝篇，盡載其目，曰：「鯢旋之潘爲淵，止水之潘爲淵，流水之潘爲淵，濫水之潘爲淵，沃水之潘爲淵，氿水之潘爲淵，雍水之潘爲淵，汧水之潘爲淵，肥水之潘爲淵，是爲九淵。」案爾雅云：「濫水正出。」即檻泉也。「沃泉下出，氿泉穴出〔一〕，灉者反入，汧者出不流。」又：「水決之澤爲汧，肥者出同而歸異。」皆禹所名也。爾雅之書，非周公所作，蓋是訓釋三百篇詩所用字，不知列子之時已有此書否。細碎蟲魚之文，列子決不肯留意，得非偶相同邪？淮南子有九琁之淵，許叔重云：「至深也。」賈誼弔屈賦：「襲九淵之神龍。」顔師古曰：「九淵，九旋之川，言至深也。」與此不同。

6 東坡論莊子

東坡先生作莊子祠堂記，辨其不詆訾孔子：「嘗疑盜跖、漁父則真若詆孔子者，至於讓王、説劍，皆淺陋不入於道。反復觀之，得其寓言之終曰：『陽子居西游於秦，遇老子。其往也，舍者將迎其家，公執席，妻執巾櫛，舍者避席，煬者避竈。其反也，與之爭席矣。』去其讓王、説劍、漁父、盜跖四篇，以合於列禦寇之篇，曰：『列禦寇之齊，中道而反，曰：「吾驚焉，吾食於十漿，而五漿先餽。」』然後悟而笑曰：『是固一章也。』莊子之言未終，而昧者勦之，以入其言爾。」東坡之識見至矣，盡矣。故其祭徐君猷文云：「爭席滿前，無復十漿而五餽。」用爲一事。今之莊周書寓言第二十七，繼之以讓王、盜跖、説劍、漁父，乃至列禦寇爲

第三十二篇，讀之者可以涣然冰釋也。予案列子書第二篇内首載禦寇餽漿事數百言，即綴以楊朱爭席一節，正與東坡之旨異世同符，而坡公記不及此，豈非作文時偶忘之乎！陸德明釋文：「郭子玄云：一曲之才，妄竄奇説，若閼弈、意脩之首，危言、游鳧、子胥之篇，凡諸巧雜，十分有三。漢藝文志莊子五十二篇，即司馬彪、孟氏所注是也，言多詭誕，或似山海經，或類占夢書，故注者以意去取，其内篇衆家竝同。」予參以此説，坡公所謂昧者，其然乎？閼弈、游鳧諸篇，今無復存矣。

7　列子書事

列子書事，簡勁宏妙，多出莊子之右，其言惠盎見宋康王，王曰：「寡人之所説者，勇有力也，客將何以教寡人？」盎曰：「臣有道於此，使人雖勇，刺之不入，雖有力，擊之弗中。」王曰：「善，此寡人之所欲聞也。」盎曰：「夫刺之不入，擊之不中，此猶辱也。臣有道於此，使人雖有勇弗敢刺，雖有力弗敢擊。夫弗敢，非無其志也。臣有道於此，使人本無其志也。夫無其志也，未有愛利之心也。臣有道於此，使天下丈夫女子莫不驩然皆欲愛利之，此其賢於勇有力也，四累之上也。」觀此一段語，宛轉四反，非數百言曲而暢之不能了，而絜淨粹白如此，後人筆力，渠復可到耶。三不欺之義，正與此合。不入不中者，不能欺也；弗敢刺擊者，不敢欺也；無其志者，不忍欺也。魏文帝論三者優劣，斯言足以蔽之。

8 天生對偶

舊説以「紅生」、「白熟」，「脚色」、「手紋」，「寬焦」、「薄脆」之屬，爲天生偶對。觸類而索之，得相傳名句數端，亦有經前人紀載者，聊疏于此，以廣多聞。如「三川太守，四目老翁」，「相公公相子，人主主人公」〔三〕，「泥肥禾尚瘦，晷短夜差長」，「斷送一生惟有，破除萬事無過」，「北斗七星三四點，南方萬壽十千年」，「迅雷風烈風雷雨，絶地天通天地人」，「筵上枇杷，本是無聲之樂；草間蚱蜢，還同不繫之舟」，皆絶工者。又有用書語兩句而證以俗諺者，如「堯之子不肖，舜之子亦不肖」，諺曰「外甥多似舅」，「吾力足以舉百鈞，而不足以舉一羽」，諺曰「便重不便輕」之類是也。

9 銅爵瓦硯

相州，古鄴都，魏太祖銅雀臺在其處，今遺址髣髴尚存。瓦絶大，艾城王文叔得其一以爲硯，餉黄魯直，東坡所爲作銘者也。其後復歸王氏。硯之長幾三尺，闊半之。先公自燕還，亦得二硯，大者長尺半寸，闊八寸，中爲瓢形，背有隱起六隸字，甚清勁，曰「建安十五年造」。魏祖以建安九年領冀州牧，治鄴，始作此臺云。小者規範全不逮，而其腹亦有六篆字，曰「大魏興和年造」，中皆作小簇花團。興和，乃東魏孝靜帝紀年。是時正都鄴，與建安相距三百年，其至于今，亦六百餘年矣。二者皆藏姪孫倜處。予爲銘建安者曰：「鄴瓦所范，嘻其是邪？幾九百年，來隨漢槎。淬爾筆鋒，肆其滂葩。倜實寶此，以昌我家。」銘興和者曰：「魏元之東，狗脚于鄴。吁其瓦存，亦禪千刼。上林得雁，獲貯歸笈。玩而銘之，衰淚棲睫。」贛州雩都縣故有灌嬰廟，今不復存。相傳左地嘗爲池，耕人往往於其中耕出古瓦，可窾爲硯。予向來守郡日所得者，刓缺兩角，猶重十斤，瀋墨如發硎，其光沛然，色正黄，考德儀年，又非銅雀比，亦嘗刻銘于上，曰：「范土作瓦，既埴既已。何斷制於火，而卒以囿水？廟于漢侯，今千幾年？何址甕祀歟，而此獨也存？縣贛之雩，曰若灌池。研爲我得，而銘以章之。」蓋紀實也。

10 崔斯立

崔立之，字斯立，在唐不登顯仕，它亦無傳，而韓文公推奬之備至。其藍田丞壁記云：「種學績文，以蓄其有，泓涵演迤，日大以肆。」其贈崔評事詩云：「崔侯文章苦捷敏，高浪駕天輪不盡。頃從關外來上都，隨身卷軸車連軫。朝爲百賦猶鬱怒，暮作千詩轉遒緊。才豪氣猛易語言，往往蛟螭雜螻蚓。」其寄崔二十六詩云：「西城員外丞，心跡兩崛奇。往歲戰詞賦，不將勢力隨。傲兀坐試席，深叢見孤羆。文如翻水成，初不用意爲。四坐各低面，不敢捩眼窺。佳句喧衆口，考官敢瑕疵。連年收科第，若摘頷底髭。」其美之如是。但記云「貞元初挾其能，戰藝於京師，再進再屈于人」，而詩以爲「連年收科第」，何其自爲異也？予按杭本韓文作「再屈千人」，蜀本作「再進屈千人」，文苑亦然。蓋它本誤以千字爲于也。又登科記「立之以貞元三年第進士，七年中宏詞科」，正與詩合。觀韓公所言，崔作詩之多可知矣，而無一篇傳于今，豈非螻蚓之雜，惟敏速而不能工邪？

11 漢書注冗

顔師古注漢書，評較諸家之是非，最爲精盡，然有失之贅冗及不煩音釋者。其始遇字之假借，從而釋之，既云「他皆類此」，則自是以降，固不煩申言。然於「循行」字下，必云「行音下更反」，於「給復」字下，必云「復音方目反」。至如說讀曰悦，繇讀曰傜，鄉讀曰嚮，解讀曰懈，與讀曰豫，又讀曰歟，雍讀曰壅，道讀曰導，畜讀曰蓄，視讀曰示，艾讀曰乂，竟讀曰境，飭與勑同，繇與由同，敺與驅同，晻與暗同，婁古屢字，墜古地字，饟古餉字，犇古奔字之類，各以百數。解三代曰夏、商、周，中都官曰京師諸官府，失職者失其常業，其重複亦然。

貸曰假也，休曰美也，烈曰業也，稱曰副也，靡曰無也，滋曰益也，蕃曰多也，圖曰謀也，耗曰減也，卒曰終也，悉曰盡也，給曰足也，寖曰漸也，則曰法也，風曰化也，永曰長也，省曰視也，仍曰頻也，疾曰速也，比曰頻也，諸字義不深祕，既爲之辭，而又數出，至同在一板內再見者，此類繁多，不可勝載。其豁、仇、恢、坐、郝、陜、治、脱、攘、蓺、垣、綰、顓、擅、酣、侔、重、禺、俞、選等字，亦用切脚，皆爲可省。志中所注，尤爲煩蕪。項羽一傳，伯讀曰霸，至於四言之。若相國何、相國參、太尉勃、太尉亞夫、丞相平、丞相吉，亦注爲蕭何、曹參，桓、文、顏、閔必注爲齊桓、晉文、顏淵、閔子騫之類，讀是書者，要非童蒙小兒，夫豈不曉，何煩於屢注哉！顏自著叙例云「至如常用可知，不涉疑昧者，衆所共曉，無煩翰墨」，殆是與今書相矛盾也。

12　古跡不可考

郡縣山川之古跡，朝代變更，陵谷推遷，蓋已不可復識。如堯山、歷山所在多有之，皆指爲堯、舜時事，編之圖經。會稽禹墓，尚云居高丘之顛，至於禹穴，則强名一罅，不能容指，不知司馬子長若之何可探也？舜都蒲坂，實今之河中所謂舜城者，宜歷世奉之唯謹。案，張芸叟河中五廢記云：「蒲之西門所由而出者，兩門之間，即舜城也，廟居其中，唐張弘靖守蒲，嘗修飾之。至熙寧之初，垣墉尚固。曾不五年，而爲埏陶者盡矣。舜城自是遂廢。又河之中泠一洲島，名曰中潬，所以限橋。不知其所起，或云汾陽王所爲。以鐵爲基，上有河伯祠，水環四周，喬木蔚然。嘉祐八年秋，大水馮襄，了無遺迹。中潬自此遂廢。」顯顯者若此，它可知矣。東坡在鳳翔作凌虚臺記，云：「嘗試登臺而望，其東則秦穆之祈年、橐泉，其南則漢武之長楊、五柞，其北則隋之仁壽、唐之九成也。計其一時之盛，宏傑詭麗，堅固而不可動。然數世之後，欲求其髣髴，而破瓦頹垣，無復存者。」謂物之廢興成毁，皆不可得而知，則區區泥於陳迹，而必欲求其是，蓋無此理也。漢書地理志，扶風雍縣有橐泉宫，秦孝公起。祈年宫，惠公起。不以爲穆公。

校勘記

〔一〕氿泉穴出　「氿」原作「氿」，誤刊，據馬本、祠本改。按，爾雅作「氿」。

〔二〕人主主人公　祠本「公」作「翁」。

容齋續筆卷十三 十四則

1　科舉恩數

國朝科舉取士，自太平興國以來，恩典始重。然各出一時制旨，未嘗輒同，士子隨所得而受之，初不以官之大小有所祈訴也。太平之二年，進士一百九人，吕蒙正以下四人得將作丞，餘皆大理評事，充諸州通判。三年，七十四人，胡旦以下四人將作丞，餘並爲評事，充通判及監當。五年，一百二十一人，蘇易簡以下二十三人皆將作丞通判。八年，二百三十九人，自王世則以下十八人，以評事知縣，餘授判司簿尉。未幾，世則等移通判，簿尉改知令録。明年，並遷守評事。雍熙二年，二百五十八人，自梁顥以下二十一人，才得節察推官。端拱元年，二十八人，自程宿以下，但權知諸縣簿尉。二年，一百八十六人，陳堯叟、曾會至得光禄丞、直史館，而第三人姚揆，但防禦推官。淳化三年，三百五十三人，孫何以下，二人將作丞，二人評事，第五人以下，皆吏部注擬。咸平元年，孫僅但得防推。二年，孫暨以下，但免選注官。蓋此兩榜，真宗在諒闇，禮部所放，故殺其禮。及三年，陳堯咨登第，然後六人將作丞，四十二人評事；第二甲一百三十四人，節度推官、軍事判官；第三甲八十人，防團軍事推官。

2 下第再試

太宗雍熙二年，已放進士百七十九人。或云：「下第中甚有可取者。」乃令復試，又得洪湛等七十六人，而以湛文采遒麗，特升正牓第三。端拱元年，禮部所放程宿等二十八人，進士葉齊打鼓論牓，遂再試，復放三十一人，而諸科因此得官者至於七百。一時待士，可謂至矣。然太平興國末，孟州進士張雨光〔一〕，以試不合格，縱酒大駡於街衢中，言涉指斥，上怒斬之，同保九輩永不得赴舉。恩威並行，至於如此。

3 試賦用韻

唐以賦取士，而韻數多寡，平側次叙，元無定格。故有三韻者，花萼樓賦以題爲韻是也。有四韻者，蓂莢賦以「呈瑞聖朝」，舞馬賦以「奏之天廷」，丹甑賦以「國有豐年」，泰階六符賦以「元亨利貞」爲韻是也。有五韻者，金莖賦以「日華川上動」爲韻是也。有六韻者，止水、魍魎、人鏡、三統指歸、信及豚魚、洪鐘待撞、君子聽音、東郊朝日、蠟日祈天、宗樂德、訓胄子諸篇是也。有七韻者，日再中、射己之鵠、觀紫極舞、五聲聽政諸篇是也。八韻有二平六側者，六瑞賦以「儉故能廣，被褐懷玉」，日五色賦以「日麗九華，聖符土德」，徑寸珠賦以「澤浸四荒，非寶遠物」爲韻是也。有三平五側者，宣耀門觀試舉人以「君聖臣肅，謹擇多士」，懸法象魏以「正月之吉，懸法象魏」，玄酒以「薦天明德，有古遺味」，五色土以「王子畢封，依以建社」，通天臺以「洪臺獨出，浮景在下」，幽蘭以「遠芳襲人，悠久不絶」，日月合璧以「兩曜相合，候之不差」，金柅以「直而能一，斯可制動」爲韻是也。有五平三側者，金用礪以「殷高宗命傅説之官」爲韻是也。有六平二側者，旗賦以「風日雲舒，軍容清肅」爲韻是也。自太和以後，始以八韻爲常。唐莊宗時，嘗覆試進士，翰林學士承旨盧質以后從諫則聖爲賦題，以「堯、舜、禹、湯傾心求過」爲韻。舊例，賦韻四平四側，質所出韻乃五平三側，大爲識者所誚，豈非是時已有定格乎？國朝太平興國三年九月，始詔自今廣文館及諸州府、禮部試進士律賦，並以平側次用韻，其後又有不依次者，至今循之。

4　貞元制科

唐德宗貞元十年，賢良方正科十六人，裴垍爲舉首，王播次之，隔一名而裴度、崔羣、皇甫鎛繼之。六名之中，連得五相，可謂盛矣。而邪正夐不侔。度、羣同爲元和宰相，而鎛以聚斂賄賂亦居之，度、羣極陳其不可，度恥其同列，表求自退，兩人竟爲鑄所毁而去。且三相同時登科，不可謂無事分，而玉石雜糅，薰蕕同器，若默默充位，則是固寵患失，以私妨公，裴、崔之賢，誼難以處也。本朝韓康公、王岐公、王荆公亦同年聯名，熙寧間，康公、荆公爲相，岐公參政，故有「一時同牓用三人」之語，頗類此云。

5 貽子録

先公自燕歸，得龍圖閣書一策，曰貽子録，有「御書」兩印存，不言撰人姓名，而序云：「愚叟受知南平王，政寬事簡。」意必高從誨擅荆渚時賓僚如孫光憲輩者所編，皆訓儆童蒙。其修進一章云：「咸通年中，盧子期著初舉子一卷，細大無遺。就試三場，避國諱、宰相諱、主文諱。士人家小子弟，忌用熨斗時把帛，慮有拽白之嫌。燭下寫試無誤筆，即題其後云『並無揩改塗乙注』；如有，即言字數，其下小書名。同年小録是雙隻先輩各一人分寫。宴上長少分雙隻相向而坐，元以東爲上，𨶹以西爲首，給、舍、員外、遺、補，多來突宴，東先輩不遷，而西先輩避位。及吏部給春關牒，便稱前鄉貢進士。大略有與今制同者，獨避宰相、主文諱，不復講雙隻、先輩之名，它無所見。其林園一章，謂茄爲酪酥，亦甚新。

6 金花帖子

唐進士登科，有金花帖子，相傳已久，而世不多見。予家藏咸平元年孫僅牓盛京所得小録，猶用唐制，以素綾爲軸，貼以金花，先列主司四人銜，曰翰林學士給事中楊，兵部郎中知制誥李，右司諫直史館梁，祕書丞直史館朱，皆押字。次書四人甲子，年若干，某月某日生，祖諱某，父諱某，私忌某日。然後書狀元孫僅，其所紀與今正同。别用高四寸綾，闊二寸，書「盛京」二字，四主司花書于下，粘於卷首，其規範如此，不知以何年而廢也。但此牓五十人，自第一至十四人，惟第九名劉燁爲河南人，餘皆貫開封府，其下又二十五人亦然。不應都人士中選若是之多，疑亦外方人寄名託籍，以爲進取之便耳。四主司乃楊礪、李若拙、梁顥、朱台符，皆只爲同知舉。

7 物之小大

列禦寇、莊周大言小言，皆出於物理之外。列子所載：「夏革曰：渤海之東，幾億萬里，有大壑焉，實惟无底之谷。中有五山，高下周旋三萬里，山之中間，相去七萬里，而五山之根，无所連著。帝使巨鼇十五舉首而戴之，迭爲三番，六萬歲一交焉。而龍伯之國有大人，舉足不盈數千而暨山所，一釣而連六鼇，合負而趣歸其國。於是岱輿、員嶠二山，沈於大海。」張湛注云：「以高下周圍三萬里山，而一鼇頭之所戴，而六鼇復爲一釣之所引，龍伯之人能并而負之，計此人之形當百餘萬里，鯤鵬方之，猶蚊蚋蚤虱耳。太虛之所受，亦奚所不容哉！」莊子逍遥遊首著鯤鵬事，云：「北冥有魚，其名爲鯤，鯤之大不知其幾千里也。化而爲鳥，其名爲鵬，鵬之徙於南冥，水擊三千里，摶扶摇而上者九萬里。」二子之語大若此。至於小言，則莊子謂：「有國於蝸之左角曰觸氏，右角曰蠻氏，相與爭地而戰，伏尸數萬，逐北旬有五日而後反。」列子曰：「江浦之間生麽蟲，其名曰焦螟，羣飛而集於蚊睫，弗相觸也，栖宿去來，蚊弗覺也。黄帝與容成子同齋三月，徐以神視，塊然見之，若嵩山之阿，徐以氣聽，砰然聞之，若雷霆之聲。」二子之語小如此。釋氏維摩詰長者居文室而容九百萬菩薩并師子座，一芥子之細而能納須彌，皆一理也。張湛不悟其寓言，而竊竊然以太虛無所不容爲説，亦隘矣。若吾儒中庸之書，但云：「天地之大也，人猶有所憾，故君子語大，天下莫能載焉；語小，天下莫能破焉。」則明白洞達，歸於至當，非二氏之學一偏所及也。

8 郭令公

唐人功名富貴之盛，未有出郭汾陽之右者。然至其女孫爲憲宗正妃，歷五朝母天下，終以不得志於宣宗而死，自是支胄不復振。及本朝慶曆四年，訪求厥後，僅得裔孫元亨於布衣中，以爲永興軍助教。歐陽公知制誥，行其詞曰：「繼絶世，褒有功，非惟推恩以及遠，所以勸天下之爲人臣者焉。況爾先王，名載舊史，勳德之厚，宜其流澤於無窮，而其後裔不可以廢。往服新命，以榮厥家。」且以二十四考中書令之門，而需一助教以爲榮，吁，亦淺矣。乃知世禄不朽，如春秋諸國至數百年者，後代不易得也。

9 紀年兆祥

自漢武建元以來，千餘年間，改元數百，其附會離合爲之辭者，不可勝書，固亦有曉然而易見者。如晉元帝永昌，郭璞以爲有二日之象，果至冬而亡。桓靈寶大亨，識者以爲一人二月了，果以仲春敗。蕭棟、武陵王紀同歲竊位，皆爲天正，以爲二人一年而止，其後皆然。齊文宣天保，爲一大人只十，果十年而終。然梁明帝蕭巋亦用此，而盡二十三年。或又云：巋蕞爾一邦，故非機祥所係。齊後主隆化，爲降死，安德王延宗德昌，爲得二日。周武帝宣政爲宇文亡日；宣帝大象，爲天子家。蕭琮、晉出帝廣運，爲軍走。隋煬帝大業，爲大苦末。唐僖宗廣明，爲唐去丑口而著黄家日月，以兆巢賊之禍。欽宗靖康爲立十二月康，果在位滿歲，而高宗由康邸建中興之業。熙寧之末，將改元，近臣撰三名以進，曰平成、曰美成、曰豐亨，神宗曰：「成字負戈，美成者，犬羊負戈，亨字爲子不成，不若去亨而加元。」遂爲元豐。若隆興則取建隆、紹興各一字，與唐貞元取貞觀、開元之義同。已而嫌與顔亮正隆相近，故二年即改乾道。及甲午改純熙，既已布告天下，予時守贛，賀表云：「天永命而開中興，方茂卜年之統；時純熙而用大介，載新紀號之文。」追詔至，乃爲淳熙，蓋以出處有「告成大武」之語，故不欲用。

10 民俗火葬

自釋氏火化之説起，於是死而焚尸者，所在皆然。固有炎暑之際，畏其穢泄，斂不終日，肉未及寒而就爇者矣。魯夏父弗忌獻逆祀之議，展禽曰：「必有殃，雖壽而没，不爲無殃。」既其葬也，焚煙徹于上，謂已葬而火焚其棺槨也。吴伐楚，其師居麇，楚司馬子期將焚之。令尹子西曰：「父兄親暴骨焉，不能收，又焚之，不可。」謂前年楚人與吴戰，多死麇中，不可并焚也。衛人掘褚師定子之墓，焚之于平莊之上。燕騎刼圍齊即墨，掘人冢墓，燒死人，齊人望見涕泣，怒自十倍。王莽作焚如之刑，燒陳良等。則是古人以焚尸爲大僇也。列子曰：「楚之南有炎人之國，其親戚死，㓮其肉而棄之，然後埋其骨。秦之西有儀渠之國，其親戚死，聚柴積而焚之，燻則煙上，謂之登遐，然後成爲孝子。此上以爲政，下以爲俗，而未足爲異也。」蓋是時其風未行於中國，故列子以儀渠爲異，至與㓮肉者同言之。㓮音寡。

11 太史日官

周禮春官之屬曰：「太史掌建邦之六典，以逆邦國之治。正歲年以序事，頒之于官府及都鄙，頒告朔于邦國。」「小史掌邦國之志，奠繫世，辨昭穆。」鄭氏注云：「太史，日官也。」引左傳「天子有日官，諸侯有日御」爲說。志，謂記也。史官主書，國語所謂鄭書及帝繫、世本之屬是也，小史主定之。然則周之史官、日官同一職耳。故司馬談爲漢太史令，而子長以爲「文史星曆近乎卜祝之間，固主上所戲弄，倡優畜之，流俗之所輕也」。今太史局正星曆卜祝輩所聚，其長曰太史局令，而隸祕書省，有太史案主之，蓋其源流有自來矣。

12 汲冢周書

汲冢周書今七十篇，殊與尚書體不相類，所載事物亦多過實。其克商解云：「武王先入，適紂所在，射之三發，而後下車，擊之以輕吕，劍名。斬之以黄鉞，縣諸大白。商二女既縊，又射之三發，擊之以輕吕，斬之以玄鉞，縣諸小白。」越六日，朝至于周，以三首先馘，入燎于周廟，又用紂于南郊。夫武王之伐紂，應天順人，不過殺之而已。紂既死，何至梟戮俘馘，且用之以祭乎！其不然者也。又言武王狩事，尤爲淫侈，至於擒虎二十有二，猫二，麋五千二百三十五，犀十有三，氂七百二十有一，熊百五十一，羆百十八，豕三百五十有二，貉十有八，麂十有六，麝五十，鹿三千五百有二。遂征四方，凡憝國九十有九國，馘磨億有十萬七千七百七十有九，其多如是，雖注家亦云武王以不殺爲仁，無緣所馘如此，蓋大言也。王會篇皆大會諸侯及四夷事，云：「唐叔、荀叔、周公在左，太公在右。堂下之右，唐公、虞公南面立焉，堂下之左，商公、夏公立焉。」四公者，堯、舜、禹、湯後，商、夏即杞、宋也。」又言：俘商寶玉億有百萬。所紀四夷國名，頗古奧，獸畜亦奇崛，以肅慎爲稷慎，濊人爲穢人，樂浪之夷爲良夷，姑蔑爲姑妹，東甌爲且甌，渠搜爲渠叟，高句麗爲高夷。所敍穢人前兒若獼猴，立行，聲似小兒。良夷在子，獸名。弊身人首，脂其腹，炙之藿則鳴。揚州禺禺魚，人鹿。青丘狐九尾。東南夷白民乘黄，乘黄者似騏，背有兩角。東越海蛤、海陽、盈車、大蟹。西南戎曰央林，以酉耳，酉耳者，身若虎豹。渠叟以鼩犬，鼩犬者，露犬也，能飛食虎豹。區陽戎以鼈封，鼈封者，若彘，前後有首。蜀人以文翰，文翰者，若皐雞。康民以稃苡，其實如李，食之宜子。北狄州靡費費，其形人身枝踵，自笑，笑則上脣翕其目，食人。都郭亦北狄。生生，若黄狗，人面能言。奇幹亦北狄。善芳，頭若雄雞，佩之令人不眯。正東高夷嗛羊，嗛羊者，羊而四角。西方之戎曰獨鹿，邛邛距虛。犬戎文馬，而赤鬣縞身，目若黄金，名古皇之乘。白州比閭〔二〕，比閭者，其華若羽，以其木爲車，終行不敗。篇末引伊尹朝獻商書云：「湯問伊尹，使爲四方獻令。伊尹請令，正東以魚皮之鞞、鰂醬、蛟瞂、利劍；正南以珠璣、瑇瑁、象齒、文犀，正西以丹青、白旄、江歷、珠名。龍角，正北以橐駝、騊駼、駃騠、良弓爲獻。湯曰：『善。』」凡此皆無所質信，姑録之以貽博雅者。唐太宗時，遠方諸國來朝貢者甚衆，服裝詭異，顔師古請圖以示後，作王會圖，蓋取諸此。漢書所引：「天予不取，反受其咎，毋爲權首，將受其咎。」以爲逸周書，此亦無之，然則非全書也。

13　曹子建論文

曹子建與楊德祖書云：「世人著述，不能無病。僕常好人譏彈其文，有不善，應時改定。昔丁敬禮常作小文，使僕潤飾之，僕自以才不過若人，辭不爲也。敬禮謂僕：『卿何所疑難，文之佳麗，吾自得之，後世誰相知定吾文者邪？』吾常歎此達言，以爲美談。」子建之論善矣。任昉爲王儉主簿，儉出自作文，令昉點正，昉因定數字。儉歎曰：「後世誰知子定吾文？」正用此語。今世俗相承，所作文或爲人詆訶，雖未形之於辭色，及退而怫然者，皆是也。歐陽公作尹師魯銘文，不深辯其獲罪之冤，但稱其爲文章簡而有法。或以爲不盡，公怒，至詒書它人，深數責之曰：「簡而有法，惟春秋可當之，脩於師魯之文不薄矣。」又述其學曰通知古今，此語若必求其可當者，惟孔、孟也。而世之無識者乃云云。此文所以慰吾亡友爾，豈恤小子輩哉？」王荆公爲錢公輔銘母夫人蔣氏墓，不稱公輔甲科，但云：「子官於朝，豐顯矣，里巷之士以爲太君榮。」後云：「孫七人皆幼。」不書其名。公輔意不滿，以書言之，公復書曰：「比蒙以銘文見屬，輒爲之而不辭。不圖乃猶未副所欲，欲有所增損。鄙文自有意義，不可改也。宜以見還，而求能如足下意者爲之。如得甲科爲通判，何足以爲太夫人之榮。一甲科通判，苟粗知爲辭賦，雖市井小人，皆可以得之，何足道哉！故銘以謂閭巷之士以爲太夫人榮，明天下有識者不以置榮辱也。至於諸孫，亦不足列，孰有五子而無七孫者乎！」〔二〕公不喜人之議其文亦如此。

14　雨水清明

曆家以雨水爲正月中氣，驚蟄爲二月節，清明爲三月節，穀雨爲三月中氣。而漢世之初，仍周、秦所用，驚蟄在雨水之前，穀雨在清明之前，至于太初始正之云。

校勘記

〔一〕張雨光　馬本、祠本「雨」作「兩」。

〔二〕白州比閭　李本、祠本「比」作「北」。按：逸周書卷八作「北」（庫本）。

容齋續筆卷十四 十七則

1 尹文子

漢藝文志名家内有尹文子一篇，云：「説齊宣王，先公孫龍。」劉歆云：「其學本於黄、老，居稷下，與宋鈃、彭蒙、田駢等同學於公孫龍。」今其書分爲上下兩卷，蓋漢末仲長統所銓次也。其文僅五千言，議論亦非純本黄、老者。大道篇曰：「道不足以治則用法，法不足以治則用術，術不足以治則用權，權不足以治則用勢，勢不足則反權。權用則反術，術用則反法，法用則反道，道用則無爲而自治。」又曰：「爲善使人不能得從，此獨善也。爲巧使人不能得爲，此獨巧也。未盡善巧之理。爲善與衆行之，爲巧與衆能之，此善之善者，巧之巧者也。故所貴聖人之治，不貴其獨治，貴其能與衆共治；貴工倕之巧，不貴其獨巧，貴其能與衆共巧也。今世之人，行欲獨賢，事欲獨能，辯欲出羣，勇欲絶衆。獨行之賢，不足以成化；獨能之事，不足以周務；出羣之辯，不可爲户説；絶衆之勇，不可與正陳。凡此四者，亂之所由生。聖人任道、立法，使賢愚不相棄，能鄙不相遺，此至治之術也。」詳味其言，頗流而入於兼愛。莊子末章，敘天下之治方術者，曰：「不累於俗，不飾於物，不苟於人，不忮於衆，願天下之安寧，以活民命，人我之養，畢足而止，以此白心，古之道術有在於是者。宋鈃、尹文聞其風而悅之，作爲華山之冠以自表。雖天下不取，强聒而不舍者也。其爲人太多，其自爲太少。」蓋亦盡其學云。荀卿非十二子有宋鈃，而文不預。又別一書曰尹子，五卷，共十九篇，其言論膚淺，多及釋氏，蓋晉、宋時細人所作，非此之謂也。

2 帝王訓儉

帝王創業垂統，規以節儉，貽訓子孫，必其繼世象賢，而後可以循其教，不然，正足取侮笑耳。宋孝武大治宮室，壞高祖所居陰室，於其處起玉燭殿，與羣臣觀之。牀頭有土障，上挂葛燈籠、麻蠅拂。侍中袁顗因盛稱高祖儉素之德，上不答，獨曰：「田舍公得此〔一〕，已爲過矣。」唐高力士於太宗陵寢宮，見梳箱一、柞木梳一、黑角篦一、草根刷子一，歎曰：「先帝親正皇極，以致升平，隨身服用，唯留此物。將欲傳示子孫，永存節儉。」具以奏聞。明皇詣陵，至寢宮，問所留示者何在，力士捧跪上。上跪奉，肅敬如不可勝，曰：「夜光之珍，垂棘之璧，將何以喻此！」即命史官書之典册。是時，明皇履位未久，厲精爲治，故見太宗故物而惕然有感。及侈心一動，窮天下之力不足以副其求，尚何有於此哉。宋孝武不足責也，若齊高帝、周武帝、陳高祖、隋文帝皆有儉德，而東昏、天元、叔寶、煬帝之淫侈，浮於桀、紂，又不可以語此云。

3　用計臣爲相

唐自貞觀定制，以省臺寺監理天下之務，官脩其方，未之或改。明皇因時極盛，好大喜功，於財利之事尤切。故宇文融、韋堅、楊慎矜、王鉷皆以聚歛刻剥進〔二〕，然其職不出户部也。楊國忠得志，乃以御史大夫判度支，權知太府卿及兩京司農太府出納，是時猶未立判使之名也。肅宗以後，兵興費廣，第五琦、劉晏始以户部侍郎判諸使，因之拜相，於是鹽鐵有使，度支有判。元琇、班宏、裴延齡、李巽之徒踵相躡，遂浸浸以它官主之，權任益重。憲宗季年，皇甫鎛由判度支，程异由衛尉卿鹽鐵使，並命爲相，公論沸騰，不恤也。逮於宣宗，率由此塗大用，馬植、裴休、夏侯孜以鹽鐵，盧商、崔元式、周墀、崔龜從、蕭鄴、劉瑑以度支，魏扶、魏謩、崔慎由、蔣伸以户部，自是計相不可勝書矣。惟裴度判度支，上言調兵食非宰相事，請以歸有司，其識量宏正，不可同日語也。

4 州縣牌額

州縣牌額，率係於吉凶，以故不敢輕爲改易。嚴州分水縣故額，草書「分」字，縣令有作聰明者，謂字體非宜，自真書三字，刻而立之。是年，邑境惡民持刃殺人者衆。蓋「分」字爲「八刀」也。徽州之山水清遠，素無火災。紹熙元年，添差通判盧瑢，悉以所作隸字换郡下扁牓，自譙樓、儀門，凡亭榭、臺觀之類，一切趨新。郡人以爲字多燥筆，而於州牌尤爲不嚴重，私切憂之。次年四月，火起於郡庫，經一日兩夕乃止，官舍民廬一空。

5 盧知猷

唐之末世，王綱絶紐，學士大夫逃難解散，畏死之不暇。非有扶顛持危之計，能支大厦於將傾者，出力以佐時，則當委身山棲，往而不反，爲門户性命慮可也。白馬之禍，豈李振、柳璨數凶子所能害哉？亦裴、崔、獨孤諸公有以自取耳。偶讀司空表聖集太子太師盧知猷神道碑，見其仕於僖、昭，更歷榮級，至尚書右僕射，以一品致仕，可以歸矣。然由間關跋履，從昭宗播遷，自華幸洛，天祐二年九月乃終，享年八十有六，其得没於牖下，亦云幸也。新唐書有傳，附於父後，甚略，云：「昭宗爲劉季述所幽，感憤而卒。」案，昭宗以光化三年遭季述之禍，天復元年反正，至知猷亡時，相去五年。傳云：「子文度，亦貴顯。」而碑載嗣子刑部侍郎膺，亦不同。表聖乃盧幕客，當時作誌，必不誤矣。昭宗實録：「光化四年三月，華州奏太子太師盧知猷卒。以劉季述之變，感憤成疾，卒年七十五。」正與新唐傳同。蓋唐武、宣以後，諸録乃宋敏求補撰，簡牘當有散脱者，皆當以司空之碑爲正。又按，是年四月，改元天復，舊唐紀：「十一月，車駕幸鳳翔。朱全忠趨長安，文武百寮太子太師盧知猷已下出迎。」又爲可證。宰相世系表：「知猷生文度，而同族曰渥，渥之子膺，刑部侍郎。」二者矛盾如此。

6　忌諱諱惡

周禮春官：「小史詔王之忌諱。」鄭氏云：「先王死日爲忌，名爲諱。」禮記王制：「大史典禮，執簡記，奉諱惡。」注云：「諱者先王名，惡者忌日，若子卯。惡，烏路反。」左傳：「叔弓如滕，子服椒爲介。及郊，遇懿伯之忌，叔弓不入。」懿伯，椒之叔父。忌，怨也。「椒曰：『公事有公利，無私忌。椒請先入。』」觀此，乃知忌諱之明文。漢人表疏，如東方朔有「不知忌諱」之類，皆戾本旨。今世俗語言多云「無忌諱」及「不識忌諱」，蓋非也。

7 陳涉不可輕

楊子法言：「或問陳勝、吳廣。曰：『亂。』曰：『不若是則秦不亡。』曰：『亡秦乎？恐秦未亡而先亡矣。』」李軌以爲：「輕用其身，而要乎非命之運，不足爲福先，適足以爲禍始。」予謂不然。秦以無道毒天下，六王皆萬乘之國，相踵滅亡，豈無孝子慈孫、故家遺俗？皆奉頭鼠伏。自張良狙擊之外，更無一人敢西向窺其鋒者。陳勝出於戍卒，一旦奮發不顧，海内豪傑之士，乃始雲合響應，並起而誅之。數月之間，一戰失利，不幸隕命於御者之手，身雖已死，其所置遣侯王將相竟亡秦。項氏之起江東，亦矯稱陳王之令而渡江。秦之社稷爲墟，誰之力也？且其稱王之初，萬事草創，能從陳餘之言，迎孔子之孫鮒爲博士，至尊爲太師，所與謀議，皆非庸人崛起者可及，此其志豈小小者哉！漢高帝爲之置守冢於碭，血食二百年乃絶。子雲指以爲亂，何邪？若乃殺吳廣，誅故人，寡恩忘舊，無帝王之度，此其所以敗也。

8 士匄韓厥

晉厲公既殺郤氏三卿，羣臣疑懼。欒書、荀偃執公，召士匄，匄辭不往，召韓厥，厥辭曰：「古人有言曰『殺老牛莫之敢尸』，而況君乎？二三子不能事君，焉用厥也？」二子竟弒公，而不敢以匄、厭爲罪，豈非畏敬其忠正乎！唐武德之季，秦王與建成、元吉相忌害，長孫無忌、高士廉、侯君集、尉遲敬德等，日夜勸王誅之，王猶豫未決。問於李靖，靖辭，問於李世勣，世勣辭，王由是重二人。及至登天位，皆任爲將相，知其有所守也。晉、唐四賢之識見略等，而無有稱述者，唐史至不書其事，殆非所謂發潛德之幽光也。蕭道成將革命，欲引時賢參贊大業，夜召謝朏，屏人與語，朏竟無一言。及王儉、褚淵之謀既定，道成必欲引朏參佐命，朏亦不肯從，遂不仕齊世，其亦賢矣。

9　孔墨

墨翟以兼愛無父之故，孟子辭而辟之，至比於禽獸，然一時之論，迨於漢世，往往以配孔子。列子載惠盎見宋康王，曰：「孔丘、墨翟，無地而爲君，無官而爲長，天下丈夫女子，莫不延頸舉踵而願安利之。」鄒陽上書於梁孝王，曰：「魯聽季孫之説逐孔子，宋任子冉之計囚墨翟，以孔、墨之辯，不能自免於讒諛。」賈誼過秦云：「非有仲尼、墨翟之知。」徐樂云：「非有孔、曾、墨子之賢。」是皆以孔、墨爲一等，列、鄒之書不足議，而誼亦如此。韓文公最爲發明孟子之學，以爲功不在禹下者，正以辟楊、墨耳。而著讀墨子一篇云：「儒、墨同是堯、舜，同非桀、紂，同脩身正心以治天下國家。孔子必用墨子，墨子必用孔子。不相用，不足爲孔、墨。」此又何也？魏鄭公南史梁論，亦有抑揚孔、墨之語。

10　玉川月蝕詩

盧仝月蝕詩，唐史以謂譏切元和逆黨，考韓文公效仝所作，云元和庚寅歲十一月，是年爲元和五年，去憲宗遇害時尚十載。仝云：「歲星主福德，官爵奉董秦。」說者謂董秦即李忠臣，嘗爲將相而臣朱泚，至於亡身，故仝鄙之。東坡以爲：「當秦之鎮淮西日，代宗避吐蕃之難出狩，追諸道兵，莫有至者。秦方在鞠場，趣命治行，諸將請擇日，秦曰：『父母有急難，而欲擇日乎？』即倍道以進。雖末節不終，似非無功而食祿者。」近世有嚴有翼者，著藝苑雌黃，謂：「坡之言非也，秦守節不終，受泚僞官，爲賊居守，何功之足云！詩譏刺當時，故言及此。坡乃謂非無功而食祿，謬矣。」有翼之論，一何輕發至詆坡公爲非爲謬哉！予案，是時秦之死，二十七年矣。何爲而追刺之？使仝欲譏逆黨，則應首及祿山與泚矣。竊意元和之世吐突承璀用事，仝以爲嬖倖擅位，故用董賢、秦宮輩喻之，本無預李忠臣事也。記前人似亦有此說，而不能省憶其詳。

11 詩要點檢

作詩至百韻，詞意既多，故有失於點檢者。如杜老夔府詠懷，前云「滿坐涕潺湲」，後又云「伏臘涕漣漣」。白公寄元微之，既云「無盃不共持」，又云「笑勸迂辛酒」、「華樽逐勝移」、「觥飛白玉卮」、「飲訝卷波遲」、「歸鞍酩酊馳」、「酡顏烏帽側」、「醉袖玉鞭垂」、「白醪充夜酌」、「嫌醒自啜醨」、「不飲長如醉」，一篇之中，説酒者十一句。東坡賦中隱堂五詩各四韻，亦有「坡垂似伏鼇」、「崩崖露伏龜」之語，近於意重。

12 周蜀九經

唐貞觀中，魏徵、虞世南、顏師古繼爲祕書監，請募天下書，選五品以上子孫工書者爲書手繕寫。予家有舊監本周禮，其末云：大周廣順三年癸丑五月，雕造九經書畢，前鄉貢三禮郭嵠書。列宰相李穀、范質，判監田敏等銜于後。經典釋文末云：顯德六年己未三月，太廟室長朱延熙書，宰相范質、王溥如前，而田敏以工部尚書爲詳勘官。此書字畫端嚴有楷法，更無舛誤。舊五代史：漢隱帝時，國子監奏周禮、儀禮、公羊、穀梁四經未有印板，欲集學官考校雕造，從之。正尚武之時，而能如是，蓋至此年而成也。成都石本諸經，毛詩、儀禮、禮記皆祕書省祕書郎張紹文書。周禮者，祕書省校書郎孫朋古書。周易者，國子博士孫逢吉書。尚書者，校書郎周德政書。爾雅者，簡州平泉令張德昭書。題云廣政十四年，蓋孟昶時所鐫，其字體亦皆精謹。兩者並用士人筆札，猶有貞觀遺風，故不庸俗，可以傳遠。唯三傳至皇祐元年方畢工，殊不逮前。紹興中，分命兩淮、江東轉運司刻三史板，其兩漢書内，凡欽宗諱，並小書四字，曰「淵聖御名」，或徑易爲「威」字，而它廟諱皆只缺畫，愚而自用，爲可笑也。蜀三傳後，列知益州、樞密直學士、右諫議大夫田況銜，大書爲三行，而轉運使直史館曹潁叔，提點刑獄、屯田員外郎孫長卿，各細字一行，又差低於況。今雖執政作牧，監司亦與之雁行也。

13 冢宰治内

周禮天官冢宰，其屬有宫正，實掌王宫之戒令糾禁。内宰以陰禮教六宫，以陰禮教九嬪，蓋宫中官之長也。故自后、夫人之外，九嬪、世婦、女御以下，無不列於屬中。後世宫掖之事，非上宰可得而聞也。禮記内則篇記男女事父母、舅姑，細瑣畢載，而首句云：「后王命冢宰，降德于衆兆民。」則以其治内故也。

14 宰相爵邑

國朝宰相初不用爵邑爲輕重，然亦嘗以代陞黜。王文康曾任司空，後爲太子太師，經太宗登極恩，但封祁國公。吕文穆自司徒謝事爲太子太師，經東封西祀恩，不復再得三公，但封徐國、許國公而已。寇忠愍罷相，學士錢惟演以太子太傅處之，真宗令更與些恩數，惟演但乞封國公。王冀公欽若食邑已過萬户，及謫爲司農卿，於銜内盡除去，後再拜相，乃悉還之。湯岐公以大觀文免相，因御史言落職鐫爵。趙衛公坐舉官犯贓，見爲使相，但降封益川郡公，削二千户。今周益公亦然。皆故實所無也。王嫯相元封冀，嫌其與欽若同，屢欲改，適有進國史賞，予爲擬進韓國制詞，用「有此冀方，莫如韓樂」。既播告矣，而删定官馮震武以爲真宗故封，不許用，遂貼麻爲魯，雖著於司封格，馮蓋不知富韓公已用之矣。是時，嫯相以食邑過二萬户爲辭，壽皇遣中使至邁所居宣示，令具前此有無體例及合如何施行事理擬定聞奏。遂以邑户無止法復命，乃竟行下。

15 楊子一毛

孟子曰：「楊子取爲我，拔一毛而利天下，不爲也。」楊朱之書不傳於今，其語無所考。

惟列子所載：「楊朱曰：『伯成子高不以一毫利物，舍國而隱耕。古之人損一毫利天下，不與也，人人不損一毫，不利天下，天下治矣。』禽子問楊朱曰：『去子體之一毛以濟一世，汝爲之乎？』楊子曰：『世固非一毛之所濟。』禽子曰：『假濟，爲之乎？』楊子弗應。禽子出語孟孫陽，陽曰：『有侵若肌膚獲萬金者，若爲之乎？』曰：『爲之。』曰：『有斷若一節得一國，子爲之乎？』禽子默然。陽曰：『積一毛以成肌膚，積肌膚以成一節，一毛固一體萬分中之一物，柰何輕之？』」觀此，則孟氏之言可證矣。

16　李長吉詩

李長吉有羅浮山人詩云：「欲剪湘中一尺天，吳娥莫道吳刀澀。」正用杜老題王宰畫山水圖歌「焉得并州快剪刀，剪取吳松半江水」之句。長吉非蹈襲人後者，疑亦偶同，不失自爲好語也。

17　子夏經學

孔子弟子惟子夏於諸經獨有書，雖傳記雜言未可盡信，然要爲與它人不同矣。於易則有傳，於詩則有序。而毛詩之學，一云子夏授高行子，四傳而至小毛公，一云子夏傳曾申，五傳而至大毛公。於禮則有儀禮喪服一篇，馬融、王肅諸儒多爲之訓説。於春秋，所云「不能贊一辭」，蓋亦嘗從事於斯矣。公羊高實受之於子夏，穀梁赤者，風俗通亦云子夏門人。於論語，則鄭康成以爲仲弓、子夏等所撰定也。後漢徐防上疏曰：「詩、書、禮、樂定自孔子，發明章句始於子夏。」斯其證云。

校勘記

〔一〕田舍公得此　馬本、祠本「公」作「翁」。

〔二〕楊慎矜　「慎」原脱，據祠本補。按，新唐書卷一百三十四、舊唐書卷一百五有楊慎矜傳。

容齋續筆卷十五十三則

1 紫閣山村詩

宣和間，朱勔挾花石進奉之名，以固寵規利。東南部使者郡守多出其門，如徐鑄、應安道、王仲閎輩濟其惡，豪奪漁取，士民家一石一木稍堪翫，即領健卒直入其家，用黄封表誌，而未即取，護視微不謹，則被以大不恭罪，及發行，必撤屋決墻而出。人有一物小異，共指爲不祥，唯恐芟夷之不速。楊戩、李彦創汝州西城所，任輝彦、李士渙、王滸、毛孝立之徒，亦助之發物供奉，大抵類勔，而又有甚焉者。徽宗患其擾，屢禁止之，然覆出爲惡，不能絶也。偶讀白樂天紫閣山北村詩，乃知唐世固有是事，漫録于此：「晨游紫閣峯，暮宿山下村。村老見予喜，爲予開一罇。舉盃未及飲，暴卒來入門。紫衣挾刀斧，草草十餘人。奪我席上酒，掣我盤中飧。主人退後立，斂手反如賓。中庭有奇樹，種來三十春。主人惜不得，持斧斷其根。口稱采造家，身屬神策軍。主人切勿語，中尉正承恩。」蓋貞元、元和間也。

2 李林甫秦檜

李林甫爲宰相，妬賢嫉能，以裴耀卿、張九齡在己上，以李適之爭權，設詭計去之。若其所引用，如牛仙客至終于位，陳希烈及見其死，皆共政六七年。雖兩人伴食諂事，所以能久，然林甫以忮心賊害，亦不朝慍暮喜，尚能容之。秦檜則不然，其始也，見其能助我，自冗散小官，不三二年至執政。史才由御史檢法官超右正言，遷諫議大夫，遂簽書樞密。施鉅由中書檢正、鄭仲熊由正言，同除權吏部侍郎。方受告正謝，施即參知政事，鄭爲簽樞。宋樸爲殿中侍御史，欲驟用之，令臺中申稱本臺缺檢法主簿，須長貳乃可辟。即就狀奏除侍御史，許薦舉，遽拜中丞，謝日除簽樞，其捷如此。然數人者，不能數月而罷。楊愿最善佞，至飲食動作悉效之。秦嘗因食，噴嚏失笑，愿於倉卒間，亦陽噴飯而笑，左右侍者哂焉。秦察其奉己，愈喜。既歷歲，亦厭之，諷御史排擊而預告之，愿涕淚交頤。秦曰：「士大夫出處常事耳，何至是。」愿對曰：「愿起賤微，致身此地，已不啻足，但受太師生成恩，過於父母，一旦别去，何時復望車塵馬足邪？是所以悲也。」秦益憐之，使以本職奉祠，僅三月起知宣州。李若谷罷參政，或曰：「胡不效楊原仲之泣？」李，河北人，有直氣。笑曰：「便打殺我，亦撰眼淚不出。」秦聞而大怒，遂有江州居住之命。秦嘗以病謁告，政府獨有余堯弼，因奏對，高宗訪以機務一二，不能答。秦病愈入見，上曰：「余堯弼既參大政，朝廷事亦宜使之與聞。」秦退，扣余曰：「比日榻前所詢何事？」余具以告。秦呼省吏取公牘閱視，皆已書押。責之曰：「君既書押了，安得言弗知，是故欲相賣耳。」余離席辯析，不復應。明日臺評交章。段拂爲人憒憒，一日，秦在前開陳頗久，遂俯首瞌睡，秦退始覺。殊窘怖，上猶慰拊之，且詢其鄉里。少頃，還殿廊幕中。秦閉目誦佛，典客贊揖至三，乃答。歸政事堂，窮詰其語，無以對，旋遭劾，至於責居。湯思退在樞府，上偶回顧，有所問。秦是日所奏微不合，即云：「陛下不以臣言爲然，乞問湯思退。」上曰：「此事朕豈不曉，何用問它湯思退。」秦還省見湯，已不樂，謀去之。會其病，迨於亡，遂免。考其所爲，蓋出偃月堂之上也。

3 注書難

注書至難，雖孔安國、馬融、鄭康成、王弼之解經，杜元凱之解左傳，顏師古之注漢書，亦不能無失。王荆公詩新經「八月剥棗」解云：「剥者，剥其皮而進之，所以養老也。」毛公本注云：「剥，擊也。」陸德明音普卜反。公皆不用。後從蔣山郊步至民家，問其翁安在？曰：「去撲棗。」始悟前非。即具奏乞除去十三字，故今本無之。洪慶善注楚辭九歌東君篇「緪瑟兮交鼓，簫鐘兮瑤簴」，引儀禮鄉飲酒章「間歌魚麗，笙由庚，歌南有嘉魚，笙崇丘」爲比，云：「簫鐘者，取二樂聲之相應者互奏之。」既鏤板，置于墳庵，一蜀客過而見之，曰：「一本簫作橚，廣韻訓爲擊也，蓋是擊鐘正與緪瑟爲對耳。」慶善謝而亟改之。政和初，蔡京禁蘇氏學，蘄春一士獨杜門注其詩，不與人往還。錢仲仲爲黄岡尉，因考校上舍，往來其鄉，三進謁然後得見。首請借閲其書，士人指案側巨編數十，使隨意抽讀，適得和楊公濟梅花十絶：「月地雲階漫一尊，玉奴終不負東昏。臨春、結綺荒荆棘，誰信幽香是返魂。」注云：「玉奴，齊東昏侯潘妃小字。臨春、結綺者，陳後主三閣之名也。」仲仲曰：「所引止於此耳？」曰：「然。」仲仲曰：「唐牛僧孺所作周秦行紀，記入薄太后廟，見古后妃輩，所謂『月地雲階見洞仙』，東昏以玉兒故，身死國除，不擬負他，乃是此篇所用，先生何爲没而不書？」士人怳然失色，不復一語，顧其子然紙炬悉焚之。仲仲勸使姑留之，竟不可。曰：「吾枉用工夫十年，非君幾貽士林嗤笑。」仲仲每談其事，以戒後生。但玉奴乃楊貴妃自稱，潘妃則名玉兒也。剥棗之説，得於吴説傅朋，簫鐘則慶善自言也。紹興初，又有傅洪秀才注坡詞，鏤板錢塘，至於「不知天上宫闕，今夕是何年」，不能引「共道人間惆悵事，不知今夕是何年」之句。「笑怕薔薇罥」，「學畫鴉黄未就」，不能引南部煙花録，如此甚多。

4 書易脱誤

經典遭秦火之餘，脱亡散落，其僅存於今者，相傳千歲，雖有錯誤，無由復改。漢藝文志載：「劉向以中古文易經校施、孟、梁丘經，或脱去『无咎』『悔亡』，唯費氏經與古文同。以尚書校歐陽、夏侯三家經文，酒誥脱簡一，召誥脱簡二。率簡二十五字者，脱亦二十五字，簡二十二字者，脱亦二十二字。」今世所存者，獨孔氏古文，故不見二篇脱處。周易雜卦自乾、坤以至需、訟，皆以兩兩相從，而明相反之義，若大過至夬八卦則否，蓋傳者之失也。東坡始正之。元本云：「大過，顛也。姤，遇也，柔遇剛也。漸，女歸待男行也。頤，養正也。既濟，定也。歸妹，女之終也。未濟，男之窮也。夬，決也，剛決柔也，君子道長，小人道憂也。」坡改云：「頤，養正也。大過，顛也。姤，遇也，柔遇剛也。夬，決也，剛決柔也。君子道長，小人道憂也。漸，女歸待男行也。歸妹，女之終也。既濟，定也。未濟，男之窮也。」謂如此而相從之次、相反之義，焕然若合符節矣。尚書洪範「四五紀，一曰歲，二曰月，三曰日，四曰星辰，五曰曆數」，便合繼之以「王省惟歲，卿士惟月，師尹惟日」。至於「月之從星，則以風雨」一章，乃接「五皇極」，亦以簡編脱誤，故失其先後之次。「五皇極」之中，蓋亦有雜「九五福」之文者。如「斂時五福，用敷錫厥庶民」，「凡厥正人，既富方穀，汝弗能使有好于而家，時人斯其辜，于其無好德，汝雖錫之福，其作汝用咎」，及上文「而康而色，曰予攸好德，汝則錫之福」是也。康誥自「惟三月哉生魄」至「乃洪大誥治」四十八字，乃是洛誥，合在篇首「周公拜手」之前。武成一篇，王荆公始正之。自「王朝步自周，于征伐商」，即繼以「底商之罪，告于皇天后土」至「一戎衣，天下大定」，乃繼以「厥四月哉生明」，至「予小子其承厥志」，然後及「乃反商政」，以訖終篇，則首尾亦粲然不紊。

5 南陔六詩

南陔、白華、華黍、由庚、崇丘、由儀六詩，毛公爲詩詁訓傳，各置其名，述其義，而亡其辭。鄉飲酒燕禮云：「笙入堂下，磬南北面立。樂奏南陔、白華、華黍。乃間歌魚麗，笙由庚，歌南有嘉魚，笙崇丘，歌南山有臺，笙由儀，乃合樂，周南關雎、葛覃、卷耳，召南鵲巢、采蘋、采蘩。」切詳文意，所謂歌者，有其辭所以可歌，如魚麗、嘉魚、關雎以下是也；亡其辭者不可歌，故以笙吹之，南陔至于由儀是也。有其義者，謂孝子相戒以養，萬物得由其道之義。亡其辭者，元未嘗有辭也。鄭康成始以爲及秦之世而亡之，又引燕禮「升歌鹿鳴、下管新宮」爲比，謂新宮之詩亦亡。按，左傳宋公享叔孫昭子，賦新宮。杜注爲逸詩，則亦有辭，非諸篇比也。陸德明音義云：「此六篇，蓋武王之詩，周公制禮，用爲樂章，吹笙以播其曲。

孔子删定在三百一十一篇内，及秦而亡。」蓋祖鄭説耳。且古詩經删及逸不存者多矣，何獨列此六名於大序中乎？束晳補亡六篇，不作可也。左傳叔孫豹如晉，晉侯享之，金奏肆夏、韶夏、納夏，工歌文王、大明、緜，鹿鳴、四牡、皇皇者華。三夏者樂曲名，擊鐘而奏，亦以樂曲無辭，故以金奏，若六詩則工歌之矣，尤可證也。

6 紹聖廢春秋

五聲本於五行，而徵音廢。四瀆源於四方，而濟水絶。周官六典所以布治，而司空之書亡。是固出於無可柰何，非人力所能爲也。若乃六經載道，而王安石欲廢春秋。紹聖中，章子厚作相，蔡卞執政，遂明下詔罷此經，誠萬世之罪人也。

7 王韶熙河

王韶取熙河，國史以爲嘗游陝西，采訪邊事，遂詣闕上書。偶讀晁以道集與熙河錢經略書，云：「熙河一道，曹南院棄而不城者也。其後夏英公喜功名，欲城之，其如韓、范之論何？又其後有一王長官韶者，薄游陽翟，偶見英公神道碑所載云云，遂穴以爲策以干丞相。時丞相是謂韓公，視王長官者稚而狂之，若河外數州，則又王長官棄而不城者也。彼木征之志不淺〔一〕，鬼章之睥睨尤近而著者，隴拶似若無能，頗聞有子存，實有不可不懼者。」此書蓋是元祐初年，然則詔之本指乃如此。予修史時未得其說也。英公碑，王岐公所作，但云嘗上十策。若通唃厮囉之屬羌，當時施用之，餘皆不書，不知晁公所指爲何也？

8　書籍之厄

梁元帝在江陵，蓄古今圖書十四萬卷，將亡之夕盡焚之。隋嘉則殿有書三十七萬卷，唐平王世充，得其舊書於東都，浮舟泝河，盡覆于砥柱。貞觀、開元募借繕寫，兩都各聚書四部。禄山之亂，尺簡不藏。代宗、文宗時，復行搜采，分藏于十二庫。黄巢之亂，存者蓋尠。昭宗又於諸道求訪，及徙洛陽，蕩然無遺。今人觀漢、隋、唐經籍、藝文志，未嘗不茫然太息也。晁以道記本朝王文康初相周世宗，多有唐舊書，今其子孫不知何在。李文正所藏既富，而且闢學館以延學士大夫，不待見主人，而下馬直入讀書，供牢餼以給其日力，與衆共利之。今其家僅有敗屋數楹，而書不知何在也。宋宣獻家兼有畢文簡、楊文莊二家之書，其富蓋有王府不及者。元符中，一夕災爲灰燼。以道自謂家五世於兹，雖不敢與宋氏爭多，而校讎是正，未肯自遜。政和甲午之冬，火亦告譴。惟劉壯輿家於廬山之陽，自其祖凝之以來，遺子孫者唯圖書也，其書與七澤俱富矣，於是爲作記。今劉氏之在廬山者，不聞其人，則所謂藏書殆亦羽化。乃知自古到今，神物亦於斯文爲靳靳也。宣和殿、太清樓、龍圖閣御府所儲，靖康蕩析之餘，盡歸於燕；置之祕書省，乃有幸而得存者焉。

9 逐貧賦

韓文公送窮文，柳子厚乞巧文，皆擬楊子雲逐貧賦。韓公進學解，擬東方朔客難，柳子晉問篇擬枚乘七發，貞符擬劇秦美新，黄魯直跛奚移文擬王子淵僮約，皆極文章之妙。逐貧一賦，幾五百言，文選不收，初學記所載纔百餘字，今人蓋有未之見者，輒録于此，云：「楊子遁世，離俗獨處。左隣崇山，右接曠野。鄰垣乞兒，終貧且窶。禮薄義弊，相與羣聚。惆悵失志，呼貧與語：『汝在六極，投棄荒遐。好爲庸卒，刑戮是加。匪惟幼稚，嬉戲土沙。居非近鄰，接屋連家。恩輕毛羽，義薄輕羅。進不由德，退不受訶。久爲滯客，其意若何。人皆文繡，余褐不全。人皆稻粱，我獨藜飡。貧無寶玩，何以接歡。宗室之宴，爲樂不槃。徒行負賃，出處易衣。身服百役，手足胼胝。或耘或耔，霑體露肌。朋友道絶，進官凌遲。厥咎安在，職汝之爲。舍汝遠竄，崑崙之顛。爾復我隨，翰飛戾天。舍爾登山，巖穴隱藏。爾復我隨，陟彼高岡。舍爾入海，汎彼柏舟。爾復我隨，載沉載浮。我行爾動，我靜爾休。豈無他人，從我何求。今汝去矣，勿復久留。』貧曰：『唯唯，主人見逐。多言益嗤。心有所懷，願得盡辭。昔我乃祖，崇其明德。克佐帝堯，誓爲典則。土階茅茨，匪雕匪飾。爰及季世，縱其昏惑。饕餮之羣，貧富苟得〔二〕。鄙我先人，乃傲乃驕。瑶臺瓊室，華屋崇高。流酒爲池，積肉爲崤。是用鴞逝，不踐其朝。三省吾身，謂予無諐。處君之家，福禄如山。忘我大德，思我小怨。堪寒能暑，少而習焉。寒暑不忒，等壽神仙。桀跖不顧，貪類不干。人皆重蔽，子獨露居。人皆怵惕，子獨無虞。言辭既罄，色厲目張。攝齊而興，降階下堂。誓將去汝，適彼首陽。孤竹之子，與我連行。』余乃避席，辭謝不直：『請不貳過，聞義則服。長與爾居，終無厭極。』貧遂不去，與我遊息。」唐宣宗時有文士王振，自稱紫邏山人，有送窮辭一篇，引韓吏部爲説，其文意亦工。

10　澗松山苗

詩文當有所本，若用古人語意，別出機杼，曲而暢之，自足以傳示來世。左太沖詠史詩曰：「鬱鬱澗底松，離離山上苗。以彼徑寸莖，蔭此百尺條。世胄躡高位，英俊沉下僚。地勢使之然，由來非一朝。」白樂天續古一篇，全用之，曰：「雨露長纖草，山苗高入雲。風雪折勁木，澗松摧爲薪。風摧此何意，雨長彼何因。百尺澗底死，寸莖山上春。」語意皆出太沖，然其含蓄頓挫則不逮也。

11 男子運起寅

今之五行家學，凡男子小運起於寅，女子小運起於申，莫知何書所載。淮南子氾論訓篇云：「禮三十而娶。」許叔重注曰：「三十而娶者，陰陽未分時俱生於子，男從子數左行三十年立於巳，女從子數右行二十年亦立於巳，合夫婦。故聖人因是制禮，使男三十而娶，女二十而嫁。其男子自巳數左行十得寅，故人十月而生於寅，故男子數從寅起；女自巳數右行得申，亦十月，而生於申，故女子數從申起。」此說正爲起運也。

12 宰我作難

史記稱宰我爲齊臨菑大夫，與田常作難，以夷其族，孔子恥之。蘇子由作古史，精爲辨之，以爲子我者闞止也，與田常爭齊政，爲常所殺，以其字亦曰子我，故戰國之書誤以爲宰予。此論既出，聖門高第，得免非義之謗。東坡又引李斯諫書，謂曰：「常陰取齊國，殺宰予於庭。」是其不從田常，故爲所殺也。予又考之，子路之死，孔子曰：「由也死矣。」又曰：「天祝予〔三〕。」哭於中庭，使人覆醢，其悲之如是，不應宰我遇禍，略無一言。孟子所載三子論聖人賢於堯、舜等語，疑是夫子没後所談，不然，師在而各出意見議之，無復質正，恐非也。然則宰我不死於田常，更可證矣。而淮南子又有一說，云：「將相攝威擅勢，私門成黨，而使道不行，故使陳成、田常、鴟夷子皮得成其難，使吕氏絶祀。」子皮謂范蠡也。蠡浮海變姓名游齊，時簡公之難已十餘年矣。說苑亦云：「田常與宰我爭，宰我將攻之，鴟夷子皮告田常，遂殘宰我。」此說尤爲無稽，是以蠡爲助田氏爲齊禍，其不分賢逆如此。

13　古人占夢

漢藝文志七略雜占十八家，以黄帝長柳占夢十一卷，甘德長柳占夢二十卷爲首。其說曰：「雜占者，紀百家之象，候善惡之證。衆占非一，而夢爲大，故周有其官。」周禮：「太卜掌三夢之法。一曰致夢，二曰觭夢，三曰咸陟。」鄭氏以爲致夢夏后氏所作，觭夢商人所作，咸陟者言夢之皆得，周人作焉。而占夢專爲一官，以日月星辰占六夢之吉凶，其别曰正、曰噩、曰思、曰寤、曰喜、曰懼。季冬，聘王夢，獻吉夢于王，王拜而受之。乃舍萌于四方，以贈惡夢。舍萌者，猶釋采也。贈者，送之也。詩、書、禮經所載，高宗夢得說；周文王夢帝與九齡；武王伐紂，夢叶朕卜；宣王考牧，牧人有熊羆虺蛇之夢，召彼故老，訊之占夢。左傳所書尤多。孔子夢坐奠于兩楹。然則古之聖賢，未嘗不以夢爲大，是以見於七略者如此。魏、晉方技，猶時時或有之。今人不復留意此卜，雖市井妄術，所在如林，亦無一个以占夢自名者，其學殆絶矣。

校勘記

〔一〕彼木征之志不淺　四部叢刊續編晁説之(以道)嵩山文集卷十五與熙河錢經略書「木」作「朩」。

〔二〕貧富苟得　祠本「貧」作「貪」。按全漢文卷五十二引藝文類聚卷三十五、初學記卷十八、太平御覽卷四百八十五作「貪」。疑作「貪」是。

〔三〕天祝予　「天」原作「夫」，誤刊。據馬本、祠本改。按，春秋公羊傳注疏卷二十八作「天」。

容齋續筆卷十六十六則

1 高德儒

唐高祖起兵太原，使子建成、世民將兵擊西河郡，執郡丞高德儒，世民數之曰：「汝指野鳥爲鸞，以欺人主取高官，吾興義兵，正爲誅佞人耳。」遂斬之，自餘不戮一人。讀史不熟者，但以爲史氏虚設此語，以與指鹿爲馬作對耳。案，隋大業十一年，有二孔雀飛集寶城朝堂前，親衛校尉高德儒等十餘人見之，奏以爲鸞，時孔雀已飛去，無可得驗。詔以德儒誠心冥會，肇見嘉祥，擢拜朝散大夫，餘人皆賜束帛，仍於其地造儀鸞殿。距此時財二年餘。蓋唐温大雅所著創業起居注載之，不追書前事故也。新唐書太宗紀但書云：「率兵徇西河，斬其郡丞高德儒。」尤爲簡略，賴通鑑盡紀其詳。范氏唐鑑只論其被誅一節云。

2 唐朝士俸微

唐世朝士俸錢至微，除一項之外，更無所謂料券、添給之類者。白樂天爲校書郎，作詩曰：「幸逢太平代，天子好文儒。小才難大用，典校在祕書。俸錢萬六千，月給亦有餘。遂使少年心，日日常晏如。」及爲翰林學士，當遷官，援姜公輔故事，但乞兼京兆府户曹參軍。既除此職，喜而言志，至云：「詔授户曹掾，捧詔感君恩。弟兄俱簪笏，新婦儼衣巾。羅列高堂下，拜慶正紛紛。喧喧車馬來，賀客滿我門。置酒延賀客，不復憂空罇。」而其所得者，亦俸錢四五萬，廪禄二百石而已。今之主簿、尉，占優飫處，固有倍蓰於此者矣，亦未嘗以爲足，古今異宜，不可一槩論也。楊文公在真宗朝爲翰林學士，而云：「虚忝甘泉之從臣，終作若敖之餒鬼。」蓋是時尚爲鮮薄，非後來比也。

3 計然意林

漢書貨殖傳：「粵王句踐困於會稽之上，迺用范蠡、計然，遂報彊吴。」孟康注曰：「姓計名然，越臣也。」蔡謨曰：「『計然』者，范蠡所著書篇名耳，非人也。謂之計然者，所計而然也。群書所稱句踐之賢佐，種、蠡爲首，豈復聞有姓計名然者乎！若有此人，越但用半策便以致霸，是功重於范蠡，而書籍不見其名，史遷不述其傳乎！」顔師古曰：「蔡説謬矣。古今人表，計然列在第四等，一名計研。班固賓戲『研、桑心計於無垠』，即謂此耳。計然者，濮上人也。嘗南遊越，范蠡卑身事之，其書則有萬物録，事見皇覽及晉中經簿。又，吴越春秋及越絶書並作計倪，此則『倪』『研』及『然』聲皆相近，實一人耳，何云書籍不見哉！」予案：唐貞元中，馬總所述意林一書，抄類諸子百餘家，有范子十二卷〔二〕，云：「計然者，葵丘濮上人，姓辛，字文子，其先晉國之公子也。爲人有内無外，狀貌似不及人，少而明，學陰陽，見微知著，其志沈沈，不肯自顯，天下莫知，故稱曰『計然』。時遨游海澤，號曰『漁父』。范蠡請其見越王，計然曰：『越王爲人鳥喙，不可與同利也。』」據此，則計然姓名出處，皎然可見。裴駰注史記，亦知引范子。北史蕭大圜云：「留侯追蹤於松子，陶朱成術於辛文。」正用此事。曹子建表引文子，李善注以爲計然，師古蓋未能盡也。而文子十二卷，李暹注其序以謂范子所稱計然。但其書一切以老子爲宗，略無與范蠡謀議之事，意林所編文子正與此同，所謂范子，乃別是一書，亦十二卷。馬總只載其叙計然及它三事，云：「餘並陰陽曆數，故不取。」則與文子了不同，李暹之説誤也。唐藝文志范子計然十五卷，注云：「范蠡問計然答。」列於農家，其是矣，而今不存。唐世未知尊孟氏，故意林亦列其書，而有差不同者，如伊尹不以一衣與人，亦不取一衣於人之類。其它所引書，如胡非子、隨巢子、纏子、王孫子、公孫尼子、阮子、正部、姚信士緯、殷興通語、牟子、周生烈子、秦菁子、梅子、任奕子、魏朗子、唐滂子、鄒子、孫氏成敗志、蔣子、譙子、鍾子、張儼默記、裴氏新言、袁淮正書、袁子正論、蘇子、陸子、張顯析言、干子、顧子、諸葛子、陳子要言、符子諸書，今皆不傳於世，亦有不知其名者。

4 思潁詩

士大夫發跡壠畝，貴爲公卿，謂父祖舊廬爲不可居，而更新其宅者多矣。復以醫藥弗便，飲膳難得，自村疃而遷於邑，自邑而遷於郡者亦多矣。唯翩然委而去之，或遠在數百千里之外，自非有大不得已，則舉動爲不宜輕。若夫以爲得計，又從而詠歌夸詡之，著于詩文，是其一時思慮，誠爲不審，雖名公鉅人，未能或之免也。歐陽公，吉州廬陵人，其父崇公，葬于其里之瀧岡，公自爲阡表，紀其平生。而公中年乃欲居潁，其思潁詩序云：「予自廣陵得請來潁，愛其民淳訟簡，土厚水甘，慨然有終焉之志。爾來思潁之念，未嘗少忘於心，而意之所存，亦時時見於文字。乃發舊稾，得南京以後詩十餘篇，皆思潁之作，以見予拳拳於潁者，非一日也。」又續詩序云：「自丁家難，服除，入翰林爲學士，忽忽八年間，歸潁之志雖未遂，然未嘗一日少忘焉。至于今，年六十有四，免并得蔡，蔡、潁連疆，因得以爲歸老之漸。又得在亳及青十有七篇，附之，時熙寧三年也。」公次年致仕，又一年而薨。其逍遥於潁，蓋無幾時，惜無一語及于松楸之思。崇公惟一子耳，公生四子，皆爲潁人，瀧岡之上，遂無復有子孫臨之，是因一代貴達，而墳墓乃隔爲它壤。予每讀二序，輒爲太息。嗟乎，此文不作可也。若東坡之居宜興，乃因免汝州居住而至，其後自海外北還，無以爲歸，復暫至常州，已而捐館。文定公雖居許，而治命反葬於眉山云。

5 劉蕡下第

唐文宗大和二年三月，親策制舉人賢良方正，劉蕡對策，極言宦官之禍。既而裴休、李郃等二十二人中第，皆除官。考官左散騎常侍馮宿、太常少卿賈餗、庫部郎中龐嚴，見蕡策皆歎服，而畏宦官，不敢取。詔下，物論囂然稱屈。諫官、御史欲論奏，執政抑之。李郃曰：「劉蕡下第，我輩登科，能無厚顔？」乃上疏，以爲蕡所對策，漢、魏以來無與爲比，今有司以蕡指切左右，不敢以聞，恐忠良道窮，綱紀遂絶。臣所對，不及蕡遠甚，乞回臣所授以旌蕡直。」不報。予案，是時宰相乃裴度、韋處厚、竇易直。易直不足言，裴、韋之賢，顧獨失此，至於抑言者使勿論奏，豈不有愧於心乎！蕡既由此不得仕於朝，而李郃亦不顯，蓋無敢用之也。令狐楚、牛僧孺乃能表蕡入幕府，待以師禮，竟爲宦人所嫉，誣貶柳州司户。李商隱贈以詩，曰：「漢廷急詔誰先入？楚路高歌自欲翻。萬里相逢歡復泣，鳳巢西隔九重門。」及蕡卒，復以二詩哭之，曰：「一叫千回首，天高不爲聞。」又曰：「已爲秦逐客，復作楚冤魂。」「併將添恨淚，一洒問乾坤。」其悲之至矣。甘露之事，相去財七年，未知蕡及見之否乎？

6 酒肆旗望

今都城與郡縣酒務，及凡鬻酒之肆，皆揭大帘於外，以青白布數幅爲之，微者隨其高卑小大，村店或挂缾瓢，標箒秆。唐人多詠於詩，然其制蓋自古以然矣。韓非子云：「宋人有酤酒者，斗槩甚平，遇客甚謹，爲酒甚美，懸幟甚高，而酒不售，遂至於酸。」所謂懸幟者此也。

7 賢宰相遭讒

一代宗臣，當代天理物之任，君上委國而聽之，固爲社稷之福，然必不使邪人參其間乃可，不然必爲所勝。姑以唐世及本朝之事顯顯者言之，若褚遂良、長孫無忌之遭李義府、許敬宗，張九齡之遭李林甫是已。裴晉公相憲宗，立淮、蔡、青、鄆之功，唐之威令紀綱既壞而復振，可謂名宰矣。皇甫鎛一共政，則去不旋踵；迨穆、敬、文三宗，主既不明，而元稹、李逢吉、宗閔更撼之，使不得一日安厥位。趙韓王以佐命元勳，而爲盧多遜所勝，寇萊公爲丁謂所勝，杜祁公、韓、范爲陳執中、賈昌朝所勝，富韓公爲王介甫所勝，范忠宣爲章子厚所勝，趙忠簡爲秦會之所勝，大抵皆然也。

8 宋齊丘

自用兵以來，令民間以見錢紐納税直，既爲不堪，然於其中所謂和買折帛，尤爲名不正而斂最重。偶閲大中祥符間，太常博士許載著吴唐拾遺録，所載多諸書未有者。其勸農桑一篇正云：「吴順義年中，差官興版簿，定租税，厥田上上者，每一頃税錢二貫一百文，中田一頃税錢一貫八百，下田一頃千五百，皆足陌見錢，如見錢不足，許依市價折以金銀。并計丁口課調，亦科錢。宋齊丘時爲員外郎，上策乞虚擡時價，而折紬、綿、絹本色，曰：『江、淮之地，唐季已來，戰爭之所。今兵革乍息，黎甿始安，而必率以見錢，折以金銀，此非民耕鑿可得也，無興販以求之，是爲教民弃本逐末耳。』是時絹每匹市賣五百文，紬六百文，綿每兩十五文。齊丘請絹每匹擡爲一貫七百，紬爲二貫四百，綿爲四十文，皆足錢，丁口課調亦請蠲除。朝議喧然沮之，謂虧損官錢萬數不少。齊丘致書于徐知誥曰：『明公總百官，理大國，督民見錢與金銀，求國富庶，所謂擁篲救火，撓水求清，欲火滅水清可得乎？』知誥得書，曰：『此勸農上策也。』即行之。自是不十年間，野無閑田，桑無隙地，自吴變唐，自唐歸宋，民到于今受其賜。」齊丘之事美矣，徐知誥亟聽而行之，可謂賢輔相。而九國志齊丘傳中略不書，資治通鑑亦佚此事。今之君子爲國，唯知浚民以益利，豈不有靦於偏閏之臣乎！齊丘平生，在所不論也。

9 鹹杬子

玉篇、唐韻釋杬字云：「木名，出豫章，煎汁，藏果及卵不壞。」異物志云：「杬子，音元，鹽鴨子也。」以其用杬木皮汁和鹽漬之。今吾鄉處處有此，乃如蒼耳、益母，莖幹不純是木。小人爭鬭者，取其葉挼擦皮膚，輒作赤腫，如被傷，以誣賴其敵。至藏鴨卵，則又以染其外，使若赭色云。

10 月中桂兔

酉陽雜俎天咫篇，載月星神異數事。其命名之義，取國語楚靈王曰「是知天咫，安知民則」之説。其紀月中蟾桂，引釋氏書，言須彌山南面有閻扶樹，月過樹，影入月中。或言月中蟾桂，地影也；空處，水影也。予記東坡公鑒空閣詩云：「明月本自明，無心孰爲境？挂空如水鑑，寫此山河影。我觀大瀛海，巨浸與天永。九州居其間，無異蛇盤鏡。空水兩無質，相照但耿耿。妄云桂兔蟇，俗説皆可屏。」正用此説。其詩在集中，題爲和黄秀才。頃予游南海，西歸之日，泊舟金利山下，登崇福寺，有閣枕江流，標爲鑒空，正見詩牌揭其上，蓋當時臨賦處也。

11 唐二帝好名

唐貞觀中，忽有白鵲營巢於寢殿前槐樹上，其巢合歡如腰鼓。左右拜舞稱賀，太宗曰：「我常笑隋煬帝好祥瑞，瑞在得賢，此何足賀！」乃命毁其巢，放鵲於野外。明皇初即位，以風俗奢靡，制乘輿服御金銀器玩，令有司銷毁，以供軍國之用。其珠玉錦繡焚於殿前，天下毋得復采織，罷兩京織錦坊。予謂二帝皆唐之明主，所言所行足以垂訓于後，然大要出於好名。鵲巢之異，左右從而獻諛，叱而去之可也，何必毁其巢？珠玉錦繡勿珍而尚之可也，何必焚之殿前，明以示外，使家至户曉哉！治道貴於執中，是二者懼不可以爲法。其後楊貴妃有寵，織繡之工，專供妃院者七百人，中外爭獻器服珍玩。嶺南經略使張九皐、廣陵長史王翼，以所獻精靡，九皐加三品〔二〕，翼入爲户部侍郎，天下從風而靡，明皇之始終，一何不同如此哉！

12 周禮非周公書

周禮一書，世謂周公所作，而非也。昔賢以爲戰國陰謀之書，考其實，蓋出於劉歆之手。漢書儒林傳盡載諸經專門師授，此獨無傳。至王莽時，歆爲國師，始建立周官經以爲周禮，且置博士。而河南杜子春受業於歆，還家以教門徒，好學之士鄭興及其子衆往師之，此書遂行。歆之處心積慮，用以濟莽之惡，莽據以毒痡四海，如五均、六筦、市官、賒貸，諸所興爲皆是也。故當其時公孫祿既已斥歆顛倒六經毁師法矣。歷代以來，唯宇文周依六典以建官，至於治民發政，亦未嘗循故轍。王安石欲變亂祖宗法度，乃尊崇其言，至與詩、書均匹，以作三經新義，其序略曰：「其人足以任官，其官足以行法，莫盛乎成周之時，其法可施於後世，其文有見於載籍，莫具乎周官之書。自周之衰，以至于今，太平之遺迹，掃蕩幾盡，學者所見無復全經。於是時也，乃欲訓而發之，臣知其難也。以訓而發之之難，則又以知夫立政造事追而復之之爲難。」則安石所學所行實於此乎出，遂謂「一部之書，理財居其半」。又謂：「泉府，凡國之財用取具焉，歲終，則會其出入而納其餘，則非特摧兼并〔三〕，救貧阨，因以足國事之財用。夫然，故雖有不庭不虞，民不加賦，而國無乏事。」其後吕嘉問法之而置市易，由中及外，害徧生靈。嗚呼！二王託周官之名以爲政，其歸於禍民一也。

13 醉尉亭長

李廣免將軍爲庶人，屏居藍田，嘗夜從一騎出，從人田間飲，還至亭，霸陵尉醉呵止廣。

後廣拜右北平太守，請尉與俱，至軍而斬之，上書自陳謝罪。武帝報曰：「報忿除害，朕之所圖於將軍也。」王莽竊位，尤備大臣，抑奪下權。大司空士夜過奉常亭，亭長苛之，告以官名，亭長醉曰：「寧有符傳邪？」士以馬箠擊亭長，亭長斬士，亡，郡縣逐之。家上書，莽曰：「亭長奉公，勿逐。」大司空王邑斥士以謝。予觀此兩亭尉長，其醉等耳。霸陵尉但呵止李廣，而廣殺之，武帝不問，奉常亭長殺宰士，而王莽反以奉公免之，亦可笑也。

14　三易之名

三易之名，一曰連山，二曰歸藏，三曰周易，皆以兩字爲義。今人但稱周易曰易，非也。夏曰連山，其卦以純艮爲首，艮爲山，山上山下，是名連山。雲氣出内於山，故名易爲連山。商曰歸藏，以純坤爲首，坤爲地，萬物莫不歸而藏於中，故名爲歸藏。周曰周易，以純乾爲首，乾爲天，天能周帀於四時，故名易爲周也。大蔟爲人統，寅爲人正。夏以十三月爲正，人統，人無爲卦首之理，艮漸正月，故以艮爲首。林鍾爲地統，未之衝丑，故爲地正，商以十二月爲正，地統，故以坤爲首。黄鍾爲天統，子爲天正。周以十一月爲正，天統，故以乾爲天首。此本出唐賈公彦周禮正義之説，予整齊而紀之。所謂十三月者，承十二月而言，即正月耳。後漢陳寵論之甚詳，本出尚書大傳。

15 忠臣名不傳

古今忠臣義士，其名載於史策者，萬世不朽，然有不幸而泯没無傳者。南唐後主，淫於浮圖氏，二人繼踵而諫，一獲徒，一獲流。歙人汪焕爲第三諫，極言請死，云：「梁武事佛，刺血寫佛經，散髮與僧踐，捨身爲佛奴，屈膝禮和尚，及其終也，餓死于臺城。今陛下事佛，未見刺血、踐髮、捨身、屈膝，臣恐他日猶不得如梁武之事。」後主覽書，赦而官之。又有淮人李雄，當王師弔伐，出守西偏，不遇其敵。雄以國城重圍，不忍端坐，遂東下以救之，陣于溧陽，與王師遇，父子俱没，諸子不從行者亦死他所，死者凡八人。李氏訖亡，不霑褒贈，其事僅見於吴唐拾遺録。頃嘗有旨合九朝國史爲一書，他日史官爲列之於李煜傳，庶足以慰二人於泉下。歐陽公作吴某墓誌云：「李煜時，爲彭澤主簿，曹彬破池陽，遣使者招降郡縣，其令欲以城降，某曰：『吾能爲李氏死爾。』乃殺使者，爲煜守。煜已降，某爲游兵執送軍中，主將責以殺使者，曰：『固當如是。』主將義而釋之。」其事雖粗見，而集中只云「諱某」，爲可惜也。如靖康之難，朱昭等數人死於震武城之類，予得朱并所作忠義録於其子梂，乃爲作傳於四朝史中，蓋惜其無傳也。

16 唐人酒令

白樂天詩：「鞍馬呼教住，骰盤喝遣輸。長驅波卷白，連擲采成盧。」注云：「骰盤、卷白波、莫走鞍馬，皆當時酒令。」予按皇甫松所著醉鄉日月三卷，載骰子令云：聚十隻骰子齊擲，自出手六人，依采飲焉。堂印，本采人勸合席，碧油，勸擲外三人。骰子聚於一處，謂之酒星，依采聚散。骰子令中改易，不過三章，次改鞍馬令，不過一章。又有旗幡令、閃擊令、抛打令，今人不復曉其法矣，唯優伶家猶用手打令以爲戲云。

校勘記

〔一〕抄類諸子百餘家有范子十二卷　「家有范子」四字原爲墨釘，據會本、李本補。

〔二〕嶺南經略使張九皐……以所獻精靡九皐加三品　「九皐加三品」之「皐」原作「章」，誤刊，據李本、會本改。

〔三〕摧兼并　「摧」原作「推」，誤刊，據馬本、祠本改。

容齋三筆

容齋三筆序

王右將軍逸少，晉、宋間第一流人也。遺情軒冕，擺落世故，蓋其生平雅懷。自去會稽內史，遂不肯復出。自誓於父母墓下，詞致確苦。予味其言而深悲之。又讀所與謝萬石書云：「坐而獲逸，遂其宿心。比嘗與安石東游山海，頤養閑暇之餘，欲與親故時共懽宴，銜杯引滿，語田里所行，故以爲撫掌之資，其爲得意，可勝言邪！常依依陸賈、班嗣之處世，老夫志願盡於此也。」案，是時逸少春秋財五十餘耳，史氏不能賞取其高，乃屑屑以爲坐王懷祖之故，待之淺矣。予亦從會稽解組還里，于今六年，仰瞻昔賢，猶駑蹇之視天驥，本非倫儗，而年齡之運，踰七望八，法當挂神虎之衣冠，無假於誓墓也。幸方寸未渠昏，於寬閑寂寞之濱，窮勝樂時之暇，時時捉筆據几，隨所趣而志之，雖無甚奇論，然意到即就，亦殊自喜。於是容齋三筆成累月矣。稚子云：「不可無序引。」因攄寫所懷，并發逸少之孤標，破晉史之妄，以詔兒姪，冀爲四筆它日嘉話。慶元二年六月晦日序。

容齋三筆卷一 十四則

1 晁景迂經説

景迂子晁以道留意六經之學，各著一書，發明其旨，故有易規、書傳、詩序論、中庸、洪範傳、三傳説。其説多與世儒異。

謂易之學者所謂應、所謂位、所謂承乘、所謂主，皆非是。大抵云，繫辭言卦爻象數剛柔變通之類非一，未嘗及初應四、二應五、三應六也。以陽居陽、以陰居陰爲得位，得位者吉。以陽居陰、以陰居陽爲失位，失位者凶。然則九五、九三、六二、六四俱善乎？六五、六三、九二、九四俱不善乎？既爲有應無應、得位不得位之説，而求之或不通，則又爲承乘之説。謂陰承陽則順，陽承陰則逆，陽乘柔則吉，陰乘剛則凶，其不思亦甚矣。又必以位而論中正，如六二、九五爲中且正，則六五、九二俱不善乎？初、上、三、四永不得用中乎？卦各有主，而一概主之於五，亦非也。

其論書曰：予於堯典，見天文矣，而言四時者不知中星。禹貢敷土治水，而言九州者不知經水。洪範性命之原，而言九疇者不知數。舜於四凶，以堯庭之舊而流放竄殛之。穆王將善其祥刑，而先醜其耄荒。湯之伐桀，出不意而奪農時。文王受命爲僭王，召公之不説，類乎無上。太甲以不順伊尹而放，羣叔才有流言而誅，啓行孥戮之刑以誓不用命，盤庚行劓殄之刑而遷國，周人飲酒而死，魯人不板榦而屋誅。先時不及時而殺無赦。威不可訖，老不足敬，禍不足畏，凶德不足忌之類。惟此經遭秦火煨燼之後，孔壁朽折之餘，孔安國初以隸篆推科斗。既而古今文字錯出東京，乃取正於杜林。傳至唐，彌不能一，明皇帝詔衞包悉以今文易之，其去本幾何其遠矣！今之學者盡信不疑，殆如手授於洙、泗間，不亦惑乎！論堯典中星云：於春分日而南方井、鬼七宿合，昏畢見者，孔氏之誤也。豈有七宿百九度而於一夕間畢見者哉！此實春分之一時正位之中星，非常夜昏見之中星也。於夏至而東方角、亢七宿合，昏畢見者，孔氏之誤也。豈有七宿七十七度而於一夕間畢見者哉！此夏至一時之中星，非常夜昏見者也。秋分、冬至之説皆然。凡此以上，皆晁公之説。所辯聖典，非所敢知。但驗之天文，不以四時，其同在天者常有十餘宿。自昏至旦，除太陽所舍外，餘出者過三之二，安得言七宿不能於一夕間畢見哉！蓋晁不識星故云爾。

其論詩序，云作詩者不必有序。今之説者曰，序與詩同作，無乃惑歟！且逸詩之傳者，岐下之石鼓也，又安覩序邪？謂晉武公盜立，秦仲者石勒之流，秦襄公取周地，皆不應美。

文王有聲爲繼伐，是文王以伐紂爲志，武王以伐紂爲功。庭燎、沔水、鶴鳴、白駒、箴、規、誨、刺於宣王，則雲漢、韓奕、崧高、烝民之作妄也。未有小雅之惡如此，而大雅之善如彼者也。謂子衿、候人、采緑之序駢蔓無益，樛木、日月之序爲自戾，定之方中、木瓜之序爲不純。孟子、荀卿、左氏、賈誼、劉向漢諸儒論説及詩多矣，未嘗有一言以詩序爲議者，則序之所作晚矣。晁所論是否，亦未敢輒言。但其中有云秦康公隳穆公之業，日稱兵於母家，自喪服以尋干戈，終身戰不知已，而序渭陽，稱其「我見舅氏，如母存焉」，是果純孝歟？陳厲公弑佗代立，而序墓門責佗「無良師傅」，失其類矣。予謂康公渭陽之詩，乃贈送晉文公入晉時所作，去其即位十六年。衰服用兵，蓋晉襄公耳，傳云「子墨衰絰」者也。康公送公子雍于晉，蓋徇其請。晉背約而與之戰，康公何罪哉！責其稱兵於母家，則不可。陳佗殺桓公太子而代之，故蔡人殺佗而立厲公，非厲公罪也。晁詆厲以申佗，亦爲不可。

其論三傳，謂杜預以左氏之耳目，奪夫子之筆削。公羊家失之舛雜〔一〕，而何休者，又特負於公羊。惟穀梁晚出，監二氏之違畔而正之，然或與之同惡，至其精深遠大者，真得子夏之所傳。范甯又因諸儒而博辯之，申穀梁之志，其於是非亦少公矣，非若杜征南一切申傳，汲汲然不敢異同也〔二〕。此論最善。

然則晁公之於羣經，可謂自信篤而不詭隨者矣。

2 邳彤酈商

漢光武討王郎時，河北皆叛，獨鉅鹿、信都堅守，議者謂可因二郡兵自送，還長安。惟邳彤不可，以爲若行此策，豈徒空失河北，必更驚動三輔。公既西，則邯鄲之兵，不肯背城主而千里送公〔三〕，其離散逃亡可必也。光武感其言而止。東坡曰：「此東漢興亡之決，邳彤亦可謂漢之元臣也。」彤在雲臺諸將中，不爲人所標異，至此論出，識者始知其然。漢高祖没，吕后與審食其謀曰：「諸將故與帝爲編户民，今乃事少主，非盡族是，天下不安。」以故不發喪。酈商見食其曰：「誠如此，天下危矣。陳平、灌嬰將十萬守滎陽，樊噲、周勃將二十萬定燕、代，此聞帝崩，諸將皆誅，必連兵還嚮以攻關中，亡可蹻足待也。」食其入言之，乃發喪。然則是時漢室之危，幾於不保，酈商笑談間，廓廓無事，其功豈不大哉！然無有表而出之者。迨吕后之亡，吕禄據北軍，商子寄紿之出游，使周勃得入。則酈氏父子之於漢，謂之社稷臣可也。寄與劉揭同説吕禄解將印，及文帝論功，揭封侯賜金，而寄不録，平、勃亦不爲之一言，此又不可曉者。其後寄嗣父爲侯，又以罪免，惜哉！

3　武成之書

孔子言："周之德，其可謂至德也已矣。三分天下有其二，以服事殷。"所謂服事者，美其能於紂之世盡臣道也。而史記周本紀云西伯蓋受命之年稱王，而斷虞芮之訟，其後改法度，制正朔，追尊古公、公季爲王。是説之非，自唐梁肅至于歐陽、東坡公、孫明復皆嘗著論，然其失自武成始也。孟子曰："吾於武成，取二三策而已矣。"今考其書，云"大王肇基王迹，文王誕膺天命，以撫方夏"，及武王自稱曰"周王發"，皆紂尚在位之辭。且大王居邠，猶爲狄所迫逐，安有"肇基王迹"之事，文王但稱西伯，焉得言"誕膺天命"乎！武王未代商，已稱周王，可乎！則武成之書，不可盡信，非止"血流標杵"一端也。至編簡舛誤，特其小小者云。

4　象載瑜

漢郊祀歌象載瑜章云："象載瑜，白集西。"顔師古曰："象載，象輿也。山出象輿，瑞應車也。"赤蛟章云"象輿轙"，即此也。而景星章云："象載昭庭。"師古曰："象謂縣象也。縣象袐事，昭顯於庭也。"二字同出一處，而自爲兩説。案樂章詞意，正指瑞應車，言昭列於庭下耳。三劉漢釋之説亦得之，而謂「白集西」爲西雍之麟，此則不然。蓋歌詩凡十九章，皆書其名於後，象載瑜前一行云「行幸雍獲白麟作」，自爲前篇「朝隴首覽西垠」之章，不應又於下篇贅出之也。

5 管晏之言

孟子所書：「齊景公問於晏子曰：『吾欲觀於轉附、朝儛，遵海而南，放於琅邪，吾何脩而可以比於先王觀也？』晏子對曰：『天子諸侯，無非事者。春省耕而補不足，秋省斂而助不給。今也不然，師行而糧食。從流下而忘反謂之流，從流上而忘反謂之連，從獸無厭謂之荒，樂酒無厭謂之亡。先王無流連之樂，荒亡之行。』景公説，大戒於國。」管子内言戒篇曰：「桓公將東游，問於管仲曰：『我游猶軸轉斛，南至琅邪。司馬曰：『亦先王之游已』，何謂也？」對曰：「先王之游也，春出原農事之不本者，謂之游。秋出補人之不足者，謂之夕。夫師行而糧食其民者，謂之亡。從樂而不反者，謂之荒。先王有游夕之業於民，無荒亡之行於身。」桓公退再拜，命曰寶法。觀管、晏二子之語，一何相似，豈非傳記所載容有相犯乎？管氏既自爲一書，必不誤，當更考之晏子春秋也。

6　共工氏

禮記祭法、漢書郊祀志皆言共工氏霸九州，以其無録而王，故謂之霸。曆志則云：「雖有水德，在火木之間，非其序也。任知刑以彊，故伯而不王。周人暑其行序，故易不載。」注言：「以其非次故去之。」史記律書：「顓頊有共工之陳，以平水害。」文穎曰：「共工，主水官也。少昊氏衰，秉政作虐，故顓頊伐之。本主水官，因爲水行也。」然左傳郯子所叙黄帝、炎帝五代所名官，共工氏以水紀，故爲水師而水名。杜預云：「共工氏以諸侯霸有九州者，在神農之前，太昊之後，亦受水瑞，以水名官。」蓋其與炎、黄諸帝均受五行之瑞，無所低昂，是亦爲王明矣。其子曰后土，能平九州，至今祀以爲社。前所紀謂「周人去其行序」，恐非也。至於怒觸不周之山，天傾西北，地不滿東南，此説尤爲誕罔。洪氏出於此，本曰「共」，左傳所書晉左行共華、魯共劉，皆其裔也。後又推本水德之緒加水於左而爲洪云。堯典所稱「共工方鳩僝功」，即舜所流者，非此也。時以名官，故舜命垂爲之。

7　漢志之誤

昔人謂顔師古爲班氏忠臣，以其注釋紀傳，雖有舛誤，必委曲爲之辨故也。如五行志中最多，其最顯顯者，與尚書及春秋乖戾爲甚。桑穀共生於朝〔四〕。劉向以爲商道既衰，高宗乘敝而起，既獲顯榮，怠於政事，國將危亡，故桑穀之異見。武丁恐駭，謀於忠賢。顏注曰：「桑穀自太戊時生，而此云高宗時，其説與尚書大傳不同，未詳其義，或者伏生差謬。」案藝文志自云：「桑穀共生，太戊以興。鳴雉登鼎，武丁爲宗。」乃是本書所言，豈不可爲明證，而翻以伏生爲謬，何也？僖公二十九年，大雨雹。劉向以爲信用公子遂，遂專權自恣，僖公不寤，後二年，殺子赤，立宣公。又載文公十六年，蛇自泉宫出。劉向以爲其後公子遂殺二子而立宣公。此是文公末年事，而劉向既書之，又誤以爲僖，顏無所辯。隱公三年，日有食之。劉向以爲其後鄭獲魯隱。注引「狐壤之戰，隱公獲焉」。此自是隱爲公子時事耳，左傳記之甚明。宣公十五年，王札子殺召伯、毛伯。董仲舒以爲成公時。其它如言楚莊始稱王，晉滅江之類，顏雖隨事敷演，皆云未詳其説，終不肯正詆其疵也。地理志中沛郡公丘縣曰：「故滕國，周懿王子叔繡所封。」顏引左傳「郜、雍、曹、滕，文之昭也」爲證，亦云未詳其義。真定之肥纍、菑川之劇、泰山之肥成皆以爲肥子國，而遼西之肥如又云「肥子奔燕，燕封於此」。魏郡元城縣云：「魏公子元食邑於此，因而遂氏焉。」常山元氏縣云：「趙公子元之封邑，故曰元氏。」不應兩邑命名相似如此。正文及志五引虖池河，皆注云：「虖音呼，池音徒河反。」又「五伯迭興」注云：「此五伯謂齊桓、宋襄、晉文、秦穆、楚莊也。」而諸侯王表「五伯扶其弱」注云：「謂齊桓、宋襄、晉文、秦穆、吴夫差也。」異姓諸侯王表「適戍彊於五伯」注云：「謂昆吾、大彭、豕韋、齊桓、晉文也。」均出一書，皆師古注辭，而異同如此。

8 漢將軍在御史上

漢書百官公卿表，御史大夫掌副丞相，位上卿，銀印青綬，前後左右將軍亦位上卿，而金印紫綬。故霍光傳所載羣臣連名奏曰：「丞相敞、大將軍光、車騎將軍安世、度遼將軍明友、前將軍增、後將軍充國、御史大夫誼。」且云羣臣以次上殿。然則凡雜將軍，皆在御史大夫上，不必前後左右也。

9 上元張燈

上元張燈，太平御覽所載史記樂書曰：「漢家祀太一，以昏時祠到明。」今人正月望日夜游觀燈，是其遺事，而今史記無此文。唐韋述兩京新記曰：「正月十五日夜，勑金吾弛禁，前後各一日以看燈。」本朝京師增爲五夜，俗言錢忠懿納土，進錢買兩夜，如前史所謂買宴之比。初用十二、十三夜，至崇寧初，以兩日皆國忌，遂展至十七、十八夜。予案國史，乾德五年正月，詔以朝廷無事，區寓乂安，令開封府更增十七、十八兩夕。然則俗云因錢氏及崇寧之展日，皆非也。太平興國五年十月下元，京城始張燈如上元之夕，至淳化元年六月，始罷中元、下元張燈。

10 七夕用六日

太平興國三年七月，詔：「七夕嘉辰，著於甲令。今之習俗，多用六日，非舊制也，宜復用七日。」且名爲七夕而用六，不知自何時以然〔五〕。唐世無此說，必出於五代耳。

11 宰相參政員數

太祖登極，仍用周朝范質、王溥、魏仁浦三宰相，四年皆罷，趙普獨相。越三月，始創參知政事之名，而以命薛居正、吕餘慶，後益以劉熙古，是爲一相三參。及普罷去，以居正及沈義倫爲相，盧多遜參政。太宗即位，多遜亦拜相。凡六年，三相而無一參。自後頗以二相二參爲率。至和二年，文彦博爲昭文相、劉沆爲史館相，富弼爲集賢相，但用程戡一參。惟至道三年吕端以右僕射獨相〔六〕，而吏部侍郎温仲舒、兵部侍郎王化基、工部尚書李至、户部侍郎李沆四參政，前後未之有也。

12 朱崖遷客

唐韋執誼自宰相貶崖州司户，刺史命攝軍事衙推，牒詞云：「前件官，久在相廷，頗諳公事，幸期佐理，勿憚麋賢。」當時傳以爲笑，然猶未至於挫抑也。盧多遜罷相流崖州，知州乃牙校，爲子求昏，多遜不許，遂侵辱之，將加害，不得已，卒與爲昏。紹興中，胡邦衡竄新州，再徙吉陽，吉陽即朱崖也。軍守張生，亦一右列指使，遇之亡狀，每旬呈，必令囚首詣廷下。邦衡盡禮事之，至作五十韻詩，爲其生日壽，性命之憂，朝不謀夕。是時，黎酋聞邦衡名，遣子就學，其居去城三十里，嘗邀致入山，見軍守者，荷枷絣西廡下，酋指而語曰：「此人貪虐已甚，吾將殺之，先生以爲何如？」邦衡曰：「其死有餘罪，果若此，足以洗一邦怨心。然既蒙垂問，切有獻焉。賢郎所以相從者爲何事哉？當先知君臣、上下之名分。此人固亡狀，要之爲一州主，所謂邦君也。欲訴其過，合以告海南安撫司，次至廣西經略司，俟其不行，然後訟于樞密院，今不應擅殺人也。」酋悟，遽釋之，令自書一紙引咎，乃再拜而出。明日，邦衡歸，張詣門悔謝，殊感再生之恩，自此待爲上客。邦衡以隆興初在侍從，録所作生日詩示仲兄文安公，且備言昔日事。乃知去天萬里，身陷九淵，日與死迫，古今一轍也。

13 張士貴宋璟

唐太宗自臨洮兵，以部陳不整，命大將軍張士貴杖中郎將等，怒其杖輕，下士貴吏。魏徵諫曰：「將軍之職，爲國爪牙，使之執杖，已非後法，況以杖輕下吏乎！」上亟釋之。明皇開元三年，御史大夫宋璟坐監朝堂杖人杖輕，貶睦州刺史，姚崇爲宰相，弗能止，盧懷慎亦爲相，御疾亟，表言璟明時重器，所坐者小，望垂矜録，上深納之。太宗、明皇，有唐賢君也，而以杖人輕之故，加罪大將軍、御史大夫，可謂失政刑矣。

14 韓歐文語

盤谷序云：「坐茂樹以終日，濯清泉以自潔。采於山，美可茹，釣於水，鮮可食。」醉翁亭記云：「野花發而幽香，佳木秀而繁陰。」「臨溪而漁，溪深而魚肥；釀泉爲酒，泉香而酒洌。山殽野蔌，雜然而前陳。」歐公文勢，大抵化韓語也。然「釣於水，鮮可食」與「臨溪而漁，溪深而魚肥」、「采於山」與「山殽前陳」之句，煩簡工夫，則有不侔矣。

校勘記

〔一〕公羊家失之舛雜　「失」原作「也」，據李本改。

〔二〕汲汲然不敢異同也　馬本「汲汲然」作「汲然」，祠本作「決然」。

〔三〕千里送公　「千」原作「十」。馬本、祠本作「千」，後漢書卷二十一邳彤傳作「千」。今據改。

〔四〕桑穀共生於朝　「生」原作「主」，誤刊，據下文及漢書改。

〔五〕不知自何時以然　祠本「以」作「始」。

〔六〕至道三年呂端以右僕射獨相　「三」原作「二」。馬本、祠本作「三」，宋史宰輔表作「三」，今據改。

容齋三筆卷二 十六則

1 漢宣帝不用儒

漢宣帝不好儒，至云俗儒不達時宜，好是古非今，使人眩於名實，不知所守，何足委任。匡衡爲平原文學，學者多上書薦衡經明，當世少雙，不宜在遠方。事下蕭望之、梁丘賀。望之奏衡經學精習，説有師道，可觀覽。宣帝不甚用儒，遣衡歸故官。司馬温公謂俗儒誠不可與爲治，獨不可求真儒而用之乎？且是古非今之説，秦始皇、李斯所禁也，何爲而効之邪？既不用儒生而專委中書宦官，弘恭、石顯因以擅政事，卒爲後世之禍，人主心術，可不戒哉！

2 國家府庫

真宗嗣位之初，有司所上天下每歲賦入大數，是時，至道三年也，凡收穀二千一百七十萬碩，錢四百六十五萬貫，絹、紬一百九十萬疋，絲、綿六百五十八萬兩，茶四十九萬斤，黄蠟三十萬斤。自後多寡不常，然大略具此。方國家全盛，民力充足，故於征輸未能爲害。今之事力，與昔者不可同日而語，所謂緡錢之入，殆過十倍。民日削月朘，未知救弊之術，爲可慮耳。黄蠟一項，今不聞有此數。

3 劉項成敗

漢高帝、項羽起兵之始，相與北面共事懷王。及入關破秦，子嬰出降，諸將或言誅秦王。高帝曰：「始懷王遣我，固以能寬容，且人已服降，殺之不祥。」乃以屬吏。至羽則不然，既殺子嬰，屠咸陽，使人致命於懷王。王使如初約，先入關者王其地。羽廼曰：「懷王者，吾家武信君所立耳，非有功伐，何以得顓主約？今定天下，皆將相諸君與籍力也，懷王亡功，固當分其地而王之。」於是陽尊王爲義帝，卒至殺之。觀此二事，高帝既成功，猶敬佩王之戒，羽背主約，其末至於如此，成敗之端，不待智者而後知也。高帝微時，嘗繇咸陽，縱觀秦皇帝，喟然太息曰：「大丈夫當如此矣。」至羽觀始皇，則曰：「彼可取而代也。」雖史家所載，容有文飾，然其大旨固可見云。

4 占術致禍

吉凶禍福之事，蓋未嘗不先見其祥。然固有知之信之，而翻取殺身亡族之害者。漢昭帝時，昌邑石自立，上林僵柳復起，蟲食葉曰「公孫病已立」。眭孟上書，言當有從匹夫爲天子者，勸帝索賢人而禪位，孟坐祅言誅，而其應乃在孝宣，正名病已。哀帝時，夏賀良以爲漢曆中衰，當更受命，遂有陳聖劉太平皇帝之事，賀良坐不道誅。及王莽篡竊，自謂陳後，而光武實應之。宋文帝時，孔熙先以天文圖讖，知帝必以非道晏駕，由骨肉相殘，江州當出天子，遂謀大逆，欲奉江州刺史彭城王義康。熙先既誅，義康亦被害，而帝竟有子禍，孝武帝乃以江州起兵而即尊位。薄姬在魏王豹宮，許負相之當生天子，豹聞言心喜，因背漢，致夷滅，而其應乃在漢文帝。唐李錡據潤州反，有相者言，丹陽鄭氏女當生天子，錡聞之，納爲侍人。錡敗，没入掖庭，得幸憲宗而生宣宗。五代李守貞爲河中節度使，有術者善聽人聲，聞其子婦符氏聲，驚曰：「此天下之母也。」守貞曰：「吾婦猶爲天下母，吾取天下，復何疑哉！」於是决反，已而覆亡，而符氏乃爲周世宗后。

5 絳侯萊公

漢周勃誅諸呂，立文帝以安劉氏。及爲丞相，朝罷趨出，意得甚。上禮之恭，常目送之。爰盎進曰：「丞相何如人也？」上曰：「社稷臣。」盎曰：「絳侯所謂功臣，非社稷臣。社稷臣，主在與在，主亡與亡。方呂后時，諸呂用事，擅相王，絳侯爲太尉，本兵柄，弗能正。呂后崩，大臣相與共誅諸呂，太尉主兵，適會其成功，所謂功臣，非社稷臣。丞相如有驕主色，陛下謙遜，臣主失禮，竊爲陛下弗取也。」後朝，上益莊，丞相益畏。久之，勃遂有逮繫廷尉之禍，幾於不免。寇萊公決澶淵之策，真宗待之極厚，王欽若深害之。一日會朝，準先退，欽若進曰：「陛下敬畏寇準，爲其有社稷功邪？」上曰：「然。」欽若曰：「臣不意陛下出此言。澶淵之役，不以爲恥，而謂準有社稷功，何也？」上愕然，曰：「何故？」對曰：「城下之盟，雖春秋時小國猶恥之。今以萬乘之貴，而爲此舉，是盟於城下也，其何恥如之！」上愀然不能答。由是顧準稍衰，旋即罷相，終海康之貶。嗚呼，絳侯、萊公之功，揭若日月，而盎與欽若以從容一言，移兩明主意，訖致二人於罪斥，讒言罔極，吁可畏哉！

6 無名殺臣下

傳曰：「欲加之罪，其無辭乎？」古者置人於死地，必求其所以死。然固有無罪殺之，而必爲之名者。張湯爲漢武造白鹿皮幣，大農顔異以爲本末不相稱，天子不悦。湯又與異有隙。異與客語初令下有不便者〔一〕，異不應，微反脣。湯奏當異九卿，見令不便，不入言而腹非，論死。自是後有腹非之法。曹操始用崔琰，後爲人所譖，罰爲徒隸，使人視之，詞色不撓。操令曰：「琰雖見刑，而對賓客虬須直視，若有所瞋。」遂賜琰死。隋煬帝殺高熲之後，議新令，久不決。薛道衡謂朝士曰：「向使高熲不死，令決當久行。」有人奏之，帝怒，付執灋者推之。裴藴奏：「道衡有無君之心，推惡於國，妄造禍端。論其罪名，似如隱昧，原其情意，深爲悖逆。」帝曰：「公論其逆，妙體本心。」遂令自盡。寃哉，此三臣之死也。

7 平天冠

祭服之冕，自天子至于下士執事者皆服之，特以梁數及旒之多少爲别。俗呼爲平天冠，蓋指言至尊乃得用。范純禮知開封府，中旨鞫淳澤村民謀逆事。審其故，乃嘗入戲場觀優，歸塗見匠者作桶，取而戴於首，曰：「與劉先主如何？」遂爲匠擒。明日入對，徽宗問：「何以處？」對曰：「愚人村野無所知，若以叛逆蔽罪，恐辜好生之德，以不應爲，杖之足矣。」案後漢輿服志蔡邕注「冕冠」曰：「鄙人不識，謂之平天冠。」然則其名之傳久矣。

8　介推寒食

左傳晉文公反國，賞從亡者，介之推不言禄，禄亦弗及，推遂與母偕隱而死。晉侯求之不獲，以綿上爲之田，曰：「以志吾過。」綿上者，西河界休縣地也。其事始末只如此。史記則曰：「子推從者書宮門，有『一蛇獨怨』之語。文公見其書，使人召之，則亡。聞其入綿上山中，於是環山封之，名曰介山。」雖與左傳稍異，而大略亦同。至劉向新序始云：「子推怨於無爵齒，去而之介山之上，文公待之，不肯出。以謂焚其山宜出，遂不出而焚死。」是後雜傳記，如汝南先賢傳則云：「太原舊俗，以介子推焚骸，一月寒食。」鄴中記云：「并州俗，冬至後一百五日，爲子推斷火冷食三日。魏武帝以太原、上黨、西河、雁門皆沍寒之地〔三〕，令人不得寒食，亦爲冬至後百有五日也。」案後漢周舉傳云：「太原一郡，舊俗以介子推焚骸，有龍忌之禁。至其亡月，咸言神靈不樂舉火，由是士民每冬中輒一月寒食，莫敢烟爨。舉爲并州刺史，乃作弔書置子推廟，言盛冬去火，殘損民命，非賢者之意，宣示愚民，使還温食。於是衆惑稍解，風俗頗革。」然則所謂寒食，乃是冬中，非今節令二三月間也。

9 進士訴黜落

天禧三年，京西轉運使胡則言滑州進士楊世質等訴本州黜落，即取元試卷，付許州通判崔立看詳。立以爲世質等所試不至紕繆，已牒滑州依例解發。詔轉運司具析不先奏裁直令解發緣由以聞，其試卷仰本州繳進。世質等仍未得解發。及取到試卷，詔貢院定奪，乃言詞理低次，不合充薦，復黜之，而劾胡則、崔立之罪。蓋是時貢舉條制猶未堅定，故有被黜而來訴其枉者。至於省試亦然，如葉齊之類，由此登第。後來無此風矣。

10 後漢書載班固文

班固著漢書，制作之工，如英、莖、咸、韶，音節超詣，後之爲史者，莫能及其髣髴，可謂盡善矣。然至後漢中所載固之文章，斷然如出兩手。觀謝夷吾傳云，第五倫爲司徒，使固作奏薦之，其辭至有「才兼四科，行包九德」之語。其他比喻，引稷、契、咎陶、傅説、伊、吕、周、召、管、晏，此爲一人之身，而唐、虞、商、周聖賢之盛者，皆無以過。而夷吾乃在方術傳中，所學者風角占候而已，固之言一何太過歟！

11 趙充國馬援

前漢先零羌犯塞，趙充國平之，初置金城屬國，以處降羌，西邊遂定。成帝命楊雄頌其圖畫，至比周之方、虎。後漢光武時，西羌入居塞内，來歙奏言，隴西侵殘，非馬援莫能定。乃拜援太守，追討之。羌來和親，於是隴右清静。而自永平以後，訖于靈帝，十世之間，羌患未嘗少息。故范曄著論，以爲：「二漢御戎之方，爲失其本。先零侵境，趙充國遷之内地。當煎作過，馬文淵徙之三輔。貪其暫安之勢，信其馴服之情，計日用之權宜，忘經世之遠略，豈夫識微者之爲乎！」援徙當煎於三輔，不見其事。西羌傳云：「援破降先零，徙置天水、隴西、扶風三郡，事已具援傳。」然援本傳蓋無其語，唯段紀明與張奐争討東羌奏疏，正謂趙、馬之失，至今爲梗。充國、文淵，爲漢名臣，段貶之如此，故曄據而用之，豈其然乎？

12 漢人希姓

兩漢書所載人姓氏，有後世不著見者甚多，漫紀于此，以助氏族書之脱遺。複姓如公上不害、合傅胡害、室中同、昭涉掉尾、單父右軍、陽城延、息夫躬、游水發根、吾丘壽王、落下閎、梁丘賀、五鹿充宗、公户滿意、堂谿惠、中章昌、告星賜、闕門慶忌、安國少季、馬適建、都尉朝、毋將隆、紅陽長仲、烏氏嬴、周陽由、勝屠公、毋鹽氏、歐侯氏、士孫喜、索盧恢、屠門少、瓜田儀、工師喜、駮馬少伯、公乘歙、鮭陽鴻、弓里游、公沙穆、胡母班、周生豐、友通期、公緒恭、公族進階、水丘岑、叔先雄。單姓如繒賀、蟲達、靈常、賁赫、其石、旅卿、祕彭祖、革朱、樛樂、冷豐、冥都、滱中翁、蒯徹、直不疑、閎孺、使樂成、栢育、制氏、猗頓、義縱、雋不疑、疏廣、云敞、枚乘、終軍、鹵公孺、食子公、馯臂、倗宗、衡胡、乘宏、簡卿、快欽、所忠、假倉、眭孟、豐惲、塗惲、射姓、后倉、姓偉、如氏、苴氏、百政、免公、髮福、質氏、濁賢、稽發、萬章、瞷氏、佗羽、繡君賓、漕中叔、栩丹、帛敞、遲招平、汝臣、駒幾、稱忠、逯普、臺崇、沐茂、匽氏、勞丙、抗徐、闞宣、沮儁、卑整、編訢、亶誦、尋穆、夜龍、弓林、行巡、祋諷、角閎、芳丹、堅鐔、錫光、傜偉、重異、力子都、維汜、詩索、繇延、夷長公、防廣、鐔顯、移良、緱玉、蕃嚮、渠穆、臨孝存、脂習、笮融、茨充、處興、興渠、具爰、諒輔、騰是、卿仲遼、謁煥、矯慎、晁華、洼丹、禰衡。

13 絳灌

漢書陳平傳：「絳、灌等讒平。」顏師古注云：「舊説云：絳，絳侯周勃也。灌，灌嬰也。

而楚漢春秋，高祖之臣，别有絳灌，疑昧之文，不可據也。」賈誼傳：「絳、灌、東陽侯之屬盡害之。」注亦以爲勃、嬰。案，史記陳平世家曰：「絳侯、灌嬰等咸讒平。」則其爲兩人明甚，師古不必爲疑辭也。楚漢春秋，陸賈所作，皆書當時事，而所言多與史不合，師古蓋屢辯之矣。史、漢外戚竇皇后傳實書絳侯、灌將軍，此最的證也。夏侯嬰爲滕令，故稱滕公，而史并灌嬰書爲滕、灌，賈誼所稱亦然，甚與絳、灌相類。楚漢春秋一書，今不復見，李善注文選劉歆移博士書云：「楚漢春秋曰：漢已定天下，論羣臣破敵禽將，活死不衰，絳灌、樊噲是也。功成名立，臣爲爪牙，世世相屬，百出無邪，絳侯周勃是也。」然則絳灌自一人，非絳侯與灌嬰。師古所謂疑昧之文者此耳。張耳歸漢，即立爲趙王，子敖廢爲侯，敖子偃嘗爲魯王，文帝封爲南宫侯，而楚漢春秋有「南宫侯張耳」。淮陰舍人告韓信反，史記表云樂説，漢表云欒説，而楚漢以爲謝公，其誤可見。

14 題詠絶唱

錢伸仲大夫於錫山所居漆塘村作四亭，自其先人已有卜築之意，而不克就，故名曰「遂初」；先壠在其上，名曰「望雲」；種桃數百千株，名曰「芳美」；鑿地涌泉，或以爲與惠山泉同味，名曰「通惠」。求詩於一時名流，自葛魯卿、汪彦章、孫仲益既各極其妙，而母舅蔡載天任四絕獨擅場。遂初亭曰：「結廬傍林泉，偶與初心期。佳處時自領，未應魚鳥知。」望雲亭曰：「白雲來何時，英英冠山椒。西風莫吹去，使我心摇摇。」芳美亭曰：「高人不惜地，自種無邊春。莫隨流水去，恐汙世間塵。」通惠亭曰：「水行天地間，萬派同一指。胡爲穿石來，要洗巢由耳。」四篇既出，諸公皆自以爲弗及也。吴傅朋游絲書。賦詩者以百數，汪彦章五言數十句，多用翰墨故事，固已超拔，而劉子翬彦冲古風一篇，蓋爲絶唱。其辭云：「圓清無瑕二三月，時見游絲轉空闊。誰人寫此一段奇，著紙春風吹不脱。紛紜糾結疑非書，安得龍蛇如許矐。神蹤政喜縈不斷，老眼只愁看若無。定知苗裔出飛白，古人妙處君潛得。勿輕漠漠一縷浮，力遒可挂千鈞石。眷予弟兄情不忘，軸之遠寄悠然堂。謝公遺髯凛若活，衛后落鬟摇人光。翻思長安夜飛蓋，醉哦聲落南山外。亂離契闊四十秋，筆意與人俱老大。政成着脚明河津，外家風流今絶倫。文章固自有機杼，戲事豈足勞心神。」此章尤爲馳騁痛快，且卒章含譏諷，正中傅朋之癖。予少時見二公所作，殊敬愛之，至今五十年，尚能記憶，懼其益久而不傳，故紀於此。

15 秀才之名

秀才之名，自宋、魏以後，實爲貢舉科目之最，而今人恬於習玩，每聞以此稱之，輒指爲輕己。因閲北史杜正玄傳載一事云：「隋開皇十五年，舉秀才，試策高第，曹司以策過左僕射楊素，素怒曰：『周、孔更生，尚不得爲秀才，刺史何忽妄舉此人！』乃以策抵地不視。時海内唯正玄一人應秀才，曹司重以啓素，素志在試退正玄，乃使擬相如上林賦、王褒聖主得賢臣頌、班固燕然山銘、張載劍閣銘、白鸚鵡賦，曰：「我不能爲君住宿，可至未時令就。」正玄及時竝了。素讀數徧，大驚曰：『誠好秀才！』命曹司録奏。」蓋其重如此。又，正玄弟正藏，次年舉秀才，時蘇威監選，試擬賈誼過秦論、尚書湯誓、匠人箴、連理樹賦、几賦、弓銘，亦應時竝就，又無點竄。然則可謂難矣。唐書杜正倫傳云：「隋世重舉秀才，天下不十人，而正倫一門三秀才，皆高第。」乃此也。

16 魏收作史

魏收作元魏一朝史，修史諸人，多被書録，飾以美言，夙有怨者，多没其善。每言：「何物小子，敢共魏收作色，舉之則使上天，案之當使入地。」故衆口喧然，稱爲「穢史」。諸家子孫，前後投訴，云遺其家世職位，或云不見記録，或云妄有非毁，至於坐謗史而獲罪編配，因以致死者。其書今存，視南北八史中，最爲冗謬。其自序云：「漢初，魏無知封高良侯，子均，均子恢，恢子彦，彦子歆，歆子悦，悦子子建，子建子收。」無知於收爲七代祖，而世之相去七百餘年。其妄如是，則其述他人世系與夫事業可知矣。

校勘記

〔一〕異與客語初令下有不便者　史記卷三十平準書「客語」之下，尚有「客語」二字。按，此二字不可少，疑偶脱。

〔二〕沥寒　李本、馬本「沥」作「沍」。

容齋三筆卷三 十九則

1 兔葵燕麥

劉禹錫再游玄都觀詩序云：「唯兔葵燕麥，動摇春風耳。」今人多引用之。予讀北史邢邵傳載邵一書云：「國子雖有學官之名，而無教授之實，何異兔絲燕麥，南箕北斗哉！」然則此語由來久矣。爾雅曰：「莃，兔葵。籥，雀麥。」郭璞注曰：「頗似葵而葉小，狀如藜；雀麥即燕麥，有毛。」廣志曰：「菟葵，爚之可食。」古歌曰：「田中菟絲，何嘗可絡。道邊燕麥，何嘗可穫。」皆見於太平御覽。上林賦：「葴析苞荔。」張揖注曰：「析，似燕麥，音斯。」葉庭珪海録碎事云：「兔葵，苗如龍芮，花白莖紫。燕麥草似麥，亦曰雀麥。」但未詳出於何書。

2 北狄俘虜之苦

元魏破江陵，盡以所俘士民爲奴，無問貴賤，蓋北方夷俗皆然也。自靖康之後，陷於金虜者，帝子王孫，官門仕族之家，盡没爲奴婢，使供作務。每人一月支稗子五斗，令自舂爲米，得一斗八升，用爲餱糧。歲支麻五把，令緝爲裘，此外更無一錢一帛之入。男子不能緝者，則終歲裸體，虜或哀之，則使執爨，雖時負火得煖氣，然纔出外取柴歸，再坐火邊，皮肉即脱落，不日輒死。惟喜有手藝，如醫人、繡工之類，尋常只團坐地上，以敗席或蘆藉襯之。遇客至開筵，引能樂者使奏技，酒闌客散，各復其初，依舊環坐刺繡，任其生死，視如草芥。先公在英州，爲攝守蔡寯言之，蔡書於甲戌日記，後其子大器録以相示，此松漠記聞所遺也。

3 太守刺史贈吏民官

漢薛宣爲左馮翊，池陽令舉廉吏獄掾王立，未及召，立妻受囚家錢，慙恐自殺。宣移書池陽曰：「其以府決曹掾書立之柩，以顯其魂。」顔師古注云：「以此職追贈也。」後魏并州刺史以部民吴悉達兄弟行著鄉里，板贈其父渤海太守。此二者，皆以太守、刺史而擅贈吏民官職，不以爲過，後世不敢然也。

4　李元亮詩啟

建昌縣士人李元亮，山房公擇尚書族子也。抱材尚氣，不以辭色假人。崇寧中，在太學，蔡嶷爲學録，元亮惡其人，不以所事前廊之禮事之。蔡擢第魁多士，元亮失意歸鄉。大觀二年冬，復詣學，道過和州。蔡解褐即超用，才二年，至給事中，出補外，正臨此邦。元亮不肯入謁。蔡自到官，即戒津吏門卒，凡士大夫往來，無問官高卑，必飛報，雖布衣亦然。既知其來，便命駕先造所館。元亮驚喜出迎，謝曰：「所以來，顓爲門下之故。方修贄見之禮，須明旦扣典客，不意給事先生卑躬下賤如此，前贄不可復用，當别撰一通，然後敬謁。」蔡退，元亮旋營一啓，旦而往焉，其警策曰：「定館而見長者，古所不然；輕身以先匹夫，今無此事。」蔡摘讀嗟激，留宴連夕，餉以五十萬錢，且致書延譽於諸公間，遂登三年貢士科。元亮亦工詩，如「人閑知晝永，花落見春深」，「朝雨未休還暮雨，臘寒才過又春寒」，皆佳句也。

5　元魏改功臣姓氏

魏孝文自代遷洛，欲大革胡俗，既自改拓跋爲元氏，而諸功臣舊族自代來者，以姓或重複，皆改之。於是拔拔氏爲長孫氏，達奚氏爲奚氏，乙旃氏爲叔孫氏，丘穆陵氏爲穆氏，步六孤氏爲陸氏，賀賴氏爲賀氏，獨孤氏爲劉氏，賀樓氏爲樓氏，勿忸于氏爲于氏，尉遲氏爲尉氏，其用夏變夷之意如此。然至于其孫恭帝，翻以中原故家，易賜蕃姓，如李弼爲徒河氏，趙肅、趙貴爲乙弗氏，劉亮爲侯莫陳氏，楊忠爲普六茹氏，王雄爲可頻氏，李虎、閻慶爲大野氏，辛威爲普毛氏，田宏爲紇干氏，耿豪爲和稽氏，王勇爲庫汗氏，楊紹爲叱利氏，侯植爲侯伏侯氏，竇熾爲紇豆陵氏，李穆爲撿拔氏，陸通爲步六孤氏，楊纂爲莫胡盧氏，寇儁爲若口引氏，段永爲爾綿氏，韓褒爲侯吕陵氏，裴文舉爲賀蘭氏，王軌爲烏九氏，陳忻爲尉遲氏，樊深爲萬紐于氏，一何其不循乃祖彝憲也。是時蓋宇文泰顓國，此事皆出其手，遂復國姓爲拓跋，而九十九姓改爲單者皆復其舊。泰方以時俗文敝，命蘇綽倣周書作大誥，又悉改官名，復周六卿之制，顧乃如是，殆不可曉也。

6 東坡和陶詩

陶淵明集歸園田居六詩，其末「種苗在東皐」一篇，乃江文通雜體三十篇之一，明言斆陶徵君田居。蓋陶之三章云：「種豆南山下，草盛豆苗稀。晨興理荒穢，帶月荷鋤歸。」故文通云：「雖有荷鋤倦，濁酒聊自適。」正擬其意也。今陶集誤編入，東坡據而和之。又，東方有一士詩十六句，復重載於擬古九篇中，坡公遂亦兩和之，皆隨意即成，不復細考耳。陶之首章云：「榮榮窗下蘭，密密堂前柳。初與君別時，不謂行當久。出門萬里客，中道逢嘉友。未言心先醉，不在接杯酒。蘭枯柳亦衰，遂令此言負。」坡和云：「有客扣我門，繫馬庭前柳。庭空鳥雀噪，門閉客立久。主人枕書卧，夢我平生友。忽聞剥啄聲，驚散一杯酒。倒裳起謝客，夢覺兩愧負。」二者金石合奏，如出一手，何止子由所謂遂與「比轍」者哉！

7　孔戣鄭穆

唐孔戣在穆宗時爲尚書左丞，上書去官，天子以爲禮部尚書致仕，吏部侍郎韓愈奏疏曰：「戣爲人守節清苦，論議正平，年纔七十，筋力耳目，未覺衰老，憂國忘家，用意至到。如戣輩，在朝不過三數人，陛下不宜苟順其求，不留自助也。」不報。明年正月，戣薨。國朝鄭穆在元祐中以寶文閣待制兼國子祭酒請老，提舉洞霄宫，給事中范祖禹言：「穆雖年出七十，精力尚彊，古者大夫七十而致仕，有不得謝，則賜之几杖，祭酒居師資之地，正宜處老成，願毋輕聽其去。」亦不報。然穆亦至明年卒。二事絶相類。

8 陳季常

陳慥字季常，公弼之子，居於黄州之岐亭，自稱龍丘先生，又曰方山子。好賓客，喜畜聲妓，然其妻柳氏，絶凶妬，故東坡有詩云：「龍丘居士亦可憐，談空説有夜不眠。忽聞河東師子吼，拄杖落手心茫然。」河東師子，指柳氏也。坡又嘗醉中與季常書云：「一絶乞秀英君。」想是其妾小字。黄魯直元祐中有與季常簡曰：「審柳夫人時須醫藥，今已安平否？公暮年來想漸求清淨之樂，姬媵無新進矣，柳夫人比何所念以致疾邪？」又一帖云：「承諭老境情味，法當如此，所苦既不妨游觀山川，自可損藥石，調護起居飲食而已。河東夫人亦能哀憐老大，一任放不解事邪？」則柳氏之妬名固彰著于外，是以二公皆言之云。

9 文用謚字

先王謚以尊名，節以壹惠，故謂爲易名。然則謚之爲義，正訓名也。司馬長卿諭蜀文曰：「身死無名，謚爲至愚。」顔注云：「終以愚死，後葉傳稱，故謂之謚。」柳子厚招海賈文曰：「君不返兮謚爲愚。」二人所用，其意則同。唯王子淵簫賦曰：「幸得謚爲洞簫兮，蒙聖主之渥恩。」李善謂：「謚者號也，言得謚爲簫而常施用之。」以器物名爲謚，其語可謂奇矣。

10　高唐神女賦

宋玉高唐、神女二賦，其爲寓言託興甚明。予嘗即其詞而味其旨，蓋所謂發乎情，止乎禮義，真得詩人風化之本。前賦云：「楚襄王望高唐之上有雲氣，問玉曰〔一〕：『此何氣也？』對曰：『所謂朝雲者也。昔者先王嘗游高唐，夢見一婦人，曰，妾巫山之女也，願薦枕席。王因幸之。』」後賦云：「襄王既使玉賦高唐之事，其夜王寢，夢與神女遇，復命玉賦之。」若如所言，則是王父子皆與此女荒淫，殆近於聚麀之醜矣。然其賦雖篇首極道神女之美麗，至其中則云：「澹清靜其愔嫕兮，性沉詳而不煩。意似近而若遠兮，若將來而復旋。褰余幬而請御兮，願盡心之惓惓。懷貞亮之絜清兮，卒與我乎相難。頩薄怒以自持兮，曾不可乎犯干。歡情未接，將辭而去。遷延引身，不可親附。願假須臾，神女稱遽。闇然而冥，忽不知處。」然則神女但與懷王交御，雖見夢於襄，而未嘗及亂也。玉之意可謂正矣。今人詩詞顧以襄王藉口，考其實則非是。頩，音疋零反，斂容怒色也。柳子厚謫龍説有「奇女頩爾怒」之語，正用此也。

11 其言明且清

禮記緇衣篇：「詩云：昔吾有先正，其言明且清。國家以寧，都邑以成，庶民以生。誰能秉國成？不自爲正，卒勞百姓。」鄭氏注不言何詩。今毛詩節南山章但有下三句而微不同。經典釋文云：「從第一句至『庶民以生』五句，今詩皆無此語，或皆逸詩也。」予案文選張華答何劭詩曰：「周任有遺規，其言明且清。」然則周任所作也。而李善注曰：「子思子詩云：『昔吾有先正，其言明且清。』」世之所存子思子亦無之，不知善何所據？意當時或有此書，善必不妄也，特不及周任遺規之義，又不可曉。

12 侍從轉官

元豐未改官制以前，用職事官寄禄。自諫議大夫轉給事中，學士轉中書舍人。歷三侍郎、學士轉左曹禮、户、吏部，餘人轉右曹工、刑、兵部。左右丞，吏侍轉左，兵侍轉右。然後轉六尚書，各爲一官。尚書轉僕射，非曾任宰相者不許轉，今之特進是也。故侍從止於吏書，由諫議至此凡十一轉。其庶僚久於卿列者，則自光禄卿轉祕書監，繼歷太子賓客，遂得工部侍郎。蓋以不帶待制以上職，不許入兩省、給、諫耳。元豐改諫議爲太中大夫，給、舍爲通議，六侍郎同爲正議，左右丞爲光禄。兵、户、刑、禮、工書同爲銀青，吏書金紫。但六轉，視舊法損其五。元祐中以爲太簡，增正議、光禄、銀青爲左右，然亦財九資。大觀二年，置通奉以易右正議，正奉以易右光禄，宣奉以易左光禄，以右銀青爲光禄，而至銀青者去其左字，今皆仍之。比倣舊制，今之通奉，乃工、禮侍郎，正議乃刑、户，正奉乃兵、吏，宣奉乃左右丞，三光禄乃六尚書也。凡侍從序遷至金紫無止法，建炎以前多有之。紹興以來，階官到此絶少，唯梁揚祖、葛勝仲致仕得之。近歲有司不能探賾典故，予以宣奉當磨勘，又該覃霈，顏師魯在天官，徑給回授一據，而不明言其所由。比程叔達由宣奉納禄不遷官，而於待制閣名陞二等。程大昌亦然，以龍圖直學士徑升本學士，尤非也。予任中書舍人日，已階太中，及以集英修撰出外，吏部不復爲理年勞，凡十八年，始以待制得通議，殊可笑。蓋臺省之中，無復有老吏矣。

13　曹子建七啟

「原頭火燒淨兀兀，野雉畏鷹出復没。將軍欲以巧伏人，盤馬彎弓惜不發。地形漸窄觀者多，雉驚弓滿勁箭加。衝人決起百餘尺，紅翎白鏃隨傾斜。將軍仰笑軍吏賀，五色離披馬前墮。」此韓昌黎雉帶箭詩，東坡嘗大字書之，以爲絶妙。予讀曹子建七啓論羽獵之美云：「人稠網密〔二〕，地逼勢脅。」乃知韓公用意所來處。七啓又云：「名穢我身，位累我躬。」與佛氏八大人覺經所書「心是惡源，形爲罪藪」，皆修己正心之要語也。

14 姦鬼爲人禍

晉景公疾病，求醫于秦，秦伯使醫緩爲之。未至，公夢疾爲二豎子曰：「彼良醫也，懼傷我，焉逃之？」其一曰：「居肓之上，膏之下，若我何！」醫至，曰：「疾不可爲也。」隋文帝以子秦孝王俊有疾，馳召名醫許智藏，俊夢亡妃崔氏泣曰：「本來相迎，如聞許智藏將至，其人當必相苦，奈何？」明夜復夢，曰：「吾得計矣，當入靈府中以避之。」及智藏至，診俊脉，曰：「疾已入心，不可救也。」二姦鬼之害人，如出一轍。近世許叔微家一婦人，夢二蒼頭，前者云：「到也未？」後者應云：「到也。」以手中物擊一下，遂魘。覺後心痛不可忍，叔微以神精丹餌之，痛止而愈。此事亦與上二者相似。

15 監司待巡檢

今監司巡歷郡邑，巡檢、尉必迎於本界首，公裳危立，使者從車内遣謁吏謝之，即揖而退，未嘗以客禮延之也。至有倨横之人，責橋道不整，驅之車前，使徒步與卒伍齒者。予記張文定公所著搢紳舊聞中一事，云：「余爲江西轉運使，往虔州，巡檢殿直今保義成忠郎。康懷琪乘舟於三十里相接，又欲送至大庾縣，遂與偕行。及至縣驛，驛正廳東西各有一房，予居其左，康處於右。日晚，命之同食，起行數百步，逼暮而退。夜聞康暴得疾，余急趨至康所，康已具舟將歸虔，須臾數人扶翼而下，余策杖隨之。」觀此，則是使者與巡檢同驛而處，同席而食，至於步行送之登舟，今代未之見也。

16　十二分野

十二國分野，上屬二十八宿，其爲義多不然，前輩固有論之者矣。其甚不可曉者，莫如晉天文志謂：「自危至奎爲娵訾，於辰在亥，衞之分野也，屬并州。」且衞本受封於河內商虛，後徙楚丘。河內乃冀州所部，漢屬司隸，其它邑皆在東郡，屬兖州，於并州了不相干，而并州之下所列郡名，乃安定、天水、隴西、酒泉、張掖諸郡，自係涼州耳。又謂：「自畢至東井爲實沈，於辰在申，魏之分野也，屬益州。」且魏分晉地，得河內、河東數十縣，於益州亦不相干，而雍州爲秦，其下乃列雲中、定襄、鴈門、代、太原、上黨諸郡，蓋又自屬并州及幽州耳。謬亂如此，而出於李淳風之手，豈非蔽於天而不知地乎！

17 公孫五樓

南燕慕容超嗣位之後，悉以國事付公孫五樓，燕業爲衰。晉劉裕伐之，或曰：「燕人若塞大峴之險，堅壁清野，大軍深入，將不能自歸。」裕曰：「鮮卑貪婪，不知遠計，謂我不能持久，不過進據臨朐，退守廣固，必不能守險清野。」超聞有晉師，引羣臣會議，五樓曰：「吴兵輕果，利在速戰，不可爭鋒，宜據大峴，使不得入，各命守宰，依險自固，焚蕩資儲，芟除禾苗，使敵無所資。彼僑軍無食，可以坐制。若縱使入峴，出城逆戰，此下策也。」超不聽，裕過大峴，燕兵不出，喜形于色，遂一舉滅燕。觀五樓之計，正裕之所憚也。超平生信用五樓，獨於此不然，蓋天意也。五樓亦可謂智士，足與李左車比肩。後世姦妄擅國，以誤大事者多矣，無所謂五樓之智也。

18 薦士稱字著年

漢魏以來諸公上表薦士，必首及本郡名，次著其年，又稱其字。如漢孔融薦禰衡表云：「處士平原禰衡，年二十四，字正平。」齊任昉爲蕭揚州作薦士表云：「祕書丞琅邪王暕，年二十一，字思晦。」「前侯官令東海王僧孺，年三十五，字僧孺。」是也。唐以來乃無此式。

19 兄弟邪正

王安石引用小人，造作新法，而弟安國力非之。韓絳附會安石制置三司條例以得宰相，而弟維力爭之，曾布當元符、靖國之間，陰禍善類，而弟肇移書力勸之。兄弟邪正之不同如此。

校勘記

〔一〕問玉曰　「玉」原作「王」，誤刊，據上下文意改。

〔二〕人稠網密　「網」原作「綱」，誤刊，據馬本、庫本改。

容齋三筆卷四 十五則

1 三豎子

趙爲秦所圍，使平原君求救於楚，楚王未肯定從。毛遂曰：「白起小豎子耳，興師以與楚戰，舉鄢郢，燒夷陵，辱王之先人，此百世之怨也。」是時，起已數立大功，且勝於長平矣。人告韓信反，漢祖以問諸將，皆曰：「亟發兵坑豎子耳。」帝默然，唯陳平以爲兵不如楚精，諸將用兵不能及信〔一〕。英布反書聞，上召諸將問計，又曰：「發兵擊之，坑豎子耳。」夫白起、信、布之爲人，材能不可揜，以此三人爲豎子，是天下無復有壯士也。毛遂之言，秖欲激怒楚王，使之知合從之利害，故不得不以起爲懦夫。至如高帝諸將，不過周勃、樊噲之儔，韓信因執而歸，棲棲然處長安爲列侯，蓋一匹夫也。而噲喜其過己，趨拜送迎，言稱臣，況於據有全楚萬乘之地，事力强弱，安可同日而語！英布固嘗言：「諸將獨患淮陰、彭越，今皆已死，餘不足畏。」則豎子之對，可謂勇而無謀，殆與張儀詆蘇秦爲反覆之人相似。高帝默然，顧深知其非也。至於陳平，則不然矣。若乃韓信謂魏將柏直爲豎子，則誠然。柏直庸庸無所知名，漢王亦稱其口尚乳臭，真一豎子也。阮籍登廣武，歎曰：「時無英雄，使豎子成名。」蓋歎是時無英雄如昔人者。俗士不達，以爲籍譏漢祖，雖李太白亦有是言，失之矣。

2 樞密稱呼

樞密使之名起於唐，本以宦者爲之，蓋内諸司之貴者耳。五代始以士大夫居其職，遂與宰相等。自此接于本朝，又有副使、知院事、同知院事、簽書、同簽書之别，雖品秩有高下，然均稱爲樞密。明道中，王沂公自故相召爲檢校太師、樞密使，李文定公爲集賢相，以書迎之於國門，稱曰「樞密太師相公」，予家藏此帖。紹興五年，高宗車駕幸平江，過秀州，執政從行者四人。在前者傳呼「宰相」，趙忠簡也，次呼「樞密」，張魏公也，時爲知院事；次呼「參政」，沈必先也，最後又呼「樞密」，則簽書權朝美云。予爲檢詳時，葉審言、黄繼道爲長貳，亦同一稱。而二三十年以來，遂有知院、同知之目，初出於典謁、街卒之口，久而朝士亦然，名不雅古，莫此爲甚。

3 從官事體

國朝優待侍從，故事體名分多與庶僚不同，然有處之合宜及肆意者。如任知州申發諸司公狀不繫銜，與安撫監司序官往還用大狀不書年，引接用朱衣，通判入都廳之類，皆雜著於令式。其明載國史者尚可考。大中祥符五年六月，詔：「尚書丞郎、兩省給諫知州府，而本部郎中、員外郎及兩省六品以下官充本路轉運使副者，承前例須申報。雖職當統攝，方委於事權，而官有等差，宜明於品級。自今知制誥、觀察使以上知州府處所申轉運司狀，並止簽案檢，令通判以下具銜供申。」張詠以禮部尚書知昇州，上言：「臣官忝六曹，祠部乃本行司局，而例申公狀，似未合宜。望自今尚書丞郎知州者，除申省外，其本行曹局，止簽案檢。」從之。紹興中，范同以前執政知太平州，官係中大夫不帶職，申諸司狀繫銜。提刑張絢封還之，范竟不改。次年轉太中，再任，始去之。劉焞爲江西運判，移牒屬郡知、通云「請聯銜具報」。邁時以太中守贛，以於式不可，乃作公劄，同通判簽書。劉邦翰曾任權侍郎，以朝議大夫，集英修撰知饒州。趙煒以承議郎提點刑獄，欲居其上，劉不校，趙又畏人議己，於是遇朝拜國忌日，先後行香。王十朋自侍御史徙權吏部侍郎，不拜，除集撰，知饒州，自處如庶官。林大中亦自侍御史改吏侍，不曾供職，除直寶文閣，知贛州，全銜猶帶權知兼勸農事借紫，而盡用從官禮數。黄涣爲通判，入都廳，爲之不平。鄭汝諧除權侍郎，爲東省所繳，不得供職，而以祕撰知池州，公狀至提刑司，不繫銜，爲鄧馹牒問。唐瑑以司農少卿，王佐以中書檢正，皆暫兼權户侍，及出知湖、饒二州，悉用朱衣雙引。此數君，皆失於討問典章，非故爲尊大也。陳居仁以大中、集撰知鄂州，只用一朱衣，蓋在法，學士乃雙引，人以爲得體。邁頃守贛、建，官職與居仁等，而誤用兩朱，殊以自悔。又如監司見前執政，雖本路，並客位下馬。伯氏以故相帶觀文學士帥越，提舉宋藻穿戟門詞殿，云浙東監司如何不得穿紹興府門，將至廳事，始若勉就客位者。主人亟令掖以還。

4　九朝國史

本朝國史凡三書，太祖、太宗、真宗曰三朝，仁宗、英宗曰兩朝，神宗、哲宗、徽宗、欽宗曰四朝。雖各自紀事，至於諸志若天文、地理、五行之類，不免煩複。元豐中，三朝已就，兩朝且成，神宗專以付曾鞏使合之。鞏奏言：「五朝舊史，皆累世公卿、道德文學、朝廷宗工所共準裁，既已勒成大典，豈宜輒議損益。」詔不許，始謀纂定，會以憂去，不克成。其後神、哲各自爲一史，紹興初，以其是非褒貶皆失實，廢不用。淳熙乙巳，邁承乏修史，丙午之冬，成書進御，遂請合九朝爲一，壽皇即以見屬。嘗奏云：「臣所爲區區有請者，蓋以二百年間典章文物之盛，分見三書，倉卒討究，不相貫屬，及累代臣僚，名聲相繼，當如前史以子係父之體，類聚歸一。若夫制作之事，則已經先正名臣之手，是非褒貶，皆有據依〔二〕，不容妄加筆削。乞以此奏下之史院，俾後來史官知所以編纘之意，無或輒將成書擅行删改。」上曰：

「如有未穩處，改削無害。」邁既奉詔開院，亦修成三十餘卷矣，而有永思攢宮之役，才歸即去國，尤袤以高宗皇帝實録爲辭，請權罷史院，於是遂已。祥符中，王旦亦曾修撰兩朝史，今不傳。

5 銀牌使者

金國每遣使出外，貴者佩金牌，次佩銀牌，俗呼爲金牌、銀牌郎君。北人以爲契丹時如此，牌上若篆字六七，或云阿骨打花押也。殊不知此本中國之制，五代以來，庶事草創，凡乘置奉使於外，但給樞密院牒。國朝太平興國三年，因李飛雄矯乘廐馬，詐稱使者，欲作亂，既捕誅之，乃詔自今乘驛者，皆給銀牌，國史云「始復舊制」，然則非起於虜也。端拱二年，復詔：「先是馳驛使臣給篆書銀牌，自今宜罷之，復給樞密院牒。」

6 省錢百陌

用錢爲幣，本皆足陌。梁武帝時，以鐵錢之故，商賈浸以姦詐自破。嶺以東，八十爲百，名曰東錢。江、郢以上，七十爲百，名曰西錢。京師以九十爲百，名曰長錢。大同元年，詔通用足陌，詔下而人不從，錢陌益少，至于末年，遂以三十五爲百。唐之盛際，純用足錢。

天祐中，以兵亂窘乏，始令以八十五爲百。後唐天成，又減其五。漢乾祐中，王章爲三司使，復減三。皇朝因漢制，其輸官者，亦用八十，或八十五，然諸州私用，猶有隨俗至於四十八錢。太平興國二年，始詔民間緡錢，定以七十七爲百。自是以來，天下承用，公私出納皆然，故名省錢。但數十年來，有所謂頭子錢，每貫五十六，除中都及軍兵俸料外，自餘州縣官民所當得，其出者每百纔得七十一錢四分，其入者每百爲八十二錢四分，元無所謂七十七矣。民間所用，多寡又益不均云。

7　舊官銜冗贅

國朝官制，沿晚唐、五代餘習，故階銜失之冗贅，予固已數書之。比得皇祐中李端愿所書「雪竇山」三大字，其左云：「鎮潼軍節度觀察留後、金紫光禄大夫、檢校刑部尚書、使持節華州諸軍事、華州刺史兼御史大夫、上柱國。」凡四十一字。自元豐以後，更使名，罷文散階、檢校官、持節、憲銜、勳官，只云「鎮潼軍承宣使」六字，比舊省去三十五，可謂簡要。會稽禹廟有唐天復年越王錢鏐所立碑，其全銜九十五字，尤爲冗也。

8 吏胥侮洗文書

郡縣胥史，揩易簿案，鄉司尤甚。民已輸租税，朱批於户下矣，有所求不遂，復洗去之，邑官不能察，而又督理。比其持赤鈔爲證，則追逮横費，爲害已深。此特小小者耳，臺省亦然，予除翰林日，所被告命後擬云「可特授依前正奉大夫充翰林學士」，蓋初書黄時全文，故官告院據以爲式，其制當爾。而告身全銜亦云「告正奉大夫充翰林學士」，予以語吏部蕭照鄰尚書曰：「如此則學士繫銜在官下，於故事有戾，今欲書謝表，當如何？」蕭悚然。旋遣部主事與告院書吏至，乞借元告以去，明日持來，則已改正，移職居官上，但減一「充」字，於行内微覺疏，其外印文，濃淡了無異，其妙至此。

9 宣告錯誤

士大夫告命，間有錯誤，如文官，則猶能自言，書鋪亦不敢大有邀索。獨右列爲可憐，而軍伍中出身者尤甚。予檢詳密院諸房日，有涇原副都軍頭乞换授，而所持宣内添注「副」字，爲房吏所沮，都頭者不能自明。兩樞密以事見付，予視所添字與正文一體，以白兩樞曰：「使訴者爲姦，當妄增品級，不應肯以都頭而自降爲副，其爲寫宣房之失，無可疑也。」

樞以爲然，乃爲改正。武翼郎李青當磨勘，尚左驗其文書，其始爲「大李青」，吏以爲罔冒，青無詞以答〔三〕。周茂振權尚書，閱其告命十餘通，其一告前云「大李青」，而告身誤去「大」字，故後者相承，只云「李青」，即日放行遷秩，且給公據付之。兩人者幾困於吏手，幸而獲直。用是以知枉鬱不伸者多矣。

10　軍中抵名爲官

紹興以來，兵革務煩，軍中將校除官者，大帥盡藏其告命，只語以所居官，其有事故亡没者，亦不關申省部除籍，或徑以付它人，至或從白身便爲郎、大夫者。楊和王爲殿帥，罷一統領使歸部，而申樞密院云：「此人元姓名曰許超，只是校尉，偶有修武郎李立告，使之鼎名，因得冒轉，續以戰功積累，今爲武顯大夫，既已離軍，自合依本姓名及元職位。」超詣院訴，而不能爲之詞。予檢詳兵房，爲言曰：「一時冒與，自是主將之命。修武以前，固非此人當得。若武翼之後，皆用軍功，使其戰死於陣，則性命須要超承當。今但當尅除不應得九官，而理還其餘資，庶合人情，於理爲順。」兩樞密甚然予説，即奏行之。

11 禍福有命

秦氏顓國得志，益厲刑辟，以箝制士大夫，一言語之過差，一文詞之可議，必起大獄，竄之嶺海，於是惡子之無俚者恃告訐以進。趙超然以「君子之澤，五世而斬」責汀州，吳仲寶以夏二子傳流容州，張淵道以張和公生日詩幾責柳而幸脱，皆是也。予教授福州日，因訪何大圭。忽問：「君識天星乎？」答曰：「未之學。」曰：「豈不能認南方中夏所見列宿乎？」曰：「此却粗識一二。」大圭曰：「君今夕試仰觀熒惑何在？」是時正見於南斗之西。後月餘，再相見，時連旬多陰，所謂火曜，已至斗魁之東矣。大圭曰：「使此星入南斗，自有故事。」予聞其語，固已竦然，明日來相訪，曰：「吾曹元不洞曉天文，昨晚葉子廉見顧，言及於此，蹙頞云：『是名魏星，無人能識，非熒惑也。』」予曰：「十二國星，只在牛、女之下，經星不動，安得轉移？」圭曰：「乾象欲示變，何所不可？子廉云：『後漢建安二十五年亦曾出。』」蓋秦正封魏國公，圭意比之曹操。予大駭，不復敢酬應。它日，與謝景思、葉晦叔言之，且曰：「使邁爲小人告訐之舉，有所不能，萬一此段彰露，爲之奈何！」謝、葉曰：「可以言命矣。與是人相識，便是不幸，不如静以待之。」時歲在己巳，又六年，秦亡，予知免禍，乃始不恐。

12　真宗北征

真宗親征契丹，幸澶淵，以成却敵之功。是時景德元年甲辰，決此計者，寇萊公也。然前五歲，當咸平二年己亥，契丹寇北邊，上自將禦之，至澶州、大名府，聞范廷召破虜於莫州北，乃還京。時張文定公、李文靖公爲相，不知何人贊此決，而後來不傳。用是以知真宗非宴安酖毒而有所畏者，故寇公易以進言。

13　宰相不次補

景德元年七月，宰相李沆薨。時無它相，中書有參知政事王旦、王欽若，不次補。寇準爲三司使，真宗欲相之，患其素剛，難獨任，乃先以翰林侍讀學士畢士安爲參政，纔一月，並命士安、準爲相，而士安居上〔四〕。旦、欽若各遷官而已。準在太宗朝已兩爲執政，今士安乃由侍從超用，惟辟作福，圖任大臣，蓋不應循循歷階而升也。

14　外制之難

中書舍人所承受詞頭，自唐至本朝，皆只就省中起草付吏，逮於告命之成，皆未嘗越日，故其職爲難。其以敏捷稱者，如韋承慶下筆輒成，未嘗起草；陸扆初無思慮，揮翰如飛；顔蕘草制數十，無妨談笑；鄭畋動無滯思，同僚閣筆；劉敞臨出局，倚馬一揮九制：皆見書於史策。其遲鈍窘擾者，如陸餘慶至晚不能裁一言，和嶸閉户精思，徧討群籍，與夫「斲窗舍人」、「紫微失却張君房」之類，蓋以必欲速成故也。周廣順初，中書舍人劉濤責授少府少監，分司西京，坐遣男頊代草制詞也。頊時爲監察御史，亦責復州司户。自南渡以來，典故散失，每除書之下，先以省劄授之，而續給告，以是遷延稽滯。段拂居官時，纔還家即掩關謝客，畏其促詞命也。先公使虜歸，除徽猷閣直學士，時劉才邵當制，日於漏舍囑之，至先公出知饒州，幾將一月，猶未受告。其它倩諉朋舊，俾之假手者多矣。故膺此選者，不覺其難，殊與昔異。

15 文臣換武使

祖宗之世，文臣換授武使，皆不越級。錢若水自樞密副使罷守工部侍郎，後除帥并州，乃換鄧州觀察使。王嗣宗以中丞、侍郎，李士衡以三司使，李維以尚書，王素以端明左丞，亦皆觀察。慶曆初，以陝西四帥方禦夏、羌，欲優其俸賜，故韓琦、范仲淹、王沿、龐籍皆以樞密、龍圖直學士換爲廉車。自南渡以來，始大不然。張澄以端明學士，楊倓以敷文學士，便爲節度。近者趙師夔、吳琚以待制而換承宣使，不數月間遇恩，即建節鉞。師揆、師垂以祕閣修撰換觀察使，皆度越彝憲，誠異恩也。

校勘記

〔一〕諸將用兵不能及信　「諸」原作「請」，誤刊，據李本改。

〔二〕皆有據依　「有」下原另有一「有」字，衍，據李本刪。

〔三〕吏以爲罔冒青無詞以答　「以」原脱，據馬本、祠本補。「無」後原有「而」字，衍，據李本刪。

〔四〕纔一月並命士安準爲相而士安居上　「一月」原作「二月」，據李本改。按，據宋史宰輔表，作「一」是。

容齋三筆卷五 十七則

1 舜事瞽叟

孟子之書，上配論語，唯記舜事多誤，故自國朝以來，司馬公、李泰伯及呂南公皆有疑非之說。其最大者，證萬章塗廩、浚井、象入舜宮之問以爲然也。孟子既自云堯使九男事之，二女女焉，百官牛羊倉廩備，以事舜於畎畝之中。則井、廩賤役，豈不能使一夫任其事？堯爲天子，象一民耳，處心積慮殺兄而據其妻，是爲公朝無復有紀綱法制矣。六藝折中於夫子，四岳之薦舜，固曰：「瞽子。父頑，母嚚，象傲，克諧以孝，烝烝乂，不格姦。」然則堯試舜之時，頑傲者既已格乂矣。舜履位之後，命禹征有苗，益曰：「帝初于歷山，往于田，日號泣于旻天，于父母，負罪引慝，祇載見瞽瞍，夔夔齋慄，瞽亦允若。」既言允若，豈得復有殺之之意乎？司馬公亦引九男、百官之語，烝烝之對，而不及益贊禹之辭，故詳叙之以示子姪輩。若司馬遷史記、劉向列女傳所載，蓋相承而不察耳。至於桃應有瞽叟殺人之問，雖曰設疑似而請，然亦可謂無稽之言。孟子拒而不答可也。顧再三爲之辭，宜其起後學之惑。

2 孔子正名

子路曰：「衛君待子而爲政，子將奚先？」子曰：「必也正名乎。」子路曰：「子之迂也，奚其正？」夫子責數之以爲「野」。蓋是時，夫子在衛，當輒爲君之際，留連最久，以其拒父而竊位，故欲正之，此意明白。然子欲適晉，聞其殺鳴犢，臨河而還，謂其無罪而殺士也。里名勝母，曾子不入；邑稱朝歌，墨子回車。邑里之名不善，兩賢去之，安有命世聖人，而肯居無父之國，事不孝之君哉！是可知已。夫子所過者化，不令而行，不言而信，衛輒待以爲政，當非下愚而不移者。則其有補於名義，豈不大哉。苟其用我，必將導之以天理，而趣反其真，所謂命駕虛左而迎其父不難也。則其有補於名義，豈不大哉。爲是故不忍亟去以須之。既不吾用，於是慨然反魯。則輒之冥頑悖亂，無所逃於天地之間矣。子路曾不能詳味聖言，執迷不悟，竟於身死其難，惜哉。

3 潛火字誤

今人所用潛火字，如潛火軍兵，潛火器具，其義爲防。然以書傳考之，乃當爲熸。左傳襄二十六年，楚師大敗，王夷師熸。昭二十三年，子瑕卒，楚師熸。杜預皆注曰：「吳、楚之間謂火滅爲熸。」釋文音子潛反，火滅也。禮部韻將廉反，皆讀如殲音。則知當曰熸火。

4　永興天書

大中祥符天書之事，起於佞臣，固無足言。而寇萊公在永興軍，信朱能之詐，亦爲此舉，以得召入，再登相位，馴致雷州之禍，鳳德之衰，實爲可惜。而天禧實録所載云：「周懷政與妖人朱能輩僞造靈命，冀圖恩寵，且日進藥餌。宰相王欽若屢言其妄，復密陳規諫。懷政懼得罪，因共誣譖，言：『捕獲道士譙文易，蓄禁書，有神術，欽若素識之。』故罷相也。」朱能之事，欽若欲以沮寇公之入則有之，謂其陳規諫，當大不然。儻非出於寇，則欽若已攘臂其間矣。實録蓋欽若提舉日所進，是以溢美，豈能弭後人公議哉。

5　王裒嵇紹

舜之罪也殛鯀，其舉也興禹。鯀之罪足以死，舜徇天下之公議以誅之，故禹不敢怨，而終治水之功，以蓋父之惡。魏王裒、嵇紹，其父死於非命。裒之父儀，猶以爲司馬昭安東司馬之故，因語言受害，裒爲之終身不西向而坐。紹之父康以魏臣鍾會譖之於昭，昭方謀篡魏，陰忌之，以故而及誅。紹乃仕於晉武之世，至爲惠帝盡節而死。紹之事親，視王裒遠矣。温公通鑑猶取其蕩陰之忠，蓋不足道也。

6 張詠傳

張忠定公詠爲一代偉人，而治蜀之績尤爲超卓，然實録所載，了不及之，但云：「出知益州，就加兵部郎中，入爲户部，使馬知節自益徙延，難其代。朝廷以詠前在蜀，寇攘之後，安集有勞，爲政明肅，遠民便之，故特命再任。」而已。國史本傳略同，而增書促招安使上官正出兵一事。皆詆其知陳州營産業，且與周渭、梁鼎輩五人同傳，殊失之也。韓魏公作公神道碑云：「公以魁奇豪傑之才，逢時自奮，智略神出，勳業赫赫，震暴當世，誠一世偉人。」道州所刻帖，有公與潭牧書一紙，王荆公跋其後云：「忠定公殁久矣，而士大夫至今稱之，豈不以剛毅正直有勞于世若公者少歟！」文潞公云：「予嘗守蜀，覩忠定之象，遺愛在民，欽服已甚。」黄諳云：「公風烈如此，而不至於宰相，然有忠定之才，而無宰相之位，於公何損！有宰相之位，而無忠定之才，於宰相何益！公雖老死，安肯以此易彼哉。」觀四人之言，史氏發潛德之幽光，爲有負矣。

7 緋紫假服

唐宣宗重惜服章，牛叢自司勳員外郎爲睦州刺史，上賜之紫，叢既謝，前言曰：「臣所服緋，刺史所借也。」上遽曰：「且賜緋。」然則唐制借服色得於君前服之，國朝之制，到闕則不許。乾道二年，予以起居舍人侍立，見浙西提刑姚憲入對，紫袍金魚。既退，一閤門吏躡其後囁嚅。後兩日，憲辭歸平江，乃緋袍。予疑焉，以問知閤曾覿曰：「聞臨安守與本路監司皆許服所借，而憲昨紫今緋，何也？」覿曰：「監司惟置司在輦下則許服〔一〕，漕臣是也，若外郡則否。前日姚誤紫，而謁吏不告，已申其罰，且備牒使知之，故今日只本色以入。」姚蓋失於審也，然考功格令既不頒於外，亦自難曉。文惠公知徽州日，借紫，及除江東提舉常平，告身不借。予聞嘗借者當如舊，與郎官薛良朋言之，於是給公據改借。後於江西見轉運判官張堅衣緋，張嘗知泉州，紫袍矣，予舉前說，張欣然即以申考功，已而部符下，不許，扣其故，曰：「唯知州借紫而就除本路，雖運判、提舉皆得如初，若它路則不可。」竟不知法如何該說也。若曾因知州府借紫，而後知軍〔二〕，則其服亦借，不以本路它路也。近吴鎰以知郴州除提舉湖南茶鹽，遂仍借紫，正用前比云。

8 樞密名稱更易

國朝樞密之名，其長爲使，則其貳爲副使；其長爲知院，則其貳爲同知院。如柴禹錫知院，向敏中同知，及曹彬爲使，則敏中改副使。王繼英知院，王旦同知，繼馮拯、陳堯叟亦同知，及繼英爲使，拯、堯叟乃改簽書院事，而恩例同副使。王欽若、陳堯叟知院，馬知節簽書，及王、陳爲使，知節遷副使，其後知節知院，則任中正、周起同知。惟熙寧初，文彦博、吕公弼已爲使，而陳升之過闕，留，王安石以升之曾再入樞府，遂除知院。知院與使並置，非故事也，安石之意以沮彦博耳。紹興以來，唯韓世忠、張俊爲使，岳飛爲副使。此後除使固多，而其貳只爲同知，亦非故事也。又使班視宰相，而乾道職制雜壓，令副使反在同知院之下，尤爲未然。

9 過稱官品

士大夫僭妄相尊，日以益甚。予向昔所記文官學士、武官大夫之諺，今又不然。天聖職制，内外文武官不得容人過稱官品，諸節度、觀察，雖檢校官未至太傅者，許稱太傅，防禦使至横行使，許稱太保；諸司使許稱司徒；幕職官等稱本官；録事參軍稱都曹；縣令稱長官；判司、簿、尉許稱評事。其太傅、太保、司徒皆一時本等檢校所帶之官也。自後法令不復有此一項，以是其風愈熾，不容整革矣。

10 仁宗立嗣

東坡作范蜀公墓誌云：「仁宗即位三十五年，未有繼嗣，嘉祐初得疾，中外危恐。公獨上疏乞擇宗室賢者，異其禮物，以系天下心。」凡章十九上。至元祐初，韓維上言，謂其首開建儲之議，其後大臣乃繼有論奏。司馬温公行狀云：「至和三年仁宗始不豫，國嗣未立，天下寒心而不敢言，惟諫官范鎮首發其議，光時爲并州通判，聞而繼之。」案至和三年九月，改爲嘉祐元年，歲在丁酉。而前此皇祐五年甲午，有建州人太常博士張述者，以繼嗣未立，上疏曰：「陛下春秋四十四，宗廟社稷之繼，未有託焉。以嫌疑而不決，非孝也。羣臣以諱避而不言，非忠也。願擇宗親才而賢者，異其禮秩，試以職務，俾内外知聖心有所屬。」至和二年丙申，復言之。前後凡七疏，最後語尤激切。蓋述所論，乃在兩公之前，而當時及後來莫有知之者，爲可惜也。

11 郎官員數

紹熙四年冬，客從中都來，持所抄班朝録一編相示，蓋朝士官職姓名也。讀至尚書郎，才有正員四人，其它權攝者亦只六七人耳。因記紹興二十九年，予爲吏禮部時，同舍郎二十人，皆正官。今既限以曾歷監司、郡守，故任館職及寺監、丞者不可進步，其自外召用者，資級已高，曾不數月，必序遷卿、少，以是居之者益少。政和末，郎員冗濫，至於五十有五。侍御史張樸上殿，徽宗諭使論列，退而奏疏，劾十有六人，大略云：「才品甚下，趍操卑污，有如汪師心者；性資茸闒，柔佞取容，有如黃願、汪希旦者；淺浮躁妄，爲胥輩所輕，有如李莊者；輕侻喧嚻〔三〕，漫不省職，有如李揚者；麤冗不才，褊忿輕發，有如成禔者；人才碌碌，初無可取，有如張高者；志氣衰落，難與任事，有如常瓌者；大言無當，誕詭不情，有如梁子誨者；資望太輕，士論不厭，有如葉椿、唐作求、吴直夫、章芹、李與權、王良欽、强休甫者。乞行罷斥。」從之。考一時標榜，未必盡當，然十六人者後皆不顯，視今日員數，多寡不侔如是。秦檜居相位久，不欲士大夫在朝，末年尤甚。二十四司獨刑部有孫敏脩一員，餘皆兼攝，吏部七司至全付主管告院張云，兵、工八司，併於一寺主簿，又可怪也。

12 東坡慕樂天

蘇公責居黄州，始自稱東坡居士。詳考其意，蓋專慕白樂天而然。白公有東坡種花二詩云：「持錢買花樹，城東坡上栽。」又云：「東坡春向暮，樹木今何如。」又有步東坡詩云：「朝上東坡步，夕上東坡步，東坡何所愛？愛此新成樹。」又有别東坡花樹詩云：「何處殷勤重回首，東坡桃李種新成。」皆爲忠州刺史時所作也。蘇公在黄，正與白公忠州相似，因憶蘇詩，如贈寫真李道士云：「他時要指集賢人，知是香山老居士。」贈善相程傑云：「我似樂天君記取，華顛賞遍洛陽春。」送程懿叔云：「我甚似樂天，但無素與蠻。」入侍邇英云：「定似香山老居士，世緣終淺道根深。」而跋曰：「樂天自江州司馬除忠州刺史，旋以主客郎中知制誥，遂拜中書舍人。某雖不敢自比，然謫居黄州，起知文登，召爲儀曹，遂忝侍從。出處老少，大略相似，庶幾復享晚節閑適之樂。」去杭州云：「出處依稀似樂天，敢將衰朽較前賢。」序曰：「平生自覺出處老少粗似樂天。」則公之所以景仰者，不止一再言之，非東坡之名偶爾暗合也。

13 縛雞行

老杜縛雞行一篇云：「小奴縛雞向市賣，雞被縛急相喧爭。家中厭雞食蟲蟻，不知雞賣還遭烹。蟲雞於人何厚薄，吾叱奴兒解其縛。雞蟲得失無了時，注目寒江倚山閣。」此詩自是一段好議論，至結句之妙，非它人所能跂及也。予友李德遠嘗賦東西船行，全擬其意，舉以相示，云：「東船得風帆席高，千里瞬息輕鴻毛。西船見笑苦遲鈍，汗流撑折百張篙。明日風翻波浪異，西笑東船却如此。東西相笑無已時，我但行藏任天理。」是時，德遠誦至三過，頗自喜。予曰：「語意絶工，幾於得奪胎法，只恐『行藏任理』與『注目寒江』之句，似不可同日語。」德遠以爲知言，銳欲易之，終不能滿意也。

14 油污衣詩

予甫十歲時，過衢州白沙渡，見岸上酒店敗壁間，有題詩兩絶，其名曰犬落水、油污衣。犬詩太俗不足傳，獨後一篇殊有理致。其詞云：「一點清油污白衣，斑斑駮駮使人疑。縱饒洗遍千江水，争似當初不污時。」是時甚愛其語，今六十餘年，尚歷歷不忘，漫志于此。

15 北虜誅宗王

紹興庚申，虜主亶誅宗室七十二王，韓昉作詔，略云：「周行管叔之誅，漢致燕王之辟，茲惟無赦，古不爲非。不圖骨肉之間，有懷蠭蠆之毒。皇伯太師宋國王宗磐謂爲先帝之元子，常蓄無君之禍心；皇叔太傅兖國王宗儁、虞王宗英、滕王宗偉等，逞躁欲以無厭，助逆謀之妄作。欲申三宥，公議豈容；不頓一兵，羣凶悉殄。已各伏辜，并除屬籍訖。」紹熙癸丑，今虜主誅其叔鄭王，詔曰：「朕早以嫡孫，欽承先緒。皇叔定武軍節度使鄭王允蹈，屬處諸父，任當重藩，潛引凶徒，共爲反計，自以元妃之長子，異於它母之諸王，冀幸國災，窺伺神器。其妹澤國公主長樂牽同産之愛，駙馬都尉唐括蒲剌覩狃連姻之私，預聞其謀，相濟以惡。欲寬燕邸之戮，姑致郭鄰之囚。詢諸羣言，用示大戒。允蹈及其妻卞玉與男案春、阿辛并公主皆賜自盡，令有司依禮收葬，仍爲輟朝。」二事甚相類，蓋其視宗族至親與塗之人無異也。是年冬，倪正父奉使，館于中山，正其誅戮處，相去一月，猶血腥觸人，枯骸塞井，爲之終夕不安寢云。

16 州郡書院

太平興國五年，以江州白鹿洞主明起爲褒信主簿。洞在廬山之陽，常聚生徒數百人。李煜有國時，割善田數十頃，取其租廩給之。選太學之通經者，俾領洞事，日爲諸生講誦。於是起建議以其田入官，故爵命之。白鹿洞由是漸廢。大中祥符二年，應天府民曹誠即楚丘戚同文舊居造舍百五十間，聚書數千卷，博延生徒，講習甚盛。府奏其事，詔賜額曰應天府書院，命奉禮郎戚舜賓主之，仍令本府幕職官提舉，以誠爲府助教。宋興，天下州府有學自此始。其後潭州又有嶽麓書院，及慶曆中，詔諸路州郡皆立學，設官教授，則所謂書院者，當合而爲一。今嶽麓、白鹿復營之，各自養士，其所廩給禮貌乃過於郡庠。近者，巴州亦創置，是爲一邦而兩學矣。太學、辟雍並置，尚且不可，是於義爲不然也。

17 何韓同姓

韓文公送何堅序云：「何與韓同姓爲近。」嘗疑其說無所從出，後讀史記周本紀，應劭曰：「氏姓注云，以何姓爲韓後。」鄧名世姓氏書辯證云：「何氏出自姬姓，食采韓原，爲韓氏。韓王建爲秦所滅，子孫散居陳、楚、江、淮間，以韓爲何，隨聲變爲何氏，然不能詳所出也。」韓王之失國者名安，此云建，乃齊王之名，鄧筆誤耳。予後讀孫愐唐韻云：「韓滅，子孫分散，江淮間音以韓爲何，字隨音變，遂爲何氏。」乃知名世用此。

校勘記

〔一〕監司惟置司在輦下則許服　馬本、庫本「置司」作「置局」。

〔二〕而後知軍　李本、馬本、庫本、祠本「軍」後有「州」字。

〔三〕輕侻喧囂　庫本、祠本「囂」作「嚣」。

容齋三筆卷六 十五則

1 蕨萁養人

自古凶年饑歲，民無以食。往往隨所值以爲命。如范蠡謂吴人就蒲蠃於東海之濱；蘇子卿掘野鼠所去屮實，及齧雪與旃毛并咽之；王莽教民煮木爲酪；南方人饑餓，羣入野澤掘鳧茈；鄧禹軍士食藻菜；建安中，咸陽人拔取酸棗、藜藿以給食；晉郗鑒在鄒山，兖州百姓掘野鼠、蟄燕；幽州人以桑椹爲糧，魏道武亦以供軍；岷、蜀食芋。如此而已。吾州外邑巊岠山在樂平、德興境，李羅萬斛山在浮梁、樂平、鄱陽境，皆綿亘百餘里，山出蕨萁。乾道辛卯、紹熙癸丑歲旱，村民無食〔一〕，爭往取其根。率以昧旦荷鉏往掘，深至四五尺，壯者日可得六十斤。持歸擣取粉，水澄細者煮食之，如粔籹狀，每根二斤，可充一夫一日之食。冬晴且暖，田野間無不出者，或不遠數十里，多至數千人。自九月至二月終，蕨抽拳則根無力，於是始止。蓋救餓羸者半年，天之生物，爲人世之利至矣。古人不知用之，傳記亦不載，豈他邦不産此乎？

2 賢士隱居者

士子脩己篤學，獨善其身，不求知於人，人亦莫能知者，所至或有之，予每惜其無傳。比得上虞李孟傳録示四事，故謹書之。

其一曰：慈溪蔣季莊，當宣和間，鄙王氏之學，不事科舉，閉門窮經，不妄與人接。高抑崇居明州城中，率一歲四五訪其廬。季莊聞其至，必倒屣出迎，相對小室，極意講論，自晝竟夜，殆忘寢食。告去則送之數里，相得驩甚。或問抑崇曰：「蔣君不多與人周旋，而獨厚於公，公亦惓惓於彼，願聞其故？」抑崇曰：「閲終歲讀書，凡有疑而未判，與所缺而未知者，每積至數十，輒一扣之，無不迎刃而解。」而蔣之所長，他人未必能知之。世之所謂知己，其是乎？

其二曰：王茂剛，居明之林村，在巖壑深處，有弟不甚學問，使顓治生以餬口，而刻意讀書，足跡未嘗妄出，尤邃於周易。沈焕通判州事，嘗訪之。其見趣絶出於傳注之外云。氣象嚴重，窺其所得，蓋進而未已也。

其三曰：顧主簿，不知何許人，南渡後寓于慈溪。廉介有常，安於貧賤，不蘄人之知。至於踐履間，雖細事不苟也。平旦起，俟賣菜者過門，問菜把直幾何，隨所言酬之。它飲食布帛亦然。久之人皆信服，不忍欺。苟一日之用足，則玩心墳典，不事交游。里中有不安其分、武斷彊忮者，相與譏之，曰：「汝豈顧主簿耶？」

其四曰：周日章，信州永豐人。操行介潔，爲邑人所敬。開門授徒，僅有以自給，非其義一毫不取。家至貧，常終日絶食，鄰里或以薄少致餽，時時不繼，寧與妻子忍餓，卒不以求人。隆寒披紙裘，客有就訪，亦欣然延納，望其容貌，聽其論議，莫不聳然。縣尉謝生遺以襲衣，曰：「先生未嘗有求，吾自欲致其勤勤耳，受之無傷也。」日章笑答曰：「一衣與萬鍾等耳，儻無名受之，是不辨禮義也。」卒辭之。汪聖錫亦知其賢，以爲近於古之所謂獨行者。

是四君子，真可書史策云。

3 張籍陳無己詩

張籍在他鎮幕府，鄆帥李師古又以書幣辟之，籍却而不納，而作節婦吟一章寄之，曰：「君知妾有夫，贈妾雙明珠。感君纏綿意，繫在紅羅襦。妾家高樓連苑起，良人執戟明光裏。知君用心如日月，事夫誓擬同生死。還君明珠雙淚垂，何不相逢未嫁時。」陳無己爲潁州教授，東坡領郡，而陳賦妾薄命篇，言爲曾南豐作，其首章云：「主家十二樓，一身當三千。古來妾薄命，事主不盡年。起舞爲主壽，相送南陽阡。忍著主衣裳，爲人作春妍？有聲當徹天，有淚當徹泉。死者恐無知，妾身長自憐。」全用籍意。或謂無己輕坡公，是不然。前此，無己官於彭城，坡公由翰林出守杭，無己越境見之於宋都，坐是免歸，故其詩云：「一代不數人，百年能幾見？昔爲馬首銜，今爲禁門鍵。一雨五月涼，中宵大江滿。風帆目力短，江空歲年晚。」其尊敬之盡矣。薄命擬況，蓋不忍師死而遂倍之，忠厚之至也。

4 杜詩誤字

李適之在明皇朝爲左相，爲李林甫所擠去位，作詩曰：「避賢初罷相，樂聖且銜盃。爲問門前客，今朝幾個來？」故杜子美飲中八仙歌云：「左相日興費萬錢〔二〕，飲如長鯨吸百川，銜盃樂聖稱避賢。」正詠適之也。而今所行本誤以「避賢」爲「世賢」，絕無意義，兼「世」字是太宗諱，豈敢用哉！秦州雨晴詩云：「天永秋雲薄，從西萬里風。」謂秋天遼永，風從萬里而來，可謂廣大。而集中作「天水」，此乃秦州郡名，若用之入此篇，其致思淺矣。和李表丈早春作云：「力疾坐清曉，來詩悲早春。」正答其意。而集中作「來時」，殊失所謂和篇本旨。

5 東坡詩用老字

東坡賦詩，用人姓名，多以老字足成句。如壽州龍潭云「觀魚并記老莊周」，病不赴會云「空對親春老孟光」，看潮云「猶似浮江老阿童」，贈黄山人云「説禪長笑老浮屠」，元長老納裙云「乞與佯狂老萬回」，東軒云「挂冠知有老蕭郎」，侍立邇英云「定似香山老居士」，贈李道士云「知是香山老居士」，蒜山亭云「奇逸多聞老敬通」，汶公東堂云「一帖空存老遂良」，次韻韶守云「華髮蕭蕭老遂良」，游羅浮云「還須略報老同叔」，贈辯才云「中有老法師」，寄子由云「青山老從事」，贈眼醫云「忘言老尊宿」，「妙高臺中老比丘」，謝惠酒云「青州老從事」，謝餉魚云「誰似老方朔」，贈吴子野扇云「得之老月師」，次韻李端叔云「此是老牛戳」，是皆以爲助語，非真謂其老也。大抵七言則於第五字用之，五言則於第三字用之。若其它錯出，如「再説走老瞞」，「故人餘老龐」，「老濞宫粧傳父祖」，「便腹從人笑老韶」，「老可能爲竹寫真」，「不知老奘幾時歸」之類，皆隨語勢而然。白樂天云：「每被老元偷格律。」蓋亦有自來矣。

6 杜詩命意

杜公詩命意用事，旨趣深遠，若隨口一讀，往往不能曉解，姑紀一二篇以示好事者。如：「能畫毛延壽，投壺郭舍人。每蒙天一笑，復似物皆春。政化平如水，皇恩斷若神。時時用抵戲，亦未雜風塵。」第三聯意味頗與前語不相聯貫，讀者或以爲疑。按，杜之旨本謂技藝倡優不應蒙人主顧眄賞接，然使政化如水，皇恩若神，爲治大要既無所損，則時時用此輩，亦亡害也。又如：「亂後碧井廢，時清瑤殿深。銅缾未失水，百丈有哀音。側想美人意，應悲寒甃沈。蛟龍半缺落，猶得折黄金。」此篇蓋見故宫井内汲者得銅缾而作，然首句便説廢井，則下文翻覆鋪叙爲難，而曲折宛轉如是，它人畢一生模寫不能到也〔三〕。又一篇云：「鬭雞初賜錦，舞馬既登床。簾下宫人出，樓前御柳長。仙游終一閟，女樂久無香。寂寞驪山道，清秋草木黄。」先忠宣公在北方，得唐人畫驪山宫殿圖一軸，華清宫居山顛，殿外垂簾，宫人無數，穴簾隙而窺，一時伶官戲劇，品類雜沓，皆列于下。杜一詩真所謂親見之也。

7　擇福莫若重

國語載范文子曰：「擇福莫若重，擇禍莫若輕。」且士君子樂天知命，全身遠害，避禍就福，安有迨于禍至擇而處之之理哉！韋昭注云：「有兩福擇取其重，有兩禍擇取其輕。」蓋以不幸而與禍會，勢不容但已，則權其輕重，順受其一焉。莊子養生主篇云：「爲善無近名，爲惡無近刑。」夫孳孳爲善，君子之所固然，何至於縱意爲惡，而特以不麗於刑爲得計哉！是又有説矣。其所謂惡者，蓋與善相對之辭，雖於德爲愆義，非若小人以身試禍自速百殃之比也。故下文云：「可以全生，可以保身，可以盡年。」其旨昭矣。

8　用人文字之失

士人爲文，或采已用語言，當深究其旨意，苟失之不考，則必詒論議。紹興七年，趙忠簡公重脩哲録，書成，轉特進，制詞云：「惟宣仁之誣謗未明，致哲廟之憂勤不顯。」此蓋用范忠宣遺表中語，兩句但易兩字，而甚不然。范之辭云：「致保佑之憂勤不顯。」專指母后以言，正得其實。今以保佑爲哲廟，則了非本意矣。紹興十九年，予爲福州教授，爲府作謝曆日表，頌德一聯云：「神祇祖考，既安樂於太平；歲月日時，又明章於庶證。」至乾道中，有外郡亦上表謝曆，蒙其采取用之，讀者以爲駢儷精切，予笑謂之曰：「此大有利害，今光堯在德壽，所謂『考』者何哉？」坐客皆縮頸，信乎不可不審也。

9 李衛公輞川圖跋

輞川圖一軸，李趙公題其末云：「藍田縣鹿苑寺主僧子良贄於予，且曰：『鹿苑即王右丞輞川之第也。右丞篤志奉佛，妻死不再娶，潔居逾三十載。母夫人卒，表宅爲寺。今冢墓在寺之西南隅，其圖實右丞之親筆。』予閱玩珍重，永爲家藏。」弘憲題其前一行云：「元和四年八月十三日，弘憲題。」弘憲者，吉甫字也。其後，衛公又跋云：「乘閒閱篋書中，得先公相國所收王右丞書輞川圖，實家世之寶也。先公凡更三十六鎮，故所藏書畫多用方鎮印記。大和二年戊申正月四日，浙江西道觀察等使、檢校禮部尚書兼潤州刺史李德裕恭題。」又一行云：「開成二年秋七月望日，文饒記。」前後五印，曰淮南節度使印、浙江西道觀察處置等使之印、劍南西川節度使印、山南西道節度使印、鄭滑節度使印，并贊皇二字。又內合同印，建業文房之印，集賢院藏書印，此三者南唐李氏所用，故後一行曰：「昇元二年十一月三日。」雖今所傳云臨本，然正自超妙。但衛公所志，殊爲可疑。唐書李吉甫傳云：「德宗以來，姑息藩鎮，有終身不易地者。吉甫爲相歲餘，凡易三十六鎮。」吉甫平生只爲淮南節度耳，今乃言身更三十六鎮，誠大不然。所用印記，如浙西、西川、山西、鄭滑，皆衛公所歷也。且書其父手澤，不言第幾子，而有李字，又自標其字，皆非是，蓋好事者妄爲之。白樂天詩所説清涼寺〔四〕，即輞川云。洪慶善作丹陽洪氏家譜序云：「丹陽之洪本姓弘，避唐諱改。有弘憲者，元和四年跋輞川圖。」亦大錯也。

10　白公夜聞歌者

白樂天琵琶行，蓋在潯陽江上爲商人婦所作。而商乃買茶於浮梁，婦對客奏曲，樂天移船，夜登其舟與飲，了無所忌，豈非以其長安故倡女不以爲嫌邪？集中又有一篇題云夜聞歌者，時自京城謫潯陽，宿於鄂州，又在琵琶之前。其詞曰：「夜泊鸚鵡洲，秋江月澄澈。鄰船有歌者，發調堪愁絶。歌罷繼以泣，泣聲通復咽。尋聲見其人，有婦顔如雪。獨倚帆檣立，娉婷十七八。夜淚似真珠，雙雙墮明月。借問誰家婦？歌泣何凄切。一問一霑襟，低眉終不説。」陳鴻長恨傳序云：「樂天深於詩多於情者也，故所遇必寄之吟詠，非有意於漁色。」然鄂州所見，亦一女子獨處，夫不在焉，瓜田李下之疑，唐人不譏也。今詩人罕談此章，聊復表出。

11 謝朏志節

荀彧佐魏武帝，劉穆之佐宋高祖，高德政佐齊文宣，高熲佐隋文帝，劉文静佐唐高祖，終之篡漢、晉、魏、周及取隋，其功不細矣。彧以不言伏后事與勸止九錫，飲酖而死。穆之居守丹陽，宋祖北伐，而九錫之旨從北來，愧懼而卒。德政以精神凌逼，爲楊愔所譖，熲以爲相畜妾，爲獨孤后所譖，文静以妾弟告變，爲裴寂所譖，皆不免於誅。蕭道成謀篡宋，欲引謝朏參贊大業，屏人與之語，朏無言。道成必欲引參佐命，以爲左長史，從容問道石苞事諷之，朏訖不順指。及受宋禪，方爲侍中，不肯解璽綬，引枕而卧，步出府門，道成之子賾欲殺之，道成畏得罪於公議，曰：「殺之適成其名，正當容之度外耳。」遂廢于家，海陵王之世復爲侍中。宣城王鸞謀繼大統，多引朝廷名士，朏心不願，乃求出爲吴興太守。其弟瀹爲吏部尚書，朏致酒與之，曰：「可力飲此，無預人事。」其心蓋惡鸞而末如之何也。朏之志節行義，凛凛如此。司馬温公猶以爲譏，斯亦可恕也已。續筆於士匄、韓厥下略及之，故復詳論于此。

12 琵琶亭詩

江州琵琶亭，下臨江津，國朝以來，往來者多題詠，其工者輒爲人所傳。淳熙己亥歲，蜀士郭明復以中元日至亭，賦古風一章，其前云：「白樂天流落湓浦，作琵琶行，其放懷適意，視憂患死生禍福得喪爲何物，非深於道者能之乎？賈傅謫長沙，抑鬱致死，陸相竄南賓，屏絶人事，至從狗竇中度食飲。兩公猶有累乎世，未能如樂天逍遥自得也。予過九江，維舟琵琶亭下，爲賦此章。」「香山居士頭欲白，秋風吹作湓城客。眼看世事等虚空，雲夢胸中無一物。舉觴獨醉天爲家，詩成萬象遭梳爬。不管時人皆欲殺，夜深江上聽琵琶。賈胡老婦兒女語，淚濕青衫如著雨。此公豈作少狂夢，與世浮沉聊爾汝。我來後公三百年，潯陽至今無管絃。公詩有「潯陽地僻無管絃」之句。長安不見遺音寂，依舊匡廬翠掃天。」郭君，成都人，隆興癸未登科，仕不甚達。但賈誼自長沙召還，後爲梁王傅乃卒，前所云少誤矣。吾州餘干縣東干越亭有琵琶洲在下，唐劉長卿、張祜輩皆留題。紹興中，王洋元勃一絶句云：「塞外風煙能記否，天涯淪落自心知。眼中風物參差是，只欠江州司馬詩。」真佳句也。

13 減損入官人

唐開元十七年，國子祭酒楊瑒上言：「省司奏限天下明經、進士及第每年不過百人。竊見流外出身，每歲二千餘人，而明經、進士不能居其什一，則是服勤道業之士，不如胥吏之得仕也。若以出身人太多，則應諸色裁損，不應獨抑明經、進士。」當時以其言爲然。淳熙九年，大減任子員數，是時，吏部四選開具以三年爲率，文班進士大約三四百人，任子文武亦如之。而恩倖流外，蓋過二千之數，甚與開元類也。

14 韓蘇文章譬喻

韓蘇兩公爲文章，用譬喻處，重複聯貫，至有七八轉者。韓公送石洪序云：「論人高下，事後當成敗，若河決下流東注，若駟馬駕輕車就熟路，而王良、造父爲之先後也，若燭照數計而龜卜也。」盛山詩序云：「儒者之於患難，其拒而不受於懷也，若築河隄以障屋霤；其容而消之也，若水之於海，冰之於夏日；其翫而忘之以文辭也，若奏金石以破蟋蟀之鳴、蟲飛之聲。」蘇公百步洪詩云「長洪斗落生跳波，輕舟南下如投梭。水師絶叫鳧鴈起，亂石一線爭磋磨。有如兔走鷹隼落，駿馬下注千丈坡。斷絃離柱箭脱手，飛電過隙珠翻荷」之類是也。

15　唐昭宗贈諫臣官

唐僖宗幸蜀，政事悉出内侍田令孜之手。左拾遺孟昭圖、右補闕常濬上疏論事，昭圖坐貶，令孜遣人沉之於蟇頤津，賜濬死。資治通鑑記其事。予讀昭宗實録，即位之初，贈昭圖起居郎，濬禮部員外郎，以其直諫被戮，故褒之。方時艱危，救亡不暇，而初政及此，通鑑失書之，亦可惜也。

校勘記

〔一〕紹熙癸丑歲旱村民無食　「旱」原作「旦」，據馬本、庫本、祠本改。

〔二〕左相日興費萬錢　「左」原作「在」，誤刊。據馬本、庫本、祠本改。

〔三〕一生模寫不能到也　「寫」原爲空格，據馬本、庫本補。

〔四〕清涼寺　馬本、祠本「涼」作「源」。

容齋三筆卷七 十四則

1 執政辭轉官

真宗天禧元年，合祭天地，禮畢，推恩百僚，宰相以下遷官一等。時參知政事三人，陳彭年自刑部侍郎遷兵部，王曾自左諫議大夫遷給事中，張知白自給事中遷工部侍郎。而知白獨懇辭數四，上敷諭，終不能奪。王曾聞之，亦乞寢恩命。上曰：「知白無他意，但以卿爲諫議大夫，班在上，己爲給事中，在下，所以固辭，欲品秩有序爾。」於是從知白所請，而優加名數，進階金紫光禄大夫，併賜功臣爵邑。元祐三年四月，宰執七人，自文彦博仍前太師外，右僕射吕公著除司空，同平章軍國事，中書侍郎吕大防除左僕射，同知樞密院范純仁除右僕射，尚書左丞劉摯除中書侍郎，右丞王存除左丞，唯知樞密院安燾不遷，乃自正議大夫特轉右光禄。燾上章辭，令學士院降詔不允。學士蘇軾以爲：「朝廷豈以執政六人五人進用，故加遷秩以慰其心？既無授受之名，僅似姑息之政，欲奉命草詔，不知所以爲詞，伏望從其所請。」御寶批：「可，且用一意度作不許詔書進入。」燾竟辭，始免。紹興三十一年，陳康伯自右相拜左相，朱倬自參政拜右相，時葉義問知樞密院，元居倬上，不得遷，朝論謂宜進爲使，學士何溥面受草制之旨，曾以爲言，高宗不許。紹熙五年七月，主上登極，拜知樞密院趙汝愚爲右相，參政陳騤除知院，同知院事余端禮除參政，而左丞相留正以少保進少傅，乃係特遷，且非覃恩，正固辭，乃止。

2 宗室補官

壽皇聖帝登極赦恩，凡宗子不以服屬遠近，人數多少，其曾獲文解兩次者，並直赴殿試，略通文墨者，所在州量試，即補承信郎。由是入仕者過千人以上。淳熙十六年二月、紹熙五年七月，二赦皆然，故皇族得官不可以數計。偶閲唐昭宗實録載一事云：「宗正少卿李克助奏：『准去年十一月赦書，皇三等以上親無官者，每父下放一人出身；皇五等以上親未有出身陪位者，與出身。寺司起請承前舊例，九廟子孫陪位者，每父下放一人出身，共放三百八十人。其諸房宗室等，各赴陪位納到文狀，共一千二十七人。除元不赴陪位及不納到狀，及違寺司條疏，不取宗室充係落下外，係三百八十人，合放出身。』勑准赦書處分。」予案昭宗以文德元年即位，次年十一月南郊禮畢肆赦，其文略云：「皇三等以上親，委中書門下各擇有才行者量與改官，無官者，每父下放一人出身；皇五等以上親未有出身陪位者，與出身。」然則亦有三等五等親、陪位與不陪位之差别也。

3 孫宣公諫封禪等

景德、祥符之間，北戎結好，宇内乂寧，一時邪諛之臣，唱爲瑞應祺祥，以罔明主，王欽若、陳彭年輩實主張之。天書既降，於是東封、西祀、太清之行，以次丕講，滿朝耆老方正之士，鮮有肯啓昌言以遏其姦焰，雖寇萊公亦爲之。而孫宣公奭獨上疏爭救，于再于三，真録出於欽若提綱，故不能盡載，以故後人罕稱之，予略摘其大槩紀於此。

一章論西祀，曰：「汾陰后土，事不經見。漢都雍，去汾陰至近；河東者，唐王業所起之地，且又都雍，故武帝、明皇行之。今陛下經重關，越險阻，遠離京師根本之固，其爲不可甚矣。古者聖王先成民而後致力於神，今土木之功，累年未息，水旱作沴，饑饉居多，乃欲勞民事神，神其享之乎！明皇嬖寵害政，姦佞當塗，以至身播國屯。今議者引開元故事以爲盛烈，臣切不取。今之姦臣，以先帝詔停封禪，故贊陛下，以爲繼承先志。且先帝欲北平幽朔，西取繼遷，則未嘗獻一謀、畫一策以佐陛下。而乃卑辭重幣，求和於契丹，蹙國縻爵，姑息於保吉。謂主辱臣死爲空言，以誣下罔上爲己任，撰造祥瑞，假託鬼神，纔畢東封，便議西幸。以祖宗艱難之業，爲佞邪僥倖之資，臣所以長歎而痛哭也。」

二章論爭言符瑞，曰：「今野鷵山鹿，並形奏簡，秋旱冬雷，率皆稱賀。將以欺上天，則上天不可欺；將以愚下民，則下民不可愚；將以惑後世，則後世必不信。腹非竊笑，有識盡然。」

三章論將幸亳州，曰：「國家近日多效唐明皇所爲。且明皇非令德之君，觀其禍敗，足爲深戒，而陛下反希慕之。近臣知而不諫，得非姦佞乎！明皇奔至馬嵬，楊國忠既誅，乃諭軍士曰：『朕識理不明，寄任失所，近亦覺寤。』然則已晚矣。陛下宜早覺寤，斥遠邪佞，不襲危亂之迹，社稷之福也。」

四章論朱能天書，曰：「姦憸小人，妄言符瑞，而陛下崇信之，屈至尊以迎拜，歸祕殿以奉安。百僚黎庶，痛心疾首，反脣腹非，不敢直言。臣不避死亡之誅，聽之罪之，惟在聖斷。昔漢文成、五利妄言不讎，漢武誅之。先帝時，侯莫、陳利用方術姦發，誅於鄭州。唐明皇得靈符寶券，皆王鉷、田同秀等所爲，不能顯戮，今日見老君於閣上，明日見老君於山中，大臣尸禄以將迎，端士畏威而緘默。及禄山兆亂，輔國劫遷，大命既傾，前功併棄。今朱能所爲是已。願遠思漢武之雄材，近法先帝之英斷，中鑒明皇之召禍，庶幾災害不生，禍亂不作。」

奭之論諫，雖魏鄭公、陸宣公不能過也。

4 赦恩爲害

赦過宥罪，自古不廢，然行之太頻，則惠姦長惡，引小人於大譴之域，其爲害固不勝言矣。唐莊宗同光二年大赦，前云：「罪無輕重，常赦所不原者，咸赦除之。」而又曰：「十惡五逆、屠牛、鑄錢、故殺人、合造毒藥、持仗行劫、官典犯贓，不在此限。」此制正得其中。當亂離之朝，乃能如是，亦可取也，而今時或不然。

5 代宗崇尚釋氏

唐代宗好祠祀，未甚重佛。元載、王縉、杜鴻漸爲相，三人皆好佛。上嘗問以「佛言報應，果爲有無」。載等奏：「國家運祚靈長，非宿植福業，何以致之？福業已定，雖時有小災，終不能爲害，所以安、史有子禍，僕固病死，回紇、吐蕃不戰而退，此皆非人力所及。」上由是深信之，常於禁中飯僧，有寇至則令僧講仁王經以禳之，寇去則厚加賞賜。胡僧不空，官至卿、監，爵爲國公，出入禁闥，勢移權貴，此唐史所載也。予家有嚴郢撰三藏和尚碑，徐季海書，乃不空也。云西域人，氏族不聞於中夏，玄、肅、代三朝皆爲國師。代宗初以特進、大鴻臚褒表之。及示疾，又就卧内加開府儀同三司、肅國公。既亡，廢朝三日，贈司空。其恩禮之寵如此。同時又有僧大濟，爲帝常脩功德，至殿中監。贈其父惠恭兗州刺史，官爲營辦葬事，有勑葬碑，今存。時兵革未盡息，元勳宿將，賞功賦職，不過以此處之，顧施之一僧，繆濫甚矣。

6 光武苻堅

漢光武建武三十年，群臣請封禪泰山。詔曰：「即位三十年，百姓怨氣滿腹，吾誰欺，欺天乎？若郡縣遠遣吏上壽，盛稱虛美，必髡，令屯田。」於是羣臣不敢復言，其英斷如此。然財二年間，乃因讀河圖會昌符，詔索河雒讖文言九世當封禪者，遂爲東封之舉，可謂自相矛盾矣。苻堅禁圖讖之學，尚書郎王佩讀讖，堅殺之，學讖者遂絶。及季年，爲慕容氏所困，於長安自讀讖書，云：「帝出五將久長得。」乃出奔五將山，甫至而爲姚萇所執。始禁人爲讖學，終乃以此喪身亡國。「久長得」之兆，豈非言久當爲姚萇所得乎！又「姚」與「遥」同，亦久也。光武與堅非可同日語，特其事偶可議云。

7 周武帝宣帝

周武帝平齊，中原盡入輿地，陳國不足平也，而雅志節儉，至是愈篤。後宮唯置妃二人，世婦三人，御妻三人，則其下保林、良使輩，度不過數十耳。一傳而至宣帝，奢淫酣縱，自比於天，廣搜美女，以實後宮，儀同以上女不許輒嫁，遂同時立五皇后。父子之賢否不同，一至於此。

8 唐觀察使

唐世於諸道置按察使，後改爲采訪處置使，治於所部之大郡。既又改爲觀察，其有戎旅之地，即置節度使。分天下爲四十餘道，大者十餘州，小者二三州，但令訪察善惡，舉其大綱。然兵甲、財賦、民俗之事，無所不領，謂之都府。權勢不勝其重，能生殺人，或專私其所領州，而虐視支郡。元結爲道州刺史，作春陵行，以爲「諸使誅求符牒二百餘通」，又作賊退示官吏一篇，以爲「忍苦哀歛」。陽城守道州，賦税不時，觀察使數誚責，又遣判官督賦，城自囚於獄。判官去，復遣官來按舉。韓愈送許郢州序云：「爲刺史者常私於其民，不以實應乎府，爲觀察使者常急於其賦，不以情信乎州，財已竭而歛不休，人已窮而賦愈急。」韓臯爲浙西觀察使，封杖決安吉令孫瀨至死。一時所行，大抵類此，然每道不過一使臨之耳。今之州郡控制按刺者，率五六人，而臺省不預，毁譽善否，隨其意好，又非唐日一觀察使比也。

9　冗濫除官

自漢以來，官曹冗濫之極者，如更始「竈下養，中郎將，爛羊頭，關內侯」，晉趙王倫「貂不足，狗尾續」，北史周世「員外常侍，道上比肩」，唐武后「補闕連車，拾遺平斗」之諺，皆顯顯著見者。中葉以後，尤爲泛濫，張巡在雍丘，才領一縣千兵，而大將六人，官皆開府特進，然則大將軍告身博一醉，誠有之矣。德宗避難於奉天，渾瑊之童奴曰黄芩，力戰，即封勃海郡王。至於僖、昭之世，遂有「捉船郭使君」、「看馬李僕射」。周行逢據湖、湘，境內有「漫天司空，遍地太保」之譏。李茂貞在鳳翔，內外持管籥者亦呼爲司空、太保。韋莊浣花集有贈僕者楊金詩云：「半年勤苦葺荒居，不獨單寒腹亦虚。努力且爲田舍客，它年爲爾覓金魚。」是時，人奴腰金曳紫者，蓋不難致也。

10　節度使稱太尉

唐節度使帶檢校官，其初只左右散騎常侍，如李愬在唐、鄧時所稱者也。後乃轉尚書及僕射、司空、司徒，能至此者蓋少。僖、昭以降，藩鎮盛彊，武夫得志，纔建節鉞，其資級已高，於是復升太保、太傅、太尉，其上惟有太師，故將帥悉稱太尉。元豐定官制，尚如舊貫。

崇寧中，改三公爲少師、少傅、少保，而以太尉爲武階之冠，以是凡管軍者，猶悉稱之。紹興間，葉夢得自觀文殿學士，張澄自端明殿學士，皆拜節度。葉嘗任執政，以暮年擁旄，爲儒者之榮，自稱葉太尉。張微時用鄧洵武給使恩出身，羞爲武職，但稱尚書如故，其相反如此。

11 五代濫刑

五代之際，時君以殺爲嬉，視人命如草芥。唐明宗頗有仁心，獨能斟酌㑹救。天成三年，京師巡檢軍使渾公兒口奏，有百姓二人，以竹竿習戰鬭之事。帝即傳宣令付石敬瑭處置，敬瑭殺之。次日，樞密使安重誨敷奏，方知悉是幼童爲戲。下詔自咎，以爲失刑，減常膳十日，以謝幽冤；罰敬瑭一月俸；渾公兒削官、杖脊，配流登州；小兒骨肉，賜絹五十匹，粟麥各百碩，便令如法埋葬。仍戒諸道州府，凡有極刑，並須子細裁遣。此事見舊五代史，新書去之。

12 太一推算

熙寧六年，司天中官正周琮言：「據太一經推算，熙寧七年甲寅歲，太一陽九、百六之數，至是年復元之初，故經言太歲有陽九之災，太一有百六之厄，皆在入元之終或復元之初。陽九、百六當癸丑、甲寅之歲，爲災厄之會，而得五福太一移入中都，可以消災爲祥。竊詳五福太一自雍熙甲申歲入東南巽宮，故修東太一宫于蘇村；天聖己巳歲入西南坤位，故修西太一宫于八角鎮。時王安石擅國，盡變亂祖宗法度，爲宗社之禍，蓋自此始，雖太一照臨，亦不能救也。望稽詳故事，崇建宫宇。」詔度地于集禧觀之東，於是爲中太一宫。紹熙四年癸丑，五年甲寅，朝廷之間殊爲多事，壽皇聖帝厭代，泰安以久疾退處，人情業業，皆有憂葵恤緯之慮。時無星官曆翁考步推賾，庸詎知非入元、復元之際乎？

13 趙丞相除拜

紹熙五年七月十六日宣麻制，以太中大夫、知樞密院事趙汝愚爲特進、右丞相，議者或謂國朝無宗室宰相，且轉官九級非故事。趙上章力辭，不肯入都堂涖職。越六日，詔改除樞密使，依宰臣超三官。又二日，制除正議大夫、樞密使。邁攷按故實，宣和二年，王黼自通議大夫、中書侍郎拜特進、少宰，凡遷八官，黼受之。靖康元年，吴敏自中大夫、知樞密院拜銀青光禄大夫、少宰，亦遷八官，敏辭之，但以通議就職。秦檜當國，以其子熺爲中大夫、知樞密院，已而除觀文殿學士，恩數如右僕射，遂暗轉通奉大夫，踰年加大學士，徑超七秩爲特進，熺處之不疑。捨此三人外，蓋未之有。若自宰相改樞密使，唯夏竦一人。是時以陳執中爲昭文相，竦爲集賢相。御史言：「竦向在陝西，與執中議論不協，不可同寅政地。」於是貼麻改命，而初制不出。今汝愚先報相麻，後報樞制，乃是經日已久，因固辭以然。又按國史，明道二年，宰臣張士遜、樞密使楊崇勳同日罷，士遜以左僕射判河南府，崇勳以節度使、平章事判許州，明日入謝，崇勳班居上。仁宗問之，士遜奏曰：「崇勳係使相，臣官只僕射，當在下。」即再鎖院，以士遜爲使相。是時，學士盛度當制，猶用士遜作相銜，論者非之，謂應用僕射、河南爲前銜也。乾道二年，葉顒以前參知政事召還，爲知樞密院，未受告而拜左相。邁當制，以新除如樞密院結銜。今汝愚拜相宣麻，已閱八日，故稱新除特進、右丞相。二者皆是也。

14 唐昭宗恤録儒士

唐昭宗光化三年十二月，左補闕韋莊奏：「詞人才子，時有遺賢。不霑一命於聖明，没作千年之恨骨。據臣所知，則有李賀、皇甫松、李羣玉、陸龜蒙、趙光遠、温廷筠、劉德仁、陸逵、傅錫、平曾、賈島、劉稚珪、羅鄴、方干，俱無顯過，皆有奇才。麗句清詞，徧在詞人之口；銜冤抱恨，竟爲冥路之塵。伏望追賜進士及第，各贈補闕、拾遺。見存唯羅隱一人，亦乞特賜科名，録升三署。」勑獎莊，而令中書門下詳酌處分。次年天復元年赦文，又令中書門下選擇新及第進士中有久在名場，才沾科級，年齒已高者，不拘常例，各授一官。於是禮部侍郎杜德祥奏：揀到新及第進士陳光問，年六十九，曹松年五十四，王希羽年七十三，劉象年七十，柯崇年六十四，鄭希顔年五十九。詔光問、松、希羽可祕書省正字，象、崇、希顔可太子校書。案登科記，是年進士二十六人，光問第四，松第八，希羽第十二，崇、象、希顔居末級。昭宗當斯時，離亂極矣，尚能眷眷於寒儒，其可書也。摭言云：「上新平内難，聞放新進士，喜甚，特授官，制詞曰：『念爾登科之際，當予反正之年。宜降異恩，各膺寵命。』時謂此舉爲五老牓。」

容齋三筆卷八 五則

1 徽宗薦嚴疏文

徽宗以紹興乙卯歲升遐，時忠宣公奉使未反命，滯留冷山，遣使臣沈珍往燕山，建道場於開泰寺，作功德疏曰：「千歲厭世，莫遂乘雲之僊；四海遏音，同深喪考之戚。况故宫爲禾黍，改館徒饋於秦牢；新廟游衣冠，招魂漫歌於楚些。雖置河東之賦，莫止江南之哀。遺民失望而痛心，孤臣久縶惟歐血〔一〕。伏願盛德之祀，傳百世以彌昌；在天之靈，繼三后而不朽。」北人讀之亦墮淚，爭相傳誦。其後梓宫南還，公已徙燕，率故臣之不忘國恩者，出迎於城北，搏膺大慟，虜俗最重忠義，不以爲罪也。

2 忠宣公謝表

建炎三年，先忠宣公銜命使北方，以淮甸賊蠭起，除兼淮南、京東等路撫諭使，俾李成以兵護至南京。公遺書抵成，成方與耿堅圍楚州，答書曰：「汴涸，虹有紅巾，非五千騎不可往。軍食絶，不克唯命。」公陰遣客説堅，堅强成斂兵，公行未至泗，諜云：「有迎騎甲而來。」副使龔璹憚之，送兵亦不肯前，遂返旆。即上疏言：「李成以餽餉稽緩，有引衆納命建康之語。今靳賽、薛慶方横，萬一三叛連衡，何以待之？方含垢養晦之時，宜選辯士諭意，優加撫納。」疏奏，高宗即遣使撫諭成，給米五萬斛。初，公戒所遣持奏吏，須疏從中出，乃詣政事堂白副封。時方禁直達，忤宰輔意，以託事滯留爲罪，特貶兩秩，而許出滁陽路。紹興十三年使回，始復元官。時已出知饒州，命予作謝表，直叙其故，曰：「論事見從，猶獲稽留之戾；出疆滋久，屢沾曠蕩之恩。始拜明綸，得仍舊秩。伏念臣頃繇乏使，不敢辭難。值三盜之連衡，阻兩淮而薦食。深虞猖獗之患，或起呼吸之間。輒露便宜，冀加勤恤。雖璽書賜報，樂聞充國之建言；而吏議不容，見謂陳湯之生事。虧除宦簿〔二〕，繇歷歲時。敢自意於來歸，遂悉還於所奪。兹蓋忘人之過，與天同功。念臣昔麗於微文，蔽罪本無於它意。故從數赦，俾獲自新。」書印既畢，父兄復共議，秦檜方擅國，見此表語言，未必不怒，乃别草一通引咎曰：「使指稽留，宜速虧除之戾；聖恩深厚，卒從拔拭之科。仰服矜憐，唯知感戴。伏念臣早繇乏使，遂俾行成。值巨寇之臨衝，欲搏人而肆毒。仗節宜圖於報稱，引車何事於逡巡。徐偃出疆，既失受辭之體；中舟假道，初無必死之心。雖蒙貶秩以小懲，尚許立功而自贖。徒行萬里，無補一毫。敢妄冀於隆寬，乃悉還於舊貫。兹蓋忘人之過，撫下以仁。陽爲德而陰爲刑，未嘗私意；賞有功而赦有罪，皆本好生。坐使孤臣，盡湔宿負。」云云。前後奉使，無有不轉官者，先公以朝散郎被命，不沾恩凡十五年，而歸僅復所貶，而合磨勘五官，刑部皆不引用，秦志也。遂終於此階。

3 四六名對

四六騈儷，於文章家爲至淺，然上自朝廷命令、詔册，下而搢紳之間牋書、祝疏，無所不用。則屬辭比事，固宜警策精切，使人讀之激卬，諷味不厭，乃爲得體。姑摭前輩及近時綴緝工緻者十數聯，以詒同志。

王元之擬李靖平突厥露布，其叙頡利求降且復謀竄曰：「穽中餓虎，暫爲掉尾之求；鞲上饑鷹，終有背人之意。」蘄州謝上表曰：「宣室鬼神之問，敢望生還；茂陵封禪之書，已期身後。」

范文正公微時，嘗冒姓朱，及後歸本宗，作啓曰：「志在逃秦，入境遂稱於張禄；名非霸越，乘舟偶効於陶朱。」用范睢、范蠡，皆當家故事。

鄧潤甫行貴妃制曰：「關睢之得淑女，無險詖私謁之心；雞鳴之思賢妃，有警戒相成之道。」

紹聖中，百僚請御正殿表曰：「皇矣上帝，必臨下而觀四方；大哉乾元，當統天而始萬物。」

東坡坤成節疏曰：「至哉坤元，德既超於載籍；養以天下，福宜冠於古今。」慰國哀表曰：「大哉孔子之仁，泫然流涕；至矣顯宗之孝，夢若平生。」謝賜帶馬表曰：「枯羸之質，匪伊垂之而帶有餘；斂退之心，非敢後也而馬不進。」

王履道大燕樂語曰：「五百里采，五百里衛，外包有截之區；八千歲春，八千歲秋，上祝無疆之壽。」除少宰余深制曰：「蓋四方其訓，以無競維人；必三后協心，而同底于道。」時并蔡京爲三相也。執政以邊功轉官詞曰：「惟皇天付予，庶其在此；率寧人有指，敢弗于從。」

翟公巽行外國王加恩制曰：「宗祀明堂，所以教諸侯之孝；大賚四海，不敢遺小國之臣。」知越州日，以擅發常平倉米救荒降官，謝表曰：「敢效秦人，坐視越人之瘠；既安劉氏，理知晁氏之危。」

孫仲益試詞科日，代高麗國王謝賜燕樂表曰：「玉帛萬國，干舞已格於七旬；簫韶九成，肉味遽忘於三月。」又曰：「蕩蕩乎無能名，雖莫見宫墻之美；欣欣然有喜色，咸豫聞管籥之音。」自中書舍人知和州，既壓境，見任者拒不納，以啓答郡僚曰：「雖文書衙袖，大人不以爲疑；然君命在門，將軍爲之不受。」鄰郡不發上供錢米，受旨推究，爲平亭其事，鄰守馳啓來謝，答之曰：「包茅不入，敢加問楚之師；輔車相依，自作全虞之計。」

汪彦章作靖康册康王文曰：「漢家之厄十世，宜光武之中興；獻公之子九人，惟重耳之尚在。」爲中書舍人試潭州進士何烈卷子内稱臣及聖，問不舉覺，坐罷職，謝表曰：「謂子路使門人爲臣，雖誠誖理；而徐邈云酒中有聖，初亦何心。」又曰：「書馬者與尾而五，常負譴憂；網禽而去面之三，永銜生賜。」宋齊愈坐於金虜立諸臣狀中，輒書「張邦昌」字，送御史臺，責詞曰：「義重於生，雖匹夫不可奪志；士失其守，或一言幾於喪邦。」又曰：「眭孟五行之説，豈所宜言；袁宏九錫之文，兹焉安忍。」責張邦昌詞曰：「雖天奪其衷，坐愚至此；然君異於器，代匱可乎。」知徽州，其鄉郡也，謝啓曰：「城郭重來，疑千載去家之鶴；交游半在，或一時同隊之魚。」

何掄除祕書少監，未幾以口語出守邛，謝啓曰：「雲外三山，風引舟而莫近；海濱八月，槎犯斗以空還。」

楊政除太尉，湯岐公草制曰：「遠覽漢京，傳楊氏者四世；近稽唐室，書系表者七人。」謂楊震子秉、秉子賜、賜子彪，四世爲太尉。李德裕辭太尉云：「國朝重惜此官，二百年間才七人。」其用事精確如此。

蔣子禮拜右相，王詷賀啓曰：「早登黄閣，獨見明公之妙年；今得舊儒，何憂左轄之虚位。」皆用杜詩語「扈聖登黄閣，明公獨妙年」，「左轄頻虚位，今年得舊儒」，亦可稱。

4 吾家四六

乾道初年，張魏公以右相都督江淮，議者謂兩淮保障不可恃，公親往視之。會詔歸朝，未至而免相，文惠公當制，其詞曰：「棘門如兒戲耳，庸謹秋防；衮衣以公歸兮，庶聞辰告。」所謂兒戲者，指邊將也，而讀者乃以爲詆魏公。其尾句曰：「春秋責備賢者，慨功業之惟艱；天子加禮大臣，固始終之不替。」所以悵惜之意至矣。王大寶致仕詞曰：「閔勞以事，聖王隆待下之仁；歸絜其身，君子盡遺榮之美。」大寶有遺泄之疾，或又謂有所譏，而實不然。罷相後，起帥浙東，謝表曰：「上丞相之印，方事退藏；懷會稽之章，遽叨進用。」謝生日詩詞啓曰：「五十當貴，適買臣治越之年；八千爲秋，辱莊子大椿之譽。」時正五十歲也。

紹興壬戌詞科，代樞密使謝賜玉帶表，文安公曰：「有璞於此必使琢，恍驚制作之工；匪伊垂之則有餘，允謂便蕃之賜。」主司喜焉，擢爲第一。

乙丑年，代謝賜御書周易尚書表，予曰：「八卦之説謂之索，奉以周旋；百篇之義莫得聞，坦然明白。」尾句曰：「但驚奎壁之輝，從天而下；莫測龜龍之祕，行地無疆。」亦忝此選。代福州謝曆日表曰：「神祇祖考，既安樂於太平；歲月日時，又明章於庶徵。」正用詩鳧鷖序「太平之君子，能持盈守成，神祇祖考安樂之也」。洪範庶徵「歲月日時無易，百穀用成，乂用明，俊民用章」，皆上下聯文，未嘗輒增一字。淵聖乾龍節疏曰：「應天而行，早得尊於大有；象日之動，偶蒙難於明夷。」易大有卦「柔得尊位」、「應乎天而時行」，左傳叔孫豹筮遇明夷「象日之動，故曰君子于行」，彖辭云「內文明而外柔順，以蒙大難」，亦純用本文。

乾道丁亥南郊赦文曰：「皇天后土，監于成命之詩；藝祖、太宗，昭我思文之配。」讀者以爲壯。後語曰：「天地設位而聖人成能，既撲緼紛之況；雷雨作解而君子赦過，式流汪濊之恩。」此文先三日鎖院所作，冬至日適有雷雪之異，殆成讖云。

葉子昂參知政事，爲諫議大夫林安宅所擊罷去，林遂副樞密，已而置獄治其言，皆無實，林責居筠，葉召拜左揆。予草制曰：「既從有北之投，亟下居東之召。有欲爲王留者，孰明去就之忠。無以我公歸兮，大慰瞻儀之望。」本意用「公歸」之句，指邦人而言也，故云「瞻儀」。而御史單時疑之，謂人君而稱臣爲我公，彼蓋不詳味詞理耳。子昂坐冬雷罷相，予又當制，曰：「調陰陽而遂萬物，所嗟論道之非；因災異而劾三公，實負應天之愧。」蓋因有諷諫也。

嗣濮王加恩制曰：「天神明而照知四方，既下臨於精意；王孫子而本支百世，兹載錫於蕃釐。」又曰：「春秋享祀，獨冠周家之宗盟；老成典刑，蔚爲劉氏之祭酒。」士衎制曰：「克羞饋祀，事其先而萬國歡心；肅倡和聲，行於郊而百神受職。」賜宰臣辭免提舉聖政書成轉官詔曰：「爲天子父尊之至，永惟傳序之恩；問聖人德何以加，莫越重華之孝。」賜葉資政辭召命詔曰：「見晛曰消，顧何傷於日月；得時則駕，宜亟會於風雲。」賜史大觀文以新蜀帥改越辭免詔曰：「王陽爲孝子，敢煩益部之行；莊助留侍中，姑奉會稽之計。」吴璘在興元、修塞兩縣決壞渠爲田，奬諭詔曰：「刻石立作三犀牛，重見離堆之利；復陂誰云兩黄鵠，詎煩鴻卻之謡。」用老杜石犀行云「秦時蜀太守刻石立作三犀牛」及翟方進壞鴻卻陂童謡云「反乎覆，陂當復，誰云者？兩黄鵠」等語也。劉共甫自潭帥除翰林學士，答詔曰：「不見賈生，兹趣長沙之召；既還陸贄，宜膺内相之除。」批執政辭經脩哲宗寶訓轉官曰：「念疊矩重規，當賢聖之君七作；而立經陳紀，在謨訓之文百篇。」哲廟正爲第七主，而寶訓百卷也。答蔣丞相辭免曰：「永惟萬事之統，知非艱而行惟艱；有不二心之臣，帥以正則罔不正。」禮部爲宰臣以顯仁皇后小祥請吉服，奏曰：「練而慨然，禮應順變；期可已矣，懼或過中。」又曰：「漢中天二百而興，益隆大業；舜至孝五十而慕，獨耀前徽。」時高宗聖壽五十四也。辛巳親征詔曰：「惟天惟祖宗，方共扶於基緒；有民有社稷，敢自佚於宴安。」又曰：「歲星臨於吴分，定成肥水之勳；鬭士倍於晉師，可決韓原之勝。」是時，歲星在楚，故云。檄書曰：「爲劉氏左袒，飽聞思漢之忠；徯湯后東征，必慰戴商之望。」又曰：「侯王寧有種乎？人皆可致；富貴是所欲也，時不再來。」紫宸大宴致語曰：「廟謨先定，百官修輔而厥后惟明；黼坐端臨，五帝神聖而其臣莫及。」脩聖政轉官詞曰：「念五馬渡江之後〔三〕，光啓中興；述六龍御天以來，式時猷訓。」又曰：「薦於天而天是受，永言覆燾之恩；問諸朝而朝不知，詎測形容之妙。」汪觀文復官詞曰：「作雷雨之解而宥罪，在法當原；如日月之食而及更，於明何損。」步帥陳敏制曰：「亞夫持重，小棘門、霸上之將軍；不識將屯，冠長樂、未央之衛尉。」吴挺興州制曰：「能得士心，吴起固西河之守；差彊人意，廣平開東漢之興。」起復知金州制曰：「惟天不弔，壞萬里之長城；有子而賢，作三軍之元帥。」蕭鷓巴詞曰：「隨會在秦，晉國起六卿之懼；日磾仕漢，秺侯傳七葉之芳。」姚仲復官制曰：「李廣數奇，應恨封侯之相；孟明一眚，終酬拜賜之師。」追封皇弟四子邵王詞曰：「舉漢武三王之策，方茂徽章；念周文十子之宗，獨留遺恨。」時已封建三王也。趙忠簡謚制曰：「見夷吾於江左，共知晉室之何憂；還德裕於崖州，豈待令狐之復夢。」王彦贈官詞曰：「申帶礪以丹書之誓，方休甲第之功臣；挂衣冠於神虎之門，竟失戍營之校尉。」向起贈官詞曰：「馳至金城郡，方思充國之忠；生入玉門關，竟負班超之望。」李師顔贈官制曰：「青天上蜀道，久嚴分閫之權；黑水惟梁州，愴失安邊之傑。」襄帥王宣贈官詞曰：「黄河如帶，莫申劉氏之盟；漢水爲池，空墮羊公之淚。」王淪以太常少卿朔祭太廟，忘設象尊、犧尊，降官詞曰：「犧象不設，已廢司彝之供；餼羊空存，殊乖告朔之禮。」潼川神加封詞曰：「駕飛龍兮靈之斿〔四〕，具嚴涣命；驅厲鬼兮山之左，終相此邦。」青城山蠶叢氏封侯詞曰：「想青神侯國之封，自今以始；雖白帝公孫之盛，於我何加。」陽山龍母詞曰：「居然生子，乘雲氣以爲龍；惟爾有神，時雨暘而利物。」魏丞相贈父詞曰：「大名之後必大，非此其身；和戎如樂之和，幸哉有子。」魏蓋以使虜定和議，旋致大用。贈母詞曰：「藏盟府之國功，不殊魏絳；成外家之宅相，重見陽元。」封妻姜氏詞曰：「筮仕于晉曰魏，方開門户之祥；取妻必齊之姜，孰盛閨闈之美。」虞丞相贈父詞曰：「活千人有封，非其身者在其子；德百世必祀，畸於人者侔於天。」又周仁贈父詞曰〔五〕：「有子能賢，高舉而集吴地；受予顯服，會同而朝漢京。」用東方朔非有先生傳「高舉遠引，來集吴地」及兩京賦「春王三朝，會同漢京」也。獎諭吴挺詔曰：「閫外制將軍，方有成於東鄉；舟中皆敵國，應無慮於西河。」梁丞相醴泉使兼侍讀制曰：「珍臺閒館，獨冠皐、伊之倫魁；廣厦細旃，尚論唐、虞之盛際。」又答詔曰：「一言可以興邦，念爲臣之不易；三宿而後出晝，勉爲王而留行。」王丞相進玉牒加恩制曰：「載籍之傳五三，壯太祖、太宗之立極；賢聖之君六七，耀永昭、永厚之詒謀。」批以旱得雨請御殿曰：「念七月之間則旱，昝證已深；雖三日以往爲霖，憂端未貰。」餘不勝書。唯記從兄在泉幕，淮東使者，其友壻也，發京狀薦之，爲作謝啓曰：「襟袂相連，夙愧末親之孤陋；雲泥縣望，分無通貴之哀憐。」皆用杜詩。其下句人人知之，上句乃贈李十五丈云：「孤陋忝末親，等級敢比肩。人生意氣合，相與襟袂連。」此事適著題，而與前送韋書記詩句偶可整齊用之，故併紀于此。但以傳示子孫甥姪而已，不足爲外人道也。

5 唐賢啟狀

故書中有唐賢啓狀一册，皆汎汎緘題。其間標爲獨孤常州及、劉信州太真、陸中丞長源、吕衡州温者各數十篇，亦無可傳誦。時人以其名士，故流行至今。獨孤有與第五相公書云：「垂示送丘郎中兩詩，詞清興深，常情所不及。『陰天聞斷鴈，夜浦送歸人。』醲麗閑遠之外，文句窈窕悽惻，比頃來所示者，才又加等。但吟誦歎詠，大談於吴中文人耳。」又云：「昨見送梁侍御六韻，清麗妍雅，妙絶今時，掩映風騷，吟諷不足。」案第五琦乃聚斂之臣，不以文稱，而獨孤獎重之如此。觀表出十字，誠爲佳句，乃知唐人工詩者多，不必專門名家而後可稱也。

校勘記

〔一〕遺民失望而痛心孤臣久縶惟歐血　「惟」原作「而」，據馬本、祠本改。

〔二〕虧除宧簿　李本、馬本、祠本「宧」作「官」。

〔三〕念五馬渡江之後　李本、馬本、祠本「渡」作「浮」。

〔四〕駕飛龍兮靈之斿　「斿」原作「游」，據李本改。

〔五〕又周仁贈父詞曰　「又」原作「大」，據祠本改。馬本爲空格。

唐宋史料筆記叢刊

容齋隨筆

下册

〔宋〕洪邁撰

孔凡禮點校

中華書局

容齋三筆卷九十六則

1 樞密兩長官

趙汝愚初拜相，陳騤自參知政事除知樞密院。趙辭不受相印，乃改樞密使，而陳已供職累日。朝論謂兩樞長，又名稱不同，爲無典故。案，熙寧元年觀文殿學士、新知大名府陳升之過闕，留知樞密院。故事，樞密使與知院事不並置。時文彦博、吕公弼既爲使，神宗以升之三輔政，欲稍異其禮，且王安石意在抑彦博，故特命之。然則自有故事也。

2 赦放債負

淳熙十六年二月登極赦：「凡民間所欠債負，不以久近多少，一切除放。」遂有方出錢旬日，未得一息，而并本盡失之者，人不以爲便。何澹爲諫大夫，嘗論其事，遂令只償本錢，小人無義，幾至喧譟。紹熙五年七月覃赦，乃只爲蠲三年以前者。案，晉高祖天福六年八月赦云：「私下債負取利及一倍者，並放。」此最爲得。又云：「天福五年終已前，殘税並放。」而今時所放官物，常是以前二年爲斷，則民已輸納，無及於惠矣。唯民間房賃欠負，則從一年以前皆免。比之區區五代，翻有所不若也。

3 馮道王溥

馮道爲宰相歷數朝，當漢隱帝時，著長樂老自叙云：「余先自燕亡歸河東，事莊宗、明宗、愍帝、清泰帝、晉高祖、少帝、契丹主、漢高祖、今上，三世贈至師傅，階自將仕郎至開府儀同三司，職自幽州巡官至武勝軍節度使，官自試大理評事至兼中書令，正官自中書舍人至戎太傅、漢太師，爵自開國男至齊國公。孝於家，忠於國，己無不道之言〔一〕，門無不義之貨。下不欺於地，中不欺於人，上不欺於天。其不足者，不能爲大君致一統，定八方，誠有愧於歷官，何以答乾坤之施。老而自樂，何樂如之。」道此文載於范質五代通録，歐陽公、司馬温公嘗詆誚之，以爲無廉恥矣。

王溥自周太祖之末爲相，至國朝乾德二年罷。嘗作自問詩，述其踐歷，其序云：「予年二十有五，舉進士甲科，從周祖征河中，改太常丞。登朝時同年生尚未釋褐，不日作相。在廊廟凡十有一年，歷事四朝，去春恩制改太子太保。每思菲陋，當此榮遇，十五年間，遂躋極品，儒者之幸，殆無以過。今行年四十三歲，自朝請之暇，但宴居讀佛書，歌詠承平，因作自問詩十五章，以志本末。」此序見三朝史本傳，而詩不傳，頗與長樂叙相類，亦可議也。

4　周玄豹相

唐莊宗時，術士周玄豹以相法言人事，多中。時明宗爲内衙指揮使，安重誨使他人易服而坐，召玄豹相之。玄豹曰：「内衙，貴將也，此不足當之。」乃指明宗於下坐，曰：「此是也。」因爲明宗言其後貴不可言。明宗即位，思玄豹以爲神。將召至京師，宰相趙鳳諫，乃止。觀此事，則玄豹之方術可知。然馮道初自燕歸太原，監軍使張承業辟爲本院巡官，甚重之。玄豹謂承業曰：「馮生無前程，不可過用。」書記盧質曰：「我曾見杜黄裳寫真圖，道之狀貌酷類焉，將來必副大用，玄豹之言，不足信也。」承業於是薦道爲霸府從事，其後位極人臣，考終牖下，五代諸臣皆莫能及，則玄豹未得擅唐、許之譽也。道在晉天福中爲上相，詔賜生辰器幣。道以幼屬亂離，早喪父母，不記生日，懇辭不受。然則道終身不可問命，獨有形狀可相，而善工亦失之如此。

5　鈷鉧滄浪

柳子厚鈷鉧潭西小丘記云：「丘之小不能一畝。問其主。曰：『唐氏之棄地，貨而不售。』問其價，曰：『止四百。』予憐而售之。以兹丘之勝，致之灃水、鄠、杜，則貴游之士爭買者，日增千金而愈不可得。今棄是州也，農夫漁父過而陋之，賈四百，連歲不能售。」蘇子美滄浪亭記云：「予游吴中，過郡學東，顧草樹鬱然，崇阜廣水，不類乎城中。並水得微徑於雜花脩竹之間，東趨數百步，有棄地，三向皆水，旁無民居，左右皆林木相虧蔽。予愛而裴回，遂以錢四萬得之〔二〕。」予謂二境之勝絶如此，至於人弃不售，安知其後卒爲名人賞踐。如滄浪亭者，今爲韓蘄王家所有，價直數百萬矣，但鈷鉧復埋没不可識。士之處世，遇與不遇，其亦如是哉！

6　司封失典故

南渡之後，臺省胥吏舊人多不存，後生習學，加以省記，不復諳悉典章。而司封以閑曹之故，尤爲不謹。舊法，大卿、監以上贈父至太尉止，餘官至吏部尚書止。今司封法，餘官至金紫光禄大夫，蓋昔之吏書也，而中散以上贈父至少師止。案，政和以前，太尉在太傅上，其上唯有太師，故凡稱攝太尉者，皆爲攝太傅，則贈者亦應如此，不應但許至少師也。後生爲執政，其身後但有子升朝，則累贈可至極品大國公。歐陽公位參知政事、太子少師，以諸子恩至太師兖國公，而其子棐亦不過朝大夫耳，見於蘇公祭文及黄門所撰神道碑。比年汪莊敏公任樞密使，以子贈太師，當封國公，而司封以爲須一子爲侍從乃可，竟不肯施行，不知其説載於何法也。朱漢章却以子贈至大國公。舊少卿、監遇恩，封開國男，食邑三百户，自後再該加封，則每次增百户，無止法。今一封即止。舊學士待制，食邑千五百户以上，每遇恩則加實封，若虚邑五百者，其實封加二百，虚邑三百、二百者，實封加一百。今復不然，雖前執政亦只加虚邑三百耳，故侍從官多至實封百户即止，尤可笑也。

7 老人該恩官封

晁無咎作積善堂記云：「大觀元年大赦天下，民百歲男子官，婦人封；仕而父母年九十，官封如民百歲。於是故漳州軍事判官晁仲康之母黄氏年九十一矣，其第四子仲詢走京師狀其事，省中爲漳州請，漳州雖没，赦令初不異往者，丞相以爲可而上之，封壽光縣太君。」今自乾道以來，慶典屢下，仕者之父母年七十、八十即得官封，而子已没者，其家未嘗陳理，爲可惜也。

8 學士中丞

淳熙十四年九月，予以雜學士除翰林學士，蔣世脩以諫議大夫除御史中丞，時施聖與在政府，語同列云：「此二官不常置，今咄咄逼人，吾輩當自點檢。」蓋謂其必大用也，已而皆不然。因考紹興中所除者，不暇縷述，姑從壽皇聖帝以後，至于紹熙五年，枚數之，爲學士者九人，仲兄文安公、史魏公、伯兄文惠公、劉忠肅、王日嚴、王魯公、周益公及予，其後李獻之也。二兄、史、劉、王、周皆擢執政，日嚴以耆老拜端明致仕，唯予出補郡，獻之遂踵武。爲中丞者六人：辛企李、姚令則、黄德潤、蔣世脩、謝昌國、何自然也。辛、姚、黄皆執政，唯蔣補郡，昌國徙權尚書，即去國，自然以本生母憂持服云。

9 漢高祖父母姓名

漢高祖父曰太公，母曰媪，見於史者如是而已。皇甫謐、王符始撰爲奇語，云太公名執嘉，又名煓，媪姓王氏。唐弘文館學士司馬貞作史記索隱云：「母温氏。是時，打得班固泗水亭長古石碑文，其字分明作『温』，云『母温氏』。與賈膺復、徐彦伯、魏奉古等執對反覆，深歎古人未聞，聊記異見。」予切謂固果有此明證，何不載之於漢紀，疑亦後世好事者如皇甫之徒所增加耳。又嘗在嶺外，見康州龍媪廟碑，亦云姓温氏，則指媪爲温者不一也。唐小説纂異記載三史王生醉入高祖廟，見高祖云：「朕之中外，泗州亭長碑昭然具載外族温氏。」蓋不根誕妄之説。

10　君臣事迹屏風

唐憲宗元和二年，製君臣事跡。上以天下無事，留意典墳，每覽前代興亡得失之事，皆三復其言。遂采尚書、春秋後傳、史記、漢書、三國志、晏子春秋、吴越春秋、新序、説苑等書君臣行事可爲龜鑑者，集成十四篇，自製其序，寫於屏風，列之御座之右，書屏風六扇於中，宣示宰臣。李藩等皆進表稱賀，白居易翰林制詔有批李夷簡及百寮嚴綬等賀表，其略云：「取而作鑑，書以爲屏。與其散在圖書，心存而景慕，不若列之繪素，目覩而躬行。庶將爲後事之師，不獨觀古人之象。」又云：「森然在目，如見其人。論列是非，既庶幾爲坐隅之戒；發揮獻納，亦足以開臣下之心。」居易代言，可謂詳盡。又以見唐世人主作一事而中外至於表賀，又答詔勤渠如此，亦幾於叢脞矣。憲宗此書，有辨邪正、去奢泰兩篇，而末年用皇甫鎛而去裴度，荒於遊宴，死於宦侍之手，屏風本意，果安在哉！

11　僧道科目

唐末帝清泰二年二月，功德使奏：「每年誕節，諸州府奏薦僧道，其僧尼欲立講論科、講經科、表白科、文章應制科、持念科、禪科、聲贊科，道士經法科、講論科、文章應制科、表白科、聲贊科、焚修科，以試其能否。」從之。此事見舊五代史紀，不知曾行與否，至何時而罷也。蓋是時猶未鬻賣祠部度牒耳。周世宗廢併寺院，有詔約束云：「男年十五以上，念得經文一百紙，或讀得五百紙，女年十三以上，念得經文七十紙，或讀得三百紙者，經本府陳狀，乞剃頭，委録事參軍、本判官試驗。兩京、大名、京兆府、青州各起置戒壇，候受戒時，兩京委祠部差官引試，其三處秖委判官，逐處聞奏。候勑下委祠部給付憑由，方得剃頭受戒。」其防禁之詳如此，非若今時只納錢于官，便可出家也。念經、讀經之異，疑爲背誦與對本云。

12 射佃逃田

漢之法制，大抵因秦，而隨宜損益，不害其爲炎漢。唐之法制，大抵因隋而小加振飾，不害其爲盛唐。國家當五季衰亂之後，其究不下秦、隋，然一時設施，固亦有可采取。案周世宗顯德二年，詔：「應逃户莊田，並許人請射承佃，供納税租。如三周年内本户來歸者，其桑田不計荒熟，並交還一半。五周年内歸業者，三分交還一分。如五周年外，除本户墳塋外，不在交付之限。其近北諸州陷蕃人户來歸業者，五周年内三分交還二分，十周年内還一半，十五周年内三分還一。此外者，不在交還之限。」其旨明白，人人可曉，非若今之令式文書，盈於几閣〔三〕，爲猾吏舞文之具，故有捨去物業三五十年，妄人詐稱逃户子孫，以錢買吏而奪見佃者，爲可歎也。

13 周世宗好殺

史稱周世宗用法太嚴，群臣職事，小有不舉，往往寘之極刑，予既書於續筆矣。薛居正舊史記載其事甚備，而歐陽公多芟去，今略記于此。樊愛能、何徽以用兵先潰，軍法當誅，無可言者。其他如宋州巡檢供奉官竹奉璘以捕盜不獲，左羽林大將軍孟漢卿以監納取耗，刑部員外郎陳渥以檢田失實，濟州馬軍都指揮使康儼以橋道不謹，内供奉官孫延希以督脩永福殿而役夫有就瓦中噉飯者，密州防禦副使侯希進以不奉使者命檢視夏苗，左藏庫使符令光以造軍士襖襦不辦〔四〕，楚州防禦使張順以隱落税錢，皆抵極刑，而其罪有不至死者。

14 孟字義訓

一字數義，固有之矣。若孟字，只是最長、最先之稱，如所謂孟侯、孟孫、元妃孟子、孟春、孟夏之類是也。國語：「優施謂里克妻曰：主孟啗我。」注云：「大夫之妻稱主，從夫稱也。」而謂孟爲里克妻字則非矣。又云：「孟一作盍。」史記呂后本紀注中引此句，而司馬貞索隱乃云：「孟者，且也，言且啗我物。」其説無所據。班固幽通賦：「盍孟晉以迨羣。」李善乃注孟爲勉。蜀王衍書其臣徐延瓊宅壁爲孟言，蜀語謂孟爲弱，故以戲之。其後孟知祥得蜀，館于徐第，以爲己讖，此義又爲無稽也。東坡與歐陽叔弼詩云：「主孟當啗我，玉鱗金鯉魚。」正用優施語。魯之寶刀曰孟勞，不詳其義。

15　向巨原詩

亡友向巨原，自少時能作詩，予初識之於梁宏夫坐上，未深知之也。是日，偕二友從吴傅朋遊芝山，登五老亭，以「駕言出游」分韻賦詩。巨原得駕字，其語云：「兹山何巍巍，氣欲等嵩、華。從公二三子，勝日飽閑暇。躋攀謝車輿，自辦兩不借。捫蘿覓幽隥，行椒得孤榭。側送夕陽移，俯視高鳥下。登臨記曩昔，歲月驚代謝。却數一周星，復命千里駕。身從泛梗流，事與浮雲化。揭來共一尊，似爲天所赦。明發還問塗，合離足悲吒。」詩成，觀者皆服。傅朋游絲詩卷數百篇，巨原獨不深歎美之，頗記其數句曰：「先生著名節，百世追延陵。我評先生賢，不以能書稱。功成磨蒼崖，盛德頌日昇。勿書陵雲榜，華顛踏高層。」句格超峻，其旨皆有規諷，與前所紀劉彦冲古風相類也。後裒其平生所作數千篇，目爲葵齋雜藁，倩予爲序。時予在章貢，及序成持寄之，則已卧病，僅能於枕上一讀而已。巨原初見韓子蒼，得一詩，曰：「老子真祠地，君來覓紙題。文如士衡俊，年與正平齊。聞説鍾陵郡，官居章水西。涪翁詩律在，佳處可時携。」而韓集佚不收，但見序中耳。

16 葉晦叔詩

亡友葉黯晦叔，嘗除勑令所删定官。紹興十九年，爲福建帥屬，予嘗因春補諸生，白于府主，邀與同考校，鎖宿貢院兩旬。予作長句云：「沈沈廣厦清如水，市聲人聲不到耳。一閑十日豈天賜，慙愧紛紛白袍子。相逢更得金玉人，久矣眼中無此士。連床夜語不成寐，往往鷄聲忽驚起。是中差樂真難名，昔者相過安得此。但憐時節不相謀，正墮清明寒食裏。梨花已空海棠榭，外間物色知餘幾。只恐雨風摧折之，負此一春吾過矣。謝公尋山飽閒暇，應笑腐儒黏故紙。錦囊得句應已多，萬一相思頻寄似。」時謝景思爲參議官，故卒章簡之。晦叔和篇云：「文章萬言抵杯水，世上虚名徒爾耳。我常自笑一生癡，那更將癡笑羣子。大屋沈沈餘百年，到今所閲知幾士。看渠得失自偶然，其間悲喜從何起。君聞我言亦大笑，爲説萬事總如此。缺兩句。急須了却公家事，門外不知春有幾。缺三句。飛雨時聞打窗紙。他年萬一復相從，未必從容今日似。」其語意超新，惜不能盡憶。又嘗云：「五十六言，大氐多引韻起，若以側句入，尤峻健。如老杜『幽棲地僻經過少，老病人扶再拜難』是也。然此猶是作對，若以散句起又佳。如『苦憶荆州醉司馬，謫官樽俎定常開』是也。」故予自福泮滿歸，晦叔以二詩送别，正用此體。一章云：「一門伯仲知誰似？四海文章正數君。何事與予如舊識，由來於世兩相聞。閑官各喜光陰賸，勝地空多物色分。忽復翩然從此去，便應變化上青雲。」二章云：「此地相從驚歲晚，登臨況是客歸時。却將襟抱向誰可，正爾艱難惟子知。情到中年工作惡，别於生世易爲悲。梅花盡醉江清上，黯澹西風凍雨垂。」可謂奇作。然相别不兩年即下世，每誦味其語，輒爲悽然。因刻所作容齋記，嘗識于末。

校勘記

〔一〕已無不道之言　祠本「已」作「口」。按，舊五代史卷一百二十六馮道傳作「口」。

〔二〕遂以錢四萬得之　「之」原爲空格，據明抄本補。

〔三〕盈於几閣　「几」原作「凡」，據明抄本改。

〔四〕左藏庫使符令光以造軍士複襦不辦　馬本、祠本「複」作「袍」，舊五代史卷一百一十七作「袍」。按，「複襦」亦可通。今仍其舊。

容齋三筆卷十 十七則

1 詞學科目

熙寧罷詩賦，元祐復之，至紹聖又罷，於是學者不復習爲應用之文。紹聖二年，始立宏詞科，除詔、誥、制、勑不試外，其章表、露布、檄書、頌、箴、銘、序、記、誡諭凡九種，以四題作兩場引試，唯進士得預，而專用國朝及時事爲題，每取不得過五人。大觀四年，改立詞學兼茂科，增試制詔，内二篇以歷代史故事，每歲一試，所取不得過三人。紹興三年，工部侍郎李擢又乞取兩科裁訂，别立一科，遂增爲十二體：曰制、曰誥、曰詔、曰表、曰露布、曰檄、曰箴、曰銘、曰記、曰贊、曰頌、曰序。凡三場，試六篇，每場一古一今，而許卿大夫之任子亦就試，爲博學宏詞科，所取不得過五人。任子中選者，賜進士第。雖用唐時科目，而所試文則非也。自乙卯至于紹熙癸丑二十牓，或三人，或二人，或一人，并之三十三人，而紹熙庚戌闕不取。其以任子進者，湯岐公至宰相，王日嚴至翰林承旨，李獻之學士，陳子象兵部侍郎，湯朝美右史，陳峴方進用，而予兄弟居其間，文惠公至宰相，文安公至執政，予冒處翰苑。此外皆係已登科人，然擢用者，唯周益公至宰相，周茂振執政，沈德和、莫子齊、倪正父、莫仲謙、趙大本、傅景仁至侍從，葉伯益、季元衡至左右史，餘多碌碌。而見存未顯者，陳宗召也。然則吾家所蒙，亦云過矣。

2　唐夜試進士

唐進士入舉場得用燭，故或者以爲自平旦至通宵。劉虚白有「二十年前此夜中，一般燈燭一般風」之句，及「三條燭盡」之説。按，舊五代史選舉志云：「長興二年，禮部貢院奏當司奉堂帖夜試進士，有何條格者。敕旨：『秋來赴舉，備有常程。夜後爲文，曾無舊制。王道以明規是設，公事須白晝顯行。其進士並令排門齊入就試，至閉門時試畢，内有先了者，上曆畫時，旋令先出，其入策亦須晝試，應諸科對策，並依此例。』」則晝試進士，非前例也。清泰二年，貢院又請進士試雜文，並點門入省，經宿就試。至晉開運元年，又因禮部尚書知貢舉竇貞固奏，自前考試進士，皆以三條燭爲限，并諸色舉人有懷藏書册不令就試。未知於何時復有更革。白樂天集中奏狀云：「進士許用書册，兼得通宵。」但不明言入試朝暮也。

3 納紬絹尺度

周顯德三年，勑：舊制織造絁紬、絹布、綾羅、錦綺、紗縠等，幅闊二尺起，來年後並須及二尺五分。宜令諸道州府，來年所納官絹，每匹須及一十二兩，其絁紬只要夾密停匀，不定斤兩。其納官紬絹，依舊長四十二尺。乃知今之税絹，尺度長短闊狹，斤兩輕重，頗本於此。

4 朱梁輕賦

朱梁之惡，最爲歐陽公五代史記所斥詈。然輕賦一事，舊史取之，而新書不爲拈出。其語云：「梁祖之開國也，屬黄巢大亂之餘，以夷門一鎮，外嚴烽候，内辟汙萊，厲以耕桑，薄其租賦，士雖苦戰，民則樂輸，二紀之間，俄成霸業。及末帝與莊宗對壘于河上，河南之民，雖困於輦運，亦未至流亡。其義無他，蓋賦歛輕而丘園可戀故也。及莊宗平定梁室，任吏人孔謙爲租庸使，峻法以剥下，厚歛以奉上，民産雖竭，軍食尚虧，加之以兵革，因之以饑饉，不四三年，以致顛隕。其義無他，蓋賦役重而寰區失望故也。」予以事考之，此論誠然，有國有家者之龜鑑也。資治通鑑亦不載此一節。

5 坎離陰陽

坎位正北，當幽陰肅殺之地，其象於易爲水爲月。董仲舒所謂「陰常居大冬，而積於空虚不用之處」，然而謂之陽。離位正南，當文明赫赫之地，於易爲日爲火。仲舒所謂「陽常居大夏，而以生育長養爲事」，然而謂之陰。豈非以陰生於午，陽生於子故邪？司馬貞云：「天是陽，而南是陽位，故木亦是陽，所以木正爲南正也。火是地正，亦稱北正者，火數二，二地數，地陰，主北方，故火正亦稱北正。」究其極摯，頗似難曉，聖人無所云，古先名儒以至于今，亦未有論之者。

6 前執政爲尚書

祖宗朝，曾爲執政，其後入朝爲它官者甚多。自元豐改官制後，但爲尚書。曾孝寬自簽書樞密去位，復拜吏部尚書。韓忠彦自知樞密院出藩，以吏書召。李清臣、蒲宗孟、王存皆嘗爲左丞，而清臣、存復拜吏書，宗孟兵書。先是元祐六年，清臣除目下，爲給事中范祖禹封還，朝廷未決，繼又進擬宗孟兵部。右丞蘇轍言：「不如且止。」左僕射吕大防於簾前奏：「諸部久闕尚書，見在人皆資淺，未可用，又不可闕官，須至用前執政。」轍曰：「尚書闕官已數年，何嘗闕事。」遂已。胡宗愈嘗爲右丞，召拜禮書、吏書。自崇寧已來，乃不復然。

7 河伯娶婦

史記褚先生所書魏文侯時西門豹爲鄴令，問民所疾苦。長老曰：「吾爲河伯娶婦，以故貧。」豹問其故。對曰：「鄴三老、廷掾常歲賦斂百姓錢，得數百萬，用其二三十萬爲河伯娶婦，與祝巫分其餘錢持歸。巫行視小家女好者，即聘取，爲治齋宫河上，粉飾女，浮之河中而没。其人家有好女者，多持女遠逃亡，以故城中益空無人。」豹曰：「至娶婦時，吾亦往送。」遂投大巫嫗及三弟子并三老於河，乃罷去。從是以後，不敢復言爲河伯娶婦。予案此事，蓋出於一時雜傳記，疑未必有實。而六國表秦獻公八年：「初以君主妻河〔一〕。」言初者，自此年而始，不知止於何時，注家無説。司馬貞史記索隱乃云，初以君主妻河，謂初以此年取他女爲君主，君主猶公主也。妻河，謂嫁之河伯，故魏俗猶爲河伯娶婦，蓋其遺風。然則此事秦、魏皆有之矣。

8 六經用字

六經之道同歸，旨意未嘗不一，而用字則有不同者。如佑、祐、右三字一也，而在書爲佑，在易爲祐，在詩爲右。惟、維、唯，一也，而在書爲惟，在詩爲維，在易爲唯，左傳亦然。又如易之无字，周禮之灋、眂、亮、鱻、齍、皐、獻、㮚、斞、䋄、簭等字，他經皆不然。今人書无咎、无妄多作無，失之矣。孝宗初登極，以潛邸爲佑聖觀，令玉册官篆牌。奏云：「篆法佑字無立人，只單作右字。」道士力爭，以爲觀名去人，恐不可安跡。有旨特增之。

9　鄂州興唐寺鐘

鄂州城北鳳凰山之陰，有佛刹曰興唐寺。其小閣有鐘，題誌云：「大唐天祐二年三月十五日新鑄。」勒官階姓名者兩人，一曰金紫光禄大、檢校尚書左僕射兼御史大陳知新，一曰銀青光禄大、檢校尚書右僕射兼御史大楊琮。大字之下，皆當有夫字，而悉削去，觀者莫能曉。五代新舊史、九國志並無其說，唯劉道原十國紀年載楊行密之父名怤，怤與夫同音。是時，行密據淮南，方破杜洪於鄂而有其地，故將佐爲諱之。行密之子渭，建國之後，改文散諸大夫爲大卿、御史大夫爲御史大憲，更可證也。鄱陽浮洲寺有吴武義二年銅鐘，安國寺有順義三年鐘，皆刺史吕師造。題官稱曰：光禄大卿、檢校太保兼御史大卿。然則亦非大憲也。王得臣麈史嘗辨此事，而云：「行密遣劉存破鄂州，知新、琮不預。志傳皆略而不書。」予又案楊溥時，劉存以鄂岳觀察使爲都招討使，知新以岳州刺史爲團練使，同將兵擊楚，爲所執殺，則知新乃存偏裨，非不預也。

10 禰衡輕曹操

孔融薦禰衡，以爲「淑質貞亮，英才卓礫，志懷霜雪，疾惡若讎，任座、史魚，殆無以過，若衡等輩，不可多得」。數稱述於曹操。操欲見之，衡素相輕疾，不肯往，而數有恣言，操懷忿，因召之擊鼓，裸身辱之。融爲見操，説其狂疾，求得自謝。操喜，勑門者有客便通，待之極晏，衡乃坐於營門，言語悖逆，操怒，送與劉表。衡爲融所薦，東坡謂融視操特鬼蜮之雄，其勢決不兩立，非融誅操，則操害融。而衡平生唯善融及楊脩，常稱曰：「大兒孔文舉，小兒楊德祖。」融、脩皆死於操手，衡無由得全。漢史言其尚氣剛傲，矯時慢物，此蓋不知其鄙賤曹操，故陷身危機，所謂語言狂悖者，必誦斥其有僭簒之志耳。劉表復不能容，以與黄祖，觀其所著鸚鵡賦，專以自況，一篇之中，三致意焉。如云：「嬉游高峻，棲峙幽深。飛不妄集，翔必擇林。雖周旋於羽毛，固殊智而異心。配鸞皇而等美，焉比翼於衆禽。」又云：「彼賢哲之逢患，猶棲遲以羈旅。矧禽鳥之微物，能馴擾以安處。」又云：「嗟祿命之衰薄，奚遭時以嶮巇。豈言語以階亂，將不密以致危。」又云：「顧六翮之殘毁，雖奮迅其焉如。心懷歸而弗果，徒怨毒於一隅。」卒章云：「苟竭心於所事，敢背惠以忘初。期守死以報德，甘盡辭以効愚。」予每三復其文而悲傷之。李太白詩云：「魏帝營八極，蟻觀一禰衡。黃祖斗筲人，殺之受惡名。吳江賦鸚鵡，落筆超羣英。鏘鏘振金石，句句欲飛鳴。摯鶚啄孤鳳，千春傷我情。」此論最爲精當也。

11　禁中文書

韓魏公爲相，密與仁宗議定立嗣。公曰：「事若行，不可中止，陛下斷自不疑。乞内中批出。」帝意不欲宫人知，曰：「只中書行足矣。」淳熙十四年十月二十二日，壽皇聖帝自德壽持喪還宫，二十五日有旨召對，與吏部尚書蕭燧同引。中使先諭旨曰：「教内翰留身。」既對，乃旋於東華門内行廊下夾一素幄御榻後出一紙〔二〕，録唐貞觀中太子承乾監國事以相示。蕭先退，上與邁言，欲令皇太子參決萬幾，使條具合行事宜。仍戒云：「進入文字須是密。」邁奏言：「當親自書寫實封，詣通進司。」上曰：「也只翦開，不如分付近上一箇内臣。」又言：「臣無由可與内臣相聞知，惟御藥是學士院承受文字，尋常只是公家文書傳達，今則不可，欲俟檢索典故了日，却再乞對面納。」上曰：「極好。」於是七日間三得從容。乃知禁廷機事，深畏漏泄如此。其詳見於所記見聞事實。

12 老子之言

老子之言，大抵以無爲、無名爲本，至於絶聖棄智。然所云「將欲歙之，必固張之，將欲弱之，必固强之，將欲廢之，必固興之，將欲奪之，必固與之」，乃似於用機械而有心者。微言淵奥，固莫探其旨也。

13 孔叢子

前漢枚乘與吴王濞書曰：「夫以一縷之任，係千鈞之重。上縣無極之高，下垂不測之淵。雖甚愚之人，猶知哀其將絶也。馬方駭，鼓而驚之，係方絶，又重鎮之。係絶於天，不可復結。墜入深淵，難以復出。」孔叢子嘉言篇載子貢之言曰：「夫以一縷之任，繫千鈞之重，上縣之於無極之高，下垂之於不測之深，旁人皆哀其絶，而造之者不知其危。馬方駭，鼓而驚之，係方絶，重而鎮之。繫絶於高，墜入於深，其危必矣。」枚叔全用此語。漢書注諸家皆不引證，唯李善注文選有之。予案孔叢子一書，漢藝文志不載，蓋劉向父子所未見。但於儒家有太常蓼侯孔臧十篇，今此書之末，有連叢子上下二卷，云孔臧著書十篇，疑即是已。然所謂叢子者，本陳涉博士孔鮒子魚所論集，凡二十一篇，爲六卷。唐以前不爲人所稱，至嘉祐四年，宋咸始爲注釋以進，遂傳於世。今讀其文，畧無楚、漢間氣骨，豈非齊、梁以來好事者所作乎！孔子家語著録於漢志，二十七卷，顏師古云：「非今所有家語也。」

14 小星詩

詩序不知何人所作，或是或非，前人論之多矣。唯小星一篇，顯爲可議。大序云：「惠及下也。」而繼之曰：「夫人惠及賤妾，進御於君。」故毛、鄭從而爲之辭，而鄭箋爲甚。其釋「肅肅宵征，抱衾與裯」兩句，謂「諸妾肅肅然而行，或早或夜，在於君所，以次序進御」。又云：「裯者，牀帳也。謂諸妾夜行，抱被與牀帳待進御。」且諸侯有一國，其宮中嬪妾雖云至下，固非閭閻賤微之比，何至於抱衾而行！況於牀帳，勢非一己之力所能致者，其説可謂陋矣。此詩本是詠使者遠適，夙夜征行，不敢慢君命之意，與殷其靁之指同。

15 桃源行

陶淵明作桃源記云源中人自言：「先世避秦時亂，率妻子邑人，來此絶境，不復出焉。乃不知有漢，無論魏、晉。」系之以詩曰：「嬴氏亂天紀，賢者避其世。黄、綺之商山，伊人亦云逝。願言躡輕風，高舉尋吾契。」自是之後，詩人多賦桃源行，不過稱贊仙家之樂。唯韓公云：「神仙有無何渺茫，桃源之説誠荒唐。世俗那知僞爲真，至今傳者武陵人。」亦不及淵明所以作記之意。按，宋書本傳云：「潛自以曾祖晉世宰輔，恥復屈身後代。自宋高祖王業漸隆，不復肯仕。所著文章，皆題其年月。義熙以前，則書晉氏年號，自永初以來，唯云甲子而已。」故五臣注文選用其語。又繼之云：「意者恥事二姓，故以異之。」此説雖經前輩所記〔三〕，然予切意桃源之事，以避秦爲言，至云「無論魏、晉」，乃寓意於劉裕，託之於秦，借以爲喻耳。近時胡宏仁仲一詩，屈折有奇味。大略云：「靖節先生絶世人，奈何記僞不考真。先生高步窘末代，雅志不肯爲秦民。故作斯文寫幽意，要似寰海離風塵。」其説得之矣。

16 司封贈典之失

前所書司封失典故，偶復憶一事，尤爲可笑。紹興二十八年，郊祀赦恩，資政殿學士樓炤，父已贈少師，乞加贈，司封以資政殿學士係只封贈一代，父既至少師，不合加贈，獨改封其母范氏、歐陽氏爲秦國、魏國夫人。蓋樓公雖嘗爲執政，而見居官職須大學士，乃恩及二代，故但用侍從常格。資政殿學士施鉅父仲説，已贈太子太保，加爲宫傅，亦不及祖也。乾道六年，仲兄以端明殿學士知太平州。是年郊赦，伯兄已贈祖爲太保，而轉運司移牒太平州，云準吏部牒，取會本路曾任執政官合封贈三代者。仲兄既具以報，又再行下時，祖母及父母已至極品，於是以祖爲言，遂復贈太傅，命詞給告，殊非端殿所當得。不知省部一時何所據也。

17　辰巳之巳

律書釋十母十二子之義，大略與今所言同，唯至四月，云其於十二子爲巳，巳者，言陽氣之已盡也。據此，則辰巳之巳，乃爲矣音。其它引二十八宿，謂柳爲注，畢爲濁，昴爲留，亦見於毛詩注及左氏傳，如詩謂營室爲定星也。

校勘記

〔一〕六國表秦獻公八年初以君甥妻河　馬本、祠本「獻」作「靈」，「甥」作「主」。按，史記卷十五六國年表作「靈」、「主」。疑作「靈」、「主」是。

〔二〕乃旋於東華門内行廊下　「行」原作「先」，據李本、馬本、祠本改。

〔三〕此説雖經前輩所記　庫本、祠本「記」作「詆」。

容齋三筆卷十一 十六則

1 碑誌不書名

碑誌之作，本孝子慈孫欲以稱揚其父祖之功德，播之當時，而垂之後世，當直存其名字，無所避隱。然東漢諸銘，載其先代，多只書官。如淳于長夏承碑云「東萊府君之孫，太尉掾之中子，右中郎將之弟」，李翊碑云「牂柯太守曾孫，謁者孫，從事君元子」之類是也。自唐及本朝名人文集所志，往往只稱君諱某字某，至於記序之文亦然，王荆公爲多，殆與求文揚名之旨爲不相契。東坡先生送路都曹詩首言：「乖崖公在蜀，有録事參軍老病廢事，公責之，遂求去，以詩留别，所謂『秋光都似宦情薄，山色不如歸意濃』者。公驚謝之，曰：『吾過矣，同僚有詩人而吾不知。』因留而慰薦之。坡幼時聞父老言，恨不問其姓名。及守潁州，而都曹路君以小疾求致仕，誦此語，留之不可，乃采前人意作詩送之。」其詩大略云：「結髮空百戰，市人看先封。誰能搔白首，抱關望夕烽。」則路君之賢而不遇可知矣。然亦不書其名，使之少獲表見，又爲可惜也。

2 漢文帝不用兵

史記律書云：「高祖厭苦軍事，偃武休息。孝文即位，將軍陳武等議曰：『南越、朝鮮，擁兵阻阸，選蠕觀望。宜及士民樂用，征討逆黨，以一封疆。』孝文曰：『朕能任衣冠，念不到此。會吕氏之亂，誤居正位，常戰戰慄慄，恐事之不終。且兵凶器，雖克所願，動亦耗病，謂百姓遠方何！今匈奴内侵，邊吏無功，邊民父子荷兵日久，朕常爲動心傷痛，無日忘之。願且堅邊設候，結和通使，休寧北陲，爲功多矣。且無議軍。』故百姓無内外之繇，得息肩於田畝，天下富盛，粟至十餘錢。」予謂孝文之仁德如此，與武帝黷武窮兵，爲霄壤不侔矣。然班史略不及此事。資治通鑑亦不編入，使其事不甚暴白，惜哉！

3 帝王諱名

帝王諱名，自周世始有此制，然只避之於本廟中耳。「克昌厥後，駿發爾私。」成王時所作詩。「昌」、「發」不爲文、武諱也。宣王名誦，而「吉甫作誦」之句，正在其時。厲王名胡，而「胡爲虺蜴」、「胡然厲矣」之名，在其孫幽王時。小國曰胡，亦自若也。襄王名鄭，而鄭不改封。至於出居其國，使者告于秦、晉曰：「鄙在鄭地。」受晉文公朝，而鄭伯傅王。唯秦始皇以父莊襄王名楚，稱楚曰荆，其名曰政，自避其嫌，以正月爲一月。蓋已非周禮矣。漢代所謂邦之字曰國，盈之字曰滿，徹之字曰通，雖但諱本字，而吏民犯者有刑。唐太宗名世民，在位之日不偏諱。故戴胄、唐儉爲民部尚書，虞世南、李世勣在朝〔一〕。至于高宗，始改民部爲户部，世勣但爲勣。韓公諱辨云：「今上書及詔，不聞諱滸、勢、秉、機〔二〕、惟宦官宫妾，乃不敢言喻及機，以爲觸犯。」此數者，皆其先世嫌名也。本朝尚文之習大盛，故禮官討論，每欲其多，廟諱遂有五十字者。舉場試卷，小涉疑似，士人輒不敢用，一或犯之，往往暗行黜落。方州科舉尤甚，此風殆不可革。然太祖諱下字内有从木从匀者，廣韻於進字中亦收。張魏公以名其子，而音爲進。太宗諱字内有从耳从火者，又有梗音，今爲人姓如故。高宗諱内从勹从口者亦然。真宗諱从小从亘，音胡登切。若缺其下畫，則爲恒，遂并恒字不敢用，而易爲「常」矣。

4　家諱中字

士大夫除官，於官稱及州府曹局名犯家諱者聽回避，此常行之法也。李燾仁甫之父名中，當贈中奉大夫，仁甫請於朝，謂當告家廟，與自身不同，乞用元豐以前官制，贈光禄卿。丞相頗欲許之。予在西垣聞其説，爲諸公言，今一變成式，則它日贈中大夫，必爲祕書監，贈太中大夫，必爲諫議矣，決不可行。遂止。李愿爲江東提刑，以父名中，所部遂呼爲通議，蓋近世率妄稱太中也。李自稱只以本秩曰朝散。黄通老資政之子爲臨安通判，府中亦稱爲通議，而受之自如。

5 記張元事

自古夷狄之臣來入中國者，必爲人用。由余入秦，穆公以霸，金日磾仕漢，脱武帝五柞之厄。唐世尤多，執失思力、阿史那社爾、李臨淮、高仙芝、渾瑊、李懷光、跌跌光顔、朱耶克用皆立大功名，不可殫紀。然亦在朝廷所以御之，否則爲郭藥師矣。儻使中國英雋，翻致力於異域，忌壯士以資敵國者，固亦多有。賈季在狄，晉六卿以爲難日至；桓温不能留王猛，使爲苻堅用；唐莊宗不能知韓延徽，使爲阿保機用，皆是也。西夏曩霄之叛，其謀皆出於華州士人張元與吴昊，而其事本末，國史不書。比得田晝承君集，實紀其事云：「張元、吴昊、姚嗣宗皆關中人。負氣倜儻，有縱横才，相與友善。嘗薄遊塞上，觀覘山川風俗，有經略西鄙意。姚題詩崆峒山寺壁，在兩界間，云：『南粤干戈未息肩，五原金鼓又轟天。崆峒山叟笑無語，飽聽松聲春晝眠。』范文正公巡邊，見之大驚。又有『踏破賀蘭石，掃清西海塵』之句。張爲鸚鵡詩，卒章曰：『好着金籠收拾取，莫教飛去别人家。』吴亦有詩。將謁韓、范二帥，恥自屈，不肯往，乃礱大石，刻詩其上，使壯夫拽之於通衢，三人從後哭之，欲以鼓動二帥。既而果召與相見，躊躇未用間，張、吴徑走西夏，范公以急騎追之，不及，乃表姚入幕府。張、吴既至夏國，夏人倚爲謀主，以抗朝廷，連兵十餘年，西方至爲疲弊，職此二人爲之。時二人家屬羈縻隨州，間使諜者矯中國詔釋之，人未有知者。後乃聞西人臨境，作樂迎此二家而去，自是邊帥始待士矣。姚又有述懷詩曰：『大開雙白眼，只見一青天。』張有雪詩曰：『五丁仗劍決雲霓，直取銀河下帝畿。戰死玉龍三十萬，敗鱗風卷滿天飛。』吴詩獨不傳。觀此數聯，可想見其人非池中物也。」承君所記如此。予謂張、吴在夏國，然後舉事，不應韓、范作帥日尚猶在關中，豈非記其歲時先後不審乎！姚、張詩，筆談諸書，頗亦紀載。張、吴之名，正與羌酋二字同，蓋非偶然也。

6　宫室土木

秦始皇作阿房宫，寫蜀、荆地材至關中，役徒七十萬人。隋煬帝營宫室，近山無大木，皆致之遠方，二千人曳一柱，以木爲輪，則戛摩火出，乃鑄鐵爲轂，行一二里，轂輒破，别使數百人賫轂，隨而易之，盡日不過行二三十里，計一柱之費，已用數十萬功。大中祥符間，姦佞之臣罔真宗以符瑞，大興土木之役，以爲道宫。玉清昭應之建，丁謂爲修宫使，凡役工日至三四萬，所用有秦、隴、岐、同之松，嵐、石、汾、陰之栢，潭、衡、道、永、鼎、吉之梌、枏、櫧，温、台、衢、吉之檮，永、澧、處之槻、樟，潭、柳、明、越之杉，鄭、淄之青石，衡州之碧石，萊州之白石，絳州之斑石，吴越之奇石，洛水之石卵，宜聖庫之銀朱，桂州之丹砂，河南之赭土，衢州之朱土，梓、信之石青、石緑，磁、相之黛，秦、階之雌黄，廣州之藤黄，孟、澤之槐華，虢州之鉛丹，信州之土黄，河南之胡粉，衡州之白堊，鄆州之蚌粉，兖、澤之墨，歸、歙之漆，萊蕪、興國之鐵。其木石皆遣所在官部兵民入山谷伐取。又於京師置局，化銅爲鍮，冶金薄、鍛鐵以給用。凡東西三百一十步，南北百四十三步。地多黑土疏惡，於京東北取良土易之，自三尺至一丈有六等。起二年四月，至七年十一月宫成，總二千六百一十區。不及二十年，天火一夕焚爇，但存一殿。是時，役徧天下，而至尊無窮兵黷武、聲色苑囿、嚴刑峻法之舉，故民間樂從，無一違命，視秦、隋二代，萬萬不侔矣。然一時賢識之士，猶爲盛世惜之。國史志載其事，欲以爲夸，然不若掩之之爲愈也。沈括筆談云：「温州鴈蕩山，前世人所不見。故謝靈運爲太守，未嘗游歷。因昭應宫采木，深入窮山，此境始露於外。」他可知矣。

7 歲月日風雷雄雌

虞喜天文論漢太初曆十一月甲子夜半冬至云：「歲雄在閼逢，雌在攝提格，月雄在畢，雌在觜，曰雄在子。」又云：「甲，歲雄也。畢，月雄也。陬，月雌也。」大抵以十干爲歲陽，故謂之雄，十二支爲歲陰，故謂之雌。但畢、觜爲月雄雌不可曉。今之言陰陽者，未嘗用雄雌二字也。郎顗傳引易雌雄祕歷，今亡此書。宋玉風賦有雄風、雌風之説。沈約有「雌霓連蜷」之句。春秋元命包曰：「陰陽合而爲雷。」師曠占曰：「春雷始起，其音格格，其霹靂者，所謂雄雷，旱氣也；其鳴依依，音不大霹靂者〔三〕，所謂雌雷，水氣也。」見法苑珠林。予家有故書一種，曰孝經雌雄圖，云出京房易傳，亦日星占相書也。

8 東坡三詩

東坡初赴惠州，過峽山寺，不值主人，故其詩云：「山僧本幽獨，乞食況未還。雲碓水自舂，松門風爲關。石泉解娛客，琴筑鳴空山。」既至惠州，殘臘獨出，至栖禪寺，亦不逢一僧，故其詩云：「江邊有微行，詰曲背城市。平湖春草合，步到栖禪寺。堂空不見人，老稺掩關睡。所營在一食，食已寧復事。客行豈無得，施子淨掃地。風松獨不靜，送我作鼓吹。」後在儋耳作觀棋詩，記游廬山白鶴觀，觀中人皆闔户晝寢，獨聞棋聲，云：「五老峰前，白鶴遺址。長松蔭庭，風日清美。我時獨游，不逢一士。誰歟棋者？户外屨二。不聞人聲，時聞落子。」其寂寞冷落之味，可以想見，句語之妙，一至於此。

9　天文七政

尚書舜典：「以齊七政。」孔安國本注謂「日月五星也」。而馬融云：「七政者，北斗七星，各有所主。第一主日；第二主月；第三曰命火，謂熒惑也；第四曰煞土，謂填星也；第五曰代水，謂辰星也；第六曰危木，謂歲星也；第七曰剽金，謂太白也。日月五星各異，故曰七政。」尚書大傳一說又以爲：「七政者，謂春、秋、冬、夏、天文、地理、人道，所以爲政也，人道正而萬事順成。」三說不同，然不若孔氏之明白也。

10　符讀書城南

符讀書城南一章，韓文公以訓其子，使之腹有詩、書，致力於學，其意美矣。然所謂「一爲公與相，潭潭府中居，不見公與相，起身自犁鋤」等語，乃是覬覦富貴〔四〕，爲可議也。杜牧之寄小姪阿宜詩亦云：「朝廷用文治，大開官職場。願爾出門去，取官如驅羊。」其意與韓類也。予向爲陳鑄作城南堂記，亦及此意云。

11 致仕官上壽

范蜀公自翰林學士，以本官户部侍郎致仕，仍居京師，同天節乞隨班上壽，許之。遂著爲令。韓康公元祐二年以司空致仕，太皇太后受册，乞隨班稱賀，而降詔免赴，二者不同如此。

12 五經字義相反

治之與亂，順之與擾，定之與荒，香之與臭，遂之與潰，皆美惡相對之字。然五經用之或相反。如亂臣十人，亂越我家，惟以亂民，亂爲四方新辟，亂爲四輔，厥亂明我新造邦，丕乃俾亂之類，以亂訓治也。安擾邦國，擾而毅，擾龍，六擾之類，以擾訓順也。荒度土功，遂荒大東，大王荒之，葛藟荒之之類，以荒訓定也。無聲無臭，胡臭亶時，其臭羶，臭陰達于淵泉之類，以臭訓香也。是用不潰于成，草不潰茂之類，以潰訓遂也。鄭康成箋毛詩潰成，與毛公皆釋爲遂，至於潰茂，則以爲潰當作彙，彙，茂貌也。自爲異同如此。

13　鎮星爲福

世之伎術，以五星論命者，大率以火、土爲惡，故有晝忌火星夜忌土之語。土，鎮星也，行遲，每至一宮，則二歲四月乃去，以故爲災最久。然以國家論之則不然。苻堅欲南伐，歲鎮守斗，識者以爲不利。史記天官書云：「五潢，五帝居舍。火入，旱；金，兵；水，水。」宋均曰：「不言木、土者，德星不爲害也。」又云：「五星犯北落，軍起。火、金、水尤甚。木、土，軍吉。」又云：「鎮星所居國吉。未當居而居，已去而復，還居之，其國得土。若當居而不居，既已居之，又西東去，其國失土。其居久，其國福厚；其居易，輕速也。福薄。」如此則鎮星乃爲大福德，與木亡異，豈非國家休祥所係，非民庶可得侔邪！

14　東坡引用史傳

東坡先生作文，引用史傳，必詳述本末。有至百餘字者，蓋欲使讀者一覽而得之，不待復尋繹書策也。如勤上人詩集叙引翟公罷廷尉賓客反覆事，晁君成詩集叙引李郃漢中以星知二使者事，上富丞相書引左史倚相美衛武公事，答李琮書引李固論發兵討交趾事，與朱鄂州書引王濬活巴人生子事，蓋公堂記引曹參治齊事，滕縣公堂記引徐公事，溫公碑引慕容紹宗、李勣事，密州通判題名記引羊叔子、鄒湛事，荔枝歎詩引唐羌言荔枝事是也。

15 兩莫愁

莫愁者，郢州石城人，今郢有莫愁村。畫工傳其貌，好事者多寫寄四遠。唐書樂志曰：「莫愁樂者，出於石城樂，石城有女子名莫愁，善歌謠。」古詞曰「莫愁在何處？莫愁石城西，艇子打兩槳，催送莫愁來」者是也。李義山詩曰：「海外徒聞更九州，他生未卜此生休。空傳虎旅鳴宵柝，無復雞人送曉籌。此日六軍同駐馬，他時七夕笑牽牛。如何四紀爲天子，不及盧家有莫愁？」此莫愁者，洛陽人，梁武帝河中之歌曰「河中之水向東流，洛陽女兒名莫愁。莫愁十三能織綺，十四采桑南陌頭。十五嫁爲盧家婦，十六生兒似阿侯。盧家蘭室桂爲梁，中有鬱金蘇合香。頭上金釵十二行，足下絲履五文章。珊瑚挂鏡爛生光，平頭奴子擎履箱。人生富貴何所望，恨不早嫁東家王」者是也。盧氏之盛如此，所云「不早嫁東家王」，莫詳其義。近世周美成樂府西河一闋，專詠金陵，所云「莫愁艇子曾繫」之語，豈非誤指石頭城爲石城乎？

16 何公橋詩

英州小市，江水貫其中，舊架木作橋，每不過數年，輒爲湍潦所壞。郡守建安何智甫，始疊石爲之，方成而東坡還自海外，何求文以紀。坡作四言詩一首，凡五十六句，今載於後集第八卷，所謂「天壤之間，水居其多，人之往來，如鵜在河」是也。予侍親居英，與僧希賜游南山，步過橋上，讀詩碑。希賜云：「真本藏于何氏，此有石刻，經黨禁亦不存。」今以板刻之，乃希賜所書也。賜因言，何公初請記，坡爲賦此詩，既大書矣，而未遣送，郡候兵執役者見之，以告何，何又來謁，坡曰：「軾未到橋所，難以想像落筆。」何即命具食，拉坡偕往。坡曰：「使君是地主，宜先升車。」何謝不敢，乃並轎而行。既至，坡曰：「至堪作詩，晚當奉戒。」抵暮送與之。蓋詩中云：「我來與公，同載而出。」讙呼填道，抱其馬足。」故欲同行，以印此語耳。坡公作詩時，建中靖國元年辛巳。予聞希賜語時，紹興十七年丁卯，相去四十六年。今追憶前事，乃紹熙五年甲寅，又四十七年矣。

校勘記

〔一〕虞世南李世勣在朝　「朝」原作「韓」，誤刊。據明抄本、馬本、祠本改。

〔二〕韓公諱辨云今上書及詔不聞諱滸勢秉機　「韓」原作「諱」，「機」原作「饑」，據明抄本、馬本、祠本改。按，韓愈文作「機」。

〔三〕其鳴依依音不大霹靂者　「依音」原作「音音」，據明抄本改。

〔四〕乃是顯覬富貴　馬本、祠本「顯覬」作「覬覦」。

容齋三筆卷十一 十六則

1　盼泰秋娘三女

白樂天燕子樓詩序云：「徐州故張尚書有愛妓曰盼盼〔一〕。善歌舞，雅多風態。尚書既殁，彭城有舊第，第中有小樓名燕子，盼盼念舊愛而不嫁，居是樓十餘年，幽獨塊然。」白公嘗識之，感舊游，作三絶句，首章云：「滿窗明月滿簾霜，被冷燈殘拂卧牀。燕子樓中霜月苦，秋來只爲一人長。」末章云：「今春有客洛陽回，曾到尚書冢上來。見説白楊堪作柱，爭教紅粉不成灰。」讀者傷惻。劉夢得泰娘歌云：「泰娘本韋尚書家主謳者，尚書爲吴郡，得之，誨以琵琶，使之歌且舞，携歸京師。尚書薨，出居民間，爲蘄州刺史張遜所得。遜謫居武陵而卒，泰娘無所歸。地荒且遠，無有能知其容與藝者，故日抱樂器而哭。」劉公爲歌其事，云：「繁華一旦有消歇，題劍無光履聲絶。蘄州刺史張公子，白馬新到銅駝里。自言買笑擲黄金，月墮雲中從此始。山城少人江水碧，斷鴈哀絃風雨夕。朱絃已絶爲知音，雲鬢未秋私自惜。舉目風煙非舊時，夢尋歸路多參差。如何將此千行淚，更灑湘江斑竹枝。」

杜牧之張好好詩云：「牧佐故吏部沈公在江西幕，好好年十三，以善歌來樂籍中，隨公移置宣城，後爲沈著作所納。見之於洛陽東城，感舊傷懷，題詩以贈曰：君爲豫章姝，十三纔有餘。主公再三歎，謂言天下無。自此每相見，三日已爲疏。身外任塵土，尊前極懽娱。飄然集仙客，載以紫雲車。爾來未幾歲，散盡高陽徒。洛城重相見，綽綽爲當壚。朋遊今在否，落拓更能無？門館慟哭後，水雲秋景初。洒盡滿襟淚，短歌聊一書。」予謂婦人女子，華落色衰，至於失主無依，如此多矣。是三人者，特見紀於英辭鴻筆，故名傳到今。況於士君子終身不遇而與草木俱腐者，可勝歎哉！然盼盼節義，非泰娘、好好可及也。

2 顔魯公祠堂詩

予家藏雲林繪監册，有顔魯公畫象，徐師川題詩曰：「公生開元間，壯及天寶亂。捐軀范陽胡，竟死蔡州叛。其賢似魏徵，天下非貞觀。四帝數十年，一身逢百難。少時讀書史，此事心已斷。老來鬢髮衰，慨歎功名晚。嗟哉忠義途，捷去不可緩。初無當年悲，只令後世歎。一朝絶霖雨，南畝常亢旱。小夫計雖得，斯民蓋塗炭。長歌詠君節，千載勇夫愞。敬書子張紳〔二〕，庶幾古人半。」師川以詩鳴江西，然此篇不爲工。嘗記李德遠舉似童敏德游湖州題公祠堂長句曰：「挂帆一縱疾於鳥，長興夜發吴興曉〔三〕。杖藜上訪魯公祠，一見目明心皦皦。未説邦人懷使君，且爲前古惜忠臣。德宗更用盧杞相，出當斯世誠艱辛。生逆龍鱗死虎口，要與乃兄同不朽。狂童希烈何足罪，姦邪嫉忠假渠手。乃知成仁或殺身，保身不必皆哲人。此公安得世復有，洗空凡馬須騏驎。」童之詩語意皆超拔，亦臨川人，而終身不得仕，爲可惜也。

3 閔子不名

論語所記孔子與人語及門弟子并對其人問答，皆斥其名，未有稱字者，雖顔、冉高弟，亦曰回、曰雍。唯至閔子，獨云子騫，終此書無指名。昔賢謂論語出於曾子、有子之門人，予意亦出於閔氏。觀所言閔子侍側之辭，與冉有、子貢、子路不同，則可見矣。

4 曾晳待子不慈

傳記所載曾晳待其子參不慈，至云因鉏菜誤傷瓜，以大杖擊之仆地。孔子謂參不能如虞舜小杖則受，大杖則避，以爲陷父於不義，戒門人曰：「參來，勿内。」予切疑無此事，殆戰國時學者妄爲之辭。且曾晳與子路、冉有、公西華侍坐，有「浴乎沂，風乎舞雩」之言，涵泳聖教，有超然獨見之妙，於四人之中，獨蒙「吾與」之褒，則其爲人之賢可知矣。有子如此，而幾寘之死地，庸人且猶不忍，而謂皙爲之乎！孟子稱曾子養曾皙酒肉養志，未嘗有此等語也。

5 具圓復詩

吴僧法具，字圓復，有能詩聲，予乃紀之於夷堅志中，殊爲不類。比於福州僧智恢處，見其詩藁一紙，字體效王荆公。其送僧一篇云：「灘聲嘈嘈雜雨聲，舍北舍南春水平。拄杖穿花出門去，五湖風浪白鷗輕。」送翁士特云：「朝入羊腸暮鹿頭，十三官驛是荆州。具車秣馬曉將發，寒燭燒殘語未休。」竹軒云：「老竹排簷誰手種，山日未斜寒翠重。六月散髮葉底眠，冷雨斜風頻入夢。冬凋峰木雪縞廬，落眼青青却笑渠。花時吹笋排林上，吴州還見竹溪圖。」和子蒼三馬圖云：「從來畫馬稱神妙，至今只説江都王。將軍曹霸實季仲，沙苑丞相猶諸郎。龍眠居士善畫馬，獨與二子遥相望。兩馬駢立真驌驦，一馬脱去仍騰驤。浣花老人今已亡，嗚呼三馬誰平章！飽知畫肉亦畫骨，妙處不減黄無雙。」又一篇云：「燒燈過了客思家，獨立衡門數暝鴉。燕子未歸梅落盡，小窗明月屬梨花。」皆可咀嚼也。吴門僧惟茂，住天台山一禪刹，喜其旦暮見山，作絶句曰：「四面峯巒翠入雲，一溪流水漱山根。老僧只恐山移去，日午先教掩寺門。」甚有詩家風旨，而或者謂山若欲去，豈容人掩住，蓋吳人癡獃習氣也，其說可謂不知音。

6 人當知足

予年過七十，法當致仕，紹熙之末，以新天子臨御，未敢遽有請，故玉隆滿秩，只以本官職居里。鄉衮趙子直不忍使絶禄粟，俾之，因任。方用贅食太倉爲愧，而親朋謂予爵位不逮二兄，以爲耿耿。予誦白樂天初授拾遺詩以語之，曰：「奉詔登左掖，束帶參朝議。何言初命卑，且脱風塵吏。杜甫、陳子昂，才名括天地。當時非不遇，尚無過斯位。」其安分知足之意，終身不渝。因略考國朝以來名卿偉人負一時重望而不隮大用者，如王黄州禹偁、楊文公億、李章武宗諤、張乖崖詠、孫宣公奭、晁少保迥、劉子儀筠、宋景文祁、范蜀公鎮、鄭毅夫獬、滕元發甫、東坡先生、范淳父祖禹、曾子開肇、彭器資汝礪、劉原甫敞、蔡君謨襄、孫莘老覺，近世汪彦章藻、孫仲益覿諸公，皆不過尚書學士，或中年即世，或遷謫流落，或無田以食，或無宅以居，況若我忠宣公者，尚忍言之！，則予之忝竊亦已多矣。

7 淵明孤松

淵明詩文率皆紀實，雖寓興花竹間亦然。歸去來辭云：「景翳翳以將入，撫孤松而盤桓。」其飲酒詩二十首中一篇云：「青松在東園，衆草没其姿。凝霜殄異類，卓然見高枝。連林人不覺，獨樹衆乃奇。」所謂孤松者是已。此意蓋以自况也。

8 饒州刺史

饒州良牧守，自吴至今，以政績著者有九賢，郡圃立祠以事，此外知名者蓋鮮。白樂天集有吴府君碑云：「君諱丹，字真存。以進士第入官。讀書數千卷，著文數萬言。生四五歲，所作戲輒象道家法事。既冠，喜道書，奉真籙，每專氣入静，不粒食者數歲，飄然有出世心。既壯，在家爲長屬，有三幼弟、八稚姪，不忍見其飢寒，慨然有干禄意。求名得名，家無長物，澹乎自處，與天和始終。享壽命八十二歲，無室家累，無子孫憂，終于饒州。」官次大略如此。吴君在饒，雖無遺事可紀，以其邦君之故，姑志於書。吴爲人清淨恬寂，所謂達士，然年過八十，尚領郡符，又非爲妻子計者，良不可曉。唐之治不播棄黎老，故其居職不自以爲過云。

9 紫極觀鐘

饒州紫極觀有唐鐘一口，形製清堅，非近世工鑄可比。刻銘其上，曰：「天寶九載，歲次庚寅，二月庚申朔，十五日癸酉造，通直郎前監察御史貶樂平員外尉李逢年銘，前鄉貢進士薛彥偉述序，給事郎、行參軍趙從一書，中大夫、使持節鄱陽郡諸軍事、檢校鄱陽郡太守、天水郡開國公上官經野妻扶風郡君韋氏奉爲開元天地大寶聖文神武應道皇帝敬造洪鐘一口。」其後列録事參軍、司功、司法、司士參軍各一人，司户參軍二人，參軍三人〔四〕，録事一人，鄱陽縣令一人，尉二人，又專檢校官、鄱陽縣丞宋守靜，專檢校内供奉道士王朝隱，又道士七人。銘文亦雅潔，字畫不俗，但月朔庚申，則癸酉日當是十四日，鐫之金石而誤如此。浮洲開福院亦有吴武義年一鐘，然非此比也。

10 兼中書令

紹熙五年十二月二十二日，宣麻制除嗣秀王伯圭兼中書令。此官久不除，學士大夫多不知本末，至或疑爲當入都堂治事。邸報至外郡，尤所不曉。邁考之典故，侍中、中書令爲兩省長官，自唐以來，居真宰相之位，而中令在侍中上。肅宗以後，始以處大將，故郭子儀、僕固懷恩、朱泚、李晟、韓弘皆爲之，其在京則入政事堂，然不預國事。懿、僖、昭之時，員浸多，率由平章事遷兼侍中，繼兼中書令，又遷守中書令，三者均稱使相，皆大勑繫銜而下書使字。五代尤多，國朝創業之初，尚仍舊貫，於是吴越國王錢俶、天雄節度符彥卿、雄武王景、武寧郭從義、保大武行德、成德郭崇、昭義李筠、淮南李重進、永興李洪義、鳳翔王彦超、定難李彝興、荆南高保融、武平周行逢、武寧王晏、武勝侯章、歸義曹元忠十五人同時兼中書令。太宗朝，唯除石守信，而趙普以故相拜。真宗但以處親王。嘉祐末，除宗室東平王允弼、襄陽王允良。元豐中，除曹佾，與允弼、允良相去十七八年，爵秩固存。沈括筆談謂有司以佾新命，言自來不曾有活中書令請俸則例，蓋妄也。官制行，改三使相並爲開府儀同三司。元祐以後，不復有之，雖崇、觀、政、宣輕用名器，且改爲左輔、右弼，然蔡京三爲公相，亦不敢居。乾道中，詔於録黄及告命内除去侍中、中書令，遂廢此官。今當先降指揮復置，則於事體尤愜當也。嗣王終不敢當，於是寢前命，而賜贊拜不名。

11 作文字要點檢

作文字不問工拙小大，要之不可不著意點檢，若一失事體，雖遣詞超卓，亦云未然。前輩宗工，亦有所不免。歐陽公作仁宗御書飛白記云：「予將赴亳，假道於汝陰，因得閲書于子履之室。而雲章爛然，輝映日月，爲之正冠肅容再拜而後敢仰視，蓋仁宗皇帝之御飛白也。曰：『此寶文閣之所藏也，胡爲乎子之室乎？』曰：『曩者天子燕從臣于羣玉，而賜以飛白，予幸得預賜焉。』烏有記君上宸翰而彼此稱「予」，且呼陸經之字？又登真觀御書閣記言太宗飛帛，亦自稱「予」。外制集序歷道慶曆更用大臣，稱吕夷簡、夏竦、韓琦、范仲淹、富弼，皆斥姓名，而曰「顧予何人，亦與其選」，又曰「予時掌誥命」，又曰「予方與修祖宗故事」，凡稱「予」者七。東坡則不然，爲王誨亦作此記，其語云「故太子少傅、安簡王公諱舉正，臣不及見其人矣」云云，是之謂知體。

12　侍從兩制

國朝官稱，謂大學士至待制爲「侍從」，謂翰林學士、中書舍人爲「兩制」，言其掌行内、外制也。舍人官未至者，則云「知制誥」，故稱美之爲三字。謂尚書侍郎爲「六部長貳」，謂散騎常侍、給事諫議爲「大兩省」。其名稱如此。今盡以在京職事官自尚書至權侍郎及學士待制均爲「侍從」，蓋相承不深考耳。予家藏王沿春秋通義一書，至和元年，鄧州繳進，二年有旨送兩制看詳，於是具奏者十二人皆列名銜：學士七人，曰學士承旨、禮部侍郎楊察，翰林學士、中書舍人趙槩、楊偉，刑部郎中胡宿，吏部郎中歐陽脩，起居舍人吕溱，禮部郎中王洙；知制誥五人，曰起居舍人王珪，右司諫賈黯，兵部員外郎韓絳，起居舍人吴奎，右正言劉敞。而他官弗預，此可見也。翰林本以六員爲額，劉沆作相，典領温成后喪事，以王洙同其越禮建明，於是員外用之，嘗爲一時言者所論，正此時云。

13 片言解禍

自古將相大臣，遭罹譖毁，觸君之怒，墮身於危棘將死之域，而以一人片言，轉禍爲福，蓋投機中的，使聞之者曉然易寤，然非遭值明主，不能也。蕭何爲民請上林苑中空地，高祖大怒，以爲多受賈人財物，下何廷尉，械繫之。王衛尉曰：「陛下距楚數歲，陳豨、黥布反，時相國守關中，不以此時爲利，乃利賈人之金乎！」上不懌，即日赦出何。絳侯周勃免相就國，人上書告勃欲反，廷尉逮捕勃治之。薄太后謂文帝曰：「絳侯綰皇帝璽，將兵於北軍，不以此時反，今居一小縣，顧欲反邪？」帝即赦勃。此二者，可謂至危不容救，而於立談間見効如此。蕭望之受遺輔政，爲許、史、恭、顯所嫉，奏望之與周堪、劉更生朋黨，請「召致廷尉」，元帝不省爲下獄也，可其奏。已而悟其非，令出視事。史高言：「上新即位，未以德化聞於天下，而先驗師傅，既下九卿大夫獄，宜因決免。」於是免爲庶人。高祖、文帝之明而受言，元帝之昏而遂非，於是可見。

14 忠言嘉謨

楊子法言：「或問忠言嘉謨。曰：言合稷、契謂之忠，謨合皋陶謂之嘉。」如子雲之説，則言之與謨，忠之與嘉，分而爲二，傳注者皆未嘗爲之辭，然則稷、契不能嘉謨，臯陶不能忠言乎？三聖賢遺語可傳於後世者，唯虞書存，五篇之中，臯陶矢謨多矣，稷與契初無一話一言可考，不知子雲何以立此論乎？不若魏鄭公但云「良臣稷、契、臯陶」，乃爲通論。

15 免直學士院

慶元元年正月一日，鄭湜以起居郎直學士院。二月二十三日，趙汝愚罷相，制乃湜所草，議者指爲襃詞太過。二十五日，有旨免兼直院，或以爲故事所無。案熙寧初，王益柔以知制誥兼直學士院，嘗奏中書熟狀加董氈階官之誤，宰相怒其不申堂，用他事罷其兼直，已而遷龍圖閣直學士。湜亦以罷直求去，不許，越三月而遷權刑部侍郎，甚相類也。

16 大賢之後

杜詩云：「大賢之後竟陵遲，蕩蕩古今同一體。」乃贈狄梁公曾孫者。至云「飄泊岷、漢，干謁王侯」，則其衰微可知矣。近見餘干寓客李氏子云：「本朝三李相，文正公昉、文靖公沆、文定公迪，皆一時名宰，子孫亦相繼達宦。然數世之後，益爲蕭條，又經南渡之厄，今三裔並居餘干，無一人在仕版。文定濮州之族，今有居越者，雖曰不顯，猶簪纓僅傳，而文正、文靖無聞，可爲太息。

校勘記

〔一〕徐州故張尚書有愛妓曰盼盼　「盼盼」原作「眄眄」，祠本作「眄眄」。按，「眄眄」、「眄眄」乃斜視貌，非妓名所宜。庫本、白香山集皆作「盼盼」，今從。

〔二〕敬書子張紳　「子」原爲空格，據明抄本補。

〔三〕長興夜發吳興曉　「夜」原爲空格，據明抄本補。

〔四〕參軍三人　馬本、祠本「三」作「二」。

容齋三筆卷十三 十三則

1 鍾鼎銘識

三代鍾鼎彝器存於今者，其間款識，唯「眉壽萬年」、「子子孫孫永寶用」之語，差可辨認，餘皆茫昧不可讀，談者以爲古文質朴固如此，予切有疑焉。商、周文章，見於詩、書，三盤五誥，雖詰曲聱牙，尚可精求其義，它皆坦然明白，如與人言。自武王丹書諸銘外，其見於經傳者，如湯之盤銘曰：「苟日新，日日新，又日新。」讒鼎之銘曰：「昧旦丕顯，後世猶怠。」正考父鼎銘曰：「一命而僂，再命而傴，三命而俯，循墻而走，亦莫余敢侮。饘於是，鬻於是，以餬余口。」桌氏量銘曰：「時文思索，久臻其極。嘉量既成，以觀四國。永啓厥後，兹器維則。」祭射侯辭曰：「惟若寧侯，毋或若女不寧侯，不屬于王所，故抗而射女。」衛禮至銘曰：「余掖殺國子，莫余敢止。」孔悝鼎銘曰：「六月丁亥，公假于大廟。公曰叔舅乃祖莊叔，左右成公，成公乃命莊叔，隨難于漢陽，即宫于宗周，奔走無射，啓若獻公，獻公乃命成叔，纂乃祖服。乃考文叔，興舊嗜欲，作率慶士，躬恤衛國，其勤公家，夙夜不解，民咸曰休哉！公曰叔舅，予女銘，若纂乃考服。悝拜稽首曰：對揚以辟之勤大命，施于烝鼎彝。」扶風美陽鼎銘曰：「王命尸臣，官此栒邑，賜爾旂鸞，黼黻琱戈。尸臣拜手稽首曰：敢對揚天子丕顯休命。」此諸銘未嘗不粲然，何爲傳於今者艱澁無緒乃爾。漢去周未遠，武、宣以來，郡國每獲一鼎，至於薦告宗廟，羣臣上壽。竇憲出征，南單于遺以古鼎，容五斗，其銘曰：「仲山甫鼎，其萬年子子孫孫永保用。」憲乃上之，蓋以其難得故也。今世去漢千年，而器寶之出不可勝計，又爲不可曉已。武帝獲汾陰脽上鼎〔一〕，無款識，而備禮迎享，宣帝獲美陽鼎，下羣臣議，張敞乃以有款識之故絀之，又何也？

2 犧尊象尊

周禮司尊彝：「祼用雞彝、鳥彝，其朝獻用兩獻尊，其再獻用兩象尊。」漢儒注曰：「雞彝、鳥彝，謂刻而畫之爲雞、鳳皇之形。獻讀爲犧，犧尊飾以翡翠，象尊以象鳳凰。」或曰：以象骨飾尊。又云：獻音娑，有婆娑之義。」惟王肅云：「犧、象二尊，並全牛、象之形，而鑿背爲尊。」陸德明釋周禮獻尊之獻，音素何反。而於左氏傳「犧象不出門」，釋犧爲許宜反，又素何反。予案今世所存故物，宣和博古圖所寫，犧尊純爲牛形，象尊純爲象形，而尊在背，正合王肅之說。然則犧字只當讀如本音，鄭司農諸人所云，殊與古製不類。則知目所未覩而臆爲之説者，何止此哉。又今所用爵，除太常禮器之外，郡縣至以木刻一雀，別置杯於背以承酒，不復有兩柱、三足、隻耳、侈口之狀，向在福州見之，尤爲可笑也。

3 再書博古圖

予昔年因得漢匜，讀博古圖，嘗載其序述可笑者數事於隨筆，近復盡觀之，其謬妄不可殫舉。當政和宣和間，蔡京爲政，禁士大夫不得讀史。而春秋三傳，真束高閣，故其所引用，絶爲乖盾。今一切記之於下，以示好事君子與我同志者。

商之癸鼎，只一「癸」字，釋之曰：「湯之父主癸也。」父癸尊之説亦然。至父癸匜，則又以爲齊癸公之子。乙鼎銘有「乙毛」兩字，釋之曰：「商有天乙、祖乙、小乙、武乙、太丁之子乙，今銘『乙』，則太丁之子也。」父己鼎曰：「父己者，雍己也。繼雍己者乃其弟太戊，豈非繼其後者乃爲之子邪？」至父己尊，則直云雍己之子太戊爲其父作。予案以十干爲名，商人無貴賤皆同，而必以爲君，所謂癸即父癸，己即雍己，是六七百年中更無一人同之者矣。商公非鼎銘只一字曰「非」，釋之曰：「據史記有非子者，爲周孝王主馬，其去商遠甚。惟公劉五世孫曰公非，考其時當爲公非也。」夫以一「非」字而必强推古人以證之，可謂無理。

周益鼎曰：「春秋文公六年有梁氏益，昭公六年有文公益，未知孰是？」予案，左傳文八年所紀，乃梁益耳，而杞文公名益姑。

周絲駒父鼎曰："左傳有駒伯，爲郤克軍佐，駒其姓也。此曰駒父，其同駒伯爲姓邪？"予案左傳，駒伯者郤錡也，錡乃克之子。是時郤氏三卿，錡曰駒伯，犨曰苦成叔，至曰溫季，皆其食采邑名耳，豈得以爲姓哉！

叔液鼎曰："考諸前代，叔液之名不見於經傳，惟周八士有叔夜，豈其族歟！"夫伯仲叔季爲兄弟之稱，古人皆然，而必指爲叔夜之族，是以"叔"爲氏也。

周州卣曰："『州』出於來國，後以『州』爲氏。在晉則大夫州綽，在衛則大夫州吁，其爲氏則一耳。"予案來國之名無所著見，而州吁乃衛公子，正不讀春秋，豈不知衛詩國風乎！遂以爲氏，尤可哂也。

周高克尊曰："高克者，不見於它傳，惟周末衛文公時，有高克將兵，疑克者廼斯人，蓋衛物也。"予案元銘文但云"伯克"，初無"高"字，高克鄭清人之詩，兒童能誦之，乃以爲衛文公時，又言周末，此書局學士，蓋不曾讀毛詩也。

周毀敦曰："銘云伯和父，和者衛武公也。武公平戎有功，故周平王命之爲公。"予案一時列國，雖子男之微，未有不稱公者，安得平王獨命衛武之事？

周慧季鬲曰："慧與惠通，春秋有惠伯、惠叔，虢姜敦有惠仲，而此鬲銘之爲惠季，豈非惠爲氏而伯仲叔季者乃其序邪?」予案,惠伯、惠叔,正與莊伯、戴伯、平仲、敬仲、武叔、穆叔、成季相類,皆上爲謚而下爲字,烏得以爲氏哉!

齊侯鎛鐘銘云:「咸有九州,處禹之都。」釋之曰:「齊之封域,有臨淄、東萊、北海、高密、膠東、泰山、樂安、濟南、平原,蓋九州也。」予案銘語正謂禹九州耳,今所指言郡名,周世未有,豈得便以爲州乎!

宋公䪫鐘銘云:「宋公成之䪫鐘。」釋之曰:「宋自微子有國二十世,而有共公固成,又一世而有平公成,又七世而有剔公成,未知孰是。」予案宋共公名,史記以爲瑕,春秋以爲固,初無曰「固成」者。且父既名「成」,而其子復名之可乎?剔成君爲弟偃所逐,亦非名「成」也。

周雲雷磬曰:「春秋魯饑,臧文仲以玉磬告糴于齊。」案經所書,但云「臧孫辰告糴于齊」,左傳亦無玉磬之説。

漢定陶鼎曰:「漢初有天下,以定陶之地封彭越爲梁王,越既叛命,乃以封高祖之子恢,是爲定陶共王。」予案恢正封梁王,後徙趙。所謂定陶共王者,元帝之子,哀帝之父名康者也。

4 碌碌七字

今人用碌碌字，本出老子，云：「不欲碌碌如玉，落落如石。」孫愐唐韻引此句及王弼別本以爲琭琭，然又爲録録、娽娽、鹿鹿、陸陸、禄禄，凡七字。史記：「毛遂云：『公等録録，因人成事。』」唐韻以爲娽娽。漢書蕭何贊云：「録録未有奇節。」顔師古注：「録録猶鹿鹿，言在凡庶之中也。」馬援傳：「今更共陸陸。」莊子漁父篇：「禄禄而受變於俗。」後生或不盡知〔二〕。

5 占測天星

國朝星官曆翁之伎，殊愧漢、唐，故其占測荒茫，幾於可笑。偶讀四朝史天文志云：「元祐八年十月戊申，星出東壁西，慢流至羽林軍没。主擢用文士，賢臣在位。」「紹聖元年二月丙午，星出壁東，慢流入濁没。主天下文章士登用，賢臣在位。」「元符元年六月癸巳，星出室，至壁東没。主文士入國，賢臣用。」「二年二月癸卯，星出靈臺，北行至軒轅没。主賢臣在位，天子有子孫之喜。」案是時宣仁上仙，國是丕變，一時正人以次竄斥，章子厚在相位，蔡卞輔之，所謂四星之占，豈不可笑也！子孫之説，蓋陰諂劉后云。

6 政和宮室

自漢以來,宫室土木之盛,如漢武之甘泉、建章,陳後主之臨春、結綺,隋煬帝之洛陽、江都,唐明皇之華清、連昌,已載史册。國朝祥符中,姦臣導諛,爲玉清昭應、會靈、祥源諸宫,議者固以崇侈勞費爲戒,然未有若政和蔡京所爲也。京既固位,竊國政,招大璫童貫、楊戩、賈詳、藍從熙、何訢五人〔三〕,分任其事。於是始作延福宫,有穆清、成平、會寧、睿謨、凝和、崑玉、羣玉七殿,東邊有蕙馥、報瓊、蟠桃、春錦、疊瓊、芬芳、麗玉、寒香、拂雲、偃蓋、翠葆、鉛英、雲錦、蘭薰、摘金十五閣,西邊有繁英、雪香、披芳、鉛華、瓊華、文綺、絳蕚、穠華、緑綺、瑶碧、清音、秋香、叢玉、扶玉、絳雲,亦十五閣。又疊石爲山,建明春閣,其高十一丈,宴春閣,廣十二丈〔四〕。鑿圓池爲海,横四百尺,縱二百六十七尺。鶴莊、鹿砦、孔翠諸栅,蹄尾以數千計。五人者各自爲制度,不相沿襲,爭以華靡相誇勝,故名「延福五位」。其後復營萬歲山、艮嶽山,周十餘里,最高一峯九十尺,亭堂樓館,不可殫記。徽宗初亦喜之,已而悟其過,有厭惡語,由是力役稍息。靖康遭變,詔取山禽水鳥十餘萬投諸汴渠,拆屋爲薪,翦石爲砲,伐竹爲笓籬,大鹿數千頭,悉殺之以啗衛士。

7 僧官試卿

唐代宗以胡僧不空爲鴻臚卿、開府儀同三司，予已論之矣。自其後習以爲常，至本朝尚爾。元豐三年，詳定官制所言，譯經僧官，有授試光禄鴻臚卿、少卿者，請自今試卿者，改賜三藏大法師，試少卿者，賜三藏法師。詔試卿改賜六字法師，少卿四字，並冠以譯經三藏。久之復罷。

8 大觀算學

大觀中，置算學如庠序之制，三年三月，詔以文宣王爲先師，兖、鄒、荆三國公配饗，十哲從祀，而列自昔著名算數之人，繪像於兩廊，加賜五等之爵。於是中書舍人張邦昌定其名，風后、大橈、隸首、容成、箕子、商高、常儀、鬼臾區、巫咸九人封公，史蘇、卜徒父、卜偃、梓慎、卜楚丘、史趙、史墨、裨竈、榮方、甘德、石申、鮮于妄人、耿壽昌、夏侯勝、京房、翼奉、李尋、張衡、周興、單颺、樊英、郭璞、何承天、宋景業、蕭吉、臨孝恭、張曾元、王朴二十八人封伯，鄧平、劉洪、管輅、趙達、祖沖之、殷紹、信都芳、許遵、耿詢、劉焯、劉炫、傅仁均、王孝通、瞿曇羅、李淳風、王希明、李鼎祚、邊岡〔五〕、郎顗、襄楷二十人封子，司馬季主、洛下閎、嚴君平、劉徽、姜岌、張立建、夏侯陽、甄鸞、盧太翼九人封男。考其所條具，固有於傳記無聞者，而高下等差，殊爲乖謬。如司馬季主、嚴君平止於男爵，鮮于妄人、洛下閎同定太初曆，而妄人封伯，下閎封男，尤可笑也。十一月，又改以黄帝爲先師云。

9　十八鼎

夏禹鑄九鼎，唯見於左傳王孫滿對楚子及靈王欲求鼎之言，其後史記乃有鼎震及淪入于泗水之説。且以秦之强暴，視衰周如機上肉，何所畏而不取，周亦何辭以却。赧王之亡，盡以寶器入秦，而獨遺此，以神器如是之重，決無淪没之理。泗水不在周境内，使何人般舁而往，寧無一人知之以告秦邪？始皇使人没水求之不獲，蓋亦爲傳聞所誤。三禮經所載鐘彝名數詳矣，獨未嘗一及之。詩、易所書，固亦可考，以予揣之，未必有是物也。唐武后始復置于通天宫，不知何時而毁。國朝崇寧三年，用方士魏漢津言鑄鼎，四年三月成，於中太一宫之南爲殿，名曰九成宫。中央曰帝鼐，北方曰寶鼎，東北曰牡鼎，東方曰蒼鼎，東南曰罔鼎，南方曰彤鼎，西南曰阜鼎，西方曰晶鼎，西北曰魁鼎。奉安之日，以蔡京爲定鼎禮儀使。大觀三年，又以鑄鼎之地作寶成宫。政和六年，復用方士王仔昔議，建閣於天章閣西，徙鼎奉安。改帝鼐爲隆鼐，餘八鼎皆改焉，名閣曰圓象徽調閣。七年，又鑄神霄九鼎，一曰太極飛雲洞劫之鼎，二曰蒼壺祀天貯醇之鼎，三曰山嶽五神之鼎，四曰精明洞淵之鼎，五曰天地陰陽之鼎，六曰混沌之鼎，七曰浮光洞天之鼎，八曰靈光晃曜鍊神之鼎，九曰蒼龜大蛇蟲魚金輪之鼎。明年鼎成，寘于止清寶籙宮神霄殿，遂爲十八鼎。繼又詔罷九鼎新名，悉復其舊。今人但知有九鼎，而十八之數，唯朱忠靖公秀水閑居録略紀之，故詳載于此。

10 四朝史志

四朝國史本紀，皆邁爲編脩官日所作，至於淳熙乙巳丙午，又成列傳百三十五卷。惟志二百卷，多出李燾之手，其彙次整理，殊爲有工，然亦時有失點檢處。蓋文書廣博，於理固然。職官志云：「使相以待勳賢故老，及宰相久次罷政者，惟趙普得之。明道末，呂夷簡罷，始復加使相，其後王欽若罷日亦除，遂以爲例。」案，趙普之後，寇準、陳堯叟、王欽若，皆祥符間自樞密使罷而得之。欽若以天聖初再入相，終於位，夷簡乃在其後十餘年。今言欽若用夷簡故事，則非也。因記新唐書所載：「李泌相德宗，加崇文館大學士。泌建言，學士加大，始中宗時，及張説爲之，固辭。乃以學士知院事。至崔圓復爲大學士，亦引泌爲讓而止。」案，崔圓乃肅宗朝宰相，泌之相也，相去三十年，反以爲圓引泌爲讓，甚類前失也。

11　宗室參選

吏部員多闕少，今爲益甚，而選人當注職官簿尉，輒爲宗室所奪，蓋以盡歷已到部人之故。案，宣和七年八月，臣僚論：「祖宗時宗室無參選法，至崇寧初，大啓僥倖，遂使任意出官，又優爲之法，參選一日，即在闔選名次之上。以天支之貴，其間不爲無人，而膏粱之習，貪淫縱恣，出爲民害者不少。議者頗欲懲革，罷百十人之私恩，爲億萬人之公利，誠爲至當。若以親愛未忍，姑乞與在部人通理名次。」從之。靖康元年八月，又奏云：「祖宗時，未有宗室參部之法，神宗時，始選擇差注一二。崇寧初，立法太優，宗室參選之日，在本部名次之上，既歷年月深遠，勞効顯著之人，復占名州大縣、優便豐厚之處。議者頗欲懲革，不注郡守、縣令，與在部人通理名次。」有旨從之。此二段，元未嘗衝改，不知何時復紊也。

12　元豐庫

神宗常憤北狄倔彊，慨然有恢復幽、燕之志，於內帑置庫，自製四言詩，曰：「五季失圖，玁狁孔熾。藝祖造邦，思有懲艾。爰設內府，基以募士。曾孫保之，敢忘厥志。」凡三十二庫，每庫以一字揭之，儲積皆滿。又別置庫，賦詩二十字，分揭於上，曰：「每虔夕惕心，妄意遵遺業。顧予不武資，何日成戎捷。」其用志如此，國家帑藏之富可知。熙寧元年，以奉宸庫珠子付河北緣邊，於四榷場鬻錢銀，準備買馬，其數至於二千三百四十三萬顆。乾道以來，有封樁、南庫所貯金銀楮券，合爲四千萬緡，孝宗尤所垂意。入紹熙以來〔六〕，頗供好賜之用，似聞日減於舊云。

13 五俗字

書字有俗體，一律不可復改者，如沖、涼、況、減、決五字，悉以水爲冫，筆陵切，與「冰」同。雖士人札翰亦然。玉篇正收入於水部中，而冫部之末亦存之，而皆注云「俗」，乃知由來久矣。唐張參五經文字亦以爲訛。

校勘記

〔一〕武帝獲汾陰脽上鼎　「脽」原作「睢」，據馬本、祠本改。按，漢書卷六武帝紀作「脽」。

〔二〕莊子云云十八字　原脱，據嘉靖本、馬本補。王校本有此十八字。

〔三〕招大璫童貫……五人　王校本「大」作「權」。

〔四〕宴春閣廣十二丈　王校本「二」作「一」。

〔五〕邊岡　「岡」原作「罔」誤刊，據庫本、祠本改。按：舊五代史卷三作「岡」。

〔六〕入紹熙以來　「熙」原作「興」，誤刊，據庫本、祠本改。按，以上已言孝宗，紹熙乃孝宗之子光宗年號。

容齋三筆卷十四 十七則

1　三教論衡

唐德宗以誕日歲歲詔佛、老者大論麟德殿，并召給事中徐岱及趙需、許孟容、韋渠牟講說。始三家若矛楯，然卒而同歸于善，帝大悦，賚予有差。此新書列傳所載也。白樂天集有三教論衡一篇，云：「大和元年十月，皇帝降誕日，奉勑召入麟德殿内道場，對御三教談論，略録大端。第一座，祕書監白居易，安國寺引駕沙門義林，太清宫道士楊弘元。」其序曰：「談論之先，多陳三教，讚揚演説，以啓談端。臣學淺才微，猥登講座。竊以義林法師明大小乘，通内外學，於大衆中能師子吼。臣稽先王典籍，假陛下威靈，發問既來，敢不響答。」然予觀義林所問，首以毛詩稱六義，論語列四科，請備陳名數而已。居易對以孔門之徒三千，其賢者列爲四科，毛詩之篇三百，其要者分爲六義。然後言六義之數，四科之目，十哲之名。復引佛法比方，以六義可比十二部經，四科可比六度，以十哲可比十大弟子。僧難云：「曾參至孝，百行之先，何故不列於四科？」居易又爲辯析，乃曰：「儒書奥義，既已討論，釋典微言，亦宜發問。」然所問者不過芥子納須彌山一節而已。後問道士黄庭經中養氣存神長生久視之道，道士却問敬一人而千萬人悦。觀其問答旨意，初非幽深微妙，不可測知。

唐帝歲以此爲誕日上儀，殊爲可省。國朝命僧升座祝聖，蓋本於此。

2 夫兄爲公

婦人呼夫之兄爲伯，於書無所載。予頃使金國時，辟景孫弟輔行，弟婦在家，許齋醮及還家賽願。予爲作青詞，云：「頃因兄伯出使，夫婿從行。」雖借用陳平傳「兄伯」之語，而自不以爲然。偶憶爾雅釋親篇曰：「婦稱夫之兄爲兄公，夫之弟爲叔。」於是改「兄伯」字爲「兄公」，視前所用，大爲不侔矣。玉篇妐字音鐘，注云：「夫之兄也。」然於義訓不若前語。

3 政和文忌

蔡京顓國，以學校科舉箝制多士，而爲之鷹犬者，又從而羽翼之。士子程文，一言一字稍涉疑忌，必暗黜之。有鮑輝卿者言：「今州縣學攷試，未校文學精弱，先問時忌有無，苟語涉時忌，雖甚工不敢取。若曰：『休兵以息民，節用以豐財，罷不急之役，清入仕之流。』

諸如此語，熙、豐、紹聖間試者共用，不以爲忌，今悉絀之，所宜禁止。」詔可。政和三年，臣僚又言：「比者試文，有以聖經之言輒爲時忌而避之者，如曰『大哉堯之爲君』，『君哉舜也』，與夫『制治于未亂，保邦于未危』，『吉凶悔吝生乎動』，『吉凶與民同患』，以爲『哉』音與『災』同，而危亂凶悔非人樂聞，皆避。今當不諱之朝，豈宜有此！」詔禁之。以二者之言考之，知當時試文無辜而坐黜者多矣，其事載於四朝志。

4 瞬息須臾

瞬息、須臾、頃刻，皆不久之辭，與釋氏「一彈指間」、「一刹那頃」之義同，而釋書分別甚備。新婆沙論云：「百二十刹那成一怛刹那，六十怛刹那成一臘縛，三十臘縛成一牟呼麥多，三十牟呼麥多成一晝夜。」又毗曇論云：「一刹那者翻爲一念，一怛刹翻爲一瞬，六十怛刹那爲一息，一息爲一羅婆，三十羅婆爲一摩睺羅，翻爲一須臾。」又僧祇律云：「二十念爲一瞬，二十瞬名一彈指，二十彈指名一羅預，二十羅預名一須臾，一日一夜有三十須臾。」

5 神宗待文武臣

元豐三年，詔知州軍不應舉京官職官者，許通判舉之。蓋諸州守臣有以小使臣爲之，而通判官入京朝，故許之薦舉。今以小使臣守沿邊小郡，而公然薦人改官，蓋有司不舉行故事也。神宗初即位，以刑部郎中劉述今朝散大夫。久不磨勘，特命爲吏部郎中。今朝議大夫。樞密院言：「左藏庫副使陳昉恬靜，久應磨勘，不肯自言。」帝曰：「右職若効朝士養名而獎進之，則將習以爲高，非便也。」翌日，以兵部員外郎張問今朝請郎。十年不磨勘，特遷禮部郎中。今朝奉大夫。其旌賞駕御，各自有宜，此所以爲綜核名實之善政。見四朝志。

6 緑竹王芻

隨筆中載：「毛公釋緑竹王芻，以爲北人不見竹，故分緑竹爲二物，以緑爲王芻。」熙寧初，右贊善大夫吳安度試舍人院，已入等。有司以安度所賦緑竹詩背王芻古説，而直以爲竹，遂黜不取。富韓公爲相，言：「史記叙載淇園之竹，正衛産也，安度語有據。」遂賜進士出身。予又記前賢所紀，仁宗時，賈邊試當仁不避於師論，以師爲衆，謂其背先儒訓釋，特黜之。蓋是時士風淳厚，論者皆不喜新奇之説，非若王氏之學也。

7 親除諫官

仁宗慶曆三年，用歐陽脩、余靖、王素爲諫官，當時名士作詩，有「御筆新除三諫官」之句。元豐八年，詔范純仁爲諫議大夫，唐淑問、蘇轍爲司諫，朱光庭、范祖禹爲正言。宣仁后問宰執：「此五人者如何？」僉曰：「外望惟允。」章子厚獨曰：「故事，諫官皆薦諸侍從，然後大臣稟奏。今詔除出中，得無有近習援引乎？此門寖不可啓。」后曰：「大臣實皆言之，非左右也。」子厚曰：「大臣當明揚，何爲密薦？」由是有以親嫌自言者，呂公著以范祖禹，韓縝、司馬光以范純仁。子厚曰：「臺諫所以糾大臣之越法者，故事，執政初除，苟有親戚及嘗被薦引者，見爲臺臣，則皆他徙。今天子幼沖，太皇同聽萬幾，故事不可違。」光曰：「純仁、祖禹實宜在諫列，不可以臣故妨賢，寧臣避位。」子厚曰：「縝、光、公著必不私，他日有懷姦當國者，例此而引其親黨，恐非國之福。」後改除純仁待制，祖禹著作佐郎，然此制亦不能常常恪守也。

8 檢放災傷

水旱災傷，農民陳訴，郡縣不能體朝廷德意。或慮減放苗米，則額外加耗之入爲之有虧，故往往從窄。比年以來，但有因賑濟虛數而冒賞者，至於蠲租失實，於民不便者，未嘗小懲。宣和之世，執政不能盡賢，而其所施行，蓋有慰人意〔一〕。京西運判李祐奏：「房州民數百人，陳言災傷，知州李悝取其爲首者，杖而徇之城市，以戒妄訴，用此其州蠲税不及一釐。」詔：「李悝除名，簽書官皆勒停。」祐又奏：「唐、鄧州糴災賑乏，悉如法令，均、房州不盡減税，致有盜賊。」詔：「均、房州守令悉罷，唐、鄧守貳各增一官秩。」百姓見憂出於徽宗聖意，而大臣能將順也。

9 檀弓注文

檀弓上下篇，皆孔門高第弟子在戰國之前所論次。其文章雄健精工，雖楚、漢間諸人不能及也。而鄭康成所注，又特爲簡當，旨意出於言外。今載其兩章以示同志。「衛司寇惠子之喪，子游爲之麻衰，牡麻絰〔二〕。」注云：「惠子廢適立庶，爲之重服以譏之。」「文子辭曰：子辱與彌牟之弟游，又辱爲之服，敢辭。子游曰：禮也。文子退反哭。」注：「子游名習禮，文子亦以爲當然，未覺其所譏。」「子游趨而就諸臣之位。」注：「深譏之。」「文子又辭曰：子辱與彌牟之弟游，又辱爲之服，又辱臨其喪，敢辭。子游曰：固以請。文子退，扶適子南面而立曰：子辱與彌牟之弟游，又辱爲之服，又辱臨其喪，虎也敢不復位。」注：「覺所譏也。」「子游趨而就客位。」注：「所譏行。」案，此一事儻非注文明言，殆不可曉。今用五「譏」字，詞意涣然，至最後「覺所譏」「所譏行」六字，尤爲透徹也。「季孫之母死，哀公弔焉。曾子與子貢弔焉，閽人爲君在，弗内也。曾子與子貢入於其廐而脩容焉。子貢先入，閽人曰：『鄉者已告矣。』注：「既不敢止，以言下之。」「曾子後入，閽人辟之。」注：「見兩賢相隨，彌益恭也。」今人讀此段，直如親立季氏之庭，親見當時之事，注文尤得其要領云。

10　左傳有害理處

左傳議論遺辭，頗有害理者，以文章富豔之故，後人一切不復言，今略疏數端，以箴其失。傳云：「鄭武公、莊公爲平王卿士，王貳於虢。」杜氏謂：「不復專任鄭伯也。」「周公閼與王孫蘇爭政。」「王叛王孫蘇。」杜氏曰：「叛者，不與也。」夫以君之於臣，而言貳與叛，豈理也哉！「晉平戎於王，單襄公如晉拜成。」劉康公徼戎，將遂伐之。叔服曰：「背盟而欺大國，不義。」「晉范吉射、趙鞅交兵。」「劉氏、范氏世爲昏姻，萇弘事劉文公，故周與范氏。趙鞅以爲討。」夫以天子之使出聘侯國，而言拜成，謂周於晉爲欺大國，諸侯之卿跋扈於天子而言討，皆於名分爲不正。其他如晉邢侯殺叔魚，叔魚兄叔向數其惡而尸諸市，其於兄弟之誼爲弗篤矣，而託仲尼之語云：「殺親益榮。」杜氏又謂：「榮名益己。」以弟陳尸爲兄榮，尤爲失也。

11　夫人宗女請受

戚里宗婦封郡國夫人，宗女封郡縣主，皆有月俸錢米，春冬絹綿，其數甚多，嘉祐祿令所不備載。頃見張掄娶仲儡女，封遂安縣主，月入近百千，內人請給，除糧料院幇勘、左藏庫所支之外，內帑又有添給，外庭不復得知。因記熙寧初，神宗與王安石言：「今財賦非不多，但用不節，何由給足？宮中一私身之奉，有及八十貫者，嫁一公主，至用七十萬緡。沈貴妃料錢月八百貫。聞太宗時，宮人惟繫皂紬襜，元德皇后嘗以金綫緣襜而怒其奢。仁宗初定公主俸料，以問獻穆大主，再三始言，其初僅得五貫耳。異時，中官月有止七百錢者。禮與其奢寧儉，自是美事也。」一時旨意如此，不聞奉行。以今度之，何止百十倍也。

12　蜀茶法

蜀道諸司，惟茶馬一臺，最爲富盛，茶之課利多寡，與夫民間利疢，它邦無由可知。予記東坡集有送周朝議守漢州詩云：「茶爲西南病，甿俗記二李。何人折其鋒？矯矯六君子。」注：「二李，杞與稷也。六君子，謂思道與姪正孺、張永徽、吳醇翁、呂元鈞、宋文輔也。」初，熙寧七年，遣三司幹當公事李杞經畫買茶，以蒲宗閔同領其事。蜀之茶園不殖五穀，惟宜種茶，賦税一例折輸，錢三百折絹一匹，三百二十折紬一匹，十錢折綿一兩，二錢折草一圍，凡税額總三十萬。杞剏設官場，歲增息爲四十萬。其輸受之際，往往壓其斤重，侵其加直。杞以疾去，都官郎中劉佐體量，多其條畫。於是宗閔乃議民茶息收十之三，盡賣於官場，蜀茶盡榷，民始病矣。知彭州吕陶言：「天下茶法既通，蜀中獨行禁榷。況川峽四路所出茶貨，比方東南諸處，十不及一。諸路既許通商，兩川却爲禁地，虧損治體，莫甚於斯。且盡榷民茶，隨買隨賣，或今日買十千，明日即作十三千賣之，比至歲終，不可勝筭，豈止三分而已。佐、杞、宗閔作爲敝法，以困西南生聚。」佐坐罷去，以國子博士李稷代之，陶亦得罪。侍御史周尹復極論榷茶爲害，罷爲湖北提點刑獄。利路漕臣張宗諤張升卿復建議廢茶場司，依舊通商；稷劾其疏謬，皆坐貶秩。茶場司行劄子督綿州彰明縣，知縣宋大章繳奏，以爲非所當用。稷又詆其賣直釣奇，坐衝替。一歲之間，通課利及息耗至七十六萬緡有奇，詔録李杞前勞而官其子。後稷死於永樂城，其代陸師閔言其治茶五年，獲凈息四百二十八萬緡，詔賜田十頃。凡上所書，皆見於國史。坡公所稱思道乃周尹〔三〕，永徽乃二張之一，元鈞乃吕陶，文輔乃大章也。正孺、醇翁之事不著。

13　判府知府

國朝著令，僕射、宣徽使、使相知州府者爲判，其後改僕射爲特進，官稱如昔時。唯章子厚罷相守越，制詞結尾云：「依前特進知越州。」雖曰黜典，亦學士院之誤。同時執政蔣穎叔以手簡與之，猶呼云判府，而章質夫只云知府，蓋從其實，予所藏名公法書册有之。吾鄉彭公器資有遺墨一帖，不知與何人，其辭曰：「某頓首知郡相公閣下。」是必知州者，故亦不以府字借稱。今世蕞爾小壘，區區一朝官承乏作守，吏民稱爲判府，彼固偃然居之不疑。風俗淳澆之異，一至於此！

14　歌扇舞衣

唐李義府有詩云：「鏤月爲歌扇，裁雲作舞衣〔四〕。」同時人張懷慶竊爲己作，各增兩字云：「生情鏤月爲歌扇，出性裁雲作舞衣。」致有生吞活剥之誚。予又見劉希夷代閨人春日一聯云：「池月憐歌扇，山雲愛舞衣。」絶相似。杜老亦云：「江清歌扇底，野曠舞衣前。」儲光羲云：「竹吹留歌扇，蓮香入舞衣。」然則唐詩人好以歌扇、舞衣爲對也。

15 官會折閱

官會子之作，始於紹興三十年，錢端禮爲户部侍郎，委徽州創樣撩造紙五十萬，邊幅皆不翦裁。初以分數給朝士俸，而於市肆要鬧處置五場，輦見錢收换，每一千别輸錢十以爲吏卒用。商賈入納，外郡綱運，悉同見錢。無欠數陪償及脚乘之費，公私便之。既而印造益多，而實錢浸少，至於十而損一，未及十年，不勝其弊。壽皇念其弗便，出内庫銀二百萬兩售於市，以錢易楮，焚弃之，僅解一時之急，時乾道三年也。淳熙十二年，邁自婺召還，見臨安人揭小帖，以七百五十錢兑一楮，因入對言之，喜其復行。天語云：「此事惟卿知之，朕以會子之故，幾乎十年睡不著。」然是後襄弊又生，且僞造者所在有之。及其敗獲，又未嘗正治其誅，故行用愈輕。迨慶元乙卯，多换六百二十，朝廷以爲憂。詔江、浙諸道必以七百七十錢買楮幣一道。此意固善，而不深思，用錢易紙，非有微利，誰肯爲之！因記崇寧四年有旨，在京市户市商人交子，凡一千許損至九百五十，外路九百七十，得貿鬻如法，毋得輒損，願增價者聽。蓋有所贏縮，則可通行，此理固易曉也。

16　飛鄰望鄰

自古所謂四鄰，蓋指東西南北四者而言耳。蓋貪虐害民者，一切肆其私心。元豐以後，州縣権賣坊場，而收淨息以募役，行之浸久，弊從而生。往往鬻其抵産，抑配四鄰，四鄰貧乏，則散及飛鄰、望鄰之家，不復問遠近，必得償乃止。飛鄰、望鄰之説，誠所未聞。元祐元年，殿中侍御史呂陶奏疏論之，雖嘗暫革，至紹聖又復然。

17　衙參之禮

今監司、郡守初上事，既受官吏參謁，至晡時，僚屬復伺於客次，胥吏列立廷下通刺曰衙，以聽進退之命，如是者三日。如主人免此禮，則翌旦又通謝刺。此禮之起，不知何時。唐岑參爲虢州上佐，有一詩題爲衙郡守還，其辭曰：「世事何反覆，一身難可料。頭白翻折腰，還家私自笑。所嗟無産業，妻子嫌不調。五斗米留人，東溪憶垂釣。」然則由來久矣。韓詩曰：「如今便別官長去，直到新年衙日來。」疑是謂月二日也。

校勘記

〔一〕其所施行蓋有慰人意　庫本、祠本「有」作「猶」,「意」作「心」。

〔二〕牡麻經　「牡」原作「壯」,誤刊,據馬本、祠本改。

〔三〕坡公所稱思道乃周尹　蘇軾詩集卷三十送周朝議守漢州引宋施元之顧禧注東坡先生詩:「周思道即漢州,名表臣。」又云:「姪正孺名尹。」正孺,以下提及。據此,作者此處叙述有誤。今姑仍其舊。

〔四〕唐李義府有詩云鏤月爲歌扇裁雲作舞衣　「府」原脱,據祠本補。按,鏤月云云,全唐詩收入,爲李義府詩。

容齋三筆卷十五十八則

1　内職命詞

内庭婦職遷叙，皆出中旨，至中書命詞。如尚書内省官，固知其爲長年習事，如司字、典字、掌字，知其爲主守之微者。至於紅紫霞帔郡國夫人，則其年齡之長少，爵列之崇庳，無由可以測度。紹興二十八年九月，仲兄以左史直前奏事，時兼權中書舍人，高宗聖訓云：「有一事，待與卿説，昨有宫人宫正者封夫人，乃宫中管事人，六十餘歲，非是嬪御，恐卿不知。」兄奏云：「係王剛中行詞，剛中除蜀帥，係臣書黄，容臣别撰入。」上頷首。後四日，經筵留身奏事，奏言：「前日面蒙宣諭，永嘉郡張夫人告詞，既得聖旨，即時傳旨三省，欲别撰進。昨日宰臣傳聖旨，令不須别撰。」上曰：「乃皇后閤中老管事人，今六十六歲，宫正乃執事者，昨日宰執奏欲换告，亦無妨礙，不須别進。今已年老多病，但欲得稱呼耳。」蓋昨訓詞中稱其容色云。

2 蔡京除吏

唐天寶之季，楊國忠以右相兼吏部尚書，大集選人注擬於私第。故事，注官訖，過門下侍中、給事中，國忠呼左相陳希烈於座隅，時改侍中爲左相。給事中在列，曰：「既對注擬，過門下了矣。」吏部侍郎二人與郎官同咨事，趨走於前，國忠誇謂諸妹曰：「兩箇紫袍主事何如？」史策書此，以見國忠顓政舞權也。然猶令侍中、給事同坐，以明非矯。若蔡京之盜弄威柄，則又過之。政和中，以太師領三省事，得治事于家。弟卞以開府在經筵，嘗挾所親將仕郎吴説往見，坐于便室，設一卓，陳筆硯，置玉版紙闊三寸者數十片于上。卞言常州教授某人之淹滯，曰：「自初登科作教官，今已朝奉郎，尚未脱故職。」京問：「何以處之？」卞曰：「須與一提學。」京取一紙，書其姓名及提舉學事字而缺其路分，顧曰：「要何處？」卞曰：「其家極貧，非得俸入優厚處不可。」於是書「河北西路」字，付老兵持出。俄別有一兵齎一雙緘及紫匣來，乃福建轉運判官直龍圖閣鄭可簡，以新茶獻，即就可漏上書「祕撰運副」四字授之〔一〕。卞方語及吴説曰：「是安中司諫之子，頗能自立，且王逢原外孫，與舒王夫人姻眷，其母老，欲求一見闕省局。」京問：「吴曾踏逐得未？」對曰：「打套局適缺。」又書一紙付出。少頃，卞目吴使先退。吴之從姊嫁門下侍郎薛昂，因館其家，才還舍，具以告昂，歎所見除目之迅速。昂曰：「此三者，已節次書黄矣。」始知國忠猶落第二義也。

3　題先聖廟詩

兖州先聖廟壁，嘗有題詩者云：「靈光殿古生秋草，曲阜城荒噪晚鴉。惟有孔林殘照日，至今猶屬仲尼家。」不顯姓名，頗爲士大夫傳誦。予頃在福州，於呂虛己處，見邵武上官校書詩一册，内一篇題爲州西行。州西者，蔡京所居處也。注云：「靖康元年作。」時京謫湖湘，子孫分竄外郡，所居第摧毁，索寞殆無人跡，故爲古調以傷之。」凡三十餘韻，今但記其末聯云：「君不見喬木參天獨樂園，至今仍是温公宅。」其意甚與前相類。紹興二十五年冬，秦檜死，空其賜宅，明年開河，役夫輦泥土堆于墻下。天台士人左君作詩云：「格天閣在人何在，偃月堂深恨亦深。不見洛陽圖白髮，但知郿塢積黄金。直言動便遭羅織，舉目寧知有照臨。炙手附炎俱不見，可憐泥滓滿墻陰。」語雖紀實，然太露筋骨，不若前兩章渾成也。左頗有才，最善謔，二十八年，楊和王之子偰，除權工部侍郎，時張循王之子子顔、子正，皆帶集英脩撰，且進待制矣。會葉審言自侍御史、楊元老自給事中徙爲吏、兵侍郎，蓋以繳論之故。左用歇後語作絶句，曰：「木易已爲工部侍，弓長肯作集英脩。如今臺省無楊、葉，豚犬超陞卒未休。」左居西湖上，好事請謁，人或畏其口，後竟終於布衣。

4 季文子魏獻公

擬人必於其倫，後世之説也，古人則不然。魯季文子出一莒僕，而歷引舜舉十六相去四凶，曰：「舜有大功二十而爲天子，今行父雖未獲一吉人，去一凶矣，於舜之功二十之一也。」晉魏獻子爲政，以其子戊爲梗陽大夫，謂成鱄曰：「吾與戊也縣，人其以我爲黨乎？」鱄誦大雅文王克明克類、克長克君、克順克比、比于文王之句，而以爲九德不愆。勤施無私曰類，擇善而從之曰比。言：「主之舉也，近文德矣。」且季孫行父之視舜，魏舒之視文王，何啻天壤之不侔，而行父以自比，舒受人之諛不以爲嫌，乃知孟子所謂：「顔淵曰：『舜何人也？予何人也？有爲者亦若是。』」非過論也。

5 尊崇聖字

自孔子贊易、孟子論善信之前，未甚以聖爲尊崇，雖詩、書、禮經所載亦然也。書稱堯、舜之德，但曰「聰明文思」、「欽明文思」、「濬哲文明」、「温恭允塞」，至益之對舜，始有「乃聖乃神」之語。洪範「睿作聖」與「恭作肅，從作乂，明作哲，聰作謀」，同列於五事，其究但曰「聖時風若」，咎徵至以蒙爲對。「惟聖罔念作狂，惟狂克念作聖。」則以狂與聖爲善惡之對也。詩曰：「國雖靡止，或聖或否。」則以聖與否爲對也。下文「或哲或謀，或肅或艾」〔二〕，蓋與五事略同。人之齊聖，不過「飲酒温克」而已。左傳八愷「齊、聖、廣、淵、明、允、篤、誠」，周官六德「知、仁、聖、義、忠、和」，皆混於諸字中，了無所異。以故魯以臧武仲爲聖人，伯夷、伊尹、柳下惠皆曰聖，而孟子以爲否。

6 媵字訓

媵之義爲送，春秋所書，晉人衛人來媵，皆送女也。楚辭九章云：「波滔滔兮來迎，魚鱗鱗兮媵予。」其義亦同。周易咸卦象曰：「咸其輔頰舌，滕口説也。」釋文云：「滕，達也。」九家皆作乘，而鄭康成、虞翻作媵，而亦訓爲送云。

7 周禮奇字

六經用字，固亦間有奇古者，然唯周禮一書獨多。予謂前賢以爲此書出於劉歆，歆常從楊子雲學作奇字，故用以入經。如法爲灋，柄爲枋，邪爲衺，美爲媺，呼爲嘑，拜爲𢷎，韶爲磬，怪爲傀，暴爲虣，獨爲𥳑，風爲飌，鮮爲鱻，槁爲薧，螺爲蠃，蜱爲蠯〔三〕，魚爲䰻，埋爲貍，吹爲歙，陔爲祴，暗爲韽，柝爲欜，探爲撢，翅爲翨，摘爲硩，駭爲駴，擊爲轚，辜爲𣓜，掬爲輂，冪爲榠，藻爲藻，昊爲⿸厂貝〔四〕，叩爲敂，⿰其艮爲⿰其喜，魅爲彪，與夫庮、皫、胖、鱐、齍、眡、劀、酏、柬、麷、箈、鬻、柶、緣、疈、爂、槷、⿰車柬之類，皆他經鮮用，予前已書之而不詳悉。若考工記之字，又不可勝載也。

8 大禹之書

夏書五子之歌，述大禹之戒，其前三章是也。禹之謨訓，捨虞、夏二書外，他無所載。漢藝文志雜家者流有大⿱亼巾三十七篇，云：「傳言禹所作，其文似後世語。」⿱亼巾，古禹字也，意必依倣而作之者，然亦周、漢間人所爲，今寂而無傳，亦可惜也。

9 隨巢胡非子

漢書藝文志墨家者流，有隨巢子六篇、胡非子三篇，皆云墨翟弟子也。二書今不復存，馬總意林所述，各有一卷。隨巢之言曰：「大聖之行，兼愛萬民，疏而不絕，賢者欣之，不肖者憐之。賢而不欣，是賤德也。不肖不憐，是忍人也。」又有「鬼神賢於聖人」之論，其於兼愛、明鬼，爲墨之徒可知。胡非之言曰：「勇有五等：負長劍，赴榛薄，折兕豹，搏熊羆，此獵徒之勇也；負長劍，赴深淵，折蛟龍，搏黿鼉，此漁人之勇也；登高危之上，鵠立四望，顔色不變，此陶匠之勇也；劓必刺，視必殺，此五刑之勇也；齊桓公以魯爲南境，魯憂之，曹劌匹夫之士，一怒而劫萬乘之師，存千乘之國，此君子之勇也。」其說亦卑陋無過人處。

10　别國方言

今世所傳楊子雲輶軒使者絶代語釋别國方言，凡十三卷，郭璞序而解之。其末又有漢成帝時劉子駿與雄書，從取方言及雄答書。以予考之，殆非也。雄自序所爲文，漢史本傳但云：「經莫大於易，故作太玄；傳莫大於論語，作法言；史篇莫善於倉頡，作訓纂；箴莫善於虞箴，作州箴；賦莫深於離騷，反而廣之；辭莫麗於相如，作四賦。」雄平生所爲文盡於是矣，初無所謂方言。漢藝文志小學有訓纂一篇。儒家有雄所序三十八篇，注云：「太玄十九，法言十三，樂四，箴二。」雜賦有雄賦十二篇，亦不載方言。觀其答劉子駿書，稱「蜀人嚴君平」，案君平本姓莊，漢顯宗諱莊，始改曰「嚴」。法言所稱「蜀莊沈冥」、「蜀莊之才之珍」、「吾珍莊也」，皆是本字，何獨至此書而曰「嚴」。又子駿只從之求書，而答云：「必欲脅之以威，陵之以武，則縊死以從命也。」何至是哉！既云成帝時子駿與雄書，而其中乃云孝成皇帝，反覆抵牾。又書稱「汝、潁之間」，先漢人無此語也，必漢、魏之際好事者爲之云。

11 縱臾

史記衡山王傳：「日夜從容王密謀反事。」漢書傳云：「日夜縱臾王謀反事。」如淳曰：「臾讀曰勇，縱臾，猶言勉强也。」顔師古曰：「縱，音子勇反。縱臾，謂奬勸也。」楊雄方言云：「食閻、慫慂，音與上同。勸也。南楚凡己不欲喜，而旁人説之，不欲怒，而旁人怒之，謂之食閻，亦謂之慫慂。」今禮部韻略收入，漢注皆不引用。

12 總持寺唐勑牒

唐世符帖文書，今存者亦少，隆興府城内總持寺有一碑，其前一紙，乾符三年洪州都督府牒僧仲暹，次一紙中和五年監軍使帖僧神遇，第三紙光啓三年十一月中書門下牒江西觀察使。其後列銜者二十四人，曰中書侍郎兼兵部尚書平章事杜孫能，門下侍郎兼吏部尚書平章事孔緯，此後檢校左僕射一人，檢校司空二人，檢校司徒八人，檢校太保三人，檢校太傅一人，檢校太尉三人，檢校太師一人，皆帶平章事著姓，太保兼侍中昭度不書韋字，檢校太師兼侍中一人，太師兼中書令一人，皆不著姓，捨杜、孔、韋三正相之外，餘皆小書使字，蓋使相也。後又有節度使鍾傳兩牒，字畫端勁有法，如士人札翰，今時臺省吏文不能及也。

嘉祐二年，雒陽人職方員外郎李上交來豫章東湖，見所藏真蹟，爲辨之云：「二十一人者，乃張濬、朱玫、李福、李可舉、李罕之、陳敬瑄、王處存、王徽、曹誠、李匡威、李茂貞、王重榮、楊守亮、王鎔、樂彥禎、朱全忠、張全義、拓拔思恭、時溥、王鐸、高駢也〔五〕。而注云：『見僖宗紀及實録。』以予考之，自三相及拓拔、樂彥禎、時溥、張濬、朱全忠、李茂貞諸人外，如李克用、朱瑄、王行瑜皆是時使相，不應缺，而朱玫、王鐸、王重榮、李福皆已死，所謂太師中書令者，史策不載，唯陳敬瑄檢校此官而兼中令，最後者其是歟？它皆不復可究質矣。

13 禁旅遷補

國朝宿衛禁旅遷補之制，以歲月功次而遞進者，謂之排連。大禮後，次年殿庭較藝，乘輿臨軒，曰「推垛子」。其歲滿當去者，隨其本資，高者以正任團練使、刺史補外州總管、鈐轄，小者得州郡監〔六〕，當留者於軍職内陞補，謂之轉員。唯推垛之日，以疾不趁赴者，爲害甚重。紹興三十二年四月，予以右史午對，時將有使事〔七〕，與上介張才甫同飯於皇城司。有一老兵，幞頭執黑杖子，拜辭皇城幹辦官劉知閤，泣涕哽噎，劉亦爲惻然。予問其故，兵以杖相示，滿其上皆揭記士卒姓名營屯事件，云：「身是天武第一軍都指揮使，曾立戰功，積官至遥郡團練使，今年滿當出職，若御前呈試了，便得正任使名，而爲近郡總管。不幸小疾，遂遭揀汰，只可降移外藩將校，在身官位一切除落，方伏事州都監聽管營部轄。三十年勤勞，一旦如掃，薄命不偶，至於如是。坐者同歎息憐之。」案，崇寧四年有詔，諸班直嘗備宿衛，病告滿尚可療者，殿前指揮使補外牢城指揮使，蓋舊法也。

14 六言詩難工

唐張繼詩，今人所傳者唯楓橋夜泊一篇，荆公詩選亦但別有兩首，樂府有塞孤一篇。而皇甫冉集中載其所寄六言曰：「京口情人別久，揚州估客來疏。潮至潯陽回去，相思無處通書。」冉酬之，而序言：「懿孫，予之舊好，祗役武昌，有六言詩見憶，今以七言裁答，蓋拙於事者繁而費。」冉之意，以六言爲難工，故衍六爲七，然自有三章曰：「江上年年春早，津頭日日人行。借問山陰遠近，猶聞薄暮鐘聲。」「水流絶澗終日，草長深山暮雲。犬吠鷄鳴幾處，條桑種杏何人？」「門外水流何處，天邊樹繞誰家？山絶東西多少，朝朝幾度雲遮。」皆清絶可畫，非拙而不能也。予編唐人絶句，得七言七千五百首，五言二千五百首，合爲萬首。而六言不滿四十，信乎其難也。

15 杯水救車薪

孟子曰：「仁之勝不仁也，如水勝火，今之爲仁者，猶以一杯水救一車薪之火也，不熄，則謂之水不勝火。」予讀文子，其書有云：「水之勢勝火，一勺不能救一車之薪；金之勢勝木，一刃不能殘一林；土之勢勝水〔八〕，一塊不能塞一河。」文子，周平王時人，孟氏之言，蓋本於此。

16 詘一人之下

蕭何諫高祖受漢王之封，曰：「夫能詘於一人之下，而信於萬乘之上者，湯、武是也。」六韜云：「文王在岐，召太公曰：『吾地小。』太公曰：『天下有粟，賢者食之；天下有民，賢者牧之。屈於一人之下，則申於萬人之上，唯聖人能爲之。』」然則蕭何之言，其出於此，而漢書注釋諸家，皆不曾引證。

17 秦漢重縣令客

秦、漢之時，郡守縣令之權極重，雖一令之微，能生死人，故爲之賓客者，邑人不敢不敬。單父人吕公善沛令，辟仇從之客，沛中豪桀吏聞令有重客，皆往賀。謂以禮物相慶也。司馬相如游梁歸蜀，素與臨邛令王吉相善，來過之，舍於都亭。臨邛富人卓王孫、程鄭相謂曰：「令有貴客，爲具召之，并召令。」相如竊王孫女歸成都，以貧困復如臨邛，王孫杜門不出，昆弟諸公更謂王孫曰：「長卿人材足依，且又令客，柰何相辱如此！」注云：「言縣令之客，不可以辱也。」是時爲令客者如此。今士大夫爲守令故人，往見者雖未必皆賢，豈復蒙此禮敬。稍或戾於法制，微有干託，其累主人必矣。

18 之字訓變

漢高祖諱邦，荀悦云：「之字曰國。惠帝諱盈，之字曰滿。」謂臣下所避以相代也。蓋「之」字之義訓變。左傳：「周史以周易見陳侯者，陳侯使筮之，遇觀之否。」謂觀六四變而爲否也。他皆倣此。

校勘記

〔一〕即就可漏上書祕撰運副四字授之　王校：「漏」字誤，未云應作何字。

〔三〕或哲或謀或肅或艾　「哲」原作「肅」，「肅」原作「哲」，據馬本、祠本改。按，「或哲」云云，爲詩小旻中之二句。

〔三〕蜱　庫本、祠本作「脾」。

〔四〕厓　庫本、祠本作「厓」。

〔五〕欒彦祺　庫本、祠本「祺」作「禎」。下同。

〔六〕小者得州郡監　馬本、庫本、祠本「郡」作「都」。按，疑作「都」是。

〔七〕予以右史午對時將有使事　「使」原作「吏」，據馬本、庫本、祠本改。據宋史洪邁傳，時金使來，邁爲接伴使。

〔八〕土之勢勝水　「土」原作「上」，誤刊，據明抄本改。

容齋三筆卷十六二十則

1 蹇氏父子

蹇周輔立江西、福建茶法，以害兩路。其子序辰在紹聖中，乞編類元祐章疏案牘，人爲一帙，置在二府。由是搢紳之禍，無一得脱。此猶未足言，及居元符遏密中，肆音樂自娱。後守蘇州，以天寧節與其父忌日同，輒於前一日設宴，及節日不張樂。其無人臣之義如是，蓋舉世未聞也。

2 神臂弓

神臂弓出於弩遺法，古未有也。熙寧元年，民李宏始獻之入内，副都知張若水方受旨料簡弓弩，取以進。其法以檿木爲身，檀爲弰，鐵爲蹬子鎗頭，銅爲馬面牙發，麻繩札絲爲弦，弓之身三尺有二寸，弦長二尺有五寸，箭木羽長數寸，射二百四十餘步，入榆木半笴。神宗閲試，甚善之。於是行用，而他弓矢弗能及。紹興五年，韓世忠又侈大其制，更名「克敵弓」，以與金虜戰，大獲勝捷。十二年詞科試日，主司出克敵弓銘爲題云。

3 勑令格式

法令之書，其別有四，勑、令、格、式是也。神宗聖訓曰：「禁於未然之謂勑，禁於已然之謂令，設於此以待彼之至謂之格，設於此使彼效之謂之式。」凡入笞杖徒流死，自例以下至斷獄十有二門，麗刑名輕重者，皆爲勑；自品官以下至斷獄三十五門，約束禁止者，皆爲令；命官庶人之等，倍全分釐之給，有等級高下者，皆爲格；表奏、帳籍、關牒、符檄之類，有體制模楷者，皆爲式。元豐編勑用此，後來雖數有修定，然大體悉循用之。今假寧一門，實載於格，而公私文書行移，並名爲式假，則非也。

4 顔魯公戲吟

陶淵明作閑情賦，寄意女色，蕭統以爲白玉微瑕。宋廣平作梅花賦，皮日休以爲鐵心石腸人而亦風流艷冶如此。顔魯公集有七言聯句四絶，其目曰大言、樂語、饞語、醉語。於樂語云：「苦河既濟真僧喜，新知滿坐笑相視。戍客歸來見妻子，學生放假偷向市。」饞語云：「拈鎚舐指不知休，欲炙侍立涎交流。過屠大嚼肯知羞，食店門外强淹留。」醉語云：

「逢糟遇麯便酩酊，覆車墜馬皆不醒。倒著接䍦髮垂領〔二〕，狂心亂語無人並。」以公之剛介守正而作是詩，豈非以文滑稽乎！然語意平常，無可咀嚼，予疑非公詩也。

5 紀年用先代名

唐德宗以建中、興元之亂，思太宗貞觀、明皇開元爲不可跂及，故改年爲貞元，各取一字以法象之。高宗建炎之元，欲法建隆而下字無所本。孝宗以來，始一切用貞元故事。隆興以建隆、紹興，乾道以乾德、至道，淳熙以淳化、雍熙，紹熙以紹興、淳熙，慶元以慶曆、元祐也。

6 中舍

官制未改之前，初升朝官，有出身人爲太子中允，無出身人爲太子中舍，皆今通直郎也。近時士大夫或不能曉，乃稱中書舍人曰中舍，殊可笑云。蘇子美在進奏院，會館職，有中舍者欲預席，子美曰：「樂中既無箏、琶、篳、笛，坐上安有國、舍、虞、比。」國謂國子博士，舍謂中舍，虞謂虞部，比謂比部員外、郎中，皆任子官也。

7 多赦長惡

熙寧七年旱，神宗欲降赦，時已兩赦矣。王安石曰：「湯旱，以六事自責，曰政不節與？若一歲三赦，是政不節，非所以弭災也。」乃止。安石平生持論務與衆異，獨此説爲至公。近者六年之間，再行覃霈。婺州富人盧助教，以刻核起家，因至田僕之居，爲僕父子四人所執，投寘杵臼内，搗碎其軀爲肉泥，既鞫治成獄，而遇己酉赦恩獲免。至復登盧氏之門，笑侮之，曰：「助教何不下莊收穀？」兹事可爲冤憤，而州郡失於奏論。紹熙甲寅歲至於四赦，凶盜殺人一切不死，惠姦長惡，何補於治哉！

8 奏讞疑獄

州郡疑獄許奏讞，蓋朝廷之仁恩。然不問所犯重輕及情理蠹害，一切縱之，則爲壞法。耿延年提點江東刑獄，專務全活死囚，其用心固善。然南康婦人謀殺其夫甚明，曲貸其命，累勘官翻以失入被罪。予守贛，一將兵逃至外邑，殺村民於深林，民兄後知之，畏申官之費，即焚其尸，事發係獄，以殺時無證，尸不經驗，奏裁刑寺輒定爲斷配。予持勑不下，復奏論之，未下而此兵死於獄。因記元豐中，宣州民葉元，以同居兄亂其妻而殺之，又殺兄子，而彊其父與嫂約契，不訟於官。鄰里發其事，州以情理可憫，爲上請。審刑院奏欲貸，神宗曰：「罪人已前死，姦亂之事，特出於葉元之口，不足以定罪，且下民雖爲無知，抵冒法禁，固宜哀矜。然以妻子之愛，既殺其兄，仍戕其姪，又罔其父，背逆天理，傷敗人倫，宜以毆兄至死律論。」此旨可謂至明矣。

9 醫職冗濫

神宗董正治官，立醫官，額止於四員。及宣和中，自和安大夫至翰林醫官，凡一百十七人，直局至祗候，凡九百七十九人，冗濫如此。三年五月，始詔大夫以二十員，郎以三十員，醫効至祗候以三百人爲額，而額外人免改正，但不許作官户，見帶遥郡人並依元豐舊制，然竟不能循守也。乾道三年正月，隨龍醫官、平和大夫、階州團練使潘攸差判太醫局，請給依能諴例支破。邁時在西掖，取會能諴全支本色，因依諴係和安大夫、潭州觀察使，月請米麥百餘碩，錢數百千，春冬綿絹之屬，比他人十倍，因上章極論之，乞將攸合得請給，令户部照條支破。孝宗聖諭云：「豈惟潘攸不合得，并能諴亦合住了。」即日，御筆批依，仍改正能諴已得真俸之旨，旋又罷醫官局。

10 切脚語

世人語音有以切脚而稱者，亦間見之於書史中。如以蓬爲勃籠，槃爲勃闌，鐸爲突落，叵爲不可，團爲突欒，鉦爲丁寧，頂爲滴顐，角爲矻落，蒲爲勃盧，精爲即零，螳爲突郎，諸爲之乎，旁爲步廊，茨爲蒺藜，圈爲屈攣，錮爲骨露，窠爲窟駝是也。

11 唐世辟寮佐有詞

唐世節度、觀察諸使，辟置僚佐以至州郡差掾屬，牒語皆用四六，大略如告詞。李商隱樊南甲乙集、顧雲編稾、羅隱湘南雜稾皆有之。故韓文公送石洪赴河陽幕府序云：「撰書辭，具馬幣。」李肇國史補載崖州差故相韋執誼攝軍事衙推，亦有其文，非若今時只以吏牘行遣也。錢武肅在鎮牒鍾廷翰攝安吉主簿云：「勑淮南、鎮海、鎮東等軍節度使，牒將仕郎試祕書省校書郎鍾廷翰，牒奉處分，前件官儒素修身，早昇官緒，寓居霅水，累歷星霜，克循廉謹之規，備顯温恭之道。今者願求録用，特議掄材，安吉屬城印曹闕吏，俾期差攝，勉効公方，儻聞佐理之能，豈悋超昇之獎！事須差攝安吉縣主簿牒舉者，故牒。貞明二年三月日。」牒後銜云：「使、尚父、守尚書令、吴越王押。」此牒今藏於王順伯家，其字畫端嚴有法，其文則掌書記所撰，殊爲不工，但印記不存矣。謂主簿爲印曹，亦佳。

12 高子允謁刺

王順伯藏昔賢墨帖至多，其一曰高子允諸公謁刺，凡十六人：時公美、徐振甫、余中、龔深父、元耆寧、秦少游、黄魯直、張文潛、晁無咎、司馬公休、李成季、葉致遠、黄道夫、廖明略、彭器資、陳祥道。皆元祐四年朝士，唯器資爲中書舍人，餘皆館職。其刺字或書官職，或書郡里，或稱姓名，或只稱名，既手書之，又斥主人之字，且有同舍、尊兄之目，風流氣味，宛然可端拜，非若後之士大夫一付筆吏也。蔡忠惠公帖亦有其二，一曰「襄奉候子石兄起居，朔日謹謁」；一曰「襄別洪州少卿學士」。蓋又在前帖三十年之先也。

13 蔡君謨書碑

歐陽公作蔡君謨墓誌云：「公工於書畫，頗自惜，不妄與人書。仁宗尤愛稱之，御製元舅隴西王碑文，詔公書之。其後命學士撰温成皇后碑文，又勑公書，則辭不肯，曰：『此待詔職也。』」國史傳所載，蓋用其語。比見蔡與歐陽一帖云：「昴者得侍陛下清光，時有天旨，令寫御撰碑文，宫寺題牓。至有勳德之家，干請朝廷出勑令書。襄謂近世書寫碑誌，則有資利，若朝廷之命，則有司存焉，待詔其職也。今與待詔爭利，其可乎？力辭乃已。」蓋辭其可辭，其不可辭者不辭也。然後知蔡公之旨意如此。雖勳德之家請於朝出勑令書者，亦辭之，不止一温成碑而已。其清介有守，後世或未知之，故載於此。

14 楊涉父子

唐楊涉爲人和厚恭謹。哀帝時，自吏部侍郎拜相。時朱全忠擅國，涉聞當爲相，與家人相泣，謂其子凝式曰：「此吾家之不幸也，必爲汝累。」後二年，全忠篡逆，涉爲押傳國寶使，凝式曰：「大人爲唐宰相，而國家至此，不可謂之無過，況手持天子璽綬與人，雖保富貴，柰千載何，盍辭之？」涉大駭，曰：「汝滅吾族！」神色爲之不寧者數日。此一楊涉也，方其且相，則對其子有不幸之語，及持國寶與逆賊，則駭其子勸止之請，一何前後之不相侔也！鄙夫患失，又懲白馬之禍，喪其良心，甘入「六臣」之列，其可羞也甚矣。凝式病其父失節，託於心疾，歷五代十二君，佯狂不仕，亦賢乎哉！

15 佛胸卍字

法苑珠林叙佛之初生云：「開卍字於胸前，躡千輪於足下。」又占相部云：「如來至真，常於胸前自然卍字，大人相者，乃往古世蠲除穢濁不善行故。」予於夷堅丁志中載蔡京胸字，言：「京死後四十二年遷葬，皮肉消化已盡，獨心胸上隱起一卍字，高二分許，如鐫刻所就。」正與此同。以大姦誤國之人，而有此祥，誠不可曉也。豈非天崩地坼，造化定數，故產此異物，以爲宗社之禍邪！

16 蘇涣詩

杜子美贈蘇涣詩序云：「蘇大侍御涣，靜者也，旅寓于江側，凡是不交州府之客，人事都絶久矣。肩輿江浦，忽訪老夫，請誦近詩，肯吟數首，才力素壯，詞句動人，涌思雷出，書篋几杖之外，殷殷留金石聲。賦八韻記異，亦記老夫傾倒於蘇至矣。」詩有「再聞誦新作，突過黄初詩」之語。又有一篇寄裴道州并呈蘇涣侍御云：「附書與裴因示蘇，此生已媿須人扶。致君堯舜付公等，早據要路思捐軀。」其褒重之如此。唐藝文志有涣詩一卷，云：「涣少喜剽盜，善用白弩，巴蜀商人苦之，稱『白跖』，以比莊蹻。後折節讀書，進士及第，湖南崔瓘辟從事，繼走交、廣，與哥舒晃反，伏誅。」然則非所謂靜隱者也。涣在廣州作變律詩十九首，上廣府帥，其一曰：「養蠶爲素絲，葉盡蠶不老。傾筐對空床，此意向誰道。一女不得織，萬夫受其寒。一夫不得意，四海行路難。禍亦不在大，禍亦不在先。世路險孟門，吾徒當勉旃。」其二曰：「毒蜂一巢成，高挂惡木枝。行人百步外，目斷魂爲飛。長安大道邊，挾彈誰家兒？手持黄金丸，引滿無所疑。一中紛下來，勢若風雨隨。身如萬箭攢，宛轉送所之。徒有疾惡心，柰何不知機。」讀此二詩，可以知其人矣。杜贈涣詩，名爲記異，語意不與它等，厥有旨哉。

17 歲後八日

東方朔占書，歲後八日，一爲雞，二爲犬，三爲豕，四爲羊，五爲牛，六爲馬，七爲人，八爲穀。謂其日晴，則所主之物育，陰則災。杜詩云：「元日到人日，未有不陰時。」用此也。八日爲穀，所係尤重，而人罕知者，故書之。

18 門焉閨焉

左氏傳好用「門焉」字。如「晉侯圍曹，門焉」，「齊侯圍龍，盧蒲就魁門焉」，「吴伐巢，吴子門焉」，「偪陽人啓門，諸侯之士門焉〔二〕」。及「蔡公孫翩以兩矢門之」，「門于師之梁」，「門于陽州」之類，皆奇葩之語也。然公羊傳云：「入其大門，則無人門焉者；入其閨，則無人閨焉者；上其堂，則無人焉。」又傑出有味。何休注「堂無人焉」之下曰：「但言焉，絶語辭，堂不設守視人，故不言焉者。」休之學可謂精切，能盡立言之深意。

19 郡縣主壻官

本朝宗室祖免親女出嫁，如壻係白身人，得文解者爲將仕郎，否則承節、承信郎，妻雖死，夫爲官如故。按，唐貞元中，故懷澤縣主壻檢校贊善大夫竇克紹狀言：「臣頃以國親，超受寵禄，及縣主薨逝，臣官遂停。臣陪位出身，未授檢校官，自有本官，伏乞宣付所司，許取前銜婺州司户參軍隨例調集。」詔：「許赴集，仍委所司比類前任正員官依資注擬。自今已後，郡縣主壻除丁憂外，有曾任正員官停檢校官俸料後者，準此處分。」乃知壻官不停者，恩厚於唐世多矣。紹興中，高士轟尚僞福國長公主，至觀察使。及公主事發誅死，猶得故官，可謂優渥。

20 樂府詩引喻

自齊、梁以來，詩人作樂府子夜四時歌之類，每以前句比興引喻，而後句實言以證之。至唐張祜、李商隱、温庭筠、陸龜蒙，亦多此體，或四句皆然。今略書十數聯于策。其四句者如：「高山種芙蓉，復經黄蘗塢。未得一蓮時，流離嬰辛苦。」「窗外山魈立，知渠脚不多。

三更機底下，模著是誰梭。」「淮上能無雨，回頭總是情。蒲帆渾未織，爭得一歡成。」其兩句者如：「風吹荷葉動，無夜不搖蓮。」「空織無經緯，求匹理自難。」「圍棋燒敗襖，著子故依然。」「理絲入殘機，何悟不成匹。」「攤門不安橫，無復相關意。」「黄蘗向春生，苦心日日長。」「明燈照空局，悠然未有期。」「玉作彈棋局，中心最不平。」「剪刀橫眼底，方覺淚難裁。」「中劈庭前棗，教郎見赤心。」「千尋葶藶枝，爭奈長長苦。」「愁見蜘蛛織，尋思直到明。」「雙燈俱暗盡，奈許兩無由。」「三更書石闕，憶子夜啼悲。」「芙蓉腹裏萎，憐汝從心起。」「朝看暮牛跡，知是宿啼痕。」「梳頭入黄泉，分作兩死計。」「石闕生口中，銜悲不能語。」「桑蠶不作繭，晝夜長懸絲。」皆是也。龜蒙又有風人詩四首，云：「十萬全師出，遥知正憶君。一心如瑞麥，長作兩岐分。」「破蘗供朝爨，須知是苦辛。曉天窺落宿，誰識獨醒人。」「旦日思雙屨，明時願早諧。丹青傳四瀆，難寫是秋懷。」「聞道更新幟，多應廢舊期。征衣無伴搗，獨處自然悲。」皮日休和其三章，云：「刻石書離恨，因成別後悲。莫言春蠒薄，猶有萬重思。」「鏤出容刀飾，親逢巧笑難。日中騒客珮，爭奈即闌干。」「江上秋聲起，從來浪得名。逆風猶挂席，苦不會凡情。」劉采春所唱云：「不是厨中串，爭知炙裏心。井邊銀釧落，展轉恨還深。」「簳蠟爲紅燭，情知不自由。細絲斜結網，爭奈眼相鉤。」尤爲明白。七言亦間有之，如「東邊日出西邊雨，道是無情又有情」，「玲瓏骰子安紅豆，入骨相思知也無」，「合歡桃核真堪恨，裏許元來别有人」是也。近世鄙詞，如一落索數闋，蓋効此格，語意亦新工，恨太俗耳，然非才士不能爲。世傳東坡一絶句云：「蓮子擘開須見薏，楸枰著盡更無棋。破衫却有重縫處，一飯何曾忘却匙。」蓋是文與意並見一句中，又非前比也。集中不載。

校勘記

〔一〕倒著接䍦髮垂領　「䍦」原作「籬」，誤刊，據馬本、祠本改。按，接䍦乃頭巾。

〔二〕偪陽人啓門諸侯之士門焉　「偪」原作「富」，誤刊。據馬本、祠本改。按：左傳襄公十年作「偪」。

容齋四筆

容齋四筆序

始予作容齋隨筆，首尾十八年，續筆十三年，三筆五年，而四筆之成，不費一歲。身益老而著書益速，蓋有其説。曩自越府歸，謝絶外事，獨弄筆紀述之習，不可掃除。故搜采異聞，但緒夷堅諸志，於議論雌黄，不復闢抱。而稚子櫰每見夷堅滿紙，輒曰：「隨筆、夷堅，皆大人素所游戲。今隨筆不加益，不應厚於彼而薄於此也。」日日立案傍，必俟草一則乃退。重逆其意，則裒所憶而書之。櫰嗜讀書，雖就寢猶置一編枕畔，旦則與之俱興。而天嗇其付，年且弱冠，聰明殊未開，以彼其勤，殆必有日。丈夫愛憐少子，此乎見之。於是占抒爲序，并奬其志云。慶元三年九月二十四日序。

容齋四筆卷一 十九則

1 孔廟位次

自唐以來，相傳以孔門高弟顔淵至子夏爲十哲，故坐祀於廟堂上。其後升顔子配享，則進曾子於堂，居子夏之次以補其闕。然顔子之父路、曾子之父點，乃在廡下從祀之列，子處父上，神靈有知，何以自安。所謂子雖齊聖，不先父食，正謂是也。又孟子配食與顔子並，而其師子思，子思之師曾子亦在下。此兩者於禮於義實爲未然，特相承既久，莫之敢議耳。

2 周三公不特置

周成王董正治官，立太師、太傅、太保，兹惟三公，而云：「官不必備，惟其人。」以書傳考之，皆兼領六卿，未嘗特置也。周公既爲師，然猶位冢宰，尚書所載召公以太保領冢宰，芮伯爲司徒，彤伯爲宗伯，畢公以太師領司馬，衛侯爲司寇，毛公以太傅領司空是已。其所次第惟以六卿爲先後，而師傅之尊乃居太保下也。

3 周公作金縢

尚書孔氏所傳五十九篇皆有序，其出於史官者不言某人作，如虞書五篇，紀一時君臣吁謨都俞及識其政事，如說命、武成、顧命、康王之誥、召誥自「惟二月既望」至「越自乃御事」、洛誥自「戊辰王在新邑」至篇終，蔡仲之命自「惟周公位冢宰」至「邦之蔡」皆然。如指言某人所作，則伊尹作伊訓、太甲、咸有一德，盤庚三篇，周公作大誥、康誥、酒誥、梓材、多士、無逸、君奭、多方、立政是也。惟金縢之篇，首尾皆叙事，而直以爲周公作。案此篇除册祝三王外，餘皆周史之詞，如「公乃自以爲功」、「公歸納册」、「公將不利於孺子」、「公乃爲詩以貽王」、「王亦未敢誚公」、「公命我勿敢言」、「天動威以彰周公之德」、「公勤勞王家」之語，「出郊」、「反風」之異，决非周公所自爲，今不復可質究矣。

4 雲夢澤

雲夢，楚澤藪也，列於周禮職方氏。鄭氏云：「在華容。」漢志有雲夢官。然其實雲也夢也，各爲一處。禹貢所書：「雲土夢作乂。」注云：「在江南。」惟左傳得其詳。如邧夫人棄子文于夢中，注云：「夢，澤名，在江夏安陸縣城東南。」楚子田江南之夢，注云：「楚之雲、夢，跨江南北。」楚子濟江入于雲中，注：「入雲澤中，所謂江南之夢。」然則雲在江之北，夢在其南也。上林賦：「楚有七澤，嘗見其一，名曰雲夢，特其小小者耳，方九百里。」此乃司馬長卿夸言。今爲縣，隸德安，詢諸彼人，已不能的指疆域。職方氏以「夢」爲「瞢」。前漢敍傳：「子文投於瞢中。」音皆同。

5 關雎不同

關雎爲國風首，毛氏列之於三百篇之前。大序云：「后妃之德也。」而魯詩云：「后夫人鷄鳴佩玉去君所，周康王后不然，故詩人歎而傷之。」後漢皇后紀序：「康王晏朝，關雎作諷，蓋用此也。」顯宗永平八年，詔云：「昔應門失守，關雎刺世。」注引春秋說題辭曰：「人主不正，應門失守，故歌關雎以感之。」宋均云：「應門，聽政之處也。言不以政事爲務，則有宣淫之心。關雎樂而不淫，思得賢人與之共化，修應門之政者也。」薛氏韓詩章句曰：「詩人言雎鳩貞絜敬匹，以聲相求，隱蔽于無人之處。故人君退朝，入于私宮，后妃御見有度，應門擊柝，鼓人上堂，退反燕處，體安志明。今時大人内傾于色，賢人見其萌，故詠關雎之說淑女正容儀以刺時。」三說不同如此。黍離之詩列於王國風之首，周大夫所作也，而齊詩以爲衛宣公之子壽閔其兄伋之且見害，作憂思之詩，黍離之詩是也。此說尤爲可議。

6 迷癡厥撥

柔詞諂笑，專取容悦，世俗謂之迷癡，亦曰迷嬉。中心有愧見諸顏面者，謂之緬覥。舉措脱略觸事乖忤者，謂之厥撥。雖爲俚言，然其說皆有所本。列子云：「墨㞘、單至、嘽咺、憋懯，四人相與游於世。」又云：「眠娗、諈諉、勇敢、怯疑，四人亦相與游。」張湛注云：「墨音眉，㞘勑夷反，方言：江、淮之間謂之無賴。眠音緬，娗音殄，方言：欺謾之語也。郭璞云：謂以言相輕嗤弄也。」所釋雖不同，然大略具是矣。曲禮：「衣毋撥，足毋蹶。」鄭氏注云：「撥，發揚貌。蹶，行遽貌。」大抵亦指其荒率也。

7 三館祕閣

國朝儒館仍唐制，有四：曰昭文館，曰史館，曰集賢院，曰祕閣。宰以上相領昭文大學士，其次監脩國史，其次領集賢。若只兩相，則首廳兼國史。唯祕閣最低，故但以兩制判之。四局各置直官，均謂之館職，皆稱學士。其下則爲校理、檢討、校勘，地望清切，非名流不得處。范景仁爲館閣校勘，當遷校理，宰相龐籍言：「范鎮有異才，恬於進取。」乃除直祕閣。司馬公作詩賀之，曰：「延閣屹中天，積書雲漢連。神宗重其選，謂太宗也。國士比爲仙。玉檻鉤陳上，丹梯北斗邊。帝容瞻日角，宸翰照星躔。職秩曾無貴，光華在得賢。」其重如此。自熙寧以來，或頗用賞勞。元豐官制行，不置昭文、集賢，以史館入著作局，而直祕閣只爲貼職。至崇寧、政、宣以處大臣子弟姻戚，其濫及於錢穀文俗吏，士大夫不復貴重。然除此職者必詣館下拜閣，乃具盛筵，邀見在三館者宴集，秋日暴書宴，皆得預席，若餘日則不許至，隨筆有館職名存一則云。

8　亭榭立名

立亭榭名最易蹈襲，既不可近俗，而務爲奇澁亦非是。東坡見一客云近看晉書，問之，曰：「曾尋得好亭子名否？」蓋謂其難也。秦楚材在宣城，於城外並江作亭，目之曰「知有」。用杜詩「已知出郭少塵事，更有澄江消客愁」之句也。王仲衡在會稽，於後山作亭，目之曰「白涼」。亦用杜詩「越女天下白，鑑湖五月涼」之句。二者可謂甚新，然要爲未當。廬山一寺中有亭頗幽勝，或標之曰「不更歸」，取韓詩末句，亦可笑也。

9 十十錢

市肆間交易論錢陌者，云十十錢。言其足數滿百無蹺減也。其語至俗，然亦有所本。後漢書襄楷傳引宮崇所獻神書，其太平經興帝王篇云：「開其玉户，施種於中，比若春種於地也，十十相應和而生。其施不以其時，比若十月種物於地也，十十盡死，固無生者。」其書不傳於今，唐章懷太子注釋之時，尚猶存也。此所謂十十，蓋言十種十生無一失耳，其盡死之義亦然，與錢陌之事殊，然其字則同也。

10 犀舟

張衡應問云：「犀舟勁楫。」後漢注引前書：「羌戎弓矛之兵，器不犀利。」音義曰：「今俗謂刀兵利爲犀。犀，堅也。」「犀舟」甚新奇，然爲文者未嘗用，亦慮予所見之不博也。

11 畢仲游二書

元祐初，司馬温公當國，盡改王荆公所行政事。士大夫言利害者以千百數，聞朝廷更化，莫不驩然相賀，唯畢仲游一書究盡本末。其略云：「昔安石以興作之説動先帝，而患財之不足也，故凡政之可以得民財者無不用。蓋散青苗、置市易、斂役錢、變鹽法者，事也，而欲興作患不足者，情也。苟未能杜其興作之情，而徒欲禁其散斂變置之事，是以百説而百不行。今遂欲廢青苗、罷市易、蠲役錢、去鹽法，凡號爲財利而傷民者一掃而更之，則向來用事於新法者，必不喜矣。不喜之人，必不但曰青苗不可廢，市易不可罷，役錢不可蠲，鹽法不可去，必探不足之情，言不足之事，以動上意，雖致石人而使聽之，猶將動也。如是則廢者可復散，罷者可復置，蠲者可復斂，去者可復存矣。則不足之情可不預治哉！爲今之策，當大舉天下之計，深明出入之數，以諸路所積之錢粟一歸地官，使經費可支二十年之用。數年之間，又將十倍於今日。使天子曉然知天下之餘於財也，則不足之論不得陳於前，然後所謂新法者，始可永罷而不復行矣。昔安石之居位也，中外莫非其人，故其法能行。今欲捄前日之敝，而左右侍從職司使者，十有七八皆安石之徒，雖起二三舊臣，用六七君子，然累百之中存其十數，烏在其勢之可爲也！勢未可爲而欲爲之，則青苗雖廢將復散，況未廢乎！市易雖罷且復置，況未罷乎！役錢、鹽法亦莫不然。以此捄前日之敝，如人久病而少間，其父兄子弟喜見顔色，而未敢賀者，意其病之在也。」

先是東坡公在館閣，頗因言語文章，規切時政，仲游憂其及禍，貽書戒之曰：「孟軻不得已而後辯，孔子欲無言。古人所以精謀極慮，固功業而養壽命者，未嘗不出乎此。君自立朝以來，禍福利害繫身者未嘗言，顧直惜其言爾。夫言語之累，不特出口者爲言，其形于詩歌、贊于賦頌、託于碑銘、著于序記者，亦言也。今知畏於口而未畏於文，是其所是，則見是者喜；非其所非，則蒙非者怨。喜者未能濟君之謀，而怨者或已敗君之事矣。天下論君之文，如孫臏之用兵、扁鵲之醫疾，固所指名者矣，雖無是非之言，猶有是非之疑，又況其有耶！官非諫臣，職非御史，而非人所未非，是人所未是，危身觸諱以游其間，殆由抱石而捄溺也。」

二公得書聳然，竟如其慮。予頃修史時，因得其集，讀二書，思欲爲之表見，故官雖不顯，亦爲之立傳云。

12 列子與佛經相參

張湛序列子云：「其書大略明群有以至虛爲宗，萬品以終滅爲驗，神惠以凝寂常全，想念以著物自喪，生覺與夢化等情。所明往往與佛經相參。」予讀天瑞篇載林類答子貢之言曰：「死之與生，一往一反，故死於是者，安知不生於彼，故吾知其不相若矣，吾又安知吾今之死不愈昔之生乎。」此一節，所謂與佛經相參者也。又云：「商太宰問孔子：『三王、五帝、三皇聖者歟？』孔子皆曰：『弗知。』太宰曰：『然則孰者爲聖？』孔子曰：『西方之人有聖者焉，不治而不亂，不言而自信，不化而自行，蕩蕩乎民無能名焉，丘疑其爲聖。弗知真爲聖歟？真不聖歟？』」其後論者以爲列子所言乃佛也，寄於孔子云。

13　韋孟詩乖疏

漢書韋賢傳載韋孟詩二篇及其孫玄成詩一篇，皆深有三百篇風致。但韋孟諷諫云：「肅肅我祖，國自豕韋。總齊群邦，以翼大商。至于有周，歷世會同。王赧聽譖，寔絶我邦。我邦既絶，厥政斯逸。賞罰之行，非繇王室。庶尹群后，靡扶靡衛。五服崩離，宗周以隊。」應劭曰：「王赧聽讒受譖，絶豕韋氏，自是政教逸漏，不由王者。」觀孟之自叙乃祖，而乖疏如是！周至赧王僅存七邑，救亡不暇，豈能絶侯邦乎！周之積微久矣，非因絶豕韋一國然後五服崩離也。其妄固不待攻，而應劭又從而實之，尤爲可笑。左傳書范宣子之言曰：「匄之祖在商爲豕韋氏，在周爲唐杜氏。」杜預曰：「豕韋國於東郡白馬縣，殷末國於唐，周成王滅之。」此最可證，惜顔師古之不引用也。

14　匡衡守正

漢元帝時，貢禹奏言：天子七廟，親盡之廟宜毁，及郡國廟不應古禮，宜正定。天子下其議，未及施行而禹卒。後乃下詔先罷郡國廟，其親盡寢園，皆無復修。已而上寢疾，夢祖宗譴罷郡國廟。詔問丞相匡衡，議欲復之。衡深言不可。上疾久不平，衡皇恐，禱高祖、孝文、孝武廟曰：「親廟宜一居京師，今皇帝有疾不豫，廼夢祖宗見戒以廟，皇帝悼懼，即詔臣衡復修立，如誠非禮義之中，違祖宗之心，咎盡在臣衡，當受其殃。」又告謝毀廟曰：「遷廟合祭，久長之策，今皇帝乃有疾，願復修立承祀。臣衡等咸以爲禮不得，如不合諸帝后之意，罪盡在臣衡等，當受其咎。今詔中朝臣具復毀廟之文，臣衡以爲天子之祀義有所斷，無所依緣，以作其文。事如失措，罪廼在臣衡。」

予案：衡平生佞諛，專附石顯以取大位，而此一節獨據經守禮，其禱廟之文，殆與金縢之册祝相似，而不爲後世所稱述，漢史又不書於本傳，憎而知其善可也。郊祀志，南山巫祠秦中。秦中者，二世皇帝也。以其彊死，魂魄爲厲，故祠之。成帝時，匡衡奏罷之，亦可書。

15 西極化人

列子載周穆王時，西極之國有化人來，王敬之若神。化人謁王同游，王執化人之袪，騰而上者中天廼止，暨及化人之宮，自以居數十年，不思其國。復謁王同游，意迷精喪，請化人求還。既寤，所坐猶嚮者之處，侍御猶嚮者之人。視其前，則酒未清，肴未晡。王問所從來，左右曰：「王默存耳。」穆王自失者三月。復問化人，化人曰：「吾與王神游也，形奚動哉？」予然後知唐人所著南柯太守、黄粱夢、櫻桃青衣之類，皆本乎此。

16　詔令不可輕出

人君一話一言不宜輕發，況於詔令形播告者哉！漢光武初即位，既立郭氏爲皇后矣，時陰麗華爲貴人，帝欲崇以尊位，后固辭，以郭氏有子，終不肯當。建武九年，遂下詔曰：「吾以貴人有母儀之美，宜立爲后，而固辭不敢當，列於媵妾。朕嘉其義讓，許封諸弟。」乃追爵其父及弟爲侯，皆前世妃嬪所未有。至十七年，竟廢郭后及太子彊，而立貴人爲后。蓋九年之詔既行，主意移奪，已見之矣，郭后豈得安其位乎！

17　戰國策

劉向序戰國策，言其書錯亂相揉，莒本字多誤脱爲半字，以趙爲肖，以齊爲立，如此類者多。予案，今傳於世者，大抵不可讀，其韓非子、新序、説苑、韓詩外傳、高士傳、史記索隱、太平御覽、北堂書鈔、藝文類聚諸書所引用者，多今本所無。向博極群書，但擇焉不精，不止於文字脱誤而已。惟太史公史記所采之事九十有三，則明白光艷，悉可稽考，視向爲有間矣。

18 范曄漢志

沈約作宋書謝儼傳曰：「范曄所撰十志，一皆託儼。搜撰隨畢〔一〕，遇曄敗，悉蠟以覆車。宋文帝令丹陽尹徐湛之就儼尋求，已不復得，一代以爲恨。其志今闕。」曄本傳載曄在獄中與諸生姪書曰：「既造後漢，欲偏作諸志，前漢所有者悉令備。雖事不必多，且使見文得盡，又欲因事就卷内發論，以正一代得失，意復不果。」此説與儼傳不同，然儼傳所云乃范紀第十卷公主注中引之，今宋書却無，殊不可曉。劉昭注補志三十卷，至本朝乾興元年，判國子監孫奭始奏以備前史之闕，故淳化五年監中所刊後漢書凡九十卷，惟帝后紀十卷、列傳八十卷，而無志云。新唐書藝文志：「劉昭補注後漢書五十八卷。」不知昭爲何代人，所謂志三十卷，當在其中也。

19 繕修犯土

今世俗營建宅舍，或小遭疾厄，皆云犯土。故道家有謝土司章醮之文。按後漢書來歷傳所載：「安帝時皇太子驚病不安，避幸乳母野王君王聖舍，太子厨監邴吉以爲聖舍新繕修，犯土禁，不可久御。」然則古有其説矣。

校勘記

〔一〕搜撰隨畢　馬本、庫本、祠本「隨」作「垂」。按此處所引沈約作宋書謝儼傳文字，不見今本宋書，而見後漢書卷十下注文，後漢書注文作「垂」。今姑仍其舊。

容齋四筆卷二 二十則

1 諸家經學興廢

稚子問漢儒所傳授諸經，各名其家，而今或存或不存，請書其本末爲四筆一則。乃爲采摭班史及陸德明經典釋文并它書，删取綱要，詳載於此。

周易傳自商瞿始，至漢初，田何以之顯門。其後爲施讎、孟喜、梁丘賀之學，又有京房、費直、高相三家。至後漢，高氏已微，晉永嘉之亂，梁丘之易亡，孟、京、費氏人無傳者，唯鄭康成、王弼所注行于世。江左中興，欲置鄭易博士，不果立，而弼猶爲世所重。韓康伯等十人竝注繫辭，今唯韓傳。

尚書自漢文帝時伏生得二十九篇，其後爲大小夏侯之學。古文者，武帝時出於孔壁，凡五十九篇，詔孔安國作傳，遭巫蠱事，不獲以聞，遂不列於學官，其本殆絶，是以馬、鄭、杜預之徒皆謂之逸書。王肅嘗爲注解，至晉元帝時，孔傳始出，而亡舜典一篇，乃取肅所注堯典分以續之，學徒遂盛。及唐以來，馬、鄭、王注遂廢，今以孔氏爲正云。

詩自子夏之後，至漢興，分而爲四，魯申公曰魯詩，齊轅固生曰齊詩，燕韓嬰曰韓詩，皆列博士。毛詩者出於河間人大毛公，爲之故訓，以授小毛公，爲獻王博士，以不在漢朝，不列於學。鄭衆、賈逵、馬融皆作詩注，及鄭康成作箋，三家遂廢。齊詩久亡，魯詩不過江東，韓詩雖在，人無傳者，唯毛詩鄭箋獨立國學，今所遵用。

漢高堂生傳士禮十七篇，即今之儀禮也。古禮經五十六篇，后蒼傳十七篇，曰后氏曲臺記，所餘三十九篇名爲逸禮。戴德删古禮二百四篇爲八十五篇，謂之大戴禮，戴聖又删爲四十九篇，謂之小戴禮。馬融、盧植考諸家異同，附戴聖篇章，去其煩重及所缺略而行於世，即今之禮記也。王莽時，劉歆始建立周官經，以爲周禮，在三禮中最爲晚出。

左氏爲春秋傳，又有公羊、穀梁、鄒氏、夾氏。鄒氏無師，夾氏無書。公羊興於景帝時，穀梁盛於宣帝時，而左氏終西漢不顯。迨章帝，乃令賈逵作訓詁。自是左氏大興，二傳漸微矣。

古文孝經二十二章，世不復行，只用鄭注十八章本。

論語三家，魯論語者，魯人所傳，即今所行篇次是也；齊論語者，齊人所傳，凡二十二篇；古論語者，出自孔壁，凡二十一篇。各有章句。魏何晏集諸家之説爲集解，今盛行於世。

2 漢人姓名

西漢名人如公孫弘、董仲舒、朱買臣、丙吉、王褒、貢禹，皆有異世與之同姓名者。戰國策及吕氏春秋，齊有公孫弘，與秦王、孟嘗君言者。明帝時，又有幽州從事公孫弘，交通楚王英，見於虞延傳。高祖時，又有謁者貢禹。梁元帝時，有武昌太守朱買臣、尚書左僕射王褒。後漢安帝時，有太子厨監邴吉。南齊武帝之子巴東王子響爲荆州刺史，要直閣將軍董蠻與同行，蠻曰：「殿下癲如雷，敢相隨耶？」子響曰：「君敢出此語，亦復奇癲。」上聞而不悦，曰：「人名『蠻』，復何容得醖藉。」乃改爲仲舒。謂曰：「今日仲舒，何如昔日仲舒？」答曰：「昔日仲舒，出自私庭，今日仲舒，降自先帝，以此言之，勝昔遠矣。」然此人後不復見。

3 輕浮稱謂

南齊陸慧曉立身清肅，爲諸王長史行事，僚佐以下造詣，必起迎之。或曰：「長史貴重，不宜妄自謙屈。」答曰：「我性惡人無禮，不容不以禮處人。」未嘗卿士大夫。或問其故，慧曉曰：「貴人不可卿，而賤者乃可卿〔一〕，人生何容立輕重於懷抱！」終身常呼人位。今世俗浮薄少年，或身爲卑官，而與尊者言話，稱其儕流，必曰「某丈」。談其所事牧伯監司亦然。至於當他人父兄尊長之前，語及其子孫甥壻，亦云「某丈」。或妄稱宰相執政貴人之字。皆大不識事分者，習慣以然，元非簡傲也。予常以戒兒輩云。

4 鬼谷子書

鬼谷子與蘇秦、張儀書曰：「二足下功名赫赫，但春華至秋，不得久茂。今二子好朝露之榮，忽長久之功，輕喬、松之永延，貴一旦之浮爵。夫女愛不極席，男歡不畢輪，痛哉夫君。」戰國策楚江乙謂安陵君曰：「以財交者，財盡而交絕。以色交者，華落而愛渝。是以嬖女不敝席，寵臣不敝軒。」呂不韋説華陽夫人曰：「以色事人者，色衰而愛弛。」詩氓之序曰：「華落色衰，復相棄背。」是諸説大抵意同，皆以色而爲喻。士之嗜進而不知自反者，尚監茲哉！

5 有美堂詩

東坡在杭州作有美堂會客詩，頷聯云：「天外黑風吹海立，浙東飛雨過江來。」讀者疑海不能立，黄魯直曰：「蓋是爲老杜所誤，因舉三大禮賦朝獻太清宫云『九天之雲下垂，四海之水皆立』以告之。」二者皆句語雄峻，前無古人。坡和陶停雲詩有「雲屯九河，雪立三江」之句，亦用此也。

6　張天覺小簡

張天覺熙寧中爲渝州南川宰。章子厚經制夔夷，狎侮州縣吏，無人敢與共語。部使者念獨張可亢之，檄至夔。子厚詢人才，使者以告，即呼入同食。張著道士服，長揖就坐。子厚肆意大言，張隨機折之，落落出其上，子厚大喜，延爲上客。歸而薦諸王介甫，遂得召用。政和六年，張在荆南，與子厚之子致平一帖云：「老夫行年七十有四，日閲佛書四五卷，早晚食米一升，麪五兩，肉八兩，魚、酒佐之，以此爲常，亦不服煖藥，唯以呼吸氣晝夜合天度而已。數數夢見先相公語論如平生，豈其人在天仙間，而老夫定中神遊或遇之乎？嗟乎，安得奇男子如先相公者，一快吾胸中哉！」此帖藏致平家，其曾孫簡刻諸石。予今年亦七十四歲，姪孫偲於長興得墨本以相示，聊記之云。

7　城狐社鼠

城狐不灌，社鼠不熏。謂其所棲穴者得所憑依，此古語也，故議論者率指人君左右近習爲城狐社鼠。予讀説苑所載孟嘗君之客曰：「狐者人之所攻也，鼠者人之所熏也。臣未嘗見稷狐見攻，社鼠見燻，何則？所託者然也。』「稷狐」之字，甚奇且新。

8　用兵爲臣下利

富公奉使契丹，虜主言欲舉兵。公曰：「北朝與中國通好，則人主專其利，而臣下無所獲。若用兵則利歸臣下，而人主任其禍。故北朝群臣爭勸舉兵者，此皆其自謀，非國計也。勝負未可知，就使其勝，所亡士馬，群臣當之歟？抑人主當之歟？」是時，語録傳於四方，蘇明允讀至此，曰：「此一段議論，古人有之否？」東坡年未十歲，在傍對曰：「記得嚴安上書云：『今徇南夷，朝夜郎，降羌僰〔二〕，略薉州，建城邑，深入匈奴，燔其龍城，議者美之。此人臣之利，非天下之長策也。』正是此意。」明允以爲然。予又記魏太武時，南邊諸將表稱宋人大嚴，將入寇，請先其未發逆擊之。魏公卿皆以爲當。崔伯深曰：「朝廷群臣及西北守將，從陛下征伐，西平赫連，北破蠕蠕，多獲美女珍寶。南邊諸將聞而慕之，亦欲南鈔以取資財。皆營私計，爲國生事，不可從也。」魏主乃止。其論亦然。

9　誌文不可冗

東坡爲張文定公作墓誌銘，有答其子厚之一書，云：「志文路中已作得太半，到此百冗未絶筆，計得十日半月乃成。然書大事略小節，已有六千餘字，若纖悉盡書，萬字不了，古無此例也。知之知之。」蓋當時恕之意但欲務多耳。又一帖云：「志文謁告數日方寫得了，謹遣持納。衰病眼眩，辭翰皆不佳，不知可用否？」今誌文正本凡七千一百字，銘詩百六十字云。予鄉士作一列大夫小郡守行狀九千言，衢州士人詣闕上書二萬言，使讀之者豈不厭倦，作文者宜戒之。坡帖藏梁氏竹齋，趙晉臣鐫石於湖南憲司楚觀。

10 趙殺鳴犢

漢書劉輔傳：「谷永等上書曰：『趙簡子殺其大夫鳴犢，孔子臨河而還。』」張晏注曰：「簡子欲分晉國，故先殺鳴犢，又聘孔子，孔子聞其死，至河而還也。」顔師古曰：「戰國策説二人姓名云：鳴犢、鐸犨。而史記及古今人表並以爲鳴犢、竇犨。蓋『鐸』、『犢』及『竇』其聲相近，故有不同耳。今永等指鳴犢一人，不論竇犨也。」韓退之將歸操亦云：「孔子之趙，聞殺鳴犢作。」予案今本史記孔子世家，乃以爲竇鳴犢、舜華。説苑權謀篇云：「晉有澤鳴、犢犨。」其不同如此。

11　五帝官天下

漢蓋寬饒奏封事，引韓氏易傳言：「五帝官天下，三王家天下，家以傳子，官以傳賢，若四時之運，成功者去。」坐「指意欲求禪」而死。故或云自後稱天子爲「官家」，蓋出於此。今世無韓氏易，諸家注釋漢書，皆無一語。惟説苑至公篇云：「秦始皇帝既吞天下，召群臣議，五帝禪賢，三王世繼，孰是？博士鮑令之對曰：『天下官，則選賢是也；天下家，則世繼是也。故五帝以天下爲官，三王以天下爲家。』始皇帝歎曰：『吾德出于五帝，吾將官天下，誰可使代我後者！』」此説可以爲證，輒記之以補漢注之缺。蔣濟萬機論亦有官天下、家天下之語。

12　黄帝李法

漢書胡建傳：「黄帝李法。」蘇林曰：「獄官名也。天文志：『左角，李；右角，將。』」顔師古曰：「李者，法官之號也，其書曰李法。」唐世系表：「李氏自皐陶爲堯大理，歷虞、夏、商，世世作此官，以官命族爲理氏。至紂之時，逃難於伊侯之墟，食木子得全，遂改『理』爲李氏。」予案今本漢書天文志，騎官「左角，理」，乃用「理」字，而史記天官書則爲「李」，説苑載胡建事亦爲「理法」，然則「理」、「李」一也。故左傳數云「行李往來」。杜預注曰：「行李，使人也。」至鄭子産與晉盟于平丘，則曰：「行理之命。」注亦云：「行理，使人通聘問者。」其義益明。皐陶作大理，傳子孫不改，迨商之季幾千二百年，世官久任，倉氏、庫氏不足道矣。表系疑不可信。

13 抄傳文書之誤

今代所傳文書，筆吏不謹，至於成行脱漏。予在三館假庾自直類文，先以正本點檢，中有數卷皆以後板爲前，予令書庫整頓，然後録之。他多類此。周益公以蘇魏公集付太平州鏤板，亦先爲勘校。其所作東山長老語録序云：「側定政宗，無用所以爲用；因蹄得兔，忘言而後可言。」以上一句不明白，又與下不對，折簡來問。予憶莊子曰：「地非不廣且大也，人之所用容足爾。然而厠足而墊之致黄泉，知無用而後可以言用矣。」始驗「側定政宗」當是「厠足致泉」，正與下文相應，四字皆誤也。因記曾紘所書陶淵明讀山海經詩云：「形夭無千歲，猛志固常在。」疑上下文義若不貫，遂取山海經參校，則云：「刑天，獸名也，口中好銜干戚而舞，乃知是「刑天舞干戚」，故與下句相應，五字皆訛。以語友人岑公休、晁之道，皆撫掌驚歎，亟取所藏本是正之。此一節甚類蘇集云。

14　二十八宿

二十八宿，宿音秀。若考其義，則止當讀如本音。嘗記前人有説如此。説苑辯物篇曰：「天之五星，運氣於五行，所謂宿者，日月五星之所宿也。」其義昭然。

15　大觀元夕詩

大觀初年，京師以元夕張燈開宴。時再復湟、鄯，徽宗賦詩賜群臣，其頷聯云：「午夜笙歌連海嶠，春風燈火過湟中。」席上和者皆莫及。開封尹宋喬年不能詩，密走介求援於其客周子雍，得句云：「風生閶闔春來早，月到蓬萊夜未中。」爲時輩所稱。子雍，汝陰人，曾受學於陳無己，故有句法。則作文爲詩者，可無師承乎？

16　顔魯公帖

顔魯公忠義氣節，史策略盡。偶閲臨汝石刻，見一帖云：「政可守不可不守，吾去歲中言事得罪，又不能逆道苟時爲千古罪人也，雖貶居遠方，終身不耻。汝曹當須謂吾之志不可不守也。」此是獨赴謫地，而與其子孫者，無由考其歲月。千載之下，使人讀之，尚可畏而仰也。

17 文潞公奏除改官制

自熙寧以來，士大夫資歷之法，日趨於壞，歲甚一歲，久而不可復清。近年愈甚，綜核之制，未嘗能守。偶見文潞公在元祐中任平章軍國重事，宣仁面諭，令具自來除授官職次序一本進呈。公遂具除改舊制節目以奏，其一云：「吏部選兩任親民，有舉主，升通判。通判兩任滿，有舉主，升知州、軍，謂之常調。知州、軍有績効，或有舉薦，名實相副者，特擢升轉運使副、判官，或提點刑獄、府推、判官，謂之出常調。轉運使有路分輕重遠近之差。河北、陝西、河東三路爲重路，歲滿多任三司使、副，或發運使。發運任滿，亦充三司副使。成都路次三路，京東西、淮南又其次，江東、西、荆湖、兩浙又次之，二廣、福建、梓、利、夔路爲遠小。已上三等路分，轉運任滿，或就移近上次等路分，或歸任省府判官，漸次擢充三路重任。內提點刑獄，則不拘路分輕重除授。」潞公所奏乃是治平以前常行，今一切蕩然矣。京朝官未嘗肯兩任親民，才爲通判，便望州郡。至於監司，既無輕重遠近之間，不復以序升擢云。

18 待制知制誥

慶曆七年，曾魯公公亮自脩起居注除天章閣待制。時陳恭公獨爲相，其弟婦王氏，冀公孫女，曾出也。當月旦出拜，恭公迎語之，曰：「六新婦，曾三做從官，想甚喜。」應聲對曰：「三舅荷伯伯提挈，極驩喜，只是外婆不樂。」恭公問故，曰：「外婆見三舅來謝，責之曰：汝第五人及第，當過詞掖，想是全廢學，故朝廷如此處汝。」恭公默然自失，後竟改知制誥。蓋恭公不由科第，不諳典故，致受譏於女子。而此女對答之時，元未嘗往外家也，其警慧如此。國家故事，修注官次補必知制誥，惟趙康靖公以歐陽公位在下，而欲先遷，司馬公以力辭，三人皆除待制〔三〕，其雜壓先後可見云。

19 裴行儉景陽

裴行儉爲定襄道大總管討突厥，大軍次單于北，暮已立營，塹壕既周，更命徙營高岡。吏白：「士安堵不可擾。」不聽，促徙之。比夜風雨暴至，前占營所，水深丈餘，衆莫不駭歎。問何以知之，行儉曰：「自今第如我節制，毋問我所以知也。」案戰國策云：「齊、韓、魏共攻燕，楚王使景陽將而救之。暮舍，使左右司馬各營壁地，已植表，景陽怒曰：『女所營者水皆至滅表，此焉可以舍？』乃令徙。明日大雨，山水大出，所營者水皆滅表，軍吏乃服。」二事正同，而景陽之事不傳。

20 北人重甘蔗

甘蔗只生於南方，北人嗜之而不可得。魏太武至彭城，遣人於武陵王處求酒及甘蔗。郭汾陽在汾上，代宗賜甘蔗二十條。子虛賦所云：「諸柘巴且。」諸柘者，甘蔗也〔四〕。蓋相如指言楚雲夢之物，漢郊祀歌「泰尊柘漿」，亦謂取甘蔗汁以爲飲。

校勘記

〔一〕貴人不可卿而賤者乃可卿　王校本兩「卿」字皆作「輕」。李本皆作「輕」。

〔二〕降羌僰　原脱。王校本有此三字，今據補。又，李本有此三字。

〔三〕三人皆除待制　「人」原作「字」，李本及王校本作「人」，今據改。

〔四〕甘蔗也　李本、馬本、庫本、祠本「蔗」作「柘」。

容齋四筆卷一 二十六則

1 韓退之張籍書

韓公集中有答張籍二書，其前篇曰：「吾子所論，排釋、老不若著書。若僕之見，則有異乎此，請待五六十然後爲之。吾子又譏吾與人爲無實駁雜之説，此吾所以爲戲耳。若商論不能下氣，或似有之。博塞之譏，敢不承教。」後篇曰：「二氏行乎中土，蓋六百年，非可以朝令而夕禁，俟五六十爲之未失也。謂吾與人商論不能下氣，若好勝者。雖誠有之，抑非好己勝也，好己之道勝也。駁雜之譏，前書盡之。昔者夫子猶有所戲，烏害於道哉？」大略籍所論四事，乞著書、譏駁雜、諫商論好勝及博塞也。今得籍所與書，前篇曰：「漢之衰，浮圖之法入中國，黄、老之術，相沿而熾。盍爲一書，以興存聖人之道。執事多尚駁雜無實之説，使人陳之前以爲歡，此有累於盛德。又商論之際，或不容人之短，如任私尚勝者，亦有所累也。況爲博塞之戲與人競財乎？廢弃日時，不識其然。願絶博塞之好，弃無實之談，弘慮以接士，嗣孟軻、楊雄之作，使聖人之道，復見於唐。」後篇曰：「老、釋惑於生人久矣，執事可以任著書之事。君子汲汲於所欲爲，若皆待五十六十而後有所爲，則或有遺恨矣。君子發言舉足，不遠於禮，未聞以駮雜無實之説以爲戲也。執事每見其説，則拊抃呼笑，是撓氣害性，不得其正矣。」

籍之二書，甚勁而直。但稱韓公爲執事，不曰先生。考其時，乃云「執事參於戎府」。按，韓公以貞元十二年爲汴州推官，時年二十有九，十五年爲徐州推官，時年三十有二，年位未盛，籍未以師禮事之云。

2 韓公稱李杜

新唐書杜甫傳贊曰：「昌黎韓愈於文章重許可，至歌詩，獨推曰『李、杜文章在，光焰萬丈長』，誠可信云。」予讀韓詩，其稱李、杜者數端，聊疏於此。石鼓歌曰：「少陵無人謫僊死，才薄將柰石鼓何。」酬盧雲夫曰：「高揖群公謝名譽，遠追甫、白感至誠。」薦士曰：「勃興得李、杜，萬類困凌暴。」醉留東野曰：「昔年因讀李白、杜甫詩，長恨二人不相從。」感春曰：「近憐李、杜無檢束，爛漫長醉多文辭。」并唐志所引，蓋六用之。

3　此日足可惜

韓退之此日足可惜一首贈張籍，凡百四十句，雜用東、冬、江、陽、庚、青六韻。及其亡也，籍作詩祭之，凡百六十六句，用陽、庚二韻，其語鏗鏘震厲，全倣韓體，所謂「乃出二侍女，合彈琵琶筝」者是也。

4　粉白黛黑

韓退之爲文章，不肯蹈襲前人一言一句。故其語曰：「惟陳言之務去，戛戛乎其難哉！」獨「粉白黛緑」四字，似有所因。列子：「周穆王築中天之臺，簡鄭、衛之處子娥媌靡曼者，粉白黛黑以滿之。」戰國策張儀謂楚王曰：「鄭、周之女，粉白黛黑，立於衢閒，見者以爲神。」屈原大招：「粉白黛黑，施芳澤只。」司馬相如：「靚莊刻飾。」郭璞曰：「粉白黛黑也。」淮南子：「毛嬙、西施，施芳澤，正娥眉，設笄珥，衣阿錫，粉白黛黑，笑目流眺。」韓公以黑爲緑，其旨則同。

5 李杜往來詩

李太白、杜子美在布衣時，同游梁、宋，爲詩酒會心之友。以杜集考之，其稱太白及懷贈之篇甚多。如「李侯金閨彦，脱身事幽討」，「南尋禹穴見李白，道甫問訊今何如」，「李白一斗詩百篇，自稱臣是酒中僊」，「近來海内爲長句，汝與山東李白好」，「昔者與高、李，晚登單父臺」，「李侯有佳句，往往似陰鏗〔一〕」，「憶與高、李輩，論交入酒壚」，「白也詩無敵，飄然思不群」，「昔年有狂客，號爾謫僊人」，「落月滿屋梁，猶疑照顔色」，「三夜頻夢君，情親見君意」，「秋來相顧尚飄蓬，未就丹砂愧葛洪」，「寂寞書齋裏，終朝獨爾思」，「凉風起天末，君子意何如」，「不見李生久，佯狂真可哀」，凡十四五篇。至於太白與子美詩畧不見一句。或謂堯祠亭别杜補闕者是已。乃殊不然，杜但爲右拾遺，不曾任補闕，兼自諫省出爲華州司功，迤邐避難入蜀，未嘗復至東州，所謂「飯顆山頭」之嘲，亦好事者所撰耳。

6 李太白怖州佐

李太白上安州裴長史書云：「白竊慕高義，得趨末塵，何圖謗言忽生，衆口攢毁，將恐投杼下客，震於嚴威。若使事得其實，罪當其身，則將浴蘭沐芳，自屏於烹鮮之地，惟君侯死生之。願君侯惠以大遇，洞開心顏，終乎前恩，再辱英盼，必能使精誠動天，長虹貫日。若赫然作威，加以大怒，即膝行而前，再拜而去耳。」裴君不知何如人，至譽其貴而且賢，名飛天京，天才超然，度越作者，稜威雄雄，下慴群物。予謂白以白衣入翰林，其蓋世英姿，能使高力士脱鞾於殿上，豈拘拘然怖一州佐者邪！蓋時有屈伸，正自不得不爾。大賢不偶，神龍困於螻蟻，可勝歎哉。白此書自叙其平生云：「昔與蜀中友人吴指南同遊於楚，指南死於洞庭之上〔二〕，白禫服慟哭，炎月伏屍，猛虎前臨，堅守不動，遂權殯於湖側。數年來，觀筋骨尚在，雪泣持刃，躬申洗削，裹骨徒步，負之而趨，寢興携持，無輟身手，遂丐貸營葬於鄂城。」其存交重義如此。「又與逸人東巖子隱於岷山，巢居數年，不跡城市。養奇禽千計，呼皆就掌取食，了無驚猜。」其養高忘機如此，而史傳不爲書之，亦爲未盡。

7　祝不勝詛

齊景公有疾，梁丘據請誅祝史。晏子曰：「祝有益也，詛亦有損。聊、攝以東，姑、尤以西，其爲人也多矣。雖其善祝，豈能勝億兆人之詛！」晉中行寅將亡，召其太祝欲加罪。曰：「子爲我祝，齋戒不敬，使吾國亡。」祝簡對曰：「今舟車飾，賦斂厚，民怨謗詛多矣。苟以爲祝有益於國，則詛亦將爲損，一人祝之，一國詛之，一祝不勝萬詛，國亡不亦宜乎，祝其何罪！」此二説若出一口，真藥石之言也。

8 呂子論學

呂子曰：「天生人而使其耳可以聞，不學，其聞則不若聾；使其目可以見，不學，其見則不若盲；使其口可以言，不學，其言則不若喑；使其心可以智，不學，其智則不若狂。故凡學，非能益之也，達天性也，能全天之所生，而勿敗之，可謂善學者矣。」此説甚美，而罕爲學者所稱，故書以自戒。

9 曾太皇太后

唐德宗即位，訪求其母沈太后。歷順宗，及憲宗時爲曾祖母，故稱爲曾太皇太后，蓋別於祖母也。舊、新二唐書紀皆載之。今慈福太皇太后在壽康太上時，已加尊稱，若於主上則爲曾祖母，當用唐故事加「曾」字。向者嘗以告宰相，而省吏以爲典故所無，天子逮事三世，安得有前比，亦可謂不知禮矣。又嗣濮王士歆在隆興爲從叔祖，在紹熙爲曾叔祖，慶元爲高叔祖矣，而仍稱皇叔祖如故。士歆視嗣秀王伯圭爲從祖，今圭稱皇伯祖，而歆但爲皇叔祖，乃是弟爾。禮寺亦以爲國朝以來無稱曾、高者，彼蓋不知累朝尊屬元未之有也。

10　中天之臺

中天之臺有二。其一，列子曰：「西極化人見周穆王，王爲之改築宮室，土木之功，赭堊之色，無遺巧焉。五府爲虛，而臺始成。其高千仞，臨終南之上，名曰中天之臺。」其一，新序曰：「魏王將起中天臺，許綰負操鍤入，曰：『臣能商臺。』王曰：『若何？』曰：『天與地相去萬五千里，今王因而半之，當起七千五百里之臺，高既如是，其趾須方八千里，盡王之地不足以爲臺趾。必起此臺，先以兵伐諸侯，盡有其地，又伐四夷，得方八千里，乃足以爲臺趾。度八千里之外，當定農畝之地，足以奉給王之臺者。臺具以備，乃可以作。』王默然無以應，乃罷起臺。」

11　實年官年

士大夫敍官閥，有所謂實年、官年兩説，前此未嘗見於官文書。大抵布衣應舉，必減歲數，蓋少壯者欲藉此爲求昏地；不幸潦倒場屋，勉從特恩，則年未六十始許入仕，不得不豫爲之圖。至公卿任子，欲其早列仕籍，或正在童孺，故率增擡庚甲有至數歲者。然守義之士，猶曰兒曹甫策名委質，而父祖先導之以挾詐欺君，不可也。比者以朝臣屢言，年及七十者不許任監司，郡守、搢紳多不自安，争引年以決去就。江東提刑李信甫，雖春秋過七十，而官年損其五，堅乞致仕，有旨官年未及，與之外祠。知房州章騆六十八歲，而官年增其三，亦求罷去。諸司以其精力未衰，援實爲請，有旨聽終任。知嚴州秦焴乞祠之疏曰：「實年六十五，而官年已踰七十。」遂得去。齊慶胄寧國乞歸，亦曰實年七十而官年六十七，於是實年、官年之字，形於制書，播告中外，是君臣上下公相爲欺也。掌故之野甚矣，此豈可紀於史録哉！

12 雷公炮炙論

雷公炮炙論載一藥而能治重疾者，今醫家罕用之，聊志於此。其説云：「髮眉墮落，塗半夏而立生。目辟眼䁾，有五花而自正。脚生肉桄，裩繫宕根。囊皺旋多〔三〕，夜煎竹木。體寒腹大，全賴鸕鷀。血泛經過，飲調瓜子。咳逆數數，酒服熱雄〔四〕。遍體癧風，冷調生側。腸虚泄利，須假草零。久渴心煩，宜投竹瀝。除癥去塊，全仗硝、硇。益食加觴，須煎蘆、朴。强筋健骨，酒是蓯、鱓。駐色延年，精蒸神錦。知瘡所在，口點陰膠。産後肌浮，甘皮酒服。腦痛，鼻投硝末。心痛，速覓延胡。」凡十八項。謂眉髮墮落者，煉生半夏莖，取涎塗髮落處，立生。五花者，五加皮也〔五〕，葉有雄雌，三葉爲雄，五葉爲雌，須使五葉者作末，酒浸用之，目矖者正。脚有肉枕者，取莨岩根，繫裩帶上，永痊。多小便者，煎萆薢服之，永不夜起。若患腹大如鼓，米飲調鸕鷀末服，立枯如故。血泛行者，搗甜瓜子仁作末去油，飲調服之，立絶。咳逆者，天雄炮過，以酒調一錢，匕服。癮風者，側子附子傍生者。作末，冷酒服。虚泄者，搗五倍子末，熟水下之。癥塊者，以硇砂、硝石二味，乳鉢中研作粉，同煅了，酒服，神効。不飲者并飲酒少者，煎逆水蘆根并厚朴二味，湯服之。蓯蓉并鱓魚作末，以黄精酒圓服之〔六〕，可力倍常十也。黄精自然汁拌細研神錦，於柳木甑中，蒸七日了，以蜜圓服，顔貌可如幼女之容色。陰膠即是甑中氣垢，點小許於口中，即知藏府所起，直徹至住處知痛，足可醫也。産後肌浮，酒服甘皮立枯。頭痛者，以硝石作末，内鼻中，立止。心痛者，以延胡索作散，酒服之。

13　治藥捷法

藥有至賤易得，人所常用，而難於修製者，如香附子、菟絲子、艾葉之類。醫家昧其節度，或終日疲勞而不能成。本草云：「凡菟絲子，煖湯淘汰去沙土，漉乾，煖酒漬，經一宿，漉出，暴微白搗之，不盡者，更以酒漬，經三五日乃出，更曬微乾，搗之須臾悉盡，極易碎。」蓋以其顆細難施工，其説亦殊勞費。然自有捷法，但撚紙條數枚實其間，則馴帖成粉〔七〕。

香附子洗去皮毛，炒之焦熟，然後舉投水鉢内，候浸漬透徹，漉出，暴日中微燥，乃入搗臼，悉應手麋碎。艾葉柔軟不可著力，若入白茯苓三五片同碾，則即時可作細末。

14 陳翠説燕后

趙左師觸龍説太后，使長安君出質，用愛憐少子之説以感動之。予嘗論之於隨筆中。其事載於戰國策、史記、資治通鑑，而燕語中又有陳翠一段，甚相似。云：「陳翠合齊、燕，將令燕王之弟爲質於齊，太后大怒曰：『陳公不能爲人之國，則亦已矣，焉有離人子母者！』翠遂入見后，曰：『人主之愛子也，不如布衣之甚也，非徒不愛子也，又不愛丈夫子獨甚。』太后曰：『何也？』對曰：『太后嫁女諸侯，奉以千金。今王願封公子，群臣曰公子無功不當封，今以公子爲質，且以爲功而封之也，太后弗聽，是以知人主之不愛丈夫子獨甚也。且太后與王幸而在，故公子貴，太后千秋之後，王棄國家，而太子即位，公子賤於布衣。故非及太后與王封公子，則終身不封矣。』太后曰：『老婦不知長者之計〔八〕。』乃命爲行具。」此語與觸龍無異，而史記不書，通鑑不取，學者亦未嘗言。

15 燕非强國

北燕在春秋時最爲僻小，能自見於中國者，不過三四，大率制命於齊。七雄之際，爲齊所取，後賴五國之力，樂毅爲將，然後勝齊，然卒於得七十城不能守也。故蘇秦説趙王曰：「趙北有燕，燕固弱國，不足畏也。」燕王曰：「寡人國小，西迫强秦，南近齊、趙，齊、趙彊國也。」又曰：「天下之戰國七，而燕處弱焉，獨戰則不能，有所附則無不重。」昭王謂郭隗曰：「孤極知燕弱小，不足以報齊。」蘇代曰：「一齊之彊，燕猶不能支。」奉陽君曰：「燕，弱國也，東不如齊，西不如趙。」趙長平之敗，壯者皆死，燕以二千乘攻之，爲趙所敗。太子丹謂荆軻曰：「燕小弱，數困於兵，何足以當秦！」楚、漢之初，趙王武臣爲燕軍所得，趙厮養卒謂其將曰：「一趙尚易燕，況以兩賢王，滅燕易矣。」彭寵以漁陽叛，即時夷滅。十六國之起，戎狄亂華，稱燕稱趙者多矣，未嘗有只據幽、薊之地者也〔九〕。獨安禄山以三十年節制之威，又兼領河東，乘天寶政亂，出不意而舉兵，史思明繼之，雖爲天下之禍，旋亦殄滅。至於藩鎮擅地，所謂范陽、盧龍，固常受制於天雄、成德也。劉仁恭、守光父子，僭竊一方，唐莊宗遣周德威攻之，克取巡屬十餘州，如拾地芥。石晉割賂契丹，仍其舊國，恃以爲强，然晉開運陽城之戰，德光幾不免。周世宗小振之，立下三關。但太平興國失於輕舉，又不治敗將喪師之罪，致令披猖以迄于今。若以謂幽燕爲用武之地，則不然也。

16　水旱祈禱

海内雨暘之數，郡異而縣不同，爲守爲令，能以民事介心，必自知以時禱祈，不待上命也。而省部循案故例，但視天府爲節，下之諸道轉運司，使巡内州縣，各詣名山靈祠，精潔致禱，然固難以一槩論。乾道九年秋，贛、吉連雨暴漲。予守贛，方多備土囊，壅諸城門，以杜水入，凡二日乃退。而臺符令禱雨，予格之不下，但據實報之。已而聞吉州於小廳設祈晴道場，大廳祈雨。問其故，郡守曰：「請霽者，本郡以淫潦爲災，而請雨者，朝旨也。」其不知變如此，殆爲侮威神天〔一〇〕，幽冥之下，將何所據憑哉！俚語笑林謂：「兩商人入神廟，其一陸行欲晴，許賽以猪頭，其一水行欲雨，許賽羊頭。神顧小鬼言：『晴乾喫猪頭，雨落喫羊頭。有何不可。』」正謂此耳。坡詩云：「耕田欲雨刈欲晴，去得順風來者怨。若使人人禱輒遂，造物應須日千變。」此意未易爲庸俗道也。

校勘記

〔一〕李侯有佳句往往似陰鏗　「陰」原作「金」，誤刊，據馬本、庫本改。按，杜甫詩作「陰」。

〔二〕昔與蜀中友人吴指南同遊於楚指南死於洞庭之上　「同遊於楚指南」六字原脱，據馬本、庫本補。按，李太白全集卷二十六上安州裴長史書有此六字。

〔三〕囊皺旋多　祠本「旋」作「漩」。

〔四〕酒服熱雄　祠本「熱」作「熟」。

〔五〕五花者五加皮也　兩「五」字原作「玉」，據會本、李本改。

〔六〕以黄精酒圓服之　祠本「酒」作「汁」。

〔七〕馴帖成粉　會本、庫本「馴帖」作「頃刻」。

〔八〕老婦不知長者之計　「不」原爲墨釘，據會本、李本補。

〔九〕未嘗有只據幽薊之地者也　「只」原爲墨釘，據會本李本補。

〔一〇〕殆爲侮威神天　李本「威」作「惑」。

容齋四筆卷四 十五則

1 今日官冗

元豐中，曾鞏判三班院，今侍右也。上疏言：「國朝景德塈田百七十萬頃，官萬員。皇祐二百二十五萬頃，官二萬員。治平四百三十萬頃，官二萬四千員。田日加辟，官日加多，而後之郊費視前一倍。以三班三年之籍較之，其入籍者幾七百人，而死亡免退不能二百，是年增歲溢，未見其止，則用財之端，入官之門，當令有司講求其故，使天下之入如治平，而財之用官之數同景德，以三十年之通，可以餘十年之蓄矣。」是時，海内全盛，倉庫多有樁積，猶有此懼。慶元二年四月，有朝臣奏對，極言云：「曩在乾道間，京朝官三四千員，選人七八千員。紹熙二年，四選名籍，尚左，京官四千一百五十九員，尚右，大使臣五千一百七十三員，侍左，選人一萬二千八百六十九員，侍右，小使臣一萬一千三百十五員，合四選之數，共三萬三千五百十六員，冗倍於國朝全盛之際。近者四年之間，京官未至增添，外選人增至一萬三千六百七十員，比紹熙增八百一員。大使臣六千五百二十五員，比紹熙增一千三百四十八員。小使臣一萬八千七百餘員〔一〕，比紹熙增七千四百員。而今年科舉，明年奏薦不在焉。通無慮四萬三千員，比四年之數增萬員矣，可不爲之寒心哉！」蓋連有覃霈，慶典屢行，而宗室推恩，不以服派近遠爲間斷，特奏名三舉，皆值異恩，雖助教亦出官歸正，人每州以數十百，病在膏肓，正使俞跗、扁鵲持上池良藥以救之，亦無及已。

2 欒城和張安道詩

張文定公在蜀，一見蘇公父子，即以國士許之。熙寧中，張守陳州南都，辟子由莫府。元豐初，東坡謫齊安，子由貶監筠酒稅，與張別，張悽然不樂，酌酒相命，手寫一詩曰：「可憐萍梗飄蓬客，自歎匏瓜老病身。從此空齋掛塵榻，不知重掃待何人。」後七年，子由召還，猶復見之於南都。及元符末，自龍川還許昌，因姪叔黨出坡遺墨，再讀張所贈詩〔二〕，其薨已十年，泣下不能已，乃追和之曰：「少年便識成都尹，中歲仍爲幕下賓。待我江西徐孺子，一生知己有斯人。」兩詩皆哀而不怨，使人至今有感於斯文。今世薄夫受人異恩，轉眼若不相識，況於一死一生，卷卷如此，忠厚之至，殆可端拜也。

3 和范杜蘇四公

晉相和凝，以唐長興四年知貢舉，取范質爲第十三人。唐故事，知貢舉者，所放進士，以己及第時名次爲重，謂之傳衣鉢。蓋凝在梁貞明中居此級，故以處質，且云：「它日當如我。」後皆至宰相，封魯國公，官至太子太傅，當時以爲榮。凝壽止五十八，質止五十四，三朝史質本傳亦書之，而新五代史和凝傳誤爲第五，以登科記考之而非也。杜祁公罷相，以太子少師致仕，後以南郊免陪位恩，連進至太子太師，年八十而薨。蘇子容初筮仕爲南京判官，杜公方里居，告以平生出處本末，曰：「子異日所至，亦如老夫。」及蘇更踐中外，名德殊與之相似。集中有謝杜公書，正叙此事。其罷相也，亦以太子少師致仕，進太保，年八十二而薨。昔賢謂貴人往往善相人，以所閲多之故也。此二者併官爵年壽皆前知，異矣。

4 外臺祕要

外臺祕要載制虎方云：「到山下先閉氣三十五息，所在山神將虎來到吾前，乃存吾肺中，有白帝出，收取虎兩目，塞吾下部中，乃吐肺氣，上自通冠一山林之上。於是良久，又閉氣三十五息，兩手捻都監目作三步，步皆以右足在前，乃止，祝曰：『李耳、李耳，圖汝非李耳邪？汝盜黃帝之犬，黃帝教我問汝云何。』畢，便行，一山虎不可得見。若卒逢之者，因正面立，大張左手五指側之，極勢跳，手上下三度，於跳中大喚，咄曰：『虎，北斗君使汝去！』虎即走。」予謂人卒逢虎，魂魄驚怖，竄伏之不暇，豈能雍容步趨，仗呪語七字而脱邪！因讀此方，聊書之以發一笑。此書乃唐王珪之孫燾所作，本傳云：「燾視母疾，數從高醫游，遂窮其術，因以所學作書，討繹精明，世寶焉。」蓋不深考也。

5　六枳關

盤州種枳六本，以爲藩籬之限。立小門，名曰六枳關。每爲人問其所出，倦於酬應。今取馮衍顯志賦中語書於此。衍云：「楗六枳而爲籬。」案，東觀漢記作八枳。逸周書小開篇云：「嗚呼，汝何敬非時，何擇非德。德枳維大人，大人枳維公，公枳維卿，卿枳維大夫，大夫枳維士。登登皇皇，維在國枳，國枳維都，都枳維邑，邑枳維家，家枳維欲無疆。」言上下相維，遞爲藩蔽也。其數有八，與東觀記同。予詳考之，乃九枳也。宋景文公賀宰相啓：「式維公枳。」蓋用此云。

6 王荆公上書并詩

王荆公議論高奇，果於自用。嘉祐初，爲度支判官，上萬言書，以爲：「今天下財力日以困窮，風俗日以衰壞。患在不知法度，不法先王之政故也。法先王之政者，法其意而已。法其意，則吾所改易更革，不至乎傾駭天下之耳目，而固已合矣。因天下之力，以生天下之財，取天下之財，以供天下之費。自古治世，未嘗以不足爲公患也，患在治財無其道爾。在位之人才既不足，而閭巷草野之間，亦少可用之材，社稷之託，封疆之守，陛下其能久以天幸爲常，而無一旦之憂乎。願監苟且因循之獘，明詔大臣，爲之以漸，期爲合於當世之變。臣之所稱，流俗之所不講，而議者以爲迂闊而熟爛者也。」當時富、韓二公在相位，讀之不樂，知其得志必生事。後安石當國，其所注措，大抵皆祖此書。又不忍貧民，而深疾富民，志欲破富以惠貧。嘗賦兼并詩一篇，曰：「三代子百姓，公私無異財。人主擅操柄，如天持斗魁。賦予皆自我，兼并乃姦回。姦回法有誅，勢亦無自來。後世始倒持，黔首遂難裁。秦王不知此，更築懷清臺。禮義日已偷，聖經久堙埃。法尚有存者，欲言時所咍。俗吏不知方，掊克乃爲才。俗儒不知變，兼并可無摧。利孔至百出，小人司闔開。有司與之争，民愈可憐哉。」其語絶不工。迨其得政，設青苗法以奪富民之利，民無貧富，兩税之外，皆重出息十二。吕惠卿復作手實之法，民遂大病。其禍源於此詩。蘇子由以爲昔之詩病未有若此其酷也。痛哉！

7　左黄州表

唐肅宗時，王璵以祠禱見寵，驟得宰相。帝嘗不豫，璵遣女巫乘傳分禱天下名山大川。巫皆盛服，中人護領，所至干託州縣，賂遺狼藉。時有一巫美而蠱，以惡少年數十自隨，尤憸狡不法。馳入黄州，刺史左震晨至館請事，門鐍不啓。震怒，破鐍入，取巫斬廷下，悉誅所從少年，籍其贓得十餘萬，因遣還中人。璵不能詰，帝亦不加罪。震剛決如此，而史不記其他事。予讀元次山集，有左黄州表一篇云：「乾元己亥，贊善大夫左振，出爲黄州刺史，下車，黄人歌曰：『我欲逃鄉里，我欲去墳墓。左公今既來，誰忍棄之去。』後一歲，又歌曰：『吾鄉有鬼巫，惑人人不知。天子正尊信，左公能殺之。』蓋此巫黄人也。振在州三遷侍御史，判金州刺史，將去，黄人多去思，故爲作表。」予謂振即震也。爲政宜民，見於歌頌，史官當特書之於循吏中，而僅能不没其實，故爲標顯於此。己亥者，乾元二年。璵以元年五月自太常少卿拜中書相，二年三月罷，本紀及宰相表同。而新史本傳以爲三年自太常卿拜相，明日罷，失之矣。乃承舊史之誤也。

8 李郭詔書

唐代宗即位，郭汾陽爲近昵所摇，懼禍之及，表上自靈武、河北至于絳州，兩朝所詒詔書一千餘卷。家傳載其表語，其多如是。又讀韋端符所撰李衛公故物記云：「三原令座中有客曰李丞者，衛公之胄，藏文帝賜書二十通，多言征討事，厚勞苦，『其兵事節度皆付公，吾不從中治也』。暨公疾，親詔者數四，其一曰：『有晝夜視公病大老嫗令一人來，吾欲熟知公起居狀。』權文公視此詔，常泣曰：『君臣之際乃如是耶！』」新史載其事云：「靖五代孫彦芳，大和中爲鳳翔司録參軍，以高祖、太宗賜靖詔書數函上之，天子悉留禁中。又勑摹詔本還賜彦芳。」即二事觀之，唐世之所以眷禮名將相者綢繆熟復至此。漢、晉以來所不及也。

9 兩道出師

國家用兵行師，異道並出，其勝敗功罪，當隨其實而處之，則賞信罰明，人知勸戒。漢武帝遣衛青、霍去病伐匈奴，去病以功益封，又封部將四人爲列侯，而青不得益封，軍吏卒皆無封侯者。宣帝遣田廣明等五將軍擊匈奴，又以常惠護烏孫兵共出，五將皆無功，而廣明及田順以罪誅，獨常惠奉使克獲封侯。宋文帝伐魏，雍州諸將柳元景等，既拔弘農陜城，戍潼關矣，而上以東軍王玄謨敗退，皆召還。其後玄謨貶黜，元景受賞。紹興七年，淮西大帥劉少師罷，湖北岳少保以母憂去。累辭起復之命。朝廷以兵部尚書呂安老、侍郎張淵道分使兩部，已而正除宣撫，遂掌其軍。岳在九江，憂兵柄一失，不容再得，亟兼程至鄂，有旨復故任，而召淵道爲樞密都承旨。安老在廬遭變，言者論罷張魏公，淵道亦繼坐斥。隆興中，北虜再動兵，張公爲督帥，遣李顯忠、邵宏淵攻符離，失利而退，一府皆貶秩。是時，汪莊敏以參知政事督視荆、襄，東西不相爲謀，乃亦坐譴。古今不侔如此。

10　杜韓用歇後語

杜、韓二公作詩，或用歇後語，如「悽其望呂葛」，「仙烏仙花吾友于」，「友于皆挺拔」，「再接再礪乃」，「僮僕誠自劊」，「爲爾惜居諸」，「誰謂貽厥無基址」之類是已。

11　唐明皇賜二相物

唐明皇以李林甫爲右相，顓付大政，而左相牛仙客、李適之、陳希烈前後同列，皆拱手備員。林甫死，楊國忠代之，其寵遇愈甚。天寶十三載，上御躍龍殿門，張樂宴群臣，賜右相絹一千五百疋，綵羅三百疋，綵綾五百疋，而賜左相絹三百，羅、綾各五十而已。其多寡不侔，至於五倍。如希烈庸才，知上恩意，安得不奴事之乎！宜其甘心臣於禄山也。

12 一百五日

今人謂寒食爲一百五者，以其自冬至之後至清明，歷節氣六〔三〕，凡爲一百七日，而先兩日爲寒食故云，它節皆不然也。杜老有鄜州一百五日夜對月一篇，江西宗派詩云「一百五日足風雨，三十六峯勞夢魂」，「一百五日寒食雨，二十四番花信風」之類是也。吾州城北芝山寺，爲禁煙遊賞之地，寺僧欲建華嚴閣，請予作勸緣疏，其末一聯云：「大善知識五十三，永壯人天之仰；寒食清明一百六，鼎來道俗之觀。」或問一百六所出，應之曰：「元微之連昌宫詞：『初過寒食一百六，店舍無煙宫樹緑。』是以用之。」

13 老杜寒山詩

老杜春日憶李白詩云：「白也詩無敵，飄然思不群。清新庾開府，俊逸鮑參軍。」嘗有武弁議其失，曰：「既是無敵，又却似庾鮑。」或折之曰：「庾清新而不能俊逸，鮑俊逸而不能清新。太白兼之，所以爲無敵也。」今集别本一作「無數」，殆好事者更之乎！寒山子詩云："吾心似秋月，碧潭清皎潔。無物堪比倫，教我如何説。"人亦有言，既似秋月、碧潭，乃以爲無物堪比，何也？蓋其意謂若無二物比倫，當如何説耳。讀者當以是求之。

14 礜石之毒

讀黄伯思東觀餘論，内評王大令書一節，曰："静息帖云：『礜石深是可疑事，兄憙患散輒發癰〔四〕。』散者，寒食散之類。散中蓋用礜石，是性極熱有毒，故云深可疑也。劉表在荆州，與王粲登障山，見一岡不生百草，粲曰：『此必古冢，其人在世服生礜石，熱蒸出外，故草木焦滅。』鑿看，果墓，礜石滿塋。又今洛水冬月不冰，古人謂之温洛，下亦有礜石。今取此石置瓮水中，水亦不冰。又鸛伏卵以助暖氣。其烈酷如此，固不宜餌服。子敬之語實然。"淮南子曰："人食礜石死，蠶食之而不飢。"予仲兄文安公鎮金陵，因秋暑減食，當塗醫湯三益教以服礜石圓，已而飲啖日進，遂加意服之，越十月而毒作，鼻衄血斗餘，自是數數不止，竟至精液皆竭，迨於捐館。偶見其語，使人追痛，因書之以戒未來者。

15 會合聯句

韻略上聲二腫字險窄。予向作汪莊敏銘詩八十名，唯蕭敏中讀之，曰："押盡一韻。"

今考之，猶有十字越用一董内韻。其詞曰：「維天生材，萬彙傾竦。侯王將相，曾是有種？公家江東，世繹耕壟。桃谿之涘，是播是穮。孰丰厥培？蓺此圭珙。公羈未奮，逸駕思騄。沈酣春秋，蹈迪周、孔。徑策名第，稍辭渫溽。横經湘、沅，士敬如捧。蓬萊方丈，佩飾有琫。應龍天飛，薈蔚雲滃。千官在序，摩厲從臾。吾惟片言，借箸泉湧。正冠霜臺，過者卞悚。顔顔殿陛，聲氣不動。顯仁東攢，巫史呼洶。昌言一下，恩浹千冢。薰粥孔熾，邊戒毛氄。娦嫛當位，左掣右壅。公云當今，沸渭混澒。天威震耀，誰不憒踴。遂遷中司，西柄是董。出關啓旆，籌檄倥偬。業業荆、襄，將懦曰拱。投袂電赴，如尊乃勇。鄧、唐、蔡、陳，馳捷系踵。佛狸歸骴，民恃不恐。璽書賜朝，百揆參揔。亞勛贊册，國勢尊鞏。督軍載西，寄責罙重。方規許、洛，事援秦、隴。符離罔功，奇畫膠拲。鈞樞建使，宰席亢寵。還臨西州，夾道歡擁。有御未戺，病癖且尰。曾不憖遺，使我心懵。湘湖高丘，草木蔚蓊。維水容裔，維山巃嵸。矢其銘詩，詞費以宂。柰何乎公，萬祺毋聳。」若韓、孟、籍、徹會合聯句三十四韻，除蝝蛹二字韻略不收外，餘皆不出二腫中，雄奇激越，如大川洪河，不見涯涘，非瑣瑣潢汙行潦之水所可同語也。其詩曰：「離别言無期，會合意罙重。病添兒女戀，老喪丈夫勇。劍心知未死，詩思猶孤聳。愁去劇箭飛，讙來若泉涌。析言多新貫，攄抱無昔壅。念難須勤追，悔易勿輕踵。吟巴山犖嵴，説楚波堆壟。馬辭虎豹怒，舟出蛟鼉恐。狂鯨時孤軒，幽狖雜百種。瘴衣常腥膩，蠻器多疎冗。剥苔吊斑林，角餃餌沉冢。忽爾銜遠命，歸歟舞新寵。鬼窟脱幽妖，天居覿清拱。京遊步方振，謫夢意猶恟。詩書誇舊知，酒食接新奉。嘉言寫清越，瘉病失肬腫〔五〕。夏陰偶高庇，宵魂接虚擁。雪弦寂寂聽，茗盌纖纖捧。馳輝燭浮螢，幽響泄潛蛩。詩老獨何心，江疾有餘㾓。我家本瀍穀，有地介皐鞏。休跡憶沉冥，峩冠慙闒茸。升朝高轡逸，振物群聽悚。徒言濯幽泌，誰與薙荒茸。朝紳鬱青緑，馬飾曜珪珙。國讎未銷鑠，我志蕩邛隴。君才誠倜儻，時論方洶溶。格言多彪蔚，縣解無梏拲。張生得淵源，寒色拔山冢。堅如撞群金，眇若抽獨蛹。伊余何所擬？跛鼈詎能踴。塊然墮岳石，飄爾罥巢氄。龍旆垂天衢，雲韶凝禁甬。君胡眠安然，朝鼓聲洶洶。」其間或有纇句，然衆手立成，理如是也。

校勘記

〔一〕小使臣一萬八千七百餘員　馬本、庫本、祠本「餘」作「五」。

〔二〕再讀張所贈詩　「詩」原作「時」，誤刊，據庫本、祠本改。

〔三〕自冬至之後至清明歷節氣六　「六」原作「五」，據祠本改。按，自冬至經小寒、大寒、立春、雨水、驚蟄、春分而至清明，凡六節氣。

〔四〕兄憙患散輒發癰　「憙患」原作「患喜」，據祠本改。按，東觀餘論卷上作「憙患」。

〔五〕痏病失肬腫　王校本「肬」作「肌」。

容齋四筆卷五十四則

1 土木偶人

趙德夫作金石録，其跋漢居攝墳壇二刻石云：「其一上谷府卿墳壇，其一祝其卿墳壇。曰墳壇者，古未有土木像，故爲壇以祀之，兩漢時皆如此。」予按戰國策所載，蘇秦謂孟嘗君曰：「有土偶人與桃梗相語。桃梗曰：『子西岸之土也，埏子以爲人〔一〕，雨下水至，則汝殘矣。』土偶曰：『子東國之桃梗也，刻削子以爲人，雨降水至，流子而去矣。』」所謂土木爲偶人，非像而何！漢至寓龍、寓車馬，皆謂以木爲之，象其真形。謂之兩漢未有，則不可也。

2 饒州風俗

嘉祐中，吴孝宗子經者，作餘干縣學記，云：「古者江南不能與中土等，宋受天命，然後七閩二浙與江之西東，冠帶詩、書，翕然大肆，人才之盛，遂甲於天下。江南既爲天下甲，而饒人喜事，又甲於江南。蓋饒之爲州，壤土肥而養生之物多。其民家富而户羡，蓄百金者不在富人之列。又當寛平無事之際，而天性好善，爲父兄者，以其子與弟不文爲咎；爲母妻者，以其子與夫不學爲辱。其美如此。」予觀今之饒民，所謂家富户羡，了非昔時，而高甍巨棟連阡亘陌者，又皆數十年來寓公所擅，而好善爲學，亦不盡如吴記所言，故録其語以寄一歎。

3 禽畜菜茄色不同

禽畜、菜茄之色，所在不同，如江、浙間猪黑而羊白，至江、廣、吉州以西，二者則反是。蘇、秀間鵝皆白，或有一斑褐者，則呼爲鴈鵝，頗異而畜之。若吾鄉，凡鵝皆鴈也。小兒至取浙中白者飼養，以爲湖沼觀美。浙西常茄皆皮紫，其皮白者爲水茄。吾鄉常茄皮白，而水茄則紫，其異如是。

4 伏龍肝

本草伏龍肝，陶隱居云：「此竈中對釜月下黄土也。以竈有神，故呼爲伏龍肝。并以迂隱爲名爾。」雷公云：「凡使勿悮用竈下土，其伏龍肝，是十年已來竈額内火氣積，自結如赤色石，中黄，其形貌八稜。」予嘗見臨安醫官陳輿大夫，言：「當以砌竈時，納猪肝一具於土中，俟其積久，與土爲一，然後用之，則稍與名相應。」比讀後漢書陰識傳云：「其先陰子方，臘日晨炊而竈神形見。」注引雜五行書曰：「宜市買猪肝泥竈，令婦孝。」然則輿之説亦有所本云。廣濟曆亦有此説，又列作竈忌日，云：「伏龍在不可移作。」所謂伏龍者，竈之神也。

5 勇怯無常

「民無常勇，亦無常怯。有氣則實，實則勇，無氣則虚，虚則怯。怯勇虚實，其由甚微，不可不知。勇則戰，怯則北。戰而勝者，戰其勇者也；戰而北者，戰其怯者也。怯勇無常，倏忽往來，而莫知其方，惟聖人獨見其所由然。」此吕氏春秋决勝篇之語，予愛而書之。

6 趙德甫金石録

東武趙明誠德甫，清憲丞相中子也。著金石録三十篇，上自三代，下訖五季，鼎、鍾、甗、鬲、槃、匜、尊、爵之欵識，豐碑、大碣、顯人晦士之事蹟，見于石刻者，皆是正僞謬，去取褒貶，凡爲卷二千。其妻易安李居士，平生與之同志，趙没後，愍悼舊物之不存，乃作後序，極道遭罹變故本末。今龍舒郡庫刻其書，而此序不見取，比獲見元稿於王順伯，因爲撮述大概云：

「予以建中辛巳歸趙氏，時丞相作吏部侍郎，家素貧儉，德甫在太學，每朔望謁告出，質衣取半千錢，步入相國寺，市碑文果實歸，相對展玩咀嚼。後二年，從官〔二〕，便有窮盡天下古文奇字之志，傳寫未見書，買名人書畫、古奇器。有持徐熙牡丹圖求錢二十萬，留信宿，計無所得，捲還之，夫婦相向惋悵者數日。

「及連守兩郡，竭俸入以事鉛槧，每獲一書，即日勘校裝緝，得名畫彝器，亦摩玩舒卷，指摘疵病，盡一燭爲率。故紙札精緻，字畫全整，冠於諸家。每飯罷，坐歸來堂，烹茶，指堆積書史，言某事在某書某卷第幾葉第幾行，以中否勝負，爲飲茶先後，中則舉杯大笑〔三〕，或至茶覆懷中，不得飲而起。凡書史百家字不刓缺、本不誤者，輒市之，儲作副本。

「靖康丙午，德甫守淄川，聞虜犯京師，盈箱溢篋，戀戀悵悵，知其必不爲己物。建炎丁未，奔太夫人喪南來，既長物不能盡載，乃先去書之印本重大者，畫之多幅者，器之無欵識者，已又去書之監本者，畫之平常者，器之重大者，所載尚十五車，連艫渡淮、江。其青州故第所鎖十間屋，期以明年具舟載之，又化爲煨燼。

「己酉歲六月，德甫駐家池陽，獨赴行都，自岸上望舟中告别。予意甚惡，呼曰：『如傳聞城中緩急，柰何？』遥應曰：『從衆。必不得已，先弃輜重，次衣衾，次書册，次卷軸，次古器。獨宋器者可自負抱〔四〕，與身俱存亡，勿忘之！』徑馳馬去。秋八月，德甫以病不起。時六宮往江西，予遣二吏部所存書二萬卷，金石刻二千本，先往洪州。至冬，虜陷洪，遂盡委弃。所謂連艫渡江者，又散爲雲煙矣。獨餘輕小卷軸，寫本李、杜、韓、柳集，世說、鹽鐵論，石刻數十副軸，鼎鼐十數，及南唐書數篋，偶在卧内，巋然獨存。上江既不可往，乃之台、温，之衢，之越，之杭，寄物於嵊縣。庚戌春，官軍收叛卒，悉取去，入故李將軍家。巋然者十失五六，猶有五七簏，挈家寓越城，一夕爲盜穴壁，負五簏去，盡爲吳説運使賤價得之。僅存不成部帙殘書策數種。

「忽閲此書，如見故人，因憶德甫在東萊静治堂，裝褾初就，芸籤縹帶，束十卷作一帙，日校二卷，跋一卷，此二千卷，有題跋者五百二卷耳。今手澤如新，墓木已拱，乃知有有必有無，有聚必有散，亦理之常，又胡足道！所以區區記其終始者，亦欲爲後世好古博雅者之戒云。」

時紹興四年也，易安年五十二矣，自叙如此。予讀其文而悲之，爲識於是書。

7　韓文公薦士

唐世科舉之柄，顓付之主司，仍不糊名。又有交朋之厚者爲之助，謂之通牓，故其取人也畏於譏議，多公而審。亦或脅於權勢，或撓於親故，或累於子弟，皆常情所不能免者。若賢者臨之則不然，未引試之前，其去取高下，固已定於胸中矣。

韓文公與祠部陸員外書云：「執事與司貢士者相知識，彼之所望於執事者，至而無間，彼之職在乎得人，執事之職在乎進賢，如得其人而授之，所謂兩得矣。愈之知者有侯喜、侯雲長、劉述古、韋群玉，摭言作紓〔五〕。此四子者，可以當首薦而極論，期於成而後止可也。沈杞、張苰科記又作弘。尉遲汾、李紳、張後餘、李翊皆出群之才，與之足以收人望而得才實，主司廣求焉，則以告之可也。往者陸相公司貢士，愈時幸在得中，所與及第者，皆赫然有聲。原其所以，亦由梁補闕肅、王郎中礎佐之。梁舉八人無有失者，其餘則王皆與謀焉。陸相於王與梁如此不疑也，至今以爲美談。」此書在集中不注歲月。案摭言云：「貞元十八年，權德輿主文，陸傪員外通牓，韓文公薦十人於傪，權公凡三榜，共放六人，餘不出五年內皆捷。」以登科記考之，貞元十八年，德輿以中書舍人知舉，放進士二十三人，尉遲汾、侯雲長、韋紓、沈杞、李翊登第。十九年，以禮部侍郎放二十人，侯喜登第。永貞元年，放二十九人，劉述古登第。通三牓，共七十二人，而韓所薦者預其七。元和元年，崔邠下放李紳，二年，又放張後餘、張弘。皆與摭言合。

陸傪在貞元間時名最著，韓公敬重之。其行難一篇，爲傪作也。曰：「陸先生之賢聞於天下，是是而非非。自越州召拜祠部，京師之人日造焉。先生曰：『今之用人也不詳，位于朝者，吾取某與某而已，在下者多于朝，凡吾與者若干人。』」又送其刺歙州序曰：「君出刺歙州，朝廷耆舊之賢，都邑游居之良，齎咨涕洟，咸以爲不當去。」則傪之以人物爲己任久矣。其刺歙以十八年二月，權公放牓時，既以去國，而用其言不替，其不負公議而采人望，蓋與陸宣公同。

韓公與書時，方爲四門博士，居百寮底，殊不以其薦爲犯分。故公作權公碑云：「典貢士，薦士於公者，其言可信，不以其人布衣不用；即不可信，雖大官勢人交言，一不以綴意。」又云：「前後考第進士，及庭所策試士，踊相躡爲宰相達官，其餘布處臺閣外府，凡百餘人。」梁肅及傪，皆爲後進領袖，一時龍門，惜其位不通顯也，豈非汲引善士爲當國者所忌乎！韓公又有答劉正夫書云：「舉進士者，於先進之門，何所不往！先進之於後輩，苟見其至，寧可以不答其意邪！來者則接之，舉城士大夫莫不皆然，而愈不幸獨有接後進名。」以是觀之，韓之留意人士可見也。

8　王勃文章

王勃等四子之文，皆精切有本原。其用駢儷作記序碑碣，蓋一時體格如此，而後來頗議之。杜詩云：「王、楊、盧、駱當時體，輕薄爲文哂未休。爾曹身與名俱滅，不廢江、河萬古流。」正謂此耳。身名俱滅，以責輕薄子。江、河萬古流，指四子也。韓公滕王閣記云：「江南多游觀之美，而滕王閣獨爲第一。及得三王所爲序、賦、記等〔六〕，壯其文辭。」注謂：「王勃作游閣序〔七〕。」又云：「中丞命爲記，竊喜載名其上，詞列三王之次，有榮耀焉。」則韓之所以推勃，亦爲不淺矣。勃之文今存者二十卷云〔八〕。

9 呂覽引詩書

呂氏春秋有始覽諭大篇引夏書曰：「天子之德，廣運乃神，乃武乃文。」又引商書曰：「五世之廟，可以觀怪；萬夫之長，可以生謀。」高誘注皆曰：「逸書也。廟者，鬼神之所在，五世久遠，故於其所觀魅物之怪異也。」予謂呂不韋作書時，秦未有詩、書之禁，何因所引訛謬如此！高誘注文怪異之説，一何不典之甚邪！又孝行覽亦引商書曰：「刑三百，罪莫重於不孝。」今安得有此文，亦與孝經不合。又引周書曰：「若臨深淵，若履薄冰。」注云：「周書周文公所作。」尤妄也。又以「普天之下，莫非王土，率土之濱，莫非王臣」爲舜自作詩，「子惠思我，褰裳涉洧，子不我思，豈無他士」爲子產答叔向之詩。不知是時國風、雅、頌何所定也。甯戚飯牛歌，高誘全引碩鼠三章，又爲可笑。

10　藍田丞壁記

韓退之作藍田縣丞廳壁記，柳子厚作武功縣丞廳壁記，二縣皆京兆屬城，在唐爲畿甸，事體正同，而韓文雄拔超峻，光前絶後，以柳視之，殆猶武夫之與美玉也。莆田方崧卿得蜀本，數處與今文小異，其「破崖岸而爲文」一句，繼以「丞廳故有記」，蜀本無「而」字。考其語脉，乃「破崖岸爲文丞」，是句絶「文丞」者，猶言文具備員而已，語尤奇崛，若以「丞」字屬下句，則既是丞廳記矣，而又云「丞廳故有記〔九〕」，雖初學爲文者不肯爾也。此篇之外，不復容後人出手。姪孫倬，頃丞宣城，後生頗有意斯道，自作題名記示予。予曉之曰：「他文尚可隨力工拙下筆，至如此記，豈宜犯不韙哉！」倬時已勒石，深悔之。近日亦見有爲之者，吾家孫姪多京官調選，再轉必爲丞，慮其復有効尤者，故書以戒之。

11　錢武肅三改元

歐陽公五代史叙列國年譜云：「聞於故老，謂吴越亦嘗稱帝改元，而求其事迹不可得，頗疑吴越後自諱之。及旁采諸國書，與吴越往來者多矣，皆無稱帝之事，獨得其封落星石爲寶石山制書，稱寶正六年辛卯耳。」王順伯收碑，有臨安府石屋崇化寺尊勝幢云：「時天寶四年，歲次辛未，四月某日，元帥府府庫使王某。」又明慶寺白傘蓋陀羅尼幢云：「吳越國女弟子吳氏十五娘建。」其發願文序曰：「十五娘生忝霸朝，貴彰國懿。天寶五年，太歲壬申月日題。」順伯考其歲年，知非唐天寶，而辛未乃梁開平五年，其五月改乾化，壬申乃二年。梁以丁卯篡唐，武肅是歲猶用唐天祐，次年自建元也。錢唐湖廣潤龍王廟碑云：「錢鏐貞明二年丙子正月建。」新功臣禪院碑〔一〇〕、封睦州墻下神廟勑，皆貞明中登聖寺磨崖，梁龍德元年，歲次辛巳，錢鏐建。又有龍德三年上宮詩，是歲梁亡。九里松觀音尊勝幢：「寶大二年，歲次乙酉建。」衢州司馬墓誌云：「寶大二年八月歿。」順伯案，乙酉乃唐莊宗同光三年，其元年當在甲申。蓋自壬申以後用梁紀元，至後唐革命，復自立正朔也。又水月寺幢云：「寶正元年丙戌十月，具位錢鏐建。」是年爲明宗天成。招賢寺幢云：「丁亥寶正二年。」又小昭慶金牛、碼碯等九幢，皆二年至五年所刻。貢院前橋柱，刻寶正六年歲在辛卯造。然則寶大止二年而改寶正。寶正盡六年，次年壬辰，有天竺日觀庵經幢，復稱長興三年八月，用唐正朔，其年三月，武肅薨。方寢疾，語其子元瓘曰：「子孫善事中國，勿以易姓廢事大之禮。」於是以遺命去國儀，用藩鎮法，然則有天寶、寶大、寶正三名，歐陽公但知其一耳。通鑑亦然。自是歷晉、漢、周及本朝，不復建元。今猶有清泰、天福、開運、會同、係契丹年。乾祐、廣順、顯德石刻，存者三四十種，固未嘗稱帝也。

12　黄庭換鵝

李太白詩云："山陰道士如相見，應寫黄庭換白鵝。"蓋用王逸少事也。前賢或議之，曰："逸少寫道德經，道士舉鵝群以贈之。"元非黄庭，以爲太白之誤。予謂太白眼高四海，衝口成章，必不規規然旋檢閲晉史，看逸少傳，然後落筆，正使誤以道德爲黄庭，於理正自無害，議之過矣。東坡雪堂既毁，紹興初，黄州一道士自捐錢粟再營建，士人何頡斯舉作上梁文，其一聯云："前身化鶴，曾陪赤壁之游；故事換鵝，無復黄庭之字。"乃用太白詩爲出處，可謂奇語。案張彦遠法書要録載褚遂良右軍書目，正書有黄庭經云。注：六十行。與山陰道士真蹟故在。又武平一徐氏法書記云："武后曝太宗時法書六十餘函，有黄庭。"又，徐季海古跡記："玄宗時，大王正書三卷，以黄庭爲第一。"皆不云有道德經，則知乃晉傳誤也。

13　宋桑林

左傳："宋公享晉侯於楚丘，請以桑林。"注：桑林者，殷天子之樂名。"舞師題以旌夏，晉侯懼而退，及著雍疾，卜桑林見。荀偃、士匄欲奔請禱焉，荀罃不可。"予案吕氏春秋云：「武王勝殷，立成湯之後於宋，以奉桑林。」高誘注曰：「桑山之林，湯所禱也。故使奉之。」淮南子云：「湯旱，以身禱於桑山之林。」許叔重注曰：「桑山之林，能興雲致雨，故禱之。」「桑林」二說不同。杜預注左傳不曾引用，豈非是時未見其書乎！

14 馮夷姓字

張衡思玄賦：「號馮夷俾清津兮，櫂龍舟以濟予。」李善注文選引青令傳曰：「河伯姓馮氏，名夷，浴於河中而溺死，是爲河伯。」太公金匱曰：「河伯姓馮名脩。」裴氏新語謂爲馮夷。莊子曰：「馮夷得之以游大川。」淮南子曰：「馮夷服夷石而水仙。」後漢張衡傳注引聖賢冢墓記曰：「馮夷者，弘農華陰潼鄉隄首里人，服八石，得水仙，爲河伯。」又龍魚河圖曰：「河伯姓呂名公子，夫人姓馮名夷。」唐碑有河侯新祠頌，秦宗撰，文曰：「河伯姓馮名夷，字公子。」數說不同，然皆不經之傳也。蓋本於屈原遠遊篇，所謂「使湘靈鼓瑟兮，令海若舞馮夷」，前此未有用者。淮南子原道訓又曰：「馮夷、大丙之御也，乘雲車，入雲蜺。」許叔重云：「皆古之得道能御陰陽者。」此自别一馮夷也。

校勘記

〔一〕埏子以爲人　「埏」原作「挻」。祠本作「埏」。戰國策札記卷上：挻，吴氏正曰：藝文類聚及晁氏本作埏，黄丕烈按，風俗通引作埏，挻埏同字，形近而譌作「挻」耳。今改「挻」爲「埏」。

〔二〕後二年從官　庫本、祠本「官」作「宦」。按，李清照集校注卷三金石録後序作「宦」。疑作「宦」是。

〔三〕中則舉杯大笑　「杯」原作「否」。「杯」一作「桮」，當以略去「木」旁致誤。今據馬本、庫本、李清照集改。

〔四〕獨宋器者可自負抱　庫本、祠本「宋」作「宗」。李清照集作「宗」。疑作「宗」是。

〔五〕紓　王校本作「舒」。

〔六〕及得三王所爲序賦記等　「三」原爲空格，據明抄本補。

〔七〕王勃作游閣序　王校本「閣」作「觀」。

〔八〕勃之文今存者二十卷　馬本、庫本「十」後有「七」字。

〔九〕丞廳故有記　「故」原爲墨釘，據李本補。

〔一〇〕新功臣禪院碑　祠本「禪」作「壇」。

容齋四筆卷六 十五則

1 韓文公逸詩

唐五竇聯珠集載，竇牟爲東都判官，陪韓院長、韋河南同尋劉師，不遇，分韻賦詩。都官員外郎韓愈得尋字，其語云：「秦客何年駐，仙源此地深。還隨躡鳧騎，來訪馭雲襟。院閉青霞入，松高老鶴尋。猶疑隱形坐，敢起竊桃心。」今諸本韓集皆不載。近者莆田方崧卿考證訪蹟甚至，猶取聯珠中竇庠酬退之登岳陽樓一大篇，顧獨遺此，何也？

2 竇叔向詩不存

竇氏聯珠序云：五竇之父叔向，當代宗朝，善五言詩，名冠流輩。時屬貞懿皇后山陵，上注意哀挽，即時進三章，内考首出，傳諸人口。有「命婦羞蘋葉，都人插柰花」，「禁兵環素帟，宫女哭寒雲」之句，可謂佳唱，而略無一首存於今。荆公百家詩選亦無之，是可惜也。予嘗得故吴良嗣家所抄唐詩，僅有叔向六篇，皆奇作。念其不傳於世，今悉録之。夏夜宿表兄話舊云：「夜合花開香滿庭，夜深微雨醉初醒。遠書珍重何時達，舊事淒涼不可聽。去日兒童皆長大，昔年親友半凋零。明朝又是孤舟別，愁見河橋酒幔青。」秋砧送包大夫云：「斷續長門夜，清冷逆旅秋。征夫應待信，寒女不勝愁。帶月飛城上，因風散陌頭。離居偏入聽，況復送歸舟。」春日早朝應制云：「紫殿俯千官，春松應合歡。御爐香焰暖，馳道玉聲寒。乳燕翻珠綴，祥烏集露盤。宮花一萬樹，不敢舉頭看。」過檜石湖云：「曉發魚門伐〔一〕，晴看檜石湖。日銜高浪出，天入四空無。只尺分洲島，纖毫指舳艫。渺然從此去，誰念客帆孤。」貞懿挽歌二首云：「二陵恭婦道，六寢盛皇情。禮遜生前貴，恩追殁後榮。幼王親捧土，愛女復連塋。東望長如在，誰云向玉京。」「後庭攀畫柳，上陌咽清笳。命婦羞蘋葉，都人插柰花。壽宮星月異，仙路往來賒。縱有迎神術，終悲隔絳紗。」第三篇亡。叔向字遺直，仕至左拾遺，出爲溧水令。唐書亦稱其以詩自名云。

3　用柰花事

竇叔向所用柰花事，出晉史，云成帝時，三吴女子相與簪白花，望之如素柰，傳言天公織女死，爲之著服。已而杜皇后崩，其言遂驗。紹興五年，寧德皇后訃音從北庭來，知徽州唐煇使休寧尉陳之茂撰疏文，有語云：「十年罹難，終弗返於蒼梧；萬國銜冤，徒盡簪於白柰。」是時正從徽宗蒙塵，其對偶精確如此。

4 王廖兒良

賈誼過秦論曰：「六國之士，吴起、孫臏、帶佗、兒良、王廖、田忌、廉頗、趙奢之朋制其兵。」漢書注家皆無所釋，顔師古但音兒爲五奚反，廖爲聊而已。此八人者，帶佗、兒良、王廖不知其何國人，獨吕氏春秋云：「老聃貴柔，孔子貴仁，墨翟貴廉，關尹貴清，子列子貴虚，陳駢貴齊，陽朱貴己，孫臏貴勢，王廖貴先，兒良貴後。」而注云：「王廖謀兵事，貴先，建茅也。兒良作兵謀，貴後。」雖僅見二人之名，然亦莫能詳也。廖、良列於孔、老之末，而漢四種兵書，有良權謀一篇。又，賈誼首稱甯越、杜赫爲之謀，漢書亦不注。吕氏云：「孔、墨、甯越，皆布衣之士也。越，中牟人也，周威公師之。」又稱：「杜赫以安天下説周昭文君。」則越、赫善謀，可以槩見。漫書之，以補漢注之缺。

5 徙木僨表

商鞅變秦法，恐民不信，乃募民徙三丈之木而予五十金。有一人徙之，輒予金，乃下令。吴起治西河，欲諭其信於民，夜置表於南門之外，令於邑中曰：「有人能僨表者，仕之長大夫。」民相謂曰：「此必不信。」有一人曰：「試往僨表，不得賞而已何傷！」往僨表，來謁吴起，起仕之長大夫。自是之後，民信起之賞罰。予謂鞅本魏人，其徙木示信，蓋以効起，而起之事不傳。

6 建武中元續書

隨筆所書建武中元一則，文惠公作隸釋，於蜀郡守何君閣道碑一篇中，以爲不然。比得蜀士袁夢麒應祥漢制叢録，亦以紀、志、傳不同爲惑，而云近歲雅州滎經縣治之西，有得蜀郡治道記於崖壁間者，記末云：「建武中元二年六月就。」於是千載之疑，涣然冰釋。予觀何君閣道正建武中元二年六月就。袁君所言滎經崖壁之記，蓋是此耳。但以出於近歲，恨不得質之文惠，爲之惻然。

7 草駒聾蟲

今人謂野牧馬爲草馬〔三〕，淮南子脩務訓曰：「馬之爲草駒之時，跳躍揚蹏，翹尾而走，人不能制。」注云：「馬五尺已下爲駒，放在草中，故曰草不可化，其可駕御，教之所爲也。馬，聾蟲也，而可以通氣志，猶待教而成，又况人乎！」注云：「蟲，喻無知也。」聾蟲之名甚奇。

8 記李履中二事

崇寧中，蔡京當國，欲洗邪怨誣謗宗廟之罪，既抆拭用之，又欲令立邊功以進身，於是以爲涇原經略使，遂謀用車戰法，及造舟五百艘，將直抵興靈，以空夏國。詔以付熙河漕臣李復。復，長安人，久居兵間，習熟戎事，力上疏詆切之。予頃書之於國史怨列傳中。比得上饒所刊潏水集，正復所爲文，得此兩奏，歎其能以區區外官而排斥上相之客如此，恨史傳爲不詳盡，乃録于此。

其乞罷造戰車疏云：「奉聖旨，令本司製造戰車三百兩。臣嘗覽載籍，古者師行，固嘗用車，蓋兵不妄動，征戰有禮，不爲詭遇，多在平原易野〔三〕，故車可以行。今盡之極邊，戎狄乘勢而來，雖鷙鳥飛翥，不如是之迅捷，下寨駐軍，各以保險爲利。其往也，車不及期，居而保險，車不能登，歸則虜多襲逐，爭先奔趁，不暇回顧，車安能收！非若古昔於中國爲用。臣聞此議出於許彦圭，彦圭因姚麟而獻説，朝廷遂然之，不知彦圭劇爲輕妄。唐之房琯，嘗用車戰，大敗於陳濤斜，十萬義軍，無有脱者。畿邑平地且如此，況今欲用於峻阪溝谷之間乎！又，戰車比常車闊六七寸，運不合轍，牽拽不行。昨來兵夫典賣衣物，自賃牛具，終日方進五七里，遂致兵夫逃亡，棄車於道，大爲諸路之患。今乞便行罷造，如別路已有造者，乞更不牽拽前來。」

其乞罷造舡奏云：「邢恕乞打造舡五百隻，於黄河順流放下，至會州西小河内藏放。有旨專委臣監督，限一年了當。契勘本路只有舡匠一人，須乞於荆、江、淮、浙和雇。又，丁線物料，亦非本路所出。觀恕奏請，實是兒戲。且造舡五百隻，若自今工料並備，亦須數年。自蘭州駕放至會州，約三百里，北岸是敵境，豈可容易！會州之西，小河鹹水，其闊不及一丈，深止於一二尺，豈能藏船！黄河過會州入韋精山，石峽險窄，自上垂流直下，高數十尺，船豈可過！至西安州之東，大河分爲六七道，水淺灘磧，不勝舟載，一船所載，不過五馬二十人，雖到興州，又何能爲！又不知幾月得至。此聲若出，必爲夏國侮笑，臣未敢便依旨揮擘畫，恐虚費錢物，終誤大事。」

疏既上，徽宗察其言忠，遂罷二役。復字履中，爲關内名儒，官至中大夫、集英殿脩撰。李昭玘嘗贈詩云：「結交賴有紫髯翁，鶴骨嶄嶄爛脩目。五言長城屹千丈，萬卷書樓聊一讀。」可知其人矣。

9 乾寧覆試進士

唐昭宗乾寧二年試進士，刑部尚書崔凝下二十五人。放牓後，宣詔翰林學士陸扆、祕書監馮渥入内，各贈衣一副及氊被，於武德殿前覆試，但放十五人。自狀頭張貽範以下重落，其六人許再入舉場，四人所試最下，不許再入，蘇楷其一也。故挾此憾，至於駁昭宗「聖文」之謚。崔凝坐貶合州刺史。是時，國祚如贅斿，悍鎮强藩，請隧問鼎之不暇，顧卷卷若此。其再試也，詩賦各兩篇，内良弓獻問賦，以「太宗問工人木心不正，脉理皆邪，若何道理」十七字皆取五聲字，依輪次以雙周隔句爲韻，限三百二十字成。貽範等六人，訖唐末不復綴牓。蓋是時不糊名，一黜之後，主司不敢再收拾也。有黄滔者，是年及第，閩人也，九世孫沃爲吉州永豐宰，刊其遺文，初試覆試凡三賦皆在焉。曲直不相入賦，以題中曲直兩字爲韻。釋云：邪正殊途，各有好惡。終篇只押兩韻。良弓獻問賦，取五聲字次第用各隨聲爲賦格。於是第一韻尾句云「資國祚之崇崇」，上平聲也。第二韻「垂寶祚於緜緜」，下平聲也。第三韻「曾非唯唯」，上聲也。第四韻「露其言而粲粲」，去聲也。而闕入聲一韻。賦韻如是，前所未有。國將亡，必多制，亦云可笑矣。信州永豐人王正白，時再試中選，郡守爲改所居坊名曰進賢，且減户税，亦後來所無。

10 臨海蟹圖

文登呂亢多識草木蟲魚。守官台州臨海，命工作蟹圖，凡十有二種。一曰蝤蛑。乃蟹之巨者，兩螯大而有細毛如苔，八足亦皆有微毛。二曰撥棹子。狀如蝤蛑，螯足無毛，後兩小足薄而微闊，類人之所食者，然亦頗異，其大如升，南人皆呼爲蟹，八月間盛出，人採之，與人鬭，其螯甚巨，往往能害人。三曰擁劍。狀如蟹而色黄，其一螯偏長三寸餘，有光。四曰彭螖。螯微毛，足無毛，以鹽藏而貨於市，爾雅曰：「彭蠌，小者蟧。」云小蟹也。蠌音澤，蟧音勞，吳人呼爲彭越。搜神記言此物嘗通人夢，自稱「長卿」，今臨海人多以「長卿」呼之。五曰竭樸。大於彭螖，殼黑斑，有文章，螯正赤，常以大螯障目，小螯取食。六曰沙狗。似彭螖，壤沙爲穴，見人則走，屈折易道不可得。七曰望潮。殼白色，居則背坎外向，潮欲來，皆出坎舉螯如望，不失常期。八曰倚望。亦大如彭螖，居常東西顧睨，行不四五，又舉兩螯，以足起望，惟入穴乃止。九曰石蜠。大於常蟹，八足，殼通赤，狀若鵝卵。十曰蜂江。如蟹，兩螯足極小，堅如石，不可食。十一曰蘆虎。似彭蜞，正赤，不可食。十二曰彭蜞。大於螖，小於常蟹。呂君云：「此皆常所見者，北人罕見，故繪以爲圖。」又海商言，海中黿鼉島之東，一島多蟹，種類甚異。有虎頭者，有翅能飛者，有能捕魚者，有殼大兼尺者。以非親見，故不畫。」李履中得其一本，爲作記。予家楚，宦游二浙、閩、廣，所識蟹屬多矣，亦不悉與前説同。而所謂黄甲、白蟹、蟳、蠘諸種，吕圖不載，豈名謂或殊乎！故紀其詳，以示博雅者。

11 東坡作碑銘

東坡祭張文定文云：「軾於天下，未嘗銘墓。獨銘五人，皆盛德故。」以文集考之，凡七篇。若富韓公、司馬温公、趙清獻公、范蜀公并張公，坡所自作。此外趙康靖、滕元發二誌，乃代張公者，故不列於五人之數。眉州小集有元祐中奏稾云：「臣近準勑差撰故同知樞密院事趙瞻神道碑并書者。臣平生本不爲人撰行狀、埋銘、墓碑，士大夫所共知。只因近日撰司馬光行狀，蓋爲光曾爲臣亡母程氏撰埋銘；又爲范鎮撰墓誌，蓋爲鎮與先臣某平生交契至深，不可不撰。及奉詔撰司馬光、富弼等墓碑，不可固辭，然終非本志，况臣老病廢學，文詞鄙陋，不稱人子所欲顯揚其親之意，伏望聖慈别擇能者，特許辭免。」觀此一奏，可印公心。而杭本奏議十五卷中不載。

12　洗兒金錢

車駕都錢塘以來，皇子在邸生男及女，則戚里、三衙、浙漕、京尹皆有餉獻，隨即致答，自金幣之外，洗兒錢果動以十數合，極其珍巧，若總而言之，殆不可勝算，莫知其事例之所起。劉原甫在嘉祐中，因論無故疎決云：「在外羣情皆云，聖意以皇女生，故施此慶，恐非王者之令典也。又聞多作金銀、犀象、玉石、琥珀、玳瑁、檀香等錢，及鑄金銀爲花果，賜予臣下，自宰相、臺諫，皆受此賜。無益之費，無名之賞，殆無甚於此。若欲夸示奢麗，爲世俗之觀則可矣，非所以軌物訓儉也。宰相、臺諫以道德輔主，柰何空受此賜，曾無一言，遂事不諫！臣願深執恭儉，以答上天之貺，不宜行姑息之恩，以損政體。」偉哉劉公之論，其勁切如此。歐陽公銘墓，略而不書。予爲國史，亦不知載於本傳，比方讀其奏章，故敬紀之。韓偓金鑾密記云：「天復二年，大駕在岐，皇女生三日，賜洗兒果子、金銀錢、銀葉坐子、金銀鋌子。」予謂唐昭宗於是時尚復講此，而在庭無一言，蓋宮掖相承，欲罷不能也。

13　告命失故事

祖宗時知制誥六員，故朝廷除授，雖京官磨勘，選人改秩，奏薦門客，恩科助教，率皆命詞，然有官列已崇而有司不舉者，多出時相之意。劉原甫掌外制，以任顓落職，不降誥詞，曾奏陳以爲非故事，得旨即施行之。已而劉元瑜、王琪降官，直以勑牒。劉又言非朝廷賞罰訓誥毖重之意。今觀劉集，有太平州文學袁嗣立改江州文學制云：「昔先王簡不帥教而不變者，屏之裔土，終身不齒，若爾之行，豈足顧哉！然猶假以仕板，徙之善郡，不貲之恩也。勉思自新，無重其咎。」未幾，嗣立又徙洪州，制云：「爾頃冒憲典，遷之尋陽，復以親嫌，於法當避。夫薄志節、寡廉耻者，固不可使處有嫌之地，益徙豫章，思自湔滌。」嗣立之事微矣，乃費兩誥，讀此命書，可知其人。漫書之以發一笑。

14 扁字二義

扁音薄典切，唐韻二義：其一曰扁署門户，其一曰姓也，此外無它說。案，鶡冠子云：「五家爲伍，十伍爲里，四里爲扁，扁爲之長，十扁爲鄉。其上爲縣爲郡。其不奉上令者，以告扁長。」蓋如遂、黨、都、保之稱，諸書皆不載。

15 娑羅樹

世俗多指言月中桂爲娑羅樹，不知所起。案，酉陽雜俎云：「巴陵有寺，僧房床下，忽生一木，隨伐而長。外國僧見曰：『此娑羅也。』元嘉中出一花如蓮〔四〕。唐天寶初，安西進娑羅枝，狀言：『臣所管四鎮拔汗那國，有娑羅樹，特爲奇絶，不芘凡草，不止惡禽，近采得樹枝二百莖以進。』」予比得楚州淮陰縣唐開元十一年海州刺史李邕所作娑羅樹碑云：「非中夏物土所宜有者，婆娑十畝，蔚映千人。惡禽翔而不集，好鳥止而不巢。深識者雖徘徊仰止而莫知冥植，博物者雖沈吟稱引而莫辯嘉名。隨所方面，頗證靈應，東瘁則青郊苦而歲不稔，西茂則白藏泰而秋有成。嘗有三藏義净，還自西域，齋戒瞻嘆。於是邑宰張松質請邕述文建碑。」觀邕所言惡禽不集，正與上説同。又有松質一書答邕云：「此土玉像，爰及石龜，一離淮陰，百有餘載，前後抗表，尚不能稱，賴公威德備聞，所以還歸故里，謹遣僧三人，父老七人，賫狀拜謝。」宣和中，向子諲過淮陰，見此樹，今有二本，方廣丈餘，蓋非故物。蔣穎叔云：「玉像石龜，不知今安在？」然則娑羅之異，世間無别種也。吴興芮燁國器有從沈文伯乞娑羅樹碑古風一首云：「楚州淮陰娑羅樹，霜露榮悴今何如。能令草木死不朽，當時爲有北海書。荒碑雨侵澁苔蘚，尚想墨本傳東吴。」正賦此也。歐陽公有定力院七葉木詩云：「伊、洛多佳木，娑羅舊得名。常於佛家見，宜在月宮生。釦砌陰鋪静，虚堂子落聲。」亦此樹耳，所謂七葉者未詳。

校勘記

〔一〕曉發魚門伐　馬本、庫本、祠本「伐」作「埭」，全唐詩卷二百七十一作「戍」。

〔二〕今人謂野牧馬爲草馬　「牧」原作「收」，據馬本、庫本改。

〔三〕平原易野　馬本、庫本「易」作「廣」。

〔四〕元嘉中出一花如蓮　「一」原爲空格，據明抄本補。按酉陽雜俎卷十八有「一」。

容齋四筆卷七 十四則

1 天咫

黄魯直和王定國詩聞蘇子由病卧績溪云：「瀟袚瘴霧姿，朝趨去天咫。」蜀士任淵注引「天威不違顔咫尺」。予案國語，楚靈王築三城，使子皙問范無宇，無宇不可，王曰：「是知天咫，安知民則。」韋昭曰：「咫者少也，言少知天道耳。」酉陽雜俎有天咫篇。黄詩蓋用此。徐師川喜王秀才見過小酌甑月四言曰：「君家近市，所見天咫。庭户之間，容光能幾。菰蒲之中，江湖之涘。一碧萬頃，長空千里。」正祖述黄所用云。

2 縣尉爲少仙

隨筆載縣尉爲少公，予後得晏幾道叔原一帖與通叟少公者，正用此也。杜詩有野望因過常少仙一篇，所謂「落盡高天日，幽人未遺回」者，蜀士注曰：「少仙應是言縣尉也。」縣尉謂之少府，而梅福爲尉，有神仙之稱。少仙二字，尤爲清雅，與今俗呼爲仙尉不侔矣。

3 杜詩用受覺二字

杜詩所用受覺二字皆絶奇。今摭其受字云「脩竹不受暑」，「勿受外嫌猜」，「莫受二毛侵」，「監河受貸粟」，「輕燕受風斜」，「能事不受相促迫」，「野航恰受兩三人」，「一雙白魚不受釣」，「雄姿未受伏櫪恩」。其覺字云「已覺糟床注」，「身覺省郎在」，「自覺成老醜」，「更覺松竹幽」，「日覺死生忙」，「最覺潤龍鱗」，「喜覺都城動」，「更覺老隨人」，「每覺昇元輔」，「覺而行步奔」，「尚覺王孫貴」，「含悽覺汝賢」，「厨煙覺遠庖」，「詩成覺有神」，「已覺披衣慣」，「自覺酒須賒」，「早覺仲容賢」，「城池未覺喧」，「無人覺來往」，「人才覺弟優」，「直覺巫山暮」，「重覺在天邊」，「行遲更覺仙」，「深覺負平生」，「秋覺追隨盡」，「追隨不覺晚」，「熊羆覺自肥」，「自覺坐能堅」，「已覺良宵永」，「更覺綵衣春」，「已覺氣與嵩、華敵」，「未覺千金滿高價」，「梅花欲開不自覺」，「胡來不覺潼關隘」，「自得隨珠覺夜明」，「放箸未覺金盤空」，「東歸貪路自覺難」，「更覺良工心獨苦」，「始覺屏障生光輝」，「不覺前賢畏後生」，「吏情更覺滄洲遠」，「我獨覺子神充實」，「習池未覺風流盡」。用之雖多，然每字命意不同，又雜於千五百篇中，學者讀之，唯見其新工也。

若陳簡齋亦好用此二字，未免頻複者，蓋只在數百篇内，所以見其多。如「未受風作惡」，「不受珠璣絡」，「不受折簡呼」，「不受人招麾」，「不受安危侵」，「飽受今日閑」，「却扇受景風」，「語聞受遠響」，「坐受世故驅」，「庭柏不受寒」，「可復受憂戚」，「寧受此酸辛」，「滔滔江受風」，「坐受世褊迫」，「清池不受暑」，「平池受細雨」，「窮村受春晚」，「不受急景催」，「肯受元規塵」，「了不受榮悴」，「意閑不受榮與辱」，「獨自人間不受寒」，「枯木無知不受寒」，「天馬何妨略受韉」，「來禽花高不受折」，「不受陰晴與寒暑」，「長林巨木受軒輊」。「未覺懶相先」，「未覺壯心休」，「未覺身淹留」，「未覺墉陰遲」，「未覺欠孟嘉」，「未覺有等倫」，「未覺風來遲」，「未覺經旬久」，「欲往還覺非」，「獨覺賦詩難」，「稍覺夜月添」，「菰蒲覺風入」，「未覺此計非」，「高處覺眼新」，「意定覺景多」，「未覺徐娘老」，「未覺有榮辱」，「未覺飢腸虛」，「未覺平生與願違」，「村空更覺水潺湲」，「眼中微覺欠扁舟」，「居夷更覺中原好」，「便覺杯觴耐薄寒」，「墻頭花定覺風闌」，可謂多矣。蓋喜用其字，自不知下筆所著也。

4 西太一宮六言

「楊柳鳴蜩緑暗，荷花落日紅酣。三十六陂春水，白頭想見江南。」荆公題西太一宮六言首篇也。今臨川刻本以「楊柳」爲「柳葉」，其意欲與荷花爲切對，而語句遂不佳。此猶未足問，至改「三十六陂春水」爲「三十六宮煙水」，則極可笑。公本意以在京華中，故想見江南景物，何預於宮禁哉！不學者妄意塗竄，殊爲害也。彼蓋以太一宮爲禁廷離宮爾〔一〕。

5 由與猶同

新唐書藩鎮傳序云：「其人自視由羌狄然。」據字義，「由」當爲「猶」，故吴縝作唐書音訓有糾謬一篇，正指其失，彼元不深究孟子也。文惠公頃與予作唐書補過，嘗駁其説。予作文每用之，輒爲人所疑問，今爲詳載於此。如「以齊王，由反手也」，「由弓人而恥爲弓」，「王由足用爲善」，「是由惡醉而强酒」，「由己溺之，由己飢之」，「由射於百步之外」，「見且由不得亟」，其義皆然，蓋「由」與「猶」通用也。

6 人焉廋哉

孔子論人之善惡，始之曰「視其所以」，繼之以「觀其所由，察其所安」，然後重言之曰「人焉廋哉，人焉廋哉」，蓋以上之三語詳察之也。而孟氏一斷以眸子，其言曰：「存乎人者，莫良於眸子。眸子不能掩其惡，胸中正，則眸子瞭焉，胸中不正，則眸子眊焉。聽其言也，觀其眸子，人焉廋哉！」説者謂：「人與物接之時，其神在目。故胸中正，則神精而明。不正，則神散而昏。心之所發，并此而觀，則人之邪正不可匿矣。言猶可以僞爲，眸子則有不容僞者。孔聖既已發之於前，孟子知言之要，續爲之説，故簡亮如此。」舊見王季明云：太學士子嘗戲作一論，其略曰：「知人焉廋哉之義，然後知人焉廋哉，人焉廋哉之義。知人焉廋哉，人焉廋哉之義，然後知人焉廋哉之義。孔子所云『人焉廋哉，人焉廋哉』者，詳言之也。孟子所云『人焉廋哉』者，略言之也。孔子之所謂『人焉廋哉，人焉廋哉』，即孟子之所謂『人焉廋哉』也。孟子之所謂『人焉廋哉』，即孔子之所謂『人焉廋哉，人焉廋哉』也。」繼又疊三語爲一云：「夫人焉廋哉，人焉廋哉，人焉廋哉，雖曰不同，而其所以爲人焉廋哉，人焉廋哉，人焉廋哉，未始不同。」演而成數百字，可資一笑，亦幾於侮聖言矣！

7　久而俱化

天生萬物，久而與之俱化，固其理焉，無間於有情無情，有知無知也。予得雙鴈於衢人鄭伯膺，純白色，極馴擾可翫，寘之雲壑，不遠飛翔。未幾，隕其一，其一塊獨無儔，因念白鵝正同色，又性亦相類，乃取一隻與同處。始也，兩下不相賓接，見則東西分背，雖一盆伺穀，不肯並啜。如是五日，漸復相就，踰旬之後，怡然同群，但形體有大小，而色澤飛鳴則一。久之，鴈不自知其爲鴈，鵝不自知其爲鵝，宛如同巢而生者。與之俱化，於是驗焉。今人呼鵝爲舒鴈，或稱家鴈，其褐色者爲鴈鵝，鴈之最大者曰天鵝。唐太宗時，吐蕃祿東贊上書，以謂聖功遠被，雖鴈飛于天，無是之速，鶬猶鴈也，遂鑄金爲鶬以獻。蓋二禽一種也。

8 黄文江賦

晚唐士人作律賦，多以古事爲題，寓悲傷之旨，如吴融、徐寅諸人是也。黄滔字文江，亦以此擅名，有明皇回駕經馬嵬坡隔句云：「日慘風悲，到玉顔之死處；花愁露泣，認朱臉之啼痕。」「褒雲萬疊，斷腸新出於啼猿；秦樹千層，比翼不如于飛鳥。」「羽衛參差，擁翠華而不發；天顔愴恨，覺紅袖以難留。」「神仙表態，忽零落以無歸；雨露成波，已沾濡而不及。」「六馬歸秦，却經過於此地；九泉隔越，幾悽惻於平生。」景陽井云：「理昧納隍，處窮泉而詎得；誠乖馭朽，攀素綆以胡顔。」「青銅有恨〔二〕，也從零落於秋風；碧浪無情，寧解流傳於夜壑。」「荒凉四面，花朝而不見朱顔；滴瀝千尋，雨夜而空啼碧溜。」「莫可追尋，玉樹之歌聲邈矣；最堪惆悵，金瓶之咽處依然。」館娃宫云：「花顔縹緲，欺樹裏之春風；銀焰熒煌，却城頭之曉色。」「恨留山鳥，啼百卉之春紅；愁寄壠雲，鎖四天之暮碧。」「遺堵塵空，幾踐羣遊之鹿；滄洲月在，寧銷怒濁之濤。」陳皇后因賦復寵云：「已爲無雨之期，空懸夢寐；終自凌雲之製，能致煙霄。」秋色云：「空三楚之暮天，樓中歷歷；滿六朝之故地，草際悠悠。」白日上昇云：「較美古今，列子之乘風固劣；論功晝夜，姮娥之奔月非優。」凡此數十聯，皆研確有精致，若夫格律之卑，則自當時體如此耳。

9　沈季長進言

沈季長元豐中爲崇政殿説書，考開封進士，既罷，入見，神宗曰：「論不以智治國，誰爲此者？」對曰：「李定所爲。」上曰：「聞定意譏朕。」季長曰：「定事陛下有年，頃者御史言定乃人倫所棄，陛下力排羣議，而定始得爲人如初，繼又擢用不次，定雖懷利，尚當知恩，臣以此敢謂無譏陛下意。詩序曰：『言之者無罪，聞之者足以戒。』書曰：『小人怨汝詈汝，則皇自敬德。』陛下自視豈任智者，不知何自慊疑，乃信此爲譏也？」上曰：「卿言甚善，朕今已釋然矣。卿長者，乃喜爲人辯謗。」對曰：「臣非爲人辯謗，乃爲陛下辯譖耳。」它日，上語及前代君臣，因曰：「漢武帝學神仙不死之術，卿曉其意否？此乃貪生以固位耳，故其晚年舉措謬戾，禍貽骨肉，幾覆宗社。且人主固位，其禍猶爾，則爲人臣而固位者，其患亦何所不至，故朕每患天下之士能輕爵禄者少。」季長曰：「士而輕爵禄，爲士言之，則可，爲國言之，則非福也。人主有尊德樂道之志，士皆以不得爵禄爲恥，寧有輕爵禄者哉！至於言違諫佛，士有去志，故以爵禄爲輕。」上曰：「誠如卿言。」按，季長雖嘗至脩起居注，其後但終於庶僚，史不立傳。王和甫銘其墓，載此兩論，予在史院時未之見也。其子銖爲侍從，恨不獲附見之，故表出於是。

10　繁遏渠

國語魯叔孫穆子曰：「金奏肆夏：繁、遏、渠。天子所以饗元侯也。」韋昭注曰：「繁、遏、渠，肆夏之三也。禮有九夏，皆篇名。」昭雖曉其義，而不詳釋。案，周禮春官：「鐘師掌金奏，以鐘鼓奏九夏。」鄭氏注引吕叔玉云：「肆夏、繁遏、渠，皆周頌也。肆夏，時邁也〔三〕。繁遏，執競也。渠，思文也。」又曰：「繁，多也。遏，止也。言福禄止於周之多也。故執競曰：『降福穰穰，降福簡簡。』渠，大也。言以后稷配天，王道之大也。故思文曰：『思文后稷，克配彼天。』」予謂此説亦近於鑿。

11　替戾岡

坡公游鶴林、招隱，有岡字韻詩，凡作七首，最後云：「背城借一吾何敢，切勿樽前替戾岡。」小兒問三字所出。案，晉書佛圖澄傳，澄能聽鈴音以知吉凶，往投石勒。及劉曜攻洛陽，勒將救之，其羣下咸諫，以爲不可。勒以訪澄，澄曰：「相輪鈴音云：『秀支替戾岡，僕谷劬秃當。』此羯語也。秀支，軍也。替戾岡，出也。僕谷，劉曜胡位也。劬秃當，捉也。此言軍出捉得曜也。」勒遂擒曜。坡公正用此云。

12 文潞公平章重事

文潞公元豐六年以太師致仕，時七十八歲矣。後二年，哲宗即位，太皇太后垂簾同聽政。用司馬公爲門下侍郎，公奏乞召潞公置之百寮之首，以鎮安四海，后遣中使梁惟簡宣諭曰：「彦博名位已重，又得人心，今天子幼沖，恐其有震主之威。且於輔相中無處安排，又已致仕，難爲復起。」公當時以新入，不敢復言。元祐元年三月，公拜左僕射，乃再上奏曰：「書曰：『人惟求舊。』蓋以其歷年之多也。彦博沉敏有謀略，知國家治體，能斷大事，自仁宗以來，出將入相，功効顯著，天下所共知，年踰八十，精力尚强。臣初曾奏陳，尋蒙宣諭。切惟彦博一書生爾，年逼桑榆，富貴已極，夫復何求，非有兵權死黨可畏懼也。假使爲相，一旦欲罷之，止煩召一學士，授以詞頭，白麻既出，則一匹夫爾，何難制之。有震主之威，防慮太過。若依今官制用之爲相，以太師兼侍中行左僕射，有何不可。儻不欲以劇務煩老臣，則凡常程文書，只委右僕射以下簽書發遣，惟事有難決者，方就彦博咨稟。自古致仕復起，蓋非一人，彦博今年八十一，不過得其數年之力，願急用之，臣但以門下侍郎助彦博，恐亦時有小補。今不以彦博首相，而以臣處之，是猶捨騏驥而策駑駘也，切爲朝廷惜之。若以除臣左僕射，難爲無故以他人易之，則臣欲露表舉其自代。」奏入，不許。給事中范純仁亦勸乞召致，留爲師臣。未幾，右僕射韓縝求去，后始賜司馬公密詔，欲除彦博兼侍中行右僕射事，其合行恩禮，令相度條具。公以名體未正，不敢居其上，乞以行左僕射，自守右僕射。詔曰：「使彦博居卿上，非予所以待卿之意，卿更思之。」公執奏言：「臣爲京官時，彦博已爲宰相，今使彦博列位在下，非所以正大倫也。」於是召赴闕。既而御史中丞劉摯、左正言朱光庭、右正言王覿俱上言：「彦博春秋高，不可爲三省長官。」司馬公又言：「若令以正太師平章軍國重事，亦足以老尊成矣。」四月，遂下制如公言，詔一月兩赴經筵，六日一入朝，因至都堂與執政商量事，朝廷有大政令，即與輔臣共議。潞公此命，可謂鄭重費力，蓋本不出於主意也。然居位越五年，屢謝病，乃得歸，竟坐此貽紹聖之貶。

13 考課之法廢

唐制，尚書考功掌内外文武官吏之考課，凡應考之官，家具録當年功過行能，本司及本州長官對衆讀議其優劣，定爲九等考第，然後送省。别勑定京官位望高者二人，一校京官考，一校外官考，又定給事中、中書舍人各一人，一監京官考，一監外官考，郎中判京官考，員外郎判外官考，凡考課之法，有四善、二十七最。一最以上有四善，爲上上。有三善，或無最而有四善，爲上中。有二善，或無最而有三善，爲上下。其末至於居官諂詐、貪濁有狀，爲下下。外州則司録、録事參軍主之，各據之以爲黜陟。國朝此法尚存。慶曆、皇祐中，黄亞夫庶佐一府、三州幕〔四〕，其集所載考詞十四篇。黄司理者曰：「治犴獄〔五〕，歲再周矣，論其罪棄市者五十四，流若徒三百十有四，杖百八十六，皆得其情，無有冤隱不伸，非才也其孰能！其考可書中。」舞陽尉者曰：「舞陽大約地廣，它盜往往囊橐於其間，居一歲，爲竊與强者凡十一，前件官捕得之，其亡者一而已矣。非才焉固不能。可書中。」法曹劉昭遠者曰：「法者，禮之防也。其用之以當人情爲得，刻者爲之，則拘而少恩。前件官以通經舉進士，始掾於此，若老於爲法者，每抱具獄，必傳之經義然後處〔六〕，故無一不當其情。其考可書中。」它皆類此。不知其制廢於何時。今但付之士案吏據定式書於印紙，比者又令郡守定縣令臧否高下，人亦不知所從出。若使稍復舊貫，似爲得宜，雖未必人人盡公得實，然思過半矣。

14　小官受俸

沈存中筆談書國初時州縣之小官俸入至薄，故有「五貫九百六十俸，省錢且作足錢用」之語。黄亞夫皇祐間自序其所爲伐檀集云：「歷佐一府、三州，皆爲從事，踰十年，郡之政，巨細無不與，大抵止於簿書獄訟而已，其心之所存，可以効於君、補於國、資於民者，曾未有一事可以自見。然月廩於官，粟麥常兩斛，錢常七千，問其所爲，乃一常人皆可不勉而能，玆素餐昭昭矣。遂以『伐檀』名其集，且識其愧。」予謂今之仕宦，雖主簿、尉，蓋或七八倍於此，然常有不足之歎。若兩斛、七千，祇可禄一書吏小校耳！豈非風俗日趨於浮靡，人用日以汰，物價日以滋，致於不能贍足乎！亞夫之立志如此，真可重也。山谷先生乃其子云。

校勘記

〔一〕彼蓋以太一宫爲禁廷離宫爾　「禁廷離宫爾」原作「廷離宫爾禁」，據馬本、庫本改。

〔二〕青銅有恨　「恨」原作「限」，據明抄本改。

〔三〕肆夏時邁也　「邁」原脱，據明抄本補。按，周禮注疏卷二十四鄭氏注有「邁」字。

〔四〕黄亞夫庶佐一府三州幕　「庶」原脱，據明抄本補。

〔五〕治犴獄　「犴」原作「許」，誤刊，據明抄本改。

〔六〕必傳之經義然後定　庫本、祠本「傳」作「傅」。疑作「傅」是。

容齋四筆卷八 十七則

1 庫路真

新唐書地理志：「襄州，土貢漆器庫路真二品十乘花文五乘。」庫路真者，漆器名也，然其義不可曉。元豐九域志云「真漆器二十事」是已。于頔傳，頔爲襄陽節度，襄有髹器，天下以爲法。至頔驕蹇，故方帥不法者，稱爲「襄樣節度」。舊唐書職官志，武德七年，改秦王、齊王下領三衛及庫真、驅咥真，並爲統軍。疑是周、隋間西邊方言也。記白樂天集曾有一說，而未之見。

2 得意失意詩

舊傳有詩四句誦世人得意者云：「久旱逢甘雨，他鄉見故知。洞房花燭夜，金榜掛名時。」好事者續以失意四句曰：「寡婦携兒泣，將軍被敵擒。失恩宫女面，下第舉人心。」此二詩，可喜可悲之狀極矣。

3 狄監盧尹

文潞公留守西京，年七十七，爲耆英會，凡十有二人，時富韓公年七十九，最長，至于太中大夫張問，年七十，唯司馬公方六十四歲，用狄監、盧尹故事，亦預於會。或問狄、盧之説，乃見唐白樂天集，今所謂九老圖者。懷州司馬胡杲年八十九，衛尉卿吉皎年八十六，龍武長史鄭據八十四，慈州刺史劉嘉、侍御史盧貞皆八十二，其年皆在元豐諸公之上，永州刺史張渾、刑部尚書白居易皆七十四。時會昌五年。白公序云：「六賢皆多年壽，予亦次焉。秘書監狄兼謩、河南尹盧貞以年未七十，雖與會而不及列。」故温公紀韓公至張昌言而自不書。今士大夫皆熟知此事，姑志狄、盧二賢，以示兒輩。但唐兩盧貞本字犯廟諱。而又同會，疑文字或誤云。

4 項韓兵書

漢成帝時，任宏論次兵書爲四種，其權謀中有韓信三篇，形勢中有項王一篇，前後藝文志載之〔一〕，且云：「漢興，張良、韓信序次兵法，凡百八十二家，删取要用，定著三十五家。諸吕用事而盗取之。」項、韓雖不得其死，而遺書可傳於後者，漢世不廢，今不復可見矣。

5 承天塔記

黄魯直初謫戎、涪，既得歸，而湖北轉運判官陳舉以時相趙清憲與之有小怨，訐其所作荆南承天塔記，以爲幸灾，遂除名覊管宜州，竟卒于彼。今豫章集不載其文，蓋謂因之兆禍，故不忍著録。其曾孫㽦續編别集，始得見之。大略云：「余得罪竄黔中，道出江陵，寓承天禪院，住持僧智珠方徹舊浮圖於地，而囑余曰：『成功之後，願乞文記之。』後六年，蒙恩東歸，則七級巋然已立，於是作記。」其後云：「儒者嘗論一佛寺之費，蓋中民萬家之産，實生民穀帛之蠹，雖余亦謂之然。然自省事以來，觀天下財力屈竭之端，國家無大軍旅勤民丁賦之政，則蝗旱水溢或疾疫連數十州，此蓋生人之共業，盈虚有數，非人力所能勝者邪！」其語不過如是，初無幸災風刺之意，乃至於遠斥以死，冤哉！

6 穆護歌

郭茂倩編次樂府詩穆護歌一篇〔二〕，引歷代歌辭曰：「曲犯角。」其語曰：「玉管朝朝弄，清歌日日新。折花當驛路，寄與隴頭人。」黄魯直題牧護歌後云：「予嘗問人此歌，皆莫能説牧護之義。昔在巴、僰間六年，問諸道人，亦莫能説。他日，舡宿雲安野次，會其人祭神罷而飲福，坐客更起舞而歌木瓠。其詞有云：『聽説商人木瓠，四海五湖曾去。』中有數十句，皆叙賈人之樂，末云：『一言爲報諸人，倒盡百瓶歸去。』繼有數人起舞，皆陳述己事，而始末略同。問其所以爲木瓠，蓋刳曲木狀如瓠，擊之以爲歌舞之節耳。乃悟『穆護』蓋『木瓠』也。」據此説，則茂倩所序，爲不知本原云。且四句律詩，如何便差排爲犯角曲，殊無意義。

7 省試取人額

累舉省試，鎖院至開院，限以一月〔三〕。如未訖事，則申展亦不過十日，所奏名以十四人取一爲定數，不知此制起於何年。黄魯直以元祐三年爲貢院參詳官，有書帖一紙云：「正月乙丑鎖太學，試禮部進士四千七百三十二，三月戊申具奏進士五百人。」乃是在院四十四日，而九人半取一人，視今日爲不侔也。此帖載於別集。

8 通印子魚

魚通印之語，本出於王荆公送張兵部知福州詩「長魚俎上通三印」之句。蓋以福州瀕海多魚，其大如此，初不指言爲子魚也。東坡始以「通印子魚」對「披緜黄雀」，乃借「子」字與「黄」字爲假對耳。山谷所云「子魚通印蠔破山」，蓋承而用之。陳正敏遯齋閑覽云：「其地有通應廟，廟前港中子魚最佳。王初寮詩『通應子魚鹽透白』，正采其説。」郡人黄處權云：「興化子魚，去城五十里地名迎仙者爲上，所産之處，土人謂之子魚潭而已，初無通應港之名。」有大神祠，賜額曰「顯應」，乃遯齋所指之廟者，亦非「通應」也。潭傍又有小祠一間，庳陋之甚，農家以祀田神，好事欲實遯齋之説，遂粉刷一扁，妄標曰「通應廟」，側題五小字曰「元祐某年立」，此尤可笑。且用神廟封額以名土物，它處未嘗有也。

9　壽亭侯印

荆門玉泉關將軍廟中，有「壽亭侯印」一鈕，其上大環，徑四寸，下連四環，皆系於印上。相傳云：紹興中，洞庭漁者得之，入于潭府，以爲關雲長封漢壽亭侯，此其故物也，故以歸之廟中。南雄守黄兑見臨川興聖院僧惠通印圖形，爲作記。而復州寶相院，又以建炎二年，因伐木，於三門大樹下土中深四尺餘，得此印，其環并背俱有文，云：「漢建安二十年壽亭侯印。」今留於左藏庫。邵州守黄沃叔啓慶元二年復買一鈕於郡人張氏，其文正同，只欠五系環耳。予以謂皆非真漢物，且漢壽乃亭名，既以封雲長，不應去漢字，又其大比它漢印幾倍之。聞嘉興王仲言亦有其一。侯印一而已，安得有四！雲長以四年受封，當即刻印，不應在二十年，尤非也。是特後人爲之以奉廟祭，其數必多。今流落人間者，尚如此也。

予爲黄叔啓作辯跋一篇，見贅稿。

10 茸附治疽漏

時康祖病心痔二十年，用聖惠方治腰痛者鹿茸、附子服之，月餘而愈，夷堅己志書其事。予每與醫言，輒云：「癰疽之發，蘊熱之極也，烏有翻使熱藥之理！」福州醫郭晉卿云：「脉陷則害漏，陷者冷也，若氣血温煖，則漏自止，正用得茸、附。」案，内經素問生氣通天論曰：「陷脉爲瘻，留連肉腠。」注云：「陷脉謂寒氣陷缺其脉也，積寒留舍，經血稽凝，久瘀内攻，結於肉理，故發爲瘍瘻，肉腠相連。」此説可謂明白，故復記於此，庶幾或有助於瘍醫云。

11 莆田荔枝

莆田荔枝，名品皆出天成，雖以其核種之，終與其本不相類。宋香之後無宋香，所存者孫枝爾。陳紫之後無陳紫，過墻，則爲小陳紫矣。筆談謂焦核荔子，土人能爲之，取本木，去其大根，火燔令焦，復植於土，以石壓之，令勿生旁根〔四〕，其核自小。里人謂不然，此果形狀，變態百出，不可以理求，或似龍牙，或類鳳爪，釵頭紅之可簪，緑珠子之旁綴，是豈人力所能加哉！初，方氏有樹，結實數千顆，欲重其名，以二百顆送蔡忠惠公，紿以常歲所産止此，公爲目之曰「方家紅」，著之於譜，印證其妄。自後華實雖極繁茂，逮至成熟，所存者未嘗越二百，遂成語讖。此段已載遯齋閑覽中，郡士黄處權復志其詳如此。

12 雙陸不勝

新唐書狄仁傑傳，武后召問：「夢雙陸不勝，何也？」仁傑與王方慶俱在，二人同辭對曰：「雙陸不勝，無子也。天其意者以儆陛下乎！」於是召還廬陵王。舊史不載，資治通鑑但書鸚鵡折翼一事。而考異云：「雙陸之説，世傳狄梁公傳有之，以爲李邕所作，而其詞多鄙誕，疑非本書，故黜不取。」藝文志有李繁大唐説纂四卷，今罕得其書，予家有之，凡所紀事，率不過數十字，極爲簡要，新史大抵采用之。其忠節一門曰：「武后問石泉公王方慶曰：『朕夜夢雙陸不勝，何也？』曰：『蓋謂宮中無子，意者恐有神靈儆夫陛下。』因陳人心在唐之意，后大悟，召廬陵王，復其儲位，俾石泉公爲宮相以輔翊之。」然則新史兼采二李之説，而爲狄爲王莫能辨也。通鑑去之，似爲可惜。

13 華元入楚師

左傳，楚莊王圍宋，宋華元夜入楚師，登子反之牀，起之曰：「寡君使元以病告。」子反懼，與之盟，而退三十里。杜注曰：「兵法，因其鄉人而用之，必先知其守將左右謁者、門者之姓名，因而利道之。華元蓋用此術，得以自通。」予案前三年晉、楚邲之戰，隨武子稱楚之善曰：「軍行，右轅，左追蓐，前茅慮無，中權後勁，軍政不戒而備。」大抵言其備豫之固。今使敵人能入上將之幕而登其牀，則刺客姦人，何施不得！雖至於王所可也，豈所謂軍制乎！疑不然也。公羊傳云：「楚使子反乘堙而闚宋城，宋華元亦乘堙而出見之。」其說比左氏爲有理。

14 公羊用疊語

公羊傳書楚子圍宋，宋人及楚人平事，幾四百字。其稱「司馬子反」者八，又再曰「將去而歸爾」，「然後而師爾」，「然後歸爾」，「臣請歸爾」，「吾亦從子而歸爾」。又三書「軍有七日之糧爾」，凡九用「爾」字，然不覺其煩。

15 文書誤一字

文書一字之誤，有絶係利害者，予親經其三焉，至今思之，猶爲汗下。乾道二年冬，蒙恩召還，過三衢，郡守何德輔問奏對用幾劄，因出草稿示之，其一乞蠲減鄱陽歲貢誕節金千兩事，言此頁不知起於何時，或云藝祖初下江南，郡庫適有金，守臣取以獻長春節，遂爲故事。誤書「長春」爲「萬春」，乃金主褒節名也。德輔讀之，指以相告，予悚然面發赤，亟改之。三年，以侍講講毛詩，作發題，引孔子於論語中説詩處云：「不學詩無以言。」誤書「言」爲「立」，已寫進讀正本，經筵吏袁顯忠曰：「恐是言字。」予愧謝之。淳熙十三年在翰苑，作賜安南國曆日詔云：「兹履夏正，載頒漢朔。」書「夏正」爲「周正」，院吏以呈宰執，周益公見而摘其誤，吏還以告，蓋語順意同，一時不自覺也。

16　歷代史本末

古者世有史官，其著見於今，則自堯、舜二典。始，周之諸侯，各有國史，孔子因魯史記而作春秋，左氏爲之傳，鄭志、宋志、晉齊太史、南史氏之事皆見焉。更纂異同以爲國語。漢司馬談自以其先周室之太史，有述作之意，傳其子遷，紬金鐀石室之書，罔羅天下放失舊聞，述黄帝以來至于元狩，馳騁古今，上下數千載間，變編年之體爲十二本紀、十表、八書、三十世家、七十列傳，凡百三十篇。而十篇有録無書，元、成之間，褚先生補缺，作武帝紀、三王世家、龜策、日者列傳，張晏以爲言辭鄙陋，今雜於書中。而藝文志有馮商續太史公七篇，則泯没不見。司馬之書既出，後世雖有作者，不能少紊其規制。班彪、固父子，以爲漢紹堯運建帝業，而六世史臣，追述功德，私作本紀，編於百王之末，厠於秦、項之列。故探纂前紀，綴輯舊聞，以述漢書，起元高祖，終于王莽之誅，大抵仍司馬氏，第更八書爲十志，而無世家，凡百卷。固死，其書未能全，女弟昭續成之，是爲前漢書。荀悦漢紀則續所論著者也。後漢之事，初命儒臣著述於東觀，謂之漢記。其後有袁宏紀，張璠、薛瑩、謝承、華嶠、袁山松、劉義慶、謝沈皆有書。宋范曄删采爲十紀、八十列傳，是爲後漢書，而張璠以下諸家盡廢，其志則劉昭所補也。三國雜史至多，有王沈魏書、元行沖魏典、魚豢典略、張勃吴録、韋昭吴書、孫盛魏春秋、司馬彪九州春秋、丘悦三國典略、員半千三國春秋、虞溥江表傳，今唯以陳壽書爲定，是爲三國志。晉書則有王隱、虞預、謝靈運、臧榮緒、孫綽、干寶諸家，唐太宗詔房喬、褚遂良等修定，爲百三十卷。以四論太宗所作，故總名之曰「御撰」，是爲晉書，至今用之。南北兩朝各四代，而僭僞之國十數，其書尤多，如徐爰、孫嚴、王智深、顧野王、魏澹、張大素、李德林之正史，皆不傳。今之存者，沈約宋書、蕭子顯齊書、姚思廉梁陳書、魏收魏書、李百藥北齊書、令狐德棻周書、魏鄭公隋書。其它國則有和包漢趙紀、田融趙石記、范亨燕書、王景暉南燕録、高閭燕志、劉昞涼書、裴景仁秦記、崔鴻十六國春秋、蕭方武敏之三十國春秋。李大師、延壽父子悉取爲南史八十卷，北史百卷。今沈約以下八史雖存，而李氏之書獨行，是爲南北史。唐自高祖至于武宗，有實録，後唐脩爲書，劉昫所上者是已，而猥釀無統。國朝慶曆中，復詔刊脩，歷十七年而成，歐陽文忠公主紀、表、志，宋景文公主傳，今行於世。梁、唐、晉、漢、周，謂之五代，國初監脩國史薛居正提舉上之。其後，歐陽芠爲新書，故唐書、五代史各有舊、新之目。凡十七代，本末如此，稚兒數以爲問，故詳記之。

17 賢者一言解疑謗

賢者以單詞片言，爲人釋謗解患，卓卓可書者，予得兩事焉。秦氏當國時，先忠宣公、鄭亨仲資政、胡明仲侍郎、朱新仲舍人皆在謫籍，分置廣東。方務德爲經略帥，待之盡禮。秦對一客言曰：「方滋在廣部，凡得罪於朝廷者，必加意護結，得非欲爲異日地乎？」客曰：「非公相有云，不敢輒言。方滋之爲人，天性長者，凡於人唯以周旋爲志，非獨於遷客然也。」秦悟曰：「方務德却是箇周旋底人。」其疑遂釋。當時使一憸巧者承其問，微肆一語，方必得罪，而諸公不得安迹矣。言之者可謂大君子，當求之古人中。嚴陵王大卞赴曲江守，過南安，謁張先生子韶，從容言：「大卞頃在檢院，以羅彥濟中丞章去國，其後彥濟自吏書出守嚴，遂遷避于蘭溪。彥濟到郡，遺書相邀曰：『與君有同年之契，何爲爾？』不得已，復還。既見，密語云：『前此臺評，乃朱新仲所作，託造物之意以相授，一時失於審思，至今爲悔。』此事既往，今適守韶，而朱在彼，邂逅有弗愜，爲之柰何！」張揣其必將修怨，即云：「國光爲君子，爲小人，皆在此舉〔五〕。」王悚然曰：「謹受教。」至則降意彌縫，終二年，不見分毫形迹，蓋本自相善也。予曩侍張公，坐聞其言，故追紀之。

校勘記

〔一〕前後藝文志載之　「後」疑爲「漢」之誤。按，後漢書無藝文志。以下所云「漢興張良韓信序次兵法」云云三十四字，即見漢書卷三十藝文志。今姑仍其舊。

〔二〕郭茂倩編次樂府詩穆護歌一篇　「歌」原作「砂」，據李本、馬本改。

〔三〕限以一月　「一」原脱，據李本、馬本補。

〔四〕復植於土以石壓之令勿生旁根　「根」原作「枝」，據馬本、祠本改。按，夢溪筆談卷二十四作「根」。

〔五〕國光爲君子爲小人皆在此舉　庫本、祠本「光」作「先」。

容齋四筆卷九十六則

1　蔣魏公逸史

蔣魏公逸史二十卷，穎叔所著也，多紀當時典章文物。云舊有數百册，兵火間盡失之，其曾孫芾始攟摭遺藁而成此書，將以奏御，以其副上之太史，且板行之，傳之天下後世，既而不果。蔣公在熙寧、元祐、崇寧時，名爲博聞强識，然閲其論述，頗有可議，恨不及丞相在日與之言。

其一云：「行、守、試，視其官品之高下，除者必帶本官。呂晦叔除守司空而不帶金紫光禄大夫者，此翰林之失也。既不帶官，不當著『守』字，故晦叔辨之，遂去『守』字，爲正司空，議者謂超過特進、東宫三太、儀同矣。」予謂行、守、試必帶正官，固也。然自改官制以後，既爲司空，自不應復帶階官。呂從金紫遷，只是超特進一級耳，東宫三太，何嘗以爲宰相官？儀同又係使相也。呂亦無自辨之説。

其二云：「文潞公既爲真太師矣，其罷也，乃加『守』字，潞公怏怏，諸公欲爲去之，議者謂非典故，潞公之意，止欲以真太師致仕耳。諸公曰：『如此可乎？』曰：『不可。爲真太師則在宰相之上。』竟不去『守』字，但出劄子，令權去之。」案，潞公本以開府儀同三司守太師、河東節度使致仕，入爲平章軍國重事，故繫銜只云太師。及再致仕，悉還舊稱，當時有旨於制詞内除去「守」字，以嘗正任太師也。所謂劄子權去，恐或不然。

其三云：「舊制，執政雙轉，謂自工部侍郎轉刑部，刑部轉兵部，兵部轉工部尚書。惟宰相對轉，工部侍郎直轉工書，比執政三遷也。」予考舊制，執政轉官，與學士等。六侍郎則升兩曹，以工、禮、刑、户、兵、吏爲叙，至兵侍者轉右丞，至吏侍者轉左丞，皆轉工書，然後細遷。今言兵侍即轉工書，非也。宰相爲侍郎者，升三曹，爲尚書者，雙轉。如工侍轉户侍，禮侍轉兵侍，若係户侍，當改二丞，而宰相故事不歷丞，故直遷尚書。今言工侍對轉工書，非也。

其四云：「楊察爲翰林學士，一夜當三制，劉沆以參知政事，富弼以宣徽使，皆除宰相。宣徽在參政下，則富當在劉下，乃誤以居上，人皆不覺其失，惟學士李淑知之，揚言其事，遂貼麻改之。」予考國史，至和元年八月，劉沆以參知政事拜集賢相。二年六月，以忠武軍節度使知永興軍文彦博爲昭文相，位第一，劉沆遷史館相，位第二，宣徽南院使判并州富弼爲集賢相，位第三，其夕三制是已。而劉先一年已在相位，初無失誤貼改之説。

其五云：「有四儀同，一曰開府儀同三司，二曰儀同三司，三曰左儀同三司，四曰右儀同三司。」案自漢鄧騭始爲儀同三司，魏、晉以降，但有開府儀同三司之目，周、隋又增上字爲一階，又改儀同三司爲儀同大將軍，又有開府、上開府、儀同、上儀同，班列益卑，未嘗有左右之稱也。後進不當輒議前輩，因孫偓有問，書以示之。

2 沈慶之曹景宗詩

宋孝武嘗令羣臣賦詩，沈慶之手不知書，每恨眼不識字，上逼令作詩，慶之曰：「臣不知書，請口授師伯。」上即令顏師伯執筆，慶之口授之，曰：「微生遇多幸，得逢時運昌。朽老筋力盡，徒步還南岡。辭榮此聖世，何愧張子房。」上甚悦，衆坐並稱其辭意之美。梁曹景宗破魏軍還，振旅凱入，武帝宴飲連句，令沈約賦韻，景宗不得韻，意色不平，啓求賦詩。帝曰：「卿伎能甚多，人才英拔，何必止在一詩！」景宗已醉，求作不已。時韻已盡，唯餘競、病二字。景宗便操筆，其辭曰：「去時兒女悲，歸來笳鼓競。借問行路人，何如霍去病！」帝歎不已，約及朝賢驚嗟竟日，予謂沈、曹二公，未必能辦此，疑好事者爲之，然正可爲一佳對，曰：「辭榮聖世，何愧子房；借問路人，何如去病。」若全用後兩句，亦自的切。

3 藍尾酒

白樂天元日對酒詩云：「三盃藍尾酒，一楪膠牙餳。」又云：「老過占他藍尾酒，病餘收得到頭身。」「歲盞後推藍尾酒，春盤先勸膠牙餳。」荆楚歲時記云：「膠牙者，取其堅固如膠也。」而藍尾之義，殊不可曉。河東記載申屠澄與路傍茅舍中老父、嫗及處女環火而坐，嫗自外挈酒壺至，曰：「以君冒寒，且進一盃。」澄因揖，遜曰：「始自主人翁，即巡澄，當婪尾。」蓋以藍爲婪，當婪尾者，謂最在後飲也。葉少藴石林燕語云：「唐人言藍尾多不同，藍字多作啉，出於侯白酒律，謂酒巡匝，末坐者連飲三盃，爲藍尾，蓋末坐遠，酒行到常遲，故連飲以慰之，以啉爲貪婪之意。或謂啉爲燣，如鐵入火，貴其出色，此尤無稽。則唐人自不能曉此義。」葉之説如此。予謂不然，白公三盃之句，只爲酒之巡數耳，安有連飲者哉！侯白滑稽之語，見於啓顔録。唐藝文志，白有啓顔録十卷，雜語五卷，不聞有酒律之書也。蘇鶚演義亦引其説。

4 歐陽公辭官

歐陽公自亳州除兵部尚書知青州，辭免至四，云：「恩典超優，遷轉頗數。臣近自去春，由吏部侍郎轉左丞，未踰兩月，又超轉三資，除刑部尚書，今纔踰歲，又超轉兩資，尚書六曹，一歲之間，超轉其五。」累降詔不從其請。此是熙寧元年未改官制時，今人多不能曉。蓋昔者左右丞在尚書下，所謂左丞超三資除刑書者，謂歷工、禮乃至刑也。下云又超兩資者，謂歷户部乃至兵也。其上唯有吏部，故言尚書六曹超轉其五云。

5 南北語音不同

南北語音之異，至於不能相通，故器物花木之屬，雖人所常用，固有不識者。如毛、鄭釋詩，以梅爲柟，竹爲王芻，蔞爲翹翹之草是已。顏師古注漢書亦然。淮南王安諫武帝伐越書曰：「輿轎而隃領。」服虔曰：「轎音橋，謂隘道輿車也。」臣瓚曰：「今竹輿車也，江表作竹輿以行。」項昭曰：「陵絶水曰轎，音旗廟反。」師古曰：「服音、瓚説是也，項氏謬矣。此直言以轎過領耳，何云陵絶水乎！旗廟之音，無所依據。」又武帝紀：「戈船將軍。」張晏曰：「越人於水中負人船，又有蛟龍之害，故置戈於船下，因以爲名。」瓚曰：「伍子胥書有戈船，以載干戈，因謂之戈船也。」師古曰：「以樓船之例言之，則非爲載干戈也。此蓋船下安戈戟以禦蛟鼉水蟲之害。張説近之。」二説皆爲三劉所破，云：「今南方竹輿，正作旗廟音，項亦未爲全非。顏乃西北人，隨其方言，遂音橋。」又云：「船下安戈戟，既難厝置，又不可以行。且今造舟船甚多，未嘗有置戈者，顏北人，不知行船，項説是也。」予謂項音轎字是也，而云陵絶水則謬，故劉公以爲未可全非。張晏云「越人於水中負船」，尤可笑。

6 南舟北帳

頃在豫章，遇一遼州僧於上藍，與之閑談，曰：「南人不信北方有千人之帳，北人不信南人有萬斛之舟，蓋土俗然也。」法苑珠林云：「山中人不信有魚大如木，海上人不信有木大如魚。胡人見錦，不信有蟲食樹吐絲所成。吳人身在江南，不信有千人氈帳，及來河北，不信有二萬碩船。」遼僧之談合於此。

7 魏冉罪大

自漢以來，議者謂秦之亡，由商鞅、李斯。鞅更變法令，使民不見德，斯焚燒詩書，欲人不知古，其事固然。予觀秦所以得罪於天下後世，皆自挾詐失信故耳。其始也，以商於六百里啖楚絶齊，繼約楚懷王入武關，辱爲藩臣，竟留之至死。及其喪歸，楚人皆憐之，如悲親戚。諸侯由是不直秦，未及百年，「三户亡秦」之語遂驗。而爲此謀者，張儀、魏冉也，儀之惡不待言，而冉之計頗隱，故不爲士君子所誅。當秦武王薨，諸弟爭立，唯冉力能立昭王。冉者，昭王母宣太后之弟也。昭王少，太后自治事，任冉爲政，威震秦國，才六年而詐留楚王，又怒其立太子，復取十六城。是時，王不過十餘歲，爲此者必冉也。後冉爲范睢所間而廢逐。司馬公以爲冉援立昭王，除其災害，使諸侯稽首而事秦，秦益彊大者，冉之功也。蓋公不細考之云。又嘗請趙王會澠池，處心積慮，亦與詐楚同，賴藺相如折之，是以無所成，不然，與楚等耳。冉區區匹夫之見，徒能爲秦一時之功，而詒秦不義不信之名萬世不滅者，冉之罪誠大矣。

8 辨秦少游義倡

夷堅己志載潭州義倡事，謂秦少游南遷過潭與之往來，後倡竟爲秦死。常州教授鍾將之得其説於李結次山，爲作傳。予反復思之，定無此事，當時失於審訂，然悔之不及矣。秦將赴杭倅時，有妾邊朝華，既而以妨其學道，割愛去之，未幾罹黨禍，豈復眷戀一倡女哉！予記國史所書温益知潭州，當紹聖中，逐臣在其巡内，若范忠宣、劉仲馮、韓川原伯、吕希純子進、吕陶元鈞皆爲所侵困。鄒公南遷過潭，暮投宿村寺，益即時遣州都監將數卒夜出城，逼使登舟，竟凌風絶江去，幾於覆舟。以是觀之，豈肯容少游款昵累日！此不待辨而明，己志之失著矣。

9 姓源韻譜

姓氏之書，大抵多謬誤。如唐貞觀氏族志，今已亡其本。元和姓纂，誕妄最多。國朝所修姓源韻譜，又爲可笑[一]。姑以洪氏一項考之，云：「五代時有洪昌、洪杲[二]，皆爲參知政事。」予案二人乃五代南漢僭主劉龑之子，及晟嗣位，用爲知政事，其兄弟本連「弘」字，以本朝國諱，故五代史追改之，元非姓洪氏也。此與洪慶善序丹陽弘氏，云「有弘憲者，元和四年嘗跋輞川圖」，不知弘憲乃李吉甫之字耳。其誤正同。三筆已載此說。

10 譽人過實

稱譽人過實，最爲作文章者之疵病，班孟堅尚不能免。如薦謝夷吾一書，予蓋論之於三筆矣。柳子厚復杜温夫書云：「三辱生書，書皆逾千言，抵吾必曰周、孔，周、孔安可當也！語人必於其倫。生來柳州，見一刺史即周、孔之，今而去我，道連而謁於潮，又得二周、孔。去之京師，京師顯人，爲文詞立聲名以千數，又宜得周、孔千百。何吾生胸中擾擾焉多周、孔哉！」是時，劉夢得在連，韓退之在潮，故子厚云然。此文人人能誦，然今之好爲諛者，固自若也。予表出之，以爲子孫戒。張說賀魏元忠衣紫曰：「公居伊、周之任。」即爲二張所讒，幾於隕命。此但形於語言之間耳。

11　作文句法

作文旨意句法，固有規倣前人，而音節鏘亮不嫌於同者。如前漢書贊云：「豎牛奔仲叔孫卒，郈伯毁季昭公逐，費忌納女楚建走，宰嚭譖胥夫差喪，李園進妹春申斃，上官訴屈懷王執，趙高敗斯二世縊，伊戾坎盟宋痤死，江充造蠱太子殺，息夫作姦東平誅。」新唐書効之，云：「三宰嘯凶牝奪辰，林甫將蕃黄屋奔，鬼質敗謀興元蹙，崔、柳倒持李宗覆。」劉夢得因論儆舟篇云：「越子膝行吴君忽，晉宣尸居魏臣怠，白公厲劍子西哂，李園養士春申易。」亦効班史語也。然其模範，本自荀子成相篇。

12　書簡循習

近代士人，相承於書尺語言，浸涉奇猥，雖有賢識，不能自改。如小簡問委，自言所在，必求新異之名。予守贛時，屬縣興國宰詒書云：「瀲水有驅策，乞疏下。」瀲水者，彼邑一水耳，郡中未嘗知此，不足以爲工，當言下邑、屬邑足矣。爲縣丞者，無不采藍田壁記語，云「負丞某處」，「哦松無補」，「涉筆承乏」，皆厭爛陳言。至稱丞曰「藍田」，殊爲可笑。初赴州郡，與人書，必言「前政頽靡，倉庫匱乏，未知所以善後」，沿習一律。正使真如所陳，讀者亦不之信。予到當塗日，謝執政書云：「郡雖小而事簡，庫錢倉粟，自可枝梧，得坐嘯道院，誠爲至幸。」周益公答云：「從前得外郡太守書，未有不以窘冗爲詞，獨創見來緘如此。」蓋覺其與它異也。此兩者，皆狃熟成俗，故紀述以戒子弟輩。

13　健訟之誤

破句讀書之誤，根著于人，殆不可復正。在易彖之下，先釋卦義，然後承以本名者凡八卦。蒙卦曰：「蒙，山下有險，險而止，蒙」，以「止」字爲句絶，乃及於「蒙」，始係以「蒙亨，以亨行」。訟卦曰：「訟，上剛下險，險而健，訟」，以「健」字爲句絶，乃及於「訟」，始係以「訟有孚」。豫卦「剛應而志行，順以動，豫」，隨卦「剛來而下柔，動而説，隨」，蠱卦「剛上而柔下，巽而止，蠱」，恒卦「巽而動，剛柔皆應，恒」，解卦「解，險以動，動而免乎險，解」，井卦「巽乎水而上水，井」，皆是卦名之上爲句絶。而童蒙入學之初，其師點句，輒混於上，遂以「健訟」相連，此下「説隨」二字，尚爲有説，若「止蒙」、「動豫」之類，將如之何！凡謂頑民好訟者曰「嚚訟」，曰「終訟」可也。黄魯直江西道院賦云「細民險而健，以終訟爲能，筠獨不嚚於訟」是已。同人卦：「柔得中而應乎乾曰同人，同人曰，同人于野，亨。」據其文義，正與諸卦同，但多下一「日」字，王弼以爲「乾之所行，故特曰『同人曰』」，程伊川以爲衍三字，恐不然也。

14 用史語之失

今之牽引史語者，亦未免有失。張釋之言便宜事，文帝曰：「卑之，毋甚高論，令今可行也。」遂言秦、漢之間事，帝稱善。顔師古云：「令其議論依附時事。」予謂不欲使爲甚高難行之論，故令少卑之爾。而今之語者，直以言議不足采爲「無甚高論」。又，文帝問上林令禽獸簿，不能對，虎圈嗇夫從旁代對。帝曰：「吏不當如此邪？」薛廣德諫元帝御樓船，曰：「宜從橋，且有血汙車輪之許。」張猛曰：「乘船危，就橋安。」上曰：「曉人不當如是邪？」師古謂：「諫爭之言，當如猛之詳婉也。」案，兩帝之語，皆是褒嘉之詞，猶云「獨不當如是乎」，今乃指人引喻非理或直述其私曰「曉人不當如是」。又，韓公送諸葛覺往隨州讀書詩云：「鄴侯家多書，插架三萬軸。一一懸牙籤，新若手未觸。爲人强記覽，過眼不再讀。偉哉群聖文，磊落載其腹。」鄴侯蓋謂李繁，時爲隨州刺史，藏書既多，且記性警敏，故籤軸嚴整如是耳。今人或指言雖名爲收書而未嘗過目者，輒曰「新若手未觸」，亦非也。

15 文字書簡謹日

作文字紀月日，當以實言，若拘拘然必以節序，則爲牽强，乃似麻沙書坊桃源居士輩所跋耳。至於往還書問，不可不繫日，而性率者，一切不書。予有婿生子，遣報云：「今日巳時得一子。」更不知爲何時。或又失之好奇。外姻孫鼎臣，每致書必題其後曰「某節」，至云「小暑前一日」、「驚蟄前兩日」之類。文惠公常笑云：「看孫鼎臣書，須著置曆日於案上。」蓋自元正、人日、三元、上巳、中秋、端午、七夕、重九、除夕外，雖寒食、冬至，亦當謹識之，況於小小氣候！後生宜戒。

16 更衣

雅志堂後小室，名之曰「更衣」，以爲姻賓憩息地。稚子數請所出，因録班史語示之。灌夫傳「坐乃起更衣」，顔注：「更，改也。凡久坐者，皆起更衣，以其寒煖或變也。」「田延年起至更衣」顔注：「古者延賓，必有更衣之處。」衛皇后傳：「帝起更衣，子夫侍尚衣。」

校勘記

〔一〕元和姓纂誕妄最多國朝所修姓源韻譜又爲可笑　李本「又」後有「大」字，庫本、祠本「又」作「尤」。

〔二〕洪杲　「杲」原作「果」，誤刊，據李本、庫本、祠本改。

容齋四筆卷十 十七則

1 過所

刑統衛禁律云：「不應度關而給過所，若冒名請過所而度者。」又云：「以過所與人。」又，關津疏議：「關謂判過所之處，津直度人，不判過所。」釋名曰：「過所，至關津以示之。」或曰：「傳，傳轉也，轉移所在，識以爲信。」漢文帝十二年「除關無用傳」，張晏曰：「傳，信也，若今過所也。」「兩行書繒帛，分持其一，出入關，合之乃得過，謂之傳也。」魏志：倉慈爲敦煌太守，西域雜胡欲詣洛者，爲封過所。廷尉決事曰：「廣平趙禮詣雒治病，門人賫過所詣洛陽，責禮冒名渡津，受一歲半刑。」徐鉉稽神録：「道士張謹好符法，客游華陰，得二奴曰德兒、歸寶，謹願可憑信。張東行，凡書囊、符法、過所、衣服，皆付歸寶負之。將及關，二奴忽不見，所賫之物皆失之矣。時秦、隴用兵，關禁嚴急，客行無驗，皆見刑戮，既不敢東度，復還主人，乃見二兒，因擲過所還之。」然過所二字，讀者多不曉，蓋若今時公憑引據之類，故裒其事于此。

2 露布

用兵獲勝，則上其功狀於朝，謂之露布。今博學宏詞科以爲一題，雖自魏、晉以來有之，然竟不知所出，唯劉勰文心雕龍云：「露布者，蓋露板不封，布諸觀聽也。」唐莊宗爲晉王時，擒滅劉守光，命掌書記王緘草露布，緘不知故事，書之於布，遣人曳之，爲議者所笑。然亦有所從來。魏高祖南伐，長史韓顯宗與齊戍將力戰，斬其裨將。高祖曰：「卿何爲不作露布？」對曰：「頃聞將軍王肅獲賊二三人，驢馬數匹，皆爲露布，私每哂之。近雖得摧醜虜，擒斬不多，脱復高曳長縑，虚張功捷，尤而効之，其罪彌甚，臣所以斂毫卷帛，解上而已。」以是而言，則用絹高懸久矣。

3 東坡題潭帖

潭州石刻法帖十卷，蓋錢希白所鐫，最爲善本。吾鄉程欽之待制，以元符三年帥桂林，東坡自儋耳移合浦，得觀其藏帖，每册各題其末。第二卷云：「唐太宗作詩至多，亦有徐庾風氣，而世不傳，獨於初學記時時見之。」第四卷云：「吴道子始見張僧繇畫，曰：『浪得名耳！』已而坐卧其下，三日不能去。庾征西初不服逸少，有家雞野鶩之論，後乃以爲伯英再生。今觀其書，乃不逮子敬遠甚，正可比羊欣耳。」第六卷云：「『宰相安和，殷生無恙。』宰相當是簡文帝，殷生則淵源也邪？」第八卷云：「希白作字，自有江左風味，故長沙法帖比淳化待詔所摹爲勝，世俗不察，爭訪閣下本，誤矣。此逸少一卷，尤妙。庚辰七夕，合浦官舍借觀。」第九卷云：「謝安問獻之：『君書何如尊公？』答曰：『故自不同。』安曰：『外人不爾。』曰：『人那得知！』」已上所書，今麻沙所刊大全集志林中或有之。案，庾亮及弟翼俱爲征西將軍，坡所引者翼也。坡又有詩曰：「暮年却得庾安西，自厭家雞題六紙。」蓋指翼前所歷官云。此帖今藏予家。

4 山公啓事

晉書山濤傳：「濤再居選職，十有餘年，每一官缺，輒啓擬數人，詔旨有所向，然後顯奏，隨帝意所欲爲先。故帝之所用，或非舉首，衆情不察，以濤輕重任意。或譖之於帝，濤行之自若。一年之後，衆情乃寢。濤所奏甄拔人物，各爲題目，時稱山公啓事。」此語今多引用，然不得其式，法帖中乃有之，云：「侍中、尚書僕射、奉車都尉、新沓伯臣濤言：『臣近啓崔諒〔一〕、史曜、陳准可補吏部郎，詔書可爾。此三人皆衆所稱，諒尤質正少華，可以崇教，雖大化未可倉卒，風尚所勸，爲益者多。臣以爲宜先用諒。謹隨事以聞。』」觀此一帖，可以槩見。然所啓三人，後亦無聞，既云皆衆所稱，當不碌碌也。舊潭帖爲識者稱許，以爲賢於他本，然於此奏「未可倉卒」之下乃云「風筆惻然」，全無意義。今所録者，臨江本也。

5　親王回庶官書

隨筆中載親王與侍從往還禮數，又得錢丕行年雜紀云：「昇王受恩命，丕是時爲將作少監，亦投賀狀，王降回書簽子啓頭。繼爲皇太子，三司判官並通牓子，詣内東門參賀。通入後，中貴出傳令旨傳語。及受册寶訖，百官班賀，又赴東宮賀，宰相親王階下班定，太子降階，宰相前拜，致詞訖，又拜。太子皆答拜，亦致詞叙謝。」一時之儀如此。

6　責降考試官

天禧二年九月，勑差屯田員外郎判度支計院任布、著作郎直史館徐奭、太子中允直集賢院麻温其並充開封府發解官。十月，差兵部員外郎直集賢院楊侃、太子中允直集賢院丁度並國子監發解官。十一月，解一百四人，解元郭稹。十六日，宣翰林學士錢惟演、盛度，樞密直學士王晦叔，龍圖閣待制李虚己、李行簡，覆考開封舉人，爲落解舉人有訟不平者。及奏名，郭稹依舊，其餘覆落并却考上人數甚多。十二月，發解官並降差遣，任布鄧州，徐奭洪州，楊侃江州，丁度齊州，並監税。此事見於錢丕雜紀。用五待從覆考解試，前後未之有也。

7 青蓮居士

李太白贈玉泉仙人掌茶詩序云：「荆州玉泉寺近清溪諸山，往往有乳窟。其水邊處處有茗草羅生，枝葉如碧玉，唯玉泉真公常采而飲之。余遊金陵，見宗僧中孚，示予茶數十片，其狀如手，名爲仙人掌茶，蓋新出乎玉泉之山，曠古未覿，因持之見遺，兼贈詩，要予答之，遂有此作。後之高僧大隱，知仙人掌茶發乎中孚禪子及青蓮居士李白也。」太白之稱，但有謫仙人爾，「青蓮居士」，獨於此見之，文人未嘗引用。而仙人掌茶，今池州九華山中亦頗有之，其狀略如蕨拳也。

8 閩俗詭祕殺人

姦凶之民，恃富逞力，處心積慮，果於殺人。然揆之以法，蓋有勑律所不曾登載，善治惡者，當原情定罪，必致其誅可也。閩中習俗尤甚，每執縛其仇，窮肆殘虐。或以酒調鋸屑，逼之使飲，欲其粘着肺腑，不能傳化，馴致痰渴之疾。或炒沙鎔蠟灌注耳中，令其聾聵。

或以濕薦束體，布裹卵石，痛加毆箠，而外無痕傷。或按擦其肩背，使皮膚寬皺，乃施針刺入肩井，不可復出。或以小釣鈎藏於鰍魚之腹，强使吞之，攻鑽五臟，久而必死。凡此衆者〔三〕，類非一端，既痕腫不露於外，檢驗不得而見情犯，巨蠹功意兩惡而法所不言。顏度魯子爲轉運使，嘗揭榜禁約。予守建寧，亦窮治一兩事，吴、楚間士大夫宦游於彼者，不可不察也。

9　富公遷官

富韓公慶曆二年，以右正言知制誥報聘契丹，還，除吏部郎中、樞密直學士，不受。尋除翰林學士，又不受。三年，除右諫議大夫、樞密副使，力辭。乃改資政殿學士，而諫議如初，公受之。又五月，復爲副樞。蓋昔時除目才下，即時命詞給告，及其改命，但不拜執政，而猶得所進官。用今日官制言之，是承議郎、舊爲正言。中書舍人舊知制誥。而爲太中大夫、舊爲諫議。資政殿學士也。

10　唐藩鎮行墨敕

池州銅陵縣孚貺侯廟有唐中和二年二月一碑。其詞云：「敕宣、歙、池等州都團練、觀察使牒。當道先準詔旨，許行墨勑授管内諸州有功刺史、大將等，憲官具件如後：晉朝故晉陽太守兼揚州長史張寬牒。奉處分，當道先準詔旨，許行墨勑，獎勸功勳，雖幽顯不同，而褒昇一致。神久標奇紀，早揖英風，靈跡屢彰，神逵不昧。夫寵贈之典，非列藩宜爲，神功既昭，乃軍都顒請，是行權制，用副人心。謹議褒贈游擊將軍宣州都督。」後云：「使、檢校工部尚書兼御史大夫裴押。」邑人以爲裴休，秋浦志亦然。予考之，非也。張魏公宣撫川、陜，便宜封爵諸神，實本諸此。

11 吏部循資格

唐開元十八年四月，以侍中裴光庭兼吏部尚書。先是，選司注官，惟視其人之能否，或不次超遷。或老於下位，有出身二十餘年不得禄者。又州縣亦無等級，或自大入小，或初近後遠，皆無定制。光庭始奏用循資格，各以罷官若干選而集，官高者選少，卑者選多，無問能否，選滿則注，限年躡級，毋得踰越，非負譴者皆有陞無降。其庸愚沉滯者皆喜，謂之聖書，而材俊之士，無不怨嘆，宋璟爭之，不能得。二十一年，光庭薨，博士孫琬議光庭用循資格，失勸獎之道，請謚曰「克」。是年六月，制自今選人有才業操行，委吏部臨時擢用。雖有此制，而有司以循資格便於己，猶踵行之。蓋今日吏部四選，乃其法也。予案元魏肅宗神龜二年，官員既少，應選者多，尚書李韶銓注不行，大致怨嗟。崔亮代之，奏爲格制，不問士之賢愚，專以停解月日爲斷，沉滯者皆稱其能。亮甥劉景安與書曰：「商、周以鄉塾貢士，兩漢由州郡薦材，魏、晉中正，雖未盡美，應什收六七。而朝廷貢材，止求其文，不取其理，察孝廉唯論章句，不及治道，立中正不考材行，空辨姓氏。舅屬當銓衡，宜須改張易調，反爲停年格以限之，天下士子，誰復脩厲名行哉！」洛陽令薛琡上書言：「黎元命繫長吏，若選曹惟取年勞，不簡能否，義均行鴈，次若貫魚，執簿呼名，一人足矣，數人而用，何謂銓衡！乞令王公貴人薦賢以補郡縣。」詔公卿議之。其後，甄琛等繼亮，利其便己，踵而行之。魏之選舉失人，自亮始也。至孝靜帝元象二年，以高澄攝吏部尚書，始改亮年勞之制，銓擢賢能，當是自此一變。光庭又祖亮故智云。然後人罕有談亮、澄事者。

12　五行納音

六十甲子納音之説，術家多不能曉。原其所以得名，皆從五音所生，有條不紊，端如貫珠。蓋甲子爲首，而五音始於宫，宫土生金，故甲子爲金，而乙丑以陰從陽，商金生水，故丙子爲水，而丁丑從之。角木生火，故戊子爲火。徵火生土，故庚子爲土。羽水生木，故壬子爲木。而己丑、辛丑、癸丑各從之。至於甲寅，則納音起於商。商金生水，故甲寅爲水。角木生火，故丙寅爲火。徵火生土，故戊寅爲土。羽水生木，故庚寅爲木。宮土生金，故壬寅爲金。而五卯各從之。至甲辰，則納音起於角，角木生火，故甲辰爲火。徵火生土，故丙辰爲土。羽水生木，故戊辰爲木。宮土生金，故庚辰爲金。商金生水，故壬辰爲水。而五巳各從之。宮、商、角既然，惟徵、羽不得居首。於是甲午復如甲子，甲申如甲寅，甲戌如甲辰，而五未、五酉、五亥，亦各從其類。

13 五行化真

五行運化，如甲、己化真土之類，若推求其義，無從可得，蓋只以五虎元所生命之。如「甲己之年丙作首」，謂丙寅月建也，丙屬火，火生土，故甲、己化真土。「乙、庚之歲戊爲頭」，謂戊寅月建也，戊屬土，土生金，故乙、庚化真金。「丙、辛寄向庚寅去」，庚屬金，金生水，故丙、辛化真水〔三〕。「丁、壬壬位順行流」，壬屬水，水生木，故丁、壬化真木。「戊、癸但向甲寅求」，甲屬木，木生火，故戊、癸化真火。此二説皆得之莆田鄭景實。頃在館中，見魏幾道談五行納音，亦然。

14　錢忠懿判語

王順伯家有錢忠懿一判語，其狀云：「臣贊寧。右臣伏奉宣旨撰文疏，今進呈，乞給下，取設齋日五更前上塔，臣自宣却欲重建，乞於仁政殿前夜間化却，不然便向塔前化，並取聖旨。判曰：便要吾人宣讀後，於真身塔前焚化。廿七日。」而在前花押。予謂錢氏固嘗三改元，但或言其稱帝，則否也。此狀内「進呈」、「聖旨」等語，蓋類西河之人疑子夏於夫子，故自貽僭帝之議，想它所施行皆然矣。

15　王逸少爲藝所累

王逸少在東晉時，蓋温太真、蔡謨、謝安石一等人也，直以抗懷物外，不爲人役，故功名成就，無一可言，而其操履識見，議論閎卓，當世亦少其比。公卿愛其才器，頻召不就。殷淵源輔政，勸使應命，遺之書曰：「足下出處，正與隆替對，豈可以一世之存亡，必從足下從容之適！」逸少報曰：「吾素自無廊廟，王丞相欲内吾，誓不許之，手跡猶存，由來尚矣，不於足下參政而方進退。自兒娶女嫁，便懷尚子平之志，數與親知言之，非一日也。」及殷侯將北伐，以爲必敗，貽書止之。殷敗後，復圖再舉，又遺書曰：「以區區江左，所營綜如此，天下寒心久矣。自寇亂以來，處内外之任者，疲竭根本，各從所志，意無一功可論，一事可紀。任其事者，豈得辭四海之責哉！若猶以前事爲未工，故復求之於分外，宇宙雖廣，何所自容！」又與會稽王牋曰：「今雖有可欣之會，内求諸己，而所憂乃重於所欣，以區區吴、越，經緯天下十分之九，不亡何待！願令諸軍皆還保淮，須根立勢舉，謀之未晚。」其識慮精深，如是其至，恨不見於用耳。而爲書名所蓋，後世但以翰墨稱之。晉書本贊，標爲唐太宗御撰，專頌其研精篆素，盡善盡美，至有「心慕手追」之語，略無一詞論其平生，則一藝之工，爲累大矣。獻之立志，亦似其父。謝安欲使題太極殿榜，以爲萬代寶，而難言之，試及韋仲將陵雲榜事，即正色曰：「使其若此，有以知魏德之不長。」遂不之逼。觀此一節，可以知其爲人，而亦以書名之故，没其盛德。二王尚爾，況於他人乎！

16 鄂州南樓磨崖

慶元元年，鄂州修南樓，剗土有大石露于外，奇崛可觀。郡守吴琚見而愛之，命洗剔出圭角，即而諦視，乃磨崖二碑。其一刻兩字，上曰「柳」，徑二尺四寸，筆勢清勁，下若翻書「人」字〔四〕，唯存人脚，不可復辨，或以爲符，或以爲花押，邦人至禳飾置神堂，香火供事。或云道州學側虞帝廟内亦有之，云柳君名應辰，是唐末五代時湖北人也。其一高丈一尺，闊如其高而加五寸，刻大字八十五，凡爲九行，其文曰：「乾正元年，荆襄寇亂，大吴將軍出陳武昌，詔太守楊公出鎮。」後云：「荆、江、京、漢推忠、輔國、侍衛將軍吴居中記。」案楊行密之子溥嗣吴王位，是歲，唐明宗天成二年，溥以十一月僭帝，改元乾貞，宋莒公紀年通譜書爲「乾正」，云避仁宗嫌名，通鑑亦同。而此直以爲「乾正」，一時所立，不應有誤也。

17 賞魚袋出處

隨筆書衡山唐碑别駕賞魚袋，云「名不可曉」，今按，唐職林魚帶門叙金玉銀鐵帶，及金銀魚袋。」云：「開元勑，非灼然有戰功者，餘不得輒賞魚袋。」斯明文也。

校勘記

〔一〕崔諒　清抄本原校：「崔」一作「顧」。

〔二〕凡此衆者　清抄本「衆」空格。庫本、祠本「衆」作「術」。

〔三〕故丙辛化真水　「故」原脱，據明抄本補。

〔四〕下若翻書人字　庫本、祠本「人」作「天」。

容齋四筆卷十一 十八則

1 京丞相轉官

慶元二年，朝廷奉上三宫徽稱册寶，繼又進勑令、玉牒、實録，大臣遷秩，于再于三，蓋自崇寧至于紹熙，未之有也。於是京右丞相以十月受册寶賞，由正議轉宣奉。十二月，用勑局賞，當得兩官，以一回授，一轉光禄。三年二月，用提舉玉牒實録院及禮儀使賞，有旨三項各轉兩官，辭之至四五。詔減爲四官，其半回授，其二遂轉金紫。四月之間，陟五華資，仍回授三帙。在法，宰執轉官與除拜同，故得給使恩。百二十年而入流者二十有四。邁記淳熙十四年，王左相進玉牒，并充國史禮儀使，梁右相進四朝史傳、國朝會要，并充玉牒禮儀使。詔各與轉兩官。所謂各者，指二相也。時梁公誤認爲三者各兩官，已係特進，謂如此則序進太師矣。中批只共爲兩官，復辭之，詔許回授，又辭，但令加恩，亦辭。適已罷相在經筵，訖於分毫不受，唯王公獨加恩。今日之事全相類，而又已有去冬二賞矣。有司不諳練故實，徑準昔年中旨行出，聞京公殊不自安，然無説可免，惜乎東閤賢賓客不告以十年内親的故事，以成其美。邁頃居翰苑，答王、梁諸詔，嘗上章開析論列，是以竊識其詳。

2　熙寧司農牟利

熙寧、元豐中，聚歛之臣，專務以利爲國，司農遂粥天下祠廟。官既得錢，聽民爲賈區，廟中慢侮穢踐，無所不至。南京有閼伯、微子兩廟，一歲所得不過七八千，張文定公判應天府，上言曰：「宋，王業所基也，而以火王。閼伯封於商丘，以主大火，微子爲宋始封，此二祠者獨不可得免乎〔一〕？乞以公使庫錢代其歲入。」神宗震怒，批出曰：「慢神辱國，無甚於斯。」於是天下祠廟皆得不粥。又有議前代帝王陵寢，許民請射耕墾，司農可之，唐之諸陵，因此悉見芟刈。昭陵喬木，翦伐無遺。御史中丞鄧潤甫言：「熙寧著令，本禁樵采，遇郊祀則敕吏致祭，德意可謂遠矣。小人掊克，不顧大體，使其所得不貲，猶爲不可，況至爲淺鮮者哉！願絀創議之人，而一切如故。」於是耒耕之地僅得免。二者可謂前古未有，一日萬幾，蓋無由盡知之也。

3 文與可樂府

今人但能知文與可之竹石，惟東坡公稱其詩騷，又表出「美人却扇坐，羞落庭下花」之句。予常恨不見其全，比得蜀本石室先生丹淵集，蓋其遺文也。於樂府雜詠，有秦王卷衣篇曰：「咸陽秦王家，宮闕明曉霞。丹文映碧鏤，光采相鉤加。銅螭逐銀猊，壓屋驚蟠拏。洞户鎖日月，其中光景賒。春風動珠箔，鸞額金窠斜。美人却扇坐，羞落庭下花。閑弄玉指環，輕冰扼紅牙。君王顧之笑，爲駐七寶車。自卷金縷衣，龍鸞蔚紛葩。持以贈所愛，結懽期無涯。」其語意深入騷人閫域。又有王昭君三絶句云：「絶艷生殊域，芳年入内庭。誰知金屋寵，只是信丹青。」「幾歲後宮塵，今朝絶國春。君王重恩信，不欲遺他人。」「極目胡沙滿，傷心漢月圓。一生埋没恨，長入四條絃。」令人讀之，縹縹然感槩無已也。

4 譏議遷史

大儒立言著論，要當使後人無復擬議，乃爲至當。如王氏中説謂：「陳壽有志於史，依大議而削異端，使壽不美於史，遷、固之罪也。」又曰：「史之失自遷、固始也，記繁而志寡。」王氏之意，直以壽之書過於漢、史矣，豈其然乎？元經續詩、書，猶有存者，不知能出遷、固之右乎？蘇子由作古史，謂：太史公易編年之法，爲本紀、世家、列傳，後世莫能易之，然其人淺近而不學，疎略而輕信，故因遷之舊，别爲古史。今其書固在，果能盡矯前人之失乎？指司馬子長爲淺近不學，貶之已甚，後之學者不敢謂然。

5 常何

唐太宗貞觀五年，以旱，詔文武官極言得失。時馬周客遊長安，舍於中郎將常何之家。何武人，不學，不知所言，周代之陳便宜二十餘條。上怪其能，以問何。對曰：「此非臣所能，家客馬周爲臣具草耳。」上即召周與語，甚悦，以何爲知人，賜絹三百疋。常何後亦不顯，莫知其所以進。予按李密傳，密從翟讓與張須陀戰，率驍勇常何等二十人爲游騎，遂殺須陀，常何之名蓋見於此。唐史亦采於劉仁軌行年河洛記也。

6 李密詩

李密在隋大業中，從楊玄感起兵被獲，以計得脱，變姓名爲劉智遠，教授諸生自給，鬱鬱不得志，哀吟泣下。唐史所書如此。劉仁軌行年河洛記專載密事，云：「密往來諸賊帥之間，説以舉大計，莫肯從者，因作詩言志，曰：『金風蕩初節，玉露垂晚林。此夕窮途士，鬱陶傷寸心。平野葭葦合，荒村葵藿深。眺聽良多感，徙倚獨沾襟。沾襟何所爲，悵然懷古意。秦、洛既未平，漢道將何冀。樊噲市井屠，蕭何刀筆吏。一朝逢時會，千載傳名謚。寄言世上雄，虚生真可愧。』諸將見詩漸敬之。」予意此篇，正其哀吟中所作也。

7 寺監主簿

自元豐官制行，九寺、五監各置主簿，專以掌鉤考簿書爲職，它不得預。紹聖初，韓粹彦爲光禄主簿，自言今輒預寺事，非先帝意也，請如元豐詔書。從之。如玉牒修書，主簿不預，見於王定國雜録〔二〕，予猶及見。紹興中，太府寺公狀文移，惟卿丞繫銜，後來掌故之吏，昧於典章，遂一切與丞等。今百官庶府，背戾官制，非特此一事也。

8 温大雅兄弟名字

新唐書温大雅字彦弘，弟彦博字大臨、大有字彦將。舊史不載彦博字，它皆同。三温，兄弟也，而兩人以大爲名，彦爲字，一以彦爲名，大爲字。宰相世系表則云彦將字大有，而博、雅與傳同，讀者往往致疑。歐陽公集古録引顔思魯制，中書舍人彦將行，證表爲是，然則唯彦博異耳，故或以爲誤。予少時因文惠公得歐率更所書虞恭公誌銘，乃彦博也，其名字實然。後見大唐創業起居注，大雅所撰，其中云：「煬帝遣使夜至太原，温彦將宿於城西門樓上，首先見之。報兄彦弘，馳以啓帝，帝方卧，聞而驚起，執彦弘手而笑。」據此，則三温之名皆從彦，而此書首題乃云大雅奉勑撰，不應於其間敢自稱字。已而詳考之，高宗太子弘爲武后所酖，追尊爲孝敬皇帝，廟曰義宗，列於太廟，故諱其名。如弘文館改爲昭文，弘農縣改爲恒農，徐弘敏改爲有功，韋弘機但爲機，李含光本姓弘，易爲李，曲阿弘氏易爲洪，則大雅之名，後人追改之也。顔魯公作顔勤禮碑叙顔、温二家之盛，曰思魯、大雅、愍楚、彦博、遊秦、彦將。以雅爲名，亦由避諱耳。錢聞詩在太學，以此爲策問，而言歐陽作傳，戾於聞見，彼蓋不察宋子京之作云。

9 册府元龜

真宗初，命儒臣編修君臣事迹，後謂輔臣曰：「昨見宴享門中録唐中宗宴飲，韋庶人等預會和詩，與臣寮馬上口摘含桃事，皆非禮也。已令削之。」又曰：「所編事迹，蓋欲垂爲典法，異端小説，咸所不取，可謂盡善。」而編修官上言：「近代臣僚自述揚歷之事，如李德裕文武兩朝獻替記、李石開成承詔録、韓偓金鑾密記之類，又有子孫追述先德叙家世，如李繁鄴侯傳、柳氏序訓、魏公家傳之類，或隱己之惡，或攘人之善，並多溢美，故匪信書。并僭僞諸國，各有著撰，如僞吴録、孟知祥實録之類，自矜本國，事或近誣。其上件書，並欲不取。餘有三十國春秋、河洛記、壺關録之類，多是正史已有；秦記、燕書之類，出自僞邦；殷芸小説、談藪之類，俱是談諧小事；河南志、邠志、平剡録之類，多是故吏賓從述本府戎帥征伐之功，傷於煩碎；西京雜記、明皇雜録，事多語怪；奉天録尤是虚詞。盡議采收，恐成蕪穢。」並從之。及書成，賜名册府元龜，首尾十年，皆王欽若提總，凡一千卷，其所遺棄既多，故亦不能暴白。如資治通鑑則不然，以唐朝一代言之，叙王世充、李密事，用河洛記；魏鄭公諫爭，用諫録；李絳議奏，用李司空論事；睢陽事，用張中丞傳；淮西事，用涼公平蔡録；李泌事，用鄴侯家傳；李德裕太原、澤潞、回鶻事，用兩朝獻替記；大中吐蕃尚婢婢等事，用林恩後史補；韓偓鳳翔謀畫，用金鑾密記；平龐勛，用彭門紀亂；討裘甫，用平剡録；記畢師鐸、吕用之事，用廣陵妖亂志。皆本末粲然，然則雜史、瑣説、家傳，豈可盡廢也！

10 漢高帝祖稱豐公

前漢書高祖紀贊云：「劉氏自秦獲於魏。秦滅魏，遷大梁，都于豐。故周市説雍齒曰：『豐，故梁徙也。』是以頌高祖云：『漢帝本系，出自唐帝。降及于周，在秦作劉。涉魏而東，遂爲豐公。』豐公，蓋太上皇父。」案上六句皆韻語，不知何人作此頌，諸家注釋，大抵闕如。予自少時讀班史，今六七十年，何啻百遍，用朱點句，亦須十本，初不記憶高帝之祖稱豐公，比再閲之，怳然若昧平生，聊表見於此。舊書不厭百回讀，信哉。

11　樞密行香

唐世樞密使專以内侍爲之，與它使均稱内諸司，五代以來始參用士大夫，遂同執政。案，實録所載景德二年三月元德皇后忌，中書、樞密院文武百官並赴相國寺行香。初，樞密院言：「舊例國忌行香，唯樞密使、副依内諸司例不赴，恐有虧恭恪。今欲每遇大忌日，與中書門下同赴行香。」從之。樞密使副、翰林、樞密直學士並赴，自茲始也。然則樞密之同内諸司久矣。隆興以來，定朝臣四參之儀，自宰臣至于郎官、御史，皆班列殿庭拜舞，惟樞密立殿上不預，亦此意云。

12　船名三翼

文選張景陽七命曰：「浮三翼，戲中沚。」其事出越絶書，李善注頗言其略，蓋戰船也。其書云：「闔閭見子胥，問船運之備。對曰：『船名大翼、小翼、突冒、樓船、橋船。大翼者，當陵軍之車；小翼者，當陵軍之輕車。』」又，水戰兵法内經曰：「大翼一艘，廣一丈五尺三寸，長十丈；中翼一艘，廣一丈三尺五寸，長九丈；小翼一艘，廣一丈二尺，長五丈六尺。」大抵皆巨戰船，而昔之詩人乃以爲輕舟。梁元帝云「日華三翼舸」，又云「三翼自相追」，張正見云「三翼木蘭船」，元微之云「光陰三翼過」。其它亦鮮用之者。

13 東坡誨葛延之

江陰葛延之，元符間，自鄉縣不遠萬里省蘇公於儋耳，公留之一月，葛請作文之法，誨之曰：「儋州雖數百家之聚，而州人之所須，取之市而足，然不可徒得也，必有一物以攝之，然後爲己用，所謂一物者，錢是也。作文亦然，天下之事，散在經、子、史中，不可徒使，必得一物以攝之，然後爲己用。所謂一物者，意是也。不得錢不可以取物，不得意不可以用事，此作文之要也。」葛拜其言，而書諸紳。嘗以親製龜冠爲獻，公受之，而贈以詩曰：「南海神龜三千歲，兆叶朋從生慶喜。智能周物不周身，未死人鑽七十二。誰能用爾作小冠，岣嶁耳孫創其製。今君此去寧復來，欲慰相思時整視。」今集中無此詩。葛常之，延之三從弟也，嘗見其親筆。

14　用書雲之誤

今人以冬至日爲書雲，至用之於表啓中，雖前輩或不細考，然皆非也。左氏傳：「僖公五年正月辛亥朔，日南至，公既視朔，遂登觀臺以望，而書，禮也。凡分、至、啓、閉，必書雲物，爲備故也。」杜預注云：「周正月，今十一月。分，春秋分也；至，冬夏至也；啓者，立春、立夏；閉者，立秋、立冬；雲物者，氣色災變也。」蓋四時凡八節，其禮並同。漢明帝永平二年春正月辛未，宗祀光武畢，登靈臺觀雲物，尤可爲證。而但讀左傳前兩三句，故遂顓以指冬至云。今太史局官，每至此八日，則爲一狀，若立春則曰風從艮位上來，春分則曰風從震位上來，它皆倣此，只是定本，元非摭實。起居注隨即修入，顯爲文具，蓋古之書雲意也。

15　張鷟譏武后濫官

武后革命，濫授人官，故張鷟爲諺以譏之曰：「補闕連車載，拾遺平斗量。杷推侍御史，椀脱校書郎。」唐新、舊史亦載其語，但泛言之。案，天授二年二月，以十道使所舉人石艾縣令王山輝等六十一人，並授拾遺、補闕；懷州録事參軍霍獻可等二十四人，並授侍御史，并州録事參軍徐昕等二十四人，授著作郎；内黄縣尉崔宣道等二十三人，授衛佐校書。凡百三十二人，同日而命試官，自此始也。其濫如此。劉子玄傳：「武后詔九品以上陳得失。子玄言：『君不虛授，臣不虛受，今羣臣無功，遭遇輒遷，至都下有車載、斗量、杷推、椀脱之諺。正爲此設。』」然只是自外官便除此四職，非所謂輒遷，子玄之言失之矣。

16 唐王府官猥下

唐自高宗以後，諸王府官益輕，惟開元二十三年，加榮王以下官爵，悉拜王府官屬。浸又減省，僅有一傅、一友、一長史，亦但備員，至與其府王不相見。寶曆中，瓊王府長史裴簡求具狀言：「諸王府本在宣平坊，多年摧毁，後付莊宅使收管，遂爲公局。每聖恩除授，無處禮上。王官爲衆所輕，府既不存，官同虛設，伏乞賜官宅一區。」乃詔賜延康坊宅。予因閲九經字様一書，開成中唐玄度所纂，其官階云朝議郎知沔王友、充翰林待詔。沔王名恂，憲宗之子，而以書吏爲友，其餘可知。案文、武、宣、昭四宗，皆自藩王登大位，剛明果斷，爲史所稱，蓋出於天性，然非資於師友成就也。

17　御史風聞

御史許風聞論事，相承有此言，而不究所從來，以予考之，蓋自晉、宋以下如此。齊沈約爲御史中丞，奏彈王源曰：「風聞東海王源。」蘇冕會要云：「故事，御史臺無受詞訟之例，有詞狀在門，御史採狀有可彈者，即略其姓名，皆云風聞訪知。其後疾惡公方者少，遞相推倚，通狀人頗壅滯。開元十四年，始定受事御史，人知一日劾狀，遂題告事人名，乖自古風聞之義。」然則向之所行，今日之短卷是也。二字本見尉佗傳。

18　唐御史遷轉定限

唐元和中，御史中丞王播奏：「監察御史，舊例在任二十五月轉，準具員不加，今請仍舊；其殿中侍御史，舊十二月轉，具員加至十八月，今請減至十五月；侍御史，舊十月轉，加至十三月，今請減至十二月。」從之。案，唐世臺官，雖職在抨彈，然進退從違，皆出宰相，不若今之雄緊，觀其遷敘定限可知矣。國朝未改官制之前，任監察滿四年而轉殿中，又四年轉侍御，又四年解臺職，始轉司封員外郎。元豐五年以後，陞沉迴别矣。

校勘記

〔一〕此二祠者獨不可得免乎　「可」原脱，據馬本、庫本、祠本補。

〔二〕王定國雜録　庫本、祠本「雜」作「舊」。

容齋四筆卷十二十三則

1　小學不講

古人八歲入小學，教之六書，周官保氏之職，實掌斯事，厥後浸廢。蕭何著法，太史試學童，諷書九千字，乃得爲吏。以六體試之，吏人上書，字或不正，輒有舉劾。劉子政父子校中祕書，自史籀以下凡十家，序爲小學，次於六藝之末。許叔重收集篆、籀、古文諸家之學，就隸爲訓注，謂之説文。蔡伯喈以經義分散，傳記交亂，訛僞相蒙，乃請刊定五經，備體刻石，立于太學門外，謂之石經。後有吕忱，又集説文之所漏略，著字林五篇以補之。唐制，國子監置書學博士，立説文、石經、字林之學，舉其文義，歲登下之。而考功、禮部課試貢舉，許以所習爲通，人苟趍便，不求當否。大曆十年，司業張參纂成五經文字，以類相從，至開成中，翰林待詔唐玄度又加九經字樣，補參之所不載。晉開運末，祭酒田敏合二者爲一編，並以考正俗體訛謬。今之世不復詳考，雖士大夫作字，亦不能悉如古法矣。韓子曰：「凡爲文辭，宜略識字。」又云：「阿買不識字，頗知書八分。」安有不識字而能書，蓋所謂識字者，如上所云也。

予采張氏、田氏之書，擇今人所共昧者，謾載於此，以訓子孫。本字从木，一在其下，今爲大十者非。休字象人息於木陰，加點者非。美从羊从大，今从犬从火者非。軍字古者以車戰，故軍从勹下車，後相承作軍，義無所取。看字从手，凡視物不審，則以手遮目看之，作看者非。揚州取輕揚之義，从木者非。梁从水，作梁者非。乾有干虔二音，爲字一體，今俗分別作乹字音虔而乾音干者非。尊从酋下寸，作尊者非。奠从酋从丌，作奠者非。夷从弓从大〔一〕，作𢎘者訛。耆从旨作老，下目者訛。漆、泰、黍、黎，下並从水，相承省作小，今从小，从小者訛。決、沖、況、涼、盜並从水，作冫者訛。饑、飢二字，上穀不熟，下餓也，今多誤用。至於果、芻、韭之加草，岡加山，攜之作携，鉏作鋤，惡作悪，霸作覇，筍作笋，頴作髭，須加髟或从水，祕从禾，簡作蕳，寶从尔，趨从多，衡合从角从大而从魚，啓从又及弋，肇从文，徹从去，麤作麄，蟲作虫，墮許規反，俗作𡐦，又以爲惰，幡作旙，怪爲恠，關爲閞，炙从夕，間从日，功从力，兹合从二玄而作兹，升作升，輩从北，妬从户，姦爲奸，纛从毒，咨作㳟，冤上加點，鄰作隣，牟从干，互作㸦，元从點，舌从千，蓋作盖，京作亰，皎从日，次从冫，鼓从皮，潛、譖、僭从替，出作二山，覺从與，游、於以方爲才，皁爲皂，曷爲曷，匹爲疋，收作収，敍作叙，卧从臣从人，而以人爲卜，改从戊己之己而以爲巳，凡作凡，允作㐰，館作舘，覽作覧，祭合从月从又而作祭，瞻作瞻，綵从衣，淫从缶，徧作遍，儌作侥，漾作漾，琴瑟之弦从系，輕作輊，如是者皆非也。

2 主臣

漢文帝問陳平決獄、錢穀，平謝曰：「主臣。」史記、漢書皆同。張晏曰：「若今人謝曰『惶恐』也。」文穎曰：「惶恐之辭，猶今言死罪也。」晉灼曰：「主，擊也。臣，服也。言其擊服，惶恐之辭。」馬融龍虎賦曰：「勇怯見之，莫不主臣。」正用此意。文選載梁任昉奏彈曹景宗，先叙其罪，然後繼之曰「景宗即主臣」，仍繼之曰「謹案某官臣景宗」，又彈劉整亦曰「整即主臣」。齊沈約彈王源文亦然。李善捨史、漢所書，而引王隱晉書庾純自劾以謂然，以主爲句，則臣當下讀，殊爲非是。不知所謂某人即主，有何義哉？

3 景華御苑

崔德符坐元符上書邪黨，困於崇寧。後監洛南稻田務，嘗送客於會節園，是時冬暮，梅花已開。明年春，監修大内，閹官容佐取以爲景華御苑，德符不知也。至春晚，復騎瘦馬與老兵游園内，坐梅下賦詩。其詞曰：「去年白玉花，結子深枝間。小憩藉清影，低顰啄微酸。故人不可見，春事今已闌。繞樹尋履跡，空餘土花斑。」次日，佐入園，見地上馬糞，知爲德符。是時，府官事佐如不及，而德符未嘗謁之。佐即具奏，劾以擅入御苑作踐。有旨勒停。家素貧，傳食於諸賢之舍，久乃歸陽翟。德符没於靖康，官卑，不應立傳，予詳考本末，爲特書之，頗憶此段事，擬載於傳中，以悼君子之不幸。且知馬永卿懶真録中有之，而求不可得，漫紀于此。

4　州陞府而不爲鎮

州郡之名，莫重於府，雖節鎮不及焉，固未有稱府而不爲節度者。比年以來，陞蜀州爲崇慶府，劍州爲隆慶府，恭州爲重慶府，嘉州爲嘉定府，秀州爲嘉興府，英州爲英德府，蜀、劍既有崇慶、普安軍之額，而恭、嘉以下獨未然，故幕職官仍云某府軍事判官、推官，大與府不相稱，皆有司之失也。信陽軍一小壘耳，而司户參軍銜内帶兼節推，尤爲可笑。頃在中都時，每爲天官主者言之，云亦不必白朝廷，只本案檢舉改正申知足矣。乃曰：「久例如此。」竟相承到今。文安公嘗爲左選侍郎，是時，未知此也。

5 漢唐三君知子

英明之君，見其子有材者，必愛而稱之。漢高祖謂趙王如意類己，欲以易孝惠，以大臣諫而止。宣帝以淮陽王欽壯大，好經書、法律，聰達有材，數嗟嘆曰：「真我子也。」常有意欲立爲嗣，而用太子起於微細，且蚤失母，故弗忍。唐太宗以吴王恪英果類我，欲以代雉奴。其後如意爲吕母所戕，恪爲長孫無忌所害，欽陷張博之事，殆於不免。此三王行事，無由表見。然孝惠之仁弱，幾遭吕氏之覆宗；孝元之優柔不斷，權移於閹寺，漢業遂衰；高宗之庸懦，受制凶后，爲李氏禍尤慘。其不能繼述固已灼然。高祖、宣帝、太宗蓋本三子之材而言之，非專指其容貌也，可謂知子矣。彼明崇儼謂英王哲即中宗也。貌類太宗，張説謂太宗畫像雅類忠王，即肅宗也。此惟取其形似也。若以材言之，中宗之視太宗，天壤相隔矣。漢成帝所幸妾曹宫産子，曰：「我兒額上有壯髮，類孝元皇帝。」使其真是孝元，亦何足道，而況於嬰孺之狀邪！

6 當官營繕

元豐元年，范純粹自中書檢正官謫知徐州滕縣，一新公堂吏舍，凡百一十有六間，而寢室未治，非嫌於奉己也，曰吾力有所未暇而已。是時，新法正行，御士大夫如束濕，雖任二千石之重，而一錢粒粟，不敢輒用，否則必著册書。東坡公歎其廉〔二〕，適爲徐守，故爲作記。其略曰：「至於宫室，蓋有所從受，而傳之無窮，非獨以自養也。今日不治，後日之費必倍。而比年以來，所在務爲儉陋，尤諱土木營造之功，欹仄腐壞，轉以相付，不敢擅易一椽，此何義也！」是記之出，新進趨時之士，娼疾以惡之。恭覽國史，開寶二年二月詔曰：「一日必葺，昔賢之能事。如聞諸道藩鎮、郡邑公宇及倉庫，凡有隳壞，弗即繕脩，因循歲時，以至頹毁，及僝工充役，則倍增勞費。自今節度、觀察、防禦、團練使、刺史、知州、通判等罷任，其治所廨舍，有無隳壞及所增修，著以爲籍，迭相符授。幕職州縣官受代，則對書於考課之曆，損壞不全者，殿一選，修葺、建置而不煩民者，加一選。」太祖創業方十年，而聖意下逮，克勤小物，一至於此。後之當官者不復留意〔三〕。以興仆植僵爲務，則暗於事體、不好稱人之善者，往往翻指爲妄作名色，盜隱官錢，至於使之束手諱避，忽視傾陋〔四〕，逮於不可柰何而後已。殊不思貪墨之吏，欲爲姦者，無施不可，何必假於營造一節乎！

7 治曆明時

易革之彖曰：「天地革而四時成。湯武革命，順乎天而應乎人。」魏、晉而降，凡及禪代者，必據以爲說。案漢轅固與黄生爭論湯、武於景帝前，但評受命之是非，不引易爲證。卦之象曰：「君子以治曆明時。」其義了不相涉。偃孫頗留意曆學，云按唐一行大衍曆日度議曰：「顓頊曆上元甲寅正月甲寅晨初合朔立春，七曜皆直艮維之首，湯作殷曆，更以十一月合朔冬至爲上元，周人因之。」此謂治曆也。至於三統之建，夏以寅爲歲首，得人統；殷以丑，爲得地統；周武王改從子，爲得天統。此謂明時也。其革命之説，劉歆作三統曆及譜，引革象「湯、武革命」，又曰「治曆明時，所以和人道也」，如是而已。其前又引逸書曰：「先其革命。」顔師古曰：「言王者統業，先立筭數，以命百事也。」推此而伸之，所云革命，蓋謂是耳，非論其取天下也。況大衍之用四十有九，一行以之起曆，而革卦之序，在周易正當四十九，然則專爲曆甚明。考其上句，尤極顯白，然諸儒贊易，皆不及此，王弼亦無一言。

8 仕宦捷疾

唐傅遊藝以期年之中，歷衣青、緑、朱、紫，時人謂之「四時仕宦」，言其速也。國朝惟緑、緋、紫三等。而紫袍者，除武臣外，文官之制其別有六：庶僚黑角帶，佩金魚；未至侍從，而特賜帶者，爲荔枝五子，不佩魚；中書舍人、諫議、待制、權侍郎，紅鞓黑犀帶，佩魚；權尚書、御史中丞、資政、端明殿閣學士、直學士、正侍郎、給事中，金御仙花帶，不佩魚，謂之橫金；翰林學士以上正尚書，御仙帶，佩魚，謂之重金；執政官宰相，方團毬文帶，俗謂之笏頭者是也。其叙如此。若猛進躐得者則不然。紹興中，宋樸自侍御史遷中丞，施鉅自中書檢正、鄭仲熊自右正言，並遷權侍郎，三人皆受告日易服，以正謝日拜執政。樸、鉅以緋，仲熊以緑，服紫之次日，而賜毬文帶。蓋侍從以下，俟正謝乃易帶，而執政命才下，即遣中使齎賜，遂服之而赴都堂供職，可謂捷疾矣。若李綱則又異於是，宣和七年十二月二十九日，自太常少卿除兵部侍郎，未謝間，靖康元年正月四日，胡騎將至京城，綱以邊事求見。宰執奏事未退，綱語知閤門事朱孝莊曰：「有急切公事，欲與宰執廷辯。」孝莊曰：「舊例，未有宰執未退而從官求對者。」綱曰：「此何時，而用例邪？」孝莊即具奏。詔引綱立於執政之末。時宰執議欲奉鑾輿出狩襄、鄧，綱請固守，上曰：「誰可將者？」綱曰：「願以死報，第人微官卑，恐不足以鎮服士卒。」白時中乞以爲禮部尚書，綱曰：「亦只是侍從。」即命除尚書右丞。綱曰：「臣未正謝，猶衣緑，非所以示中外。」即面賜袍帶并笏，綱服之以謝，且言：「方時艱難，臣不敢辭。」此爲不經緋紫而極其服章，未之有也。

9 詞臣益輕

治平以前，謂翰林學士及知制誥爲兩制，自翰林罷補外者，得端明殿學士，謂之換職。

熙寧之後，乃始爲龍圖，紹興以來愈不及矣。脩起居注者序遷知制誥，其次及辭不爲者，乃爲待制，趙康靖、馮文簡、曾魯公、司馬公、吕正獻公是也。學士闕，則次補，或爲宰相所不樂者，猶得侍讀學士，劉原甫是也。在職未久而外除者，爲樞密直學士，韓魏公是也；亦爲龍圖直學士，歐陽公是也。後來褒擢者，僅得待制，王時亨是也。餘以善去者，集英脩撰而止耳。

10 夏英公好處

夏英公既失時譽，且以慶曆聖德頌之故，不正之名愈彰，然固自有好處。夏羌之叛，英公爲四路經略安撫招討使，韓魏公副之。賊犯山外，韓公令大將任福自懷遠城趨得勝寨，出賊後，如未可戰，即據險置伏，要其歸，戒之至再。又移檄申約，苟違節度，雖有功亦斬。福竟爲賊誘，没于好水川，朝論歸咎於韓。英公使人收散兵，得韓檄於福衣帶間，言罪不在韓，故但奪一官。英公此事賢矣，而後來士大夫未必知也。予是以表出之。

11 祖宗用人

祖宗用人，進退遲速，不執一端，苟其材可任，則超資越級，曾不少靳，非拘拘於愛惜名器也。宋琪自員外郎以正月擢拜諫議大夫，三月參知政事。太宗將用李昉，時昉官工部尚書，七月特遷琪刑書，遂並命爲相。而琪居昉上，自外郎歲中至此。石熙載以太平興國四年正月，自右補闕今朝奉郎。爲兵部員外郎、今朝請郎。樞密直學士，才七日，簽書院事，四月拜給事中，今通議大夫。爲副樞，十月遷刑部侍郎，今正議。六年遷户部尚書，今銀青光禄。爲使，八年罷爲右僕射，今特進。從初至此五歲，用今時階秩言之，乃是朝奉郎而爲特進也。當日職名，唯有密直多從庶僚得之，旋即大用。張齊賢、王沔皆自補闕、直史舘，遷郎中，充學士，越半歲並遷諫議、簽樞。温仲舒、寇準皆自正言、今承議郎。直舘，遷郎中，充職二年，並爲樞密副使。向敏中自工部郎中以本官充職，越三月同知密院。錢若水自同州推官入直史舘，踰年擢知制誥，二年除翰林學士，遂以諫議同知密院，首尾五年。

12　至道九老

李文正公罷相後，只居京師，以司空致仕。至道元年，年七十一矣，思白樂天洛中九老之會。適交游中有此數，曰太子中允張好問，年八十五；太常少卿李運，年八十；故相吏部尚書宋琪，廬州節度副使武允成，皆七十九；吴僧贊寧，年七十八；郢州刺史魏丕，年七十六；左諫議大夫楊徽之，年七十五；水部郎中朱昂與昉，皆七十一。欲繼其事爲宴集，會蜀寇起而罷。其中兩宰相乃著一僧，唐世及元豐耆英所無也。次年，李公即世，此事竟不成。耋老康寧，相與燕嬉於升平之世，而雅懷弗遂，造物豈亦吝此耶！

13　李文正兩罷相

宰相拜罷，恩典重輕，詞臣受旨者，得以高下其手。李文正公昉〔五〕，太平興國八年，以工部尚書爲集賢、史館相。端拱元年，爲布衣翟馬周所訟。太宗召學士賈黄中草制，罷爲右僕射，令詔書切責。黄中言：「僕射百寮師長，今自工書拜，乃爲殊遷，非黜責之義。若以均勞逸爲辭，斯爲得體。」上然之，其詞略云：「端揆崇資，非賢不授。昉素高問望〔六〕，久展謨猷，謙和秉君子之風，純懿擅吉人之美。輟從三事，總彼六卿，用資鎮俗之清規，式表尊賢之茂典。」其美如此。淳化二年，復歸舊廳。四年又罷，優加左僕射，學士張洎言：「近者霖霪百餘日，昉職在燮和陰陽，不能決意引退。僕射之重，右減於左，位望不侔，因而授之，何以示勸！」上批洎奏尾，止令罷守本官。洎遂草制峻詆，腦詞云：「燮和陰陽，輔相天地，此宰相之任也。苟或依違在位，啓沃無聞，雖居廊廟之崇，莫著彌綸之効。宜敷朝旨，用罷鼎司。昉自處機衡，曾無規畫。擁化源而滋久，孤物望以何深。俾長中臺，尚爲優渥。可依前尚書右僕射，罷知政事。」歷考前後制麻，只言可某官，其云罷知政事者，洎創增之也。國史昉傳云：「昉厚善洎，及昉罷，洎草制乃如此。」紹興二十九年，沈該罷制，學士周麟之於結句後，添入可罷尚書左僕射同平章事，蓋用此云。

校勘記

〔一〕夷从弓从大　「大」原作「夫」，據庫本、祠本改。

〔二〕東坡公歎其廉　「廉」原作「然」，據庫本、祠本改。

〔三〕不復留意　「不」原作「小」，據馬本、庫本改。

〔四〕忽視傾陋　「視傾」原作「傾視」，今從馬本、祠本。

〔五〕李文正公昉　「文」原脱，據明抄本補。

〔六〕昉素高問望　馬本、庫本、祠本「問」作「聞」。

容齋四筆卷十三 二十四則

1 科舉之弊不可革

法禁益煩，姦僞滋熾，唯科場最然，其尤者莫如銓試。代筆有禁也，禁之愈急，則代之者獲賂謝愈多。其不幸而敗者百無一二，正使得之，元未嘗致法。吏部長貳簾試之制，非不善也，而文具兒戲，抑又甚焉。議論奉公之臣〔一〕，朝夕建明，然此風如決流偃草，未嘗少革。或以謂失於任法而不任人之故。殊不思所任之人，渠肯一意向方，見惡輒取，於事無益，而禍謗先集于厥身矣！開寶中，太子賓客邊光範掌選，太廟齋郎李宗訥赴吏部銓〔二〕，光範見其年少，意未能屬辭，語之曰：「苟援筆成六韻，雖不試書判，可入等矣。」宗訥曰：「非唯學詩，亦嘗留心詞賦。」即試詩賦二首，數刻而就，甚嘉賞之。翌日，擬授祕書省正字。今之世寧復有是哉！

2 宰執子弟廷試

太宗朝，呂文穆公蒙正之弟蒙亨舉進士，禮部高等薦名。既廷試，與李文正公昉之子宗諤，並以父兄在中書罷之。國史許仲宣傳云，仲宣子待問，雍熙二年舉進士，與李宗諤、呂蒙亨、王扶並預廷試。宗諤即宰相昉之子，蒙亨參知政事蒙正之弟，扶鹽鐵使明之子。上曰：「斯並勢家，與孤寒競進，縱以藝升，人亦謂朕有私也。」皆下第，正此事也。仲宣時爲度支使。仁宗朝，韓忠憲公億爲參知政事，子維以進士奏名禮部，不肯試大廷，受蔭入官。唐質肅公介參政，子義問鎖廳試禮部，用舉者召試祕閣，介引嫌罷之。舊制嚴於宰執子弟如此，與夫秦益公柄國，而子熺、孫埍皆於省殿試輒冠多士者異矣。

3 國初救弊

國朝削併僭僞，救民水火之中，然亦有因仍舊弊，未暇更張者，故須賴於賢士大夫昌言之。江左初平，太宗選張齊賢爲江南西路轉運使，諭以民間不便事，令一一條奏。先是諸州罪人多錮送闕下，緣路非理而死者，常十五六。齊賢至蘄州，見南劍州吏送罪人者，索得州帖視之。二人皆逢販私鹽者，爲荷鹽籠得鹽二斤，又六人皆嘗見販鹽而不告者，並黥決傳送，而五人已死于路。江州司理院自正月至二月，經過寄禁罪人，計三百二十四人。建州民二人，本田家客户，嘗於主家塘内，以錐刺得魚一斤半，並杖脊、黥面，送闕下。齊賢上言：「乞俟至京，擇官慮問，如顯有負屈者，本州官吏量加懲罰，自今只令發遣正身。」及虔州，送三囚，嘗市得牛肉，并家屬十二人悉詣闕，而殺牛賊不獲，齊賢憫之，即遣其妻子還。自是江南送罪人者減太半。是皆相循習所致也。齊賢改爲，其利民如此。齊賢以太平興國二年方登科，六年爲使者，八年還朝，由密學拜執政，可謂迅用也。

4 房玄齡名字

舊唐書目録書房元齡，而本傳云房喬字玄齡，新唐書列傳房玄齡字喬，而宰相世系表玄齡字喬松，三者不同。趙明誠金石録得其神道碑，褚遂良書，名字與新史傳同。予記先公自燕還，有房碑一册，于志寧撰，乃玄齡字喬松，本欽宗在東宮時所藏，其後猶有一印，曰「伯志西齋」，今亦不存矣。

5 二朱詩詞

朱載上，舒州桐城人，爲黄州教授。有詩云：「官閑無一事，胡蝶飛上階。」東坡公見之，稱賞再三，遂爲知己。中書舍人新仲翌〔三〕，其次子也，有家學，十八歲時戲作小詞，所謂「流水泠泠，斷橋斜路梅枝亞」者。朱希真見而書諸扇，今人遂以爲希真所作。又有摺疊扇詞云：「宫紗蜂趕梅，寶扇鸞開翅。數摺聚清風，一捻生秋意。摇摇雲母輕，裊裊瓊枝細。莫解玉連環，怕作飛花墜。」公親書稿固存，亦因張安國書扇，而載於于湖集中。其詠五月菊詞云：「玉臺金盞對炎光，全似去年香。有意莊嚴端午，不應忘却重陽。菖蒲九節，金英蒲把，同泛瑶觴。舊日東籬陶令，北窗正傲羲皇。」淵明於五六月高卧北窗之下，清風颯至〔四〕，自謂羲皇上人。用此事於五月菊，詩家嘆其精切云。

6 金剛經四句偈

今世所行金剛經，用姚秦鳩摩羅什所譯，其四句偈曰：「一切有爲法，如夢幻泡影，如露亦如電，應作如是觀。」又曰：「若以色見我，以音聲求我，是人行邪道，不能見如來。」予博觀它本，頗有不同。元魏天竺三藏菩提流支譯云：「一切有爲法，如星翳燈幻。露泡夢電雲，應作如是觀。」而「不能見如來」之下更有四句云：「彼如來妙體，即法身諸佛。法體不可見，彼識不能知。」陳天竺三藏真諦譯云：「如如不動，恒有正説。應觀有爲法，如暗翳燈幻，露泡夢電雲。若以色見我，以音聲求我，是人行邪道，不應得見我。由法應見佛，調御法爲身。此法非識境，法如深難見。」唐三藏玄奘譯云：「諸和合所爲，如星翳燈幻。露泡夢電雲，應作如是觀。諸以色見我，以音聲尋我，彼生履邪斷，不能當見我。應觀佛法性，即導師法身。法性非所識，故彼不能了。」唐沙門義淨譯前四句，與魏菩提本同，而後云：「若以色見我，以音聲求我，是人起邪觀，不能當見我。」後四句與玄奘本同。予案，今人稱六如，東坡以名堂者，謂夢、幻、泡、影、露、電也。而此四譯，乃知有九如。大般若經第八會世尊頌，第九會能斷金剛分二頌，亦與玄奘所譯同。

7　四蓮華之名

嗢鉢摩華，青蓮華也；鉢特摩華，亦云波頭摩，赤蓮華也；拘毋陁華，亦云俱物頭，亦云俱牟陁，紅蓮也；奔荼利華，亦云芬陁利，白蓮也。堵羅綿，柳絮之類，即兜羅綿也。

8　黑法白法

安立黑法，感黑異熟，所謂地獄傍生鬼界。安立白法，感白異熟，所謂人天。安立黑白法，感黑白異熟，所謂一分傍生鬼界及一分人。安立非黑非白法，感非黑非白異熟，所謂預留果，或一來果，或不還果。

9 多心經偈

多心經偈曰:「揭帝揭帝,波羅揭帝,波羅僧揭諦,菩提薩摩訶。」又有大明呪經,鳩羅什所譯,曰:「竭帝竭帝,波羅竭帝。波羅僧竭帝,菩提僧莎呵。」

10 天宮寶樹

「行行相值,莖莖相望。枝枝相准,葉葉相向。華華相順,實實相當。」此無量壽經所言天宮寶樹,非塵世所有也。

11 白分黑分

月盈至滿,謂之白分;月虧至晦,謂之黑分。白前黑後合爲一月。又曰:日隨月後行,至十五日覆月都盡〔五〕,是名黑半;日在月前行,至十五日具足圓滿,是名白半。

12 月雙閏雙

十五夜爲半月,兩半月爲一月,三月爲一時,兩時爲一行,兩行爲一年〔六〕,二年半爲一雙。此由閏，故以閏月兼本月，此謂月雙，非閏雙也，以五年再閏爲閏雙。

13　踰繕那一由旬

數量之稱，謂踰繕那，四十里也。毗曇論四肘爲一弓，五百弓爲一拘盧舍，八拘盧舍爲一由旬，一弓長八尺，五百弓長四百丈，一拘盧舍有二里，十六里爲一由旬。

14　七極微塵

七極微塵成一阿耨池上塵，七阿耨塵爲銅上塵，七銅上塵爲水上塵，七水上塵爲兔毫上塵，七兔毫上塵爲一羊毛上塵，七羊毛上塵爲一牛毛上塵，七牛毛上塵成一嚮遊塵，七嚮遊塵成一蟣，七蟣成一虱，七虱成一穬麥，七穬麥爲一指，二十四指爲一肘，四肘爲一弓。

15　宰相贈本生父母官

封贈先世，自晉、宋以來有之，迨唐始備，然率不過一代，其恩延及祖廟者絶鮮，亦未嘗至極品。郭汾陽二十四考中書令，而其父贈止太保；權德輿位宰相，其祖贈止郎中。唐末、五季，宰輔貴臣，始追榮三代，國朝因之。李文正公昉本工部郎中超之子，出繼從叔紹〔七〕。昉再入相，表其事求贈所生父、祖官封，詔贈祖温太子太保，祖母權氏莒國太夫人，父超太子太師，母謝氏鄭國太夫人。可謂異數，後不聞繼之者。

16 執政贈三代不同

文臣封贈三代，自初除執政外，凡轉廳皆不再該，唯知樞密院及拜相乃復得之。然舊法又不如是。歐陽公作程文簡公琳父神道碑，歷叙恩典曰：「琳參知政事，贈爲太子少師。在政事遷左丞，係轉一官。又贈太子太師。罷爲資政殿學士，又贈太師、中書令。爲宣徽北院使，又贈兼尚書令。」則是轉官與罷政亦褒贈，而自宫師得太師中令，更爲超越。它或不然。

17 唐孫處約事

新唐書來濟傳云：「初，濟與高智周、郝處俊、孫處約客宣城石仲覽家，仲覽衍於財，有器識，待四人甚厚，私相與言志。處俊曰：『願宰天下。』濟及智周亦然。處約曰：『宰相或不可冀，願爲通事舍人足矣。』後濟領吏部，處約始以瀛州書佐入調，濟遽注曰：『如志。』遂以爲通事舍人。後皆至公輔。」高智周傳云：「智周始與郝處俊、來濟、孫處約共依江都石仲覽。仲覽傾産結四人驩，因請各語所期。處俊曰：『丈夫惟無仕，仕至宰相乃可。』智周、濟如之。處約曰：『得爲舍人，在殿中周旋吐納可也。』後濟居吏部，處約以瀛州參軍入調，濟曰：『如志。』擬通事舍人。畢，降階勞問平生。」案兩傳相去才一卷，不應重複如此，可謂冗長。本出韓琬所撰御史臺記，而所載自不實。處約傳：「貞觀中，爲齊王祐記室，祐多過失，數上書切諫。王誅，太宗得其書，擢中書舍人。」是歲十七年癸卯，來濟次年亦爲中書舍人，永徽三年拜相，六年檢校吏部尚書，是歲丁巳，去癸卯首尾十五歲。若如兩傳所書，大爲不合，韓琬之説誠謬，史氏又失於不考。仲覽鄉里，一以爲宣城，一以爲江都，豈宣城人而家於廣陵也？

18　夏侯勝京房兩傳

漢書儒林傳，欲詳記經學師承，故序列唯謹，然夏侯勝、京房又自有傳。儒林云：「勝其先夏侯都尉，以尚書傳族子始昌，始昌傳勝，勝又事同郡簡卿。傳兄子建，建又事歐陽高。」而本傳又云：「從始昌受尚書，後事簡卿，又從歐陽氏。從子建，師事勝及歐陽高。」儒林言：「房受易梁人焦延壽。以明災異得幸，爲石顯所譖，誅。」凡百餘字。而本傳又云：「治易，事梁人焦延壽。其説長於災變，房用之尤精。爲石顯告非謗政治，誅。」此兩者，近於重複也。若其它張禹、彭宣、王駿、倪寬、龔勝、鮑宣、周堪、孔光、李尋、韋賢、玄成、薛廣德、師丹、王吉、蔡誼、董仲舒、眭孟、貢禹、疏廣、馬宮、翟方進諸人，但志姓名及所師耳。

19 漢人坐語言獲罪

漢昭帝時，有大石自立，僵柳復起。眭孟上書，言：「有從匹夫爲天子，宜求索賢人，禪以帝位，而退自封百里。」霍光惡之，論以祅言惑衆，伏誅。案，孟之妄發，其死宜矣。宣帝信任宦官，蓋寬饒奏封事，言：「五帝官天下，三王家天下。家以傳子，官以傳賢。」執金吾議以指意欲求禪，亦坐死。考其所引，亦不爲無罪。楊惲之報孫會宗書，初無甚怨怒之語，其詩曰：「田彼南山，蕪穢不治。種一頃豆，落而爲萁。」張晏釋以爲言朝廷荒亂，百官諂諛。可謂穿鑿。而廷尉當以大逆無道，刑及妻子。予熟味其詞，獨有所謂「君父至尊親，送其終也，有時而既」，蓋宣帝惡其君喪送終之喻耳。莊助論汲黯輔少主守成，武帝不怒，實係於一時禍福云。賈誼、劉向談說痛切無忌諱，文、成二帝未嘗問焉，隨筆紀之矣。

20 樞密書史

景德四年，命宰臣王旦監修兩朝正史，知樞密院王欽若、陳堯叟，參知政事趙安仁並修國史。後來執政入樞府，皆不得提舉修書，非故事也。

21 知州轉運使爲通判

今世士大夫，既貴不可復賤。淳化中，北戎入寇，以殿前都虞候曹璨知定州，時趙安易官宗正少卿，已知州，遂就徙通判。同時有羅延吉者，既知彭、祁、絳三州，而除通判廣州，滕中正知興元府而通判河南。袁郭知楚、鄆二州，會秦王廷美遷置房州，詔崇儀副使閻彥進知州，而以郭通判州事。范正辭既知戎、淄二州，而通判棣、深。又陳若拙歷知單州、殿中侍御史、西川轉運使，召歸，會李至守洛都，表爲通判；久之，柴禹錫鎮涇州，復表爲通判。連下遷而皆非貶降，近不復有矣。

22 范正辭治饒州

范正辭太平興國中，以饒州多滯訟，選知州事，至則宿繫皆決遣之，胥史坐淹獄停職者六十三人。會詔令科州兵送京〔八〕，有王興者，懷土憚行，以刃故傷其足，正辭斬之。興妻上訴，太宗召見，正辭庭辯其事。正辭曰：「東南諸郡，饒實繁盛，人心易動，興敢扇搖。苟失控馭，則臣無待罪之地矣。」上壯其敢斷，特遷官，充江南轉運副使。饒州民甘紹者，爲群盜所掠，州捕繫十四人，獄具將死。正辭案部至，引問之，囚皆泣下。察其非實，命徙他所訊鞠。既而民有告盗所在者，正辭潛召監軍掩捕之。盗覺遁去，正辭即單騎出郭二十里追及之。賊控弦持矟來逼，正辭大呼，以鞭擊之，中賊雙目，仆之。餘賊渡江散走。被傷者尚有餘息，旁得所棄贓，按其姦狀伏法，十四人皆得釋。此吾鄉里事，而郡人多不聞之。

23　榮王藏書

濮安懿王之子宗綽〔九〕，蓄書七萬卷。始與英宗偕學于邸，每得異書，必轉以相付。宗綽家本有岳陽記者，皆所賜也。此國史本傳所載。宣和中，其子淮安郡王仲糜進目録三卷，忠宣公在燕得其中秩，云：「除監本外，寫本、印本書籍計二萬二千八百三十六卷。」觀一秩之目如是，所謂七萬卷者爲不誣矣。三館祕府所未有也，盛哉！

24　秦杜八六子

秦少游八六子詞云：「片片飛花弄晚，濛濛殘雨籠晴。正銷凝，黄鸝又啼數聲。」語句清峭，爲名流推激。予家舊有建本蘭畹曲集，載杜牧之一詞，但記其末句云：「正銷魂，梧桐又移翠陰。」秦公蓋効之，似差不及也。

校勘記

〔一〕議論奉公之臣　「之」原脱，據明抄本補。

〔二〕太廟齋郎李宗訥赴吏部銓　清抄本原校：「訥」一作「納」。

〔三〕中書舍人新仲翌　「翌」原脱，據明抄本補。

〔四〕清風颯至　「清」原爲空格，據明抄本補。

〔五〕至十五日覆月都盡　祠本原校：「盡」一作「虧」。

〔六〕兩行爲一年　「年」原作「季」。李本原作「季」，校改「年」。馬本、祠本作「年」，今據改。

〔七〕出繼從叔紹　「紹」原作「沼」，據李本、馬本、庫本改。

〔八〕會詔令科州兵送京　李本、馬本、庫本「科」作「料」。

〔九〕濮安懿王之子宗綽　「濮安」原作「濮王」，誤刊，據李本改。

容齋四筆卷十四十四則

1　祖宗親小事

太宗朝，吕端自諫議大夫、開封判官左遷衛尉少卿。時群官有負宿譴者，率寘散秩，會置考課院，每引對，多泣涕，以不免飢寒爲請。至端，即前奏曰：「臣罪大而幸深，苟得潁州副使，臣之願也。」上曰：「朕自知卿。」無何，復舊官。踰月，拜參知政事。上留意金穀之務，一日盡召三司吏李溥等對於崇政殿，詢以計司利害，溥等願給筆札，於是二十七人共上七十一事。詔以四十四事付有司奉行，十九事下鹽鐵使陳恕等，議其可否，遣知雜御史監議，賜溥等白金緡錢，悉補侍禁、殿直，領其職。謂宰相曰：「溥等條奏事，亦頗有所長。朕嘗語恕等，若文章稽古，此輩固不可望卿，錢穀利病，彼自幼至長寢處其中，必周知根本。卿但假以顔色，引令剖陳，必有所益。」恕不肯降意詢問，旋以職事曠廢，上召而責之，始頓首謝。王賓以供奉官充亳州監軍，妻極妒悍。時監軍不許挈家至任所，妻擅至亳州，賓具以白上。上召見其妻詰責，俾衛士交捽之，杖一百，配爲忠靖卒妻，一夕死。陳州民張矩，殺里中王裕家兩人，知州田錫未嘗慮問，又詣闕訴冤。遣二朝士鞫之，皆云：「非矩所殺。」裕家冤甚，其子福應募爲軍，因得見，曰：「臣非欲隸軍，蓋家冤求訴耳。」太宗怒，付御史府治之，寘矩于法，二朝士皆坐貶，錫洎通判郭渭，謫爲海、郢州團練副使。饒州卒妻訴理夫死，至召知州范正辭庭辯。且夫引見散秩庶僚，而容其各各有請，三司胥吏而引對正殿，命以官爵，聽其所陳；一州都監而得自上奏，至召其妻責辱之；一卒應募而得入見，遂伸家冤，爲貶責吏。萬幾如是，安得不理！今之言典故者，蓋未能盡云。

2　王居正封駮

紹興五六年間，王居正爲給事中，時王繼先方以醫進，中旨以其壻添監浙江税務，録黄過門下，居正封還。高宗批三省將上，及二相進呈，聖訓云：「卿等亦嘗用醫者否？」對曰：「皆用之。」曰：「所酬如何？」曰：「或與酒，或與錢，或與縑帛，隨大小効驗以答其勞。」上曰：「然則朕宫中用醫，反不得酬謝邪！文字未欲再付出，可以喻居正使之書讀。」丞相退，即語居正曰：「聖意如此，是事亦甚小，給事不必固執。」居正唯唯，遂請對，上語如前，而玉色頗厲。居正對曰：「臣庶之家，待此輩與朝廷有異，量功隨力，各致陳謝之禮。若朝廷則不然，繼先之徒，以技術庸流，享官榮，受禄俸，果爲何事哉！一或失職，重則有刑，輕則斥逐。使其應奉有効，僅能塞責而已，想金帛之賜，固自不少。至於無故增創員闕，誠爲未善，臣不願陛下輒起此門。」上悟曰：「卿言是也。」即日下其奏，前降旨揮更不施行。居正之直諒有守，高宗之聽言納諫，史録中恐不備載，故敬書之。邁頃聞之於張九成。

3 王元之論官冗

省官之説，昔人論之多矣，唯王元之兩疏，最爲切當。其一云：「臣舊知蘇州長洲縣，自錢氏納土以來，朝廷命官，七年無縣尉，使主簿兼領之，未嘗闕事。三年增置尉，未嘗立一功。以臣詳之，天下大率如是。誠能省官三千員，減俸數千萬，以供邊備，寬民賦，亦大利也。」其二云：「開寶中，設官至少，臣占籍濟上，未及第時，止有刺史一人，李謙溥是也，司户一人，孫賁是也。近及一年，朝廷別不除吏。自後有團練推官一人，畢士安是也。太平興國中，臣及第歸鄉，有刺史、通判、副使、判官、推官、監軍，監酒榷税筭又增四員，曹官之外更益司理。問其租税，減於曩日也，問其人民，逃於昔時也，一州既爾，天下可知。冗兵耗于上，冗吏耗于下，此所以盡取山澤之利而不能足也。」觀此二説，以今言之，何止於可爲長太息哉！

4 梁狀元八十二歲

陳正敏遯齋閑覽：「梁灝八十二歲，雍熙二年狀元及第。其謝啓云：『白首窮經，少伏生之八歲，青雲得路，多太公之二年。』後終祕書監，卒年九十餘。」此語既著，士大夫亦以爲口實。予以國史考之，梁公字太素，雍熙二年廷試甲科，景德元年以翰林學士知開封府，暴疾卒，年四十二。子固亦進士甲科，至直史館，卒年三十三。史臣謂：「梁方當委遇，中途夭謝。」又云：「梁之秀穎，中道而摧。」明白如此，遯齋之妄不待攻也。

5 太宗恤民

曾致堯爲兩浙轉運使，嘗上言：「去歲所部秋租，惟湖州一郡督納及期，而蘇、常、潤三州，悉有逋負，請各按賞罰。」太宗以江、淮頻年水災，蘇、常特甚，致堯所言，刻薄不可行，因詔戒之，使倍加安撫，勿得騷擾。是事必已編入三朝寶訓中，此國史本傳所載也。

6 潘游洪沈

紹興十三年，勑令所進書删定官五員，皆自選人改秩。潘良能季成、游操存誠、沈介德和、伯兄景伯，皆拜祕書省正字，張表臣正民以無出身，除司農丞，四正字同日赴館供職。少監秦伯陽於會食之次，謂坐客言，一旦增四同舍，而姓皆從水傍，𤈦有一句，願諸君爲對之，以成三館異日佳話。即云：「潘、游、洪、沈泛瀛洲。」坐客合詞賞歎，竟無有能對者。予因記筆談所載，元厚之絳少時，曾夢人告之曰：「異日當爲翰林學士，須兄弟數人同在禁林。」厚之自思素無兄弟，疑爲不然。及熙寧中，除學士，同時相先後入院者，韓維持國、陳繹和叔、鄧綰文約、楊繪元素，名皆從糸，始悟兄弟之説。欲用「絳、繹、繪、維綰綸紓」爲對，然未暇考之史録，歲月果同否也？

7 舞鷗游蜻

戰國時，諸子百家之書，所載絶有同者。列子黄帝篇云：「海上之人有好漚音鷗鳥者，每旦之海上從漚鳥游，漚鳥之至者百數而不止。其父曰：『吾聞漚鳥皆從汝游，汝取來吾玩之。』明日之海上，漚鳥舞而不下也。」吕覽精喻篇云：「海上人有好蜻蜻蜓也。者，每朝居海上，從蜻游，蜻之至者百數而不止，前後左右盡蜻也，終日玩之而不去。其父告之曰：『聞蜻皆從汝居，取而來，吾將玩之。』明日之海上，蜻無至者矣。」此二説如出一手也。

8　郎中用資序

國朝官制既行，除用職事官，不問資序高下，但隨階品，而加行、守，試以賦禄，郎中、員外郎亦自爲兩等，頗因履歷而授之。後來相承，必欲已關陞知州資序者爲郎中，於是拜員外郎者具改官後實歷歲月申吏部，不以若干任，但通理細滿八考則陞知州，乃正作郎中，别命詞給告。頃嘗有旨，初除郎官者，雖資歷已高，且爲員外，候吏部再申，然後陞作郎中。近歲掌故失之，故李大性自浙東提刑除吏部，時佐自大理正除刑部，徐閎自太府丞除都官，岳震自將作少監除度支，其告内即云郎中，與元旨捍戾矣。

9　臺諫分職

臺、諫不相見，已書於續筆中，其分職不同，各自有故實。元豐中，趙彦若爲諫議大夫，論大臣不以道德承聖化，而專任小數，與群有司校計短長，失具瞻體。因言門下侍郎章子厚、左丞王安禮不宜處位。神宗以彦若侵御史論事，左轉祕書監。蓋許其論議，而責其彈擊爲非也。元祐初，孫覺爲諫議大夫。是時諫官、御史論事有分限，毋得越職。覺請申唐六典及天禧詔書。凡發令造事之未便〔一〕，皆得奏陳，然國史所載，御史掌糾察官邪，肅正綱紀，諫官掌規諫諷諭，凡朝政闕失，大臣至百官，任非其人，三省至百司，事有失當，皆得諫正。則蓋許之矣。唐人朝制，大率重諫官而薄御史，中丞温造道遇左補闕李虞，恚不避，捕從者笞辱。左拾遺舒元褒等建言：「故事，供奉官惟宰相外無屈避，造棄蔑典禮，辱天子侍臣。遺、補雖卑，侍臣也，中丞雖高，法吏也。侍臣見陵，法吏自恣，請得論罪。」乃詔臺官、供奉官共道路，聽先後行，相值則揖。然則居此二雄職者〔二〕，在唐日了不相謀云。

10 貞元朝士

劉禹錫聽舊宮人穆氏唱歌一詩云：「曾陪織女度天河，記得雲間第一歌。休唱貞元供奉曲，當時朝士已無多。」劉在貞元任郎官、御史，後二紀方再入朝，故有是語。汪藻始采用之，其宣州謝上表云：「新建武之官儀，不圖重見；數貞元之朝士，今已無多。」汪在宣和間爲館職符寶郎，是時紹興十三、四年中，其用事可謂精切。邁嘗四用之，謝侍講修史表云：「下建武之詔書，正爾恢張於治具；數貞元之朝士，獨憐留落之孤蹤。」以德壽慶典，曾任兩省官者遷秩，蒙轉通奉大夫，謝表云：「供奉當時，敢齒貞元之朝士；頌歌大業，願賡至德之中興。」充永思陵橋道頓遞使，轉宣奉大夫，謝表云：「武德文階，愧三品維新之澤；貞元朝士，動一時既往之悲。」主上即位，明堂禮成，謝加恩云：「考皇祐明堂之故，操以舉行；

念貞元朝士之存，今其餘幾。」亦各隨事引用。近者，單夔以知紹興府進華文閣直學士，謝表云：「數甘泉法從之舊，真貞元朝士之餘。」夔當淳熙中雖爲侍郎，然一朝名臣尚多，又距今才十餘歲，似爲未穩貼也。

11　表章用兩臣字對

表章自叙以兩「臣」字對説，由東坡至汪浮溪多用之。然須要審度君臣之間情義厚薄，及姓名眷顧於君前如何，乃爲合宜。坡湖州謝表云：「知臣愚不適時，難以追陪新進；察臣老不生事，或能牧養小民。」登州表云：「於其黨而觀過，謂臣或出於愛君；就所短以求長，知臣稍習於治郡。」侍讀謝表云：「謂臣雖無大過人之才，知臣粗有不欺君之實，欲使朝夕，與於討論。」潁州表云：「意其忠義許國，故暫召還；察其老病畏人，復許補外。」汪謝徽州云：「謂臣不改歲寒，故起之散地；察臣素推月旦，故付以本州。」爲陸藻謝給事中云：「知臣椎鈍無他，故長奉賢王之學；憫臣踐揚滋久，故亟陞法從之班。」爲汪樞密謝子自虜中歸不令入城降詔奬諭表云：「知臣齒髪已凋，常恐鄧攸之無後；憐臣肺肝可見，有如去病之辭家。」凡此所言，皆可自表於君前者。劉夢得代竇羣容州表，有「察臣前任事實，恕臣本性朴愚」之句，坡公蓋本諸此。近年後生假倩作文，不識事體，至其碌碌常流，乍得一壘，亦輒云知臣察臣之類，真可笑也。

12 劉夢得謝上表

郡守謝上表，首必云：「伏奉告命授臣某州，已於某月某日到任上訖。」然後入詞。獨劉夢得數表不然，和州者曰：「伏奉去年六月二十五日制書，授臣使持節和州諸軍事，守和州刺史。臣自理巴、賓，不聞善最，恩私忽降，慶抃失容。臣某中謝。伏惟皇帝陛下丕承寶祚，光闡鴻猷，有漢武天人之姿，禀周成睿哲之德。發言合古〔三〕，舉意通神。委用得人，動植咸悦。理平之速，從古無倫。微臣何幸，獲覩昌運。臣業在辭學，早歲策名。德宗尚文，擢爲御史。出入中外，歷事五朝；累承恩光，三换符竹。分憂之寄，禄秩非輕，而素蓄所長，効用無日。臣聞一物失所，前王軫懷，今逢聖朝，豈患無位。臣即以今月二十六日到所任上訖。伏以地在江、淮，俗參吴、楚，災旱之後，綏撫誠難。謹當奉宣皇風，慰彼黎庶，久於其道，冀使知方。伏乞聖慈俯賜昭鑒。」首尾叙述，皆與他人表不同。其夔州、汝州、同州、蘇州，諸篇一體。邁長子梓常稱誦之。及爲太平州，遂擬其體，代作一表。其詞云：「臣邁言：伏奉今年九月十七日制書，授臣知太平州者。一麾出守，方切兢危，三命滋共，弗容控避。仰皇天之大造，扣丹地以何言。中謝。恭惟皇帝陛下叡知有臨，神武不殺，慕舜之孝，見堯於墻，德冠古今而獨尊，仁並清寧而偏覆。明見萬里，將大混於車書；子來庶民，更精求於岳牧。臣家本儒素，時無令名。濫竽宏博之科，説駕清華之地。瀛山抱槧，郎省握蘭。在紹興之季年，污記注於右史。龍飛應運，鳳歷紀祥。不遺細微，兼取愚頓。遂以詞賦之職，獲侍清閒之歡。雖宿命應仙，許暫來於天上；而塵心未斷，旋即墮於人間。一去十八年之中，三叨二千石之寄。未谿金華郡，還紬石室書。從珍臺閒館之游，勸廣厦細旃之講。真拜學士，號名私人。受九重知己之殊，極三入承明之幸。使與大議，不專斯文。而臣弱羽不足以當雄風，蹇步不足以勝重任。上恩惜其終棄，左符寵其餘生。李廣數奇，徒羨侯於校尉；汲黯妄發，敢歎薄於淮陽。臣即以今月二十八日到任上訖。伏以郡在江東，昔稱道院；地鄰淮右，今謂壯藩。謹當宣布恩威，奉行寬大，求民之瘼，問俗所宜。緩帶輕裘，雖弗賢長城於李勣；清心省事，敢不避正堂於蓋公。庶幾固結本根，少復報酬知遇。」全規模其步驟，然視昔所作，猶覺語煩。

13 陳簡齋葆真詩

自崇寧以來，時相不許士大夫讀史作詩，何清源至於修入令式，本意但欲崇尚經學，痛沮詩賦耳，於是庠序之間，以詩爲諱。政和後稍復爲之，而陳去非遂以墨梅絶句擢寘館閣，嘗以夏日偕五同舍集葆真宫池上避暑，取「緑陰生晝静」分韻賦詩，陳得「静」字。其詞曰：「清池不受暑，幽討起予病。長安車轍邊，有此萬荷柄。是身唯可懶，共寄無盡興。魚游水底涼，鳥語林間静。談餘日亭午，樹影一時正。清風不負客，意重百金贈。聊將兩鬢蓬，起照千丈鏡。微波喜摇人，小立待其定。梁王今何許，柳色幾衰盛。人生行樂耳，詩律已其賸。邂逅一尊酒，它年五君詠。重期踏月來，夜半嘯煙艇。」詩成，出示坐上，皆詫爲擅場。朱新仲時親見之，云京師無人不傳寫也。

14 仙傳圖志荒唐

昔人所作神仙傳之類，大底荒唐謬悠，殊不能略考引史策。如衛叔卿事云：「漢儀鳳二年，孝武皇帝閑居殿上而見之。」月支使者事云：「延和三年，武帝幸安定，而月支國遣使獻香。」案，儀鳳乃唐高宗紀年名，延和乃魏太武、唐睿宗紀年名，而誕妄若是。自餘山經地志，往往皆然。近世士大夫采一方傳記及故老談説，競爲圖志，用心甚專，用力甚博，亦不能免牴牾。高夔守襄陽，命僚屬作一書，其敍歷代沿革云：「在周爲楚、鄧、鄾諸國。」据左傳，鄾乃鄧邑，後巴人伐楚圍鄾，蓋楚滅鄧，故亦來屬，元非列國也。又引左傳蔓成然事，以蔓爲國。据成然乃楚大夫，靈王奪其邑，無所謂「蔓國」也。

校勘記

〔一〕凡發令造事之未便　「令造」原作「造令」，據明抄本改。

〔二〕居此二雄職者　「職」原作「識」，誤刊。據明抄本、馬本改。

〔三〕發言合古　「合」原作「今」，據馬本、庫本、祠本改。按，劉禹錫集作「合」。

容齋四筆卷十五十五則

1 徽廟朝宰輔

蔡京擅國命，首尾二十餘年，一時士大夫未有不因之以至大用者，其後頗采公議，與爲異同。若宰相則趙清憲挺之〔一〕、張無盡商英、鄭華原居中、劉文憲正夫，所行所言，世多知之。其居執政位者，如張康國賓老、温益禹弼、劉逵公路、侯蒙元功者，皆有可録。康國定元祐黨籍，看詳講議司編彙奏牘，皆深預密議，及後知樞密院，始浸爲崖異。徽宗察京專愎，陽令狙伺其姦，蓋嘗許以相。是時西北邊帥多取部内好官自辟置，以力不以才。康國曰：「並塞當擇人以紓憂，顧柰何欲私所善乎？」乃隨闕選用，定爲格。京使御史中丞吴執中擊之，康國先知之，具以奏。益鎮潭州，凡元祐逐臣在湖南者，悉遭侵困，因愛莫助之圖，遂爲京用。至中書侍郎，乃時有立異。京一日除監司郡守十人，將進畫，益判其後，曰：「收。」京使益所厚中書舍人鄭居中問之，益曰：「君在西掖，每見所論事，舍人得舉職，侍郎顧不許邪？今丞相所擬十人，其皆姻黨耳〔二〕，欲不逆其意，得乎？」逵以附京至中書侍郎。

京去相，逵首勸上碎元祐黨碑，寬上書邪籍之禁，凡京所行悖理殃民事，稍稍釐正之。蒙在政地，上從容問：「蔡京何如人？」對曰：「使京能正其心術，雖古賢相何以加！」上頷首，且使密伺京所爲，京聞而銜之。凡此數端，皆見於國史本傳。

2 教官掌牋奏

所在州郡，相承以表奏書啓委教授，因而餉以錢酒。予官福州，但爲撰公家謝表及祈謝晴雨文，至私禮牋啓小簡皆不作，然遇聖節樂語嘗爲之，因又作他用者三兩篇，每以自愧。鄒忠公爲潁昌教授，府守范忠宣公屬撰興龍節致語，辭不爲。范公曰：「翰林學士亦作此。」忠公曰：「翰林學士則可，祭酒、司業則不可。」范公敬謝之。前輩風節，可畏可仰如此。

3 經句全文對

予初登詞科，再至臨安，寓於三橋西沈亮功主簿之館，沈以予買飯于外，謂爲不便，自取家饌日相供。同年湯丞相來訪，扣旅食大概，具爲言之。湯公笑曰：「主人亦賢矣。」因戲出一語曰：「哀王孫而進食，豈望報乎？」良久，予應之曰：「爲長者而折枝，非不能也。」公大激賞而去。汪聖錫爲祕書少監，每食罷會茶，一同舍輒就枕不至。及起，亦戲之曰：

「宰予晝寢，於予與何誅。」衆未有言，汪曰：「有一對，雖於今事不切，然却是一个出處。」云：「子貢方人，夫我則不暇。」同舍皆合詞稱美。

4 北郊議論

三代之禮，冬至祀天於南郊，夏至祭地於北郊。王莽於元始中改爲合祭，自是以來，不可復變。元豐中，下詔欲復北郊，至六年，唯以冬至祀天，而地祇不及事。元祐七年，又使博議，而許將、顧臨、范純禮、王欽臣、孔武仲、杜純各爲一說。逮蘇軾之論出，於是羣議盡廢。當時，諸人之說有六。一曰今之寒暑與古無異，宣王六月出師，則夏至之日，何爲不可祭；二曰夏至不能行禮，則遣官攝行，亦有故事；三曰省去繁文末節，則一歲可以再郊；四曰三年一祀天，又一年一祭地；五曰當郊之歲，以十月神州之祭，易夏至之方澤，可以免方暑舉事之患；六曰當郊之歲，以夏至祀地祇於方澤，上不親郊，而通爟火於禁中望祀。軾皆辟之，以謂無一可行之理，其文載於奏議，凡三千言。元符中，又詔議合祭，論者不一，唯太常少卿宇文昌齡之議，最爲簡要。曰：「天地之勢，以高卑則異位，以禮制則異宜，以樂則異數。至於衣服之章，器用之具，日至之時，皆有辨而不亂。夫祀者，自有以感於無，自實以通於虛，必以類應類，以氣合氣，然後可以得而親，可以冀其格。今祭地於圜丘，以氣則非所合，以類則非所應，而求高厚之來享，不亦難乎！」後竟用其議。此兩説之至當如此。

5　討論濫賞詞

東坡公行香子小詞云：「清夜無塵，月色如銀。酒斟時，須滿十分。浮名浮利，休苦勞神。歎隙中駒，石中火，夢中身。雖抱文章，開口誰親。且陶陶，樂盡天真。不如歸去，作箇閑人。對一張琴、一壺酒、一溪雲。」紹興初，范覺民爲相，以自崇寧以來，創立法度，例有汎賞，如學校，茶鹽，錢幣，保伍，農田，居養，安濟，寺觀，開封大理獄空，四方邊事，御前內外諸局〔三〕，編勑會要、學制、禮制、道史等書局，掖庭編澤，行幸，曲恩，諸色營繕，河埽功役，採石、木柭、花石等綱，祥瑞，禮樂，西城所公田〔四〕，伎術，伶優，三山，永橋，明堂，西內，八寶，玄圭，種種濫賞，不可勝述。其曰應奉有勞、獻頌可采、職事修舉、特授特轉者，又皆無名直與，及白身補官，選人改官，職名礙格，非隨龍而依隨龍人，非戰功而依戰功人等，每事各爲一項，建議討論。又行下吏部，若該載未盡名色，並合取朝廷旨揮，臨時參酌。追奪事件，遂爲畫一規式，有至奪十五官者。雖公論當然，而失職者胥動造謗，浮議蜂起。無名子因改坡語云：「清要無因，舉選艱辛。繫書錢，須要十分。浮名浮利，虛苦勞神。歎旅中愁，心中悶，部中身。雖抱文書〔五〕，苦苦推尋。更休説，誰假誰真。不如歸去，作箇齊民。免一回來、一回討、一回論。」至大字書寫貼於内前墻上，邏者得之以聞。是時，僞齊劉豫方盜據河南，朝論慮或摇人心，亟罷討論之舉。范公用是爲臺諫所攻，今章且叟奏稿中正載彈疏，竟去相位云。

6 尺八

唐盧肇爲歙州刺史，會客於江亭，請目前取一事爲酒令，尾有樂器之名。肇令曰：「遥望漁舟，不闊尺八。」有姚巖傑者，飲酒一器，凭欄嘔噦，須臾即席，還令曰：「凭欄一吐，已覺空喉。」此語載於摭言。又逸史云：「開元末，一狂僧往終南回向寺，一老僧令於空房内取尺八來，乃玉笛也〔六〕。謂曰：『汝主在寺，以愛吹尺八，謫在人間，此常吹者也。汝當回，可將此付汝主。』僧進於玄宗，持以吹之，宛是先所御者。」孫夷中仙隱傳：「房介然善吹竹笛，名曰尺八。將死，預將管打破，告諸人曰：『可以同將就壙。』」亦謂此云。尺八之爲樂名，今不復有。吕才傳云：「貞觀時，祖孝孫增損樂律，太宗詔侍臣舉善音者。王珪、魏徵盛稱才製尺八，凡十二枚，長短不同，與律諧契。太宗即召才參論樂事。」尺八之所出，見於此，無由曉其形製也。爾雅釋樂亦不載。

7　三給事相攻

元祐中，王欽臣仲至自權工部侍郎除給事中，爲給事姚勔所駁而止。大觀中，陳亨伯自左司員外郎擢給事中，爲權官蔡薿所沮而出。政和末，伯祖仲達在東省，以疾暫謁告兩日，張天覺復官之命，過門下弟四廳，給事方會論爲畏繳駁之故，所以託病，遂罷知滁州。

8　朱藏一詩

政和末，老蔡以太師魯國公總治三省，年已過七十，與少宰王黼爭權相傾。朱藏一在館閣，和同舍秋夜省宿詩云：「老火未甘退，稚金方力征。炎涼分勝負，頃刻變陰晴。」兩人門下士互興譖言，以爲嘲謗。其後黼獨相，館職多遷擢，朱居官如故，而和人菊花詩云：「紛紛桃李春，過眼成枯萎。晚榮方耐久，造物豈吾欺。」或又譖於黼以爲怨懟。是時，士論指三館爲鬧藍。

9　蔡京輕用官職

蔡京三入相時，除用士大夫，視官職如糞土，蓋欲以天爵市私恩。政和六年十月，不因赦令，侍從以上先緣左降同日遷職者二十人。通奉大夫張商英爲觀文殿學士，中大夫王襄爲延康殿學士，顯謨閣待制李圖南爲述古殿學士，寶文閣待制蔡薿、顯謨閣待制葉夢得並爲龍圖閣直學士，寶文閣待制張近、通奉大夫錢即、右文殿修撰王漢之並爲顯謨閣直學士，中大夫葉祖洽爲徽猷閣直學士，朝散大夫曾孝蘊爲天章閣待制，朝散郎俞㮚、朝議大夫曾孝序、中奉大夫范致明、右文殿修撰蔡肇、太中大夫孫鼛、朝議大夫王覺、右文殿修撰陳暘並爲顯謨閣待制，朝請郎蔡懋、中奉大夫龐恭孫、朝請郎洪彥昇並爲徽猷閣待制。至十一月冬祀畢，大赦天下，仍復推恩。

10 節度使改東宮環衛官

太祖有天下，將收藩鎮威柄，故漸行改革。至於位至侍中、中書令、使相者，其高僅得東宮官，次但居環衛。鳳翔王晏爲太子太師，安遠武行德爲太子太傅，護國郭從義爲左金吾上將軍，鳳翔王彥超爲右金吾上將軍、定國白重贊爲左千牛上將軍，保太楊廷璋爲右千牛上將軍，靜難劉重進爲羽林統軍。若符彥卿者，以太師中書令、天雄節度使直罷歸洛，八年不問，亦不別除官。其廟謨雄斷如是。靖康初，以戚里冒政、宣恩典，多建節鉞，乃稽用此制。錢景臻以少傅、安武節度，劉宗元以開府儀同三司、鎮安節度，並爲左金吾上將軍。

范訥以平涼，劉敷以保信，劉敏以保成，張林以嚮德，王舜臣以岳陽，朱孝孫以應道，錢忱以瀘川節度，並爲右金吾上將軍。自後不復舉行矣。

11　宰相任怨

宰相欲收士譽，使恩歸己，故只以除用爲意，而不任職及顯有過舉者，亦不肯任怨，稍行黜徙。文惠公在相位，嘗奏言：「今之監司、郡守，其無大過者，臺諫固不論擊。但其間實有疲愞庸老之人，依阿留之，轉爲民害。臣欲皆與祠禄，理作自陳，監司或就移小郡，庶幾人有家食之資，國無曠官之失。」孝宗欣然聽許。於是湖南轉運判官任詔改知復州，廣東提舉鹽事劉景改知南雄州。時太常丞闕，監左藏庫許子紹欲得之，公以大超越，諭使小緩。子紹宛轉愈力，乃白其事，出通判靜江府。議者私謂若如此則是廟堂而兼臺諫之職，殊不思進賢退不肖，真宰相之事耳。欲擬宫觀三四人，未暇而去位，子紹之出，遂織入言章中。近者京丞相以國子録吴仁傑居職未久，便欲求遷，奏罷歸吏部注簽判，亦此意也。

12　四李杜

漢太尉李固、杜喬，皆以爲相守正，爲梁冀所殺。故掾楊生上書，乞李、杜二公骸骨，使得歸葬。梁冀之誅，權勢專歸宦官，傾動中外，白馬令李雲露布上書，有「帝欲不諦」之語。桓帝得奏震怒，逮雲下北寺獄。弘農五官掾杜衆，傷雲以忠諫獲罪，上書願與雲同日死，帝愈怒，下廷尉，皆死獄中。其後襄楷上言，亦稱爲李、杜。靈帝再治鈎黨，范滂受誅，母就與之訣，曰：「汝今與李、杜齊名，死亦何恨。」謂李膺、杜密也。李太白、杜子美同時著名，故韓退之詩云：「李、杜文章在，光焰萬丈長。」凡四李、杜云。

13 渾脱隊

唐中宗時，清源尉呂元泰上書言時政曰：「比見坊邑相率爲渾脱隊，駿馬胡服，名曰『蘇幕遮』，旗鼓相當，騰逐喧譟。以禮義之朝，法胡虜之俗，非先王之禮樂，而示則於四方。書曰：『謀時寒若。』何必羸形體，讙衢路，鼓舞跳躍而索寒焉。」書聞不報。此蓋并論潑寒胡之戲。唐史附於宋務光傳末，元泰竟亦不顯。近世風俗相尚，不以公私宴集，皆爲耍曲耍舞，如渤海樂之類，殆猶此也。

14 歲陽歲名

歲陽、歲名之説，始於爾雅。太歲在甲曰閼逢，在乙曰旃蒙，在丙曰柔兆，在丁曰彊圉，在戊曰著雍，在己曰屠維，在庚曰上章，在辛曰重光，在壬曰玄黓，在癸曰昭陽，謂之歲陽。在寅曰攝提格，在卯曰單閼，在辰曰執徐，在巳曰大荒落，在午曰敦牂，在未曰協洽，在申曰涒灘，在酉曰作噩，在戌曰閹茂，在亥曰大淵獻，在子曰困敦，在丑曰赤奮若，謂之歲名。自後，唯太史公曆書用之，而或有不同。如閼逢爲焉逢，旃蒙爲端蒙，柔兆爲游兆，彊圉爲彊梧，著雍爲徒維〔七〕，屠維爲祝犂，上章爲商橫，重光爲昭陽，玄黓爲橫艾，昭陽爲尚章，大荒落爲大芒駱〔八〕，協洽爲汁洽，涒灘乃爲赤奮若〔九〕，作噩爲作鄂，閹茂爲淹茂，大淵獻、困敦更互，赤奮若乃爲汭漢〔一〇〕。此蓋年祀久遠，傳寫或訛，不必深辨。但漢武帝太初元年太歲丁丑，而以爲甲寅，其失多矣。爾雅又有月陽、月名。月在甲曰畢，在乙曰橘，在丙曰修，在丁曰圉，在戊曰厲，在己曰則，在庚曰窒，在辛曰塞，在壬曰終，在癸曰極。正月爲陬，二月爲如，三月爲寎，四月爲余，五月爲皋，六月爲且，七月爲相，八月爲壯，九月爲玄，十月爲陽，十一月爲辜，十二月爲涂。考之典籍，唯曆書謂太初十月爲畢聚。離騷云：「攝提正于孟陬。」左氏傳：「十月曰良月。」國語：「至于玄月。」它未嘗稱引。郭景純注釋云：「自歲陽至月名，皆所未詳通者，故闕而不論。」蓋不可强爲之説。非若律書所言二十八舍、十母、十二子，猶得穿鑿傅致也。資治通鑑專取歲陽、歲名以冠年，不可曉解，殊不若甲子至癸亥爲明白爾。韓退之詩「歲在淵獻牽牛中」，王介甫字説言「彊圉」，自餘亦無説。左傳所書

「歲在星紀，而淫於玄枵」，「歲在降婁，降婁中而旦」，「歲在陬訾之口」，「歲五及鶉火」，「歲在顓頊之虛」，「歲在豕韋」，「歲在大梁」，皆用歲星次舍言之。司馬倬跋温公潛虛，其末云：「乾道二年，歲在柔兆閹茂，玄黓執徐月，極大淵獻日。」謂丙戌年、壬辰月、癸亥日，以歲名施於月日，尤爲不然。漢章不自爲文，殆是僚寀强解事者所作也。

15 官稱别名

唐人好以它名標牓官稱，今漫疏於此，以示子姪之未能盡知者。太尉爲掌武，司徒爲五教，司空爲空土，侍中爲大貂，散騎常侍爲小貂，御史大夫爲亞台、爲亞相、爲司憲，中丞爲獨坐、爲中憲，侍御史爲端公、南牀、横榻、雜端，又曰脆梨，殿中爲副端，又曰開口椒，監察爲合口椒，諫議爲大坡、大諫，補闕今司諫。爲中諫，又曰補衮，拾遺今正言。爲小諫，又曰遺公，給事郎爲夕郎、夕拜，知制誥爲三字，起居郎爲左螭，舍人爲右螭，又並爲修注，吏部尚書爲大天，禮部爲大儀，兵部爲大戎，刑部爲大秋，工部爲大起，吏部郎爲小選、爲省眼，考功、度支爲振行，禮部爲小儀、爲南省舍人，今曰南宮，刑部爲小秋，祠部爲冰柄。廳，比部爲比盤，又曰昆脚皆頭，屯田爲田曹，水部爲水曹，諸部郎通曰哀烏、依烏，木常卿爲樂卿，少卿爲少常、奉常，光禄爲飽卿，鴻臚爲客卿、睡卿，司農爲走卿，大理爲棘卿，評事爲廷平，將作監爲大匠，少監爲少匠，祕書監爲大蓬，少監爲少蓬，左右司爲都公，太子庶子爲宫相，宰相呼爲堂老，兩省相呼爲閣老，尚書丞郎爲曹長，御史、拾遺爲院長。下至縣令曰明府，丞曰贊府、贊公，尉曰少府、少公、少仙，此已見前筆。

校勘記

〔一〕趙清憲挺之　「憲」原作「獻」，誤刊，據明抄本改。按，清獻乃趙抃之謚。

〔二〕其皆姻黨耳　馬本、庫本、祠本「其」作「共」。

〔三〕御前内外諸局　馬本、庫本「局」作「司」。

〔四〕西城所公田　馬本、庫本「西」作「兩」。

〔五〕雖抱文書　馬本、庫本、祠本「書」作「章」。

〔六〕一老僧令於空房内取尺八來乃玉笛也　「笛」原脱，據馬本、庫本補。

〔七〕徒雍　史記卷二十六曆書「雍」作「維」。

〔八〕大荒落爲大芒駱　馬本、庫本、祠本「駱」作「落」。

〔九〕涒灘乃爲赤奮若　李本、庫本、祠本「赤奮若」作「汭漢」。

〔一〇〕赤奮若乃爲汭漢　李本、庫本、祠本「汭漢」作「赤奮若」。

容齋四筆卷十六十二則

1 漢重蘇子卿

漢世待士大夫少恩，而獨於蘇子卿加優寵，蓋以其奉使持節，褒勸忠義也。上官安謀反，武子元與之有謀，坐死。武素與上官桀、桑弘羊有舊，數爲燕王所訟，子又在謀中，廷尉奏請逮捕武，霍光寢其奏。宣帝立，録群臣定策功，賜爵關内侯者八人，劉德、蘇武食邑。張晏曰：「舊關内侯無邑，以武守節外國，德宗室俊彦，故特令食邑。」帝閔武年老子坐事死，問左右：「武在匈奴久，豈有子乎？」武曰：「前發匈奴時，胡婦實産一子通國，有聲問來，願因使者贖之。」上許焉。通國至，上以爲郎，又以武弟子爲右曹，以武著節老臣，令朝朔望，稱祭酒，甚優寵之。皇后父、帝舅、丞相、御史、將軍皆敬重武。後圖畫中興輔佐有功德知名者於麒麟閣，凡十一人，而武得預。武終於典屬國，蓋以篤老不任公卿之故。先公縶留絶漠十五年，能致顯仁皇太后音書，蒙高宗皇帝有「蘇武不能過」之語。而厄於權臣，歸國僅陞一職，立朝不滿三旬，訖於竄謫南荒惡地，長子停官。追誦漢史，可爲痛哭者已。

又案武本傳云：「奉使初還，拜爲典屬國，秩中二千石。昭帝時，免武官。後以故二千石與計謀立宣帝，賜爵。張安世薦之，即時召待詔，數進見，復爲典屬國。」然則豫定策時，但以故二千石耳。而霍光傳連名奏昌邑王時，直稱典屬國，宣紀封侯亦然，恐誤也。

2　昔賢爲卒伍

三代而上，文武不分，春秋列國軍將皆命卿，處則執政，出則將兵，載於詩、書、左傳，可考也。然此特謂將帥耳，乃若卒伍之賤，雖賢士亦爲之，不以爲異。魯哀公時，吴伐魯，次于泗上。微虎欲宵攻王舍，私屬徒七百人，三踊於幕庭，卒三百人，有若與焉。杜預云：「卒，終也，謂於七百人中，終得三百人任行也。」或謂季孫曰：「不足以害吴，而多殺國士，不如已也。」乃止之。此蓋後世斫營劫寨之類，而有若亦爲之。齊伐魯，冉求帥左師，樊遲爲右，季孫曰：「須也弱。」有子曰：「就用命焉。」謂雖年少，能用命也。冉有用矛於齊師，故能入其軍。杜預云：「言能以義勇也。」皆孔門高弟，而親卒伍之事，後世豈復有之。

3　兵家貴於備預

晉盜盧循據廣州，以其黨徐道覆爲始興相，循寇建康，以爲前鋒。初，道覆遣人伐船材於南康山，至始興賤賣之，居人爭市之，船材大積，而人不疑。至是悉取以裝艦，旬日而辦。蕭衍鎮雍州，以齊室必亂，密修武備，多伐材竹，沉之檀溪，積茅如岡阜，皆不之用。中兵參軍吕僧珍覺其意，亦私具櫓數百張。衍既起兵，出竹木裝艦，葺之以茅，事皆立辦。諸將爭櫓，僧珍出先所具者，每船付二張，爭者乃息。魏太武南伐盱眙，太守沈璞以郡當衝要，乃繕城浚隍，積財穀，儲矢石，爲城守之備。魏攻之，三旬不拔，燒攻具退走。古人如此者甚多，道覆雖失所從，爲畔渙之歸，然其事固可稱也。

4 渠陽蠻俗

靖州之地，自熙寧九年收復唐溪洞誠州，元豐四年，仍建爲誠州，元祐二年，廢爲渠陽軍，又廢爲寨，五年復之。崇寧二年，改爲靖州。始時渠陽縣爲治所，後改屬沅州而治永平。其風俗夐與中州異。蠻酋自稱曰官，謂其所部之長曰都幙，邦人稱之曰土官。酋官入郭，則加冠巾，餘皆椎髻，能者則以白練布纏之，曾殺人者謂之能。婦人徒跣，不識鞋履，以銀、錫或竹爲釵，其長尺有咫。通以斑紬布爲之裳。紀歲不以建寅爲首，隨所處無常月。凡要約以木鐵爲契。病不謁醫，但殺牛祭鬼，率以刀斷其咽，視死所向以卜，多至十百頭。凡昏姻，兄死弟繼，姑舅之昏，他人取之，必賄男家，否則爭，甚則讎殺。男丁受田於酋長，不輸租而服其役，有罪則聽其所裁，謂之草斷。凡貸易之逋，甲不能償，則掠乙以取直，謂之準擎。長少相犯，則少者出物，謂之出面。言語相訮，則虛者出物，謂之裹口。田丁之居，峭巖重阜，大率無十家之聚。遇讎殺則立柵布棘以受之。各有門款，門款者，猶言伍籍也。借牛綵於鄰洞者，謂之拽門款。方爭時，以首博首，獲級一二則潰去，明日復來，必相當乃止。欲解仇，則備財物以和，謂之陪頭煖心。戰之日，觀者立其傍和勸之，官雖居其中，不敢犯也。敗則走，謂之上坡。志在於掠，而不在於殺，則震以金鼓，而挺其一隅。縱之逸，謂之趖。敗者屈而歸之，掠其財而還其地，謂之入地。兵器有甲冑、標牌、弓弩，而刀之鐵尤良。弩則傅矢於弦而偏架之，謂之偏架弩，其利侔中土神臂弓，雖暑濕亦可用。凡仇殺，雖微隙必發，雖昔釁必報，父子兄弟之親不避也。子弟爲士人者，隸於學，讎殺則歸，罷則復來。荆湖南、北路如武岡、桂陽之屬傜民，大略如此。

5　寄資官

內侍之職，至于幹辦後苑，則爲出常調，流輩稱之曰苑使。又進而幹辦龍圖諸閣，曰閣長。其上曰門司，曰御藥，曰御帶。又其上爲省官，謂押班及都知也。在法，內侍轉至東頭供奉官則止，若幹辦御藥院，不許寄資，當遷官則轉歸吏部。司馬公論高居簡云：「舊制，御藥院官至内殿崇班以上，即須出外，今獨留四人，中外以此竊議。」言之詳矣。後乃不然，逮其遷帶御器械可帶階官，然後盡還所寄之資。至於宣慶諸使〔一〕，遥郡防、團、觀察，其高者爲延福宫、景福殿承宣使。頃在樞密行府，有院吏兵房副承旨董球，於紹興三十二年正月尚未有正官，至四月，予接伴人使回，球通刺字來謁，已轉出爲武顯大夫。問其何以遽得至此，曰：「副承旨比附武顯郎，後用賞故爾。」蓋亦寄資也。

6 親王帶將仕郎

薛氏五代史，梁太祖開平元年五月，皇第五男友雍封賀王。及友珪篡位，以將仕郎試祕書省校書郎賀王友雍爲銀青光禄大夫、檢校工部尚書兼御史大夫。以親王而階將仕郎，仍試銜初品，雖典章掃地之時，恐不應爾也。

7 郡縣用陰陽字

山南爲陽，水北爲陽，穀梁傳之語也，若山北、水南則爲陰，故郡縣及地名多用之，今略叙於此。山之南者，如嵩陽、華陽、恒陽、衡陽、鎮陽、岳陽、嶧陽、夏陽、城陽、陵陽、岐陽、首陽、營陽、咸陽、櫟陽、宜陽、山陽（屬河内郡，太行在北）、廣陽、辟陽、河陽、魯陽、黎陽、樅陽、零陽、巫陽、東陽、韶陽、郴陽、揭陽、弋陽（屬汝南郡，弋山在西北）、當陽、青陽、黔陽、壽陽、麻陽、雲陽、美陽、復陽（在復山之南〔二〕）、上曲陽（在常山）、下曲陽（在鉅鹿）、稒陽（在五原）、原陽（在雲中）。

水之北者，馮翊之池陽、頻陽、郃陽、沈陽，扶風之杜陽，河東之大陽（在大河之北）、平陽（在平河之陽），太原之晉陽、汾陽，及河陽、洛陽、滎陽、偪陽、渭陽、淮陽、汶陽、濟陽、襄陽、滏陽、漁陽、遼陽、泗陽、伊陽、永陽、滁陽、潮陽、澧陽、灌陽、汧陽、洮陽、沭陽，東郡之濮陽、東武陽，潁川之潁陽、昆陽、舞陽，汝南之汝陽、鮦陽、細陽、濯陽、滇陽、新陽、安陽、博陽、成陽，南陽之育陽、涅陽、堵陽、蔡陽、筑陽、棘陽、比陽、朝陽、湖陽、紅陽，江夏之西陽，廬江之尋陽，九江之曲陽，濟陰之句陽，音鉤，句瀆之丘。沛郡之穀陽、扶陽、漂陽，魏郡之繁陽，鉅鹿之堂陽，清河之清陽，涿郡之高陽、饒陽、范陽，勃海之浮陽，濟南之般陽、朝陽，泰山之東平陽、東武陽、寧陽，北海之膠陽，東海之開陽、曲陽、都陽，臨淮之射陽、蘭陽，丹陽之丹陽、陵陽、溧陽，豫章之鄱陽、鄡陽，桂陽之耒陽、桂陽、湞陽，武陵之無陽、辰陽、酉陽、零陽，零陵之洮陽，漢中之旬陽、沔陽、安陽，犍爲之江陽、武陽、漢陽，金城之枝陽，天水之略陽、阿陽，安定之涇陽、彭陽，北地之泥陽，上郡之定陽，鴈門之沃陽、劇陽，上谷之沮陽，漁陽之要陽，遼西之海陽，右北平之夕陽、聚陽，蒼梧之封陽，趙國之易陽，膠東之觀陽，長沙之益陽，已上皆見漢書地理志。

其水之下，必曰在某水之陽，合山水之稱陽者，百有五六十，至陰字則甚少，蓋面勢在背，自難立國邑耳。山之北者，唯華陰、山陰、龜陰、蒙陰、鶉陰、雕陰、襄陰，水之南者，汾陰、蕩陰、潁陰、汝陰、舞陰、濟陰、漢陰、晉陰、蒲陰、湘陰、漯陰、河陰、湖陰、江陰、淮陰、圜陰，僅三十而已。若樂陽、南陽、合陽、被陽、富陽（在泰山者）、昌陽、建陽（在東海者）、武陽之類，尚多有之，莫能知其爲山爲水也。

8 杜畿李泌董晉

漢建安中，河東太守王邑被召，郡掾衛固、范先請留之。固等外以請邑爲名，而内實與并州高幹通謀。曹操選杜畿爲太守，固等使兵絶陜津，數月不得渡。畿曰：「河東有三萬户，非皆欲爲亂也。吾單車直往，出其不意，固爲人多計而無斷，必僞受吾。吾得居郡一月，以計縻之足矣。」遂詭道從郖津度，固遂奉之。畿謂固、先曰：「衛、范，河東之望也，吾仰成而已。」比數十日，諸將斬固等首。

唐貞元初，陜虢兵馬使達奚抱暉殺節度使張勸，代總軍務，邀求旌節。德宗遣李泌往，欲以神策軍送之，泌請以單騎入，上加泌觀察使。泌出潼關，鄜坊步騎三千布於關外，曰：

「奉密詔送公。」泌寫宣以却之，疾驅而前。抱暉不使將佐出迎，去城十五里方出謁。泌稱其攝事保城壁之功，入城視事。明日，召抱暉至宅，語之曰：「吾非愛汝而不誅，恐自今有危疑之地，朝廷所命將帥皆不能入，故匄汝餘生。」抱暉遂亡命。

宣武節度使李萬榮疾病，其子迺爲兵馬使，欲爲亂，都虞候鄧惟恭執送京師。詔以東都留守董晉爲節度使。惟恭權軍事，自謂當代萬榮，不遣人迎晉。晉既受詔，即與傔從十餘人赴鎮，不用兵衛。至鄭州，或勸晉且留觀變。有自汴州出者，言不可入，晉不對，遂行。惟恭以晉來之速，不及謀，去城十餘里，乃帥諸將出迎。晉入，仍委以軍政。久之，惟恭内不自安，潛謀作亂，事覺，晉悉捕斬其黨，械惟恭送京師。

觀此三者，其危至矣。杜巖、李泌、董晉，皆以單車入逆城，從容妥定，其智勇過人如此。唐史猶譏晉爲懦弛苟安，殆不然也。是時，朝議以晉柔仁多可，恐不能集事，用汝州刺史陸長源爲行軍司馬以佐之。長源性剛刻，多更張舊事，晉初皆許之，案成則命且罷，由是軍中得安。初，劉玄佐、李萬榮、鄧惟恭時，士卒驕不能禦，乃置腹心之士，幕於公庭廡下，挾弓執劍以備之，時勞賜酒肉。晉至之明日，悉罷之。謂之懦弛，實爲失當。晉在汴三年而薨，長源代之，即爲軍士所殺。向使晉聽用其言，汴亂久矣。又李泌傳但云拜陜虢觀察使，開車道至三門，及殺淮西亡兵，於赴鎮事略不書，亦失之也。

9 嚴有翼詆坡公

嚴有翼所著藝苑雌黄，該洽有識，蓋近世博雅之士也。然其立説頗務譏詆東坡公，予嘗因論玉川子月蝕詩，誚其輕發矣。又有八端，皆近於蚍蜉撼大木，招後人攻擊。如正誤篇中，摭其用五十本葱爲「種薤五十本」，發丘中郎將爲「中郎解摸金」〔三〕，扁鵲見長桑君，使飲上池之水，爲「倉公飲上池」，鄭餘慶烝胡蘆爲盧懷慎云，如此甚多。坡詩所謂抉雲漢，分天章，萬斛泉源不擇地而出。若用葱爲薤，用校尉爲中郎，用扁鵲爲倉公，用餘慶爲懷慎，不失爲名語，於理何害！公豈一一如學究書生，案圖索駿，規行矩步者哉！四凶篇中，謂坡稱太史公多見先秦古書，四族之誅，皆非殊死，爲無所攷據。盧橘篇中謂坡詠枇杷云「盧橘是鄉人」，爲何所據而言。昌陽篇中昌蒲贊，以爲信陶隱居之言，以爲昌陽，不曾詳讀本草，妄爲此説。苦荼篇中謂「周詩記苦荼」爲誤用爾雅。如皐篇中，謂「不向如皐閑射雉」，與左傳杜注不合，其誤與江總「暫往如皐路」之句同。荔枝篇中，謂四月食荔枝詩，愛其體物之工，而坡未嘗到閩中，不識真荔枝，是特火山耳。此數者或是或非，固未爲深失，然皆不必爾也。最後一篇，遂名曰辨坡。謂雪詩云「飛花又舞謫仙簷」，李太白本言送酒，即無雪事；「水底笙歌蛙兩部」，無笙歌字。殊不知坡借花詠雪，以鼓吹爲笙歌，正是妙處。

「坐看青丘吞澤芥」，「青丘已吞雲夢芥」，用芥字和韻，及以澤芥對溪蘋，可謂工新。乃以爲出處曾不蔕芥，非草芥之芥。「知白守黑名曰谷」，正是老子所言，又以爲老子只云爲天下谷，非名曰谷也。如此論文章，其意見亦淺矣。

10　曹馬能收人心

曹操自擊烏桓，諸將皆諫，既破敵而還，科問前諫者，衆莫知其故，人人皆懼。操皆厚賞之，曰：「孤前行，乘危以徼倖，雖得之，天所佐也，顧不可以爲常。諸君之諫，萬安之計，是以相賞，後勿難言之。」魏伐吴，三征各獻計，詔問尚書傅嘏，嘏曰：「希賞徼功，先戰而後求勝，非全軍之長策也。」司馬師不從，三道擊吴，軍大敗。朝議欲貶出諸將，師曰：「我不聽公休，以至於此，此我過也，諸將何罪！」悉宥之。弟昭時爲監軍，唯削昭爵。雍州刺史陳泰求敕并州，并力討胡，師從之。未集，而二郡胡以遠役遂驚反，師又謝朝士曰：「此我過也，非陳雍州之責。」是以人皆愧悦。討諸葛誕於壽春，王基始至，圍城未合，司馬昭敕基斂軍堅壁，基累求進討，詔引諸軍轉據北山。基守便宜，上疏言：「若遷移依險，人心摇蕩，於勢大損。」書奏報聽。及壽春平，昭遺基書曰：「初，議者云云，求移者甚衆，時未臨履，亦謂宜然。將軍深筭利害，獨秉固心，上違詔命，下拒衆議，終於制敵禽賊，雖古人所述，不過是也。」然東關之敗，昭問於衆曰：「誰任其咎？」司馬王儀曰：「責在元帥。」昭怒曰：「司馬欲委罪於孤邪！」引出斬之。此爲謬矣。操及師、昭之姦逆，固不待言，然用兵之際，以善推人，以惡自與，并謀兼智，其誰不歡然盡心悉力以爲之用！袁紹不用田豐之計，敗於官渡，宜悉己謝之不暇〔四〕，乃曰：「吾不用豐言，卒爲所笑。」竟殺之。其失國喪師〔五〕，非不幸也。

11 取蜀將帥不利

自巴蜀通中國之後，凡割據擅命者，不過一傳再傳。而從東方舉兵臨之者，雖多以得儁，將帥輒不利，至於死貶。漢伐公孫述，大將岑彭、來歙遭刺客之禍，吴漢幾不免。魏伐劉禪，大將鄧艾、鍾會，皆至族誅。唐莊宗伐王衍，招討使魏王繼岌、大將郭崇韜、康延孝皆死。國朝伐孟昶，大將王全斌、崔彦進，皆不賞而受黜，十年乃復故官。

12 李嶠楊再思

李嶠、楊再思相唐中宗，皆以諛悦保位，爲世所詆，然亦有可稱。武后時，嶠爲給事中，來俊臣陷狄仁傑等獄，將抵死，敕嶠與大理少卿張德裕、侍御史劉憲覆驗。德裕等内知其冤，不敢異，嶠曰：「知其枉不申，是謂見義不爲者。」卒與二人列其枉。忤后旨，出爲潤州司馬，然仁傑數人竟賴此獲脱。嶠此舉可謂至難，而資治通鑑不載。神龍初，要官闕，執政以次用其親。韋巨源秉筆，當除十人，再思得其一，試問餘授，皆諸宰相近屬。再思喟然曰：「吾等誠負天下。」巨源曰：「時當爾耳。」再思此言，自狀其短，觀過知仁，亦足稱也。

校勘記

〔一〕至於宣慶諸使　庫本、祠本「宣慶」之上有「宣政」二字。

〔二〕在復山之南　庫本、祠本「復」前有「南陽」二字。

〔三〕中郎解摸金　庫本、祠本「中郎」作「校尉」。清抄本原作「校尉」，於「校尉」之旁，書「中郎」二字。

〔四〕宜悉己謝之不暇　庫本、祠本「悉」作「罪」。清抄本原作「罪」，於罪旁書「悉」字。李本作「悉」。細味文意，疑作「罪」是。今姑仍之。

〔五〕其失國喪師　「其」原脱，據李本補。

容齋五筆卷一 十九則

1 天慶諸節

大中祥符之世，諛佞之臣，造爲司命天尊下降及天書等事，於是降聖、天慶、天祺、天貺諸節並興。始時，京師宮觀每節齋醮七日，旋減爲三日、一日，後不復講。百官朝謁之禮亦罷。今中都未嘗舉行，亦無休假，獨外郡必詣天慶觀朝拜，遂休務，至有前後各一日。此爲敬事司命過於上帝矣，其當寢明甚，惜無人能建白者。

2 虢州兩刺史

唐韓休爲虢州刺史，虢於東、西京爲近州，乘輿所至，常税廐芻。休請均賦它郡，中書令張說曰：「免虢而與它州，此守臣爲私惠耳。」休復執論，吏白恐忤宰相意。休曰：「刺史幸知民之弊而不救，豈爲政哉！雖得罪，所甘心焉。」訖如休請。盧杞爲虢州刺史，奏言虢有官豕三千，爲民患。德宗曰：「徙之沙苑。」杞曰：「同州亦陛下百姓，臣謂食之便。」帝曰：「守虢而憂它州，宰相材也。」詔以豕賜貧民，遂有意柄任矣。俄召入，踰年拜相。案兩人皆以虢州守臣言公家事，而休見疑於名相，杞受知於猜主，遇合有命，信哉！

3　狐假虎威

諺有「狐假虎威」之語，稚子來叩其義，因示以戰國策、新序所載。戰國策云：「楚宣王問羣臣曰：『吾聞北方之畏昭奚恤也，果誠何如？』羣臣莫對。江乙對曰：『虎求百獸而食之，得狐，狐曰：「子無敢食我矣，天帝使我長百獸，今子食我，是逆天帝命也。子以我爲不信，吾爲子先行，子隨我後，觀百獸之見我而敢不走乎？」虎以爲然，故遂與之行。獸見之皆走，虎不知獸畏己而走也，以爲畏狐也。今王之地方五千里，帶甲百萬，而專屬之昭奚恤，故北方之畏奚恤也，其實畏王之甲兵也，猶百獸之畏虎也。』」新序並同。而其後云：「故人臣而見畏者，是見君之威也，君不用，則威亡矣。」俗諺蓋本諸此。

4　徐章二先生教人

徐仲車先生爲楚州教授，每升堂訓諸生曰：「諸君欲爲君子，而勞己之力，費己之財，如此而不爲，猶之可也；不勞己之力，不費己之財，何不爲君子！鄉人賤之，父母患之〔一〕，如此而不爲可也，鄉人榮之，父母欲之，何不爲君子！」又曰：「言其所善，行其所善，思其所善，如此而不爲君子者，未之有也。言其不善，行其不善，思其不善，如此而不爲小人者，未之有也。」成都冲退處士章詧，隱者，其學長於易、太玄，爲范子功解述大旨，再復擿詞曰：「『人之所好而不足者，善也；所醜而有餘者，惡也。君子能强其所不足，而拂其所有餘，則太玄之道幾矣。』此子雲仁義之心，予之於太玄，述斯而已。或者苦其思，艱其言，迂溺其所以爲數，而忘其仁義之大，是惡足以語道哉！」二先生之教人，簡易明白，學者或未知之，故表出于此。

5 張呂二公文論

張文潛誨人作文，以理爲主，嘗著論云：「自六經以下，至于諸子百氏、騷人、辯士論述，大抵皆將以爲寓理之具也。故學文之端，急於明理，如知文而不務理，求文之工，世未嘗有是也。夫決水於江、河、淮、海也，順道而行，滔滔汩汩，日夜不止，衝砥柱、絶呂梁，放於江湖而納之海，其舒爲淪漣，鼓爲濤波，激之爲風飈，怒之爲雷霆，蛟龍魚黿，噴薄出没，是水之奇變也。水之初豈若是哉，順道而決之，因其所遇而變生焉〔二〕。溝瀆東決而西竭，下滿而上虚，日夜激之，欲見其奇，彼其所至者，蛙蛭之玩耳。江、河、淮、海之水，理達之文也，不求奇而奇至矣。激溝瀆而求水之奇，此無見於理，而欲以言語句讀爲奇，反覆咀嚼，卒亦無有，此最文之陋也。」一時學者，仰以爲至言。予作史，采其語著於本傳中。

又，呂南公云：「士必不得已於言，則文不可以不工。蓋意有餘而文不足，則如吃人之辯訟，心未始不虛，理未始不直，然而或屈者，無助於辭而已矣。觀書契以來，特立之士未有不善於文者。士無志於立則已，必有志焉，則文何可以卑淺而爲之。故毅然盡心，思欲與古人並。」此南公與人書如此，予亦載之傳中。

6　郎官非時得對

唐肅宗在靈武，關東獻俘百，將即死，有歎者。司膳員外郎李勉過而問之，曰：「被脅而官，非敢反。」勉入見帝，曰：「寇亂之汙半天下，其欲澡心自歸無繇，如盡殺之，是驅以助賊也。」帝馳騎全宥。以一郎吏之微，而非時得入對，雖唐制不可詳知，想兵戈艱難時暫如是耳。

7　王安石棄地

熙寧七年，遼主洪基遣泛使蕭禧來言河東地界未決。八年再來，必欲以代州天池分水嶺爲界。詔詢于故相文彦博、富弼、韓琦、曾公亮以可與及不可許之狀，皆以爲不可。王安石當國，言曰：「將欲取之，必固與之。」於是詔不論有無照驗，擗撥與之。往時界於黄嵬山麓，我可以下瞰其應、朔、武三州，既以嶺與之，虜遂反瞰忻、代，凡東西失地七百里。案慶曆中，虜求關南十縣，朝廷方以西夏爲慮，猶不過增歲幣以塞其欲，至於土地，尺寸弗與。熙寧之兵力勝於曩時，而用蕭禧堅坐都亭之故，輕棄疆埸設險要害之處。安石果於大言，其實無詞以却之也。孫權謂：「魯肅勸吾借劉玄德地云：『帝王之起，皆有驅除，關羽不足忌。』此子敬内不能辨，外爲大言耳。」安石之語亦然。

8 雙生以前爲兄

續筆已書公羊傳注雙生子事，兹讀西京雜記，得一説甚詳，云：「霍將軍妻一産二子，疑所爲兄弟。或曰：『前生爲兄，後生爲弟，今雖俱日，亦宜以先生爲兄。』或曰：『居上者宜爲兄，居下者宜爲弟，居下者前生，今宜以前生爲弟。』光曰：『昔殷王祖甲一産二子，以卯日生嚚，以巳日生良，則以嚚爲兄，以良爲弟，若以在上者爲兄，嚚亦當爲弟矣。』許莊公一産二女，曰妖曰茂，楚大夫唐勒一産二子，一男一女，男曰正夫，女曰瓊華，皆以先生爲長。近代鄭昌時、文長倩並生二男，滕公一生二女，李黎生一男一女，並以前生爲長。霍氏亦以前生爲兄焉。」此最可證。

9 風俗通

應劭風俗通雖東漢末所作，然所載亦難盡信。其叙希姓者曰：「合浦太守虎旗、上郡太守邸杜、河内太守遇冲、北平太守賤瓊、東平太守到質、沐寵、北平太守卑躬、雁門太守宿詳、五原太守督瓚、汝南太守謁渙、九江太守荆修、東海太守郗熙、弘農太守移良、南郡太守爲昆、酒泉太守頻暢、北海太守處興、巴郡太守鹿旗、涿郡太守作顯、盧江太守貴遷、交趾太守賴先、外黄令集一、洛陽令諸於、單父令即賁、烏傷令昔登、山陽令職洪、高唐令用虯。」此二十君子，皆是郡守、縣令，惟移良之名曾見於史，恐未必然也。

10 俗語有出

今人意錢賭博，皆以四數之，謂之攤。案廣韻攤字下云：「攤蒱，四數也。」竹工謂屋椽上織篛曰篖笪，廣韻篖字下云：「笴篖，竹笪也〔三〕。」采帛鋪謂剪截之餘曰帵子。帵，一懽切。注：裁餘也。挑剔燈火之杖曰㮇，他念切。注：火杖也。李濟翁資暇集云：「意錢當曰攤鋪，疾道之，訛其音爲蒲。」此説不然。

11 昏主棄功臣

燕昭王伐齊，取其七十城，所存者惟莒、即墨，田單一旦悉復之，使齊復爲齊，而襄王聽幸臣九子之譖，單幾不免。秦苻堅舉百萬之師伐晉，賴謝安却之，而孝武帝聽王國寶之讒，安不能立於朝廷之上。桓温伐慕容暐，暐兵屢挫，議欲奔北，慕容垂一戰使燕復存，乃用慕容評之毁，垂竄身苻氏，國隨以亡。朱泚據京都，德宗播遷奉天，李懷光繼叛，李晟孤軍堅壁，竟平大難，而德宗用張延賞之譖，訖罷其兵，且百端疑忌，至於鞅鞅以死。自古昏主不明，輕棄功臣如此，真可歎也。

12 問故居

陶淵明問來使詩云："爾從山中來，早晚發天目。我屋南窗下，今生幾叢菊。薔薇葉已抽，秋蘭氣當馥。歸去來山中，山中酒應熟。"諸集中皆不載，惟晁文元家本有之。蓋天目疑非陶居處。然李太白云："陶令歸去來，田家酒應熟。"乃用此爾。王摩詰詩云："君自故鄉來，應知故鄉事。來日綺窗前，寒梅著花未？"杜公送韋郎歸成都云："爲問南溪竹，抽梢合過墻。"憶弟云："故園花自發，春日鳥還飛。"王介甫云："道人北山來，問松我東岡。舉手指屋脊，云今如許長。」古今詩人懷想故居，形之篇詠，必以松竹梅菊爲比興，諸子句皆是也〔四〕。至於杜公將別巫峽贈南卿兄瀼西果園詩云：「苔竹素所好，萍蓬無定居。遠遊長兒子，幾地別林廬。雜蘂紅相對，他時錦不如。具舟將出峽，巡圃念携鉏。」每讀至此，未嘗不爲之悽然。寄題草堂云：「尚念四小松，蔓草易拘纏。霜骨不甚長，永爲鄰里憐。」又一篇云：「四松初移時，大抵三尺强。別來忽三歲，離立如人長。」尤可見一時之懷抱也。

13　唐宰相不歷守令

唐楊綰、崔祐甫、杜黄裳、李藩、裴垍，皆稱英宰。然考其履歷，皆未嘗爲刺史、縣令。綰初補太子正字，擢右拾遺，起居、中書舍人，禮、吏部侍郎，國子祭酒，太常卿，拜相。祐甫初調壽安尉，歷藩府判官，入爲起居、中書舍人，拜相。黄裳初佐朔方府，入爲侍御史，太子賓客，太常卿，拜相。藩佐東都、徐州府，入爲祕書郎，郎中，給事中，拜相。垍由美原尉，四遷考功員外郎，中書舍人，户部侍郎，拜相。五賢行業，史策書之已詳，兹不復論。然則後之用人，必言踐揚中外，諳熟民情，始堪大用，殆爲隘矣。

14 張釋之柳渾

漢張釋之爲廷尉，文帝出行，有人驚乘輿馬，使騎捕之，屬廷尉。釋之奏當此人犯蹕，罰金。上怒，釋之曰：「方其時，上使使誅之則已。」顔師古謂：「言初執獲此人，天子即令誅之，其事即畢。」唐柳渾爲相，玉工爲德宗作帶，誤毁一銙，工私市它玉足之。帝識不類，怒其欺，詔京兆論死。渾曰：「陛下遽殺之則已，若委有司，須詳讞乃可。於法，罪當杖，請論如律。」由是工不死。予謂張、柳之論，可謂善矣。然張云「上使使誅之則已」，柳云「陛下遽殺之則已」，無乃啓人主徑殺人之端乎！斯一節，未爲至當也。

15 人臣震主

人臣立社稷大功，負海宇重望，久在君側，爲所敬畏，其究必至於招疑毁。漢高祖有天下，韓信之力爲多，終以挾不賞之功，戴震主之威，至於誅滅。霍光擁昭立宣，勢侔人主，宣帝謁見高廟，光從驂乘，上内嚴憚之，若有芒刺在背。其家既覆，俗傳之曰：「威震主者不畜，霍氏之禍，萌於驂乘。」周亞夫平定七國，景帝怒其固爭栗太子，由此疏之，後目送其出，曰：「此鞅鞅，非少主臣也。」訖以無罪殺之。謝安却苻堅百萬之衆，晉室復存，功名既盛，險詖求進之徒，多毁短之，孝武稍以疏忌，又信會稽王道子之姦扇，至使避位出外，終以至亡。齊文宣之篡魏，皆高德政之力，德政爲相，數彊諫，帝不悦，謂左右曰：「高德政恒以精神凌逼人。」遂殺之，并其妻子。隋文帝將篡周，欲引高熲入府，熲忻然曰：「願受驅馳，縱公事不成，亦不辭滅族。」及帝受禪，用爲相二十年，朝臣莫與爲比。熲自以爲任寄隆重，每懷至公，無自疑意。積爲獨孤皇后、漢王諒等所譖，帝欲成其罪，既罷之後，至云：「自其解落，瞑然忘之，如本無高熲。不可以身要君，自云第一也。」迨于煬帝，竟以冤誅。郭子儀再造王室，以身爲天下安危，權任既重，功名復大，德宗即位，自外召還朝，所領副元帥諸使悉罷之。李晟以孤軍復京城，不見信於庸主，使之晝夜泣，目爲之腫，卒奪其兵，百端疑忌，幾於不免。李德裕功烈光明，佐武宗中興，威名獨重，宣宗立，奉册太極殿，帝退謂左右曰：「向行事近我者，非太尉邪！每顧我，毛髮爲之森竪。」明日罷之，終於貶死海外。若郭崇韜、安重誨，皆然也。

16　五經秀才

唐楊綰爲相，以進士不鄉舉，但試辭賦浮文，非取士之實，請置五經秀才科。李栖筠、賈至以綰所言爲是，然亦不聞施行也。

17 陶潛去彭澤

晉書及南史陶潛傳皆云：「潛爲彭澤令，素簡貴，不私事上官。郡遣督郵至，縣吏白，應束帶見之。潛歎曰：『吾不能爲五斗米折腰，拳拳事鄉里小人。』即日解印綬去，賦歸去來以遂其志。」案陶集載此辭，自有序，曰：「余家貧，耕植不足以自給，彭澤去家百里，故便求之。及少日，眷然有歸歟之情。何則？質性自然，非矯勵所得，飢凍雖切，違己交病。悵然慷慨，深愧平生之志，猶望一稔，當斂裳宵逝〔五〕。尋程氏妹喪于武昌，情在駿奔，自免去職，在官八十餘日。」觀其語意，乃以妹喪而去，不緣督郵。所謂矯勵違己之說，疑心有所屬，不欲盡言之耳！詞中正喜還家之樂，略不及武昌，自可見也。

18 羌戎畏服老將

漢先零羌犯塞，趙充國往擊之。羌豪相數責曰：「語汝亡反，今天子遣趙將軍來，年八九十矣，善爲兵。今請欲壹鬬而死，可得邪！」充國時年七十六，訖平之。唐代宗時，回紇、吐蕃合兵入寇，郭子儀單騎見回紇，復與之和。諸酋長皆大喜曰：「鄉以二巫師從軍，巫言：『此行甚安穩，不與唐戰，見一大人而還。』今果然矣。」郭公是時年七十，乃知羌、戎畏服老將如此。班超久在西域，思歸，故其言云：「蠻夷之俗，畏壯侮老。」蓋有爲而云。

19　古人字只一言

檀弓云：「幼名冠字，五十以伯仲，周道也。」古之人命字，一而已矣。初曰子，已而爲仲爲伯，又爲叔爲季，其老而尊者爲甫，蓋無以兩言相連取義。若屈原離騷經：「名余曰正則兮，字余曰靈均。」案史記原字平，所謂「靈均」者，釋「平」之義，以緣飾詞章耳。下至西漢，與周相接，故一切皆然。除子房、子卿、子孟、子政、子孺、子長、子雲、子兄、子真、子公、子陽、子賓、子幼之外，若仲孺、仲卿、仲子、長卿、少卿、孺卿、君卿、客卿、游卿、翁卿、聖卿、長君、少君、穉君、游君、次君、贛君、近君、曼君、王孫、翁孫、次公、少公、孟公、游公、仲公、長公、君公、少叔、翁叔、長叔、中叔、子叔、長倩、曼倩、次倩、穉季、長孺、仲孺、幼孺、少孺、次孺、翁孺、君孺、長翁、弱翁、仲翁、少翁、君房、君賓、君倩、君敖、君蘭、君長、君仲、君孟、少季、少子、少路、少游、稚賓、稚圭、稚游、稚君、巨先、巨君、長賓、長房、翁思、翁子、翁仲之類，其義只從一訓，極爲雅馴。至於婦人，曰少夫、君俠、政君、君力、君弟、君之、阿君。單書一字者，若陳勝字涉，項籍字羽，彭越字仲，張歐、吴廣、枚乘字叔，楚元王交、朱雲字游，爰盎字絲，張釋之字季，鄭當時字莊，劉德字路，眭弘字孟。迨東漢以下，則不盡然。

校勘記

〔一〕鄉人賤之父母患之　馬本、庫本、祠本「患」作「惡」。

〔二〕因其所遇而變生焉　清抄本原校：「遇」一作「寓」。按：張耒集卷五十五答李推官書作「適」，張耒集校勘者謂一作「遇」。

〔三〕笴簵竹笪也　「竹」原作「行」，誤刊，據明抄本、馬本、庫本改。按，鉅宋廣韻卷二下平聲十一「唐」韻「簵」之下作「竹」。

〔四〕諸子句皆是也　「子」原作「此」，據馬本、庫本、祠本改。

〔五〕歛裳宵逝　清抄本原校：「逝」一作「遯」。

容齋五筆卷二 十五則

1 二叔不咸

左氏傳載富辰之言曰：「昔周公弔二叔之不咸，故封建親戚，以蕃屏周。」士大夫多以二叔爲管、蔡。案蔡仲之命云：「羣叔流言，乃致辟管叔于商，囚蔡叔，降霍叔爲庶人。」蓋三叔也。杜預注以爲周公傷夏殷之叔世，疏其親戚，以至滅亡，故廣封其兄弟。是以方叙說管、蔡、郕、霍十六國，其義昭然。所言親戚者，指兄弟耳。

2 官階服章

唐憲宗時，因數赦，官多汎階。又，帝親郊，陪祠者授三品、五品，不計考，使府軍吏以軍功借賜朱紫率十八。近臣謝，郎官出使，多所賜與。每朝會，朱紫滿庭，而少衣緑者，品服太濫，人不以爲貴，帝亦惡之。詔太子少師鄭餘慶條奏懲革。淳熙十六年，紹熙五年，連有覃霈，轉官賜服者衆。紹熙元年，予自當塗徙會稽，過闕，遇起居舍人莫仲謙於漏舍，仲謙云：「比赴景靈行香，見朝士百數，無一緑袍者。」又，朝議、中奉皆直轉行，故五品官不勝計，頗類元和也。

3 月非望而食

曆家論日月食，自漢太初以來，始定日食，不在朔則在晦，否則二日，然甚少。月食則有十四、十五、十六之差，蓋置望參錯也。天體有二交道，曰交初、曰交中。交初者，星家以爲羅睺。交中者，計都也。隱暗不可見，於是爲入交法以求之，然不過能求朔望耳。若餘日入交，則書所不載，由漢及唐二十八家，暨本朝十一曆，皆然。姑以慶元丁巳歲五次月食考之，二月望爲入交中，七月爲交初，唯十月二十日、二十一日連兩夜，乃以二更盡月食之既，纔兩刻復明，十一月十八夜復如之。案，此三食皆是交中。十月二十夜月在張五度，而計都在翼二度，次夜月在張十七度，計都未動，相距才四度耳。十一月十八夜，月在星五度，計都在張十九度，相距二十度。十二月十七夜，五更，月在星二度，入交陽末，卯初四刻交甚，食六分半，八刻退交。十八夜四更，月在張六度，入交中陰初，至寅四刻交甚，食九分，卯五刻退交。其驗如此。予竊又有疑焉。太陰一月一周天，必兩值交道，今年遂至八食，一一如星官、曆翁之説，仍不拘月望，則玉川子之詩不勝作矣，當更求其旨趣云。頃見太史局官劉孝榮言：「月本無光，受日爲明，望夜正與日對，故一輪光滿。或月行有遲疾先後，日光所不照處，則爲食。朔旦之日，日月同宮，如月在日上，掩太陽而過，則日光爲所遮，故爲日食。非此二日，則無薄食之理。」其說亦通。

4　慶善橋

饒州學非范文正公所建，予既書之矣。城内慶善橋之説，亦然。比因郡人修橋，拆去舊石，見其上鐫云「康定庚辰」。案范公以景祐乙亥爲待制，丙子知開封府，黜知饒州，後徙潤、越，至庚辰歲乃復職，帥長安，既去此久矣。

5　西漢以來加官

漢書百官表云，侍中、左右曹、諸吏、散騎、中常侍皆加官，所加或將軍、列侯、卿、大夫、將、都尉。給事中亦加官，所加或大夫、博士、議郎。其侍中、中常侍得入禁中，諸曹受尚書事，諸吏得舉法，散騎並步浪切。乘輿車。案漢世除授此等稱謂，殆若今之兼職者，不甚爲顯秩，然魏相以御史大夫而給事中〔一〕。它如劉向以宗正，散騎、給事中；蘇武以右曹，典屬國；揚雄爲諸吏，光禄大夫是也。至於金日磾以降虜爲侍中，其子賞、建，諸孫常、敞、岑、明、涉、湯、融、欽，皆爲左曹、諸吏、侍中〔二〕，故班史贊之云：「七世内侍，何其盛也。」蓋如今時閤門宣贊、祗候之類。但漢家多用士人，武帝所任莊助、朱買臣、吾丘壽王、東方朔諸人，皆天下選，此其所以爲人貴重。東漢大略亦然。晉、宋以來，又有給事黄門侍郎、散騎常侍、通直散騎常侍、散騎侍郎等，皆爲兼官，但視本秩之高下。已而復以將軍爲寵，齊高帝以太子詹事何戢領選，以戢資重，欲加常侍。褚淵曰：「臣與王儉既已左珥，若復加戢，則八座遂有三貂。若帖以驍、游，亦爲不少。」乃以爲吏部尚書，加驍騎將軍。唐有檢校官，文武散階、憲銜，乃此制也。國朝自真宗始創學士、直學士、待制、直閣職名，尤爲仕宦所慕。今自觀文殿大學士至直祕閣，幾四十種，不刊之典，明白易曉，非若前代之冗泛云。

6 呂望非熊

自李翰蒙求有「呂望非熊」之句，後來据以爲用。然以史策考之，六韜第一篇文韜曰：「文王將田，史編布卜曰：『田於渭陽，將大得焉。非龍非彲，螭。非虎非羆，兆得公侯，天遺汝師。』文王曰：『兆致是乎？』史編曰：『編之太祖史疇，爲禹占得皋陶兆〔三〕。』」史記云：「呂尚窮困年老，以漁釣干西伯，西伯將出獵，卜之，曰：『所獲非龍非彲，非虎非羆，所獲霸王之輔。』」後漢崔駰達旨云「漁父見兆於元龜」，注文乃引史記「非龍非驪，非熊非羆」

爲證。今之史記，蓋不然也。「非熊」出處，惟此而已。

7 唐曹因墓銘

慶元三年，信州上饒尉陳莊發土得唐碑，乃婦人爲夫所作。其文云：「君姓曹，名因，字鄙夫，世爲鄱陽人。祖、父皆仕於唐高祖之朝，惟公三舉不第，居家以禮義自守。及卒於長安之道，朝廷公卿、鄉鄰耆舊，無不太息。惟予獨不然，謂其母曰：『家有南畝，足以養其親，室有遺文，足以訓其子。肖形天地間，範圍陰陽内，死生聚散，特世態耳，何憂喜之有哉！』予姓周氏，公之妻室也。歸公八載，恩義有奪，故贈之銘曰：『其生也天，其死也天，苟達此理，哀復何言！』」予案唐世上饒本隸饒州，其後分爲信，故曹君爲鄱陽人。婦人能文達理如此，惜其不傳，故書之，以裨圖志之缺。

8 唐史省文之失

楊虞卿兄弟怙李宗閔勢，爲人所奔向。當時爲之語曰：「欲入舉場，先問蘇、張。蘇、張尚可，三楊殺我。」而新唐書減去「先」字。李德裕賜河北三鎮詔曰：「勿爲子孫之謀，欲存輔車之勢。」新書減去「欲」字。遂使兩者意義爲不鏗鏘激越，此務省文之失也。

9 李德裕論命令

李德裕相武宗，言從計行。韋弘質建言宰相不可兼治錢穀。德裕奏言：「管仲明於治國，其語曰：『國之重器，莫重於令。令重君尊，君尊國安，治人之本，莫要於令。故曰虧令者死，益令者死，不行令者死，留令者死，不從令者死，五者無赦。』又曰：『令在上，而論可否在下，是主威下繫於人也。』大和後，風俗寖敝，令出於上，非之在下，此敝不止，無以治國。臣謂制置職業，人主之柄，非小人所得干，弘質賤臣，豈得以非所宜言，妄觸天聽，是輕宰相也。」德裕大意欲朝廷尊、臣下肅，而政出宰相，故感憤切言之。予謂德裕當國，它相取充位而已。若如所言，則一命一令之出，臣下皆不得有言，諫官、御史、給事、舍人之職廢矣。弘質位給事中，亦非賤臣。宜其一朝去位，遂罹抵巇，皆自取之也。

10 漢武唐德宗

漢張湯事武帝，舞文巧詆以輔法，所治夷滅者多，旋以罪受誅。上惜湯，稍進其子安世，擢爲尚書令。安世宿衛忠正，肅敬不怠，勤勞國家，卒爲重臣，其可大用不疑。而武帝之意，乃以父湯故爾。唐盧杞相德宗，姦邪險賊，爲天下禍。以公議不容，譴逐致死。帝念之不忘，擢叙其子元輔，至兵部侍郎。元輔端靜介正，能紹其祖奕之忠規，陟之臺省要官，宜也。而德宗之意，乃以父杞故爾。且武帝之世，羣臣不幸而誅者，如莊助、朱買臣、吾丘壽王諸人，及考終名臣如汲黯、鄭莊、董仲舒、卜式，未嘗恤其孤。德宗輔相之賢如崔祐甫、李泌、陸贄皆身没則已。而獨於湯、杞二人卷卷如此，是可歎也。

11　諸公論唐肅宗

唐肅宗於干戈之際，奪父位而代之，然尚有可諉者。曰：「欲收復兩京，非居尊位，不足以制命諸將耳。」至於上皇還居興慶，惡其與外人交通，劫徙之西内，不復定省，竟以快快而終，其不孝之惡，上通於天。是時，元次山作中興頌，所書天子幸蜀，太子即位於靈武，直指其事。殆與洪範云「武王勝殷殺受」之詞同。其詞曰：「事有至難，宗廟再安，二聖重歡。」既言重歡，則知其不歡多矣。杜子美杜鵑詩：「我看禽鳥情，猶解事杜鵑。」傷之至矣。顏魯公請立放生池表云：「一日三朝，大明天子之孝；問安視膳，不改家人之禮。」東坡以爲彼知肅宗有愧於是也。黄魯直題磨崖碑尤爲深切：「撫軍監國太子事，何乃趣取大物爲？事有至難天幸爾，上皇局脊還京師。南内淒涼幾苟活，高將軍去事尤危。臣結春秋二三策〔四〕，臣甫杜鵑再拜詩。安知忠臣痛至骨，世上但賞瓊琚詞。」所以揭表肅宗之罪，極矣。

12 孫馬兩公所言

盧照鄰有疾，問孫思邈曰：「高醫愈疾奈何？」答曰：「天有四時五行，寒暑迭居，和爲雨，怒爲風，凝爲雪霜，張爲虹蜺，天常數也。人之四支五藏，一覺一寐，吐納往來，流爲榮衛，章爲氣色，發爲音聲，人常數也。陽用其形，陰用其精，天人所同也。失則烝生熱，否生寒，結爲瘤贅，陷爲癰疽，奔則喘乏，竭則焦槁，發乎面，動乎形。天地亦然，五緯縮贏，孛彗飛流，其危診也。寒暑不時，其烝否也。石立土踊，是其瘤贅。山崩土陷，是其癰疽。奔風暴雨，其喘乏。川瀆竭涸，其焦槁。高醫導以藥石，救以砭劑，聖人和以至德，輔以人事，故體有可愈之疾，天有可振之災。」睿宗召司馬子微問其術，對曰：「爲道日損，損之又損，以至於無爲。夫心目所知，見每損之尚不能已，况攻異端而增智慮哉。」帝曰：「治身則爾，治國若何？」曰：「國猶身也，故游心於淡，合氣於漠，與物自然，而無私焉，而天下治。」孫公、司馬所言，皆至道妙理之所寓，治心養性，宜無出此者矣。

13 元微之詩

唐書藝文志元稹長慶集一百卷，小集十卷，而傳於今者，惟閩、蜀刻本，爲六十卷。三館所藏，獨有小集。文惠公鎮越，以其舊治，而文集蓋缺，乃求而刻之。外春游一篇云：「酒户年年減，山行漸漸難。欲終心懶慢〔五〕，轉恐興闌散。鏡水波猶冷，稽峯雪尚殘。不能辜物色，乍可怯春寒。遠目傷千里，新年思萬端。無人知此意，閑凭小欄干。」白樂天書之，題云元相公春游。文惠爲列之於集外。錢思公藏其真跡，穆父守越時，摹刻于蓬萊閣下，今不復存。集中逸此詩，李端民平叔嘗和其韻寄公云：「東閣經年別，窮愁客路難。望塵驚岳峙，懷舊各雲散。茵醉恩逾厚，檣歌興未殘。馮唐嗟已老，范叔敢言寒。玉燭調魁柄，陽春在筆端。應憐掃門役，白首滯江干。」樂天所書，予少時得其石刻，後亦失之。

14 諫繚綾戲龍羅

李德裕爲浙西觀察使，穆宗詔索盤條繚綾千匹，德裕奏言：「立鵝、天馬、盤條、掬豹，文彩怪麗，惟乘輿當御，今廣用千匹，臣所未諭。」優詔爲停。崇寧間，中使持御札至成都，令轉運司織戲龍羅二千，繡旗五百，副使何常奏：「旗者，軍國之用，敢不奉詔。戲龍羅唯供御服，日衣一匹，歲不過三百有奇，今乃數倍，無益也。」詔奬其言，爲減四之三。以二事觀之，人臣進言於君，切而不許，蓋無有不聽者。何常所論，甚與德裕相類云。

15 詳正學士

唐太宗時，命祕書監魏徵寫四部羣書，將藏内府，置讎正二十員。後又詔虞世南、顔師古踵領之，功不就。顯慶中罷讎正官，使散官隨番刊正。後詔東臺侍郎趙仁本等，充使檢校，置詳正學士以代散官，此名甚雅，不知何時罷去。然祕省自有校書郎、正字，使正名責實足矣。紹興中，以貴臣提舉祕書省，而置編定書籍官二員，亦其類也。

校勘記

〔一〕魏相以御史大夫而給事中　庫本、祠本「而」作「兼」。

〔二〕皆爲左曹諸吏侍中　庫本、祠本「爲」作「以」。

〔三〕爲禹占得皐陶兆　「兆」原作「比」，據庫本、祠本改。

〔四〕臣結春秋二三策　庫本、祠本「春秋」作「春陵」。按，明陳斗訂補浯溪詩文集卷上録此詩作「舂陵」。疑作「舂陵」是。

〔五〕欲終心懶慢　清抄本原校：「終」一作「中」。按，全唐詩卷一百五十四作「終」。

容齋五筆卷二十五則

1 人生五計

朱新仲舍人常云：「人生天地間，壽夭不齊，姑以七十爲率：十歲爲童兒，父母膝下，視寒暖燥濕之節，調乳哺衣食之宜，以須成立，其名曰生計；二十爲丈夫，骨强志健，問津名利之場，秣馬厲兵，以取我勝，如驥子伏櫪，意在千里，其名曰身計；三十至四十，日夜注思，擇利而行，位欲高，財欲厚，門欲大，子息欲盛，其名曰家計；五十之年，心怠力疲，俯仰世間，智術用盡，西山之日漸逼，過隙之駒不留，當隨緣任運，息念休心，善刀而藏，如蠶作繭，其名曰老計；六十以往，甲子一周，夕陽銜山，倏爾就木，内觀一心，要使絲毫無慊，其名曰死計。」朱公每以語人，以身計則喜，以家計則大喜，以老計則不答，以死計則大笑，且曰：「子之計拙也。」朱既不勝笑者之衆，則亦自疑其計之拙，曰：「豈皆惡老而諱死邪！」因爲南華長老作大死庵記，遂識其語。予之年齡踰七望八，當以書諸紳云。

2 瀛莫間二禽

瀛、莫二州之境，塘濼之上有禽二種。其一類鵠，色正蒼而喙長，凝立水際不動，魚過其下則取之，終日無魚，亦不易地。名曰信天緣。其一類鶩，奔走水上，不問腐草泥沙，啑啑然必盡索乃已，無一息少休。名曰漫畫。信天緣若無能者，乃與漫畫均度，一日無飢色，而反加壯大。二禽皆稟性所賦，其不同如此。

3 士大夫避父祖諱

國朝士大夫，除官避父、祖名諱，蓋有不同。不諱嫌名，二名不偏諱，在禮固然，亦有出於一時恩旨免避，或旋爲改更者。建隆創業之初，侍衛帥慕容彦釗、樞密使吴廷祚皆拜使相，而彦釗父名章，廷祚父名璋，制麻中爲改同中書門下平章事爲同二品。紹興中，沈守約、湯進之二丞相，父皆名舉，於是改提舉書局爲提領，自餘未有不避者。吕希純除著作郎，以父名公著而辭。然富韓公之父單名言，而公以右正言知制誥，韓保樞之子忠憲公億，孫絳、縝，皆歷位樞密，未嘗避。豈别有説乎？

4 元正父子忠死

唐安禄山表權皋入幕府，皋度禄山且叛，以其猜虐不可諫，欲行，慮禍及親，因獻俘京師，在道詐死，既唅斂而逸去。皋母謂實死，慟哭感行路，故禄山不之虞，歸其母，皋潛奉侍，晝夜南奔。既渡江而禄山反。天下聞其名，争取以爲屬。甄濟居青巖山，諸府五辟，詔十至，堅卧不起。安禄山入朝，求濟於玄宗，授范陽掌書記，濟不得已而起。察禄山有反謀，不可諫，因謁歸，陽歐血不支，舁歸舊廬。禄山反，使封刀召之，曰：「即不起，斷其首。」濟引頸待之。使以實病告，慶緒復使强輿至東都〔一〕。會廣平王平東都，詣軍門上謁，肅宗使汙賊官羅拜，以媿其心。唐書列二人於卓行傳，褒之至矣。有元正者，在河南幕府，史思明陷河、洛，輦父匿山中，賊以名召之。正度事急，謂弟曰：「賊禄不可養親，彼利吾名，難免矣。然不汙身而死，吾猶生也。」賊既得，誘以高位，瞋目固拒，兄弟皆遇害。父聞，仰藥死。事平，詔録伏節十一姓，而正爲冠。皋、濟之終，與正皆贈祕書少監。予謂皋、濟得生，而正一門皆并命，故當時以爲伏節之冠。而唐史不列之忠義、卓行中，但附見於其祖萬頃文藝之末，資治通鑑亦不載其事，使正之名寂寥不章顯，爲可恨也。白樂天作張詠碑云：「以左武衛參軍分司東都，屬安禄山陷覆洛京，以僞職淫刑，脅劫士庶，公與同官盧巽潛遁于陸渾山，食木實，飲泉水者二年，訖不爲逆命所汙。肅宗詔河南搜訪不仕賊庭、隱藏山谷者，得六人以應詔，公與巽在焉。繇是名節聞于朝，優詔褒美，特授密縣主簿。」

5 蕭穎士風節

蕭穎士爲唐名人，後之學者但稱其才華而已，至以笞楚童奴爲之過。予反復考之，蓋有風節識量之士也。爲集賢校理，宰相李林甫欲見之，穎士不詣，林甫怒其不下己。後召詣史館，又不屈，愈見疾，至免官更調河南參軍。安禄山寵恣，穎士陰語柳并曰：「胡人負寵而驕，亂不久矣。東京其先陷乎！」即託疾去。禄山反，往見河南採訪使郭納，言禦守計，納不用。歎曰：「肉食者以兒戲禦劇賊，難矣哉。」聞封常清陳兵東京，往觀之，不宿而還，身走山南，節度使源洧欲退保江陵，穎士説曰：「襄陽乃天下喉襟，一日不守，則大事去矣。公何遽輕土地取天下笑乎？」洧乃按甲不出。洧卒，往客金陵，永王璘召之，不見。劉展反，圍雍丘，副大使李承式遣兵往救，大宴賓客，陳女樂。穎士曰：「天子暴露，豈臣下盡歡時邪！夫投兵不測，乃使觀聽華麗，誰致其死哉。」弗納。穎士之言論操持如此，今所稱之者淺矣。李太白，天下士也，特以墮永王亂中，爲終身累。穎士，永王召而不見，則過之焉。

6 石尤風

石尤風，不知其義，意其爲打頭逆風也。唐人詩好用之。陳子昂入峽苦風云：「故鄉今日友，歡會坐應同。寧知巴峽路，辛苦石尤風。」戴叔倫送裴明州云：「瀟水連湘水，千波萬浪中。知君未得去，慙愧石尤風。」司空文明留盧秦卿云：「知有前期在，難分此夜中。無將故人酒，不及石尤風。」計南朝篇詠，必多用之，未暇憶也。

7 江楓雨菊

作詩要有來處，則爲淵源宗派。然字字執泥，又爲拘澁。予於此學，無自得之見，少年時，尤失之琱琢。記一聯，初云：「雨深荒病菊，江冷落愁楓。」後以其太險，改爲：「雨深人病菊，江冷客愁楓。」比前句微有蘊藉。蓋取崔信明「楓落吴江冷」，杜老「雨荒深院菊」、「南菊再逢人卧病」，嚴武「江頭赤葉楓愁客」，合而用之。乃如補衲衣裳，殊爲可笑。聊書之以示兒輩云。

8 開元宮嬪

自漢以來，帝王妃妾之多，唯漢靈帝、吴歸命侯、晉武帝、宋蒼梧王、齊東昏、陳後主。晉武至於萬人。唐世明皇爲盛，白樂天長恨歌云「後宫佳麗三千人」，杜子美劍器行云「先帝侍女八千人」，蓋言其多也。新唐史所叙，謂開元、天寶中，宫嬪大率至四萬。嘻，其甚矣。隋大業離宫徧天下，所在皆置宫女。故裴寂爲晉陽宫監，以私侍高祖，及高祖義師經過處，悉罷之。其多可想。

9 相里造

唐内侍監魚朝恩，怙貴誕肆，凡詔會羣臣計事，折愧坐人出其上，雖宰相元載辯彊，亦拱默。唯禮部郎中相里造、殿中侍御史李衎，酬詰往返，未始降屈。朝恩不懌，黜衎以動造，又謀將易執政，以震朝廷，乃會百官都堂，且言：「今水旱不時，屯軍餽運困竭，天子卧不安席，宰相何以輔之？不退避賢路，尚何賴乎〔二〕！」宰相俛首，坐皆失色。造徙坐從之，因曰：「陰陽不和，五穀踊貴，皆軍容事，宰相何與哉！且軍帑不散，故天降之沴。今京師無事，六軍可相維鎮，又屯十萬，餽糧所以不足，百司無稍食，軍容爲之。宰相行文書而已，何所歸罪！」朝恩拂衣去，曰：「南衙朋黨且害我。」此段載於唐史宦者傳中，不能記相里造之本末。予謂造當閹侍威權震主生殺在手之時，以區區一郎吏，而抗身與爲敵，後來名人議論及敘列忠言鯁詞，未見有稱述之者，通鑑亦不書，聊紀於此，以章潛德。同時劉給事爭幸河中，亦然。

10 先公詩詞

先忠宣公好讀書，北困松漠十五年，南謫嶺表九年，重之以風淫末疾，而繙閱書策，早暮不置，尤熟於杜詩。初歸國到闕，命邁作謝賜物一劄子，竄定兩句云：「已爲死別，偶遂生還。」謂邁曰：「此雖不必泥出處，然有所本更佳。東坡海外表云：『子孫慟哭於江邊，已爲死別。』杜老羌村詩云：『世亂遭飄蕩，生還偶然遂。』正用其語。」在鄉邦日，招兩使者會集，出所將宣和殿書畫舊物示之。提刑洪慶善作詩曰：「願公十襲勿浪出，六丁取將飛辟歷。」二字如古文，不從雨。公和之曰：「萬里懷歸爲公出，往事宣和空歷歷。」邁請其意，曰：「亦出杜詩『歷歷開元事，分明在目前』也。」紹興丁巳，所在始歌江梅引詞，不知爲誰人所作，己未、庚申年，北庭亦傳之。至于壬戌，公在燕，赴張總侍御家宴，侍妾歌之，感其「念此情，家萬里」之句，愴然曰：「此詞殆爲我作。」既歸不寐，遂用韻賦四闋。時在囚拘中，無書可檢，但有初學記、韓、杜、蘇、白樂天集，所引用句語，一一有來處。北方不識梅花，士人罕有知梅事者，故皆注所出。其一憶江梅云：「天涯除館憶江梅。幾枝開。使南來。還帶餘杭春信到燕臺。准擬寒英聊慰遠，隔山水，應銷落，赴愬誰。空恁遐想笑摘蕊。斷回腸，思故里，漫彈綠綺。引三弄，不覺魂飛。更聽胡笳哀怨淚沾衣。亂插繁華須異日，待孤諷，怕東風，一夜吹。」元注引杜公：「忽憶兩京梅發時。」「胡笳在樓上，哀怨不堪聽。」「安得健步移遠梅，亂插繁華向晴昊〔三〕。」樂天憶杭州梅花：「三年閑悶在餘杭，曾爲梅花醉幾場。」車駕時在臨安。柳子厚：「欲爲萬里贈，杳杳山水隔。寒英坐銷落，何用慰遠客。」江總：「桃李佳人欲相照，摘蕊牽花來並笑。」高適：「遥憐故人思故鄉，梅花滿枝空斷腸。」盧仝：「含愁更奏綠綺琴，相思一夜梅花發。」劉方平：「晚歲芳梅樹，繁花四面同。東風吹漸落，一夜幾枝空。」東坡：「忽見早梅花，不飲但孤諷。」「一夜東風吹石裂，半隨飛雪度關山。」

其二訪寒梅云：「春還消息訪寒梅。賞初開。夢吟來。映雪銜霜清絶繞風臺。可怕長洲桃李妬，度香遠，驚愁眼，欲媚誰。曾動詩興笑冷蕊，効少陵，慚下里。萬株連綺。歎金谷，人墜鶯飛。引領羅浮翠羽幻青衣。月下花神言極麗，且同醉，休先愁，玉笛吹。」注引李太白：「聞道春還未相識，走傍寒梅訪消息。」「綠珠樓下梅花滿，今日曾無一枝在。」江總：「金谷萬株連綺甍，梅花隱處藏嬌鶯。」何遜：「銜霜當路發，映雪擬寒開。枝橫却月觀，花繞凌風臺。」杜公：「東閣官梅動詩興，還如何遜在揚州。」「未將梅蘂驚愁眼，要取楸花媚遠天。」「巡簷索共梅花笑，冷蘂疎枝半不禁。」樂天：「賞自初開直至落。」「莫怕長洲桃李妬，明年好爲使君開。」王昌齡夢中作梅花詩。梁簡文賦「香隨風而遠度」，及趙師雄羅浮見美人在梅花下有翠羽啾嘈相顧詩云：「學粧欲待問花神。」崔櫓：「初開已入雕梁畫，未落先愁玉笛吹。」

其三憐落梅云：「重閨佳麗最憐梅。牖春開，學粧來。爭粉翻光何遽落梳臺。笑坐雕鞍歌古曲，催玉柱，金巵滿，勸阿誰。貪爲結子藏暗蘂。斂娥眉，隔千里。舊時羅綺。已零散，沈、謝雙飛。不見嬌姿真悔著單衣。若作和羹休訝晚，墮煙雨，任春風，片片吹。」注引梁簡文賦：「重閨佳麗，貌婉心嫻。憐早花之驚節，訝春光之遺寒。」「顧影丹墀，弄此嬌姿。洞開春牖，四卷羅帷。春風吹梅畏落盡，賤妾爲此斂娥眉。」又：「爭樓上之落粉，奪機中之織素。」梁王詩：「翻光同雪舞。」鮑泉：「縈窗落梳臺。」江總：「滿酌金巵催玉柱，落梅樹下宜歌舞。」太白：「千金駿馬邀少妾，笑坐雕鞍歌落梅。」古曲有落梅花。又：「片片吹落春風香。」謝莊賦：「隔千里兮共明月。」庾信：「早知覓不見，真悔著衣單。」東坡：「抱叢暗蘂初含子。」「玉妃謫墮煙雨村。」王建：「自是桃花貪結子。」

第四篇失其稿，每首有一笑字，北人謂之「四笑江梅引」，爭傳寫焉。

11 州縣名同

晉、宋以來，置立州郡，惟以多爲貴。先是中原陷胡、羯，本土遺民，或僑寓南方，故即其所聚爲立郡。而方伯所治之州，亦仍舊名。如南徐、南兖、南豫、南雍州、南蘭陵、南東海、南琅邪、南東莞、南魯郡，其類不一。魏、周在北，亦如此。隋、唐不復然。國朝之制，州名或同，則增一字以别之。若河北有雄州、恩州，故廣東者增南字。蜀有劍州，故福建者亦增南字。以至西和、西安州亦然。其聲音頗同，患於舛誤，則俗間稱呼，自加上下東西爲别。故稱岳爲上岳，鄂爲下鄂。清州與青類，稱爲北清，鄆州與潁類，稱爲西鄆。融州與容類，稱爲西融者是也。若縣邑則不問。今河南、靜江府、鞏州皆有永寧縣，饒、邛、衡州皆有安仁縣，蔡、英之真陽，廬、汝之梁，光、台之仙居，臨安、建昌之新城，越、筠之新昌，婺、蜀之永康，處、吉之龍泉，嚴、池之建德，渭、秀之華亭，信、吉之永豐，郴、興國之永興，衢、嘉之龍游，施、臨江之清江，洪、萬之武寧，福、循之長樂，郴、連之桂陽，福、桂之永福是也。

12　三衙軍制

乾道四年正月，邁爲中書舍人，因入對，論三衙軍制名稱不正：

以祖宗之制論之，軍職之大者，凡八等。除都指揮使或不常置外，曰殿前副都指揮使、馬軍副都指揮使、步軍副都指揮使，曰殿前都虞候、馬軍都虞候、步軍都虞候，曰捧日天武四廂都指揮使、龍神衛四廂都指揮使〔四〕，秩秩有序，若登梯然，不可一級輒廢。一或有闕，即以功次遞遷。降此而下，則分營、分廂，各置都副指揮使，如捧日左廂第一軍、天武右廂第二軍之類。邊境有事，命將討捕，則旋立總管、鈐轄、都監之名，使各將其所部以出。事已則復初。累聖相承，皆用此術，以制軍詰禁。自南渡以後，觸事草創，於是三帥之資淺者，始有主管某司公事之稱。而都虞候以下，不復設置，乃以宿衛虎士而與在外諸軍同其名，以統制、統領爲之長。又使遥帶外路總管、鈐轄。以考之舊制則非法，稽之事體則非是。以陛下聖明，能知人善任，使所謂爪牙之士，豈無十數人以待用者！若法祖宗之制，正三衙之名，改諸軍爲諸廂，改統制以下爲都虞候、指揮使，使宿衛之職預有差等，士卒之心明有所係，異時拜將，必無一軍皆驚之舉。於以銷壓未萌，循名責實，則環衛將軍雖不置可也。乞下樞密院討論故實，圖議其當，恐或可以少贊布昭聖武之意。

讀劄子畢，孝宗甚喜，即批付樞密院。是時，知院虞允文使四川，同知劉珙不樂，曰：「舍人要如何行？」對之以：「但隨所見敷陳，若施行與否，自係廟堂處分。」竟寢不行。後閱華陽集，王珪撰高瓊神道碑云：「王爲殿前都指揮使，管軍員闕，兼領二司，王乃言曰：『臣老矣，如有負薪之憂，誰爲可任者？先朝自殿前而下，各置副都指揮使及都虞候，常有十人，職近事親，易以第進，又使士卒預識其威名，緩急臨戎，上下得以附習，此軍制之大要也。』有旨從之。」據瓊所言如此，正合前説。

13 歐陽公勳封贈典

吉州新刊歐陽公文集，於年譜下盡載官爵、制詞，無一遺落。考之今制，多有不合。雖非事之所以損益，謾書於策，且記典章隨時之異云。公自太子中允初加勳，便得騎都尉，越過驍、武、飛、雲四級，自龍圖閣直學士初封爵，便得信都縣子，越過男一等。翰林學士加恩而得五百户，初加實封，便得二百户。及罷政，爲觀文學士，遇郊而加食邑五百户，實封二百户。薨之後，以子登朝，遇大禮，自太子太師合贈司空，而躐贈太尉，蓋超空、徒、保、傅四官。再贈即爲太師，仍封國公。今殊不然，除勳官既罷外，侍從初封，亦從縣男爲始。每加不過三百户。待制侍郎只二百。初得實封財百户。執政去位，但與侍從同，均爲虚邑三百而已。身後加贈，只單轉一官，兩子升朝，乃進二官，雖三四人亦不增，未有宫師直贈太尉者。今太傅也。又公任知制誥、知潁州轉官而與直龍圖閣、知亳州王洙同一詞。唐書成，進秩，五人同制。公與宋景文公、范忠文公〔五〕、王忠簡公皆帶從官職，而宋次道乃集賢校理耳。

14　嘉祐四真

嘉祐中，富韓公爲宰相，歐陽公在翰林，包孝肅公爲御史中丞，胡翼之侍講在太學，皆極天下之望。一時士大夫相語曰：「富公真宰相，歐陽永叔真翰林學士，包老真中丞，胡公真先生。」遂有四真之目。歐陽公之子發、棐等叙公事迹載此語，可謂公言。

15　五方老人祝聖壽

聖節所用祝頌樂語，外方州縣各當筵致語一篇，又有王母隊者，若教坊，唯祝聖而已。歐陽公集，乃載五方老人祝壽文五首，其東方曰：「但某太山老叟，東海真仙，溜穿石而曾究始終，松避雨而備知歲月。羲氏定三百六日，嘗守寅賓之官；夷吾紀七十二君，盡覩登封之事。遇安期而遺棗，笑方朔之偷桃。風入律而來自巖前，斗指春而光臨洞口。昔漢武帝嘗懷三島之勝遊，有羡門生欲謁巨公於昭代。今則紫庭降聖，華渚開祥。遠離朝日之方，來展望雲之懇。千八百國，咸歸至治之風；億萬斯年，共禱無疆之壽。」其頌只四句，西、中、南、北方皆然。集中不云何處所作，今無復用之。

校勘記

〔一〕慶緒復使强輿至東都　「强」原作「輿」，據馬本、庫本、祠本改。按：新唐書卷一九四甄濟傳作「强」。

〔二〕不退避賢路尚何賴乎　「賴」原作「須」，據馬本、祠本改。按新唐書卷二百七魚朝恩傳作「賴」。

〔三〕亂插繁華向晴昊　「昊」原作「漢」。祠本作「昊」，杜集作「昊」，今據改。

〔四〕龍神衛四廂都指揮使　李本「龍神」作「神龍」。

〔五〕范忠文公　「忠文」原作「文忠」。按，此處乃言歐陽修與宋祁、范鎮（景仁）等修唐書事。鎮修唐書，謚忠文，見蘇軾文集卷十四范景仁墓誌銘。今改「文忠」爲「忠文」。按，祠本亦誤作「文忠」。

容齋五筆卷四 九則

1 作詩旨意

詩三百篇中，其譽婦人者至多。如叙宗姻之貴者，若「平王之孫，齊侯之子」，「汾王之甥，蹶父之子」，「齊侯之子，衛侯之妻，東宫之妹，邢侯之姨，譚公維私」。夸服飾之盛者，若「副笄六珈」，「如山如河」，「玉之瑱也，象之揥也」。贊容色之美者，若「唐棣之華」，「華如桃李」，「鬒髮如雲」，「手如柔荑，膚如凝脂，領如蝤蠐，齒如瓠犀，螓首蛾眉。巧笑倩兮，美目盼兮」，「顔如舜華」，「洵美且都」。語嫁聘之侈者，若「百兩彭彭，八鸞鏘鏘，不顯其光。諸娣從之，祁祁如雲，爛其盈門」。其詞可謂盡善矣。魏、晉、六朝流連光景，不可勝述。唐人播之歌詩，固亦極摯。若「態濃意遠淑且真，肌理細膩骨肉匀。綉羅衣裳照暮春，蹙金孔雀銀麒麟」，「翠微匌葉重鬢脣，珠壓腰衱穩稱身」，「深宫高樓入紫清，金作蛟龍盤繡楹。佳人當窗弄白日，絃將手語彈鳴箏」，「回眸一笑百媚生，六宫粉黛無顔色」，「後宫佳麗三千人，三千寵愛在一身」，「金屋粧成嬌侍夜，玉樓宴罷醉和春」，「樓上樓前盡珠翠，眩轉熒煌照天地」。此皆李、杜、元、白之麗句也。予獨愛朱慶餘閨意一絶句上張籍水部者曰：「洞房昨夜停紅燭，待曉堂前拜舅姑。粧罷低聲問夫壻，畫眉深淺入時無？」細味此章，元不談量女之容貌，而其華豔韶好，體態温柔，風流醞藉，非第一人不足當也。歐陽公所謂「狀難寫之景如在目前，含不盡之意見於言外，然後爲工」，斯之謂也。慶餘名可久，以字行。登寶曆進士第，而官不達。著録於藝文志者只一卷，予家有之，他不逮此。張籍酬其篇云：「越女新粧出鏡心，自知明艶更沉吟。齊紈未是人間貴，一曲菱歌直萬金。」其愛之重之，可見矣。然比之慶餘，殊爲不及。

2 平王之孫

周南、召南之詩，合爲二十有五篇。自漢以來爲之説者，必系之文、武、成、康，故不無牴牾。如何彼襛矣乃美王姬之詩，其辭有「平王之孫，齊侯之子」兩句，翻覆再言之。毛公箋云：「武王女，文王孫，適齊侯之子。」鄭氏不立説。考其意，蓋以平王爲平正之王，齊侯爲齊一之侯，若所謂武王載旆，成王之孚，成王不敢康，非指武與成者。然證諸春秋經，魯莊公元年，當周莊王之四年，齊襄公之五年，書曰「單伯送王姬」，繼之以「築王姬之館于外」，又繼之以「王姬歸于齊」。杜預注云：「王將嫁女于齊，命魯爲主。莊公在諒闇，慮齊侯當親迎，不忍便以禮接於廟，故築舍於外。」末書「歸于齊」者，終此一事也。十一年又書「王姬歸于齊」，傳言「齊侯來逆共姬」，乃桓公也。莊王爲平王之孫，則所嫁王姬當是姊妹，齊侯之子即襄公、桓公也。二者必居一于此矣。明白如是，而以爲武王女，文王孫，於義何取。

3 毛詩語助

毛詩所用語助之字，以爲句絶者，若之、乎、焉、也、者、云、矣、爾、兮、哉，至今作文者皆然。他如只、且、忌、止、思、而、何、斯、旃、其之類，後所罕用。「只」字如「母也天只，不諒人只」，「且」字如「椒聊且」、「遠條且」、「狂童之狂也且」、「既亟只且」。「忌」字如「叔善射忌，又良御忌」。「止」字如「齊子歸止」、「曷又懷止」、「女心傷止」。「思」字如「不可求思」、「爾羊來思」、「今我來思」。「而」字如「俟我於著乎而，充耳以素乎而，尚之以瓊華乎而」。「何」字如「如此良人何」、「如此粲者何」。「斯」字如「恩斯勤斯，鬻子之閔斯」、「彼何人斯」。「旃」字如「舍旃舍旃」。「其」字，音基。如「夜如何其」、「子曰何其」皆是也。「忌」唯見於鄭詩，「而」唯見於齊詩。楚詞大招一篇全用「只」字。太玄經：「其人有輯杭，可與過其。」至於「些」字，獨招魂用之耳。

4 東坡文章不可學

東坡作蓋公堂記，云：「始吾居鄉，有病寒而欬者，問諸醫，醫以爲蠱，不治且殺人。取其百金而治之，飲以蠱藥，攻伐其腎腸，燒灼其體膚，禁切其飲食之美者。期月而百疾作，内熱惡寒而欬不已，纍然真蠱者也。又求於醫，醫以爲熱，授之以寒藥，旦朝吐之，莫夜下之，於是始不能食。懼而反之，則鍾乳、烏喙，雜然並進，而漂疽、癰疥、眩瞀之狀，無所不至。三易醫而病愈甚。里老父教之曰：『是醫之罪，藥之過也。子何疾之有！人之生也，以氣爲主，食爲輔。今子終日藥不釋口，臭味亂于外，而百毒戰于内，勞其主，隔其輔，是以病也。子退而休之，謝醫却藥，而進所嗜，氣全而食美矣。則夫藥之良者，可以一飲而効。』從之，期月而病良已。昔之爲國者亦然。吾觀夫秦自孝公以來，至於始皇，立法更制，以鐫磨鍛鍊其民，可謂極矣。蕭何、曹參親見其斲喪之禍，而收其民於百戰之餘，知其厭苦、憔悴、無聊而不可與有爲也，是以一切與之休息，而天下安。」是時熙寧中，公在密州，爲此説者，以諷王安石新法也。其議論病之三易，與秦、漢之所以興亡治亂，不過三百言而盡之。張文潛作藥戒，僅千言，云：「張子病痞，積於中者，伏而不能下，自外至者，捍而不能納，從醫而問之。曰：『非下之不可。』歸而飲其藥，既飲而暴下。不終日，而向之伏者散而無餘，向之捍者柔而不支。焦膈導達，呼吸開利，快然若未始有疾者。不數日，痞復作，投以故藥，其快然也亦如初。自是逾月，而痞五作五下，每下輒愈。然張子之氣，一語而三引，體不勞而汗，股不步而慄，膚革無所耗於外，而其中藹然，莫知其所來。聞楚之南，有良醫焉，往而問之。醫歎曰：『子無嘆是藹然者也。天下之理，其甚快於予心者，其末必有傷，求無傷於終者，則初無望於快吾心。痞横乎胸中，其累大矣。擊而去之，不須臾而除甚大之累，和平之物不能爲也。必將擊搏震撓而後可，其功未成而和氣已病。則子之痞，凡一快者，子之和一傷矣。不終月而快者五，則和平之氣，不既索乎！且將去子之痞，而無害於和平？子歸，燕居三月，而後予之藥可爲也。』張子歸三月而復請之。醫曰：『子之氣少全矣。』取藥而授之，曰：『服之三月而疾少平，又三月而少康，終年而復常。且飲藥不得亟進。』張子歸而行其說。其初使人懣然遲之，蓋三投其藥而三反之也。然日不見其所攻，久較則月異而時不同，蓋終歲而疾平。張子謁醫謝而問其故。醫曰：『是治國之説也。獨不見秦之治民乎？勑之以命，捍而不聽令；勤之以事，放而不畏法。令之不聽，治之不變，則秦之民嘗痞矣。商君見其痞也，厲以刑法，威以斬伐，痛剗而力鋤之。流蕩四達，無敢或拒，痞嘗一快矣。至于二世，凡幾痞而幾快矣。積快而不已，而秦之四支，枵然徒有其物而已。民心日離，而君孤立于上，故匹夫大呼，不終日而百疾皆起，欲運其手足肩膂，而漠然不我應，故秦之亡者，是好爲快者之過也。昔者，先王之民初亦嘗痞矣。先王不敢求快於吾心，陰解其亂，而除去其滯，使之悠然自趨於平安而不自知。於是政成教達，悠久而無後患。則余之藥終年而愈疾者，蓋無足怪也。』」予觀文潛之説，盡祖蘇公之緒論，而千言之煩，不若三百言之簡也。故詳書之，俾作文立説者知所矜式〔一〕。竊料蘇公之記，文潛必未之見，是以著此篇；若既見之，當不復屋下架屋也。

5 韓文稱名

歐陽公作文，多自稱予，雖説君上處亦然，三筆嘗論之矣。歐公取法於韓公，而韓不然。滕王閣記、袁公先廟爲尊者所作，謙而稱名，宜也。至於徐泗掌書記壁記、科斗書後記、李虛中墓誌之類皆曰愈，可見其謙以下人。後之爲文者所應取法也。

6 棘寺棘卿

今人稱大理爲棘寺，卿爲棘卿，丞爲棘丞，此出周禮秋官：「朝士掌建邦外朝之法。左九棘，孤、卿、大夫位焉。右九棘，公、侯、伯、子、男位焉。」鄭氏注云：「植棘以爲位者，取其赤心而外刺也。棘與棗同。」棘之字，兩束相並，棗之字，兩束相承。此所言者，今之棗也。

然孤、卿、大夫皆同之，則難以獨指大理。王制云：「正以獄成，告于大司寇，大司寇聽之棘木之下。」料後人藉此而言。鄭注亦只引前説，此但謂其入朝立治之處，若以指刑部尚書亦可也。易坎卦「係用徽纆〔二〕，寘于叢棘」，以居險陗囚執爲詞，其義自別。

7 晉代遺文

故麓中得舊書一帙，題爲晉代名臣文集。凡十四家，所載多不能全，真太山一毫芒耳。有張敏者，太原人，仕歷平南參軍、太子舍人、濟北長史。其一篇曰頭責子羽文，極爲尖新。古來文士皆無此作，恐藝文類聚、文苑英華或有之，惜其泯没不傳，謾采之以遺博雅君子。其序云：「太原温長仁、潁川荀景伯、范陽張茂先、士鄉劉先生〔三〕、南陽鄒潤甫、河南鄭思淵。余友有秦生者，雖有姊夫之尊，少而狎之，同時昵好。張、荀之徒，數年之中，繼踵登朝，而此賢身處陋巷，屢沽而無善價，抗志自若，終不衰墮，爲之慨然。又怪諸賢既已在位，曾無伐木嚶鳴之聲，又違王、貢彈冠之義，故因秦生容貌之盛，爲頭責之文以戲之，并以嘲六子焉。雖似諧謔，實有興也。」

文曰：「維泰始元年，頭責子羽曰：『吾託爲子頭，萬有餘日矣。大塊稟我以精，造我以形。我爲子蒔髮膚，置鼻耳，安眉頞，插牙齒。眸子撟光，雙權隆起。每至出入人間，遨游市里，行者辟易，坐者竦跽。或稱君侯，或言將軍，捧行傾側，佇立踦驅。如此者，故我形之足偉也。子冠冕弗戴，金銀弗佩，艾以當笄，帽以代帶，百味弗嘗，食粟茹菜，歲暮年過，曾不自悔。子厭我形容，我賤子意態。若此者，必子行已累也。子遇我如讎，我視子如仇。居常不樂，兩者俱憂。何其鄙哉！子欲爲仁賢耶？則當如咎陶、后稷、巫咸、伊陟，保乂王家，永見封殖。子欲爲名高耶？則當如許由、子臧、卞隨、務光，洗耳逃禄，千載流芳。子欲爲遊説耶？則當如陳軫、蒯通、陸生、鄧公，轉禍爲福，含辭從容。子欲爲進趨耶？則當如賈生之求試，終軍之請使，砥礪鋒穎，以幹王事。子欲爲恬淡耶？則當如老聃之守一，莊周之自逸，漠然離俗，志凌雲日。子欲爲隱遯耶？則當如榮期之帶索，漁父之瀺灂，棲遲神岳，垂餌巨壑。此一介之人，所以顯身成名者也。今子上不晞道德，中不效儒、墨，塊然窮賤，守此愚惑。察子之情，觀子之志，退不爲處士，進無望三事，而徒玩日勞形，習爲常人之所喜，不亦過乎！』子羽愀然深念而對曰：『凡所教勑，謹聞命矣。受性拘係，不聞禮義，誤以天幸，爲子所寄。今子欲使吾爲忠耶？當如包胥、屈平；欲使吾爲信耶？則當殺身以成名；欲使吾爲節耶？則當赴水火以全貞。此四者，人之所忌，故吾不敢造意。』頭曰：『子所謂天刑地網，剛德之尤。不登山抱木，則蹇裳赴流。吾欲告爾以養性，誨爾以優游。而與蟣虱同情，不聽我謀。悲哉！俱御人體，而獨爲子頭。且儗人其倫，喻子儕偶，曾不如太原温顒、潁川荀禹、范陽張華、士卿劉許、南陽鄒湛、河南鄭詡。此數子者，或蹇吃無宫商，或尫陋希言語，或淹伊多姿態，或讙譁少智諝，或口如含膠飴，或頭如巾齏杵。而猶以文采可觀，意思詳序，攀龍附鳳，並登天府。夫舐痔得車，沉淵竊珠，豈若夫子，徒令脣舌腐爛，手足沾濡哉！居有事之世，而耻爲權謀，譬猶鑿地抱甕，難以求富。嗟乎子羽，何異牢檻之熊，深穽之虎，石間餓蟹，竈中之鼠。事雖多而見工甚少，宜其卷局煎蹙，至老無所晞也。支離其形者，猶能不困，命也夫，與子同處。』」

其文九百餘言，頗有東方朔客難、劉孝標絶交論之體。集仙傳所載神女成公智瓊傳，見於太平廣記，蓋敏之作也。鄒湛姓名，因羊叔子而傳，而字曰潤甫，則見於此。

8　漢武帝田蚡公孫弘

尚論古人者，如漢史所書，於武帝，則譏其好大喜功，窮奢極侈，置生民於塗炭；於田蚡，則詆其負貴驕溢，以肺腑爲相，殺竇嬰、灌夫；於公孫弘，則云性意忌，外寬内深，飾詐釣名，不爲賢大夫所稱述。然以予考之，三君臣者，實有大功於名教。自秦始皇焚書坑儒，六學散缺，高帝初興，未皇庠序之事，孝惠、高后時，公卿皆武力功臣，孝文好刑名，孝景不任儒。至於武帝，田蚡爲丞相，黜黄、老刑名百家之言，延文學儒者以百數。帝詳延天下方聞之士，咸登諸朝，令禮官勸學，講議洽聞，舉遺興禮，以爲天下先。而公孫弘以治春秋爲丞相，天下學士靡然鄉風。弘爲學官，悼道之鬱滯，始請爲博士官置弟子，郡國有秀才異等，輒以名聞。請著功令。而詩、書、易、禮之學，彬彬並興，使唐、虞、三代以來稽古禮文之事，得以不廢。今之所以識聖人至道之要者，實本於此。史稱其「罷黜百家，表章六經，號令文章，煥焉可述。」蓋已不能盡其美。然則武帝奢暴，固貽患於一時；蚡、弘之爲人，得罪於公論，而所以扶持聖教者，乃萬世之功也。平帝元始詔書，尚能稱弘之率下篤俗，但不及此云。

9　近世文物之殊

國家南渡以來，典章文物，多不與承平類。姑以予所親見者言之，蓋月異而歲不同，今聊紀從官立班隨駕、省試官入院、政府呼召、百官騶從、朝報簡削數項，以示子姪。

侍從常朝，紹興中分立於垂拱殿隔門上，南北相向，以俟追班。乾道中猶然。暨淳熙，則引於殿門上，東西對立。車駕出，常朝文臣自宰相至二史，武臣自宗王、使相至觀察使，以雜壓次序行焉。孝宗在普安邸，官檢校少保節度使，每出必處正尚書之後。而乾道以來，兩班分而爲二，唯使相不然。故開府儀同三司皆與執政官聯行，而居其上。

紹興十二年壬戌，予寓南山淨慈，待詞科試，見省試官聯騎，公服戴帽，不加披衫。每一員以親事官一人執敕黄行前。是時，知舉、參詳、點檢官合三十一員，最後一中官宣押者，入下天竺貢院。及三十年庚辰，予以吏部郎充參詳官，既入内受敕，則各各乘馬，不同時而赴院。至淳熙十四年丁未，忝司貢舉，則了與昔異。三三兩兩，自爲遲速，其乘轎者十人而九矣。

宰府呼召之禮，始時庶僚皆然，已而卿、監、郎官及史局、玉牒所緣提舉官屬之故，一切得免。逮乾道以後，宰相益自卑，於是館職亦免。迄于淳熙則凡職事官悉罷此制。

朝士騶從至少，各得雇募若干，取步軍司名籍，而幫錢米於左藏，率就雇游手、冗卒，兩分可供一名。如假借於近郡者，給其半。初猶破省，馬并一馭者，後不復有焉。若乘轎，僅能充負荷而已。今日似益增，雖下列亦占十餘輩。

進奏院報狀，必載外郡謝上或監司到任表，與夫慶賀表章一篇。凡朝廷除郡守，先則除目，但云某人差知某州，替某人。及録黄下吏部，但前銜後擬云：「某官姓名。宜差知或權知，權發遣。某州、軍州兼管内勸農營田事，替某人。到任成資闕，或云年滿。仍借紫借緋，候回日却依舊服色。外官求休致，則云：「某州申某官姓名，爲病乞致仕。」或兩人三人後，云：「某時已降敕，命各守本官致仕。」今不復行，但小報批下。或禁小報，則無由可知。此必一宰相以死爲諱者，故去之。外官表章聞，有一二欲士大夫見之者，須以屬東省乃可。郡守更不報細銜。禮文簡脱，一至於此。

校勘記

〔一〕知所矜式　「矜」原作「務」，據明抄本、馬本改。

〔二〕係用徽纆　「纆」原作「纏」，據庫本、祠本改。按，易坎卦作「纆」。

〔三〕士鄉劉先生　祠本「鄉」作「卿」，「先」作「文」。按，全晉文卷八十引世説新語注文引張敏集、藝文類聚卷十七「士鄉」作「上郡」，「先」作「文」。疑全晉文是。又，本則下文「士鄉劉許」之「士鄉」，全晉文亦作「上郡」。今姑仍其舊。

容齋五筆卷五 十五則

1 庾公之斯

孟子：「逢蒙學射於羿，盡羿之道，思天下惟羿爲愈己，於是殺羿。孟子曰：『是亦羿有罪焉？』公明儀曰：『宜若無罪焉。』曰：『薄乎云爾，惡得無罪？』」此一段既畢，而繼之曰：「鄭人使子濯孺子侵衛，衛使庾公之斯追之。子濯孺子曰：『今日我疾作，不可以執弓，吾死矣夫。』問其僕，曰：『追我者誰也？』其僕曰：『庾公之斯也。』曰：『吾生矣。』其僕曰：『庾公之斯，衛之善射者也。夫子曰吾生，何謂也？』曰：『庾公之斯學射於尹公之他，尹公之他學射於我。夫尹公之他，端人也，其取友必端矣。』庾公之斯至，曰：『夫子何爲不執弓？』曰：『今日我疾作，不可以執弓。』曰：『小人學射於尹公之他，尹公之他學射於夫子，我不忍以夫子之道反害夫子。雖然，今日之事，君事也，我不敢廢。』抽矢，扣輪，去其金，發乘矢而後反。」孟子書子濯、庾公一段，幾二百字，其旨以謂使羿如子濯得尹公而教之，則必無逢蒙之禍。然前段結尾，自常爲文者處之，必云如子濯孺子，施教於尹公之他則可，不然，後段之末，必當云以是事觀之，羿之不善取友，至於殺身，其失如此，然後文體相屬。兹判爲兩節，若不關聯，而宫商相宣，律吕明焕，立言之妙，是豈步趨模倣所能彷彿哉！人爲兒童時，便讀此章，未必深識其趣，故因表出而極論之。左氏傳書衛獻公奔齊云：「尹公他學射於庾公差，庾公差學射於公孫丁。他與差爲孫林父追公，公孫丁御公。庾公差曰：『射爲背師，不射爲戮，射爲禮乎？』射兩軥而還。尹公他曰：『子爲師，我則遠矣。』乃反之。公孫丁授公轡而射之，貫他臂。」即孟子所引者，而名字先後美惡皆不同。

2 萬事不可過

天下萬事不可過，豈特此也！雖造化陰陽亦然。雨澤所以膏潤四海，然過則爲霖淫；陽舒所以發育萬物，然過則爲燠亢。賞以勸善，過則爲僭；刑以懲惡，過則爲濫。仁之過則爲兼愛無父，義之過則爲爲我無君。執禮之過，反鄰於諂；尚信之過，至於證父。是皆偏而不舉之弊，所謂過猶不及者。揚子法言云：「周公以來，未有漢公之懿也，勤勞則過於阿衡。」蓋諂王莽也。後之議者，謂阿衡之事不可過也，過則反，乃誚莽耳。其旨意固然。

3 致仕官上壽

國朝大臣及侍從致仕後，多居京師。熙寧中，范蜀公自翰林學士以本官户部侍郎致仕，同天節乞隨班上壽，許之。遂著爲令。元祐初，韓康公以故相判大名府，還都，拜司空致仕，值太皇太后受册禮畢，乞隨班稱賀，降詔免赴，皆故事也。

4 桃花笑春風

王荆公集古胡笳詞一章云：「欲問平安無使來，桃花依舊笑春風。」後章云：「春風似舊花仍笑，人生豈得長年少。」二者貼合，如出一手，每歎其精工。其上句蓋用崔護詩，後一句久不見其所出。近讀范文正公靈巖寺一篇云：「春風似舊花猶笑。」以「仍」爲「猶」，乃此也。李義山又有絶句云：「無賴夭桃面，平明露井東。春風爲開了，却擬笑春風。」語意兩極其妙。

5 嚴先生祠堂記

范文正公守桐廬，始於釣臺建嚴先生祠堂，自爲記，用屯之初九，蠱之上九，極論漢光武之大，先生之高，財二百字。其歌詞云：「雲山蒼蒼，江水泱泱。先生之德，山高水長。」既成，以示南豐李泰伯。泰伯讀之，三歎味不已，起而言曰：「公之文一出，必將名世，某妄意輒易一字，以成盛美。」公瞿然握手扣之，答曰：「雲山、江水之語，於義甚大，於詞甚溥，而『德』字承之，乃似趢趚，擬換作『風』字，如何？」公凝坐頷首，殆欲下拜。張伯玉守河陽，作六經閣記，先託游士及在職者各爲之，凡七八本，既畢，並會於府，伯玉一一閱之，取紙書十四字，徧示客曰：「六經閣，諸子、史、集在焉，不書，尊經也。」時曾子固亦預坐，驚起摘伏。邁頃聞此二事於張子韶，不能追憶經閣所在及其文竟就於誰手，後之君子，當有知之者矣。

6 大言誤國

隗囂謀畔漢，馬援勸止之甚力，而其將王元曰：「今天水全富，士馬最强，案秦舊迹，表裏河山，元請以一丸泥爲大王東封函谷關〔一〕。」囂反遂決，至於父子不得其死。元竟降漢。隋文帝伐陳，大軍臨江，都官尚書孔範言於後主曰：「長江天塹，古以爲限隔南北，今日虜軍豈能盡度邪〔二〕？臣每患官卑，虜若渡江，臣定作太尉公矣。」或妄言北軍馬死，範曰：「此是我馬，何爲而死？」帝笑以爲然，故不爲深備。已而國亡，身竄遠裔。唐元宗有克復中原之志，及下南閩，意以謂諸國可指麾而定，而事力窮薄，且無良將。魏岑因侍宴言：「臣少遊元城，好其風物，陛下平中原，臣獨乞任魏州。」元宗許之。岑趨墀下拜謝，人皆以爲佞。孟蜀通奏使王昭遠，居常好大言，有雜耕渭上之志，聞王師入討，對賓客掇手言：「此送死來爾。乘此逐北，遂定中原，不煩再舉也。」不兩月蜀亡，昭遠爲俘。此四臣之佞，本爲爵禄及一時容悦而已，亦可悲哉！

7 宗室覃恩免解

淳熙十三年，光堯太上皇帝以聖壽八十，肆赦推恩，宇宙之内，蒙被甚廣。太學諸生，至于武學，皆得免文解一次，凡該此恩者，千二三百人。而宗子在學者不預，諸人相率詣宰府，且徧謁侍從、臺諫，各納一劄子，叙述大旨，其要以爲：「德壽霈典，普天同慶，而玉牒支派，辱居膠庠，顧不獲與布衣書生等。竊譬之世俗尊長生日，召會族姻，而本家子孫，不享杯酒臠炙，外議謂何？今庬鴻之澤如此，宗學乃不許厠名，於義於禮，恐爲未愜。」是時，諸公莫肯出手爲言，邁以待制侍講内宿，適蒙宣引，因出其紙以奏，仍爲敷陳此輩所云尊長生日會客而本家子弟不得坐，譬諭可謂明白。孝宗亦笑曰：「甚是切當有理。」時所携只是白劄子，蒙徑付出施行，遂一例免舉。其人名字，今不復能記憶矣。

8 唐書載韓柳文

宋景文修唐書，韓文公傳全載其進學解、諫佛骨表、潮州謝上表、祝鱷魚文，皆不甚潤色，而但换進學解數字，頗不如本意。元云「招諸生立館下」，改「招」字爲「召」，既言先生入學，則諸生在前，招而誨之足矣，何召之爲！「障百川而東之」，改「障」字爲「停」，本言川流横潰，故障之使東，若以爲停，於義甚淺。改「跋前疐後」爲「躓後」，韓公本用狼跋詩語，非躓也。其他以「爬羅剔抉」爲「杷羅」，「焚膏油」爲「燒」，以「取敗幾時」爲「其敗」。吴元濟傳書平淮西碑文千六百六十字，固有他本不同，然才減節輒不穩當。「明年平夏」一句悉芟之。「平蜀西川」減「西川」字。「非郊廟祠祀，其無用樂」減「祠」、「其」兩字。「皇帝以命臣愈，臣愈再拜稽首」減下「臣」字。殊害理。「汝其以節都統討軍」，以「討」爲「諸」，尤不然。討者，如左傳討軍實之義，若云「諸軍」，何人不能下此語。柳子厚傳載其文章四篇，與蕭俛、許孟容書、貞符、懲咎賦也。孟容書意象步武，全與漢楊惲答孫會宗書相似，貞符倣班孟堅典引，而其四者次序或失之。至云：「宗元不得召，内閔悼，作賦自儆。」然其語曰：「逾再歲之寒暑。」則責居日月未爲久，難以言不得召也。資治通鑑但載梓人及郭橐駝傳，以爲其文之有理者。其識見取舍，非宋景文可比云。

9　冥靈社首鳳

光堯上仙，於梓宫發引前夕，合用警場導引鼓吹詞。邁在翰苑製撰，其六州歌頭内一句云：「春秋不説楚冥靈。」常時進入文字，立待報者，則貼黄批急速，未嘗停滯。是時，首尾越三日，又入奏，趣請付出。太常吏欲習熟歌唱，守院門伺候，適有表弟沈日新在軍將橋客邸，一士人乃上庠舊識，忽問「楚冥靈」出處，沈亦不能知，來扣予，因以莊子語告之，急走報，此士大喜。初，孝宗以付巨璫霍汝弼，使釋其意。此士，霍客也。故宛轉費日如此。又面奉旨令代作挽詩五章。其四云：「鼎湖龍去遠，社首鳳來遲。」當時不敢宣泄，而帶御器械謝純孝密以爲問，乃爲舉王子年拾遺記，蓋周成王事也。禁苑文書，周悉乃爾。

10　左傳州郡

左傳魯哀公二年，晉趙鞅與鄭戰，誓衆曰：「克敵者，上大夫受縣，下大夫受郡，士田十萬。」注云：「周書作雒篇：千里百縣，縣有四郡。」然則郡乃隸縣，而歷代地理、郡國志，未之或書。又傳所載地名，從州者凡五。「魯宣公會齊於平州，以定其位。」注云：「齊地，在泰山牟縣西。」見於正經。它如：「允姓之姦，居于瓜州。」注：「今燉煌也。」「楚莊王滅陳，復封之，鄉取一人焉以歸，謂之夏州。」「齊子尾使閭丘嬰伐我陽州。」注：「魯地。」後四十年，又書「魯侵齊，門于陽州」。注：「攻其門也。」「苫越生子，將待事而名之，陽州之役獲焉，名之曰陽州。」是齊、魯皆有此地也。衛莊公登城以望，見戎州，曰：「我姬姓也，何戎之有焉！」以上唯瓜州之名至今。

11 貧富習常

少時，見前輩一説云：「富人有子不自乳，而使人棄其子而乳之；貧人有子不得自乳，而棄之以乳他人之子。富人懶行，而使人肩輿；貧人不得自行，而又肩輿人。是皆習以爲常而不察之也。天下事，習以爲常而不察者，推此亦多矣，而人不以爲異，悲夫。」甚愛其論。後乃得之於晁以道客語中，故謹書之，益廣其傳。

12 唐用宰相

唐世用宰相不以序，其得之若甚易，然固有出入大僚，歷諸曹尚書、御史大夫，領方鎮，入爲僕射、東宮師傅，而不得相者，若顔真卿、王起、楊於陵、馬總、盧鈞、韓皋、柳公綽公權、盧知猷是也。如人主所欲用，不過侍郎、給事中，下至郎中、博士者，才居位即禮絶百僚，諫官御史聽命之不暇，顧何敢輒抨彈其失，與國朝異矣。其先在職者，仍許引其同列，若姚元崇之引宋璟，蕭嵩之引韓休，李林甫引牛仙客、陳希烈，楊國忠引韋見素，盧杞引關播，李泌引董晉、竇參，李吉甫引裴垍，李德裕引李回，皆然。

13 史記淵妙處〔三〕

太史公書不待稱説，若云褒贊，其高古簡妙處，殆是摹寫星日之光輝，多見其不知量也。然予每展讀至魏世家、蘇秦、平原君、魯仲連傳，未嘗不驚呼擊節，不自知其所以然。魏公子無忌與王論韓事，曰：「韓必德魏愛魏重魏畏魏，韓必不敢反魏。」十餘語之間，五用魏字。蘇秦説趙肅侯曰：「擇交而得則民安，擇交而不得則民終身不安。齊、秦爲兩敵而民不得安，倚秦攻齊而民不得安，倚齊攻秦而民不得安。」平原君使楚，客毛遂願行，君曰：「先生處勝之門下，幾年于此矣？」曰：「三年于此矣。」君曰：「先生處勝之門下，三年於此矣，左右未有所稱誦，勝未有所聞，是先生無所有也。先生不能，先生留。」遂力請行，而折楚王，再言：「吾君在前，叱者何也？」至左手持盤血，而右手招十九人於堂下，其英姿雄風，千載而下，尚可想見，使人畏而仰之，卒定從而歸。至於趙，平原君曰：「勝不敢復相士。勝相士多者千人，寡者百數，今乃於毛先生而失之。毛先生一至楚，而使趙重於九鼎、大呂。毛先生以三寸之舌，强於百萬之師。勝不敢復相士。」秦圍趙，魯仲連見平原君曰：「事將柰何？」君曰：「勝也何敢言事！魏客新垣衍令趙帝秦，今其人在是。勝也何敢言事！」仲連曰：「吾始以君爲天下之賢公子也，吾今然後知君非天下之賢公子也。客安在〔四〕。」平原往見衍，曰：「東國有魯仲連先生者，勝請爲紹介，交之於將軍。」衍曰：「吾聞魯仲連先生，齊國之高士也。衍，人臣也，使事有職，吾不願見魯仲連先生。」及見衍，衍曰：「吾視居此圍城之中者，皆有求於平原君者也；今吾觀先生之玉貌，非有求於平原君者也。」又曰：「始以先生爲庸人，吾乃今日知先生爲天下之士也。」是三者，重沓熟復，如駿馬下駐千丈坡，其文勢正爾。風行於上而水波，真天下之至文也。

14　玉津園喜晴詩

淳熙十二年三月二十六日，車駕宿戒幸玉津園，命下，大雨，有旨許從駕官帶雨具。將曉，有晴意，已而天宇豁然。至晚歸，邁進一詩，歌詠其實，云：「五更猶自雨如麻，無限都人仰翠華。翻手作雲方悵望，舉頭見日共驚嗟。天公的有施生妙，帝力堪同造物誇。上苑春光無盡藏，可須羯鼓更催花。」四月四日，扈從詣景靈宫朝獻，蒙於幕次賜和篇。聖製云：「比幸玉津園，縱觀春事，適霽色可喜，卿有詩來上，因俯同其韻：春郊柔緑徧桑麻，小駐芳園覽物華。應信吾心非暇逸，頓回晴意絶咨嗟。每思富庶將同樂，敢務游畋漫自誇。不似華清當日事，五家車騎爛如花。」後二日，兵部尚書宇文价内引，上舉似此詩曰：「洪待制用雨如麻字，偶思得桑麻可押，又其末句用羯鼓催花事，故以華清車騎答之。」价拱手稱贊，明日以相告云。

15　虢巨賀蘭

天下國家不幸而有四郊之警，爲人臣者，當隨其事力，悉心盡忠，以致尺寸之效。苟爲叨竊禄位，視如秦、越，一切惟己私之是徇，雖千百載後，覩其事者，猶使人怒髮衝冠也。唐天寶禄山之亂，可謂極矣。虢王巨爲河南節度使，賀蘭進明繼之，擁數道之兵，臨要害之地，尊爲征鎮，有民有財，而汗漫忌疾，非徒無益，而反敗之。巨在彭城，張巡在雍丘，以將士有功，遣使詣巨請空名告身及賜物，巨惟與折衝、果毅告身三十通，不與賜物，巡竟不能，立徙于睢陽。先是太守許遠積糧六萬石，巨以其半給濮陽、濟陰，遠固爭不得。二郡得糧，遂以城叛，而睢陽食盡。顔魯公起兵平原，合衆十萬，既成魏郡堂邑之功矣。是時，進明爲北海太守，亦起兵，公以書召之并力，進明度河，公每事咨之，軍權始移，遂取捨任意，以得招討後詣行在，因譖房琯，自嶺南而易河南。張巡受圍困棘，遣南霽雲告急於其所治臨淮，相去三百里，弃而不救。平原、睢陽失守，實二人之故。一時議者，皆不以爲言，使之連据高位，顯爲佚罰。曾不十年，巨斥刺遂州，爲段子璋所殺；進明坐第五琦黨，自御史大夫竄謫以死。天網恢恢，兹焉不漏。

校勘記

〔一〕請以一丸泥爲大王東封函谷關　「丸」原作「寸」，誤刊。據馬本、庫本、祠本改。按，東觀漢記卷二十三隗囂載記作「丸」。

〔二〕虜軍豈能盡度　馬本、庫本、祠本「盡」作「飛」。按，南史卷七十七孔範傳作「飛」。疑作「飛」是。

〔三〕史記淵妙處　庫本、祠本「淵」作「簡」。

〔四〕客安在　「客安」原作「梁客」，據馬本、庫本、祠本改。按，史記卷八十三魯仲連傳作「客安」。

容齋五筆卷六 十二則

1 鄱陽七談

鄱陽素無圖經地志，元祐六年，餘干進士都頡始作七談一篇，叙土風人物，云：「張仁有篇，徐濯有説，顧雍有論，王德璉有記，而未有形於詩賦之流者，因作七談。」其起事則命以建端先生，其止語則以畢意子。其一章，言澹浦、彭蠡山川之險勝，番君之靈傑。其二章言濱湖蒲魚之利，膏腴七萬頃，柔桑蠶繭之盛。其三章，言林麓木植之饒，水草蔬果之衍，魚鱉禽畜之富。其四章，言銅冶鑄錢，陶埴爲器。其五章，言宫寺游觀，王遥仙壇，吴氏潤泉，叔倫戴隄。其六章，言鄱江之水。其七章，言堯山之民，有陶唐之遺風。凡三千餘字，自謂八日而成。比之太沖十稔、平子十年爲無慊。予偶於故簏中得之，惜其不傳于世，故表著於此。其所引張、徐、王、顧所著，今不復存，更爲可恨也。

晉、唐至今，諸儒訓釋六經，否則自立佳名，蓋各以百數，其書曰傳、曰解、曰章句而已。若戰國迨漢，則其名簡雅。一曰故，故者，通其指義也。書有夏侯解故，詩有魯故、后氏故、韓故也。毛詩故訓傳，顏師古謂流俗改故訓傳爲詁，字失真耳。小學有杜林蒼頡故。二曰微，謂釋其微指。如春秋有左氏微、鐸氏微、張氏微、虞卿微傳。三曰通，如洼丹易通論名爲洼君通，班固白虎通，應劭風俗通，唐劉知幾史通、韓滉春秋通。凡此諸書，唯白虎通、風俗通僅存耳。又如鄭康成作毛詩箋，申明其義，他書無用此字者〔一〕。論語之學，但曰齊論、魯論、張侯論，後來皆不然也。

3 卜筮不敬

古者龜爲卜，筴爲筮，皆興神物以前民用。其用之至嚴，其奉之至敬，其求之至悉，其應之至精〔二〕。齋戒乃請，問不相襲，故史祝所言，其驗若答。周史筮陳敬仲，知其八世之後莫之與京，將必代齊有國。史蘇占晉伯姬之嫁，而及於爲嬴敗姬，惠、懷之亂。至遂至賾，通於神明。後世浸以不然，今而愈甚。至以飲食猥雜之際，呼日者隅坐，使之占卜，往往不加冠裳，一問四五，而責其術之不信，豈有是理哉！善乎班孟堅之論曰：「君子將有爲也，將有行也，問焉而以言，其受命也如響。及至衰世，懈於齋戒，而婁煩卜筮，神明不應。故筮瀆不告，易以爲忌，龜厭不告，詩以爲刺。」謂周易之蒙卦曰：「初筮告，再三瀆，瀆則不告。」詩小旻之章云：「我龜既厭，不我告猶。」言卜問煩數，狎嫚於龜，龜靈厭之，不告以道也。漢世尚爾，況在於今，未嘗頃刻盡敬，而一歸咎於淫巫瞽史，其可乎哉！

4 糖霜譜

糖霜之名，唐以前無所見，自古食蔗者始爲蔗漿，宋玉招魂所謂「胹鼈炰羔有柘漿」是也。其後爲蔗餳，孫亮使黄門就中藏吏取交州獻甘蔗餳是也。後又爲石蜜，南中八郡志云：「笮甘蔗汁，曝成飴，謂之石蜜。」本草亦云「煉糖和乳爲石蜜」是也。後又爲蔗酒，唐赤土國用甘蔗作酒，雜以紫瓜根是也。唐太宗遣使至摩揭陁國，取熬糖法，即詔揚州上諸蔗，榨瀋如其劑，色味愈於西域遠甚，然只是今之沙糖。蔗之技盡於此，不言作霜，然則糖霜非古也。歷世詩人模奇寫異，亦無一章一句言之，唯東坡公過金山寺，作詩送遂寧僧圓寶云：「涪江與中泠，共此一味水。冰盤薦琥珀，何似糖霜美。」黄魯直在戎州，作頌答梓州雍熙長老寄糖霜云：「遠寄蔗霜知有味，勝於崔子水晶鹽。正宗掃地從誰説，我舌猶能及鼻尖。」則遂寧糖霜見於文字者，實始二公。甘蔗所在皆植，獨福唐、四明、番禺、廣漢、遂寧有糖冰，而遂寧爲冠。四郡所産甚微，而顆碎色淺味薄，纔比遂之最下者，亦皆起於近世。唐大曆中，有鄒和尚者，始來小溪之繖山，教民黄氏以造霜之法。繖山在縣北寺十里，山前後爲蔗田者十之四，糖霜户十之三。蔗有四色，曰杜蔗，曰西蔗，曰艻蔗〔三〕，本草所謂荻蔗也，曰紅蔗，本草崑崙蔗也。紅蔗止堪生噉，艻蔗可作沙糖，西蔗可作霜，色淺，土人不甚貴，杜蔗紫嫩，味極厚，專用作霜。凡蔗最困地力，今年爲蔗田者，明年改種五穀以息之。凡霜户器用，曰蔗削、曰蔗鎌、曰蔗凳、曰蔗碾、曰榨斗、曰榨牀、曰漆甕，各有制度。凡霜，一甕中品色亦自不同，堆疊如假山者爲上，團枝次之，甕鑑次之，小顆塊次之，沙脚爲下；紫爲上，深琥珀次之，淺黄又次之，淺白爲下。宣和初，王黼創應奉司，遂寧常貢外，歲别進數千斤。是時，所産益奇，墻壁或方寸，應奉司罷，乃不再見。當時因之大擾，敗本業者居半。久而未復，遂寧王灼作糖霜譜七篇，具載其説，予采取之以廣聞見。

5　李彦仙守陝

靖康夷虜之禍，忠義之士，死於守城，而得書史傳者，如汾州之張克戬、隆德之張確、懷之霍安國、代之史抗、建寧寨之楊震、震武之朱昭是已〔四〕。唯建炎以來，士之得其死者蓋不少。茲讀王灼所作李彦仙傳，雖嘗具表上進，然盧實録、正史未曾采用，謹識於此。

彦仙字少嚴，本名孝忠，其先寧州人也，後徙于鞏。幼有大志，喜談兵，習騎射，所歷山川形勢必識之。尚氣，謹然諾，非豪俠不交。金人南侵，郡縣募勤王軍，彦仙散家貲，得三千人，入援京師。虜圍太原，李綱爲宣撫使，彦仙上書切詆，有司逮捕急，乃易今名，棄官亡命。頃之，復從种師中，師中敗死，仙走陝州。守將李彌大問北事，條對詳複〔五〕，使扼殽、澠間。金人再圍汴，陝西范致虚總六路兵進援，仙請曰：「殽、澠險隘，難於立軍，前却即衆潰矣。宜分道並進，伺空以出。且留半軍于陝，爲善後計。」致虚曰：「如子言，乃逗撓也。」仙曰：「兵輕而分，正可速達。」不從，爭益牢，致虚怒，罷其職。既而敗績，卒無功。

建炎元年四月，金人屠陝州，經制使王㻂度不能支，引部曲去，官吏逃逸。仙爲石壕尉，獨如平時，歸者緥屬，即徙老稺入土花呰、三觜、石柱、大通諸山，拔武鋭者分主之，自營三觜。諭衆曰：「虜實易與，今得地利，若輩堅守足矣。」少日虜復据陝，分軍來攻，有健酋升前阜嫚罵，仙單騎衝擊，挾之以歸，始料衆，正部伍。虜數萬圍三觜，仙邀戰，伏精兵後崦，掩殺萬計，奪馬三百，虜解去。京、洛間多爭附者，勢益雄張，未閲月，破虜五十餘壁。

初，虜再入陝，官其土人，俾招復業者，人給符別之。仙陰縱麾下往，約日内應。二年三月，引兵直州南，城中火起，虜方備南壁，而水軍自新店，夜順流薄城東北蒙泉坡、龍堂溝以入，表裏夾攻，僵尸相藉，遂復陝。

始，河東之人倡義拒虜，仙約胡夜叉者爲助，假以沿河提舉，意不滿，叛趨南原。仙誘致殺之，奪五千衆。邵隆、邵雲本其黨，欲爲復讎，仙因客鐫説，遂來歸。乘勝渡河，栅中條諸山，蒲、解至太原皆響動，乃分遣隆、雲等取安邑、虞鄉、芮城、正平、解，皆下之，蒲幾拔，會援至，不克。以功遷閤門宣贊舍人，就畀陝，兼安撫司公事，悉哀所俘酋長護送行在。

上咨歎，賜袍帶、槍劍，許直達奏事，便宜處決。時關以東獨陝在，益增陴、疏塹、蒐軍、繕鎧，廣屯田，訓農耕作。家素留鞏，盡取至官，曰：「吾父母妻子同城存亡矣。」聞者感悦，各有固志。十二月，金酋烏魯撤拔圍陝，仙背城鏖鬭，七日，虜傷甚跳奔。三年，婁宿孛堇自絳移屯蒲、解，諜知之，設伏於諸谷，鼓譟橫突，俘馘十八，婁宿僅以身免。制置使王庶檄使輕軍掎角，次虞鄉，虜以萬甲逆石鍾谷口，終日戰，斬級二千。遷武功大夫、寧州觀察使、河、解、同、耀制置使。

時河東土豪密附，期王師來爲應。仙益治軍，欲請于朝，乞詔陝西諸路各助步騎二萬。會張浚經略處置川、陝，弗之許。十二月，婁宿衆十萬復圍陝，仙夜使人隧地，焚其攻具，營部囂亂，縱兵乘之，虜稍退。

四年正月，益生兵傅壘，晝夜進攻，鵝車、天橋、火車、衝車叢進，仙隨機拒敵，又爲金汁礮，火藥所及，糜爛無遺，而圍不解。日憑堞須外援，浚爲遣軍，虜先阻雍，不得進，則令涇原曲端出鄜坊繞虜後。端素嫉仙聲績逾己，幸其敗，詭託不行。丁巳，城陷，仙挾親軍巷戰，矢集身如蝟，左臂中刃，不殊，戰逾力，遂死之，并其家遇害。

先是，虜嘗許以河南元帥，及圍合，復言如前約，當退師。仙叱曰：「吾寧鬼於宋，安用汝富貴爲。」虜惜其才，必欲降之，城將破，先令軍中，生致者予萬金。仙平時弊衣同士卒，及是，雜羣伍中死，虜不能察。其爲人，面少和色，有犯令，雖親屬不貸。諸將敗事，或有他過，其外屯者，輒封箠，遣帳下往，皆裸就笞，不敢出一詞。當是時，同、華、長安盡爲敵藪，陝斗絶一隅，初無朝家素定約束，中立孤軍日與虜确，但誦忠義，感勵其衆。每拜君賜暨取敵金貲，悉均之，毛銖不入己。以是精兵三萬，大小二百戰，皆樂爲用。軍事獨裁決，至郡政必問法所底，闔境稱治。浚承制贈彰武軍節度使，建廟商州。

邵雲者，龍門人。城破被執，婁宿欲命以千户長，肆詈不屈，乃釘之木架上，置解州東門外。惡少撫其背涅文，戲曰：「可鞘吾佩刀。」雲怒，偃架仆之。後五日磔解之，至抉眼摘肝，詈不絶，喉斷乃已。初行刑，將剸刃，雲叱之，失刀而斃，其忠勇蓋如此。

6 姦雄疾勝己者

自古姦雄得志，包藏禍心，窺伺神器，其勢必嫉士大夫之勝己者，故常持「寧我負人，無人負我」之説。若蔡伯喈之值董卓，孔文舉、禰正平、楊德祖之值曹操，嵇叔夜、阮嗣宗之值司馬昭、師，温太真之值王處仲，謝安石、孟嘉之值桓温，皆可謂不幸矣。伯喈僅僅脱卓手，終以之隕命〔六〕。正平轉死於黄祖，文舉覆宗，德祖被戮。叔夜罹東市之害，嗣宗沉湎佯狂，「至爲勸進表以逃大咎。太真以智挫錢鳳而免，其危若蹈虎尾。唯謝公以高名達識，表裏至誠，故温敬之重之，不敢萌相窺之意。然尚有「爲性命忍須臾」及「晉祚存亡在此一行」之虞。孟嘉爲人夷曠冲默，名冠州里，稱盛德人。仕於温府，歷征西參軍、從事、中郎、長史，在朝隤然仗正，必不効郗超輩輕與温合。然自度終不得善其去，故放志酒中，如龍山落帽，豈爲不自覺哉。温至云「人不可以無勢，我乃能駕馭卿」，老賊於是見其肺肝矣。嘉雖得全於酒，幸以考終，然財享年五十一，蓋酒爲之累也。陶淵明實其外孫，傷其「道悠運促」，悲夫！

7 俗語放錢

今人出本錢以規利入，俗語謂之放債，又名生放，予考之亦有所來。漢書谷永傳云：「至爲人起責，分利受謝。」顔師古注曰：「言富賈有錢，假託其名，代之爲主，放與他人，以取利息而共分之。」此放字所起也。

8 漢書多敘谷永

予亡弟景何，少時讀書甚精勤，晝夜不釋卷，不幸有心疾，以至夭逝。嘗見梁宏夫誦漢書，即云：「唯谷永一人，無處不有。」宏夫驗之於史，乃服其說。今五十餘年矣，漫摭永諸所論建，以渫予在原之思。薛宣爲少府，御史大夫缺，永言宣簡在兩府。諫大夫劉輔繫獄，永同中朝臣上書救之。光禄大夫鄭寬中卒，永乞以師傅恩加其禮謚。陳湯下獄，永上疏訟其功。鴻嘉河決，永言當觀水勢，然後順天心而圖之。成帝好鬼神方術，永言皆妄人惑衆，挾左道以欺罔世主，宜距絶此類。梁王爲有司奏禽獸行，永上疏諫止勿治。淳于長初封，下朝臣議，永言長當封。段會宗復爲西域都護，永憐其老，復遠出，手書戒之。建昭雨雪，燕多死，永請皇后就宫，令衆妾人人更進。建始星孛營室，永言爲後宫懷妊之象，彗星加之，將有絶繼嗣者〔七〕。永始日食，永以易占對，言酒亡節之所致。次年又食，永言民愁怨之所致。星隕如雨，永言王者失道，下將叛去，故星叛天而隕，以見其象。樓護傳言：「谷子雲之筆札。」叙傳述其論許、班事。許皇后傳云：「上采永所言以答書。」其載於史者，詳複如此。本傳云：「永善言災異，前後所上四十餘事。」蓋謂是云。

9 玉堂殿閣

漢谷永對成帝問曰：「抑損椒房、玉堂之盛寵。」顏師古注：「椒房，皇后所居。玉堂，嬖幸之舍也。」按，漢書李尋傳：「久汙玉堂之署。」注：「玉堂殿在未央宫。」翼奉疏曰：「孝文帝時，未央宫又無高門、武臺、麒麟、鳳皇、白虎、玉堂、金華之殿。」三輔黄圖曰：「未央宫有殿閣三十二，椒房、玉堂在其中。」漢宫閣記云：「未央宫有玉堂、宣室閣。」又引漢書「建章宫南有玉堂，壁門三層，臺高三十丈〔八〕，玉堂内殿十二門階，階皆玉爲之。又有玉堂、神明堂二十六殿。」然今漢書郊祀志但云「建章宫南有玉堂璧門」，而無它語。晉灼注揚雄解嘲「上玉堂」之句，曰「黄圖有大玉堂、小玉堂殿」，而今黄圖無此文。國朝太宗淳化中，賜「翰林玉堂」之署四字，其後以最下一字犯廟諱，故元符中只云「玉堂」。紹興末，學士周麟之又乞高宗御書「玉堂」二字揭於直廬，麟之跋語，自有所疑。已而議者皆謂玉堂乃殿名，不得以爲臣下直舍，當如承明故事，請曰「玉堂之廬」可也。今翰林但扁摛文堂三字，示不敢居。然則其爲禁内宮殿明白，有殿、有閣、有臺。谷永以配椒房言之，意當日亦嘗爲燕游之地，師古直以爲嬖幸之舍，與前注自相舛異，大誤矣。

10　漢武帝喜殺人者

漢武帝天資剛嚴，聞臣下有殺人者，不唯不加之罪，更喜而褒稱之。李廣以故將軍屏居藍田，夜出至亭，爲霸陵醉尉所辱。居無何，拜右北平太守，請尉與俱，至軍而斬之。上書自陳謝罪。上報曰：「將軍者，國之爪牙也。怒形則千里竦，威振則萬物伏。夫報忿除害，朕之所圖於將軍也。若迺免冠徒跣，稽顙請罪，豈朕之指哉！」胡建守軍正丞，謂未得真官，兼守之也。時監軍御史穿北軍壘垣以爲賈區，建欲誅之。當選士馬日，御史與護軍諸校列坐堂皇上，建趨至拜謁，因令走卒曳御史下，斬之。遂上奏曰：「案軍法：『正亡屬將軍，將軍有罪以聞，二千石以下行法焉。』丞於用法疑，臣謹以斬。」謂丞屬軍正，斬御史於法有疑也。制曰：「三王或誓於軍中，欲民先成其慮也。或誓於軍門之外，欲民先意以待事也。或將交刃而誓，致民志也。建又何疑焉。」建繇是顯名。觀此二詔，豈不開妄殺之路乎！

11 知人之難

霍光事武帝，但爲奉車都尉，出則奉車，入侍左右，雖以小心謹飭親信，初未嘗少見於事也。一旦位諸百寮之上，使之受遺當國。金日磾以胡父不降，没入官養馬，上因游宴見馬，於造次頃刻間，異其爲人，即日親近，其後遂爲光副。兩人皆能稱上所委。然一日用四人，若上官桀、桑弘羊，亦同時輔政，幾於欲害霍光，苟非昭帝之明，社稷危矣。則其知人之哲，得失相半，爲未能盡，此雖帝堯之聖而以爲難也。

12 館職遷除

建炎南渡，稍置館職。紹興初，始定制，除監、少丞外，以著作郎、佐郎、祕書郎二員，校書、正字通十二員爲額，倣唐瀛州十八學士之數。其遷出它司，非郎官即御史。唯林之奇以疾，王十朋以論事，皆徙越府大宗正丞。自乾道以後，有旨，須曾任知縣，始得除臺、察，曾任郡守，始得爲郎。三館之士固無有歷此者，於是朝廷欲越次擢用者，乃以爲將作、軍器少監，旋進爲監，既班在郎上，則無所不可爲。欲徑躋清要者，則由著廷祕郎而拜左右二史，不然，不過兼權省郎，年歲間求一郡而去，而御史之除，皆歸六院矣。爾後頗靳其選，俟再遷寺監丞簿，然後命之。向時郡守召用，雖自軍壘亦除郎，今資淺望輕者，但得丞及司直，或又再命，始入省云。

校勘記

〔一〕鄭康成作毛詩箋申明其義他書無用此字者　馬本、庫本、祠本「其」作「傳」。

〔二〕其求之至悉其應之至精　「求」原作「來」，誤刊，據馬本、庫本、祠本改。

〔三〕芀蔗　祠本「芀」作「艻」。按，庫本糖霜譜作「艻」。

〔四〕震武之朱昭　東都事略卷一一一朱昭傳、宋史卷四八六夏國傳「武」作「威」。

〔五〕條對詳複　李本、馬本、庫本「複」作「復」。

〔六〕蔡……伯喈僅僅脱卓手終以之隕命　李本「僅僅」作「輩僅」。

〔七〕將有絶繼嗣者　「有」原爲空格，據明抄本補。

〔八〕臺高三十丈　庫本、祠本「三」作「二」。

容齋五筆卷七十四則

1 盛衰不可常

東坡謂廢興成毁不可得而知。予每讀書史，追悼古昔，未嘗不掩卷而歎。伶子于叙趙飛燕傳，極道其姊弟一時之盛，而終之以荒田野草之悲，言盛之不可留，衰之不可推，正此意也。國初時，工部尚書楊玢長安舊居，多爲鄰里侵占，子弟欲以狀訴其事，玢批紙尾，有「試上含元基上望，秋風秋草正離離」之句。方去唐未百年，而故宫殿已如此，殆於宗周黍離之詠矣。慈恩寺塔有荆叔所題一絶句，字極小而端勁，最爲感人。其詞曰：「漢國河山在，秦陵草樹深。暮雲千里色，無處不傷心。」旨意高遠，不知爲何人，必唐世詩流所作也。李嶠汾陰行云：「富貴榮華能幾時，山川滿目淚沾衣。不見只今汾水上，唯有年年秋鴈飛。」明皇聞之，至於泣下。杜甫觀畫馬圖云：「憶昔巡幸新豐宫，翠華拂天來向東。騰驤磊落三萬匹，皆與此圖筋骨同。君不見金粟堆前松柏裏，龍媒去盡鳥呼風。」公孫大娘弟子舞劍器行云：「先帝侍女八千人，公孫劍器初第一。五十年間似反掌，風塵澒洞昏王室。

梨園弟子散如煙，女樂餘姿映寒日。」元微之連昌宮詞云：「兩宮定後六七年，却尋家舍行宮前。莊園燒盡有枯井，行宮門闥樹宛然。」又云：「舞榭欹傾基尚在，文窗窈窕紗猶緑。」「上皇偏愛臨砌花，依然御榻臨堦斜。」「寢殿相連端正樓，太真梳洗樓上頭。晨光未出簾影黑，至今反挂珊瑚鈎。指似傍人因慟哭，却出宮門淚相續。」凡此諸篇，不可勝紀。飛燕別傳以爲伶玄所作，又有玄自叙及桓譚跋語〔一〕，予竊有疑焉。不唯其書太媟，至云楊雄獨知之，雄貪名矯激，謝不與交；爲河東都尉，捽辱決曹班躅，躅從兄子彪續司馬史記，絀子于無所叙録，皆恐不然。而自云：「成、哀之世，爲淮南相。」案，是時淮南國絶久矣，可照其妄也〔二〕。因序次諸詩，聊載於此。

2　唐賦造語相似

唐人作賦，多以造語爲奇。杜牧阿房宮賦云：「明星熒熒，開粧鏡也。緑雲擾擾，梳曉鬟也。渭流漲膩，棄脂水也。煙斜霧横，焚椒蘭也。雷霆乍驚，宮車過也。轆轆遠聽，杳不知其所之也。」其比興引喻，如是其侈。然楊敬之華山賦又在其前，叙述尤壯，曰：「見若咫尺，田千畝矣。見若環堵，城千雉矣。見若杯水，池百里矣。見若蟻垤，臺九層矣。醯雞往來，周東西矣。蠛蠓紛紛，秦速亡矣。蜂窠聯聯，起阿房矣。俄而復然，立建章矣。小星奕奕，焚咸陽矣。纍纍繭栗，祖龍藏矣。」後又有李庾者，賦西都云：「秦址薪矣，漢址蕪矣。西去一舍，鞠爲墟矣。代遠時移，作新都矣。」其文與意皆不逮楊、杜遠甚。高彦休闕史云敬之「賦五千字，唱在人口」。賦内之句，如上數語。杜司徒佑、李太尉德裕，常所誦念。牧之乃佑孫，則阿房賦實模倣楊作也。彦休者，昭宗時人。

3　張藴古大寶箴

唐太宗初即位，直中書省張藴古上大寶箴，凡六百餘言，遂擢大理丞。新唐史雖具姓名於文藝謝偃傳末，又不載此文，但云「諷帝以民畏而未懷，其辭挺切」而已。資治通鑑僅載其略曰：「聖人受命，拯溺亨屯。」「故以一人治天下，不以天下奉一人。」「壯九重於内，所居不過容膝，彼昏不知，瑶其臺而瓊其室；羅八珍於前，所食不過適口，惟狂罔念，丘其糟而池其酒。」「勿没没而闇〔三〕，勿察察而明，雖冕旒蔽目而視於未形，雖黈纊塞耳而聽於無聲。」然此外尚多規正之語，如曰：「惟辟作福，惟君實難。宅普天之下〔四〕，處王公之上。任土貢其有求，具寮陳其所唱。是故恐懼之心日弛，邪僻之情轉放。豈知事起乎所忽，禍生乎無妄。」「大明無私照，至公無私親。」「禮以禁其奢，樂以防其佚。」「勿謂無知，居高聽卑；勿謂何害，積小就大。樂不可極，樂極生哀；欲不可縱，縱欲成災。」「勿内荒於色，勿外荒於禽。勿貴難得貨，勿聽亡國音。内荒伐人性，外荒蕩人心。難得之貨侈，亡國之音淫。勿謂我尊，而慢賢侮士；勿謂我智，而拒諫矜己。」「安彼反側，如春陽秋露，巍巍蕩蕩，恢漢高大度；撫茲庶事，如履薄臨深，戰戰栗栗，用周文小心。」「一彼此於胸臆，捐好惡於心想。」「如衡如石，不定物以限，物之懸者，輕重自見；如水如鏡，不示物以情，物之鑒者，妍媸自生。勿渾渾而濁，勿皎皎而清；勿汶汶而闇，勿察察而明。」「吾王撥亂，戡以智力，民懼其威，未懷其德；我皇撫運，扇以淳風，民懷其始，未保其終。」「使人以公，應言以行。」「天下爲公，一人有慶。」其文大抵不凡，既不爲史所書，故學者亦罕傳誦。藴古爲丞四年，以無罪受戮，太宗尋悔之，乃有覆奏之旨，傳亦不書，而以爲坐事誅，皆失之矣。舊唐書全載此箴，仍專立傳，不知宋景文何爲削之也？

4　國初文籍

國初承五季亂離之後，所在書籍印板至少，宜其焚煬蕩析，了無孑遺。然太平興國中編次御覽，引用一千六百九十種，其綱目並載于首卷，而雜書、古詩賦又不及具録，以今考之，無傳者十之七八矣，則是承平百七十年，翻不若極亂之世。姚鉉以大中祥符四年集唐文粹，其序有云：「況今歷代墳籍，略無亡逸。」觀鉉所類文集，蓋亦多不存，誠爲可歎。

5 叙西漢郊祀天地

郊祀合祭、分祭之論，國朝元豐、元祐、紹聖中三議之矣，莫辯於東坡之立説，然其大旨駁當時議臣，謂周、漢以來，皆嘗合祭，及謂夏至之日行禮爲不便。予固贊美之於四筆矣。但熟考漢史，猶爲未盡。自高皇帝增秦四時爲五，以事天地。武帝以來，至于元、成，皆郊見甘泉。武帝因幸汾陰，始立后土祠於脽上，率歲歲間舉之，或隔一歲，常以正月郊泰畤，三月祠后土。成帝建始元年，初立南北郊，亦用正月、三月辛日，而罷甘泉、汾陰之祭。元豐、祐、紹三議，皆未嘗及。此蓋盛夏入廟出郊，在漢禮元不然也。是時，坡公以非議者所起，故不暇更爲之説，似不必深攻合祭爲王莽所行，庶幾往復考頤，不至矛盾，當復俟知禮者折衷之焉。

6 騫騫二字義訓

騫騫二字，音義訓釋不同。以字書正之，騫，去乾切。注云：「馬腹縶，又虧也。」今列於禮部韻略下平聲二仙中。騫，虚言切。注云：「飛皃。」今列於上平聲二十二元中。文人相承，以騫騰之騫爲軒昂掀舉之義，非也。其字之下從馬，馬豈能掀舉哉？閔損字子騫，雖古聖賢命名制字，未必有所拘泥，若如虧少之義，則涣然矣。其下從鳥，則於掀飛之訓爲得。此字殆廢於今，故東坡、山谷亦皆押「騫」字入「元」韻〔五〕。如「時來或作鵬騫」，傳非其人恐飛騫」之類，特不暇毛舉深考耳，唯韓公和侯協律詠笋一聯云：「得時方張王，挾勢欲騰騫。」乃爲得之。此固小學瑣瑣，尤可以見公之不苟於下筆也。

7 書麴信陵事

夜讀白樂天秦中吟十詩，其立碑篇云：「我聞望江縣，麴令撫惸嫠。麴，名信陵。在官有仁政，名不聞京師。身殁欲歸葬，百姓遮路歧。攀轅不得去，留葬此江湄。至今道其名，男女涕皆垂。無人立碑碣，唯有邑人知。」予因憶少年寓無錫時，從錢伸仲大夫借書〔六〕，正得信陵遺集，財有詩三十三首，祈雨文三首。信陵以貞元元年鮑防下及第，爲四人，以六年作望江令。讀其投石祝江文云：「必也私欲之求，行於邑里，慘黷之政，施於黎元，令長之罪也。神得而誅之，豈可移於人以害其歲！」詳味此言，其爲政無愧於神天可見矣。至大中十一年，寄客鄉貢進士姚輦，以其文示縣令蕭縝，縝輟俸買石刊之。樂天十詩，作於貞元、元和之際，距其亡十五年耳，而名已不傳。新唐藝文志但記詩一卷，略無它説。非樂天之詩，幾於與草木俱腐。乾道二年，歷陽陸同爲望江令，得其詩於汝陰王廉清，爲刊板而致之郡庫，但無祈雨文也。

8　貢禹朱暉晚達

貢禹壯年，仕不遇，棄官而歸。至元帝初，乃召用，由諫大夫遷光禄，奏言：「臣犬馬之齒八十一，凡有一子，年十二。」則禹入朝時，蓋年八十，其生子時固已七十歲矣。竟再遷至御史大夫，列於三公。杜子美云：「長安卿相多少年，富貴應須致身早。」是不然也。朱暉在章帝朝，自臨淮太守屏居，後召拜僕射，復爲太守，上疏乞留中，詔許之。因議事不合，自繫獄，不肯復署議，曰：「行年八十，得在機密，當以死報。」遂閉口不復言。帝意解，遷爲尚書令。至和帝時，復諫征匈奴，計其年當九十矣。其忠正非禹比也。

9　琵琶行海棠詩

白樂天琵琶行一篇，讀者但羡其風致，敬其詞章，至形於樂府，詠歌之不足，遂以謂真爲長安故倡所作。予竊疑之。唐世法網雖於此爲寬，然樂天嘗居禁密，且謫官未久，必不肯乘夜入獨處婦人船中，相從飲酒，至於極彈絲之樂，中夕方去，豈不虞商人者它日議其後乎！樂天之意，直欲攄寫天涯淪落之恨爾。東坡謫黄州，賦定惠院海棠詩，有「陋邦何處得此花，無乃好事移西蜀」、「天涯流落俱可念，爲飲一尊歌此曲」之句，其意亦爾也。或謂殊無一話一言與之相似，是不然。此真能用樂天之意者，何必効常人章摹句寫而後已哉！

10　東坡不隨人後

自屈原詞賦假爲漁父、日者問答之後，後人作者悉相規倣。司馬相如子虛、上林賦以子虛、烏有先生、亡是公，楊子雲長楊賦以翰林主人、子墨客卿，班孟堅兩都賦以西都賓、東都主人，張平子兩都賦以憑虛公子、安處先生，左太冲三都賦以西蜀公子、東吴王孫、魏國先生，皆改名换字，蹈襲一律，無復超然新意稍出於法度規矩者。晉人成公綏嘯賦，無所賓主，必假逸群公子〔七〕，乃能遣詞。枚乘七發，本只以楚太子、吴客爲言，而曹子建七啓，遂有玄微子、鏡機子。張景陽七命，有冲漠公子、殉華大夫之名。言話非不工也，而此習根著，未之或改。若東坡公作後杞菊賦，破題直云：「吁嗟先生，誰使汝坐堂上稱太守？」殆如飛龍搏鵬，騫翔扶摇於烟霄九萬里之外，不可搏詰，豈區區巢林翾羽者所能窺探其涯涘哉！於詩亦然，樂天云：「醉兒如霜葉，雖紅不是春。」坡則曰：「兒童誤喜朱顔在，一笑那知是酒紅。」杜老云：「休將短髮還吹帽，笑倩傍人爲正冠。」坡則曰：「酒力漸消風力軟，颼颼，破帽多情却戀頭。」鄭谷十日菊云：「自緣今日人心別，未必秋香一夜衰。」坡則曰：「相逢不用忙歸去，明日黄花蝶也愁。」又曰：「萬事到頭都是夢，休休，明日黄花蝶也愁。」正采舊公案，而機杼一新，前無古人，於是爲至。與夫用「見他桃李樹，思憶後園春」之意，以爲「長因送人處，憶得别家時」爲一僧所嗤者有間矣。

11 元白習制科

白樂天、元微之同習制科，中第之後，白公寄微之詩曰：「皆當少壯日，同惜盛明時。光景嗟虚擲，雲霄竊暗闚。攻文朝矻矻，講學夜孜孜。策目穿如札，毫鋒鋭若錐。」注云：「時與微之結集策畧之目，其數至百十，各有纖鋒細管筆，携以就試，相顧輒笑，目爲毫錐。」乃知士子待敵，編綴應用，自唐以來則然，毫錐筆之名起於此也。

12 門生門下見門生

後唐裴尚書年老致政。清泰初，其門生馬裔孫知舉，放榜後引新進士謁謝於裴，裴勸宴永日〔八〕，書一絶云：「宦途最重是文衡，天與愚夫作盛名。三主禮闈今八十，門生門下見門生。」時人榮之。事見蘇耆開譚録。予以五代登科記考之，裴在同光中三知舉，四年放進士八人，裔孫預焉。後十年，裔孫爲翰林學士，以清泰三年放進士十三人，兹所書是已。

裔孫尋拜相，新史亦載此一句云〔九〕。白樂天詩有與諸同年賀座主高侍郎新拜太常同宴蕭尚書亭子一篇，注云：「座主於蕭尚書下及第。」予考登科記，樂天以貞元十六年庚辰中書舍人高郢下第四人登科，郢以寶應二年癸卯禮部侍郎蕭昕下第九人登科，迨郢拜太常時，幾四十年矣。昕自癸卯放進士之後，二十四年丁卯，又以禮部尚書再知貢舉，可謂壽俊。觀白公所賦，益可見唐世舉子之尊尚主司也。

13 韓蘇杜公叙馬

韓公人物畫記，其叙馬處云：「馬大者九匹，於馬之中又有上者下者焉，行者，牽者，奔者，涉者，陸者，翹者，顧者，鳴者，寢者，訛者，立者，齕者，飲者，溲者，陟者，降者，痒磨樹者，噓者，嗅者，喜而相戲者，怒相踶齧者，秣者，騎者，驟者，走者，載服物者，載狐兔者，凡馬之事二十有七焉。馬大小八十有三，而莫有同者焉。」秦少游謂其叙事該而不煩，故仿之而作羅漢記。坡公賦韓幹十四馬詩云：「二馬並驅攢八蹄，二馬宛頸騣尾齊。一馬任前雙舉後，一馬却避長鳴嘶。老髯奚官騎且顧，前身作馬通馬語。後有八匹飲且行，微流赴吻若有聲。前者既濟山林鶴，後者欲涉鶴俛啄。最後一匹馬中龍，不嘶不動尾搖風。韓生畫馬真是馬，蘇子作詩如見畫。世無伯樂亦無韓，此詩此畫誰當看。」詩之與記，其體雖異，其爲布置鋪寫則同。誦坡公之語，蓋不待見畫也。予雲林繪監中有臨本，略無小異。杜老觀曹將軍畫馬圖云：「昔日太宗拳毛騧，近時郭家師子花。今之新圖有二馬，復令識者久歎嗟。其餘七匹亦殊絶，迥若寒空動煙雪。霜蹄蹴踏長楸間，馬官厮養森成列。可憐九馬爭神駿，顧視清高氣深穩。」其語視東坡，似若不及，至於「斯須九重真龍出，一洗萬古凡馬空」，不妨獨步也。杜又有畫馬讚云：「韓幹畫馬，毫端有神。驊騮老大，騕褭清新。」及「四蹄雷雹，一日天地。瞻彼駿骨，實惟龍媒」之句。坡公九馬贊言：「薛紹彭家藏曹將軍九馬圖，杜子美所爲作詩者也。」其詞云：「牧者萬歲，繪者惟霸。甫爲作誦，偉哉九馬。」讀此詩文數篇，真能使人方寸超然，意氣横出，可謂「妙絶動宫墻」矣。

14 風災霜旱

慶元四年，饒州盛夏中，時雨頻降，六七月之間未嘗請禱，農家水車龍具，倚之於壁，父老以爲所未見，指期西成有秋，當倍常歲，而低下之田，遂以潦告。餘干、安仁乃於八月罹地火之厄。地火者，蓋苗根及心，孽蟲生之，莖幹焦枯，如火烈烈，正古之所謂蟊賊也。九月十四日，嚴霜連降，晚稻未實者，皆爲所薄，不能復生，諸縣多然。有常産者，訴于郡縣，郡守孜孜愛民，有意蠲租，然僚吏多云「在法無此兩項」，又云「九月正是霜降節，不足爲異」。案白樂天諷諫杜陵叟一篇曰：「九月霜降秋早寒，禾穗未熟皆青乾。長吏明知不申破，急斂暴征求考課。」此明證也。予因記元祐五年蘇公守杭日，與宰相呂汲公書論浙西災傷曰：「賢哲一聞此言，理無不行，但恐世俗諂薄成風，揣所樂聞與所忌諱，爭言無災，或有災而不甚損。八月之末，秀州數千人訴風災，吏以爲法有訴水旱而無訴風災，閉拒不納，老幼相騰踐，死者十一人。由此言之，吏不喜言災者，蓋十人而九，不可不察也。」蘇公及此，可謂仁人之言。豈非昔人立法之初，如所謂風災、所謂早霜之類，非如水旱之田可以稽考，懼貪民乘時，或成冒濫，故不輕啓其端。今日之計，固難添創條式。但凡有災傷，出於水旱之外者，專委良守令推而行之，則實惠及民，可以救其流亡之禍，仁政之上也。

校勘記

〔一〕桓譚跋語　「桓」原作「宣」，據馬本、庫本、祠本改。

〔二〕可照其妄也　庫本、祠本「照」作「昭」。

〔三〕勿汶汶而闇　庫本、祠本「汶汶」作「没没」。下同。按，資治通鑑作「没没」。全唐文卷一百五十四作「汶汶」。

〔四〕宅普天之下　庫本、祠本「宅」作「主」。按，全唐文卷一百五十四作「主」。今姑仍之。

〔五〕押蹇字入元韻　「韻」原作「字」，據祠本改。

〔六〕從錢仲仲大夫借書　「借」原作「信」，誤刊。據庫本、祠本改。

〔七〕晉人成公綏嘯賦無所賓主必假逸群公子　「公子」原作「父子」，據李本改。

〔八〕裴勸宴永日　庫本、祠本「勸」作「歡」。

〔九〕五代登科記考之云云六十五字　原在本則之末，據庫本、祠本移此。

容齋五筆卷八 十二則

1 白蘇詩紀年歲

白樂天爲人誠實洞達，故作詩述懷，好紀年歲。因閲其集，輒抒録之。「此生知負少年心，不展愁眉欲三十」，「莫言三十是年少，百歲三分已一分」，「何況纔中年，又過三十二」，「不覺明鏡中，忽年三十四」，「我年三十六，冉冉昏復旦」，「非老亦非少，年過三紀餘」，「行年欲四十，有女曰金鑾」，「我今欲四十，秋懷亦可知」，「行年三十九，歲暮日斜時」，「忽因時節驚年歲，四十如今欠一年」，「四十爲野夫，田中學鉏穀」，「四十官七品，拙宦非由它」，「毛鬢早改變，四十白髮生」，「況我今四十，本來形皃羸」，「衰病四十身，嬌癡三歲女」，「自問今年幾，春秋四十初」，「四十未爲老，憂傷早衰惡」，「莫學二郎吟太苦，纔年四十鬢如霜」，「下有獨立人，年來四十一」，「若爲重入華陽院，病髮愁心四十三」，「已年四十四，又爲五品官」，「面瘦頭斑四十四，遠謫江州爲郡吏」，「行年四十五，兩鬢半蒼蒼」，「四十六時三月盡，送春爭得不殷勤」，「我今四十六，衰顇卧江城」，「鬢髮蒼浪牙齒疏，不覺身年四十七」，「明朝四十九，應轉悟前非」，「四十九年身老日，一百五夜月明天」，「衰鬢蹉跎將五十，關河迢遞過三千」，「青山舉眼三千里，白髮平頭五十人」，「宦途氣味已諳盡，五十不休何日休」，「五十江城守，停杯忽自思」，「莫學爾兄年五十，蹉跎始得掌絲綸」，「五十未全老，尚可且歡娛」，「長慶二年秋，我年五十一」，「二月五日花如雪，五十二人頭似霜」，「老校於君合先退，明年半百又加三」，「前歲花前五十二，今年花前五十五」，「倘年七十猶强健，尚得閑行十五春」，「去時十一二，今年五十六」，「我年五十七，榮名得幾許」，「我年五十七，歸去誠已遲」，「身爲三品官，年已五十八」，「五十八翁方有後，靜思堪喜亦堪嗟」，「半百過九年，艷陽殘一日」，「火銷燈盡天明後，便見平頭六十人」，「六十河南尹，前途足可知」，「不准擬身年六十，上山仍未要人扶」，「不准擬身年六十，遊春猶自有心情」，「我今悟已晚，六十方退閑」，「今歲日餘二十六，來歲年登六十二」，「心情多少在，六十二三人」，「六十三翁頭雪白，假如醒點欲何爲〔一〕」，「行年六十四，安得不衰羸」，「我今六十五，走若下坡輪」，「年開第七秩，屈指幾多人」，「五十八歸來，今年六十六」，「無憂亦無喜，六十六年春」，「共把十千沽一斗，相看七十欠三年」，「七十欠四歲，此生那足論」，「六十八衰翁，乘衰百疾攻」，「又問年幾何，七十行欠二」，「更過今年年七十，假如無病亦宜休」，「今日行年將七十，猶須慙愧病來遲」，「且喜同年滿七十，莫嫌衰病莫嫌貧」，「舊語相傳聊自慰，世間七十老人稀」，「皤然七十翁，亦足稱壽考」，「昨日復今辰，悠悠七十春」，「人生七十稀，我年幸過之」，「白須如雪五朝臣，又入新正第七旬」，（時年七十一）「行開第八秩，可謂盡天年」，「吾今已年七十一，眼昏須白頭風眩」，「七十人難到，過三更較稀」，「七十三人難再到，今春來是別花來」，「七十三翁旦暮身，誓開險路作通津」，「風光拋得也，七十四年春」，「壽及七十五，俸霑五十千」，其多如此。

蘇公素重樂天，故間亦効之。如「龍鍾三十九，勞生已强半」，「歲莫日斜時，還爲昔人歎」，正引用其語。又「四十豈不知頭顱，畏人不出何其愚」，「我今四十二，衰髮不滿梳」，「憶在錢塘正如此，回頭四十二年非」，「行年四十九，還此北窗宿」，「吾年四十九，賴此一笑喜」，「嗟我與君皆丙子，四十九年窮不死」，「五十之年初過二，衰顏記我今如此」，「白髮蒼顏五十三，家人强遣試春衫」，「先生年來六十化，道眼已入不二門」，「紛紛華髮不足道，當返六十過去魂」，「我年六十一，頹景薄西山」，「結髮事文史，俯仰六十踰」，「與君皆丙子，各已三萬日」。翫味莊誦，便如閱年譜也。

2　天將富此翁

唐劉仁軌任給事中，爲宰相李義府所惡，出爲青州刺史。及代還，欲斥以罪，又坐漕船覆没免官。其後百濟叛，詔以白衣檢校帶方州刺史。仁軌謂人曰：「天將富貴此翁邪！」

果削平遼海。白樂天有自題酒庫一篇云：「身更求何事，天將富此翁。此翁何處富，酒庫不曾空。」注云：「劉仁軌詩：『天將富此翁。』以一醉爲富也。」然則唐史以此爲仁軌之語，而不言其詩，爲未審耳。

3 白公説俸禄

白樂天仕宦，從壯至老，凡俸禄多寡之數，悉載於詩，雖波及它人亦然。其立身廉清，家無餘積，可以槩見矣。因讀其集，輒叙而列之。其爲校書郎，曰：「俸錢萬六千，月給亦有餘。」爲左拾遺，曰：「月慚諫紙二千張，歲愧俸錢三十萬。」兼京兆户曹，曰：「俸錢四五萬，月可奉晨昏。廩禄二百石，歲可盈倉囷。」貶江州司馬，曰：「散員足庇身，薄俸可資家。」壁記曰：「歲廩數百石，月俸六七萬。」罷杭州刺史，曰：「三年請禄俸，頗有餘衣食。」「移家入新宅，罷郡有餘資。」爲蘇州刺史，曰：「十萬户州尤覺貴，二千石禄敢言貧。」爲賓客分司，曰：「俸錢八九萬，給受無虚月。」「嵩洛供雲水，朝廷乞俸錢。」「老宜官冷靜，貧賴俸優饒。」「官優有禄料，職散無羈縻。」「官銜依口得，俸禄逐身來。」爲河南尹，曰：「厚俸如何用，閑居不可忘。」不赴同州，曰：「誠貪俸錢厚，春如身力衰。」爲太子少傅，曰：「月俸百千官二品，朝廷雇我作閑人。」「又問俸厚薄，百千隨月至。」「七年爲少傅，品高俸不薄。」其致仕，曰：「全家遁此曾無悶，半俸資身亦有餘。」「俸隨日計錢盈貫，禄逐年支粟滿困。」「壽及七十五，俸占五十千。」其泛叙曰：「歷官凡五六，禄俸及妻孥。」「料錢隨官用，生計逐年營。」「形骸僶俛班行内，骨肉勾留俸禄中。」其它人者，如陝州王司馬曰：「公事閑忙同少尹，俸錢多少敵尚書。」劉夢得罷賓客，除祕監，禄俸略同，曰：「日望揮金賀新命，俸錢依舊又如何。」歎洛陽、長水二縣令，曰：「朱紱洛陽官位屈，青袍長水俸錢貧。」其將下世，有達哉樂天行曰：「先賣南坊十畝園，次賣東郭五頃田。然後兼賣所居宅，髣髴獲緡二三千。但恐此錢用不盡，即先朝露歸夜泉。」後之君子試一味其言，雖日飲貪泉，亦知斟酌矣。觀其生涯如是，東坡云：「公廪有餘粟，府有餘帛。」殆亦不然。

4　白居易出位

白居易爲左贊善大夫，盗殺武元衡，京都震擾，居易首上疏，請亟捕賊，刷朝廷耻，以必得爲期。宰相嫌其出位，不悦，因是貶江州司馬。此唐書本傳語也。案是時宰相張弘靖、韋貫之，弘靖不足道，貫之於是爲失矣。白集載與楊虞卿書云：「左降詔下，明日而東，思欲一陳於左右。去年六月，盗殺右丞相於通衢中，迸血髏，磔髮肉，所不忍道。合朝震慄，不知所云。僕以書籍以來，未有此事，苟有所見，雖畎畝皁隸之臣，不當默默，况在班列，而能勝其痛憤耶！故武丞相之氣平明絶，僕之書奏日午入。兩日之内，滿城知之，其不與者，或語以僞言，或陷以非語，皆曰：『丞、郎、給、舍、諫官、御史尚未論請，而贊善大夫何反憂國之甚也！』僕聞此語，退而思之，贊善大夫誠賤冗耳，朝廷有非常事，即日獨進封章，謂之忠，謂之憤，亦無愧矣。謂之妄，謂之狂，又敢逃乎！以此獲辜，顧何如耳，況又不以此爲罪名乎！」白之自述如此。然則一時指爲出位者，不但宰相而已也。史又曰：「居易母墜井死，而賦新井篇，以是左降。」前書所謂不以此爲罪名者是已。

5 醉翁亭記酒經

歐陽公醉翁亭記、東坡公酒經，皆以「也」字爲絶句。歐用二十一「也」字，坡用十六「也」字，歐記人人能讀，至於酒經，知之者蓋無幾。坡公嘗云：「歐陽作此記，其詞玩易，蓋戲云耳，不自以爲奇特也。而妄庸者作歐語云：『平生爲此文最得意。』又云：『吾不能爲退之畫記，退之不能爲吾醉翁亭記。』此又大妄也。」坡酒經每一「也」字上必押韻，暗寓於賦，而讀之者不覺，其激昂淵妙，殊非世間筆墨所能形容，今盡載于此，以示後生輩。其詞云：

南方之氓，以糯與秔，雜以卉藥而爲餅，嗅之香，嚼之辣，揣之枵然而輕，此餅之良者也。吾始取麵而起肥之，和之以姜液，烝之使十裂，繩穿而風戾之，愈久而益悍，此麴之精者也。米五㪷爲率，而五分之，爲三㪷者一，爲五升者四，三㪷者以釀，五升者以投，三投而止，尚有五升之贏也。始釀，以四兩之餅，而每投以二兩之麴，皆澤以少水，足以散解而匀停也。釀者必舊按而井泓之，三日而井溢，此吾酒之萌也。酒之始萌也，甚烈而微苦，蓋三投而後平也。凡餅烈而麴和，投者必屢嘗而增損之，以舌爲權衡也。既溢之三日乃投，九日三投，通十有五日而後定也。既定乃注以㪷水，凡水必熟而冷者也。凡釀與投，必寒之而後下，此炎州之令也。既水五日，乃篘，得二㪷有半，此吾酒之正也。先篘半日，取所謂贏者爲粥，米一而水三之，揉以餅麴，凡四兩，二物并也。投之糟中，熟撋而再釀之，五日壓得㪷有半，此吾酒之少勁者也。勁、正合爲四㪷，又五日而飲，則和而力、嚴而不猛也。篘絶不旋踵而粥投之，少留則糟枯中風而酒病也。釀久者酒醇而豐，速者反是，故吾酒三十日而成也。

此文如太牢八珍，咀嚼不嫌於致力，則真味愈雋永，然未易爲俊快者言也。

6 白公感石

白樂天有奉和牛思黯以李蘇州所寄太湖石奇狀絶倫因作詩兼呈劉夢得，其末云：「共嗟無此分，虛管太湖來。」注：「與夢得俱典姑蘇，而不獲此石。」又有感石上舊字云：「太湖石上鐫三字，十五年前陳結之。」案，陳結之並無所經見，全不可曉。後觀其對酒有懷寄李郎中一絶句，曰：「往年江外抛桃葉，去歲樓中別柳枝。寂寞春來一盃酒，此情唯有李君知。」注云：「桃葉，結之也。柳枝，樊素也。」然後結之義始明。樂天以病而去柳枝，故作詩云：「兩枝楊柳小樓中，嫋娜多年伴醉翁。明日放歸歸去後，世間應不要春風。」因劉夢得有戲之之句，又答之云：「誰能更學孩童戲，尋逐春風捉柳花。」然其鍾情處竟不能忘，如云「病共樂天相伴住，春隨樊子一時歸」，「金羈駱馬近賣却，羅袖柳枝尋放還」，「觴詠罷來賓閤閉，笙歌散後妓房空」是也，讀之使人悽然。

7 禮部韻略非理

禮部韻略所分字，有絶不近人情者，如東之與冬，清之與青，至於隔韻不通用。而爲四聲切韻之學者，必强立説，然終爲非是。如「撰」字至列於上、去三韻中，仍義訓不一。頃紹興三十年，省闈舉子兼經出易簡天下之理得賦。予爲參詳官，有點檢試卷官蜀士杜莘云：「簡字韻甚窄，若撰字必在所用，然唯撰述之撰乃可爾，如『雜物撰德』，『體天地之撰』，『異夫三子者之撰』，『欠伸，撰杖屨』之類，皆不可用。」予以白知舉，請揭榜示衆。何通遠諫議初亦難之，予曰：「倘舉場皆落韻，如何出手？」乃自書一榜。榜才出，八厢邏卒以爲逐舉未嘗有此例，即録以報主者。士人滿簾前上請，予爲逐一剖析，然後退。又「静」之與「靚」，其義一也，而以「静」爲上聲，「靚」爲去聲。案，漢書賈誼服賦「澹虖若深淵之靚」，顔師古注「靚與静同」。史記正作静。楊雄甘泉賦「暗暗靚深」，注云「靚即静字耳」。今浙入兩音〔三〕，殊爲非理。予名雲竹莊之堂曰「賞静」，取杜詩「賞静憐雲竹」之句也。守僧居之，頻年三易，有道人指曰：「静之左傍乃争字，以故不定疊。」於是撤去元扁，而改爲靚云。

8 唐臣乞贈祖

唐世贈典唯一品乃及祖，餘官只贈父耳。而長慶中流澤頗異，白樂天制集有户部尚書楊於陵，回贈其祖爲吏部郎中，祖母崔氏爲郡夫人。馬總准制贈亡父，亦請回其祖及祖母。散騎常侍張惟素亦然。非常制也。是時崔植爲相，亦有陳情表云：「亡父嬰甫，是臣本生，亡伯祐甫，臣今承後。嗣襲雖移，孝心則在。自去年以來，累有慶澤，凡在朝列，再蒙追榮，或有陳乞，皆許回授。臣猥當寵擢，而顯揚之命，獨未及於先人。今請以在身官秩并前後合叙勳封，特乞回充追贈。」則知其時一切之制如此。伯兄文惠執政，乞以己合轉官回贈高祖，既已得旨，而爲後省封還。固近無此比，且失於考引唐時故事也。

9 承習用經語誤

經傳中事實多有轉相祖述而用，初不考其訓故者。如：邶谷風之詩，爲淫新昏棄舊室而作，其詞曰：「宴爾新昏，以我御窮。」宴，安也，言安愛爾之新昏，但以我御窮苦之時，至於富貴則棄我。今人乃以初娶爲宴爾，非惟於詩意不合，且又再娶事，豈堪用也。抑之詩曰：「訏謨定命，遠猶辰告。」毛公曰：「訏，大也；謨，謀也；猶，道也；辰，時也。」猶與猷同。鄭箋曰：「猶，圖也，言大謀定命。爲天下遠圖庶事，而以歲時告施之，如正月始和布政也。」案，此特謂上告下之義，今詞臣乃用於制詔，以屬臣下，而臣下於表章中亦用之，不知其與「入告爾后」之告不侔也。生民之詩曰：「誕彌厥月。」毛公曰：「誕，大也；彌，終也。」鄭箋言：「后稷之在其母，終人道十月而生。」案，訓彌爲終，其義亦未易曉。至「俾爾彌爾性，似先公酋矣」，既釋彌爲終，又曰酋終也，頗涉煩複。生民凡有八誕字，「誕寘之隘巷」，「誕寘之平林」，「誕寘之寒冰」，「誕實匍匐」，「誕后稷之穡」，「誕降嘉種」，「誕我祀如何」，若悉以誕爲大，於義亦不通。它如「誕先登于岸」之類，新安朱氏以爲發語之辭，是已。莆田鄭氏云：「彌只訓滿，謂滿此月耳。」今稱聖節曰降誕，曰誕節，人相稱曰誕日、誕辰、慶誕，皆爲不然。但承習膠固，無由可革，雖東坡公亦云「仰止誕彌之慶」，未能免俗。書之於此，使子弟後生輩知之。左傳：「王使宰孔賜齊侯胙，齊侯將下拜，孔曰：『天子使孔曰：以伯舅耋老，無下拜。』對曰：『天威不違顔咫尺，敢不下拜。』下拜登受。」謂拜於堂下，而受胙於堂上。今人簡牘謝饋者，輒曰「謹已下拜」，猶未爲甚失，若「天威不違顔咫尺」，則上四字爲天子設，下三字爲人臣設，故注言：「天鑒察不遠，威嚴常在顔面之前。」今士大夫往往於表奏中言違顔，或曰咫顔、咫尺之顔，全與本指爽戾。如用龍顔、聖顔、天顔之類，自無害也。

10　長慶表章

唐自大曆以河北三鎮爲悍藩所據，至元和中，田弘正以魏歸國，長慶初王承元、劉總去鎮、幽，於是河北略定。而穆宗以昏君，崔植、杜元穎、王播以庸相，不能建久長之策，輕徙田弘正，以啓王庭湊之亂，繆用張弘靖，以啓朱克融之亂。朝廷以諸道十五萬衆，裴度元臣宿望，烏重胤、李光顔當時名將，屯守踰年，竟無成功，財竭力盡，遂以節鉞授二賊，再失河朔，訖于唐亡。觀一時事勢，何止可爲痛哭！而宰相請上尊號表云：「陛下自即大位，及此二年，無巾車汗馬之勞，而坐平鎮、冀；無亡弓遺鏃之費，而立定幽、燕。以謂威靈四及，請爲『神武』。」君臣上下，其亦云無羞恥矣。此表乃白居易所作。又翰林學士元稹求爲宰相，恐裴度復有功大用，妨己進取，多從中沮壞之。度上表極陳其狀，帝不得已，解積翰林，恩遇如故。積怨度，欲解其兵柄，勸上罷兵。未幾，拜相，居易代作謝表，其略云：「臣遭遇盛明，不因人進，擢居禁内，訪以密謀。恩奬太深，讒謗並至。雖内省行事，無所愧心，然上黷宸聽，合當死責。」其文過飾非如此。居易二表，誠爲有玷盛德。

11 元白制科

元、白習制科，其書後分爲四卷，命曰策林。其策頭、策項各二道，策尾三道，此外曰美謙遜、塞人望、政必成、不勞而理、風化澆朴、復雍熙、感人心之類，凡七十五門，言所應對者百不用其一二，備載於文集云。

12 八種經典

開士悟入諸佛知見，以了義度無邊，以圓教垂無窮，莫尊於妙法蓮華經，凡六萬九千五百五字。證無生忍，造不二門，住不可思議解脱，莫極於維摩經，凡二萬七千九十二字。攝四生九類，入無餘涅槃，實無得度者，莫先於金剛般若波羅密經，凡五千二百八十七字。壞罪集福，淨一切惡道，莫急於佛頂尊勝陀羅尼經，凡三千二十字。應念順願，願生極樂土，莫疾於阿彌陀經，凡一千八百字。用正見，觀真相，莫出於觀音普賢菩薩法行經，凡六千九百九十字。詮自性，認本覺，莫深於實相法密經，凡三千一百五字。空法塵，依佛智，莫過於般若波羅密多心經，凡二百五十八字。是八種經典十二部〔三〕，合一十一萬六千八百五十七字。三乘之要旨，萬佛之祕藏，盡矣。唐長慶二年，蘇州重玄寺法華院石壁所刻金字經，白樂天爲作碑文，其叙如此。予切愛其簡明潔亮，故備録之。

校勘記

〔一〕假如醒黠欲何爲　「黠」原作「點」，誤刊。據庫本、祠本改。按：白居易集作「黠」。

〔二〕今淅入兩音　李本「淅」作「析」。疑作「析」是。

〔三〕八種經典　「典」原作「具」，據庫本、祠本改。按，此則之題即作「八種經典」。

容齋五筆卷九十二則

1 畏人索報書

士大夫得交朋書問，有懶傲不肯即答者。記白樂天老慵一絶句曰：「豈是交親向我疏，老慵自愛閉門居。近來漸喜知聞斷，免惱嵇康索報書。」案，嵇康與山濤絶交書云：「素不便書，又不喜作書，而人間多事，堆案盈几，不相酬答，則犯教傷義，欲自勉强，則不能久。」樂天所云正此也。乃知畏於答書，其來久矣。

2 不能忘情吟

予既書白公鍾情蠻、素於前卷，今復見其不能忘情吟一篇，尤爲之感歎，輒載其文，因以自警。其序云：「樂天既老，又病風。乃録家事，會經費，去長物。妓有樊素者，年二十餘，綽綽有歌舞態，善唱楊柳枝，人多以曲名名之，由是名聞洛下，籍在經費中，將放之。馬有駱者，籍在長物中，將鬻之。馬出門，驤首反顧，素聞馬嘶，慘然立見拜，婉孌有辭，辭畢涕下。予亦愍默不能對，且命反袂，飲之酒，自飲一盃，快吟數十聲，聲成文，文無定句。予非聖達，不能忘情，又不至於不及情者，事來攪情，情動不可柅，因自哂，題其篇曰不能忘情吟。」吟曰：「鬻駱馬兮，放楊柳枝。掩翠黛兮，頓金羈。馬不能言兮，長鳴而却顧。楊柳枝再拜長跪而致辭。辭曰：『素事主十年，凡三千有六百日。巾櫛之間，無違無失。今素貌雖陋，未至衰摧，駱力猶壯，又無虺隤。即駱之力，尚可以代主一步，素之歌，亦可以送主一盃。一旦雙去，有去無回。故素將去，其辭也苦，駱將去，其鳴也哀。此人之情也，馬之情也，豈主君獨無情哉！』予俯而歎，仰而咍，且曰駱駱爾勿嘶，素素爾勿啼，駱反廐，素反閨。吾疾雖作年雖頹，幸未及項籍之將死，亦何必一日之内棄騅兮而別虞兮。乃目素兮，素兮爲我歌楊柳枝，我姑酌彼金罍，我與爾歸醉鄉去來。」觀公之文，固以遣情釋意耳，素竟去也。此文在一集最後卷，故讀之者未必記憶。東坡猶以爲柳枝不忍去，因劉夢得「春盡絮飛」之句方知之。於是美朝雲之獨留，爲之作詩，有「不似楊枝別樂天，恰如通德伴伶玄」之語。然不及二年而病亡，爲可歎也。

3　擒鬼章祝文

東坡在翰林作擒鬼章奏告永裕陵祝文云：「大獮獲禽，必有指蹤之自；豐年多廩，孰知耘耔之勞。昔漢武命將出師，而呼韓來庭，効于甘露；憲宗厲精講武，而河湟恢復，見于大中。」其意蓋以神宗有平𠱥氏之志，至于元祐，乃克有成，故告陵歸功，謂武帝、憲宗亦經營於初，而績効在於二宣之世，其用事精切如此。今蘇氏眉山功德寺所刻大小二本及季真給事在臨安所刊，并江州本、麻沙書坊大全集，皆只自「耘耔」句下，便接「憬彼西戎，古稱右臂」。正是好處，却芟去之，豈不可惜。唯成都石本法帖真跡獨得其全。坡集奏議中登州上殿三劄，皆非是。司馬季思知泉州，刻温公集，有作中丞日彈王安石章，尤可笑。温公以治平四年解中丞，還翰林，而此章乃熙寧三年者。二集皆出本家子孫，而爲妄人所誤。季真、季思不能察耳。坡内制有温公安葬祭文，云：「元豐之末，天步爲艱。社稷之衛，中外所屬。惟是一老，屏予一人。名高當世，行滿天下。措國於太山之安，下令於流水之源。歲月未周，綱紀畧定。天若相之，又復奪之。殄瘁之哀，古今所共。知之者神考，用之者聖母。馴致其道，太平可期。長爲宗臣，以表後世。往奠其葬，庶知予懷。」而石本頗不同，其詞云：「元豐之末，天步惟艱。社稷之衛，存者有幾。惟是一老，屏予一人。措國於太山之安，下令於流水之原。歲未及朞，綱紀畧定。道之將行，非天而誰。天既予之，又復奪之。惟聖與賢，莫如天何。然其所立，天亦不能亡也。知之者神考，用之者聖母。馴致其道，終於太平。永爲宗臣，與國無極。於其葬也，告諸其柩。」今莫能攷其所以異也。

4 歐公送慧勤詩

國朝承平之時，四方之人，以趨京邑爲喜。蓋士大夫則用功名進取係心，商賈則貪舟車南北之利，後生嬉戲則以紛華盛麗而悦。夷攷其實，非南方比也。讀歐陽公送僧慧勤歸餘杭之詩可知矣。曰：「越俗僭宮室，傾貲事雕墻。佛屋尤其侈，耽耽擬侯王。文彩瑩丹漆，四壁金焜煌。上懸百寶蓋，宴坐以方牀。胡爲棄不居，棲身客京坊。辛勤營一室，有類燕巢梁。南方精飲食，菌筍比羔羊。飲以玉粒粳，調之甘露漿。一饌費千金，百品羅成行。晨興未飯僧，日昃不敢嘗。乃茲隨北客，枯粟充饑腸。東南地秀絶，山水澄清光。餘杭幾萬家，日夕焚清香。煙霏四面起，雲霧雜芬芳。豈如車馬塵，鬢髮染成霜。三者孰苦樂，子奚勤四方。」觀此詩中所謂吴越宮室、飲食、山水三者之勝，昔日固如是矣。公又有山中之樂三章送之歸。勤後識東坡，爲作詩集序者。

5 委蛇字之變

歐公樂郊詩云：「有山在其東，有水出逶夷。」近歲，丁朝佐辨正謂其字參古今之變，必有所據。予因其説而悉索之，此二字凡十二變。一曰委蛇，本於詩羔羊：「退食自公，委蛇委蛇。」毛公注：「行可從跡也。」鄭箋：「委曲自得之皃。委，於危反〔一〕。蛇，音移。」左傳引此句，杜注云：「順貌。」莊子載齊桓公澤中所見，其名亦同。二曰委佗，詩君子偕老：「委委佗佗。」毛注：「委委者，行可委曲從迹也。佗者，德平易也。」三曰逶迱，韓詩釋上文云：「公正貌。」說文：「逶迆，斜去貌。」四曰倭遲，詩：「四牡騑騑，周道倭遲。」注：「歷遠之貌。」五曰倭夷，韓詩之文也。六曰威夷，潘岳詩：「迴谿縈曲阻，峻阪路威夷。」孫綽天台山賦：「既克隮於九折，路威夷而脩通。」李善注引韓詩「周道威夷」。薛君曰：「威夷，險也。」七曰委移，離騷經：「載雲旗之委蛇。」一本作逶迆，一本作委移。注：「雲旗委移，長也。」八曰逶移，劉向九歎：「遵江曲之逶移。」九曰逶蛇，後漢費鳳碑：「君有逶蛇之節。」十曰蝼蛇，張衡西京賦：「女、娥坐而長歌，聲清暢而蝼蛇。」李善注：「蝼蛇，聲餘詰曲也。」十一曰遹池，漢逢盛碑：「當遂遹池，立號建基。」十二曰威遲，劉夢得詩：「柳動御溝清，威遲堤上行。」韓公南海廟碑：「蜿蜿蛇蛇。」亦然也。則歐公正用韓詩，朝佐不暇尋繹之爾。

6　東不可名園

今人亭館園池，多即其方隅以命名。如東園、東亭、西池、南館、北榭之類，固爲簡雅，然有當避就處。歐陽公作真州東園記，最顯。案漢書百官表：「將作少府，掌治宮室。屬官有東園主章。」注云：「章謂大材也。主章掌大材，以供東園大匠。」紹興三十年，予爲省試參詳官，主司委出詞科題，同院或欲以「東園主章」爲箴，予曰：「君但知漢表耳。霍光傳：『光之喪，賜東園温明。』服虔曰：『東園處此器，以鏡置其中，以懸尸上。』師古曰：『東園，署名也。屬少府。其署主作此器。』董賢傳：『東園祕器以賜賢。』注引漢舊儀：東園祕器作棺。若是，豈佳處乎！」同院驚謝而退。然則以東名園，是爲不可。予有兩園，適居東西，故扁西爲西園，而以東爲東圃，蓋避此也。

7 一二三與壹貳叁同

古書及漢人用字，如一之與壹，二之與貳，三之與叁，其義皆同。鳲鳩序：「刺不壹也。」又云：「用心之不壹也。」而正文「其儀一兮」。表記：「節以壹惠。」注：「言聲譽雖有衆多者，節以其行一大善者爲謚耳。」漢華山碑：「五載壹巡狩。」祠孔廟碑：「恢崇壹變。」祝睦碑：「非禮，壹不得犯。」而後碑云：「非禮之常，一不得當。」則與壹通用也。孟子：「市價不貳。」趙岐注云：「無二賈者也。」本文用大貳字，注用小二字，則二與貳通用也。易繫辭：「叁天兩地。」釋文云：「參，七南反。又如字，音三。」周禮：「設其參。」注：「參，謂卿三人。」則三與參通用也。九之與久，十之與拾，百之與栢，亦然。予頃在英州，訪鄰人利秀才。利新作茅齋，頗淨潔，從予乞名。其前有兩高松，因爲誦藍田壁記，命之曰二松。其季請曰：「是使大貳字否？」坐者皆哂。蓋其人不知書，信口輒言，以貽譏笑。若以古字論之，亦未爲失也。文惠公名流杯亭曰「一詠」，而采借隸法，扁爲「壹詠」，讀者多以爲疑，顧第弗深考耳。

8 何恙不已

公孫弘爲丞相，以病歸印，上報曰：「君不幸罹霜露之疾，何恙不已？」顏師古注：「恙，憂也。何憂於疾不止也。」禮部韻略訓恙字，亦曰憂也。初無訓病之義。蓋既云罹疾矣，不應復云病，師古之説甚爲明白。而世俗相承，至問人病爲貴恙，謂輕者爲微恙，心疾爲心恙，風疾爲風恙，根著已深，無由可改。

9 西漢用人人元元字

前漢書好用人人字。如文帝紀「人人自以爲得之者以萬數」，又曰「人人自安難動摇」，元帝紀「人人自以得上意」，食貨志「人人自愛而重犯法」，韓信傳「人人自以爲得大將」，曹參傳「齊故諸儒以百數，言人人殊」，張良傳「人人自堅」，叔孫通傳「吏人人奉職」，賈誼傳

「人人各如其意所出」，楊雄傳「人人自以爲咎繇」，鮑宣傳「人人牽引所私」，韓延壽傳「人人問以謡俗」、「人人爲飲」，張騫傳「人人有言輕重」，李尋傳「人人自賢」，王莽傳「人人延問」，嚴安傳「人人自以爲更生」，王吉傳「人人自制」是也。後漢書亦間有之，如崔駰傳「人人有以自優」，五行志「人人莫不畏憲」，吴漢傳「諸將人人多請之」，申屠剛傳「人人懷憂」，王允傳「人人自危」，荀彧傳「人人自安」，吕强傳「諸常侍人人求退」是也。

又元元二字，考之六經無所見，而兩漢書多用之。如前漢文帝紀「全天下元元之民」，武紀「燭幽隱，勸元元」、「所以化元元」，宣紀「不忘元元」，元紀「元元失望」、「元元何辜」、「元元大困」、「元元之民，勞於耕耘」、「元元騷動」、「元元安所歸命」，成紀「元元冤失職者衆」，哀紀「元元不贍」，刑法志「罹元元之不逮」，嚴安傳「元元黎民，得免於戰國」，嚴助傳「使元元之民，安生樂業」，賈捐之傳「保全元元」，東方朔傳「元元之民，各得其所」，魏相傳「尉安元元」、「唯陛下留神元元」，鮑宣傳「爲天牧養元元」，蕭育傳「安元元而已」，匡衡薛宣傳「哀閔元元」，王嘉傳「憂閔元元」，谷永傳「以慰元元之心」，匈奴傳「元元萬民」是也。後漢光武紀「下爲元元所歸」、「賊害元元」、「元元愁恨」、「惠茲元元」，章紀「誠欲元元去末歸本」、「元元未諭」、「深元元之愛」，和紀「愛養元元」、「下濟元元」，順紀「元元被害」，質紀「元元嬰此困毒」，桓紀「害及元元」，鄧后紀、劉毅傳「垂恩元元」，王昌傳「元元創痍」，耿弇傳

「元元叩心」，郎顗傳「弘濟元元」、「貸贍元元」，曹褒傳「仁濟元元」，范升傳「元元焉所呼天」、「免元元之急」，鍾離意傳「憂念元元」，何敞傳「元元怨恨」、「安濟元元」，楊終傳「以濟元元」，虞詡傳「遭元元無妄之災」，皇甫規傳「平志畢力，以慶元元」是也。予謂元元者，民也。而上文又言元元之民，元元黎民，元元萬民，近於複重矣。故顔注：「或云：元元，善意也。」

10 韓公潮州表

韓文公諫佛骨表，其詞切直，至云：「凡有殃咎，宜加臣身，上天監臨，臣不怨悔。」坐此貶潮州刺史。而謝表云：「臣於當時之文，未有過人者。至論陛下功德，與詩、書相表裏，作爲歌詩，薦之郊廟，雖使古人復生〔二〕，臣亦未肯多遜。而負罪嬰釁，自拘海島，懷痛窮天，死不閉目。伏惟天地父母，哀而憐之。」考韓所言，其意乃望召還。憲宗雖有武功，亦未至編之詩、書而無愧，至於「紀泰山之封，鏤白玉之牒，東巡奏功，明示得意」等語，摧挫獻佞，大與諫表不侔，當時李漢輩編定文集，惜不能爲之除去。東坡自黄州量移汝州，上表云：「伏讀訓詞，有『人材實難，不忍終棄』之語。臣在常州〔三〕，有田粗給饘粥，欲望許令常州居住。」輒叙徐州守河及獲妖賊事，庶因功過相除，得從所便。讀者謂與韓公相類，是不然。二表均爲歸命君上，然其情則不同。坡自列往事，皆其實跡，而所乞不過見地耳，且略無一佞詞，真爲可服。

11　燕賞逢知己

白樂天爲河南尹日，有答舒員外云：「員外游香山寺，數日不歸，兼辱尺書，大誇勝事，時正值坐衙慮囚之際，走筆題長句以贈之曰：『黄菊繁時好客到，碧雲合處佳人來。請遺英、倩二妓與舒君同遊也。酡顔一笑夭桃綻，清冷秋聲寒玉哀。軒騎逶迤棹容與，留連三日不能回。白頭老尹府中坐，早衙纔退暮衙催。』」謝希深、歐陽公官洛陽，同游嵩山歸，暮抵龍門香山，雪作，留守錢文僖公遣吏以厨傳歌妓至，且勞之曰：『山行良勞，當少留龍門賞雪，府事簡，無遽歸也。』」王定國訪東坡公於彭城，一日，棹小舟與顔長道携盼、英、卿三子游泗水〔四〕，南下百步洪，吹笛飲酒，乘月而來。坡時以事不得往，夜著羽衣，佇立黄樓上，相視而笑，以爲李太白死，世間無此樂三百餘年矣。定國既去，逾月，復與參寥師泛舟洪下，追憶曩游，作詩曰：「輕舟弄水買一笑，醉中蕩槳肩相摩。歸來笛聲滿山谷，明月正照金叵羅。」味此三游之勝，今之燕賓者寧復有之！蓋亦值知己也。

12 端午貼子詞

唐世五月五日揚州於江心鑄鏡以進，故國朝翰苑撰端午貼子詞，多用其事，然遣詞命意，工拙不同。王禹玉云：「紫閣曈曨隱曉霞，瑶墀九御薦菖華。何時又進江心鑑，試與君王却衆邪。」李邦直云：「艾葉成人後，榴花結子初。江心新得鏡，龍瑞護仙居。」趙彦若云：「揚子江中方鑄鏡，未央宫裏更飛符。菱花欲共朱靈合，驅盡神姦又得無？」又：「揚子江中百鍊金，寶奩疑是月華沉。爭如聖后無私鑑，明照人間萬善心。」又：「江心百鍊青銅鏡，架上雙紉翠縷衣。」李士美云：「何須百鍊鑑，自勝五兵符。」傅墨卿云：「百鍊鑑從江上鑄，五時花向帳前施。」許沖元云：「江中今日成龍鑑，苑外多年廢鷺陂。合照乾坤共作鏡，放生河海盡爲池。」蘇子由云：「揚子江中寫鏡龍，波如細縠不摇風。宫中驚捧秋天月，長照人間助至公。」大槩如此。唯東坡不然，曰：「講餘交翟轉回廊，始覺深宫夏日長。揚子江心空百鍊，只將無逸監興亡。」其輝光氣焰，可畏而仰也。若白樂天諷諫百鍊鏡篇云：「江心波上舟中鑄，五月五日日午時。」「背有九五飛天龍，人人呼爲天子鏡。」又云：「太宗常以人爲鏡，監古監今不監容。」「乃知天子别有鏡，不是揚州百鍊銅。」用意正與坡合。予亦嘗有一聯云：「願儲醫國三年艾，不博江心百鍊銅。」然去之遠矣。端午故事，莫如楚人競渡之的，蓋以其非吉祥，不可施諸祝頌，故必用鏡事云。

校勘記

〔一〕委於危反　「於」原爲空格，據明抄本補。

〔二〕雖使古人復生　「使」原爲空格，據明抄本、馬本、庫本補。

〔三〕東坡自黄州量移汝州上表云伏讀訓詞有人材實難不忍終棄之語臣在常州云云　查蘇軾文集卷二十三「量移汝州」乃「乞常州居住」之誤。今姑仍之。「在」前原有「昔」字，蘇軾文集無，今據删。

〔四〕携盼英卿三子游泗水　「英」原脱，據明抄本、馬本、庫本補。

容齋五筆卷十 十二則

1 哀公問社

哀公問社於宰我，宰我對曰：「夏后以松，殷人以柏，周人以栗。」曰：「使民戰栗。」子聞之，曰：「成事不説，遂事不諫，既往不咎。」古人立社，但各因其土地所宜木爲之，初非求異而取義於彼也。哀公本不必致問，既聞用栗之言，遂起「使民戰栗」之語。其意謂古者弗用命戮于社，所以威民。然其實則非也。孔子責宰我不能因事獻可替否，既非成事，尚爲可説，又非遂事，尚爲可諫，且非既往，何咎之云。或謂「使民戰栗」一句，亦出於宰我，記之者欲與前言有別，故加「曰」字以起之，亦是一説。然戰栗之對，使出於我，則導君於猛，顯爲非宜。出於哀公，則便即時正救，以杜其始。兩者皆失之，無所逃於聖人之責也。哀公欲以越伐魯而去三家，不克成，卒爲所逐，以至失邦，其源蓋在於此。何休注公羊傳云：「松，猶容也，想見其容貌而事之，主人正之意也。柏，猶迫也，親而不遠，主地正之意也。栗猶戰栗，謹敬貌，主天正之意也。」然則戰栗之説，亦有所本。公羊云：「虞主用桑，練主用粟。」則三代所奉社，其亦以松、柏、粟爲神之主乎！非植此木也。程伊川之説有之。

2　絶句詩不貫穿

「夜涼吹笛千山月，路暗迷人百種花。棋罷不知人换世，酒闌無柰客思家。」此歐陽公絶妙之語。然以四句各一事，似不相貫穿，故名之曰夢中作。永嘉士人薛韶喜論詩，嘗立一説云：老杜近體律詩，精深妥帖，雖多至百韻，亦首尾相應。如常山之蛇，無間斷齟齬處。而絶句乃或不然，五言如「遲日江山麗，春風花草香。泥融飛燕子，沙暖睡鴛鴦」，「急雨梢溪足，斜暉轉樹腰。隔巢黄鳥並，翻藻白魚跳」，「江動月移石，溪虚雲傍花。鳥棲知故道，帆過宿誰家」，「鑿井交椶葉，開渠斷竹根。扁舟輕裹纜，小徑曲通村」，「日出籬東水，雲生舍北泥。竹高鳴翡翠，沙僻舞鵾鷄。」「釣艇收緡盡，昏鴉接翅稀。月生初學扇，雲細不成衣」，「舍下筍穿壁，庭中藤刺簷。地晴絲冉冉，江白草纖纖」，七言如「糝徑楊花鋪白氊，點溪荷葉疊青錢。筍根雉子無人見，沙上鳧雛傍母眠」，「兩箇黄鸝鳴翠柳，一行白鷺上青天。窗含西嶺千秋雪，門泊東吴萬里船」之類是也。予因其説，以唐人萬絶句考之，但有司空圖雜題云「驛步堤縈閣，軍城鼓振橋。鷗和湖鴈下，雪隔嶺梅飄」，「舴艋猿偷上，蜻蜓燕競飛。樵香燒桂子，苔濕挂莎衣」。

3 農父田翁詩

張碧農父詩云：「運鋤耕劚侵星起，隴畔豐盈滿家喜。到頭禾黍屬他人，不知何處抛妻子。」杜荀鶴田翁詩云：「白髮星星筋力衰，種田猶自伴孫兒。官苗若不平平納，任是豐年也受飢。」讀之使人愴然，以今觀之，何啻倍蓰也。

4 衛宣公二子

衛宣公二子之事，詩與左傳所書，始末甚詳，乘舟之詩，爲伋、壽而作也。左傳云：「宣公烝於庶母夷姜，生急子〔一〕。爲之娶於齊而美，公取之，生壽及朔。宣姜與公子朔譖急子。宣姜者，宣公所納伋之妻，翻譖其過。公使諸齊，使盗待諸莘，將殺之。壽子告之，使行，不可。壽子載其旌以先，盗殺之，遂兄弟并命。」案，宣公以魯隱四年十二月立，至桓十二年十一月卒，凡十有九年。姑以即位之始，便成烝亂，而急子即以次年生，勢須十五歲然後娶。既娶而奪之，又生壽、朔，朔已能同母譖兄，壽又能代爲使者以越境，非十歲以下兒所能辦也。然則十九年之間，如何消破？此最爲難曉也。

5 謂端爲匹

今人謂縑帛一匹爲壹端，或總言端匹。按左傳「幣錦二兩」注云：「二丈爲一端，二端爲一兩，所謂匹也。二兩，二匹也。」然則以端爲匹非矣。湘山野録載夏英公鎮襄陽，遇大禮赦恩，賜致仕官束帛，以絹十匹與胡旦。旦笑曰：「奉還五匹，請檢韓詩外傳及諸儒韓康伯等所解『束帛戔戔』之義，自可見證。」英公檢之，果見三代束帛、束脩之制。若束帛則卷其帛爲二端，五匹遂見十端，正合此説也。然周易正義及王弼注、韓詩外傳皆無其語。文瑩多妄誕，不足取信。按，春秋公羊傳「乘馬束帛」注云：「束帛謂玄三纁二，玄三法天，纁二法地。」若文瑩以此爲證，猶之可也。

6 唐人草堂詩句

予於東圃作草堂，欲采唐人詩句書之壁而未暇也，姑録之于此。杜公云「西郊向草堂」，「昔我去草堂」，「草堂少花今欲栽」，「草堂塹西無樹林」。白公有別草堂三絶句，又云「身出草堂心不出」。劉夢得傷愚溪云「草堂無主燕飛回」。元微之和裴校書云「清江見底草堂在」。錢起有暮春歸故山草堂詩，又云「暗歸草堂靜，半入花源去」。朱慶餘「稱著朱衣入草堂」。李涉「草堂曾與雪爲鄰」。顧況「不作草堂招遠客」。郎士元「草堂竹徑在何處」。張籍「草堂雪夜携琴宿」，又云「西峯月猶在，遥憶草堂前」。武元衡「多君能寂寞，共作草堂游」。陸龜蒙「草堂秪待新秋景」，又云「草堂盡日留僧坐」。司空圖「草堂舊隱猶招我」。韋莊「今來空訝草堂新」。子蘭「策杖吟詩上草堂」。皎然有題湖上草堂云：「山居不買剡中山，湖上千峯處處閑。芳草白雲留我住，世人何事得相關。」

7 公穀解經書日

孔子作春秋，以一字爲褒貶，大抵志在尊王，至於紀年叙事，只因舊史。杜預見汲冢書魏國史記，謂「其著書文意大似春秋經，推此足以見古者國史策書之常也」。所謂書日不書日，在輕重事體本無所系，而公羊、穀梁二傳，每事斷之以日，故窒而不通。左氏惟有公子益師卒，「公不與小歛，故不書日」一説，其它亦鮮。今表二傳之語，以示兒曹。

公羊云：「益師卒，何以不日？遠也。」「葬者不及時而日，渴葬也。不及時而不日，慢葬也。過時而日，隱之也。過時而不日，謂之不能葬也。當時而不日，正也。當時而日，危不得葬也。」「庚寅，入邴，其日何？難也。」「取邑不日。」「桓之盟不日，信之也。」「甲寅，齊人伐衛。伐不日，此何以日？至之日也。」「壬申，公朝于王所。其日何？録乎内也。」「辛巳，晉敗秦于殽。詐戰不日，此何以日？盡也。」「甲戌，敗狄于鹹。其日何？大之也。」「子卒。何以不日？隱之也。」「即位不日。」穀梁最多。「卑者之盟，不日。」「大夫日卒，正也。」「諸侯日卒，正也。」「日入，惡入者也。」「外盟不日。」「取邑不日。」「大閱崇武，故謹而日之。」「前定之盟，不日。」「公敗齊師。不日，疑戰也。」「公敗宋師，其日，成敗之也。」「齊人滅遂，其不日，微國也。」「公會齊侯，盟于柯，桓盟雖內與，不日，信也。」「媵陳人之婦。其不日，數渝，惡之也。」「癸亥，葬紀叔姬，不日卒，而日葬，閔紀之亡也。」「子卒日，正也。不日，故也。有所見則日。」「戊辰，盟于葵丘。桓盟不日，此何以日？美之也。」「辛卯，沙鹿崩。其日，重變也。」「戊申，隕石于宋。是月，六鷁退飛。石無知，故日之。鷁微有知之物，故月之。」「乙亥，齊侯小白卒。此不正，其日之〔二〕，何也？」「壬申，公朝于王所。其日，以其再致天子，故謹而日之。日繫於月，月繫於時。其不月，失其所繫也。」「丁未，商臣弒其君髡。日髡之卒，所以謹商臣之弒也。」「乙巳，及晉處父盟。不言公，諱也。何以知其與公盟？以其日也。」「甲戌，所取須句。取邑不日，此其日，何也？不正其再取，故謹而日之也。」「辛丑，葬襄王。日之，甚矣，其不葬之辭也。」「乙卯，晉、楚戰于邲。日，其事敗也。」「癸卯，晉滅潞。滅國有三術，中國謹日，卑國月，夷狄不日。其日，潞子賢也。」「甲戌，楚子卒。夷狄卒而不日。日，少進也。」「癸酉，戰于鞌。其日，或曰日其戰也。或曰日其悉也。」「梁山崩。不日，何也？高者有崩道也。」「鼷鼠食郊牛角。不言日，急辭也。」「庚申，莒潰惡之，故謹而日之也。」「秋，公至自會。不日，至自伐鄭也。」「丙戌，鄭伯卒于操。其日，未踰竟也。」「乙亥，臧孫紇出奔邾。其日，正紇之出也。」「蔡世子弑其君。其不日，子奪父政，是謂夷之。」「冬十月，葬蔡景公。不日卒而月葬，不葬者也。」「四月，楚公子比弑其君。弑君者日，不日，比不弑也。」「甲戌，同盟于平丘。其日，善是盟也。」「内之大事日。即位，君之大事也。其不日，何也？以年決者，不以日決也。定之即位，何以日也？著之也。」它釋時月者亦然，通經之士，可以默諭矣。沙鹿、梁山爲兩説，尤不然。蘇子由春秋論云：「公羊穀梁之傳，日月土地，皆所以爲訓。夫日月之不知，土地之不祥，何足以爲喜怒！」其意蓋亦如此。

8 柳應辰押字

予頃因見鄂州南樓土中磨崖碑，其一刻「柳」字，下一字不可識，後訪得其人，名應辰，而云是唐末五代時湖北人也，既載之四筆中，今始究其實，柳之名是已。蓋以國朝寶元元年吕溱榜登甲科，今浯溪石上有大押字，題云：「押字起於心，心之所記，人不能知。大宋熙寧七年甲寅歲刻，尚書都官員外郎武陵柳應辰，時爲永州通判。仍有詩云：「浯溪石在大江邊，心記閑將此地鎸。自有後人來屈指，四千六百甲寅年。」」有閬中陳思者跋云：「右柳都官欲以怪取名，所至留押字盈丈，莫知其何爲。押字古人書名之草者，施於文記間，以自別識耳。今應辰鐫刻廣博如許，已怪矣。好事者從而爲之説，謂能祛逐不祥，真大可笑。」予得此帖，乃恨前疑之非。石傍又有蔣世基述夢記云：「至和三年八月，知永州職方員外郎柳拱辰受代歸闕，祁陽縣令齊術送行至白水，夢一儒衣冠者曰：『我元結也。今柳公游浯溪，無詩而去，子盍求之？』覺而心異之，遂獻一詩。柳依韻而和，其語不工。」拱辰以天聖八年王拱辰牓登科，殆應辰兄也，輒并記之。

9 唐堯無後

堯、舜之子，不肖等耳。舜之後雖不有天下，而傳至於陳及田齊，幾二千載。惟堯之後，當舜在位時即絶，故禹之戒舜曰：「毋若丹朱傲，用殄厥世。」又作戒曰：「惟彼陶唐，有此冀方。今失厥道，亂其紀綱，乃底滅亡。」原丹朱之惡，固在所絶。方舜、禹之世，顧不能別訪賢胄爲之立繼乎！左傳載子産之辭曰：「唐人是因，以服事夏、商，其季世曰唐叔虞。謂唐人之季，非周武王子封於晉者。成王滅唐而封太叔。」又蔡墨曰：「陶唐氏既衰，其後有劉累氏，曰御龍。」范宣子曰：「匄之祖，自虞以上爲陶唐氏，在夏爲御龍氏。」然則封國雖絶，尚有子孫。武王滅商，封帝堯之後於薊，而未嘗一見於簡策。史趙言楚之滅陳，曰：「盛德必百世祀，虞之世數未也。」臧文仲聞蓼與六二國亡，曰：「皋陶庭堅不祀，忽諸！」堯之盛德，豈出舜、皋之下，而爵邑不能及孫，何也？

10　斯須之敬

今公私宴會，稱與主人對席者曰席面。古者謂之賓、謂之客是已。儀禮燕禮篇：「射人請賓。公曰：『命某爲賓。』賓少進，禮辭。又命之，賓許諾。」左傳季氏飲大夫酒，臧紇爲客。宋公兼享晉、楚之大夫，趙孟爲客。杜預云：「客，一坐所尊也。」乾道二年十一月，薛季益以權工部侍郎受命使金國，侍從共餞之於吏部尚書廳，陳應求主席，自六部長貳之外，兩省官皆預，凡會者十二人。薛在部位最下，應求揖之爲客，辭不就，曰：「常時固自有次第，柰何今日不然！」諸公言：「此席正爲侍郎設，何辭之爲！」薛終不可。予時爲右史，最居末坐，給事中王日嚴目予曰：「景盧能倉卒間應對，願出一轉語折衷之。」予笑謂薛曰：「孟子不云乎：『庸敬在兄，斯須之敬在鄉人。』侍郎姑處斯須之敬可也。明日以往，不妨復如常時。」薛無以對，諸公皆稱善，遂就席。

11 丙午丁未

丙午、丁未之歲，中國遇此輒有變故，非禍生於内，則夷狄外侮。三代遠矣，姑摭漢以來言之。高祖以丙午崩，權歸吕氏，幾覆劉宗。武帝元光元年爲丁未，長星見，蚩尤旗亘天，其春，戾太子生，始命將出征匈奴，自是之後，師行三十年，屠夷死滅，不可勝數，及於巫蠱之禍，太子子父皆敗。昭帝元平元年丁未，帝崩，昌邑立而復廢，一歲再易主。成帝永始二年、三年，爲丙午、丁未，王氏方盛，封莽爲新都侯，立趙飛燕爲皇后，由是國統三絶，漢業遂頽，雖光武建武之時，海内無事，然勾引南匈奴，稔成劉淵亂華之釁，正是歲也。殤帝、安帝之立，值此二年，東漢政亂，實基於此。桓帝終於永康丁未，孝靈繼之，漢室滅矣。魏文帝以黄初丙午終，明帝嗣位，司馬氏奪國，兆於此時。晉武太康六年、七年，惠帝正在東宫，五胡毒亂，此其源也。東晉訖隋，南北分裂，九縣飈回，在所不論。唐太宗貞觀之季，武氏已在後宫，中宗神龍、景龍，其事可見。代宗大曆元、二，大盗初平，而置其餘孽於河北，强藩悍鎮，卒以亡唐。寶曆丙午，敬宗遇弒。大和丁未，是爲文宗甘露之悲，至於不可救藥。僖宗光啓之際，天下固已大亂，而中官劫幸興元，襄王熅僭立。石晉開運，遺禍至今。皇朝景德，方脱契丹之擾，而明年祥符，神仙宫觀之役崇熾，海内虚耗。治平丁未，王安石入朝，愲亂宗社。靖康丙午，都城受圍，逮于丁未，汴失守矣。淳熙丁未，高宗上仙。總而言之，大抵丁未之災，又慘於丙午，昭昭天象，見於運行，非人力之所能爲也。

12 祖宗命相

祖宗進用宰相，惟意所屬，初不以内外高卑爲主。若召故相，則率置諸見當國者之上，太平興國中，薛文惠公居正薨，盧多遜、沈倫在相位，而趙韓王普以太子太保散秩而拜昭文。咸平四年，李文靖公沆爲集賢，而召故相吕文穆公蒙正爲昭文。景德元年，文靖薨，王文正公旦、文穆公欽若爲參政，不次補，而畢文簡公士安由侍讀學士、寇忠愍公準由三司使，並命爲史館、集賢，畢公雖歷參政，不及一月。至和二年，陳恭公執中罷，劉沆在位，而外召文、富二公，文公復爲昭文，富爲集賢，而沆遷史館。熙寧三年，韓獻肅公絳、王荆公安石同拜，韓在上而先罷，荆公越四年亦罷。韓復爲館相，明年荆公再入，遂拜昭文，居韓之上。元祐元年，召文潞公於洛，司馬公自門下侍郎，拜左僕射，固辭，乞令彦博以太師兼侍中行左僕射，而己爲右以佐之。宣仁不許，曰：「彦博豈可居卿上！」欲命兼侍中行右僕射，會臺諫有言，彦博不可居三省長官，於是但平章軍國重事。崇寧以後，蔡京凡四入，輒爲首台。此非可論典故也。隆興元年冬，湯岐公思退爲右僕射，張魏公浚爲樞密使，孝宗欲命張爲左，請於德壽，高宗曰：「湯思退元是左相，張浚元是右相，只仍其舊可也。」於是出命。

校勘記

〔一〕宣公烝於庶母夷姜生急子　庫本、祠本「急」作「伋」。按，急子即伋。見於春秋左傳正義卷七者爲「急子」，見於毛詩正義卷二二子乘舟者爲「伋」。以其有助於文義理解，故爲出校於此。

〔二〕乙亥齊侯小白卒此不正其日之　「不」原作「以」，據庫本、祠本改。按，春秋穀梁傳注疏卷八作「不」。

附録　關於容齋隨筆及其作者洪邁的研究資料

小　引

關於容齋隨筆及其作者洪邁之研究資料至多，今舉其要。爲眉目清晰計，今區而爲三。一曰著録之屬，二曰序跋之屬，三曰傳記之屬。題跋之屬於著録者，入著録之屬；其屬於刊刻者，入序跋之屬。

一、著録之屬

宋尤袤遂初堂書目一則

容齋隨筆　小説類

宋陳振孫直齋書録解題一則

容齋隨筆、續筆、三筆、四筆各十六卷，五筆十卷　翰林學士鄱陽洪邁景盧撰。每編皆有小序。五

筆未成書。卷十雜家類

元脱脱宋史藝文志一則

洪邁隨筆五集七十四卷　小説類

明楊士奇文淵閣書目二則

容齋隨筆　一部，二十册，殘缺。　卷八荒字號子雜

容齋隨筆　一部，十四册，完全。　同上

明葉水盛菉竹堂書目一則

容齋隨筆　一册　卷三

清錢謙益絳雲樓書目一則

容齋隨筆十册　隨筆、續筆、三筆、四筆各十六卷，五筆十卷。　卷二小説類

清毛扆汲古閣珍藏秘本書目一則

宋板容齋隨筆三筆半部。七卷起，十六卷止。四本，一兩六錢。

清永瑢等四庫全書總目提要一則

容齋隨筆十六卷，續筆十六卷，三筆十六卷，四筆十六卷，五筆十卷，宋洪邁撰。邁字景盧，鄱陽人，皓之子。紹興十五年進士，歷官端明殿學士，事蹟具宋史本傳。其書先成隨筆十六卷，刻於婺州，淳熙間傳入禁中，孝宗稱其有議論。邁因重編爲續筆、三筆、四筆、五筆。續筆有紹熙三年自序，三筆有慶元二年自序，四筆有慶元三年自序，亦各十六卷。而五筆止十卷，蓋未成而邁遂没矣。

其中自經、史、諸子百家以及醫、卜、星、算之屬，凡意有所得，即隨手札記。辯證考據，頗爲精確。如論易説卦「寡髮」之爲「宣髮」，論豳風「七月在野」、「八月在宇」之文爲農民出入之時，非指蟋蟀，皆於經義有裨。尤熟於宋代掌故。如以宋自翰林學士入相者非止向敏中一人，駁沈括筆談之誤，又引國史梁顥傳證陳正敏遯齋閒覽所紀八十二歲及第之説爲不實，皆極審核。惟自序稱作一筆首尾十八年，二筆十三年，三筆五年，四筆不費一歲。蓋其晚年撰夷堅志，於此書不甚關意，草創促速，未免少有牴牾。

如謂劉昭註後漢書五十八卷，補志當在其中，而不知所註乃司馬彪續漢書志，章懷太子以後漢書無志，移補其闕。又駁宣和博古圖釋雲雷磬所引臧文仲以玉磬告糴之文，謂左傳並無其説，而不知出自國語中，頗爲失檢。又如史家本末及小學字體皆無所發明，而綴爲一條，徒取速成，不復別擇。然其大致，自爲精博。南宋説部，終當以此爲首焉。前有嘉定壬申何異序，明李瀚、馬元調先後刊行之。考永樂大典所載應俊合輯琴堂諭俗編中，有引容齋隨筆所論服制一條，而今本無之。豈尚有所脱佚歟？明人傳刻古書，無不竄亂脱漏者，此亦一證矣。卷一百十八

按：文中「續筆有隆興三年自序」云云。「隆興」乃「紹熙」之誤，今正。

清陸心源儀顧堂題跋一則

容齋隨筆十六卷，二筆十六卷，三筆十六卷，四筆十六卷，五筆十卷。明無錫安氏會通館照宋紹定元年周某刊本，以活字印行。初筆前有何異序，二、三、四筆皆有自序，五筆後有丘𣗳跋、洪伋跋、周某刊板跋，每半頁十八行，每行十七字，語涉宋帝，或提行，或空一格。宋諱多缺筆，蓋悉照宋刊摹寫者。板心有「會通館活字銅板印」及「弘治歲在旃蒙單閼」等字。以弘治李瀚刊本互校，隨筆卷十一小貞大貞條「若齊鬱林王知」下奪五十餘字，「詩以見意」以下，乃唐詩戲語條之下半段，脱去上半二百一字，誤連爲一。四筆卷八「前後藝文」下奪六十餘字，其「或疾疫連數州」以下，乃承天寺塔條之下半段，脱去上半二

百餘字，誤連爲一。想安氏所藏宋本有闕頁，故有此誤。兩本皆刊於弘治中，皆以宋本重雕。李本似以宋本上板，故少奪落，此本以活字擺印，略更行款，故奪誤較多。而丘𢢼、洪伋、周某三跋，則爲此本所獨，皆不失爲善本。兵燹之後，李本固稀如星鳳，此本則尤爲江南藏家所珍耳。卷十會通館容齋五筆跋

按：「周某」乃周文炳，見附録序跋之屬。

清耿文光萬卷精華樓藏書記八則

一　跋容齋五筆

容齋隨筆十六卷、續筆十六卷、三筆十六卷、四筆十六卷、五筆十卷。宋洪邁撰。

明本　崇禎三年嘉定馬元調重刊，每葉十八行，行十八字，板心中截正刻容齋幾筆，旁刻卷第幾，下截正刻葉數。隨筆三百二十九則，續筆二百四十九則，三筆二百四十八則，四筆二百五十九則，五筆一百三十五則。每卷皆刻則數，不題洪氏名。五集總七十四卷，共一千二百二十則。書前有謝三賓、李瀚、馬元調、何異刻書四序，各集有洪氏小序，惟五筆卷少而無序，蓋絶筆於此，未成之書也。是書與沈存中夢溪筆談、王伯厚困學紀聞並重於世，自經史典故、諸子百家，以及詩詞、文翰、醫卜、星算之類，意有所得，隨手札記，昔人稱其考據精確，議論高簡，歐、曾之徒所不及也。故南宋説部以此爲首。嘉定壬申，公從孫寺簿伋鋟木於章貢郡齋，臨川何異爲之序，此初刻也。弘治戊午，沁水李瀚又刻之。馬巽甫

所刻，即李本補其殘缺，改定千餘字。康熙三十九年，公之族孫璟得此板於𨚗邑，補其闕失，志其本末。同治十一年，洪氏後裔重刊馬本，今所行新豐洪氏祠本是也。李本最工整，予得汾陽曹氏所藏，紙墨俱佳，前後完善。馬本不及李本，祠本又不如馬本，幾經翻刻，屢有增改，且有脱佚。提要云：「考永樂大典有引容齋隨筆論服制一條，而今本無之，此脱佚之一證。明人傳刻古書，無不竄亂脱漏者，汲古毛本世最稱善，而舛訛脱漏，亦所不免。直齋書録引癸辛雜識兩條，錢竹汀檢汲古閣本癸辛雜識，無此兩條，想亦是脱漏。蓋明人氣習如此。又有鈔撮容齋五筆，移置前後，編爲五卷，名曰搜採異聞録，題宋永亨撰，此亦明人所爲，商氏刻入稗海，蓋不知爲欺世之本也。五筆有會通館活字本，嘉定壬申丘𣚦跋、洪伋跋、周謹跋，皆今本所無。宋刻有婺女本、章貢本、建溪本，今皆不傳。又有臨安本，目録後有臨安府鞔鼓橋南河西岸陳宅書籍舖印。橋在杭州府城内西北隅，陳思刻南宋六十家小集，首尾皆識臨安府棚北大街陳氏書籍舖刊行。方回瀛奎律髓載陳起睦親坊開書肆，自稱陳道人。起字宗之，能詩，凡江湖詩人，皆與之游。嘗刻江湖集以售。時又有賣書者，號小陳道人。據此，則陳思在大街，陳起在睦親坊，在鞔鼓橋者别爲一人，當時臨安書肆，陳氏最著矣。陳本藏於内府，外間人不得見。諸家書目未有著録宋板者，元刻亦未之聞。錢氏養新録所據爲會通館本。初刻於婺州者止一集，嘉定壬申從孫伋合五筆刻於章貢，有何異及丘𣚦前後兩序。又十年，伋守建寧，再刻於郡齋。伋自爲跋，嘉定十六年八月也，最後。紹定改元，臨川周謹因贛本漫滅，以建本參校重梓，此即會通館所翻之本也。此本刊於弘治八年，板心有「會通館活字銅板印行」兩行，前有錫山華昱序，正文皆作夾注。知不足齋有義門評校本，拜經樓有影鈔舊本，皆不知爲何本。杭氏經韻樓全集有洪文敏年譜，讀洪氏書者宜參考也。

二　跋謝三賓容齋隨筆序

文光案，此即馬巽甫所云明府公序也。巽甫所得李本不全，又借殘本數卷，參伍改正，則亦非李本之舊矣。夷堅志載於直齋書録，以爲謬用其心，甚不取之，妄人取廣記欺之，即直齋之説，非胡元瑞語也。文敏著書，喜於貪多，唐絶至萬，隨筆至五，夷堅志至四百二十卷，以前則精心别擇，至後急於成書，不免濫收，以盈其數。三書皆然，宜取其最先者。予欲取廣記與夷堅志對校一過，姑識於此。

三　跋李瀚刻本自序

文光案，李序撰於弘治戊午，蓋巡按河南時所刻，止有何異一序，實馬本之所自出。文敏自四十一歲撰隨筆，至七十五歲序四筆，已積三十五年，尚無五筆，李氏以爲廿餘年，豈未覩自序乎！

四　跋何異容齋隨筆序

文光案，何序撰於嘉定五年，此合五筆之第一刻，即李本之所自出。馬本宋序僅存此篇，蓋沿李本之舊。錢氏謂馬刻盡削舊序，非也。陳録夷堅志甲至癸二百卷，支甲至支癸一百卷，三甲至三癸一百卷，四甲四乙二十卷，凡四百二十卷。何序三百乃四百之譌，非所得不全也。何同叔取陳昱所藏夷堅志重編爲十卷，此序甚明。陳録載夷堅志類編三卷，四川總領陳昱日華編，當即同叔之本，而卷數、人名皆誤也。夷堅志陸氏刻入十萬卷樓叢書，何氏十卷之本，予家藏之，其別爲一書者，則未見也。

五　跋洪邁容齋隨筆初筆自序

文光案，此序題庚子，蓋淳熙七年也。是時公年五十八歲，在建寧府任。

六　跋洪邁容齋隨筆續筆自序

文光案，此紹熙三年序。是時公年七十歲，即去越之歲也。其侍孝宗之年，爲六十五歲，一筆之成已八年。婺州本不詳刻於何時，當在淳熙十年前後。

七　跋洪邁容齋隨筆三筆自序

文光案，此慶元二年序，是時公年七十四歲。六十八歲知紹興府，六十九歲從會稽還里，此六年中爲學士。

八　跋洪邁容齋隨筆四筆自序

文光案，此慶元三年序。文敏以耄年著書，取其速成，且意不屬此，徒爲稚子所迫，勉盈卷帙。故四筆、五筆不免牴牾，不如前三筆之精審。蓋自序已然矣。是時公年七十五歲，又五年，以端明殿學士致仕，未幾而卒，故五筆爲未成之書。予初讀李氏序，誤以自越歸後，不復祿仕，以著書終老。後讀文敏自序，知其不然，因詳考之。明人立説多鹵莽，取原序一二語用之，不復覈其前後，且於歲月亦不細審，實足以疑誤後人，不可不辨。叔淵吾晉人也，喜刻書，亦好事者，因以此補其不逮云。又按文敏四序，前二序在卷内書前，後二序在目録前，位置不同，未知宋本何如也。是書大有益於學問，宜家置一編，以爲讀書、作文之助。壬辰春日多暇，因取五筆，選其詁經者爲一卷，考史者爲一卷，記朝章典故者爲一卷，評詩文者爲一卷，終以異聞一卷，共五卷，頗便觀覽。凡書手録一過，勝於眼觀三過，古人學問勝於今人者在此。然必辨其是非，正其訛謬，方爲有益，學問思辨，缺一不可也。以上俱見卷九十二

周中孚鄭堂讀書記一則

容齋隨筆十六卷，續筆十六卷，三筆十六卷，四筆十六卷，五筆十卷。樹來堂刊本。宋洪邁撰。邁仕履見史鈔類。四庫全書著録，書録解題、通考、宋志小説家類俱載之。惟宋志題作隨筆五集七十四卷。每編皆

有自序，五筆僅成十卷而殁，故未有序。大都考覈經史，釐訂典故，旁及詩詞文翰數術醫卜之類，無不有所辨證，因其後先，無復詮次，故目之曰隨筆。加以續筆、三筆、四筆、五筆，莫非隨之之意。昔人嘗稱其考據精確，議論高簡，如執權度而稱量萬物，不差累黍，歐、曾之徒所不及也。其淹通該博，實爲南宋説部之冠。朱子語録亦稱其中辨得數種僞書皆是云。其書至嘉定壬申，其從孫伋知贛州始刻于郡齋，臨川何異爲之序。明弘治戊午，沁水李瀚復序而重刊之。崇禎庚午，嘉定馬元調又重刊之，并爲紀事一篇，同時謝三賓亦爲之序。國朝康熙庚辰，其後人璟得馬氏刊版，其有闕失者，一一補正完好，亦繫以紀事一篇。卷五十四

羅振常善本書所見録一則

容齋隨筆　七十四卷。馬刻原印批校本，小字甚密，引申發明處極多，洵爲洪氏功臣，後有王西莊墨筆手跋。南宋説部諸書，王野客外，惟洪容齋稱淹通賅博，後此作者如楊慎之丹鉛録，胡應麟之少室山房筆叢，極欲方駕，以余觀之，終嫌不逮也。此數册，爲吾友竹珊所讀，用功頗深，向從假閲，遲遲未返，而竹珊逝矣。摩挲舊物，不勝山陽之感云。戊子秋日，耕養齋主人記。有西莊居士（白方）、王鳴盛印（白方）、鳳喈（半白朱）。卷三

繆荃孫跋一則

右容齋隨筆、續筆三十二卷，宋嘉定刊本。每半葉十行，行廿一字，高七寸二分，廣五寸五分。白口，口上有刻工姓名。題下四格，卷後書名空兩行，皆宋板例。日本鞠山文庫所藏，荆州田監督伏侯載以歸。以馬刻校之，止十三卷中落一行、續筆目録落一「目」、及總目後「凡二百四十九則」一條。續筆卷十四尹文子條「蓋晉、宋時細人所作」，「細」不作「衲」。卷十六計然意林條「如伊尹不以一衣與人，亦不取一衣於人」，「衣」不作「介」。今意林作「介」。後人以孟子改之。此爲至善。是書向以李瀚本、會通館活字本爲最善。馬本自序云：「向得沁水李公不全本，又得友人殘本，彙而刻之。」乃其校訂並不甚謬，亦可見前輩用力之勤矣。學部圖書館止存二册，一隨筆弟四卷，一四筆弟五卷，行款同，而有大德乙亥補板。中「貞元」、「貞觀」、「貞定」、「貞惠」並作「正」，「桓公」作「威公」，「魏徵」作「魏證」、「殷武」作「商武」、「顓頊」作「顓帝」、「慎戒」作「謹戒」、「完顏亮」作「元顏亮」，至「匡」、「朗」、「勗」、「樹」、「玄」、「弘」、「讓」、「殷」、「徵」，則缺筆，「慎」、「貞」、「桓」缺二畫，與他宋本不同。擡寫如先朝、諱號，提行，「上」字有提行、有不提行，二筆銅雀丸硯「先公」亦提行，例均不一。惜止存兩筆，不知天壤間尚有全部否？江陰繆荃孫跋。時年七十有五。影宋嘉定刊本卷末

王國維跋九則

一

宣統辛亥正月廿七日，燈下假荆州田氏宋本校此三卷畢。宋本何異序在目録後。清乾隆五十九年掃葉山房刊本容齋隨筆卷首（三卷謂隨筆前三卷）

二

宋本、田氏自日本購歸。有鞠山文庫印。十六卷後，有日本長禄庚辰丹波人梧巢慧駕語。長禄庚辰者，明天順四年也。卷六、卷十一均有題識，以文瑣不録。同上

三

荆州田氏藏嘉定贛州本，僅至續筆爲止。聞前内閣大庫中，尚有四筆，他日當取以再校。餘筆恐僅有李瀚本，不能更見宋刊矣。國維。同上容齋續筆卷十六之末

四

維校此本畢，繆藝風先生復取宋本校於馬刻上。二本互勘，各得數十字，致爲快意，落葉掃塵，非虚語也。同上

五

宣統辛亥正月，既以宋贛州本隨筆、續筆校此本，又從羅氏唐風樓假得明「活字」本，行數、字數與宋本同，蓋自宋本出也。即據以校三、四、五筆，可無遺憾矣。國維。同上容齋三筆卷首

六

唐風樓本或謂即李瀚本，然每行字形，殊不整齊。似活字本有二，一會通館［本］，一蘭雪堂本。此本行款一依宋本，殆即蘭雪堂本矣。細閲羅本，實有不類活字，或係李本，後人去李序，以充宋刻耳。同上

七

是歲八月，得見會通館活字本，每半頁雙行，十八行，每行十七字，前有華燧序。又記。同上

八

四筆序不連本文，與隨筆、續筆不同，目後亦無總數。同上容齋四筆卷首

九

内閣大庫有嘉定本。四筆前五卷，藝風老人曾取以校馬本，因臨校於此本上。其有與宋本不合者，不審何故，或繆校漏耳。凡朱筆者，臨校也。國維。同上容齋四筆卷五之末

傅增湘跋十一則

一

容齋隨筆十六卷、續筆十六卷　宋洪邁撰。

宋刊本，十行二十一字，白口，左右雙闌，版心魚尾上記字數，下記刻工姓名，宋諱慎、貞、桓缺筆，與他書不同。刻工有遇、鼎、諒、圭等字，又蕭諒、鄧鼎、蕭文超、蕭文顯等。曾藏日本鞠山文庫，田伏侯在東時得之，今歸徐恕介可。後余代涵芬樓收之，價一千二百金，印入四部叢刊中。

按：此本即底本之一。

二

容齋隨筆十六卷、二筆十六卷、三筆十六卷、四筆十六卷、五筆十卷　宋洪邁撰。四筆一至八卷鈔補。

明弘治八年華燧會通館銅活字印本，九行十七字。除書名標題外，本書皆作雙行。版心題「弘治歲在旃蒙單閼」，下方題「會通館活字銅版印」。

有清嚴元照修能跋，録後：

「此卷中第十七則引孟子『行者有裹囊』，新刻依流俗本改『囊』爲『糧』，此舊本之可貴也。嘉慶八年十一月廿三日雨中書。元照。」在隨筆卷一後。

「世行容齋隨筆字畫粗劣可厭。此係翻宋紹定年間刊本，提行避諱一遵舊式，每葉上方有『弘治歲在旃蒙單閼』八字，下方有『會通館活字銅版印』八字。書後有嘉定中丘櫄、洪伋兩序，紹定中周謹跋，前有弘治八年華燧序，皆近本所無，紙墨亦古雅可愛。然亦頗有譌脱，隨筆第十一卷合九、十兩條爲一，脱字二百七十九。續筆第三卷又合九、十兩條爲一，脱字百七十九。第九卷末則脱三百又六字，誤雜於十一卷之首則中。凡書中夾注皆不具，蓋由銅版無小字而然。又凡容齋自稱名，皆脱去『邁』字，不可解也。予既取新刻校而跋之，復書數語於此。予十年前於蘇州萃古齋得宋刻夷堅甲、乙、丙、丁四志，共八十卷。乙、丙、丁志皆有容齋自序，爲世人所未見者。今又得覯此本，予於容齋之書何多緣也。此本荻港章君文魚所藏，君之少子，予次女桐慶壻也。仲冬之朔訂婣，此書與媒妁同來，兹將附便寄還，乃以香修小印鈐於簡端云。嘉慶八年十二月初六日黄昏蕙櫋書。」在隨筆卷二後。

「竹墩朱履端教諭，章君之師也。今兹八十有五，猶留館章氏。予於教諭案頭見此書，予與章氏締昏婣之雅，亦教諭啓之。今夕校勘罷，遂作跋。將就寢而教諭之訃至，於今日晡時捐館。其族弟竹海文學館予家，故來報。既送竹海去，復挑燈書於三卷之末。異日章君見此跋，定黯然也。初六日，元照又書。」趙元方藏書。癸未

按：跋語中「周謹」之「周」後，明抄本有「文炳」二字，參本書附録序跋之屬。

三

容齋續筆十六卷　宋洪邁撰。

明弘治八年乙卯華燧會通館銅活字印本，九行十七字，書名大字，餘均小字雙行，白口單闌。版心上方題「弘治歲在旃蒙單閼」，中題「容齋續筆幾卷」，下題「會通館活字銅版印」。余藏。

四

容齋隨筆十六卷、續筆十六卷、三筆十六卷、四筆十六卷、五筆十卷　宋洪邁撰。

明弘治十一年李瀚刊本，十行二十一字，大黑口，四周雙闌。明代原裝。余藏。

五

容齋一筆十六卷、二筆十六卷、三筆十六卷、四筆十六卷、五筆十卷　宋洪邁撰。

明刊大字本，九行十八字。　前嘉定壬申何異五集總序。本書首行題容齋一筆卷第一，旁書二十九則，次低一格録洪邁小記三行。　鈐有四明盧氏抱經樓藏書印。

按：此書刊刻精工，大字方整，似嘉靖本。馬元調崇禎本行款正與此同，疑直翻此本，但隨筆、續筆改稱一、二筆爲足異耳。余藏。

按：此本今藏北京國家圖書館。

六

容齋續筆十六卷　宋洪邁撰。

明末馬元調刊本。何義門焯手校，有跋録後：

「又五月十四日閱，詰朝沂之士方以文會，而主人又將以唐詩類苑見委選練，三筆苦不得即閱。生平讀書本以嬾廢，而他務奪之，爲可歎息。」　後鈐「青陽齋」、「何焯之印」、「屺瞻」、「玉常清暇」、

「直夫」、「傲惰矯輕」各印。

又李葆恂跋：

「余酷嗜名人批點之書，謂能啓發人神智，而於義門先生尤所服膺。先生年二十四客於山陽，與閻潛丘訂交，遂精攷訂之學，又得張力臣符山堂藏書，聞見益博。方望溪侍郎每一文成，必置之先生友人案頭，記其褒貶之語以定去留，其爲名儒傾服若此。相傳先生因『塞思黑』牽連被逮，家人聞將搜其筆札，將平生所著及評閲之籍盡付焚如，今所傳義門讀書記，蓋先是門弟子所迻録，故或有贋本羼入也。石蓮闇主人以此見示，評點既精，書法亦雋，先生的筆也。古籍日亡日少，先生真跡尤希如星鳳，可爲寶諸。癸丑十二月望，義州李葆恂識於津門寓舍。」鈐「猛堪」朱文圓印。

「先生譏容齋不免制科人習氣，後來錢竹汀詹事亦笑先生以批紙尾家尚輕量古人。文人相輕類如此矣。」

寒夜詣藏園談，主人方小極，猶丹鉛不去手。適過録何校容齋殘本，爲海豐吴氏石蓮闇藏書，有義州李猛厂長跋。反復愛玩，如接清塵。主人手倦，爰爲録竟。癸酉九月晦，嶽菜識。（此條後半傳嶽菜代録）

七

容齋隨筆十六卷、續筆十六卷、三筆十六卷、四筆十六卷、五筆十卷　宋洪邁撰。

明崇禎三年馬元調刊本。

清何復齋臨何焯、陳訏批本。諸跋録後：

「前四筆皆十六卷，而此止十卷，蓋未成而公已□□□□之已五年，今始粗閲一過，予之廢學亦可見矣。去年□□□□書頗多，咸以爲非計，不知都下借書至不易得也。冬間□□□滯大定精舍，鄉人以會試至者誚余曰：所攜書亦曾看過□□否？予愧謝之。然欲於半歲中閲三四千卷，雖古人或難之，鄉人殆不識甘苦之語，以警予之惰則可耳。又五月二十一日燈下沂州奈園書塾書。屺瞻。」

「康熙乙未十二月重閲□□中，至正月三日而畢，去甲戌客臨淮時已二十餘年矣。予精神日已向衰，讀書所向抵滯，聰明非復當日，□□之留示餘兒，少小當早自鞭策也。」亦何氏跋。

「右容齋隨筆五集，梅里何復齋先生所校也。先生爲吾師徐傳山太史之女婿，吾友蓉初司馬之婦翁，生平無他嗜好，惟以典籍自娱，暇輒從事丹鉛，精審不苟，所勘不下數十種，此其一也。蓋悉遵拜經樓吴氏本，其間朱筆爲陳言揚訏，藍筆爲何義門焯，分録眉端，首尾如一，非率爾操觚者比。

茲先生已歸道山，蓉初出此索跋，爰綴數語，願何氏子子孫孫永寶之。光緒二十五年己亥正月海昌朱昌燕書於沙濱草堂。」余藏。

八

容齋隨筆十六卷、續筆十六卷、三筆十六卷、四筆十六卷、五筆十卷 宋洪邁撰。

明人照宋鈔本，棉紙墨格，九行十七字。卷中遇宋帝提行空格，涉文敏亦提行。五筆後有嘉定壬申子月初吉里學生從事郎充江南西路提舉茶鹽司幹辦公事丘櫄序，又嘉定十六年孫伋序，又紹定改元周文炳跋。此三序跋，明嘉靖本及馬元調本不載，惟活字本有之。鈐有「温儀可象」及「斐齋圖書」各印，皆明人印章。丙辰記，余藏。

按：此本今藏北京國家圖書館。

九

容齋隨筆十六卷、二筆十六卷、三筆十六卷、四筆十六卷、五筆十卷 宋洪邁撰。

舊鈔本，照崇禎馬元調本録出。全部朱筆批點，爲陳宋齋訏手筆。其藍筆則吴兔床臨何義門評校者也。舊爲宣城李氏藏書，今歸吴縣徐君芷升。

「乾隆辛丑春日，偕鮑君以文游武原，有書估謁予舟次，攜鈔本容齋五筆求售，有硃筆評校，蓋陳宋齋先生筆也，因酧以直得之。復從鮑君借所藏何義門先生評校本，用藍筆點次。鮑本末復有筠溪煦一跋，不具録。壬寅冬日，兔床吴騫記」後鈐「醉花庵主」朱文印。

「此書予得之顧布衣君源，前有元調巽［甫］序，識重刻之緣起，行文猶有震川餘韻，而君源棄之，豈以其序中及鵝籠公故耶。焯記。」此跋在何異序後。

「甲戌又五月初九日沂州奈園書塾雨窗閲。此書刻于崇禎間，舛訛必多，惜予淺學不能正也。平陽兄有亭林先生手書小字節本，當假而校之。此本出於丘子成先生家，比之嘉靖以前舊本爲優。練以文有沈存中筆談刊本，予家無之，其板亦尚存，他日尚當置一本也。何焯記。」此則在隨筆卷五後。

「四筆所記或不詳審，師丹老忘，殆非前三筆比矣。四筆、五筆訛字亦多，校刻者往往始勤終怠，亦一失也。何焯記」此則在四筆後。

鈐印有：「查繼左印」、「伊璜氏」、「宣城李氏瞿研石室圖書印記」朱、「宛陵李之郇藏書印」、「佞漢齋藏宋元槧經籍記」、「李伯雨校定」、「李之郇印」、「行行萬里」、「新若手未觸」白、「江城如畫樓」、「蓮隱」。

按：此書余曩在南中曾收得馬元調本，有梅里何復齋先生評點，卷末有朱昌燕跋，云悉遵拜經樓吴氏本。其間朱筆爲陳言揚評，藍筆爲何義門焯，分録眉端行間，標點亦通體工整，余藏之篋中已近廿年。頃徐君芷升以寫本容齋五筆見寄，云舊爲拜經樓中物，原本爲陳言揚先生手批，復經兔床臨寫、義門評點，以前輩名蹟鄭重相託，將以傳諸其人。予發函諦視，則正爲何氏所臨之底本也。予前獲臨本，既已什襲珍藏，不意二十年後更得親見真本，何巧合如是耶！抑有不可解者，原本係照馬氏所刻傳摹，其行格及序文均按之刻本無異。陳言揚氏去明末未遠，又馬氏本流傳尚多，何乃不惜繁難如此。豈所居僻遠求書顧不易耶！卷中何、陳二先生所録皆爲評隲是非或攷證辨難之言，于文字異同殊少校訂，蓋此書自馬本盛行，古刻殊不易覯也。予生平於此書所見異本特多，曾收宋本隨筆及續筆二集，今尚藏涵芬樓中，視北京圖書館殘本摹印爲精，而同年葉奂彬乃認爲高麗覆雕，殊難索解。此外會通館活字本、弘治李瀚本、嘉靖大字本及明鈔本，予皆得庋儲且從而勘讀之，然其文字殊未有勝于馬氏本者。以是推之，則巽甫所言會合數本，較勘翻刻，參伍是正，改定千餘字者，其説固非妄，而其精勤亦已至矣。惟明鈔本五筆後有嘉定壬申丘櫄序，姪孫洪伋跋，紹定元年臨川周謹重刻書跋，爲馬本所無，而會通館本獨爲完具，意巽甫重刻時固未及見活字本也。錫山安氏、沁水李氏皆弘治時人，自崇禎上溯不越百餘年，而巽甫訪求二十餘年，或秖得殘卷，或未經寓目，可知古人著述緜歷久遠留貽以至於今者，搜輯訂正，存之如是其艱，散軼摧殘，失之又何其易！況復水火兵戈，禍亂相尋，茫茫浩劫，伊于胡底，能勿懼哉！壬申九月二十三日藏園居士記。

十

容齋一筆十六卷、二筆十六卷、三筆十六卷、四筆十六卷、五筆十卷 宋洪邁撰。日本寫本，十行二十一字。一筆、二筆以宋本校過，審爲田伏侯手筆也。（文禄堂王晉卿購于廠甸，持以送閱。丁卯） 以上俱見藏園羣書經眼録卷八

十一

容齋隨筆前後凡七十四卷，宋時有嘉定、紹定兩刻本，明代有會通館活字本、弘治李瀚刻、崇禎馬元調本。今宋本只存隨筆、續筆及四筆殘卷，會通館及李氏本亦世所稀見，今之傳布者獨馬氏本耳。余昔年在南中得明刊大字本，爲抱經樓盧氏舊藏，各家藏目均未見著録。原書半葉九行，每行十八字，白口，左右雙闌，大字疏朗悦目。前後無序跋，未審何時及誰氏所刻，以字體雕工風氣定之，當爲嘉靖時刻本，與馬氏本版式行格絶相類，惟標題作「一筆」、「二筆」爲獨異耳。余頗疑馬氏乃直就此嘉靖本翻刻，其序謂得李瀚本者，或據以校勘耶！原闕一筆卷九之十二，余屬寫官取馬本依仿其行格補成，遂爲完璧。至其文字之得失，俟暇時檢宋刻本及李本互勘之。藏園羣書題記卷七嘉靖本容齋五筆跋

按：此本即第五則所云之明刊大字本。今藏北京國家圖書館。

又，傅增湘跋十一則中之第九則轉録何焯「四筆所記或不詳審」一條之下，尚有何焯「前四筆皆十六卷」云云、「康熙乙未」云云二條，已見此前傅增湘跋之第七則，兹删去（「康熙乙未」條末，有傅氏「此二則在五筆後」七字）。

又，傅跋第七則「康熙乙未」云云一則之後，尚有吴騫跋一條「乾隆辛丑春日」云云。此條，第九則又見，吴跋之末，有傅氏後鈐『醉花庵主』朱文印九字；今删去第七則中吴騫跋（以有傅氏之語，故删彼留此）。

張元濟跋一篇

洪文敏自序稱余作容齋隨筆首尾十八年，續筆十三年，三筆五年，四筆不費一歲。丘橚跋稱筆爲卷各十六，咸冠以叙，五獨十卷而無題辭，蓋未及成而絶筆也。隨筆刻於婺州，嘉定中，其侄孫伋守章貢，始裒五筆鋟於郡齋，其後移守建寧，又復鋟之。紹定改元，臨川周謹得建溪刊本，更爲覆刻。是本隨筆、續筆均宋刻，宋諱闕筆，或改字以避，當即伋守章貢時所刊者。字體端嚴，寫刻絶精。明嘉靖本誤處甚多，此可是正。四筆卷一至五亦宋刻，行款相同，然刻工姓名無一與首二筆同者，且字體已轉爲圓潤，疑是建寧覆本，且有元大德補刊之葉，餘皆配以明華氏會通館銅活字板。此由宋紹定刊本出，世亦推爲善本。顧間有訛奪，四筆卷八承天塔記「或疾疫連數十州」至穆護歌末行，誤羼入項韓兵書第二三行間，今爲移正，取便讀者。其空格闕字，則仍未敢率補。清代坊刻隨筆卷九闕五胡亂華一則，三筆卷三闕北狄俘虜之苦一則，卷五闕北虜誅宗王一則，蓋當時深諱「胡」、「虜」等字，刊者懼罹禁網，故概從删削。又三筆卷七唐昭宗恤録儒士一則，坊本移入卷五，均非洪氏舊第，其竄亂脱漏，殆更甚已。民國紀元二十三年十月，海鹽張元濟。商務印書館涵芬樓影印四部叢刊續編容齋隨筆卷末

二、序跋之屬

宋何異序一篇

知贛州寺簿洪公伋，以書來曰：「從祖文敏公由右史出守是邦，今四十餘年矣。伋何幸遠繼其後，官閑無事，取文敏隨筆紀録，自一至四各十六卷，五則絶筆之書，僅有十卷，悉鋟木於郡齋，用以示邦人焉。想像抵掌風流，宛然如在，公其爲我識之。」

僕頃備數憲幕，留贛二年，至之日，文敏去才旬月，不及識也。而經行之地，筆墨飛動，人誦其書，家有其像，平易近民之政，悉能言之。有訴不平者，如訴之於其父，而謁其所欲者，如謁之於其母。後十五年，文敏爲翰苑，出鎮浙東，僕適後至，濫叨朝列，相隔又旬月，竟不及識。而與其子太社櫸，其孫參軍偃，相從甚久，得其文愈多，而所謂隨筆者，僅見一二，今所有太半出於浙東歸休之後，宜其不盡見也。

可以稽典故，可以廣聞見，可以證訛謬，可以膏筆端，實爲儒生進學之地，何止慰贛人去後之思。僕又嘗於陳日華曄，盡得夷堅十志與支志、三志及四志之二，共三百二十卷，就摘其間詩詞、雜著、藥餌、符呪之屬，以類相從，編刻於湖陰之計臺，疏爲十卷，覽者便之。僕因此搜索志中，欲取其不涉神怪，近於人事，資鑒戒而佐辯博，非夷堅所宜收者，別爲一書，亦可得十卷。俟其成也，規以附刻於章貢可乎？

寺簿方以課最就持憲節，威行溪洞，折其萌芽，民實陰受其賜。願少留於此，他日有餘力，則經紀文敏之家，子孫未振，家集大全，恐馴致散失，再爲收拾實難。今盤洲、小隱二集，士夫珍藏墨本已久，獨野處未焉，寺簿推廣隨筆之用心，願有以亟圖之可也。嘉定壬申仲冬初吉，寶謨閣直學士、太中大夫、提舉隆興府玉隆萬壽宮臨川何異謹序。影宋嘉定刊本容齋隨筆卷首

宋丘櫄跋一篇

自隨筆權輿，而續之次、三至五，合七十四卷，容齋先生文敏洪公之所紀述也。筆爲卷各十六，咸冠以敘，五獨十卷，而無題辭，蓋未及成而絕筆也。先生父子伯仲以文鎔相禪，屹爲一代詩書禮樂宗主，論中興人物巨擘，當首屈也。蒙和四朝，眡儀兩地。大而裁成國史，作宋一經。次而代言坡掖，雷風鼓動。其它高文大册，臚分兩稾，而是書所載，又翰墨之餘力也。其爲書也，陰陽象緯，是鈎是索，經籍傳註，是糾是砭。古事於我乎發歛，古人於我乎品藻。正譌攷異，核僞剖微。若典故沿革，若姓族譜諜。文有町

畦，詩有胎骨。源而委，葉而根。下逮僊梵醫數，亦時罔羅。爲之量齊，千彙萬狀，而道以貫之，卒歸乎一也。圭璋璧琮，旅陳位置，而犀象珠貝，鐘磬彝鬲，又錯其中，麗其側也。今江右祥刑使者寺簿公，視先生爲從祖，贛昔作屏，依然遺愛。聞孫紹最，因任乘軺，亦既出潢池赤子，勞徠而枕席之。臺府文書益省，迺裒五筆而刻諸梓，校寶婺舊刊，茲爲全書，將使章貢父老指爲棠陰之茇也。以檮閭閻晚生，首况摹本，俾克紬繹。念昔侍先生丈席，嘗竊窺緒餘，或與客語，悠然反隅，或閱近書，躍然觸機，輒引筆行墨，頃刻數則，殆如鑿地而井，隨鑿湧泉，橋衡百罌，衮衮不竭，巨盎萬繭，信手得緒，繅之杼之，可丈而可匹也。漢王充有書，釋物類同異，正時俗嫌疑，名曰論衡。而唐李肇紀事，實探物理，辨疑惑，示勸戒，采風俗，助譚笑，號其書國史補，論議有識，以權衡史籍，有功於裨補，沿名取義，於先生宜兩得也。論衡八十五篇，二十餘萬言，而史補僅僅三卷，彼善於此，猶足稱雄。然史載充著書時，閉門潛思，絶慶弔之禮，户牖墻壁，各置刀筆，或者爲先生哂之，彼一何勞而我佚也。蔡邕入吴，始得其書，歸藏帳中，或搜得抱數卷去，邕囑勿廣，曰：「惟我與爾共之。」噫嘻，邕護它人書，閟慳如寶。寺簿公乃出其家書與衆共之，自是人可讀，户可傳，又將無翼而蜚，且至鷄林矣。此其量之廣狹，見之公私，又何翅山淵夐而霄壤隔也。

嘉定壬申子月初吉，里學生從事郎充江南西路提舉茶鹽司幹辦公事丘檮謹書。影印明會通館活字印本

容齋隨筆卷末

宋洪伋跋一篇

叔祖文敏公居閑日久，著述爲多，隨筆五書，凡七十四卷，考覈經史，捃摭典故，參訂品藻，精審該洽，學士大夫爭欲傳襲。伋頃守章貢，後公四十年，以其書鋟于郡齋。朅來守建，又後公四十三年，於是復鋟此書于建。方欲彙公之文刻置祠下，適以移官未暇也。當嗣圖之，以成山莊先生之志云。嘉定十六年秋八月既望，姪孫朝議大夫、直華文閣、知建寧軍府事、新除直敷文閣、知隆興府江西安撫伋謹識。

影印明會通館活字印本容齋隨筆卷末

宋周文炳跋一則

容齋隨筆初刊於婺女，自續至五，繼刊於章貢。然歲久字漫，不復可辨。紹定改元，文炳偶得建溪刊本，詳加校，命工鋟梓。始於是年之仲春，訖於次年之季秋，刊成全書，庶幾流傳益廣云。重九日，臨川周文炳謹書。明抄本卷末

明華燧序一篇

博學而詳說之，將以反說約也。然博而不約者有矣，未有不博而能至於約也。容齋隨筆，書之博者

也。提綱挈領，博而能約者也。書成於宋學士洪景盧，學者歆羡而未得其真者久矣。太醫院醫士吴郡盛用美得之於京師，士夫欲版其行，邑宰邢君陽民用而未行，適僉憲雷公水利江南，巡行吾錫，遂致禮會通館以達君志。嗚呼，燧生當文明之運，而活字銅版，樂天之成，苟以是心，至應之惟謹，况士夫以稽古爲事，君以愛民爲心，而公禮意兼至者乎！雖然，學者徒務其博而不能反説以至於約，則是書爲糟粕，豈公之所望於人者哉！弘治八年中秋，錫山華燧序。會通館活字印本卷首

明李瀚序一篇

書必符乎名教，君子有所取，而讀者要非無益之言也。夫天下之事，萬有不齊，而可以憑藉者理之正，事不一而理有定在，猶百川萬折，必歸於海。否則涉於荒唐繆悠，絶類離索，以盲聵人之耳目者，在所不取。古今馳聲於墨札之場者，嘘英吐華，爭相著作，浩渺連艫，策氏籍名，不可紀極，嗜博者亦必珍如拱璧，而把玩之不輟焉。

文敏公洪景盧，博洽通儒，爲宋學士。出鎮浙東，歸自越府，謝絶外事，聚天下之書而徧閲之。搜悉異聞，考核經史，捃拾典故，值言之最者必札之，遇事之奇者必摘之，雖詩詞、文翰、曆讖、卜醫，鉤纂不遺，從而評之。參訂品藻，論議雌黄，或加以辯證，或繫以讚繇，天下事爲，寓以正理，殆將畢載。積廿餘年，率皆成書，名曰隨筆，謙言順筆録之云爾。加以續筆、三筆、四筆，絶於五筆，莫非隨之之意，總若干

萬言。比所作夷堅志、支志、盤洲集，踔有正趣。可勸可戒，可喜可愕，可以廣見聞，可以證訛謬，可以祛疑貳，其於世教未嘗無所裨補。

予得而覽之，大豁襟抱，洞歸正理，如躋明堂，而胸中樓閣四通八達也。惜乎傳之未廣，不得人挾而家置。因命紋梓，播之方輿，以弘博雅之君子，而凡志於格物致知者，資之亦可以窮天下之理云。弘治戊午冬十月既望，巡按河南監察御史沁水李瀚書。李本卷首

明馬元調序一篇

元調少時就童子試於松江，郡將堂邑許公，通經學古人也。一語意合，或旬日再三召，恒坐列肆中，以待門啓而入。有鬻容齋隨筆者，取閱一二，則喜其聞所未聞，千錢易之。然猶未悉容齋之爲何等人，隨筆之爲何等書也。歸以告本師子柔先生，先生曰：「此宋文敏洪公之所著書，其考據精確，議論高簡，讀書作文之法盡是矣。」又曰：「吾向從丘子成先生見此書而不全，汝亟取以來，吾將卒業焉。」又曰：「考據議論之書，莫備於兩宋。然北則三劉、沈括，南則文敏兄弟，歐、曾輩似不及也。」元調謹受教，日夕浸灌其中，行李往來，未嘗不挾與之俱。

壬子秋，寓長干報恩僧舍，得略識一時知名士，每集必數十人，論及古今成敗及文章得失，忿爭不決者，元調輒片言以解，此書之助爲多。間以示玉繩周子，讀之盡卷，憫然曰：「古人學問如是，吾儕窮措

大，縱欲留意，顧安所得書，又安所得暇日乎？雖然，吾來年將館丹陽荆氏，君遊蹤務相近，頗載所藏書借我。」已而周子入翰林爲修撰，寄語：「子今不患無書可讀矣。」周子謝不敏，報書：「吾則未暇，留以待子。」蓋戲之也。自後讀隨筆漸熟，又推其意以漸讀他書，如執權度稱量萬物，爽者鮮矣。每逢同儕，必勸令讀是書，而傳本甚少，慨然欲重梓以公同好。

去年春，明府勾章謝公刻子柔先生等集，工匠稿不應手，屢欲散去。元調實董較勘，始謀翻刻，以寓羈縻。而所蓄本未免舛訛，適丘子成先生家鬻舊書，得向不全本，考其序，乃弘治中沁水侍御李公瀚所刻。又從友人沈子誨借得殘落數卷，會之良合。然舛訛較所蓄本尤多，參伍是正，爲改定千餘字，仍闕其疑，明府公遂爲之序，復紀其重刻之故，以告我後人。

嗟乎！二十年之間，曩時相與讀是書者，遭逢聖明，當古平章軍國之任，元調獨窮老不遇，啜粥飲水，優游江海之濱，聊以整頓舊書爲樂事，曾不得信其舌而奪其筆，何託落之甚也。上有稷、禼，下有巢、由，道並行而不相悖，均之爲太平之象，亦各言其志也已矣。崇禎三年三月朔，嘉定馬元調書於僦居之紙窗竹屋。馬本卷首

按：馬本此文原題「重刻容齋隨筆紀事」。

明謝三賓序一篇

宋南渡後，名臣屈指，洪氏忠宣著冰天之節，與蘇屬國爭光。其子文惠、文安、文敏，先後立朝，名滿天下。文敏尤以博洽受知孝宗，史稱其考閱典故，漁獵經史，極鬼神事物之變。所纂述有夷堅志、萬首唐詩、容齋五筆等書，學士家膾炙之。然唐絶時雜宋人之作，前輩病其龐雜。夷堅一書，吾鄉胡元瑞嘗言容齋晚歲急於成書，其門下客多取太平廣記中舊事，改易姓名以欺之，亦不復辨。由此觀之，則二書跋盭蓋亦多矣。惟五筆係生平睹記，捃綴奚囊，久而成集，往往傳信後代，博雅之士亟稱是書，有以哉！昔趙和仲嘗言知古莫如洪景盧，知今莫如陳君舉。讀五筆所記，寧獨知古已耶！是書向無佳刻，得者復不能全，馬巽甫博學好古，彙而梓之，兼精心慧識，長於較讎，魯魚亥豕，考核再四，人亦有言，訛如落葉，掃而愈有，巽甫兹刻，吾知免夫。其有功載籍，豈淺鮮耶！余喜而爲之序。古勾章謝三賓撰。馬本卷首

清洪璟序一篇

先文敏公容齋先生隨筆一書，與沈存中夢溪筆談、王伯厚困學紀聞等，後先並重於世。其書自經史典故、諸子百家之言，以及詩詞文翰、醫卜星曆之類，無不紀載，而多所辨證。昔人嘗稱其考據精確，議論高簡，如執權度而稱量萬物，不差累黍，歐、曾之徒所不及也。

考公自浙東致政歸田里後，自謂老懶讀書不多，凡意有得，隨筆志之，初成十六卷，又續筆以至三筆、四筆、五筆共七十四卷。宋嘉定中，公從孫寺簿伋，鋟木於章貢郡齋。明弘治中，沁水御史李公瀚，又嘗序而梓之。其嘉惠來學，爲讀書稽古之益者，豈爲少哉！吾家舊有此書，乃嘉定婁先生子柔，俾其門人馬巽甫氏刻而行世者。又嘗補其殘缺，訂其舛訛，流傳於今，亦已七十餘年矣。從子天爵，自鄮邑得此版而歸於璟，其有闕失者，一一補正完好，重爲披讀，如獲重器焉，然愧學殖荒落，不能發明其萬一。而公之沾丐後人者，已歷五百年所，又世爲家藏之舊，用以公諸天下博雅嗜古之儒，未必不如瑚璉、簠簋三代法物，登之宗廟，可以觀禮，與他玩好者殊異也。公父子兄弟，忠孝大節，炳在宋史，人皆知之。

又公所著有文集、唐人萬首絶句、夷堅志等書，其題跋一種，今刻於津逮祕書中，又巽甫刻有夢溪筆談，與是書如合璧然，皆天下之公物也。璟喜是書之歸，而有光復舊物之意，因志其本末如此云。康熙三十九年春三月，族孫璟謹書。祠本卷首

聶崇岐序一篇

宋紹興中，三洪以文章噪一時。三洪者，文惠适（一一一七——一一八四），文安遵（一一二〇——一一七四），文敏邁（一一二三——一二〇二），皆忠宣皓（一〇八八——一一五五）子也。而文敏尤博洽。其文，備衆體；其學，兼綜經史，出入百家；其箸述甚多，見於宋史藝文志者約三十種；而士林獨

重其容齋隨筆。

考據之學，興於唐，盛於宋，前後名家，凡數十輩。宋政尚寬仁，文網疎闊，學士大夫，每就聞見所及，自軍國重事以至委巷瑣談，箸於竹帛；故私家筆記之書遠超前代。容齋隨筆實兼二體。其考據，博引詳徵，不苟同，不苟立異，不爲高奇之論，而以至當爲歸；淹通處，時可方駕深寧。其記述宋代故事，推本求原，綜核貫穿，歷歷若指諸掌；精確處則又常勝存中也。

隨筆共五集，七十四卷。曰隨筆，十六卷，完成於淳熙七年（一一八〇）；曰續筆，十六卷，完成於紹熙二年（一一九三）；曰三筆，十六卷，完成於慶元二年（一一九六）；曰四筆，十六卷，完成於慶元三年（一一九七）；曰五筆，十卷，蓋絶筆之作，未成完書也。

隨筆初集成，即有婺州刻本。嘉定中，其姪孫伋守贛州，更取全部，爲之鏤版郡齋。明李瀚、馬元調及會通館、蘭雪堂皆有刊本；而馬板獨通行，清康熙乾隆光緒時，數有翻刻。惟明人刻書，每喜改竄，據四庫總目所言，隨筆亦非完璧，可慨已！

隨筆爲治宋史及考據學者必讀之書。顧全帙一千二百一十九條，三十五萬餘言，逐頁翻閱，需時孔多。因取光緒二十年皖南洪氏重刊本，編爲引得；庶按圖索驥，或能收事半功倍之效也。

中華民國二十二年四月二十二日，聶崇岐序於蔚秀園。

三、傳記之屬

宋史洪邁傳一篇

邁字景盧，皓季子也。幼讀書日數千言，一過目輒不忘，博極載籍，雖稗官虞初，釋老傍行，靡不涉獵。從二兄試博學宏詞科，邁獨被黜。紹興十五年始中第，授兩浙轉運司幹辦公事，入爲勑令所删定官。皓忤秦檜投閑，檜憾未已，御史汪勃論邁知其父不靖之謀，遂出添差教授福州。累遷吏部郎兼禮部。

上居顯仁皇后喪，當孟饗，禮官未知所從，邁請遣宰相分祭，奏可。除樞密檢詳文字。建議令民入粟贖罪，以紓國用，又請嚴法駕出入之儀。

三十一年，議欽宗謚，邁曰：「淵聖北狩不返，臣民悲痛，當如楚人立懷王之義，號懷宗，以係復讎之意。」不用。吴璘病篤，朝論欲徙吴拱代之。邁曰：「吴氏以功握蜀兵三十年，宜有以新民觀聽，毋使尾大不掉。」知樞密院事葉義問出視師，奏以邁參議軍事，至鎮江，聞瓜洲官軍與金人相持，遑遽失措。會建康走驛告急，義問遽欲還，邁力止之曰：「今退師，無益京口勝敗之數，而金陵聞返斾，人心動摇，不可。」遷左司員外郎。

三十二年春，金主褒遣左監軍高忠建來告登位，且議和，邁爲接伴使，知閤門張掄副之。上謂執政曰：「向日講和，本爲梓宮、太后，雖屈己卑辭，有所不憚。今兩國之盟已絶，名稱以何爲正，疆土以何爲準，朝見之儀，歲幣之數，所宜先定。」及邁、掄入辭，上又曰：「朕料此事終歸於和，欲首議名分，而土地次之。」邁於是奏更接伴禮數，凡十有四事。自渡江以來，屈己含忍多過禮，至是一切殺之，用敵國體，凡遠迎及引接金銀等皆罷。既而高忠建有責臣禮及取新復州郡之議，邁以聞，且奏言：「土疆實利不可與，禮際虛名不足惜。」禮部侍郎黄中聞之，亟奏曰：「名定實隨，百世不易，不可謂虛。土疆得失，一彼一此，不可謂實。」兵部侍郎陳俊卿亦謂：「先正名分，名分正則國威張，而歲幣亦可損矣。」

進起居舍人。時議遣使報金國聘，三月丁巳，詔侍從、臺諫各舉可備使命者一人。初，邁之接伴也，既持舊禮折伏金使，至是，慨然請行。於是假翰林學士，充賀登位使，欲令金稱兄弟敵國而歸河南地。夏四月戊子，邁辭行，書用敵國禮，高宗親札賜邁等曰：「祖宗陵寢，隔闊三十年，不得以時洒掃祭祀，心實痛之。若彼能以河南地見歸，必欲居尊如故，正復屈己，亦何所惜。」邁奏言：「山東之兵未解，則兩國之好不成。」至燕，金閤門見國書，呼曰：「不如式。」抑令使人於表中改陪臣二字，朝見之儀必欲用舊禮。邁初執不可，既而金鎖使館，自旦及暮水漿不通，三日乃得見。金人語極不遜，大都督懷忠議欲質留，左丞相張浩持不可，乃遣還。七月，邁回朝，則孝宗已即位矣。殿中侍御史張震以邁使金辱命，論罷之。明年，起知泉州。

乾道二年，復知吉州。入對，遂除起居舍人，直前言：「起居注皆據諸處關報，始加修纂，雖有日曆、時政記，亦莫得書。景祐故事，有邇英延義二閣注記，凡經筵侍臣出處、封章進對、宴會賜予，皆用存記。十年間稍廢不續，陛下言動皆罔聞知，恐非命侍本意。乞令講讀官自今各以日得聖語關送修注官，令講筵所牒報，使謹録之，因今所御殿名曰祥曦記注。」制可。

三年，遷起居郎，拜中書舍人兼侍讀、直學士院，仍參史事。父忠宣、兄适、遵皆歷此三職，邁又踵之。邁奏：「三省事無巨細，必先經中書書黄，宰執書押，當制舍人書行，然後過門下，給事中書讀，如給、舍有所建明，則封黄具奏，以聽上旨。惟樞密院既得旨，即書黄過門下，例不送中書，謂之『密白』，則封駁之職似有所偏，況今宰相兼樞密，因而釐正，不爲有嫌。望詔樞密院，凡已被制勑，並關左右省依三省書黄，以示重出命之意。」報可。

六年，除知贛州，起學宮，造浮梁，士民安之。郡兵素驕，小不如欲則跋扈，郡歲遣千人戍九江，是歲，或怵以至則留不復返，衆遂反戈。民訛言相驚，百姓恟懼。邁不爲動，但遣一校婉説之，俾歸營，衆皆聽，垂櫜而入，徐詰什五長兩人，械送潯陽，斬于市。辛卯歲饑，贛適中熟，邁移粟濟鄰郡。僚屬有諫止者，邁笑曰：「秦、越瘠肥，臣子義耶？」尋知建寧府。富民有睚眦殺人衷刃篡獄者，久拒捕，邁正其罪，黥流嶺外。

十一年，知婺州，奏：「金華田多沙，勢不受水，五日不雨則旱，故境内陂湖最當繕治。命耕者出力，田主出穀，凡爲公私塘堰及湖，總之爲八百三十七所。」婺軍素無律，春給衣，欲以緡易帛，吏不可，則羣呼嘯聚于郡將之治，郡將惴恐，姑息如其欲。邁至，衆狃前事，至以飛語牓譙門。邁以計逮捕四十有八人，置之理，黨衆相嗾，鬨擁邁轎，邁曰：「彼罪人也，汝等何預？」衆逡巡散去。邁戮首惡二人，梟之市，餘黥撻有差，莫敢譁者。事聞，上語輔臣曰：「不謂書生能臨事達權。」特遷敷文閣待制。

明年，召對，首論淮東邊備六要地：曰海陵，曰喻泇，曰鹽城，曰寶應，曰清口，曰盱眙。謂宜修城池，嚴屯兵，立游樁，益戍卒。又言：「許浦宜開河三十六里，梅里鎮宜築二大堰，作斗門，遇行師，則決防送船。」又言：「馮湛創多槳船，底平檣浮，雖尺水可運。今十五六年，修葺數少，不足用。」謂宜募瀕海富商人船予爵，招善操舟者以補水軍，上嘉之。以提舉佑神觀兼侍講、同修國史。

邁初入史館，預修四朝帝紀，進敷文閣直學士、直學士院。講讀官宿直，上時召入，談論至夜分。十三年九月，拜翰林學士，遂上四朝史，一祖八宗百七十八年爲一書。

紹熙改元，進焕章閣學士、知紹興府。過闕奏事，言新政宜以十漸爲戒。上曰：「浙東民困於和市，卿往，爲朕正之。」邁再拜曰：「誓盡力。」邁至郡，覈實詭户四萬八千三百有奇，所減絹以匹計者，略如其數。提舉玉隆萬壽宮。明年，再上章告老。進龍圖閣學士。尋以端明殿學士致仕，是歲卒，年八十。贈光禄大夫，謚文敏。

邁兄弟皆以文章取盛名，躋貴顯，邁尤以博洽受知孝宗，謂其文備衆體。邁考閱典故，漁獵經史，極鬼神事物之變，手書資治通鑑凡三。有容齋五筆、夷堅志行於世，其他著述尤多。所修欽宗紀多本之孫覿，附耿南仲，惡李綱，所紀多失實，故朱熹舉王允之論，言佞臣不可使執筆，以爲不當取覿所紀云。卷三百七十三

志雅堂雜鈔　雲煙過眼録　澄懷録

〔宋〕周密

大唐傳載（外三種）

不著撰人　〔唐〕張固　〔唐〕李濬　〔唐〕李綽

劉賓客嘉話録

〔唐〕韋絢

唐國史補校注

〔唐〕李肇

唐摭言校證

〔五代〕王定保

賓退録

〔宋〕趙與旹

丁晉公談録（外三種）

〔宋〕潘汝士　〔宋〕夷門君玉

〔宋〕孫升口述　〔宋〕劉延世筆録

〔宋〕孔平仲

奉天録（外三種）

〔唐〕趙元一　〔唐〕佚名　〔南唐〕尉遲偓

〔南唐〕劉崇遠

靖康緗素雜記

〔宋〕黄朝英

夢溪筆談

〔宋〕沈括

愧郯録

〔宋〕岳珂

錢塘遺事校箋考原

〔宋〕劉一清

曾公遺録

〔宋〕曾布

儒林公議

〔宋〕田况

雲溪友議校箋

〔唐〕范攄

嬾真子録校釋

〔宋〕馬永卿

王文正公筆録

〔宋〕王曾

王文正公遺事　清虚雜著三編

〔宋〕王素　〔宋〕王鞏

酉陽雜俎

〔唐〕段成式

新輯實賓録

〔宋〕馬永易

麟臺故事校證
〔宋〕程俱

師友談記　曲洧舊聞　西塘集耆舊續聞
〔宋〕李廌　〔宋〕朱弁　〔宋〕陳鵠

墨莊漫録　過庭録　可書
〔宋〕張邦基　〔宋〕范公偁　〔宋〕張知甫

侯鯖録　墨客揮犀　續墨客揮犀
〔宋〕趙令畤　〔宋〕彭□輯

北夢瑣言
〔五代〕孫光憲

南部新書
〔宋〕錢易

范成大筆記六種
〔宋〕范成大

容齋隨筆
〔宋〕洪邁

封氏聞見記校注
〔唐〕封演

開元天寶遺事　安禄山事迹
〔五代〕王仁裕　〔唐〕姚汝能

朝野類要
〔宋〕趙升

後山談叢　萍洲可談
〔宋〕陳師道　〔宋〕朱彧

愛日齋叢抄　浩然齋雅談　隨隱漫録
〔宋〕葉寘　〔宋〕周密　〔宋〕陳世崇

蘇氏演義（外三種）
〔唐〕蘇鶚　〔五代〕馬縞　〔唐〕李匡文
〔唐〕李涪

教坊記（外三種）
〔唐〕崔令欽　〔唐〕李德裕　〔唐〕鄭綮
〔唐〕段安節

桯史

〔宋〕岳珂

游宦紀聞　舊聞證誤

〔宋〕張世南　〔宋〕李心傳

鐵圍山叢談

〔宋〕蔡絛

四朝聞見録

〔宋〕葉紹翁

春渚紀聞

〔宋〕何薳

蘆浦筆記

〔宋〕劉昌詩

鶴林玉露

〔宋〕羅大經

湘山野録　續録　玉壺清話

〔宋〕文瑩

泊宅編

〔宋〕方勺

老學庵筆記

〔宋〕陸游

西溪叢語　家世舊聞

〔宋〕姚寬　〔宋〕陸游

石林燕語

〔宋〕葉夢得　〔宋〕宇文紹奕考异

雲麓漫鈔

〔宋〕趙彦衛

鷄肋編

〔宋〕莊綽

清波雜志校注

〔宋〕周煇

建炎以來朝野雜記

〔宋〕李心傳

唐宋史料筆記叢刊　書目

隋唐嘉話　朝野僉載
〔唐〕劉餗　〔唐〕張鷟

明皇雜録　東觀奏記
〔唐〕鄭處誨　〔唐〕裴庭裕

大唐新語
〔唐〕劉肅

唐語林校證
〔宋〕王讜

東齋記事　春明退朝録
〔宋〕范鎮　〔宋〕宋敏求

澠水燕談録　歸田録
〔宋〕王闢之　〔宋〕歐陽脩

龍川略志　龍川别志
〔宋〕蘇轍

東坡志林
〔宋〕蘇軾

默記　燕翼詒謀録
〔宋〕王銍　〔宋〕王栐

涑水記聞
〔宋〕司馬光

東軒筆録
〔宋〕魏泰

青箱雜記
〔宋〕吴處厚

齊東野語
〔宋〕周密

癸辛雜識
〔宋〕周密

邵氏聞見録
〔宋〕邵伯温

邵氏聞見後録
〔宋〕邵博

容齋隨筆人名索引

張繼海 編

凡　　例

一、本索引收録《容齋隨筆》中出現的全部人名，上起先秦，下至宋代，包括書名和詩文篇題中出現的人名，包括神話傳説人物。

二、每個人物以最常見的稱呼立目，其他稱呼在括弧中注出，除少數情況外，一般不另立目。帝王一般以謚號或廟號立目。

三、個别人名有不同寫法的，採用互見方式。姓名相同而實爲二人者，分别立目。複合稱呼，如“二陸”、“三謝”等，則以所指的各個人物分别立目。

四、未易考索人物實際姓名的，以在原文中出現的稱呼立目。

五、下列情況下出現的人名不入索引：表示時間的，如“隱公元年”、“徽宗初”之類；僅作爲一種象征符號，並未記載具體事迹者，如“堯舜”、“桀紂”之類。

六、人名後的數字爲本書頁碼，人名跨前後兩頁的，按前一頁計算。

七、本索引採用四角號碼編排，四角號碼完全相同者再按音序排列，後面附有筆畫檢字。

八、由於水平有限，加之時間倉促，錯誤和疏漏在所難免，歡迎讀者批評指正。

0010_4 童

0010_4 主

0010_6 亶

0021_1 龐

0021_2 廬

0021_2 鹿

0021_4 雍

0021_5 離

0022_2 廖

0022_3 齊

0022_7 帝

0022_7 方

0022_7 高

0022_7 商

0022_7 席

0023_0 卞

0023_1 應

0023_2 康

0023_7 廉

0024_1 庭

0024_7 慶

0024_7 夜

0026_7 唐

0028_7 庾

0029_4 麻

0033_3 慈

0040_0 文

0040_1 辛

0040_6 章

0044_0 并

0060_1 言

0292_1 新

0460_0 計

0460_0 謝

0464_1 詩

0466_4 諸

0512_7 靖

0662_7 謁

0742_7 郭

0762_2 謬

0762_7 鄗

0821_2 施

0823_2 旅

0863_7 謙

0864_0 許

1010_1 正

1010_2 工

1010_2 五

1010_3 玉

1010_4 王

1010_8 靈

1010_8 巫

1012_3 疏

1020_0 丁

1021_1 元

1021_5 霍

1022_3 霁

1022_7 丙

1022_7 爾

1022_7 万

1023_2 豕

1023_2 弦

1024_7 夏

1040_0 干

1040_0 于

1040_8 平

1043_0 天

1050_0 更

1060_1 晉

1060_1 吾

1060_2 百

1060_2 石

1060_3 雷

1060_4 西

1073_1 云

1080_6 貢

1080_6 賈

1090_4 粟

1111_1 非

1111_4 班

1111_7 甄

1118_6 項

1122_7 彌

1123_2 張

1173_2 裴

1210_0 到

1211_2 北

1220_0 列

1222_2 彨

1223_0 弘

1223_0 水

1240_1 延

1241_0 孔

1249_3 孫

1314_0 武

1315_0 職

1411_2 耽

1514_7 聃

1540_0 建

1623_6 强

1710_2 盂

1712_7 鄧

1712_7 邳

1712_7 耶

1712_7 郅

1714_7 瓊

1720_7 弓

1721_4 翟

1722_7 邴

1722_7 酈

1722_7 務

1723_2 豫

1734_1 尋

1740_0 子

1742_7 邢

1742_7 勇

1744_2 羿

1750_0 尹

1760_2 召

1762_0 司

1762_7 邵

1772_7 郖

1780_1 翼

1790_4 桑

1918_0 耿

2010_4 重

2010_5 垂

2021_2 伍

2022_7 雋

2022_7 喬

2022_7 爲

2022_7 禹

2023_4 獻

2024_7 爰

2025_7 舜

2026_1 信

2031_4 維

2033_1 焦

2033_2 鮌

2033_9 悉

2040_7 季

2040_7 雙

2043_0 奚

2064_8 皎

2071_4 毛

2090_4 集

2093_2 穰

2110_0 上

2121_2 虎

2121_2 盧

---

① 關於《毛詩》的作者毛公，一說是大毛公毛亨，一說是小毛公毛萇。爲避免混淆，這裏分別立目。參見大毛公、小毛公條。

2122_0 何

2122_1 衡

2122_1 衛

2122_1 行

2221_2 能

2221_4 任

2221_5 倕

2221_5 崔

2321_2 佗

2323_4 伏

2324_2 傅

2325_0 臧

2332_7 編

2350_0 牟

2360_4 咎

2396_1 稽

2397_2 嵇

2420_0 斛

2590_4 桀

2600_0 白

2610_4 皇

2620_0 伯

2621_3 鬼

2622_7 帛

2622_7 觸

2624_7 玃

2633_0 息

2638_1 緹

2640_0 卑

2640_9 臯

2641_3 魏

2690_0 和

2691_4 程

2692_2 穆

2694_7 稷

2710_2 盤

2712_7 歸

2721_2 危

2721_6 免

2721_7 倪

2731_7 紀

2733_3 終

2733_4 緱

2733_6 魚

2733_7 急

2735_4 絳

2742_7 鄒

2760_3 魯

2760_4 督

2762_0 句

2771_2 包

2792_7 移

2792_7 邾

2794_0 叔

2821_1 作

2823_7 伶

2824_0 微

2825_3 儀

2826_6 僧

2829_4 徐

2835_0 鮮

2836_6 繒

3010_2 宜

3010_4 室

3010_6 宣

3014_7 淳

3020_1 寧

3021_1 完

3060_6 富

3060_6 宫

3060_8 容

3060_9 審

3073_2 良

3080_2 蹇

3080_6 竇

3090_4 宋

3111_2 江

3111_4 汪

3112_0 河

3112_7 馮

3114_6 淖

3119_6 源

3122_7 禰

3126_6 福

3128_6 顧

3190_4 渠

3216_9 潘

3220_0 州

3230_2 邊

3311_1 浣

3390_4 梁

3411_4 洼

3411_4 灌

3411_7 沈

3413_4 漢

3414_4 汝

3414_7 凌

3418_1 洪

3419_0 沐

3423_0 祕

3426_0 褚

3430_5 達

3430_6 造

3490_4 染

3516_6 漕

3520_0 神

3522_7 清

3611_2 温

3612_7 湯

3612_7 濁

3614_1 澤

3621_0 祝

3624_0 裨

3630_1 逞

3630_2 遇

3710_2 盜

3711_2 沮

3714_7 汲

3715_6 渾

3860_4 啓

4001_2 左

4003_0 大

4003_0 太

4004_7 友

4010_0 士

4010_2 壺

4010_2 直

4010_4 臺

4010_6 查

4021_1 堯

4022_7 南

4022_7 有

4023_1 赤

4024_7 皮

4040_7 李

4046_1 嘉

4050_6 韋

4060_0 古

4060_1 吉

4064_1 壽

4071_4 雄

4073_2 袁

4080_1 真

4080_6 賁

4090_3 索

4090_8 來

4094_1 梓

4141_6 姮

4168_6 頡

4191_6 桓

4192_0 柯

4196_2 栢

4212_2 彭

4220_0 蒯

4223_0 狐

4240_0 荆

4241_3 姚

4411_2 范

4412_7 蒲

4414_2 薄

4422_7 萬

4423_2 蒙

4424_0 苻

4424_2 蔣

4425_3 茂

4426_7 蒼

4430_3 蘧

4432_7 鷰

4433_1 燕

4433_3 慕

4439_4 蘇

4440_7 菱

4440_7 蔓

4443_0 樊

4443_0 莫

4445_6 韓

4450$_1$ 華

4450$_7$ 革

4453$_0$ 英

4460$_0$ 苗

4460$_1$ 菩

4477_0 甘

4480_1 蠪

4480_1 共

4480_1 其

4480_2 楚

4480_6 黄

4490_1 蔡

4490_3 綦

4490_4 葉

4491_0 杜

4491_4 權

4499_0 林

4541_0 姓

4541_7 執

4593_2 隸

4594_4 樓

4622_7 獨

4640_0 如

4641_0 妲

4680_6 賀

4690_0 柏

4690_0 相

4690_3 絜

4692_7 楊

4702_0 力

4702_7 鳩

4713_8 懿

4722_7 郗

4732_7 郝

4742_2 嫪

4762_0 胡

4762_7 都

4791_4 櫂

4791_7 杞

4792_0 栩

4792_7 柳

5000_0 申

5000_0 中

5000_6 史

5001_6 擅

5002_7 搞

5003_2 夷

5003_4 夫

5013_2 泰

5013_6 蟲

5033_0 忠

5033_3 惠

5040_4 婁

5044_7 冉

5050_3 奉

5060_0 由

5060_3 春

5080_6 貴

5090_2 棗

5090_3 素

5090_4 秦

5090_6 東

5090_6 束

5101_0 輒

5106_2 拓

5340_0 戒

5403_2 轅

5508_0 捷

5533_7 慧

5560_0 曲

5560_6 曹

5580_6 費

6039_6 黥

6040_0 田

6040_4 晏

6043_0 吴

6050_0 畢

6060_0 吕

6060_0 冒

6071_2 鼂

6071_2 昆

6073_1 曇

6073_2 曩

6080_1 是

6080_1 異

6080_6 員

6090_6 景

6138_6 顯

6204_8 呼

6220_0 剔

6333_4 默

6385_3 賤

6401_0 吐

6401_4 眭

6404_1 時

6413_8 跌

6621_5 瞿

6624_8 嚴

6650_0 單

6666_1 嚚

6702_0 瞯

6702_0 明

6702_7 鳴

7171_2 臣

7171_4 匽

7172_7 師

7173_2 長

7210_0 劉

7210_2 丘

7221_2 髡

7222_1 所

7223_0 瓜

7226_1 后

7226_1 脂

7242_2 彤

7244_7 髮

7277_1 岳

7280_6 質

7310_2 盛

7325_0 成

7325_0 戚

7325_0 威

7390_1 乘

7420_0 尉

7421_4 陸

7422_7 隋

7423_2 隨

7432_1 騎

7529_6 陳

7621_3 隗

7622_7 陽

7630_0 駟

7710_2 闔

7710_4 堅

7710_8 豎

7712_1 鬭

7714_8 闞

7721_2 凡

7721_2 風

7721_7 兒

7721_7 肥

7722_0 陶

7722_0 用

7722_0 周

7722_2 膠

7722_7 鬬

7722_7 郘

7722_7 卿

7723_2 展

7723_3 闕

7724_7 服

7724_7 殷

7726_4 屠

7727_2 屈

7732_0 駒

7732_7 烏

7736_4 駱

7740_0 閔

7742_7 舅

7744_0 丹

7744_7 段

7748_7 闞

7780_1 興

7780_6 貫

7823_1 陰

7876_6 臨

7922_7 勝

7922_7 騰

7923_2 滕

8010_2 益

8010_4 全

8010_8 金

8018_7 羨

8022_0 介

8022_1 俞

8022_7 禽

8026_7 倉

8030_2 令

8040_4 姜

8040_7 夔

8050_1 羊

8055_3 義

8060_1 合

8060_6 會

8060_6 曾

8060_8 谷

8073_0 公

8073_2 食

8090_4 余

8114_6 鐔

8211_4 鍾

8242_7 矯

8315_3 錢

8612_7 錫

8762_7 舒

8762_7 郤

8821_1 笮

8822_0 竹

8822_7 第

8822_7 簡

8824_0 符

8874_0 敏

8877_7 管

8880_1 箕

8890_3 緐

8896_1 籍

9000_0 小

9001_4 惟

筆畫檢字

本檢字滙集《容齋隨筆人名索引》中人名稱謂的第一個單字,依筆畫排列。阿拉伯數字,是各單字在人名索引中的四角號碼。

六　畫

伊 2725_0
伍 2021_2
伏 2323_4
仲 2520_0
任 2221_4
伋 2724_7
先 2421_1
全 8010_4
共 4480_1
列 1220_0
匡 7171_1
印 7772_7
危 2721_2
吉 4060_1
吐 6401_0
向 2722_0
合 8060_1
后 7226_1
夷 5003_2
如 4640_0
宇 3040_1
安 3040_4
州 3220_0
并 0044_0
成 7325_0
曲 5560_0
有 4022_7
朱 2590_0
汝 3414_4
江 3111_2
牟 2350_0
百 1060_2
吕 6060_0
竹 8822_0
米 9090_4
羊 8050_1
老 4471_2
臣 7171_2
行 2122_1
西 1060_4

七　畫

佗 2321_2
佛 2522_7
何 2122_0
作 2821_1
伯 2620_0
伶 2823_7
余 8090_4
免 2721_6
冷 3813_2
利 2290_0
即 7772_7
吾 1060_1
告 2460_1
吴 6043_0
妖 4243_4
完 3021_1
宋 3090_4
岑 2220_7
巫 1010_8
彤 7242_2
快 9503_4
戒 5340_0
更 1050_0
束 5090_6
芮 4422_7
李 4040_7
杜 4491_0
杞 4791_7
沈 3411_7
汪 3111_4
沐 3419_0
汲 3714_7
狄 4928_0
良 3073_2
角 2722_7
言 0060_1
豕 1023_2
赤 4023_1
辛 0040_1
邳 1772_7
邢 1742_7
里 6010_4
防 7022_7
阮 7121_1

八　畫

京 0090_6
使 2520_6
來 4090_8
兕 7721_7
具 7780_1
其 4480_1
到 1210_0
制 2220_0
卓 2140_6
卑 2640_0
叔 2794_0
呼 6204_8
和 2690_0
周 7722_0
咎 2360_4
夜 0024_7
奉 5050_3
姓 4541_0
孟 1710_2
季 2040_7
宜 3010_2
尚 9022_7
屈 7727_2
岳 7277_1
帛 2622_7
延 1240_1
弦 1023_2
忠 5033_0
房 3022_7
所 7222_1
拓 5106_2
昔 4460_1
昆 6071_2
明 6702_0
服 7724_7
東 5090_6
林 4499_0
析 4292_1

九 畫

十 畫

柴 2290$_4$
桀 2590$_4$
桃 4291$_3$
殷 7724$_7$
泰 5013$_2$
海 3815$_7$
烏 7732$_7$
班 1111$_4$
留 7760$_2$
益 8010$_2$
真 4080$_1$
祕 3423$_0$
祖 3721$_2$
神 3520$_0$
祝 3621$_0$
秦 5090$_4$
素 5090$_3$
索 4090$_3$
耽 1411$_2$
耿 1918$_0$
脂 7226$_1$
能 2221$_2$
荀 4462$_7$
茨 4418$_7$
袁 4073$_2$
貢 1080$_6$
郝 4732$_7$
馬 7132$_7$
高 0022$_7$
鬼 2621$_3$
倗 2722$_0$
浣 3311$_1$
逄 3730$_5$
郗 4722$_7$
郤 8762$_7$

十一畫

假 2724$_7$
務 1722$_7$
黃 4480$_6$
參 2320$_2$
商 0022$_7$
國 6015$_3$
堅 7710$_4$
堂 9010$_4$
執 4541$_7$
婁 5040$_4$
寇 3021$_4$
宿 3026$_2$
尉 7420$_0$
屠 7726$_4$
崔 2221$_5$
常 9022$_7$
帶 4422$_7$
康 0023$_2$
庾 0028$_7$
啓 3860$_4$
張 1123$_2$
悉 2033$_9$
惟 9001$_4$
戚 7325$_0$
扈 3021$_7$
捷 5508$_0$
敏 8874$_0$
斛 2420$_0$
曹 5560$_6$
梁 3390$_4$
梓 4094$_1$
梅 4895$_7$
淳 3014$_7$
清 3522$_7$
畢 6050$_0$
異 6080$_1$
疏 1012$_3$
皎 2064$_8$
盛 7310$_2$
移 2792$_7$
第 8822$_7$
符 8824$_0$
笮 8821$_1$
終 2733$_3$
莫 4443$_0$
莊 4421$_4$
處 2124$_1$
許 0864$_0$
貫 7780$_6$
通 3730$_2$
逞 3630$_1$
造 3430$_6$
逢 3730$_5$
郭 0742$_7$
都 4762$_7$
陳 7529$_6$
陸 7421$_4$
陰 7823$_1$
陶 7722$_0$
章 0040$_6$
魚 2733$_6$
鹵 2160$_0$
鹿 0021$_2$
麻 0029$_4$
偪 2126$_6$
倕 2221$_5$
栖 4196$_2$
淖 3114$_6$
猗 4422$_1$
眭 6401$_4$
聃 1514$_7$
郯 9782$_7$

十二畫

傅 2324$_2$
勞 9942$_7$
勝 7922$_7$
單 6650$_0$
喬 2022$_7$
堯 4021$_1$
壺 4010$_2$
寒 3030$_3$
髡 7221$_2$
尋 1734$_1$
嵇 2397$_2$
彭 4212$_2$
惠 5033$_3$
揚 5602$_7$
景 6090$_6$
曾 8060$_6$
棗 5090$_2$

十三畫

十四畫

十五畫

十六畫

十七畫

十八畫

十九畫

廿　畫

廿一畫

廿二畫

廿三畫

廿四畫

廿七畫

廿九畫